Schreiber

Die Prüfung der Industriefachwirte

Prüfungsbücher für Fachwirte und Fachkaufleute

Die Prüfung der Industriefachwirte

Von Diplom-Volkswirt Dr. Rolf Schreiber

6., erweiterte Auflage

Zur Herstellung dieses Buches wurde chlor- und säurefreies Papier, zur Umschlagkaschierung eine Folie verwendet, die bei der Entsorgung keine Schadstoffe entstehen läßt. Mit diesem Weg wollen wir einen aktiven Beitrag zum Schutz unserer Umwelt leisten.

Die Deutsche Bibliothek - CIP-Einheitsaufnahme

Schreiber, Rolf:
Die Prüfung der Industriefachwirte / von Rolf Schreiber. - 6., erw. Aufl. - Ludwigshafen (Rhein) : Kiehl, 1994
  (Prüfungsbücher für Fachwirte und Fachkaufleute)
  ISBN 3-470-70766-9

ISBN 3 470 **70766 9** · 6., aktualisierte Auflage 1994
© Friedrich Kiehl Verlag GmbH, Ludwigshafen (Rhein), 1980
Alle Rechte vorbehalten. Dieses Buch und alle in ihm enthaltenen Beiträge und Abbildungen sind urheberrechtlich geschützt. Mit Ausnahme der gesetzlich zugelassenen Fälle ist eine Verwertung ohne Einwilligung des Verlages strafbar.
Herstellung: Druckhaus Beltz, Hemsbach

Vorwort

Die berufliche Weiterbildung gewinnt ständig an Bedeutung, weil das in der Schule erworbene Wissen aufgrund des schnellen und tiefgreifenden Strukturwandels in Wirtschaft, Technik und Gesellschaft heute nicht mehr für ein ganzes Berufsleben ausreicht. Ständig werden neue Erkenntnisse gewonnen und in die Praxis umgesetzt. Von jedem einzelnen wird erwartet, daß er sich mit den in seinem Beruf eingetretenen Neuerungen vertraut macht und bereit ist, ständig dazuzulernen. Niemand kann von sich behaupten, daß er ausgelernt habe. Lebenslanges Lernen ist vielmehr zur Notwendigkeit geworden.

Von besonderem Interesse ist für viele Praktiker die Tatsache, daß berufliche Weiterbildung Aufstiegsmöglichkeiten schafft und den einzelnen in die Lage versetzt, einen komplizierteren Arbeitsablauf zu bewältigen bzw. höherwertige und mithin besser bezahlte Tätigkeiten zu verrichten. Dabei muß die berufliche Weiterbildung an das normale Schulniveau und die in einer Abschlußprüfung eines anerkannten Ausbildungsberufs geforderten Kenntnisse anknüpfen. Sie soll insbesondere den Fachkräften offenstehen, die keine akademische Ausbildung durchlaufen haben.

Diesem Zweck dient vor allem die vom Deutschen Industrie-und Handelstag (DIHT) in Zusammenarbeit mit den Industrie- und Handelskammern geschaffene Konzeption von Fachwirten (wie z.B. Industriefachwirt, Handelsfachwirt, Bankfachwirt, Verkehrsfachwirt) und Fachkaufleuten (wie z.B. Bilanzbuchhalter, Kostenrechner, Personalfachkaufmann und Fachkaufmann für Einkauf und Materialwirtschaft). Der Gesetzgeber hat im Hinblick auf den Industriefachwirt von der in § 46 Abs. 2 des Berufsbildungsgesetzes verankerten Möglichkeit Gebrauch gemacht, in einer Rechtsverordnung den Inhalt, das Ziel, die Prüfungsanforderungen und die Bezeichnung des Abschlusses zu regeln. Diese Rechtsverordnung trägt den Titel "Verordnung über die Prüfung zum anerkannten Abschluß Geprüfter Industriefachwirt/Geprüfte Industriefachwirtin" und ist am 1.1.1989 in Kraft getreten.

Die in der o.g. Rechtsverordnung niedergelegten Inhalte und Anforderungen sind die Grundlage des vorliegenden Prüfungsbuchs. Da die technische und kaufmännische Entwicklung wie auch die Beziehungen zwischen Arbeitgebern und Arbeitnehmern in den letzten Jahren erhebliche Veränderungen erfahren haben, bedurfte auch der Ausbildungsrahmen einer Überprüfung bisheriger Inhalte und einer Anpassung an eingetretene Neuerungen. Besonders hervorzuheben ist in diesem Zusammenhang die EDV, die zu einem eigenständigen Gebiet mit herausragender Bedeutung ausgebaut wurde, wie dies auch dem gegenwärtigen Entwicklungsstand in den Betrieben entspricht. Diese Veränderungen schlagen sich in einer vollständigen Neubearbeitung und der Einbeziehung neuer Sachverhalte und Erkenntnisse nieder.

Neu gegenüber der bisherigen Konzeption ist auch die Einbeziehung der berufs- und arbeitspädagogischen Kenntnisse der Ausbilder-Eignungsverordnung. Im Hinblick auf die Prüfungsvorbereitung sei darauf hingewiesen, daß dieses Buch nur Hilfestellung beim Erwerb und der Kontrolle des Wissens geben, nicht aber eine praktische Tätigkeit in einem Betrieb ersetzen kann. Diese Tätigkeit in einem Unternehmen über einen längeren Zeitraum wird auch aufgrund der neuen Vorschriften bei jeder Zulassung zur Prüfung vorausgesetzt. Man wird also nicht Industriefachwirt, indem man nach einer schulischen Ausbildung und einer irgendwo abgeleisteten Tätigkeit sich für die Ablegung der Industriefachwirteprüfung entscheidet, um auf diese Weise einen beruflichen Neubeginn zu wagen, sondern man muß bereits in der Industrie tätig sein oder tätig gewesen sein und hat in seinem fachlichen Bereich umfassende berufliche Erfahrungen gesammelt, die man alsdann mit vertieften theoretischen Kenntnissen weiter anwenden will, um darauf aufzubauen. Wer sich als Geprüfter Industriefachwirt bewähren will, benötigt in der Praxis erworbene Fertigkeiten und Kenntnisse, die auch in der Praxis beherrscht werden und nicht nur die Theorie. Theorie und Praxis sind unverzichtbare Bestandteile einer solchen Maßnahme. Das Buch kann auch nicht, wenn nicht der Rahmen eines Vorbereitungsbuches überschritten werden soll, jede Besonderheit darstellen, sondern muß sich streng an den vorgegebenen Rahmen halten.

Die Neubearbeitung im Rahmen der 6. Auflage berücksichtigt im wesentlichen die Veränderungen des Produktionsablaufs durch den verstärkten EDV-Einsatz in allen betrieblichen Bereichen sowie die Anforderungen, die sich für die Unternehmungen durch den Umweltschutz ergeben haben. Aus diesem Grunde sind die neueren gesetzlichen Vorschriften, wie z.B. die Verpackungsverordnung, einbezogen worden. Das große Interesse, das dieses Prüfungsbuch in den neuen Bundesländern gefunden hat, war Anlaß, die marktwirtschaftliche Orientierung des wirtschaftlichen Handelns besonders herauszustellen, denn die Konfliktsituation ist eindeutig: der Wunsch der arbeitenden Bevölkerung, das Lohnniveau und den Lebensstandard der alten Bundesländer möglichst in kürzester Zeit zu erreichen, ist mit der bisherigen Produktionsweise nicht zu realisieren. Damit aber diese Erwartungen erfüllt werden können, muß die Produktivität steigen und dies wiederum führt zunächst zu Freisetzungen von Arbeitskräften. Der Erhalt der bisherigen Arbeitsplätze unter Zahlung westlicher Löhne würde zu einem Kollaps der Wirtschaft der gesamten Bundesrepublik Deutschland führen, so daß neue Arbeitsplätze in zukunftsträchtigen Branchen und Berufen geschaffen werden müssen. In den alten Bundesländern waren zur Zeit der beginnenden Automatisierung, d.h. in den 60er Jahren ähnliche Tendenzen zu verzeichnen. In den neuen Bundesländern dürfte schon in wenigen Jahren die modernste Produktionsstruktur mit der modernsten Technik vorzufinden sein. Wichtig ist zur Erreichnung dieser Ziele eine zukunftsgerichtete Denkweise und eine Anpassung der Kenntnisse und der Arbeitspraxis an die neuen Anforderungen durch Umschulung oder Weiterbildung.

Die sechste Auflage trägt der Tatsache Rechnung, daß sich im industriellen Bereich in den letzten Jahren mit Schnelligkeit erhebliche Veränderungen vollzogen haben, die auf der Übernahme japanischer Vorstellungen und Produktionsweisen beruhen und die notwendigerweise das deutsche und amerikanische Produktionssystem beeinflussen. Mit der Beibehaltung bisheriger Arbeitsweisen wäre die Wettbewerbsfähigkeit der deutschen Industrie ernsthaft gefährdet. Stichworte wie Lean Production und Gruppenarbeit kennzeichnen diese Entwicklung. Aber auch neue Vorschriften und Konzeptionen im Umweltbereich, Veränderungen in der Unternehmensführung und im Kostendenken wurden einbezogen, um den Prüfling und den betrieblichen Praktiker über die wichtigsten Neuerungen in seinem Bereich zu informieren, mit denen er ständig konfrontiert wird.

Es sind aber auf Wunsch vieler Benutzer erstmals auch Prüfungsaufgaben mit Lösungen aufgenommen worden.

Der Verfasser dankt für Anregungen und kritische Hinweise und bittet auch weiterhin um solche Hinweise, die in der nächsten Überarbeitung gern berücksichtigt werden.

Wolfenbüttel, im Januar 1994　　　　　　　　　　　　　　　　　　　　Dr. Rolf Schreiber

Inhaltsverzeichnis

Vorwort 5
Inhaltsverzeichnis 7

1. **Der Inhalt der Prüfungsordnung für Industriefachwirte** 11

2. **Der wirtschaftszweigübergreifende Teil der Prüfung** 13
   2.1 Volks- und betriebswirtschaftliche Grundlagen 13
       2.1.1 Wirtschaftsordnungen und Wirtschaftssysteme 15
       2.1.2 Wirtschaftskreislauf 21
       2.1.3 Märkte und Preisbildung 24
       2.1.4 Geld und Kredit 29
       2.1.5 Konjunktur und Wirtschaftswachstum 37
       2.1.6 Abgrenzung Betriebswirtschaftslehre zu Volkswirtschaftslehre 40
       2.1.7 Produktionsfaktoren im Betrieb 43
       2.1.8 Betriebliche Funktionen 44
       2.1.9 Betriebswirtschaftliche Kennzahlen 45
   2.2 Elektronische Datenverarbeitung, Informations- und Kommunikationstechniken 46
       2.2.1 Ziele und Einsatzmöglichkeiten der EDV 46
       2.2.2 Grundaufbau und Arbeitsweise von EDV-Anlagen 51
       2.2.3 Methoden und Phasen der Datenerfassung 53
       2.2.4 Planung und Entwicklung von EDV-Verfahren 55
       2.2.5 Anwendersoftware 62
       2.2.6 Datensicherung 64
       2.2.7 Text- und Bildverarbeitung 68
       2.2.8 Kommunikationsnetze 69

3. **Der wirtschaftszweigspezifische Teil der Prüfung** 71
   3.1 Betriebliche Organisation und Unternehmensführung 71
       3.1.1 Grundlagen der Planung und der Organisation 71
       3.1.2 Aufbauorganisation 81
       3.1.3 Ablauforganisation 86
       3.1.4 Führungstechniken 90
       3.1.5 Planungs- und Steuerungstechniken 98
       3.1.6 Wertanalyse 110
       3.1.7 Statistik als unternehmenspolitisches Instrument 111

3.2 Jahresabschluß, Finanzierung, Steuern 128
    3.2.1 Gliederung der Bilanz und der Gewinn- und Verlustrechnung 128
    3.2.2 Bilanzierungs- und Bewertungsgrundsätze von Wirtschaftsgütern 137
    3.2.3 Das finanzielle Zielsystem der Unternehmung 145
    3.2.4 Finanzierungsregeln 147
    3.2.5 Finanzierungsarten 148
    3.2.6 Grundbegriffe des Steuerrechts 159
    3.2.7 **Unternehmensbezogene Steuern: Einkommensteuer, Körperschaftsteuer, Gewerbesteuer, Vermögensteuer, Umsatzsteuer** 166

3.3 Kosten- und Leistungsrechnung 172
    3.3.1 Grundlagen der Kostenrechnung 172
    3.3.2 Kostenartenrechnung 183
    3.3.3 Kostenstellenrechnung 185
    3.3.4 Kostenträgerrechnung 189
    3.3.5 Plan- und Istkostenrechnung 192
    3.3.6 Voll- und Teilkostenrechnung 195
    3.3.7 Bewertung der Kosten 198

3.4 Personalwirtschaft 205
    3.4.1 Personalpolitik und -planung 205
    3.4.2 Aufgaben und Organisation der betrieblichen Personalwirtschaft 214
    3.4.3 Personalbeurteilung und -entwicklung 220
    3.4.4 Entgeltformen 222
    3.4.5 Führungsverhalten im Betrieb 225
    3.4.6 Betriebliches Bildungswesen 230
    3.4.7 Betriebliches Sozialwesen 234
    3.4.8 Betriebliche Mitbestimmung 238

3.5 Produktionswirtschaft 243
    3.5.1 Fertigungsplanung 243
    3.5.2 Fertigungssteuerung 258
    3.5.3 Personaldisposition 262
    3.5.4 Anlagenüberwachung 263
    3.5.5 Fertigungsversorgung 265
    3.5.6 Fertigungskontrolle 265
    3.5.7 Zeitwirtschaft 276
    3.5.8 Ökologische Aspekte der Produktion 282

3.6 Materialwirtschaft 285
    3.6.1 Bedarfsermittlung und -analyse 285
    3.6.2 Beschaffungsmarkt 291
    3.6.3 Einkaufsorganisation und -abwicklung 297
    3.6.4 Lagerwirtschaft 303
    3.6.5 Transportwesen 310
    3.6.6 Entsorgung und Wiederverwertung 322

3.7 Absatzwirtschaft 326
    3.7.1 Marketing als Teil der Unternehmenskonzeption 326
    3.7.2 Marktkonzept und Marktstrategie..328
    3.7.3 Aufgaben und Objekte der Marktforschung 329
    3.7.4 Produkt- und Sortimentspolitik 333
    3.7.5 Preispolitik...336
    3.7.6 Absatzmethoden 337
    3.7.7 Verkaufsförderung..339
    3.7.8 Werbung und Öffentlichkeitsarbeit (Public Relations)...............345
    3.7.9 Verkauf 346
    3.7.10 Absatzkontrolle...347
    3.7.11 Verbraucherschutz 348

3.8 Arbeitsmethodik 350
    3.8.1 Die Bedeutung der Arbeitsmethodik...350
    3.8.2 Sammeln, Verarbeiten und Vermitteln von Informationen........352
    3.8.3 Protokoll- und Berichtstechnik..354
    3.8.4 Darstellungs- und Gliederungstechniken 356
    3.8.5 Gruppendynamik..359
    3.8.6 Methoden der Problemanalyse und Entscheidungsfindung 360
    3.8.7 Grundlagen der Sprech- und Redetechnik...................................362
        3.8.7.1 Vorbereitung einer Rede 362
        3.8.7.2 Vortragstechnik 363
        3.8.7.3 Diskussionstechnik 364

3.9 Recht im Industrieunternehmen..369
    3.9.1 Grundlagen..369
    3.9.2 Zivilrecht..372
    3.9.3 Arbeitsrecht 394
    3.9.4 Umweltrecht 402

4. Berufs- und arbeitspädagogischer Teil 405

4.1 Grundfragen der Berufsbildung 405
4.2 Planung und Durchführung der Ausbildung 426
4.3 Der Jugendliche in der Ausbildung...452
4.4 Rechtsgrundlagen der Berufsausbildung 480

Die praktische Unterweisung...503

Klausurtypischer Teil..505

Literaturverzeichnis..551

Stichwortverzeichnis 553

1. Der Inhalt der Prüfungsordnung für Industriefachwirte

Die zuständigen Stellen nach dem Berufsbildungsgesetz, d.h. die Industrie- und Handelskammern, können zum Nachweis von Kenntnissen, Fertigkeiten und Erfahrungen, die durch die berufliche Fortbildung zum Industriefachwirt erworben worden sind, Prüfungen durchführen mit dem Ziel festzustellen, "ob der Prüfungsteilnehmer die notwendigen Kenntnisse, Fertigkeiten und Erfahrungen hat, folgende Aufgaben eines Industriefachwirts in Industriebetrieben zu erfüllen:

1. Wahrnehmen qualifizierter Sachaufgaben in kaufmännischen Abteilungen;
2. Erkennen und Beurteilen betrieblicher Gesamtzusammenhänge;
3. Führen von Mitarbeitern sowie Mitwirken bei der beruflichen Bildung von Mitarbeitern."

Zur Prüfung ist zuzulassen, wer

1. eine mit Erfolg abgelegte Abschlußprüfung in einem anerkannten kaufmännischen oder verwaltenden Ausbildungsberuf und danach eine mindestens dreijährige Berufspraxis oder
2. eine mindestens sechsjährige Berufspraxis nachweist. Diese Berufspraxis muß in zwei Bereichen abgeleistet werden. Zu diesen zählen:

    1. Betriebliche Organisation und Unternehmensführung;
    2. Jahresabschluß und Steuern;
    3. Kosten- und Leistungsrechnung;
    4. Personalwirtschaft;
    5. Produktionswirtschaft;
    6. Materialwirtschaft;
    7. Absatzwirtschaft.

    Die praktische Tätigkeit muß der beruflichen Fortbildung zum Industriefachwirt dienlich sein und muß inhaltlich wesentliche Bezüge zu Abläufen in Industriebetrieben haben.
3. In Ausnahmefällen kann durch Vorlage von Zeugnissen oder auf andere Weise glaubhaft gemacht werden, daß der Kandidat Kenntnisse, Fertigkeiten und Erfahrungen erworben hat, die die Zulassung zur Prüfung rechtfertigen.

Die Prüfung gliedert sich in
1. einen wirtschaftszweigübergreifenden Teil
2. einen wirtschaftszweigspezifischen Teil
3. einen berufs- und arbeitspädagogischen Teil (einschließlich einer praktischen Unterweisung).

1. Der Inhalt der Prüfungsordnung für Industriefachwirte

Die schriftliche Prüfung soll im 1. Teil 4 Stunden, im 2. Teil 10 Stunden und im 3. Teil 5 Stunden nicht überschreiten. Hinzu kommen das situationsbezogene Fachgespräch, die praktische Unterweisung und evtl. mündliche Prüfungen, so daß von einer Prüfungsdauer von rund 20 Stunden pro Prüfling auszugehen ist.

2. Der wirtschaftszweigübergreifende Teil der Prüfung

2.1 Volks- und betriebswirtschaftliche Grundlagen

01. Warum muß gewirtschaftet werden?

Anlaß zum Wirtschaften ist die Knappheit der Güter bzw. die Unbegrenztheit der Bedürfnisse.

02. Was ist das Ziel des Wirtschaftens?

Die vorhandenen Mittel sollen sinnvoll eingesetzt werden. Durch das Wirtschaften läßt sich mithin das Ausmaß der Knappheit verringern, jedoch kaum beseitigen; denn die Bedürfnisse der Menschen sind unendlich groß und anstelle befriedigter Bedürfnisse treten neue unbefriedigte hinzu.

03. Wie wird gewirtschaftet?

Gewirtschaftet wird mit dem Ziel, unter Beachtung des wirtschaftlichen Prinzips die natürliche Knappheit der Güter zu vermindern, indem Rohstoffe eingesetzt und durch menschliche Arbeitskraft und unter Verwendung von Maschinen be- und verarbeitet werden, wobei Rohstoffe, Arbeitskräfte und Maschinen sinnvoll, sparsam und rationell eingesetzt werden müssen, weil die knappen Mittel, die durchaus für die verschiedensten Zwecke alternativ zur Verfügung stehen, immer die Entscheidung darüber verlangen, wo und wie sie am zweckmäßigsten verwendet werden sollen.

04. Was versteht man unter dem ökonomischen Prinzip?

Das ökonomische Prinzip besagt, daß mit gegebenen Mitteln der größte Erfolg oder der größte Nutzen erzielt bzw. ein bestimmter Erfolg mit den geringsten Mitteln erreicht werden soll.

05. Was ist ein Gut?

Alles was geeignet ist, menschliche Bedürfnisse zu befriedigen.

06. Welche Voraussetzungen muß ein Gut wirtschaftlich gesehen erfüllen?

a) Es muß ein Bedarf oder ein Bedürfnis nach diesem Gut vorliegen,
b) es muß für die Deckung des Bedarfs oder die Bedürfnisbefriedigung technisch geeignet sein,
c) es muß von den Wirtschaftssubjekten darüber verfügt werden können,
d) es muß knapp sein.

07. Wie werden Bedürfnisse eingeteilt?

Die Knappheit der verfügbaren Mittel schließt eine Deckung aller Bedürfnisse aus. Deshalb stellt jedes Individuum eine Rangordnung seiner Bedürfnisse auf, die gemäß ihrer Dringlichkeit befriedigt werden. An erster Stelle stehen die Existenzbedürfnisse wie Nahrung, Kleidung und Wohnung, die durch lebensnotwendige Güter befriedigt werden. Die nächste Stufe stellen die nicht unbedingt erforderlichen Lebensbedürfnisse dar, es folgen die Luxusbedürfnisse.

08. Wie werden Bedürfnisse befriedigt?

Der Nutzen jeder vorhergehenden Teilmenge eines Gutes ist größer als der Nutzen der folgenden Teilmenge. Der Nutzen der einzelnen Teilmengen eines Gutes wird bei der Befriedigung eines Bedürfnisses immer geringer. Der Nutzen der letzten Teilmenge eines Gutes wird als Grenznutzen bezeichnet. Je größer die zur Verfügung stehende Menge eines Gutes ist, desto größer wird der Grenznutzen.

09. Was versteht man unter Volkswirtschaft?

Volkswirtschaft ist die Gesamtheit aller Wirtschaftssubjekte innerhalb eines Staates. Man versteht unter Volkswirtschaft aber auch das Ineinandergreifen der durch regelmäßige Tauschbeziehungen miteinander verbundenen und durch gegenseitige Abhängigkeit aufeinander angewiesenen Wirtschaftssubjekte, die in unserem Wirtschaftssystem durch den Markt verbunden sind und durch den Markt gesteuert werden.

10. Wie läßt sich eine Volkswirtschaft charakterisieren?

Eine Volkswirtschaft stellt sich uns einerseits dar als eine Summe von Einzelwirtschaften in ihren verkehrswirtschaftlichen Verknüpfungen und andererseits als ein eigenständiges soziales Gebilde. Das wirtschaftliche Leben eines Volkes äußert sich in einer Vielzahl von Vorgängen. So werden z.B. Waren produziert, gelagert, verkauft, Kredite gewährt und zurückgezahlt, Preise gebildet, Löhne und Gehälter gezahlt, Steuern erhoben und Subventionen gewährt. Die Gesamtheit dieser Erscheinungen bildet den Wirtschaftsprozeß, der das Resultat einer Vielzahl von Entscheidungen von Millionen einzelner privater Haushalte, Unternehmungen und öffentlicher Haushalte ist.

11. Was versteht man unter Arbeitsteilung?

Die Arbeitsteilung drückt aus, wie weit eine Volkswirtschaft spezialisiert ist. Es ist heute nicht mehr möglich, daß jeder für sich allein das produziert, was er benötigt. Jeder erzeugt oder leistet im Rahmen der Arbeitsteilung das, was er am besten produzieren kann, so daß die Ergiebigkeit der Arbeit in qualitativer und quantitativer Hinsicht um ein Vielfaches gesteigert werden kann. Jeder tauscht die von ihm hergestellten, aber für den eigenen Verbrauch nicht benötigten Güter gegen andere, von ihm benötigte Güter ein. Die Arbeitsteilung setzt voraus, daß die Möglichkeit eines Austauschs aller Leistungen besteht. Die Arbeitsteilung ist aber auch in Form der beruflichen Gliederung gegeben.

12. Wie können Güter eingeteilt werden?

Güter können nach folgenden Kriterien eingeteilt werden:
a) nach der Konsumreife: Rohstoffe, Halbfertigerzeugnisse, Fertigerzeugnisse,
b) nach dem Verwendungszweck: Konsumgüter und Investitionsgüter,
c) nach der Verwendungsdauer: Verbauchs- und Gebrauchsgüter.

13. Was ist ein Markt?

Als Markt wird das Zusammentreffen von Angebot und Nachfrage bezeichnet. Auf dem Markt treten die Wirtschaftssubjekte als Anbieter oder Nachfrager auf, d.h. als Käufer und Verkäufer, gleichzeitig aber auch als Konkurrenten. Der Markt spiegelt auch die Beziehungen zwischen Kunden, Lieferanten und Konkurrenten im Marktgeschehen wider. Der Markt ist aber gleichzeitig auch Richtungsweiser und Richter über das am Markt Angebotene.

14. Was versteht man unter Betrieb und unter Unternehmung?

Unter Betrieb versteht man die Stätte der Gütererzeugung bzw. der Bedarfsdeckung, die technische, die Produktionseinheit und unter Unternehmung die rechtliche Institution. Ein Unternehmen kann mithin mehrere Produktions- oder Handelsbetriebe umfassen.

15. Was ist das Ziel des betrieblichen Wirtschaftens?

Ziel des betrieblichen Wirtschaftens ist die Erstellung betrieblicher Leistungen in Form von Produktion, Verkauf oder Erbringung von Dienstleistungen, wobei kein Unternehmen für sich isoliert betrachtet werden kann oder losgelöst von der Volkswirtschaft und für sich allein bestehen könnte.

16. Worauf erstrecken sich die Entscheidungen der Unternehmungen?

Diese Entscheidungen erstrecken sich auf:
a) Die Art und Menge der Güter, die produziert oder verkauft werden sollen,
b) die Auswahl der technischen Verfahren, mit denen jedes dieser Güter erzeugt oder verkauft werden soll,
c) die Bestimmung des Käuferkreises,
d) die Festsetzung der Preise.

17. Auf welche Weise werden Güter erzeugt?

Durch die Kombination der Produktionsfaktoren Boden, Kapital und Arbeit bzw. durch das Know how.

2.1.1 Wirtschaftsordnungen und Wirtschaftssysteme

01. Was versteht man unter Wirtschaftsordnung?

Wirtschaftsordnung ist die zusammenfassende Bezeichnung für alle das Wirtschaftsleben regelnden Normen, wie z.B. die Rechtsnormen, die den Rahmen für die

Wirtschaftsverfassung abgeben. Die Wirtschaftsordnung hat die Aufgabe, die einzelnen Entscheidungen der verschiedenen Wirtschaftssubjekte in Übereinstimmung zu bringen.

02. Was versteht man unter Wirtschaftssystem?

Unter Wirtschaftssystem wird die Art der Organisation der Volkswirtschaft verstanden, die nur in zwei Grundformen möglich ist, die allerdings jeweils wieder verschiedene Varianten aufweisen können. Einmal die zentralgeleitete Planwirtschaft und die Verkehrs- oder Marktwirtschaft, d.h., es wirtschaftet entweder der Staat, wobei die Einzelnen lediglich eine vom Staat vorgeschriebene und in allen Einzelheiten festgelegte wirtschaftliche Tätigkeit ausüben, oder es wirtschaften die einzelnen Glieder einer Volkswirtschaft selbständig.

03. In wieweit sind Mischformen verschiedener Wirtschaftssysteme möglich?

Die reine Plan- oder Zentralverwaltungswirtschaft und die reine Marktwirtschaft sind Extremfälle und in der Praxis kaum anwendbar. Sie werden vielmehr den praktischen Bedürfnissen entsprechend modifiziert. In jeder Wirtschaftsordnung ist aber eines der beiden Wirtschaftssysteme dominierend.

04. Was ist das Kennzeichen des Systems der Zentralverwaltungswirtschaft?

Im System der Zentralverwaltungswirtschaft beruht der Ablauf des Wirtschaftsprozesses allein auf staatlichen Plänen. Dazu gehören Entscheidungen über Produktion und Verbrauch, Arbeitsbedingungen, Berufswahl und Ausübung der Erwerbstätigkeiten. Der Staat hat die Verfügungsgewalt über alle Produktionsmittel.

05. Welche Eigentumsverhältnisse herrschen in einer Zentralverwaltungswirtschaft im Hinblick auf die Produktionsmittel?

Im Rahmen einer Zentralverwaltungswirtschaft wäre die Abschaffung des privaten Eigentums an den Produktionsmitteln an sich nicht unbedingt erforderlich. Es würde eine Einengung der persönlichen Entscheidungsgewalt über das Eigentum an den Produktionsmitteln genügen. In der Praxis ist jedoch diejenige Form der Zentralverwaltungswirtschaft am häufigsten, in der das Privateigentum an den Produktionsmitteln abgeschafft ist und der Staat mit seinen Betrieben wirtschaftet, nicht aber eine Vielzahl selbständiger Unternehmer, Handwerker und Bauern.

06. Wie arbeitet eine Zentralverwaltungswirtschaft?

Die persönliche Leistung wird durch Kontrollsysteme überwacht und jede Eigeninitiative damit weitgehend lahmgelegt. Der Marktmechanismus, die Selbstbestimmung von Angebot und Nachfrage, wird ausgeschaltet. Da die Preise für jedes Gut zentral festgelegt werden, fehlt im Falle von Änderungen der Angebots- oder der Nachfrageseite das Signal des freien Preises, das diese Änderungen anzeigt. Der Zentralverwaltungswirtschaft fehlt also das notwendige Instrument, das die Höhe des Bedarfs der Konsumenten wie auch das Angebot der Produzenten schnell und richtig signalisiert. Zur Anpassung bedarf es schwerfälliger anderer Mechanismen, die in der Regel verspätet wirken, wie z.B. Warenrationierung, Angebotskontingentierung, Investitionslenkung, Lohnstop, Berufs- und Arbeitsplatzlenkung, die den notwendigen Ausgleich zwischen der veränderten Nachfrage und dem Angebot herstellen müssen.

07. Wie ist das System der freien Marktwirtschaft gekennzeichnet?

Bestimmendes Element für den Wirtschaftsablauf in einer freien Marktwirtschaft ist die Freiheit des wirtschaftlichen Handelns des Einzelnen. Die Freiheit der individuellen wirtschaftlichen Betätigung soll eine optimale Förderung des Wohlstandes im Zusammenwirken aller bewirken. In der Marktwirtschaft stellt jedes wirtschaftende Individuum unabhängig von den anderen Pläne auf. Diese Einzelpläne werden in einer Marktwirtschaft über den Marktpreismechanismus automatisch koordiniert und aufeinander abgestimmt.

08. Was ist die Konzeption der freien Marktwirtschaft?

Oberstes Prinzip der freien Marktwirtschaft sind die freie Preisbildung und die freie Konkurrenz. Die freie Preisbildung setzt voraus, daß Anbieter und Nachfrager im freien Wettbewerb zueinander stehen, keine monopolartigen Behinderungen bestehen und daß sich der Staat jeglicher Eingriffe enthält. Bei ungehinderter Konkurrenz bei Gewerbefreiheit, Vertragsfreiheit, beim Recht der freien Niederlassung und dem Recht zur Bildung von Zusammenschlüssen besteht die Aufgabe des Staates lediglich darin, den Schutz dieser Rechte zu gewährleisten.

09. Was sind die Nachteile des Systems der freien Marktwirtschaft?

Das System der freien Marktwirtschaft war insbesondere nicht in der Lage, soziale Probleme zu lösen. Rücksichtslose konnten sich zu Lasten Anständiger oder zu Lasten der Allgemeinheit bereichern. Das System der freien Marktwirtschaft wurde daher immer mehr von Methoden des Interventionismus und der staatlichen Wirtschaftslenkung ersetzt.

10. Was ist die Soziale Marktwirtschaft?

Die Soziale Marktwirtschaft ist eine ordnungspolitische Idee mit dem Ziel, auf der Basis der Wettbewerbswirtschaft die freie Inititative mit einem gerade durch die marktwirtschaftliche Leistung gesicherten sozialen Fortschritt zu verbinden.

11. Was sind die Grundlagen der Sozialen Marktwirtschaft?

Die Soziale Marktwirtschaft beruht auf folgenden Prinzipien, die allerdings nicht überall in der Wirtschaftspraxis im vollen Umfang gewährleistet sind und infolgedessen zu Angriffen gegen das System der Sozialen Marktwirtschaft geführt haben:

a) Das Preissystem der vollständigen Konkurrenz,
b) die Stabilität der Währung,
c) den freien Zugang zu den Märkten und Gewerbefreiheit,
d) Privateigentum an den Produktionsmitteln,

e) volle Haftung, damit der Weg zur Rentabilität nur über eine adäquate Leistung führt,
f) die Konstanz der Wirtschaftspolitik,
g) die staatliche Monopolkontrolle,
h) die staatliche Finanzpolitik, die vor allem mit Hilfe der progressiven Einkommensteuer, die jedoch die Investitionsneigung nicht fühlbar beeinträchtigen darf, die Einkommensverteilung korrigieren soll,
i) Bestimmungen über die Länge der Arbeitszeit und den Umfang der Frauen- und Kinderarbeit und ähnliche Maßnahmen zum Schutz der menschlichen Arbeitskraft.

12. Wie ist die soziale Komponente im System der Sozialen Marktwirtschaft gesichert?

Der soziale Charakter der Sozialen Marktwirtschaft kommt einmal in der institutionellen Sicherung des Wettbewerbs und der sozialen Verpflichtung des Eigentums, zum anderen in einer staatlichen Korrektur des Einkommenskreislaufs zugunsten wirtschaftlich Schwacher zum Ausdruck. Dies geschieht auf der einen Seite durch eine progressiv gestaltete Einkommensteuer und auf der anderen durch Gewährung von Fürsorgeleistungen, Renten und sonstigen Sozialleistungen, Wohnungsbau- und Agrarsubventionen sowie Sparförderungen.

13. Wann wäre das System der Sozialen Marktwirtschaft gefährdet?

Die Soziale Marktwirtschaft darf sich weder hin zum staatlichen Wirtschaftsdirigismus bewegen, weil dadurch das Prinzip des freien Rechtsstaates gefährdet wäre, noch hin zur unbegrenzten Freiheit, weil dadurch das Sozialstaatsprinzip verletzt würde. Sie darf aber auch nicht die Eigeninitiative lähmen, etwa durch eine übermäßige Besteuerung, z.B. aus Gründen eines falsch verstandenen Gerechtigkeitsdenkens.

14. Was ist das Instrumentarium der Sozialen Marktwirtschaft?

Da die Erhaltung des Marktmechanismus eine der wesentlichen Aufgaben der Sozialen Marktwirtschaft ist und nur sog. marktkonforme Mittel zur Steuerung der Wirtschaft angewandt werden können, muß die Lösung der Ziele der Sozialen Marktwirtschaft mit den Mitteln der Geld-, Währungs-, Kredit- und Steuerpolitik sowie der Finanz-, Außenhandels- und Konjunkturpolitik erreicht werden.

15. Wie können die Ziele der Sozialen Marktwirtschaft erreicht werden?

Die Ziele der Sozialen Marktwirtschaft erfordern eine enge Koordination der Wirtschaftspolitik mit ihren Teilbereichen Finanz-, Steuer-, Agrar-, Verkehrs-, Kredit-, Währungs- und Sozialpolitik sowie der Konjunkturpolitik und sind nur durch genau aufeinander abgestimmte Maßnahmen zu verwirklichen.

16. Welche weiteren Probleme müssen gelöst werden?

Die weltweite Rezession der Jahre 1974/75 hat die Soziale Marktwirtschaft vor neue Aufgaben gestellt. Es galt, Maßnahmen zur Ankurbelung und Stabilisierung der

Konjunktur auf einem hohen Niveau bei Vermeidung von Dauerarbeitslosigkeit zu treffen und ein Bildungssystem zu schaffen, das Chancengleichheit garantiert, den Anforderungen der Zukunft angepaßt ist und eine ständige Weiterbildung ermöglicht. Seit 1989 besteht die Gefahr einer Konjunkturüberhitzung bei hoher Arbeitslosigkeit trotz fehlender Fachkräfte infolge fehlender Qualifikationen.

17. Was will die staatlich gelenkte Wirtschaft?

Sie will mehr oder weniger stark detaillierte staatliche Pläne an die Stelle marktwirtschaftlicher Entscheidungen setzen und die Unternehmungen zwingen, die staatlichen Vorstellungen zu akzeptieren.

18. Haben derartige Vorstellungen Aussicht auf Erfolg?

Nein, denn bislang sind alle derartigen Versuche fehlgeschlagen, weil jeder Dirigismus zu neuen unerwünschten Folgen führt, die wiederum mit neuen dirigistischen Maßnahmen bekämpft werden müssen.

19. Welche Gründe sprechen außerdem gegen eine staatlich gelenkte Wirtschaft?

Solange es nicht möglich ist, sich der weltwirtschaftlichen Verflechtung zu entziehen, werden staatlich gelenkte Wirtschaften benachteiligt sein. Es wird niemand bereit sein, in diesem Land von außen her zu investieren und das im Land vorhandene Kapital wird zur Kapitalflucht neigen.

20. Vor welchen Problemen steht die Wirtschaft der neuen Bundesländer?

Die Wirtschaft der neuen Bundesländer war zum Zeitpunkt des Zusammenbruchs der DDR total ruiniert: die Produktionsstruktur war veraltet, Ersatzinvestitionen wurden nicht vorgenommen, dem Umweltschutz wurde keine Bedeutung beigemessen, so daß Abfälle, wie Altöl, ungehindert in den Grundwasserbereich eindringen konnten, die Luftverschmutzung als Folge einer veralteten Technik hat in weiten Teilen des Landes die Gesundheit der Bevölkerung ernsthaft bedroht, die Städte zerfallen und die Straßen sind modernen Anforderungen nicht gewachsen. Es wurde volkswirtschaftlich gesehen mehr verteilt, als erarbeitet worden war und im übrigen wurden unbezahlbare Ansprüche einzelner oder von Gruppen ohne Rücksicht auf die Finanzierbarkeit festgeschrieben.

21. Wie sind die Probleme der neuen Bundesländer zu lösen?

Die Lösung der Probleme in den neuen Bundesländern erfordert zunächst ein Umdenken, und zwar in eine Richtung, die bisher verboten war, nämlich in die marktwirtschaftliche Denkweise. Marktwirtschaft wiederum ist nur mit Hilfe kapitalistischer Arbeitsweise, marktwirtschaftlicher Methoden und Eigentum an den Produktionsmitteln sowie an Grund und Boden realisierbar. Sodann ist ein enormer Kapitaleinsatz erforderlich, der wiederum nur dann zur Verfügung steht, wenn er rentierlich ist, d.h. es muß eine hohe Produktivität erzielt werden. Mithin müssen veraltete Anlagen stillgelegt werden, die Voraussetzungen für den Bau und die Inbetriebnahme modernster Produktionsanlagen müssen schnellsten geschaffen werden und die Arbeitnehmer müssen mobil und lernwillig sein. Niemand kann ein Recht auf seine bisherige Arbeit oder seinen bisherigen Beruf geltend machen. Die hohen Löhne der alten Bundesländer sind nur unter der Voraussetzung in den neuen Bundesländern gerechtfertigt, daß eine entsprechende Produktivität mit Hilfe modernster Technik erzielt wird.

22. Welche Gesichtspunkte sprechen für eine schnelle Lösung der Probleme in den neuen Bundesländern?

Nach dem totalen Zusammenbruch Deutschlands im Jahre 1945 wurden die noch verbliebenen und intakten Industrieanlagen demontiert und nach England bzw. in die Sowjetunion transportiert und dort als Ersatz für die eigene kriegszerstörte Industrie in Betrieb genommen. Das war die entscheidende Voraussetzung für den Wiederaufbau in Verbindung mit dem Geld aus dem Marshallplan der USA. Überdies wurden neue Produktionsstrukturen in Verbindung mit der Einführung des freien Handels geschaffen, d.h. es wurde Wert darauf gelegt, jeweils unter kostengünstigsten Bedingungen zu produzieren. Ähnlich wurde bei der Einführung der Automatisierungsverfahren: was sich nicht rechnete, wurde kurzerhand stillgelegt und durch modernere Verfahren und Anlagen ersetzt mit der Folge, daß die alten Bundesländern zu den modernsten Ländern der Erde neben z.B. Japan, den USA und Kanada zählen. Dieser Erneuerungsprozeß dürfte sich in den neuen Bundesländern wiederholen. Wo immer die Eigentumsfrage befriedigend geklärt werden konnte, sind schon jetzt modernste Produktionsanlagen in Betrieb. Der Ausbildungs- und Wissenstand der Bürger der neuen Bundesländer entspricht in etwa dem der alten Bundesländer, wenn man von dem technikbedingten Anpassungswissen der neuen Anlagen und Geräte absieht. Die Motivation und der Wille der Bevölkerung ist vorhanden, sich fehlendes Wissen so schnell und so gründlich wie möglich anzueignen. Die ständig steigende Nachfrage zwingt zu schnellem Handeln. Schon ein Jahr nach der Wiedervereinigung gibt es in zahlreichen Fällen einen Personalengpaß, viele Ausbildungsplätze können nicht besetzt werden, die Luftverschmutzung ist durch Stillegung besonders immissionsstarker Anlagen oder durch den Einbau von Filtern schon deutlich zurückgegangen. Andererseits steigt die Arbeitslosigkeit, auch unter Jugendlichen, weil die bestehende Industriestruktur aufgrund der veralteten Anlagen und Geräte total verändert werden muß.

23. Was ist Wachstum?

Wachstum ist die Zunahme des Wirtschaftens von einer Periode zur nächsten. Diese Zunahme kann nominal oder real angegeben werden, d.h. unter Berücksichtigung, ob der Anstieg des Preisniveaus enthalten ist oder nicht.

Damit eine Wirtschaft überhaupt wachsen kann, muß die Nachfrage steigen, und es muß mehr als bisher produziert werden. Das Wachstum war bisher notwendig, weil die Bevölkerungsvermehrung dies erforderte und es war möglich, weil der technische Fortschritt die Voraussetzungen dazu schuf.

Dem Wachstum sind jedoch Grenzen gesetzt, und zwar zunächst durch die nicht vermehrbaren und die nicht ersetzbaren Rohstoffe und weiter durch die Umweltbelastungen, die in vielen Bereichen und Gebieten die Grenzen des Erträglichen überschritten haben oder die zu ernsten Belastungen für die gesamte Menschheit oder deren Zukunft geworden sind. Auch werfen die ständig steigenden Kosten der Beseitigung der Umweltschäden Probleme der Aufbringung auf.

2.1.2 Wirtschaftskreislauf

01. Welche Stellung nimmt der Betrieb in der Gesamtwirtschaft ein?

Kein Betrieb kann für sich allein existieren, sondern steht im engen Zusammenhang mit anderen Betrieben, und zwar mit Vorproduzenten und mit Abnehmern. Je entwickelter eine Volkswirtschaft ist, desto größer ist in der Regel die Kette zwischen der Urerzeugung und dem Letztverbraucher. Man spricht in diesem Zusammenhang von dem vom Nationalökonomen *Böhm-Bawerk* entwickelten Gesetz vom produktiven Umweg. Während z.B. früher der Bauer mit dem von ihm erzeugten Mehl selbst sein eigenes Brot gebacken hat, erfolgt der Produktionsprozeß heute wesentlich differenzierter. Der Bauer benötigt zur Bestellung seines Feldes eine Reihe von Vorprodukten, wie z.B. Maschinen zur Feldbestellung, Düngemittel usw. Er liefert den Weizen und andere Ernteerzeugnisse über den Landhandel an Mühlen bzw. Schlachthöfe, die ihrerseits wieder über eine Vielzahl von Verteilungsstationen ihre Erzeugnisse an Bäckereien, Schlachtereien und Supermärkte liefern. In diesem arbeitsteiligen Produktions- und Verteilungsprozeß werden wiederum eine Reihe anderer Vorprodukte benötigt, z.B. von den Mühlen automatische Anlagen, von den Brotfabriken Automaten und Verpackungsmaschinen, Tüten usw., so daß jeder Hersteller gleichzeitig Abnehmer von Vorprodukten und Lieferant anderer Vorproduzenten oder Endabnehmer ist.

02. Unter welchen Voraussetzungen wird ein Betrieb produzieren?

Ein Betrieb wird in der Regel nur dann produzieren, wenn er annimmt, daß er seine Erzeugnisse auf dem Markt zu einem Preis absetzen kann, der seine Kosten deckt und eine angemessene Gewinnspanne ermöglicht.

03. Wie wird der Betrieb die notwendigen Feststellungen treffen, ob sich die Produktion lohnt?

Er wird durch Marktforschung festzustellen versuchen, ob seine Erzeugnisse gefragt sind, und er wird die Preise feststellen, zu denen diese Erzeugnisse abgesetzt werden können. Sodann wird er prüfen, ob zu diesen Preisen die Produkte produziert werden können.

04. Was bezeichnet man als volkswirtschaftliche Produktionsfaktoren?

Als Produktionsfaktoren bezeichnet man Boden, Kapital, Arbeit und das Know how.

05. Wie gestalten die Betriebe die Produktionsfaktoren?

Die Betriebe versuchen, die Produktionsfaktoren so zu kombinieren, daß ein optimaler Erfolg erwirtschaftet werden kann. Dabei kommt es insbesondere darauf an, günstigste Marktentwicklungen zu erzielen und technische Größen in wirtschaftliche Werte umzusetzen. Hierzu gehören die richtige Lösung der Investitionsprobleme, die sinnvollste Abgrenzung des Produktions- oder Verkaufsprogramms, die Wahl des günstigsten Standorts, die zweckmäßigste Form der Finanzierung, die beste Betriebsorganisation und die Erzielung des größtmöglichen Verkaufserfolges.

06. Was ist das Sozialprodukt?

Das Sozialprodukt verkörpert den Wert aller in der Volkswirtschaft während eines Jahres produzierten Konsum- und Investitionsgüter sowie der geleisteten Dienste und wird mit Hilfe der Wertschöpfung berechnet.

07. Welche Bedeutung hat das Sozialprodukt?

Das Sozialprodukt kann als Wertmesser der Wirtschaftskraft angesehen werden.

08. Wie wird das Volkseinkommen berechnet?

Bei der Berechnung des Volkseinkommens wird vom Produktionswert einer Volkswirtschaft ausgegangen. Dieses setzt sich aus den inländischen Verkaufserlösen der Waren und Dienstleistungen, dem Eigenverbrauch erzeugter Produkte und den Bestandsveränderungen zusammen. Zwecks Vermeidung von Doppelzählungen müssen vom Bruttoproduktionswert die Faktorkosten und die sonstigen Kosten für nicht selbst erzeugte Produkte, d.h. die Vorleistungen abgezogen werden. Auf diese Weise erhält man das Bruttosozialprodukt. Von diesem zieht man die Abschreibungen ab und erhält so das Nettosozialprodukt zu Marktpreisen. Dieses stellt die Wertschöpfung eines Jahres dar. Davon müssen die indirekten Steuern abgezogen und die Subventionen hinzugerechnet werden. Das Ergebnis stellt das Nettosozialprodukt zu Faktorkosten dar. Es wird auch als das Volkseinkommen bezeichnet. Zieht man davon die direkten Steuern ab, so erhält man das verfügbare Einkommen.

09. Wie wird das Bruttosozialprodukt verwendet?

Das Bruttosozialprodukt wird verwendet:

a) Für den privaten Verbrauch der Haushalte,
b) für den Staatsverbrauch,
c) für die Investitionen (Anlage-, Ersatz-, Neu- und Vorratsinvestitionen).

10. Was bezeichnet man als Bruttoinlandsprodukt?

Das Bruttoinlandsprodukt ist eine neue Berechnungsgröße, die in vielen Ländern dem Bruttosozialprodukt vorgezogen wird und seit 1992 auch neben dem Bruttosozialprodukt vom Statistischen Bundesamt ermittelt wird. Das Bruttoinlandsprodukt mißt die Produktion von Waren und Dienstleistungen in einem bestimmten Gebiet - dem Inland - unabhängig davon, ob diejenigen, die die Produktionsfaktoren bereitgestellt haben, ihren ständigen Wohnsitz in diesem Gebiet haben. Das Bruttoinlandsprodukt repräsentiert also die im Inland in einem bestimmten Zeitraum erbrachte wirtschaftliche Leistung. Das Bruttosozialprodukt hingegen bezieht sich auf diejenigen Güter, die mit Hilfe der Faktorleistung Arbeit und Kapital der Einwohner eines bestimmten Gebietes produziert wurden, und zwar unabhängig davon, ob diese Faktorleistung im Inland oder im Ausland erbracht wurde. Es wird wie folgt berechnet:

Bruttoinlandsprodukt	(in Deutschland erbrachte wirtschaftliche Leistungen)
– empfangene Faktoreinkommen	(an Wirtschaftseinheiten, die in der übrigen Welt ihren Sitz haben)
+ empfangene Faktoreinkommen	(aus der übrigen Welt an Wirtschaftseinheiten in Deutschland erbrachte Leistungen)
= Bruttosozialprodukt.	

Der Vorteil des Bruttoinlandsprodukts als Indikator für das Wirtschaftswachstum liegt darin, daß es die Produktion von Waren und Dienstleistungen in einem Wirtschaftsgebiet unmittelbar mißt. Es läßt sich gut mit anderen Konjunkturindikatoren, wie Auftragseingang, Produktion, Umsatz oder Zahl der Beschäftigten in Relation setzen.

11. Welche Bedeutung haben die Investitionen?

Den Investitionen kommt eine besondere Bedeutung innerhalb der Verwendung des Sozialprodukts zu, denn von ihnen hängt das Sozialprodukt von morgen ab, und zwar nicht nur die Höhe der künftigen Erzeugung von Gütern und Leistungen, sondern auch die Wertschöpfung.

12. Welche Einkommensarten unterscheidet man?

Man unterscheidet:

a) Das Arbeitseinkommen, d.h. das Einkommen aus Arbeitsleistungen wie Lohn und Gehalt der unselbständig Tätigen,
b) das Unternehmereinkommen,
c) das Kapitaleinkommen, d.h. das Einkommen aus dem Produktionsfaktor Kapital (Zinsen des Kapitaleinsatzes),
d) das Bodeneinkommen, d.h. das Einkommen aus dem Produktionsfaktor Boden.

13. Wie setzt sich das Unternehmereinkommen zusammen?

Das Unternehmereinkommen setzt sich zusammen:

a) Aus dem Unternehmerlohn als der Vergütung für die Tätigkeit, die der Unternehmer in seinem Betrieb leistet,
b) aus der Risikoprämie als dem Entgelt für das Wagnis,
c) aus dem Unternehmergewinn als dem Entgelt für die besonderen Leistungen der Unternehmungen.

14. Was versteht man unter einem Wirtschaftskreislauf?

Unter einem Wirtschaftskreislauf versteht man die Darstellung der wirtschaftlichen Leistungen in einem geschlossenen Zusammenhang.

15. Welche Ströme sind in einem Wirtschaftskreislaufschema enthalten?

Man unterscheidet zwischen Güterströmen und Geldströmen.

Produktionsgüterstrom: Die Haushalte stellen den Unternehmungen die produktiven Kräfte zur Verfügung.

Konsumgüterstrom: Die Unternehmungen kombinieren die produktiven Kräfte und stellen Konsumgüter her. Von den Haushalten wird die gesamte Güterproduktion gekauft und verbraucht. Mithin ist der Güterkreislauf geschlossen.

Einkommenstrom: Die Unternehmungen zahlen für die produktiven Leistungen an die Haushalte Einkommen und Zinsen, und die Haushalte verwenden ihr Einkommen zum Kauf der Konsumgüter. Das Geld fließt in die Unternehmungen zurück, die es wiederum zum Bezug produktiver Kräfte verwenden. Der Geldkreislauf ist geschlossen.

16. Welche Bedeutung hat der Lohn innerhalb des Wirtschaftskreislaufs?

Der Lohn hat eine zweifache Wirkung. Er versetzt den Verbraucher in die Lage, auf dem Markt als Nachfrager aufzutreten. Die Höhe des Lohnes ist also mitentscheidend dafür, wieviel der Verbraucher von den angebotenen Gütern und Dienstleistungen kaufen kann. Der Lohn ist aber andererseits auch ein Kostenfaktor der Produktion und mitentscheidend für die Preisgestaltung.

17. Wie wirkt das Geld im Verhältnis zur Produktion?

Wenn die Haushalte zu wenig Geld für Käufe bei den Unternehmen ausgeben - sei es, daß sie nicht wollen und das Geld lieber horten, oder sei es, daß sie ein zu geringes Einkommen haben und mithin nicht kaufen können, - geht die Produktion zurück. Auf der anderen Seite ist Geld ohne eine Warendeckung sinnlos. Das Geld ist also durch die jeweilige Produktion von Gütern und Dienstleistungen pro Jahr - das Sozialprodukt - gedeckt. Sein Wert ist damit im Grundsatz durch das Verhältnis der Geldmenge zur Menge der produzierten Güter und Dienstleistungen bestimmt. Ein Zuviel oder ein Zuwenig an Geld im Verhältnis zur vorhandenen Menge an Gütern und Dienstleistungen führt daher zwangsläufig zu Störungen im Kreislauf.

2.1.3 Märkte und Preisbildung

01. Wie bezeichnet man das Zusammentreffen von Angebot und Nachfrage?

Überall da, wo sich Güter und Geld begegnen, d.h., wo ein wirtschaftliches Angebot auf eine kaufkräftige Nachfrage trifft, entsteht ein Markt.

2.1.3 Märkte und Preisbildung

02. Was versteht man unter einem Preis?

Unter einem Preis versteht man den in Geld ausgedrückten Gegenwert (Tauschwert) einer Ware, eines Rechts oder einer Dienstleistung.

03. Welche Arten von Preisen unterscheidet man?

Man unterscheidet:

a) Den Warenpreis,
b) den Zins als Preis für das Kapital,
c) den Lohn als Preis für die Arbeit.

04. Welche Arten des Warenpreises werden unterschieden?

Man unterscheidet:

a) Den Wettbewerbspreis (Marktpreis). Er wird zwischen Anbietern und Nachfragern im Wettbewerb auf dem Markt gebildet;
b) den Monopolpreis, der autonom von dem alleinigen Anbieter - in seltenen Fällen auch von dem alleinigen Nachfrager - festgesetzt wird;
c) den staatlich gebundenen Preis, der vom Staat durch Gesetz als Höchst- oder Mindestpreis unmittelbar festgesetzt wird.

05. Wo bildet sich in der Regel der Preis der Ware?

Der Preis für eine Ware oder eine Dienstleistung bildet sich am Markt unter dem Einfluß von Angebot und Nachfrage. Umgekehrt beeinflußt der Preis auch den Umfang von Angebot und Nachfrage mit der Tendenz, beide zum Ausgleich zu bringen: Bei großem Angebot und knapper Nachfrage sinkt der Preis, so daß mehr gekauft werden kann. Sinken die Preise allgemein, dann bedeutet dies, daß die Kaufkraft des Geldes steigt.

Bei knappem Angebot und großer Nachfrage steigt der Preis, so daß dann weniger gekauft werden kann. Steigen die Preise allgemein, so bedeutet dies ein Sinken der Kaufkraft des Geldes.

06. Wie entstehen Angebots- und Nachfragebeziehungen?

Die wirtschaftliche Aktivität der Unternehmungen äußert sich in der Weise, daß sie sowohl als Anbieter von Produkten auftreten als auch zur Erzeugung dieser Produkte Leistungen von Produktionsfaktoren nachfragen. Andererseits sind die Haushalte Anbieter von Faktorleistungen, aus denen sie auf den Märkten der Produktionsfaktoren Einkommen erzielen. Mit diesem Einkommen fragen sie diejenigen Güter nach, die von den Unternehmungen auf den Gütermärkten angeboten werden. Auf diese Weise entstehen Angebots-Nachfrage-Beziehungen zwischen Unternehmungen und Haushalten, aus denen die Güterpreise entstehen.

07. Wie entsteht eine Nachfrage?

Die Nachfrage nach Gütern wird durch die Bedürfnisse hervorgerufen, indem die Individuen Güter zu erwerben wünschen, um sie für die Befriedigung ihrer Bedürfnisse zu verwenden. Da aber die Knappheit der Güter eine Befriedigung aller Bedürfnisse ausschließt, hat der Preis die Aufgabe, eine Sättigung dieser Bedürfnisse nur in dem Ausmaß zuzulassen, das der vorhandenen Gütermenge, die im Angebot zum Ausdruck kommt, entspricht. Deshalb bestimmt der Preis, welche Bedürfnisse am Markt effektiv als Nachfrage wirksam werden.

08. Wovon hängt die Gesamtnachfrage nach einem Gut ab?

Die Gesamtnachfrage nach einem Gut hängt vor allem von dem Preis ab, der auf dem Markt für das Gut gezahlt werden muß. Da aber jeder Haushalt auch andere Güter erwerben möchte, sind für die Nachfrage nach einem Gut auch die Preise der anderen Güter, die vom Haushalt nachgefragt werden, bedeutsam. Für die Nachfrage ist aber auch die subjektive Wertschätzung und schließlich auch die Höhe des vorhandenen Einkommens entscheidend.

09. Welche Größen beeinflussen das Angebot der Unternehmungen?

Das Angebot der Unternehmungen hängt von zwei entscheidenden Größen ab, und zwar von dem Kostenverlauf des Unternehmens und von den Erlösen, die erzielt werden können.

10. Welche Faktoren bestimmen die Höhe des Preises?

Für die Höhe des Preises, den eine Unternehmung erzielen kann, ist es entscheidend, ob sein Vorgehen von den Aktionen anderer Unternehmungen abhängig ist. Es ist also entscheidend, ob Wettbewerb herrscht. Je stärker der Wettbewerb ist, desto geringer ist die Marktmacht des einzelnen Unternehmens.

11. Was bezeichnet man als Marktform?

Als Marktform bezeichnet man ein gedankliches Modell, das die Situation auf den Märkten charakterisiert und zwar im Hinblick auf die Zahl der Marktteilnehmer und den damit gegebenen Konkurrenzbeziehungen. Für die Preisbildung werden die Angebots- und Nachfragebeziehungen auf den Märkten in vollständige Konkurrenz, Monopole, Oligopole und Polypole unterteilt.

12. Was erschwert den Marktzutritt neuer Anbieter?

Absolute Kostenvorteile der bestehenden Unternehmungen durch Patente, die eine Kontrolle der Produktionsmethoden ermöglichen, Vorteile in der Rohstoff- und Materialbeschaffung, das Vorhandensein von spezialisierten Fachkräften, eine günstige Kapital- und Kreditbeschaffung, Vorteile im Absatz durch eingeführte Erzeugnisse, ein sicherer Kundenstamm, eine eingeführte Absatzorganisation.

13. Welche Wirkungen haben die Marktformen auf die Preisbildung?

Werden Angebotspreise durch das Verhalten einzelner Anbieter beeinflußt, so spiegelt die Preisbildung nicht mehr das objektive Knappheitsverhältnis der Produktionsmittel und Produkte im Verhältnis zur Nachfrage wider. Der einzelne Anbieter ist gezwungen, seine Angebotsmenge zu regulieren.

2.1.3 Märkte und Preisbildung

14. Welche Marktformen werden unterschieden?

Auf Märkten bildet sich der jeweilige Preis u.a. aufgrund der Marktstellung der Anbieter und Nachfrager. Entscheidend für die Stellung der Marktpartner ist die Anzahl der Marktteilnehmer und der Marktanteil. Die Anzahl der Marktteilnehmer kann auf jeder Marktseite zwischen einem und vielen liegen. In der volkswirtschaftlichen Theorie geht man von drei konkreten Marktformen aus, nämlich dem Monopol, dem Obligopol und der vollständigen Konkurrenz. Mit Hilfe der Theorie der Marktformen soll daher die Preisbildung erläutert werden. Die Marktformen lassen sich wie folgt in einem Schema darstellen.

Zahl der Nachfrager \ Zahl der Anbieter	einer	wenige	viele
einer	bilaterales Monopol	oligopolisch beschränktes Nachfragemonopol	Nachfragemonopol
wenige	oligopolisch beschränktes Angebotsmonopol	bilaterales Oligopol	Nachfrageoligopol
viele	Angebotsmonopol	Angebotsoligopol	bilaterales Polypol (atomistische Konkurrenz)

Die Marktform des Angebotsmonopols liegt vor, wenn ein Anbieter vielen Nachfragern gegenübersteht und jeder Nachfrager nur über einen geringen Marktanteil verfügt. Umgekehrt stehen beim Nachfragemonopol einem Nachfrager viele Anbieter mit jeweils nur geringen Marktanteilen gegenüber. Steht hingegen einem Anbieter nur ein Nachfrager gegenüber, so ist der Fall eines zweiseitigen oder bilateralen Monopols gegeben. Der Preis bildet sich in diesem Fall erst nach harten Preiskämpfen.

Unter Konkurrenz werden alle Beziehungen verstanden, die zwischen Wirtschaftssubjekten als Anbietern oder Nachfragern bestehen. Angebotskonkurrenz liegt vor, wenn es sich um Beziehungen unter Anbietern handelt, Nachfragekonkurrenz, wenn es sich um Beziehungen zwischen Nachfragern handelt.

Das Konkurrenzprinzip besagt, daß jeder Anbieter (Nachfrager) davon ausgehen muß, daß sein Absatz (Einkauf) nicht nur von seinen eigenen Dispositionen und dem Verhalten der Käufer (Verkäufer) abhängt, sondern auch von den Dispositionen anderer Anbieter (Nachfrager). Bei dem Konkurrenzprinzip wird also für Anbieter und Nachfrager das Ergebnis ihrer Handlungen von Faktoren mitbeeinflußt, die sie nicht unter Kontrolle haben.

Bei den Konkurrenzbeziehungen werden die homogene und die heterogene Konkurrenz unterschieden. Homogene Konkurrenz liegt vor, wenn zwei oder mehrere Anbieter ein vollständig gleiches Gut anbieten, was völlige Markttransparenz voraussagt. Eine Konkurrenzbeziehung, bei der vollständige Markttransparenz vorausgesagt wird, wird auch als vollkommene Konkurrenz bezeichnet. Bei homogener oder vollkommener Konkurrenz gibt es für eine Mengeneinheit eines bestimmten Gutes zu einem Zeitpunkt immer nur einen Preis. Von heterogener Konkurrenz wird gesprochen, wenn die angebotenen Güter von den Nachfragenden nicht als gleich angesehen werden. Die Folge ist, daß die Preise für die angebotenen Güter verschieden sein können.

Bei der vollständigen Konkurrenz (bilateralem Polypol) stehen sich jeweils viele Anbieter und Nachfrager mit sehr kleinen Marktanteilen gegenüber.

Die Angebotskonkurrenz wird als monopolistisch bezeichnet, wenn ein Anbieter sich zwar so verhält, als ob sein Absatz nur von seinen Aktionsparametern Preis oder Menge abhängig ist, aber doch damit rechnet, daß weitere Anbieter auftreten.

Ein Anbieter handelt als Mengenanpasser, wenn er den jeweiligen Marktpreis als gegeben hinnimmt und seine Absatzmenge danach einrichtet.

Bei atomistischer Angebots- und Nachfragestruktur stehen sich Käufer und Verkäufer in großer Zahl mit jeweils geringen Marktanbietern gegenüber.

Eine Konkurrenzbeziehung wird polypolistisch genannt, wenn ein Anbieter Preis oder Menge festsetzt, aber nicht damit rechnet, daß seine Konkurrenten auf diese Preis- oder Mengenfixierung reagieren, indem sie ihrerseits ihre Absatzpreise oder Angebotsmengen ändern.

Oligopolistische Konkurrenz liegt vor, wenn der Anbieter zwar sowohl Preis als auch Menge als Aktionsparameter besitzt, jedoch damit rechnet, daß die anderen Anbieter auf seine Preis- bzw. Mengenanpassungen reagieren und damit seinen Absatz mit beeinflussen.

In der Praxis dürfte die Marktform des Angebotsoligopols die am häufigsten anzutreffende Marktform sein. Ein Angebotsoligopol liegt vor, wenn wenigen Anbietern mit ungefähr gleich großen Marktanteilen viele Nachfrager mit nur geringen Marktanteilen gegenüberstehen. Bei einem Oligopol rechnen die Anbieter also damit, daß aufgrund ihres hohen Anteils an diesem Markt der einzelne Marktteilnehmer einen Einfluß auf das Marktgeschehen ausübt. Beim Angebotsoligopol muß der einzelne Anbieter neben seinen eigenen Reaktionen und denen der Nachfrager auch die Reaktionen seiner Mitbewerber berücksichtigen. Eine Konkurrenzsituation wird als freie Konkurrenz bezeichnet, wenn der Zugang weiterer Anbieter oder Nachfrager zu einem bestimmten Markt keinerlei Beschränkungen unterliegt. Eine Konkurrenz ist geschlossen, wenn der Zugang neuer Anbieter gesperrt ist. Ist der Zugang an bestimmte Bedingungen geknüpft, so wird diese Situation als beschränkte Konkurrenzbeziehung bezeichnet.

15. Was unterscheidet die makroökonomische und die mikroökonomische Betrachtungsweise der Wirtschaft?

Gegenstand der Makroökonomie ist die Analyse gesamtwirtschaftlicher Zusammenhänge und Prozesse auf der Basis aggregierter Größen. Dies bedeutet, daß Gegenstand der Analyse das Verhalten und Zusammenwirken der zu Gruppen oder

Sektoren zusammengefaßten Wirtschaftseinheiten, z.B. der Haushalte und Unternehmungen ist, wobei individuelle oder einzelwirtschaftliche Dispositionen und die heterogene Zusammensetzung der zugrunde gelegten Größen unberücksichtigt bleiben.

Mit Hilfe einer makroökonomischen Theorie, die das Verhalten der Gruppen und Sektoren erklärt und dadurch eine Erklärung von Reaktionen auf gesamtwirtschaftlicher Datenänderungen möglich macht, kann Antwort auf folgende Fragen gegeben werden:

Welche Faktoren bestimmen die Höhe des gesamtwirtschaftlichen Einkommens und Sozialprodukts? Wovon hängt das Beschäftigungsniveau ab und unter welchen Bedingungen kann in einer Volkswirtschaft eine dauerhafte Vollbeschäftigung der Produktionsfaktoren erreicht werden? Wodurch sind Konsum, Sparen und Investitionen volkswirtschaftlich bestimmt? Wovon hängt die Höhe des Preisniveaus in einer Volkswirtschaft ab?

Hingegen ist Gegenstand der Mikroökonomie die Abstimmung der individuellen Wirtschaftspläne insbesondere durch die Preisbildung, d.h. es wird der Frage nachgegangen, wie das einzelwirtschaftliche Verhalten der Anbieter und Nachfrager über die Preisbildung koordiniert wird. Im Rahmen der mikroökonomischen Betrachtung interessieren z.B. die Beziehungen, die zwischen einer Veränderung des Realeinkommens eines Haushalts und seiner mengenmäßigen Nachfrage nach bestimmten Gütern bestehen.

2.1.4. Geld und Kredit

01. Welche Aufgaben haben die Kreditinstitute?

Obwohl im Alltag und im Wirtschaftsleben der Begriff Bank eine große Rolle spielt und auch deutlich sichtbar in Firmenbezeichnungen wie z.B. Deutsche Bank oder Volksbank zum Ausdruck kommt, ist rechtlich der Name Kreditinstitut verbindlich. Nach § 1 des Gesetzes über das Kreditwesen vom 10.07.1961 ergeben sich die Aufgaben der Banken aus den Funktionen, die sie als Unternehmungen des privaten und öffentlichen Rechts in der Wirtschaft zu erfüllen haben. Kreditinstitute sind Unternehmungen, die Bankgeschäfte betreiben, wenn der Umfang dieser Geschäfte einen in kaufmännischer Weise eingerichteten Geschäftsbetrieb erfordert. Da in der Volkswirtschaft ein hoher Kreditbedarf zur Finanzierung von Investitionen aller Art besteht, stellen diejenigen, die Geld sparen, dieses den Kreditinstituten gegen Zinsen zur Weiterleitung an die Kreditnehmer zur Verfügung.

02. Welche Sparformen werden unterschieden?

An Sparformen unterscheidet man: das Kontensparen, das Bausparen, das Versicherungssparen und das private Wertpapiersparen, zu dem auch das Investmentsparen gehört.

03. Welche Bankgeschäfte sind üblich?

Die Kreditinstitute üben ihre Aufgabe durch Wahrnehmung nachfolgender Bankgeschäfte aus:

- Annahme fremder Gelder als Einlagen (Einlagengeschäfte)
- Gewährung von Gelddarlehen und Akzeptkrediten (Kreditgeschäft)
- Ankauf von Wechseln (Diskontgeschäft)
- Anschaffung und die Veräußerung von Wertpapieren für andere (Effektengeschäft)
- Verwahrung und die Verwaltung von Wertpapieren für andere (Depotgeschäft)
- Das Investmentgeschäft
- Eingehung der Verpflichtung, Darlehensforderungen vor Fälligkeit zu erwerben (Revolvinggeschäft)
- Übernahme von Bürgschaften, Garantien und sonstigen Gewährleistungen für andere (Garantiegeschäft)
- Durchführung des bargeldlosen Zahlungsverkehrs und des Abrechnungsverkehrs (Girogeschäft)

Die Entgegennahme von Krediten wird dabei als Passivgeschäft und die Gewährung von Krediten als Aktivgeschäft bezeichnet. Die Kreditinstitute müssen bei ihrer Geschäftspolitik berücksichtigen, daß die Anlagedauer der hereingenommenen Einlagen in der Regel kürzer als die Laufzeit der gewährten Kredite ist.

04. Wie werden Banken überwacht?

Die Bankinstitute werden vom Bundesaufsichtsamt für das Kreditwesen überwacht. Ziel dieser Aufsicht ist
- der Gläubigerschutz, d.h. die Gewährleistung der Sicherheit der den Kreditinstituten anvertrauten Einlagen.
- die Aufrechterhaltung des Zahlungsverkehrs und der Kreditmärkte insbesondere durch Vorkehrungen, damit Bankenzusammenbrüche erschwert und die Interessen der Einleger gewahrt werden.

05. Welche Arten von Kreditinstituten bestehen?

1. Die Deutsche Bundesbank

Die Deutsche Bundesbank ist die Zentralbank (Notenbank) der Bundesrepublik Deutschland. Sie unterhält seit November 1992 je eine Hauptverwaltung mit der Bezeichnung "Landeszentralbank" für die Bereiche

1. des Landes Baden-Württemberg,
2. des Freistaates Bayern,
3. der Länder Berlin und Brandenburg,
4. der Freien Hansestadt Bremen und der Länder Niedersachsen und Sachsen-Anhalt,
5. der Freien Hansestadt Hamburg und der Länder Mecklenburg-Vorpommern und Schleswig-Holstein,
6. des Landes Hessen,
7. des Landes Nordrhein-Westfalen,

2.1.4 Geld und Kredit

8. der Länder Rheinland-Pfalz und Saarland,
9. des Freistaates Sachsen und des Landes Thüringen.

Ihre Aufgabe wird wie folgt beschrieben: Die Deutsche Bundesbank regelt mit Hilfe der währungspolitischen Befugnisse, die ihr aufgrund des Gesetzes über die Deutsche Bundesbank vom 26.07.1957 zustehen, den Geldumlauf und die Kreditversorgung der Wirtschaft mit dem Ziel, die Währung zu sichern und sorgt für die bankenmäßige Abwicklung des Zahlungsverkehrs im Inland und mit dem Ausland. Mittel der Zentralbankpolitik sind:

Das Notenausgaberecht: In der Bundesrepublik Deutschland hat allein die Bundesbank das Recht, Banknoten auszugeben. Die auf Deutsche Mark lautenden Noten sind das einzige unbeschränkte gesetzliche Zahlungsmittel.

Die Diskontpolitik: Unter Diskontpolitik ist die Festlegung des Satzes zu verstehen, zu dem die Deutsche Bundesbank bereit ist, bundesbankfähige Wechselforderungen von den Banken anzukaufen. Eine Änderung des Diskontsatzes erhöht oder senkt die Refinanzierungskosten bei der Bundesbank und beeinflußt über das Kreditpotential die Ertragslage der Kreditinstitute.

Die Offenmarktpolitik: Sie umfaßt den An- und Verkauf verzinslicher Wertpapiere durch die Deutsche Bundesbank zur Beeinflussung des Geldmarktes. Durch die Gestaltung der Abgabesätze schafft die Bundesbank für die Kreditinstitute einen Anreiz, Geldmarktpapiere von ihr zu erwerben oder abzugeben. Ein Kauf solcher Papiere durch die Banken bedeutet Liquiditätsentzug, ein Verkauf an die Bundesbank erweitert das Kreditpotential.

Die Kreditpolitik: Mit ihrer Hilfe werden Krediterleichterungen oder Beschränkungen geregelt.

Die Mindestreservepolitik: Die Bundesbank kann von den Kreditinstituten verlangen, daß sie bestimmte Prozentsätze ihrer Einlagen bei der Zentralbank zinslos hinterlegen.

Die Einlagenpolitik: Sie verpflichtet die zentralen öffentlichen Verwaltungen, ihre Kassenmittel bei der Bundesbank auf Girokonten einzulegen und räumt der Zentralbank das Recht ein, über eine anderweitige Anlage dieser Mittel zu bestimmen.

Die Deutsche Bundesbank darf im Rahmen ihrer Tätigkeit mit Kreditinstituten folgende Geschäfte betreiben:

a) An- und Verkauf von Wechseln und Schecks, die den Anforderungen der Bundesbank genügen
b) An- und Verkauf von Schatzwechseln des Bundes oder eines Sondervermögens oder eines Bundeslandes, die innerhalb von drei Monaten fällig sind
c) Gewährung von Lombardkrediten für höchstens drei Monate bei Hereinnahme bestimmter Pfänder
d) Annahme unverzinslicher Giroanlagen
e) Verwahrung und Verwaltung von Wertpapieren
f) Einzug von Schecks, Wechseln, Anweisungen, Wertpapieren und Zinsscheinen
g) Ankauf und Verkauf von Devisen und Sorten sowie Gold, Silber und Platin
h) Abwicklung aller Bankgeschäfte im Verkehr mit dem Ausland

2. Privatrechtliche Kreditinstitute

a) Einzelunternehmen und Personengesellschaften sind Unternehmungen des privaten Bankgewerbes, die unter Einsatz ihres Kapitals, unbeschränkter Haftung ihres Gesamtvermögens und eigener Entscheidungsbefugnis Bankgeschäfte betreiben. Die Geschäftstätigkeit ist vom besonderen Vertrauen der Kunden geprägt.

b) Banken in der Rechtsform der AG oder KG auf Aktien haben die Möglichkeit, durch die Ausgabe von Aktien Eigenkapital zu beschaffen. Bei diesen Kreditinstituten ist die **Kapitalgeber- und die Unternehmerfunktion getrennt**.

c) Kreditgenossenschaften sind Gesellschaften mit nicht geschlossener Mitgliederzahl, die mittels eines gemeinschaftlichen Geschäftsbetriebes durch Gewährung von Darlehen und Durchführung sonstiger bankmäßiger Geschäfte den Erwerb oder die Wirtschaft ihrer Mitglieder fördern wollen.

d) Privatrechtliche Spezialkreditinstitute: Hierzu zählen die Teilzahlungskreditinstitute, Investmentgesellschaften und Kassenvereine.

Teilzahlungskreditinstitute sind darauf ausgerichtet, an Konsumenten und Produzenten für die Beschaffung von Gütern und Dienstleistungen Kredite zu gewähren, deren Rückzahlung in gleichen Raten und gleichen Zeitabschnitten erfolgt.

Kapitalgesellschaften sind Unternehmungen, deren Geschäftsbereich darauf gerichtet ist, bei ihnen eingelegtes Geld in eigenem Namen für gemeinschaftliche Rechnung der Einleger nach dem Grundsatz der Risikomischung in Wertpapieren gesondert von dem eigenen Vermögen anzulegen und über die hieraus sich ergebenden Rechte der Einleger (Anteilinhaber) Urkunden (Anteilscheine) auszustellen. Die Investmentgesellschaften verwalten überdies die Vermögenswerte auch treuhänderisch und überwachen laufend die angelegten Mittel.

Bei den Investmentfonds stellen die Gesellschaften einen Fonds aus verschiedenen Wertpapieren zusammen. Das Vermögen der jeweiligen Fonds wird in Anteile gestückelt, die zum Kauf angeboten werden. Bei Investmentfonds sollen sich die Wertpapiere hinsichtlich der Ertragschancen und evtl. Risiken ergänzen, so daß der Sparer gute Erträge bei einem Höchstmaß an Sicherheit erwarten kann.

Kassenvereine sind Spezialkreditinstitute für die Sammelverwahrung von Wertpapieren und für den Effektengiroverkehr. Sie stehen nur mit Kreditinstituten in Geschäftsverbindung und tragen die Bezeichnung Wertpapiersammelbank.

3. Öffentlich-rechtliche Kreditinstitute

Hierzu zählen die Sparkassen einschließlich der Girozentralen, die Staatsbanken, öffentlich-rechtliche Kreditinstitute mit Sonderaufgaben, öffentlich-rechtliche Realkreditinstitute und die Deutsche Bundesbank.

Sparkassen
Ihr Ursprung liegt in den Kreditanstalten der Kommunen, die auch heute noch das Grundkapital zur Verfügung stellen. Die Sparkassen werden als öffentliche Unternehmungen geführt, deren Gewährsträger die Kommunen sind. Die Sparkassen pflegen bevorzugt das längerfristige Spargeschäft und die Vergabe von Hypothekendarlehen zum Wohnungsbau.

Staatsbanken
sind Bankinstitute mit eigener Rechtspersönlichkeit und eigenem Vermögen, die unter Garantie und Aufsicht eines Staates einen nach allgemeinwirtschaftlichen und staatswirtschaftlichen Grundsätzen aufgestellten Aufgabenkreis grundsätzlich im Bereich desjenigen Staates zu erfüllen haben, durch den sie garantiert sind. Öffentlich-rechtliche Kreditinsitute mit Sonderaufgaben sind Banken, die vom Staat zur Erfüllung bestimmter Aufgaben auf dem Gebiet des Kreditwesens errichtet worden sind. Hierzu zählen die Kreditanstalt für Wiederaufbau, die Lastenausgleichsbank und die landwirtschaftliche Rentenbank.

Realkreditinstitute
sind private oder öffentlich-rechtliche Banken, deren Ziel in der Gewährung langfristiger, durch Grundstücksrechte gesicherter Kredite besteht, wobei die Beschaffung der Mittel durch die Ausgabe von Pfandbriefen erfolgt. Die Realkreditinstitute sind auch Darlehensgeber der Kommunen. Das notwendige Kapital wird durch die Ausgabe von Kommunalobligationen beschafft.

Die öffentlich-rechtlichen Realkreditinstitute sind unter der Bezeichnung Landschaft, Ritterschaft, Stadtschaft bekannt, während die privaten Realkreditinstitute unter den Bezeichnungen Hypothekenbanken und Schiffspfandbriefbanken geführt werden.

06. Welche Formen des Kapitals werden unterschieden?

Man unterscheidet Eigen- und Fremdkapital.

a) Eigenkapital
Darunter versteht man den Wert des von den an der Unternehmung Beteiligten eingebrachten Vermögens und den Wert des von der Unternehmung selber erarbeiteten und an die Beteiligten nicht ausgeschütteten Vermögens.

Das Eigenkapital umfaßt:
- bei Einzelunternehmungen und OHG's das Kapital der Inhaber
- bei Kommanditgesellschaften das Kapital der Komplementäre, die Einlagen der Kommanditisten und die Rücklagen
- bei Gesellschaften mit beschränkter Haftung das Stammkapital, die Rücklagen und den Gewinnvortrag
- bei Aktiengesellschaften das Grundkapital, die gesetzlichen und die freien Rücklagen sowie den Gewinnvortrag
- bei Kommanditgesellschaften auf Aktien das Kapital der Komplementäre und der Kommanditisten, die gesetzlichen und die freien Rücklagen sowie den Gewinnvortrag.

Bei der Finanzierung durch Eigenkapital wird noch zwischen Beteiligungs- und Selbstfinanzierung unterschieden. Eine Beteiligungsfinanzierung besteht aus Sach- oder Geldeinlagen der Eigentümer der Unternehmung und der Selbstfinanzierung aus nicht entnommenen Gewinnen.

Die Selbstfinanzierung stärkt die Eigenkapitalbasis der Unternehmungen und trägt zur Verringerung der Krisenanfälligkeit bei.

b) Fremdkapital

Darunter versteht man den Wert des von unbeteiligten Dritten eingebrachten Vermögens, das als Kredit Anspruch auf die vereinbarten Zinsen und auf eine fristgemäße Rückzahlung hat. Nach der Fristigkeit des Kapitals wird unterschieden
- kurzfristiges Kapital = bis zu drei Monaten Laufzeit
- mittelfristiges Kapital = bis zu vier Jahren Laufzeit
- langfristiges Kapital = über vier Jahre Laufzeit.

07. Welche Zusammenhänge bestehen zwischen Sparen und Investieren?

In der Regel wird nicht das ganze, den Haushalten zur Verfügung stehende Einkommen für den Konsum ausgegeben. Teile des Einkommens werden gespart. Das Sparen ist aber nur dann sinnvoll, wenn das Geld wieder in die Produktion fließt.

08. Wer leitet das Spargeld in die Produktion?

Aufgabe der Banken ist es, die gesparten Gelder zu sammeln und den Unternehmen als Kredite für Investitionen zur Verfügung zu stellen, damit auf diese Weise die Produktion ausgeweitet oder die Produktionsstruktur verbessert werden kann.

09. Von welchen Faktoren sind die verschiedenen Einkommensarten abhängig?

Zum einen gibt es Einkommen, die autonom festgesetzt werden, ohne zwingenden inneren Zusammenhang mit dem Marktgeschehen und ohne Berücksichtigung des Verhältnisses von Angebot und Nachfrage, und zum anderen gibt es Einkommen, deren Entwicklung nur das Geschehen auf dem Markt widerspiegelt. Zur ersten Gruppe gehören die Löhne und Gehälter, die durch die Sozialpartner tarifvertraglich festgelegt werden und die mithin für die Unternehmungen Datum sind. Ferner die öffentlichen Einkommensübertragungen an private Haushalte, wie Pensionen, Renten, Wohngelder, die auf Gesetzen beruhen und meist in unmittelbarem Zusammenhang mit den Einkommen aus Lohn und Gehalt stehen. Alle anderen Einkommen aus Unternehmertätigkeit und Vermögen unterliegen dem Marktgesetz. Das Einkommen aus dem Vermögen ist abhängig vom Zinsniveau, das Einkommen aus Unternehmertätigkeit vom Verhältnis von Angebot und Nachfrage und den Preisen, die die Unternehmer aufgrund dieses Verhältnisses für die von ihnen angebotenen Waren oder Leistungen erhalten.

10. Welches sind die Aufgabenbereiche des Staates?

a) Allgemeine Staatsaufgaben. Sie erfordern Ausgaben für die Verwaltung, die Rechtspflege, die Verteidigung;
b) Sozialaufgaben. Sie bedingen Ausgaben bei der Sozialversicherung;
c) Ökonomische Aufgaben. Sie erfordern z.B. Ausgaben für den Wohnungsbau, das Verkehrswesen oder die Wirtschaftsförderung;
d) Ausgaben für die Förderung von Bildung und Wissenschaft;
e) Umweltschutzaufgaben.

2.1.4 Geld und Kredit

11. Was sind die Ziele moderner Finanzpolitik?

Die Finanzpolitik ist in den Dienst der Wirtschaftspolitik gestellt. In Verbindung mit der Kredit- und Währungspolitik wird die Finanzpolitik zur Verwirklichung wirtschaftspolitischer Zielsetzungen eingesetzt. Diese Ziele sind ein stetiges, möglichst gleichmäßiges Wirtschaftswachstum, die Sicherung der Vollbeschäftigung, die Aufrechterhaltung eines stabilen Geldwertes und eine ausgeglichene Zahlungsbilanz.

12. Wie kann der Staat die Produktivität fördern?

Er kann sparen und investieren sowie Forschung und Entwicklung steuerlich begünstigen und damit die Wirtschaft positiv beeinflussen oder er kann produktivitätsfördernde Ausgaben tätigen.

13. Wie beeinflußt der Staat die Einkommensverteilung?

Dies ist sowohl bei den Staatseinnahmen als auch bei den Staatsausgaben möglich. Bei den Staatseinnahmen geschieht die Umverteilung durch eine stärkere steuerliche Belastung bestimmter Bevölkerungsgruppen. Über die Staatsausgaben nimmt der Staat Einfluß, indem er an bestimmte Gruppen Unterstützungsgelder zahlt.

14. Wie wirkt die Finanzpolitik als Teil der Wirtschaftspolitik?

Wirtschafts- und finanzpolitische Instrumente müssen zur Durchsetzung verschiedener, gleichzeitig zu verwirklichender Zielsetzungen eingesetzt werden, und zwar so, daß sie sich ergänzen und nicht gegenteilige Wirkungen erzeugen. Dazu bedarf es der Abstimmung mit den übrigen Instrumenten der staatlichen Wirtschaftspolitik, nämlich der Geld-, Währungs-, Kredit- und der Außenhandelspolitik. In Verbindung mit der Geld-, Kredit- und Währungspolitik wird das Kreditvolumen der Volkswirtschaft bestimmt und die Gesamtnachfrage reguliert, in Verbindung mit der Außenhandelspolitik selbst bei liberalisierten Ein- und Ausfuhren eine Regulierung des Handelsverkehrs mit dem Ausland herbeigeführt.

15. Welche Wirkungen haben die staatlichen Maßnahmen auf die Unternehmungen?

Das staatliche Einnahmen- und Ausgabenverhalten beeinflußt einerseits die Entscheidungen der Haushalte über die Höhe des Konsums, der Ersparnis und des Arbeitsangebotes und andererseits die Entscheidungen der Unternehmungen über die Höhe der Nachfrage nach Produktionsfaktoren bei gegebener Kapazität sowie über die Höhe der Investitionstätigkeit zur Ausweitung der Kapazitäten. Diese Wirkungen sind beträchtlich. Von besonderer Bedeutung sind sie im betrieblichen Bereich. Investitionsentscheidungen sind nämlich nicht nur von der Höhe der Löhne, der Lohnnebenkosten sowie der Nachfrageentwicklung abhängig, sondern werden auch wesentlich von der steuerlichen Behandlung der Investitionen und den Abschreibungsmöglichkeiten beeinflußt.

16. Welche Ausgaben des Staates beeinflussen die Unternehmensentscheidungen außerdem?

Die Ausgaben des Staates für allgemeine Aufgaben spielen bei den Überlegungen der Unternehmungen im Hinblick auf die Investitionen eine Rolle. Werden beispielsweise die Renten erhöht, so ist dies zunächst für die Konsumgüterindustrie ein Anreiz zu verstärkten Investitionen, weil sie mit einem erhöhten Absatz rechnen kann. Erhöht der Staat die direkten Steuern zum Zwecke des Haushaltsausgleichs, so wirkt sich diese Maßnahme über die Lohnforderungen der Gewerkschaften ebenfalls im Investitionsbereich aus. Im Falle staatlicher Kreditaufnahme müssen sich die Unternehmen auf eine Zinssteigerung und damit auf eine Verteuerung der Investitionen einstellen, sofern die staatliche Nachfrage zusätzlich zu dem privaten Kreditbedarf auftritt.

17. Welche Wirkungen haben die Handelsbeziehungen mit dem Ausland?

Umfang und Zusammensetzung von Export und Import sind durch ihren Einfluß auf den Geld- und Güterkreislauf für jede Volkswirtschaft von entscheidender Bedeutung. Falls der Export den Import über einen längeren Zeitraum stark übersteigt (aktive Handelsbilanz) wird sich der Beschäftigungsgrad im Inland erhöhen und möglicherweise zur Überbeschäftigung führen. Wenn das dadurch erhöhte Gesamteinkommen der Arbeitnehmer überwiegend oder gar vollständig auf dem Markt als Nachfrage wirksam wird, steht nicht die adäquate Gütermenge zur Verfügung, da ein Teil der inländischen Produktionen ausgeführt, aber nicht entsprechend viele ausländische Güter eingeführt wurden. Die das Angebot übersteigende Nachfrage birgt die Gefahr von Preissteigerungen im Inland. Falls umgekehrt der Import wesentlich höher ist als der Export, entsteht im Inland Unterbeschäftigung und das Einkommen der Arbeitnehmer geht zurück. Es kommt zwar viel Ware auf den Markt, aber die Nachfrage danach ist zu niedrig, da das verfügbare Einkommen geringer geworden ist. Die Preistendenz ist sinkend.

18. Welche Rolle spielen die Banken im Wirtschaftssystem?

Die Banken haben u.a. die Funktion, Spargelder gegen Zinsen an die Einleger zu sammeln und als Kredite an Unternehmungen wieder auszuleihen. Hierfür nehmen sie einen höheren Zins als sie an die Sparer zahlen. Die Zinsdifferenz deckt die Kosten der Banken und ermöglicht Gewinn. Die Unternehmungen können sich vielfach nur mit Hilfe von Krediten vergrößern und sind bei Investitionen auf Fremdkapital angewiesen. Die Banken in ihrer Gesamtheit können aber auch sog. Geldschöpfung betreiben, indem sie mehr Geld verleihen, als bei ihnen in Form von Spargeldern eingezahlt wurde. Auf diese Weise vergrößert sich gesamtwirtschaftlich die Geldmenge.

19. Was sind die Folgen der Geldschöpfung?

Es kann mehr investiert werden. Dadurch vergrößert sich die Produktion. Es werden mehr Arbeitskräfte beschäftigt. Das zusätzliche Einkommen erhöht die Gesamtnachfrage. In einer bisher unterbeschäftigten Wirtschaft bedeutet dies einen Konjunkturaufschwung. Besteht jedoch bereits Vollbeschäftigung, dann führen die durch Geldschöpfung ermöglichten Kredite meist zu keiner nennenswerten

Produktionsausweitung mehr, da keine zusätzlichen Arbeitskräfte beschafft werden können. Die Kredite fließen in höhere Löhne oder Zinsen. Dem so erhöhten Einkommen und der dadurch erhöhten Gesamtnachfrage steht auf dem Markt kein entsprechend erhöhtes Güterangebot gegenüber. Mithin sind Preissteigerungen unvermeidlich. Diese Gefahr der Preissteigerungen besteht auch dann, wenn die Kredite für Exportaufträge benötigt werden. Der durch die erhöhte Produktion vergrößerten Beschäftigtenzahl und dem so vermehrten Einkommen der Beschäftigten steht keine entsprechend erhöhte Warenmenge zur Verfügung, da die zusätzlich produzierten Güter exportiert werden. Die Bezahlung der Exporte bringt zusätzliches Geld ins Inland und verstärkt die Tendenz zur Preissteigerung.

2.1.5 Konjunktur und Wirtschaftswachstum

01. Was versteht man unter Konjunktur?

Unter Konjunktur versteht man das Phänomen mehrjähriger und in gewisser Regelmäßigkeit auftretender wirtschaftlicher Wechsellagen, denen das gesamte nationale und auch internationale Wirtschaftsleben in Form von expansiven und kontraktiven Prozessen unterworfen ist. Die Bezeichnung Konjunktur ist als Oberbegriff für die verschiedenen Konjunkturphasen - Hochkonjunktur, Abschwung, Rezession, Aufschwung - anzusehen. Diese vier Phasen bilden einen Konjunkturzyklus.

02. Wie können die einzelnen Konjunkturphasen charakterisiert werden?

In der Depressionsphase (der Krise) ist eine Unterbeschäftigung mit niedrigen Löhnen, sinkenden Gewinnen und stark eingeschränkten Investitionstätigkeiten festzustellen. Im Aufschwung steigt die Investitionstätigkeit. Zunächst herrscht ein stabiles Lohn- und Preisniveau, die Aktienkurse steigen. In der Hochkonjunktur herrschen Voll- oder sogar Überbeschäftigung mit Preis- und Lohnsteigerungen und hohen Gewinnen. Es beginnen die Geld- und Kreditschwierigkeiten. In der folgenden Rezessionsphase herrschen Abschwung und Kontraktion bei nachlassender Investitionstätigkeit, Kurse und Gewinne sinken. Unternehmenszusammenbrüche und Arbeitslosigkeit sind die Folge.

03. Wie lassen sich die einzelnen Phasen eines Konjunkturzyklus einteilen?

Die Hochkonjunktur (auch Boom genannt) ist charakterisiert durch schnelles und hohes Wachstum des Bruttosozialproduktes, große Nachfrage, die größer als das Angebot ist, hohen Beschäftigungsstand und wenig Arbeitslose sowie einen starken Preisanstieg.

Die Abschwungphase (Kontraktionsphase) ist charakterisiert durch geringeres Wachstum des Bruttosozialproduktes, Abbau des Nachfrageüberhangs, Auslastungsrückgang der Produktionsanlagen, Zunahme der Arbeitslosigkeit und anhaltenden Preisauftrieb.

Die Rezession (Depressionsphase) ist charakterisiert durch geringeres, stagnierendes oder rückläufiges Wachstum des Bruttosozialproduktes. Das Angebot übersteigt die Nachfrage, dies führt zu geringer Auslastung der Produktionsanlagen, hoher Arbeitslosigkeit und Rückgang des Preisauftriebs.

Der Aufschwung (Expansionsphase) ist charakterisiert durch stärkeres Wachstum des Bruttosozialprodukts, Abbau des Überangebots, Zunahme der Auslastung der Produktionsanlagen, Abnahme der Arbeitslosigkeit und geringen Preisanstieg.

04. Was ist die Aufgabe des Staates im Bereich der Konjunkturpolitik?

Der Staat muß den Konjunkturablauf regulieren, indem er sich antizyklisch verhält. In Situationen konjunktureller Überhitzungen werden Staatsausgaben eingeschränkt oder zeitlich hinausgeschoben und einzelne Steuersätze erhöht. Bei Anzeichen von Depressionen werden die öffentlichen Ausgaben erhöht und Steuern, die die Investitionen oder den Konsum belasten, gesenkt. Im Ergebnis treten dann in der Depression Budgetfehlbeträge auf, die über Kredite gedeckt werden müssen und in Zeiten der Überkonjunktur ergeben sich Einnahmenüberschüsse, die gehortet, d.h. so lange, wie dies wirtschaftlich nötig ist, bei der Zentalbank stillgelegt, oder zur Tilgung von Staatsschulden verwandt werden.

05. In welchem Zusammenhang stehen Konjunktur und Wirtschaftswachstum?

Während die Konjunkturtheorie eine Erklärung für die Schwankungen einer Volkswirtschaft zu geben versucht, behandelt die Wachstumstheorie den Wachstumsprozeß, d.h. die ständige Erweiterung des Produktionsertrages im Zeitablauf. Konjunkturschwankungen treten in einer Volkswirtschaft unabhängig davon auf, ob dem Wirtschaftsgeschehen ein steigender Trend oder ob eine stationäre, d.h. nicht wachsende Wirtschaft zugrunde liegt.

06. Warum ist eine generelle Wohlstandssteigerung notwendig?

Eine allgemeine Wohlstandssteigerung ist die Basis für eine materielle Erhaltung und Entfaltung des einzelnen in der Gesellschaft sowie der Einkommensumverteilung zur Korrektur des Marktmechanismus.

07. Welche Ziele liegen einer optimalen Wirtschaftsentwicklung zugrunde?

1. ein stetiges langfristiges Wachstum,
2. eine ausgeglichene Zahlungsbilanz,
3. eine möglichst hohe Beschäftigung,
4. ein langfristig relativ konstantes Preisniveau.

08. Mit welchen Mitteln kann die Konjunkturpolitik beeinflußt werden?

Man kann dieses Ziel durch zwei Mittel erreichen:

1. die Ordnungspolitik: zu ihr rechnet die Gesamtheit derjenigen Maßnahmen, die auf die langfristige Gestaltung der rechtlich-organisatorischen Rahmenbedingungen, innerhalb derer der Wirtschaftsprozeß abläuft, abzielen,
2. die Ablaufs- oder Prozeßpolitik: dazu gehören alle wirtschaftspolitischen Instrumente, die bei gegebener Ordnung den Wirtschaftsprozeß selbst beeinflussen.

2.1.5 Konjunktur und Wirtschaftswachstum

09. Wie funktionieren Ordnungspolitik und Ablaufpolitik?

	Ordnungspolitik	Ablaufpolitik
Einzel-steuerung	Einzelordnungspolitik Ordnungsrahmen - für Wettbewerb auf einzelnen Märkten (z.B. Kartellgesetz) - für staatliche Beeinflussung einzelner Wirtschaftssubjekte (z.B. sowjetisches Planungssystem)	Einzelablaufpolitik Direkte Beeinflussung einzelner wirtschaftlicher Entscheidungen (z.B. Produktionsbefehl, Festpreise, gesamtwirtschaftlich orientierte Lenkung öffentlicher Unternehmen)
Struktur-steuerung	Strukturordnungspolitik Ordnungsrahmen - für Substitutionswettbewerb zwischen Branchen, Regionen, Gruppen usw. (meist wie Einzelordnungspolitik) - für staatliche Strukturplanung und -beeinflussung (z.B. französisches Planungssystem)	Strukturablaufpolitik Direkte Strukturplanung und -beeinflussung (z.B. westdeutsche Agrar-, Energie-, Wohnungsbaupolitik)
Niveau-steuerung	Niveauordnungspolitik Ordnungsrahmen - für automatische Kreislaufprozesse (z.B. Goldautomatismus) - für autonome Konjunktur- und Wachstumspolitik (z.B. Bundesbankgesetz)	Niveauablaufpolitik Kredit- und budgetpolitische Beeinflussung von Konjunktur- und Wachstum (z.B. Mindestreservepolitik, deficit spending)

In diesen Abgrenzungen findet die Konjunkturpolitik ihren Platz im Bereich der Niveausteuerung.

10. Wie kann die Konjunkturpolitik die Wirtschaft beeinflussen?

Als Werkzeug der Konjunkturpolitik lassen sich drei Gruppen von Instrumenten klassifizieren, die für erfolgreiches Vorgehen in einem föderalistisch aufgebauten Staat notwendig sind:

1. Instrumente, mit denen in den Wirtschaftsprozeß so eingegriffen werden soll, daß Verbrauch und Investition, Export und Import, Staatseinnahmen und Staatsausgaben der Konjunkturlage entsprechend verändert werden;
2. Instrumente, die der Information dienen;
3. Instrumente, die der Koordination der verschiedenen Entscheidungsträger dienen.

Die Steuerungsinstrumente der gesamtwirtschaftlichen Nachfrage müssen bewirken,
- daß Unternehmer, Verbraucher und Staat je nach der Konjunkturlage mehr oder weniger ausgeben, als sie einnehmen (direkte Wirkung) oder
- daß sich ihre Ausgabeentscheidungen dadurch ändern, daß die Höhe des dafür notwendigen Finanzierungsspielraums und/oder die Finanzierungsbedingungen verändert werden (mittelbare Wirkung).

Eine direkte Wirkung versprechen die Maßnahmen fiskalpolitischer Art, die Außenwirtschafts- sowie die Lohn- und Einkommenspolitik. Für eine indirekte Einwirkung auf die Teilströme der Endnachfrage hätte die Bundesbank die Instrumente der Geld- und Kreditpolitik einzusetzen.

2.1.6. Abgrenzung Betriebswirtschaftslehre zu Volkswirtschaftslehre

01. Nach welchen Kriterien können die Unternehmungen eingeteilt werden?

- Nach Wirtschaftszweigen (Handwerk, Industrie, Handel, Banken, Versicherungen, Verkehrsbetriebe),
- nach der Art der erstellten Leistung (Produktions- oder Sachleistungsbetriebe, Dienstleistungsbetriebe),
- nach der Zielsetzung,
- nach der Betriebsgröße,
- nach der Rechtsform,
- nach dem Standort,
- nach dem vorherrschenden Produktionsfaktor (Urproduktion, verarbeitende Betriebe),
- nach den Fertigungsverfahren,
- nach der Art der Maschinenaufstellung und
- nach dem Vorherrschen einzelner Funktionen.

02. Wie werden die Dienstleistungsbetriebe unterteilt?

Dienstleistungsbetriebe verkaufen Dienstleistungen und werden wie folgt unterteilt: Handelsbetriebe, Verkehrsbetriebe, Bankbetriebe, Versicherungsbetriebe, sonstige Dienstleistungsbetriebe.

03. Was ist die Aufgabe der Handelsbetriebe?

Handelsbetriebe sorgen für die Verteilung der Waren der Produktionsbetriebe, indem sie die Waren in geeigneten Zusammenstellungen (Sortimenten) den Käufern in der Regel durch Werbung an den Orten des Bedarfs anbieten.

04. Was ist die Aufgabe der Verkehrsbetriebe?

Sie übernehmen einmal den Transport von Gütern und Personen auf der Straße, der Schiene, dem Luft- oder Wasserweg und zum anderen die Nachrichtenübermittlung.

05. Was ist die Aufgabe der Bankbetriebe?

Sie übernehmen Dienstleistungen im Zahlungs- und Kreditverkehr.

2.1.6 Abgrenzung Betriebswirtschaftslehre zu Volkswirtschaftslehre

06. Was ist die Aufgabe der Versicherungsbetriebe?

Sie übernehmen gegen Prämien die Deckung eines zufälligen, aber abschätzbaren Vermögensbedarfs im Schadensfall.

07. Was versteht man unter sonstigen Dienstleistungen?

Betriebe des Gaststätten- und Beherbergungsgewerbes, Betriebe der Freizeit- und Urlaubsgestaltung, Wohnungsvermittler, Makler, die freien Berufe (Ärzte, Zahnärzte, Rechtsanwälte, Steuerberater, Wirtschaftsprüfer, Kommissionäre) usw.

08. Wie werden die Betriebe nach ihrer Zielsetzung unterschieden?

Man unterscheidet privatwirtschaftliche, gemeinwirtschaftliche und genossenschaftliche Betriebe.

Privatwirtschaftliche Betriebe erstreben einen Gewinn. Gemeinwirtschaftliche oder öffentliche Betriebe (z.B. Verkehrsbetriebe, Versorgungsbetriebe, wie Gas-, Wasser- und Elektrizitätswerke) streben nicht in erster Linie Gewinn an, sondern wollen auf der Basis der Deckung der Selbstkosten den Verbrauchern ihre Leistungen zur Verfügung stellen. Genossenschaftliche Betriebe wollen die Leistungsfähigkeit ihrer Mitglieder, insbesondere von Klein- und Mittelbetrieben, stärken.

09. Wie werden die Betriebe nach der Betriebsgröße unterteilt?

Hinsichtlich der Betriebsgröße wird nach Umsatz, Beschäftigtenzahl und Kapital in Klein-, Mittel- und Großbetriebe unterschieden. Zu den Kleinbetrieben rechnet man Betriebe mit bis zu 50 Beschäftigten, einer Umsatzhöhe bzw. einem investierten Kapital bis zu 0,5 Millionen DM. Mittelbetriebe sind Betriebe bis zu 200 Beschäftigten, ein investiertes Kapital bis zu 3 Millionen DM und einem Umsatz bis zu 8 Millionen DM. Betriebe, die diese Grenzen überschreiten, werden zu den Großbetrieben gerechnet.

10. Wie werden die Betriebe nach der Rechtsform unterteilt?

Man unterscheidet das Einzelunternehmen und die Gesellschaft. Die Gesellschaften werden wiederum in Personen- und Kapitalgesellschaften unterteilt. Zu den Personengesellschaften zählen die Gesellschaft bürgerlichen Rechts, die stille Gesellschaft, die offene Handelsgesellschaft und die Kommanditgesellschaft. Zu den Kapitalgesellschaften gehören die GmbH, die AG und die Kommanditgesellschaft auf Aktien sowie die Genossenschaft.

11. Wie werden die Betriebe nach dem Standort unterteilt?

Man unterscheidet:

- Material- oder rohstofforientierte Betriebe,
- arbeitsorientierte Betriebe,
- abgabeorientierte Betriebe,
- energie- bzw. kraftorientierte Betriebe,
- verkehrsorientierte Betriebe,
- absatzorientierte Betriebe,
- traditionsorientierte Betriebe.

12. Wie werden die Betriebe nach dem vorherrschenden Produktionsfaktor unterteilt?

- Arbeitsorientierte Betriebe sind Betriebe mit einem hohen Lohnkostenanteil an den gesamten Produktionskosten,

- materialintensive Betriebe sind Betriebe mit einem hohen Materialanteil an den Produktionskosten,

- anlagenintensive Betriebe sind Betriebe mit einem hohen Bestand an Betriebsmitteln.

13. Wie werden die Betriebe nach dem vorherrschenden Fertigungsverfahren unterteilt?

Betriebe mit Massenfertigung, mit Serienfertigung, mit Sortenfertigung, mit Partiefertigung, mit Chargenfertigung und Betriebe mit Einzelfertigung.

14. Wie werden die Betriebe nach der Art der vorherrschenden Maschinenaufstellung unterteilt?

Betriebe mit Werkstattfertigung, mit Reihenfertigung, mit Fließbandfertigung und Betriebe in der Form der Baustellenfertigung.

15. Wie werden die Betriebe nach dem Vorherrschen einzelner Funktionen unterteilt?

Beschaffungsbetonte Unternehmungen, produktionsbetonte Unternehmungen, lagerbetonte Unternehmungen, absatzbetonte Unternehmungen, finanzbetonte Unternehmungen.

16. Was ist die Aufgabe der Unternehmung?

Aufgabe der Unternehmung ist es, die betrieblichen Produktionsfaktoren zu kombinieren, planmäßig unter einer einheitlichen Leitung zusammenzufassen und entweder Güter zu produzieren, Güter auszutauschen oder Dienstleistungen bereitzustellen.

17. Welche Finanzierungsmöglichkeiten hat ein Betrieb?

Kapital kann der Unternehmung vom Eigentümer zufließen (Eigenfinanzierung) oder es kann von Dritten für eine bestimmte Zeit oder dauernd zur Verfügung gestellt werden (Fremdfinanzierung). Es können aber auch vom Unternehmen selbst erwirtschaftete Gewinnteile wieder im Unternehmen eingesetzt werden (Selbstfinanzierung).

18. Was versteht man unter Kosten?

Kosten sind wertmäßiger Verzehr von Gütern und Dienstleistungen zur betrieblichen Leistungserstellung.

19. Was versteht man unter Aufwand?

Unter Aufwand versteht man den einem bestimmten Rechnungsabschnitt zuzurechnenden Verbrauch eines Unternehmens an Sachgütern, Arbeits- und Dienstleistungen und die von dem Unternehmen zu tragenden Steuern, Abgaben und Gebühren, und zwar ohne Rücksicht darauf, ob dieser Verbrauch in unmittelbarem oder mittelbarem Zusammenhang mit dem ursprünglichen Betriebszweck erfolgt.

2.1.7 Produktionsfaktoren im Betrieb

01. Welche betrieblichen Produktionsfaktoren werden unterschieden?

Man unterscheidet: Betriebsmittel (Grundstücke, Gebäude, Maschinen, Werkzeuge), Werkstoffe (Rohstoffe, Halberzeugnisse), die ausführende Arbeit und die dispositive Leitung. Arbeitsleistung, Betriebsmittel einschließlich Grund und Boden sowie Werkstoffe werden auch als Elementarfaktoren, die Unternehmensleitung, Planung und Organisation werden als dispositive Faktoren bezeichnet.

02. Welche Bedeutung hat der dispositive Faktor?

Der dispotive Faktor, d.h. die Leitung des Unternehmens, ist erforderlich, um die übrigen Produktionsfaktoren so miteinander zu kombinieren, daß ein optimaler Unternehmenserfolg erzielt werden kann.

03. Welche Leistungsfaktoren werden unterschieden?

Zielsetzung, Planung, Organisation, Kontrolle, Rechenschaftslegung.

04. Wo erfolgt die Kombination der Leistungsfaktoren?

Die Kombination der Produktionsfaktoren zum Zweck der Leistungserstellung erfolgt im Betrieb.

05. Wie wirken die Produktionsfaktoren im Betrieb zusammen?

Je nach dem Zweck des Unternehmens, d.h., ob es sich um ein Produktions- oder um ein Handelsunternehmen handelt, müssen unterschiedliche Grundsatzüberlegungen zur optimalen Kombination der Produktionsfaktoren angestellt werden.

Bei Produktionsunternehmungen sind Entscheidungen über die Wahl und die Gestaltung der Erzeugnisse sowie bei der Vorbereitung und dem Ablauf des Produktionsprozesses in Verbindung mit kostenmäßigen und finanzwirtschaftlichen Überlegungen anzustellen. Das optimale Produktionsprogramm kann mit Hilfe rechnerischer Verfahren bestimmt werden. Bei Handelsbetrieben sind Entscheidungen im Hinblick auf das anzustrebende Absatzziel und die zur Erreichung dieses Zieles einzusetzenden Mittel zu treffen. Mithin haben die einzelnen Produktionsfaktoren und Funktionen je nach dem Betriebszweck und nach der Art des Betriebes eine unterschiedliche Bedeutung. So tritt z.B. im Handelsbetrieb die

Fertigungsfunktion in den Hintergrund, während die Lagerung von besonderer Wichtigkeit ist.

2.1.8 Betriebliche Funktionen

01. Was versteht man unter einer Funktion?

Der in der BWL verwendete Begriff Funktion bezeichnet die Betätigungsweise und die Leistung von Organen des Unternehmens. Die Unternehmung ist selbst ein Organ der Volkswirtschaft und besitzt ihrerseits eine Stufenfolge von Organen.

02. Welche betriebswirtschaftlichen Funktionen bestehen?
- Leitung (Management),
- Beschaffung,
- Lagerhaltung bzw. Materialwirtschaft,
- Produktions- bzw. Fertigungswirtschaft,
- Absatzwirtschaft,
- Transportwesen,
- Finanzwirtschaft,
- Personalwirtschaft.

03. Welche Funktionen gehören zur Beschaffung?

Zur Beschaffung werden alle Entscheidungen gerechnet, die notwendig sind, um das Unternehmen mit den erforderlichen Produktionsfaktoren (Werkstoffen und Betriebsmitteln) zur richtigen Zeit in der richtigen Art und Menge zu versorgen. Im einzelnen gehören dazu: das Bestell- und Lagerwesen, der Bestellzeitpunkt und die Bestellmenge.

04. Welche Funktionen gehören zur Produktion?

Hierzu gehört die eigentliche Erstellung der betrieblichen Leistung, d.h. die Herstellung von Sachgütern oder die Erbringung von Dienstleistungen. Im einzelnen ist zu bestimmen das Erzeugnisprogramm, die Festlegung der Maschinen und der Zahl der Arbeitskräfte, die Festlegung der Fertigungsformen und der Losgrößen der Fertigung.

05. Welche Funktionen gehören zum Absatz?

Hierzu gehören die Entscheidungen über den Verkauf der vom Unternehmen erstellten Güter und Leistungen an das In- oder Ausland, über die Absatzwege, aber auch das Marketing als Instrument einer marktorientierten Unternehmensführung.

06. Welche Funktionen umfaßt die Finanzierung?

Die Finanzierung umfaßt die Beschaffung und Verwaltung der für die betrieblichen Investitionen benötigten Eigen- und Fremdmittel.

2.1.9 Betriebswirtschaftliche Kennzahlen

Wichtig

01. Was soll mit Hilfe von Kenn- und Richtzahlen erreicht werden?

Kennzahlen messen betriebliche Tatbestände eines einzelnen Betriebes. Hingegen stellen Richtzahlen einen durchschnittlichen Ausdruck für Tatbestände dar, die in vielen Betrieben eines Wirtschaftszweiges beobachtet worden sind. Sie bilden mithin die Maßstäbe, an denen die betriebsindividuellen Zahlen eines Betriebes gemessen werden können (Branchendurchschnittzahlen). Das Hauptanwendungsgebiet der betriebswirtschaftlichen Kennzahlen sind Erfolgs- und Wirtschaftlichkeitsanalysen und inner- bzw. zwischenbetriebliche Vergleiche. Kennzahlen werden sowohl zur Beurteilung der Unternehmung als Ganzes als auch zur Beurteilung einzelner Funktionsbereiche verwandt.

02. Was versteht man unter Erfolg?

Der Erfolg ist die Differenz zwischen Aufwand und Ertrag.
Erfolg = Ertrag ./. Aufwand.

03. Welche Voraussetzungen müssen vorliegen, damit ein optimaler Erfolg erzielt werden kann?

Das Wirtschaftlichkeitsprinzip, das Rentabilitätsprinzip, das Liquiditätsprinzip.

04. Was versteht man unter der Wirtschaftlichkeit?

Das ökonomische Prinzip erfordert bekanntlich, daß ein bestimmtes Produktionsergebnis mit einem möglichst geringen Einsatz von Material, Arbeitskräften und Maschinen erzielt wird oder umgekehrt der Einsatz einer bestimmten Menge ein möglichst hohes Ergebnis bringt.

Wirtschaftlichkeit ist daher das Verhältnis von Ertrag und Aufwand oder von Leistung und Kosten.

$$\text{Wirtschaftlichkeit} = \frac{\text{Ertrag}}{\text{Aufwand}} \text{ oder } \frac{\text{Leistung}}{\text{Kosten}}$$

05. Was besagt das Rentabilitätsprinzip?

Dem Rentabilitätsprinzip ist dann entsprochen, wenn das im Unternehmen investierte Kapital während einer Rechnungsperiode einen möglichst hohen Gewinn abwirft. Die Angabe einer absoluten Gewinngröße sagt aber noch nichts über den Unternehmenserfolg aus. Dieser wird erst dann erkennbar, wenn der Gewinn in eine Relation zum eingesetzten Kapital gestellt wird.

Rentabilität ist mithin das Verhältnis von erzieltem Erfolg (Gewinn) zum eingesetzten Kapital:

$$\text{Rentabilität} = \frac{\text{Gewinn} \times 100}{\text{Kapital}}$$

06. Worin liegt der Unterschied zwischen Wirtschaftlichkeit und Rentabilität?

Während die Wirtschaftlichkeit dazu dient, die Ergiebigkeit einer Leistung oder eines Kosteneinsatzes zu messen, ist die Rentabilität das Ziel der betrieblichen Bestrebungen.

07. Was besagt das Liquiditätsprinzip?

Das Liquiditätsprinzip besagt, daß ein Unternehmen jederzeit in der Lage sein muß, fristgemäß seinen Zahlungsverpflichtungen nachzukommen.

08. Was sind weitere betriebliche Kennzahlen?

$$\text{Umschlagdauer} = \frac{\text{durchschnittlicher Lagerbestand} \times \text{Tage}}{\text{Umsatz}}$$

$$\text{Relation Aufwand zu Erfolg} = \frac{\text{Aufwand} \times 100}{\text{Gesamtertrag}}$$

$$\text{Eigenkapitalrentabilität} = \frac{\text{Gewinn}}{\text{Eigenkapital}} \times 100$$

$$\text{Fremdkapitalrentabilität} = \frac{\text{Fremdkapitalzinsen} \times 100}{\text{Fremdkapital}}$$

$$\text{Gesamtkapitalrentabilität} = \frac{\text{Gewinn} + \text{Fremdkapitalzinsen} \times 100}{\text{Gesamtkapital}}$$

2.2 Elektronische Datenverarbeitung, Informations- und Kommunikationstechniken

2.2.1 Ziele und Einsatzmöglichkeiten der EDV

01. Welche Bedeutung hat die EDV für die Betriebsorganisation?

Von der EDV gehen erhebliche Einflüsse auf die Organisation eines Betriebes aus, so daß man die EDV nicht mehr als ein einfaches Hilfsmittel bezeichnen kann. Inzwischen ist die EDV ein integraler Bestandteil fast aller Betriebe geworden, so daß sie die Arbeitsabläufe entscheidend beeinflußt. Mit Hilfe der EDV lassen sich große und gleichförmige Datenmengen schnell bearbeiten und zahllose Arbeitsvorgänge genau und zuverlässig abwickeln. Auf diese Weise können sich die Mitarbeiter, die von Routinearbeiten entlastet sind, eigentlichen Entscheidungsaufgaben zuwenden.

02. Welche Bedeutung hat die EDV für die Material- und Fertigungswirtschaft?

Die EDV leistet z.B. in der Bestelldisposition Entscheidungshilfen; es kommt darauf an, Waren rechtzeitig nachzubestellen, um Produktionsunterbrechungen zu vermeiden. Zu frühe Dispositionen führen zu überhöhten Lagerbeständen und damit zu vermeidbarer Kapitalbindung. In der Fertigungsplanung läßt sich mit Hilfe der EDV das optimale Produktionsprogramm und die Kapazität eindeutig bestimmen. In der Lagerbestandsführung und -verwaltung ergeben sich durch die EDV völlig neuartige Konzeptionen, indem die Waren mit Hilfe der EDV an den Lagerplatz geführt und später zum richtigen Zeitpunkt zur weiteren Be- oder Verarbeitung geleitet werden. Gleichzeitig werden die zugehörigen Wareneingangs- und Abgangslisten geführt und Rechnungen erstellt.

03. Was versteht man unter Daten?

Daten sind Informationen über Bedeutungen, Gegenstände, Werte und Mengen. Daten sind mithin das, was verarbeitet werden soll, dargestellt in Form von Zeichen, Zahlen oder Symbolen. Nach DIN 44300 ist der Begriff Daten wie folgt definiert: „Daten sind Zeichen oder kontinuierliche Funktionen, die zum Zwecke der Verarbeitung Information auf Grund bekannter oder unterstellter Abmachungen darstellen."

04. Was sind Datenträger?

Datenträger sind schriftliche Belege oder Vorgänge. Sie enthalten numerische und alphanumerische Daten, die in ein Datenerfassungsgerät eingegeben werden.

05. Welche Datenträger sind in der EDV üblich?

Man unterscheidet die folgenden Datenträger:

a) Datenträger für die Eingabe, wie z.B. Markierungs-, Klarschrift- und Magnetschriftvordrucke, Lochstreifen und Lochstreifenkarten;
b) Datenträger zur Datenspeicherung, wie Magnetband, Magnetplatte, Diskette, Festplatte, Magnettrommel, Magnetstreifen, Magnetbandkassette, Magnetkarte, Magnetfilmband, Magnetplattenstapel;
c) Datenträger für die Ausgabeeinheit, wie z.B. Mikrofilm.

06. Was versteht man unter Information?

Informationen sind Nachrichten, die aus einem Inhalt und einer Darstellung bestehen.

07. Was versteht man unter dem Begriff Kommunikation?

Dabei wird der Informationsgeber als Sender und der Entgegennehmende als Empfänger bezeichnet. Die Übertragung erfolgt über einen Kanal.

08. Was versteht man unter Datenverarbeitung?

Daten wurden, ohne daß man sich dessen immer bewußt ist, in einem kaufmännischen Betrieb schon immer verarbeitet, z.B. in der Buchhaltung. Von Datenverarbeitung im Sinne der EDV spricht man, wenn Daten in eine Maschine eingegeben, dort nach einem Programm verarbeitet und dann ausgegeben werden.

09. In welcher Weise ist eine Datenverarbeitung möglich?

Datenverarbeitung ist möglich im herkömmlichen Sinne, d.h. manuell, durch den Einsatz von Addier- oder Buchungsmaschinen oder elektronisch. Bei der elektronischen Datenverarbeitung wird die Bewegung der Teile durch die Bewegung von elektrischen Impulsen ersetzt.

10. Worauf beruht die Lesbarkeit von Datenträgern?

Die Daten, die in eine EDV-Anlage eingegeben werden, müssen so geschrieben werden, daß sie von der Maschine verstanden und gelesen werden können. Dies wird erreicht, indem die Zahlen und Buchstaben verschlüsselt (codiert) werden.

11. Auf welche Arten können Zeichen in Klarschrift erkannt werden?

Zeichen können erkannt werden:

a) magnetisch, wobei die Schrift aus magnetisierbaren Zeichen besteht,
b) optisch. Die Form der Zeichen ist genau vorgeschrieben. Die Zeichen werden mittels Fotozellen gelesen.

12. Was versteht man in der Datenverarbeitung unter einem Befehl?

Befehle geben an, wie die Daten verarbeitet werden sollen.

13. Was versteht man unter einem Programm?

Unter einem Programm wird die Summe der Anweisungen an eine elektronische Datenverarbeitungsanlage verstanden, wie Daten zu verarbeiten sind.

14. Aus welchen Teilen besteht eine elektronische Datenverarbeitungsanlage?

Eine EDV-Anlage besteht aus:

a) dem Eingabegerät für die Erfassung der Daten,
b) dem Ausgabegerät für die Ausgabe der Daten,
c) der Zentraleinheit, die zwischen dem Eingabe- und dem Ausgabegerät steht und die die rechnerischen Aufgaben löst,
d) dem Rechenwerk, das im sog. Dualsystem rechnet,
e) dem Steuer- und Leitwerk, das den Rechenvorgang steuert, das Programm Schritt für Schritt abliest und die Ausführung jedes Impulses besorgt und kontrolliert.

15. Was versteht man unter einem Speicher?

Um die Zentraleinheit nicht zu überlasten, wird ein Teil der Daten, die von der Zentraleinheit zu verarbeiten sind, in einem externen Speicher aufbewahrt. Diese Daten können von der Zentraleinheit bei Bedarf mühelos abgerufen werden.

16. Was muß vor der Einführung der EDV beachtet werden?

Vor der Einführung der EDV müssen einmal Wirtschaftlichkeitsüberlegungen angestellt werden, um Größe und Form der Datenverarbeitung der Betriebsstruktur anpassen zu können und zum anderen muß festgelegt werden, welche Tätigkeiten durch die EDV erledigt werden. Anhand der Istaufnahme erfolgt die Sollkonzeption, d.h. die Festlegung der Gebiete, die in Zukunft mit Hilfe der EDV erledigt werden sollen und ferner die Bestimmung von Art und Größe der Anlage.

17. Worauf beruht die Sollkonzeption?

Die Sollkonzeption erfordert die Zusammenstellung aller Stamm- und Bewegungsdaten zu einem Datenprofil.

18. Was versteht man unter einem Schlüssel?

Ein Schlüssel ist eine auf einen bestimmten Zweck ausgerichtete Ordnungssystematik. Meist werden numerische Schlüssel verwandt. Das Dezimalsystem ermöglicht bei der numerischen Verschlüsselung eine weitgehende Ausbaufähigkeit. Erfolg und Aussagefähigkeit der Datenverarbeitungsergebnisse hängen weitgehend von der Qualität des gewählten Schlüsselsystems ab.

19. Warum sind Nummernschlüssel erforderlich?

Um die gespeicherten Stammdaten in der EDV-Anlage schnell und sicher finden zu können, ist es erforderlich, allen Kunden, Lieferanten und Artikeln sowie den Konten Nummern zu geben. Hierzu bedient man sich entweder der sog. sprechenden Nummernschlüssel (systematische Verschlüsselung) oder der Identifizierungsnummern, bei denen alle Kunden fortlaufend durchnumeriert werden.

20. Welche Funktionen haben die Schlüssel?

- Die Vereinheitlichung: Durch den Schlüssel wird sichergestellt, daß der gleiche Begriff immer nur mit einheitlichem Ausdruck bezeichnet wird.
- Die Identifikation: Durch den Schlüssel werden Informationen in eine eindeutige Form gebracht.
- Die Klassifizierung: Durch den Schlüssel werden Begriffsgattungen und Rangordnungen erkennbar.
- Die Komprimierung: Der Schlüssel beschränkt sich in seiner Ausdrucksform auf die zur einwandfreien Kennzeichnung unbedingt notwendigen Merkmale.
- Die Selektion: Durch den Schlüssel werden zusammengehörende Begriffe zusammengefaßt, wobei die Möglichkeit einer Selektion besteht.

21. Wodurch ist eine neuere Entwicklung im Bereich der Datenverarbeitung charakterisiert?

Durch die Einführung von Mikrocomputern, Personalcomputern und die Dialogverarbeitung von Daten.

22. Was ist ein Mikrocomputer bzw. Personalcomputer?

Ein Mikrocomputer ist ein programmierbarer Kleinrechner, dessen Zentraleinheit aus einem Mikroprozessor besteht. Für den Begriff Mikrocomputer ist auch der Begriff Personalcomputer üblich. Ein Mikro- oder Personalcomputer ist immer (neben dem Mikroprozessor) mit einer Tastatur, einem Bildschirm, einer Diskette, einer Festplatte und einem Drucker kombiniert.

23. Welche Aufgaben kann ein Mikro- bzw. Personalcomputer erledigen?

Er ist in der Lage, alle kaufmännischen oder technischen Routinegeschäftsvorfälle zu erledigen, wie z.B. Auftragserledigung, Lohnberechnungen, Ersatz von Karteikarten, Archivierung von Daten. Die Bearbeitung kann jedoch nur nach einem vorgegebenen Verfahren erfolgen, Dateien müssen angelegt werden und die bisherige Arbeitsorganisation muß geändert und auf dem Mikro- bzw. Personalcomputer umgestellt werden.

Weitere Einsatzmöglichkeiten bestehen

a) in der mit dem Computer verbundenen Textverarbeitung, die zu einer Steigerung der Effizienz des Schreibdienstes führt,
b) in der dezentralen Datenerfassung am Arbeitsplatz. Dies kann indirekt durch Erfassung auf transportablen Datenträgern oder direkt durch Anschluß an das Rechnernetz geschehen,
c) durch Übertragung arbeitsplatzbezogener Datenverarbeitungsaufgaben,
d) durch Kombination mit neuen Kommunikationstechniken mittels Datenfernüberträgern.

24. Was versteht man unter der Dialogverarbeitung?

Die Verarbeitung von Daten kann entweder sofort beim Arbeitsanfall oder zu vorbestimmten Zeiten in Form von sogenannter Stapelverarbeitung, indem gleiche Arbeitsaufgaben gesammelt und zum gleichen Zeitpunkt verarbeitet werden, erfolgen. Erfolgt die Datenverarbeitung zu einem beliebigen, vom Anwender bestimmten Zeitpunkt, so spricht man von einer Echtzeitbearbeitung. Bei der Dialogverarbeitung erfolgt diese Verarbeitung im Dialog zwischen Mensch und Computer. Bei der Dialogverarbeitung müssen beide Partner eine gemeinsame Sprache sprechen.

25. Welche Arten von Computern sind auf dem Markt?

1. Großrechner für Großanwender,
2. Mittlere Datentechnik: Sie entsprechen vom Aufbau her den Großrechnern, sind jedoch kleiner dimensioniert.
3. Personal- oder Mikrocomputer, die unmittelbar am Arbeitsplatz Verwendung finden.

26. Auf welche Weise kann die Dialogverarbeitung durchgeführt werden?

Sie wird entweder in Form des computergesteuerten oder in Form des benutzergesteuerten Dialogs durchgeführt. Im ersten Fall wird der Arbeitsablauf vom Computer vorgegeben, auf den der Mitarbeiter reagiert. Bei dem benutzergesteuerten Dialog bestimmt der Mitarbeiter den Arbeitsablauf. Der Computer wird jeweils bei der Arbeitsdurchführung programmiert.

27. Wodurch ist die vierte Generation von Datenverarbeitungsanlagen charakterisiert?

Durch ladbare Anwenderprogramme, interaktive Verarbeitung im Dialogbetrieb, Real-time-Verarbeitung, Rückgriff auf Datenbanksysteme und anwendungsorientierte Softwarepakete, durch Datenbankbearbeitung mittels Computer am Arbeitsplatz.

28. Warum ist eine Bedarfsanalyse erforderlich?

Vor jeder Einführung eines Computersystems muß eine Bedarfsanalyse durchgeführt werden um festzustellen, in welchen Bereichen ein wirtschaftlich sinnvoller Einsatz zu erwarten ist, welche Anforderungen an die Leistungsfähigkeit gestellt und welche organisatorischen Ziele mit dem Computereinsatz verfolgt werden.

2.2.2 Grundaufbau und Arbeitsweise von EDV-Anlagen

01. Was versteht man unter dem Begriff Hardware?

Hardware ist die materielle Ausstattung eines datenverarbeitenden Systems, d.h. um den Prozeß der Datenverarbeitung erledigen zu können, wird die Hardware zur Eingabe, Übertragung, Verarbeitung, Speicherung und Ausgabe von Daten benötigt. Der für die Bearbeitung von Daten benötigte Teil der Hardware heißt Zentraleinheit. Die Hardware, mit der die Zentraleinheit arbeitet, heißt Peripherie.

02. Wie wird eine für die EDV geeignete Aufgabe formuliert?

a) Problem erkennen und formulieren,
b) Problem strukturieren, d.h. Ziele und Nebenbedingungen finden und überprüfen, ob eine Lösung möglich ist,
c) einen Lösungsentwurf erstellen,
d) einen Programmentwurf erstellen unter Berücksichtigung von Ein- und Ausgabetatbeständen, Zerlegung des Problems in Teilaufgaben, Datenflußplan, Programmablaufplan erstellen, Programm schreiben,
e) Programm testen, d.h. feststellen, ob die Ergebnisse sinnvoll sind,
f) das Programm dokumentieren,
g) das Programm anwenden.

03. Was ist die Aufgabe des Steuerwerks?

Aufgabe des Steuerwerks ist die Steuerung und Kontrolle aller der Datenverarbeitungsanlage übertragenen Aufgaben im Hinblick auf die zeitliche Reihenfolge und den logischen Ablauf.

04. Was ist die Aufgabe des Rechenwerks?

Im Rechenwerk werden Daten, die sich im Zentralspeicher befinden, miteinander verknüpft.

05. Was ist die Aufgabe des Zentralspeichers?

Der Zentralspeicher registriert alle Daten. Der Ort, in dem Informationen gespeichert werden sollen, wird über die Speicheradresse bestimmt.

06. Was ist die Aufgabe der Ein- und Ausgabewerke?

Die Eingabe- und Ausgabewerke steuern den Datenaustausch zwischen dem Zentralspeicher und der Peripherie. Sie wählen aufgrund einer Aufforderung durch das Leitwerk den richtigen Ein- bzw. Ausgabekanal aus, bestimmen das Tempo der Informationsübertragung und führen eine Prüfung der Daten auf Vollständigkeit und Richtigkeit durch. Zum Transfer der Daten innerhalb der Zentraleinheit werden Leitungen benötigt. Das Ansprechen einer Speicherstelle erfolgt über einen Adressenbus, die Übertragung über einen Datenbus. Die Anzahl der Leitungen je Datenbus bestimmt die Geschwindigkeit der Datenübertragung innerhalb der Zentraleinheit.

07. Was versteht man unter einem BIT?

Ein BIT ist die kleinste Einheit zur Darstellung einer Information. Es kann nur die Zahlen 0 oder 1 annehmen.

08. Was sind Bytes?

Ein Byte ist eine Folge von 8 BITS und dient der Darstellung von jeweils einem Zeichen.
1024 Bytes ergeben 1 Kilobyte (KB).
1024 KB ergeben 1 Megabyte (MB).

09. In welchen Schritten erfolgt der Steuerungsablauf?

1. Festlegung des Befehls, der als nächster ausgeführt werden soll;
2. Entschlüsselung dieser Befehle;
3. Umsetzung des Befehls in Impulse, die zur Ausführung des Befehls, z.B. über das Rechenwerk führen.

10. Welche Befehlsarten werden unterschieden?

1. Lade- und Speicherbefehle,
2. arithmetische Befehle,
3. Sprungbefehle,
4. Verschiebebefehle,
5. Ein- und Ausgabebefehle.

11. Welche Arten von Speichern werden unterschieden?

1. Register: Das sind besondere Speicherplätze mit besonderen Funktionen. Register werden nach der Benutzung wieder freigegeben.
2. Arbeitsspeicher.
3. Externe Speicher, wie z.B. Magnettrommelspeicher, Magnetplattenspeicher, Magnetbandspeicher, flexible Diskette, Magnetbandkassette.

12. Wer steuert eine EDV-Anlage?

Eine Anlage wird über Programme gesteuert.

13. Welche Arten von Programmen werden unterschieden?

Man unterscheidet maschinenorientierte Programme, problemorientierte Programme und systemorientierte Programme.

14. Welche Arten von Betriebssystemen werden unterschieden?

1. Stapel- oder Batchbetrieb
   Hierbei wird ein Programm nach dem anderen bearbeitet, die Reihenfolge der zu bearbeitenden Programme kann jedoch durch eine Prioritätenvergabe beeinflußt werden.
2. Time-Sharing-Betrieb
   Hierbei werden gleichzeitig mehrere Anwender im Dialog bedient. Jedem Benutzer wird periodisch sein Anteil der Zeit zur Verfügung gestellt, in der an seinem Programm gearbeitet wird.
3. Multiprogrammierung
   Hierbei werden ebenfalls mehrere Programme gleichzeitig bearbeitet; es bestehen aber größere Bearbeitungsmöglichkeiten durch die automatische Benutzung mehrerer Kanäle.
4. Real-Time-Betrieb
   Hierbei erfolgt die Datenverarbeitung zu jedem beliebigen Zeitpunkt auf Wunsch des Benutzers.

2.2.3 Methoden und Phasen der Datenerfassung

01. Was versteht man unter Datenerfassung?

Datenerfassung ist die erstmalige Übergabe von Informationen in den Computer - etwa durch Eingabe über die Tastatur - und ihre Umwandlung in maschinenlesbare Daten. Problematisch ist die Menge der Daten. Richtige Ergebnisse lassen sich jedoch nur durch eine fehlerfreie Datenerfassung erzielen.

02. Wie erfolgt die Datenerfassung mit Hilfe von Bildschirmmasken?

Solche Masken sind Bestandteil des Erfassungsprogramms. Sie entsprechen einem leeren Formular, in das die Daten mittels Cursor-Steuerung (einem optischen

Signal auf dem Bildschirm, das den Platz für das nächste Zeichen angibt) an der richtigen Stelle eingegeben werden.

Jedes Erfassungsprogramm enthält als erstes einen Teil, der die Bildschirmmaske aufbaut. Im zweiten Schritt erfolgt die Programmierung der Eingabe, die an bestimmten Stellen entsprechend der Maskenvorgabe vorgenommen werden muß.

03. Welche Arten von Daten werden unterschieden?

1. Anwendungsdaten: Diese sind Gegenstand der Datenverarbeitung.
2. Programmdaten: Sie steuern zusammen mit dem Betriebssystem und der Anwendungssoftware die Verarbeitung der Anwendungsdaten.

04. Welche Daten unterscheidet man im Hinblick auf ihre Stellung im Verarbeitungsprozeß?

1. Eingabedaten,
2. Verarbeitungsdaten,
3. Ergebnisdaten; das sind die mit Hilfe der Datenverarbeitung ermittelten Ergebnisse,
4. Transferdaten,
5. Ausgabedaten.

05. Welche Daten werden im Hinblick auf die Häufigkeit der Veränderung unterschieden?

1. Stammdaten: Sie verändern sich nicht oder nur selten, wie z.B. Kundenadressen, Kundennummern.
2. Bestandsdaten: Sie erfassen betriebliche Zustände, die zeitabhängig sind.
3. Bewegungsdaten: Das sind geschäftsfallorientierte Daten, wie z.B. Lieferscheine.

06. Wie werden Daten nach ihrer Zeichenart unterschieden?

1. Numerische Daten,
2. Alphabetische Daten,
3. Alphanumerische Daten.

07. Was versteht man unter Dokumentation?

Ein analysiertes und codiertes Programm muß schriftlich festgehalten werden, um bei Programmänderungen oder dem Einsatz anderer Mitarbeiter das Problem erkennen zu können. Nach DIN 66230 besteht eine Programmdokumentation aus folgenden Bestandteilen:

Programmkenndaten (Name des Programmierers, Kurzbeschreibung, Datum der Programmerstellung und Freigabe, Protokolle über Testläufe).

Funktion und Aufbau des Programms (d.h. eine ausführliche Beschreibung des Programms und der Daten).

Betrieb des Programms (Angaben über die benötigten Datenträger, spezielle Fehlermeldungen).

Installation und Programmtest (Beschreibung der Testdaten und der Testergebnisse).

08. Was versteht man unter Off-Line-Verarbeitung?

Hierbei werden die gesammelten Daten auf Hilfsanlagen gesammelt, die nicht direkt mit der zentralen Datenverarbeitungsanlage verbunden sind.

09. Was versteht man unter On-Line-Verarbeitung?

Mit Hilfe des On-Line-Systems erfolgt der direkte Zugriff auf eine Datenbank über einen Personal-Computer.

10. Welche Aufgaben erfüllen Programmiersprachen?

Mit Hilfe von Programmiersprachen wird eine Arbeitsanweisung in den Computer eingegeben.

11. Welche Arten von Programmiersprachen werden unterschieden?

Man unterscheidet maschinenorientierte Sprachen, sie werden auch Assembler genannt, und problemorientierte Sprachen, wie z.B. Cobol (= Common Business Oriented Language), RPG (= Report Programm Generator) oder FORTRAN (Formula Translation). Cobol ist eine speziell für kommerzielle Anwendung geschaffene Sprache.

2.2.4 Planung und Entwicklung von EDV-Verfahren

01. Welche Gründe sind für die Einführung der EDV in einem Unternehmen maßgebend?

Kapazitätsmangel, Arbeitskräftemangel, Verminderung der Personalkosten, Raummangel, Rationalisierungen und Straffung der Organisation, Gewinnung zusätzlicher Informationen, Prestigegründe. Ein Unternehmen, das heute nicht in irgendeiner Form mit automatischer Datenverarbeitung arbeitet, kann im Wettbewerb auf Dauer nicht bestehen.

02. Welche Hauptaufgaben sind bei der Planung und Realisierung des organisatorischen Systems der Datenverarbeitung zu lösen?

Man unterscheidet folgende Schritte: die Systemanalyse, die Systemplanung, den Systemaufbau und die Systemanpassung.

03. Was versteht man unter der Systemanalyse?

Die Systemanalyse umfaßt die gesamte Aufnahme und kritische Durchleuchtung des Ist-Zustandes unter besonderer Berücksichtigung der folgenden Faktoren:

a) Der Erfassung der Arbeitsabläufe und zwar sowohl nach Funktionen als auch nach Abteilungen,
b) der Untersuchung des Aufbaus und der Zweckmäßigkeit der gegenwärtigen Organisation,

c) Erfassung des Informationsflusses,
d) der Erfassung der bislang eingebauten Kontrollen,
e) der Ermittlung des Datenvolumens nach Mengen und zeitlichem Anfall,
f) Ermittlung der Kosten des bisherigen Datensystems.

Die Systemanalyse arbeitet insbesondere mit den Methoden der Interviews und Fragebogen sowie mit Beobachtungen am Arbeitsplatz.

04. Was ist die Aufgabe der Systemplanung?

Die Systemplanung baut auf den Ergebnissen der Systemanalyse auf und beinhaltet die Gestaltung des Soll-Zustandes, die Aufstellung der Zeitpläne sowie von Wirtschaftlichkeitsberechnungen.

05. Was versteht man unter einem Programmablaufplan?

Der Programmablaufplan informiert über die logische Struktur eines Programmes und stellt in graphischer Form die zeitliche Aufeinanderfolge der einzelnen Schritte im Computer dar.

06. Wo sind die Programmablaufpläne geregelt?

Programmablaufpläne wurden vom Fachnormenausschuß Informationsverarbeitung als DIN 66001 geschaffen und als einheitliche Sprachregelung für die Symboltechnik der EDV-Abläufe festgelegt.

Diese Symbole sind:

Operation (z.B. Addieren)
(mit Ausnahme der untenstehenden Operationen)

Eingabe, Ausgabe (maschinell oder manuell: Kennzeichnung durch Beschriftung)

Verzweigung

Ablauflinie
Vorzugsrichtung: a) von oben nach unten,
 b) von links nach rechts,
auf Sinnbild gerichtete Pfeilspitze zulässig

Unterprogramm

Zusammenführung
Ausgang durch Pfeilspitze kennzeichnen, keine Zusammenführung durch kreuzende Linien

Programmodifikation
(z.B. Ändern von Indexregistern)

Übergangsstelle (Konnektor)
Bezeichnung kennzeichnet Zusammengehörigkeit auch von mehreren Stellen, aber nur zu einer Stelle

A

Grenzstelle (z.B. START, HALT, ENDE)

Operation von Hand
(z.B. Eingriff des Bedieners)

Bemerkung
(zum Anhängen an jedes Sinnbild)

2.2.4 Planung und Entwicklung von EDV-Verfahren

07. Was versteht man unter Datenflußplänen?

Datenflußpläne geben Auskunft über Eingabegeräte, Datenträger, Wege der Daten, die einzelnen Operationen und stellen in graphischer Form den Organisations-, Daten- und Arbeitsablauf für ein Arbeitsgebiet dar.

08. Wo sind Datenflußpläne geregelt?

Datenflußpläne sind ebenfalls in DIN 66001 verbindlich festgelegt.

Die wichtigsten Sinnbilder sind:

Bearbeiten (z.B. Rechnen)

Sortieren

Plattenspeicher

Hilfsfunktion
(z.B. Lochkarten erstellen)

Datenträger
(nicht näher bestimmt)

Matrixspeicher
(Kernspeicher oder gleichart.)

Eingreifen von Hand
(z.B. Bandwechsel)

Datenträger
(gesteuert von DVA)

Anzeige
(optisch oder akustisch)

Eingeben von Hand
(z.B. Eingaben an Konsole)

Datenträger
(nicht gesteuert von DVA)

Flußlinie
(nur mit Pfeilspitze)

Mischen

Schriftstück

Transport der Datenträger

Datenübertragung

Trennen

Lochkarte

Übergangsstelle
(Konnektor)

Lochstreifen

Bemerkung
(zum Anfügen an jedes Sinnbild)

Mischen mit Trennen

Magnetband

09. Welche Aufgabe hat ein Programmiertest?

Im Rahmen eines Programmiertests wird ein Programm auf seine Richtigkeit hin überprüft, und zwar im Hinblick auf die Vollständigkeit aller Programmteile, die Richtigkeit und Logik aller Programmteile, die richtige Behandlung der Dateien und richtiges Reagieren auf logische Fehlerkontrollen.

10. Welche Arten von Fehlern können auftreten?

Es können einmal Formfehler, d.h. Verstöße gegen Regeln einer Programmiersprache und zum anderen logische Fehler auftreten.

11. Was versteht man unter einer Programmdokumentation?

Unter den Begriff Programmdokumentation fallen alle Unterlagen, die die Arbeitsfähigkeit eines Programms sicherstellen, und zwar die Aufgabenstellung, die Programmanleitung, die Testauswertungen sowie die Arbeitsanweisungen für den Programmierer und den Maschinenbediener.

12. Was versteht man unter Programmierung?

Unter Programmierung versteht man die Festlegung und Darstellung in einer computerverständlichen Weise der Aufeinanderfolge von Arbeitsschritten, die zur Lösung einer Aufgabe erforderlich sind.

13. Warum ist im Rahmen einer Umstellung auf EDV eine besondere Übergangsphase sowie eine Kontrolle notwendig?

Es wäre denkbar, daß der Übergang zur EDV nicht reibungslos klappt, so daß zunächst parallel nach dem alten und dem EDV-Verfahren gearbeitet werden sollte. Dabei läßt sich feststellen, wo Fehlerquellen liegen. Bei größeren Fehlern, die im System begründet sind, muß das Soll-Konzept überprüft werden.

14. Was versteht man unter der Logik der Programmerstellung?

Ein funktionsfähiges Programm erfordert einen folgerichtigen Ablauf aller Arbeitsschritte, die logisch aufeinander folgen müssen. Die einzelnen Arbeitsschritte müssen eindeutig festgelegt werden, wobei die Programmiersprache keine Rolle spielt. Die Programmerstellung erfolgt mit Hilfe der Datenflußpläne und Programmablaufpläne, deren einheitliche Symbole nach DIN 66001 festgelegt sind.

15. Wie werden betriebliche Aufgaben mit Hilfe von Datenflußplänen gelöst?

Im Rahmen der Betriebsorganisation wird mit Hilfe der EDV festgelegt, welche Aufgaben im einzelnen zu lösen sind. Es gibt jedoch niemals nur einen einzigen Datenflußplan für eine bestimmte Aufgabe. Man muß daher bestrebt sein, optimale Datenflußpläne zu erstellen, die der jeweiligen betrieblichen Situation angepaßt sind.

16. Was versteht man unter Codierung?

Unter Codierung versteht man die Form des Speicherns der Daten auf einem Datenträger oder im Speicher.

17. Was ist ein Code?

Ein Code ist eine Zuordnungsvorschrift für die Zuordnung einzelner Zeichen, die zur Darstellung bestimmter Informationen dienen.

18. Welche Arten von Codes werden unterschieden?

1. Zahlensysteme:
- Dezimalsystem: 0, 1, 2, 3, 4, 5, 6, 7, 8, 9,
- Dualsystem: 0 und 1
- Sedezimalsystem auf der Basis 16, da mit 4 BIT 16 verschiedene Kombinationen dargestellt werden können,
- binärdezimale Zahlensystem, bei dem jede Stelle einer Dezimalzahl einzeln in einer vierstelligen Dezimalzahl dargestellt wird.

2. Datenträgercodes:
a) EBCDI-Code (= Extendet Binary Coded Decimal Interchange): er basiert auf der Zeichendarstellung durch 8 BITS.
b) ASCII-Code (= American Standard Code for Information Interchange): er wird in Mikrocomputern verwandt.
c) rechnerinterne Codes.

19. Was versteht man unter Formalisierung und unter Formatisierung?

Formalisierung ist die Vereinheitlichung unterschiedlich möglicher Darstellungsformen ein und derselben Information.

Formatisierung ist die Festlegung bzw. genaue Vorgabe der bei der Eingabe von Daten zu benutzenden Stellen und deren Stelleninhalt sowie die Vorgabe der Zeichen, die ausschließlich verwandt werden dürfen.

20. Was ist ein Datenlexikon?

Ein Datenlexikon gibt eine Übersicht über alle bei der Datenverarbeitung eines Betriebes benutzten Daten und ihrer logischen Strukturen. Es ist gleichzeitig ein Datenverwendungsnachweis. Man unterscheidet dabei zwischen manuellen, freien und integrierten Datenlexika.

21. Was versteht man unter Datenorganisation?

Unter Datenorganisation versteht man Methoden zur Anordnung von zu speichernden Daten unter Berücksichtigung vorhandener Datenträger mit dem Ziel eines schnellen Zugriffs.

22. Welche Zugriffsmöglichkeiten bestehen?

Man muß zunächst einen Ordnungsbegriff wählen und Datensätze auf- oder absteigend aneinanderreihen. In der Praxis kann man Sätze hintereinander ablegen. Hinzukommende Sätze werden an das Satzende angefügt. Wird ein Satz gelöscht, rücken die folgenden nach vorn. Auf diese Weise entstehen in einer Datei keine Lücken. Diese einfachste Form der Speicherung entspricht der Ablage in unsortierter Reihenfolge. Will man diese Suchweise vermeiden, werden Ordnungsbegriffe festgelegt. Dabei muß eine Datei, wenn ein bestimmter Datensatz gesucht wird, in der Reihenfolge ihrer Abspeicherung, d.h. ihres zeitlichen Anfalls, durchsucht werden (= serieller Zugriff). Mit Hilfe einer sequentiellen Verarbeitung wird anstelle eines seriellen Zugriffs eine sortierte Anordnung und damit eine Optimierung des Zugriffs erreicht.

Bei der sequentiellen Speicherung werden zunächst alle Daten laufend und lückenlos auf den Datenträger geschrieben. Die Datensätze werden in ihrer logischen Folge hintereinander gespeichert. Sie werden vorher sortiert, so daß kein Zusammenhang zwischen Adresse und Ordnungsbegriff besteht.

23. Was versteht man unter Adressierung?

Unter einer Adresse wird (nach DIN 44300) die Kennzeichnung eines Speicherplatzes verstanden; dabei können Daten adressiert oder nicht adressiert gespeichert werden.

24. Was versteht man unter indexsequentieller Speicherung?

Hierbei werden die Daten logisch, fortlaufend gespeichert. In Form von Indextabellen wird ein Adressenverzeichnis aufgebaut, das Speicheradressen und Ordnungsbegriffe in Übereinstimmung bringt.

25. Welche neueren Begriffe und Entwicklungen sind in der EDV üblich?

Bürokommunikation: Anwendungsgebiet der Computer und Netzsysteme bei allgemeinen Büroarbeiten. Hardware und Software sind vorwiegend dem Umgang mit unstrukturierten Informationen gewidmet. Daher ist die Bürokommunikation das ergänzende Gegenstück zu den festgeregelten Datenverarbeitungsverfahren. Die Systeme unterstützen im wesentlichen:
- Schreibtischaufgaben, d.h. Textverarbeitung, arbeitsplatzgebundene Informations-, Daten- und Dokumentenverwaltung, Drucksachen-Erstellung, Tabellenkalkulation, Projekt- und Terminmanagement;
- zentrale Bürodienste, z.B. Dokumenten-Archivierung und -Wiedergewinnung, Elektronische Post, Terminüberwachung und Druckdienste;
- Daten- und Dokumentenaustausch mit anderen Systemen und Arbeitsplätzen.

2.2.4 Planung und Entwicklung von EDV-Verfahren

Integriertes Bürosystem: Gesamtlösung (Paket) mit aufeinander abgestimmten Software-Bausteinen für die Anwendungen der Bürokommunikation unter einem einheitlichen Grundkonzept und einer einheitlichen Benutzeroberfläche. Das Kernstück der meisten Gesamtlösungen ist die Textverarbeitung. Hinzu kommen Bausteine für die Arbeitsschritte im Berichtswesen, bei der Daten- und Informationsverwaltung, der Postbearbeitung, Tabellenkalkulation, Geschäftsgrafik und bei den Managementfunktionen.

Textverarbeitung: Erfassung, Aufbereitung, Verwaltung und Ausgabe von textorientierten Informationen mit Computern. Die Softwarepakete unterstützen hauptsächlich die Abfassung individueller Texte, die schrittweise Textoptimierung, die Serienbrief- und Bausteinkorrespondenz, Formular- und Listenarbeiten.

Desktop Publishing: Gestaltung von Drucksachen mit elektronischen Systemen. Die Gesamtlösungen enthalten die Hardware und Software für die Texterfassung, Gestaltung, Grafik/Bilderfassung und -verarbeitung. Seitengestaltung, Erzeugung der Repro-Muster und/oder der Drucksachen.

Electronic Mail: Elektronische Post. Transport elektronischer Dokumente in privaten und/oder öffentlichen Netzen nach dem Vorbild der Briefpost.

Elektronisches Archiv: Verwaltungssystem und Speicher für die organisierte Ablage und Wiedergewinnung von digitalisierten Dokumenten. Als Speichermedien dienen vor allem optische Speicherplatten mit sehr hoher Kapazität.

Elektronisches Dokument: Als digitalisierter Bestand und als "Image" erfaßte, gespeicherte oder im Netz transportierte Information, deren Inhalt und Aufbau geschäftlichen Schriftstücken entspricht.

Mailbox-Technik: Netztechnische Lösung für den Nachrichtenaustausch nach dem Vorbild der Briefkasten-Handhabung. Die Mailbox ist ein Ablagemedium für den Empfang, die Bereithaltung, Weitergabe und Verteilung elektronischer Dokumente. Sie wird einer autorisierten Person oder Instanz fest zugeordnet.

Office Document Language: Programmiersprache für Bürodokumente.

Spreadsheet: Tabellenkalkulation, Schreibtischanwendung der Bürokommunikation.

2.2.5 Anwendersoftware

01. Was versteht man unter dem Begriff Software?

Unter Software versteht man die Summe aller Programme, die eine Anlage zu bestimmten Leistungen befähigen.

02. Welche Arten von Software werden unterschieden?

Man unterscheidet zwischen Betriebssoftware und Anwendungssoftware (oder auch Anwendersoftware).

03. Was bezeichnet man als Betriebssoftware?

Betriebssoftware ist der Sammelbegriff für alle Programme, die die EDV- und artverwandte Anlagen steuern. Bezogen auf eine einzelne Anlage spricht man meist von Betriebsprogrammen oder Betriebssystemen. Das Betriebssystem ist entscheidend für die Steuerung, die Handhabung, die Programmierbarkeit und den Ausbau einer Anlage; es ist ferner die Basis für die Anwendungssoftware.

04. Was versteht man unter einer Datei?

Unter einer Datei versteht man eine Zusammenfassung von Daten mit einheitlichem Format zur Speicherung unter einem gemeinsamen Oberbegriff.

05. Was ist ein Datensatz?

Ein Datensatz ist die Zusammenfassung aller Datenfelder, die zu einem Ordnungsbegriff gehören. Ein solcher Ordnungsbegriff ist das Datenfeld (z.B. die Kundennummer), nach dem auf einen Datensatz zurückgegriffen wird.

06. Was ist eine Datenbank?

Eine Datenbank ist ein System, das dem Benutzer eine Informationseinheit aus mehreren Dateien mit unterschiedlichem Satzaufbau liefert, d.h. ein Verbundsystem von verschiedenartigen Dateien, mit dessen Hilfe der Benutzer benötigte Daten auswählen und zusammenstellen kann. Die auf einer Datenbank gespeicherten Daten sind logisch untereinander mit anderen Datenträgern verknüpft. Normalerweise ist eine bestimmte Information in einer Datenbank nur einmal vorhanden.

07. Welche Möglichkeiten bieten Datenbanken?

Mit Hilfe von Datenbanken können in kürzester Zeit gewünschte Informationen selektiert werden. So sind z.B. in einer Datenbank zahllose Namen, Adressen, Geburtsdaten, Berufsangaben gespeichert. Mit Hilfe bestimmter Selektionskriterien, die durch mathematische Operationen (z.B. größer, kleiner als) verknüpft werden, kann ein genau beschriebener Personenkreis aus der Datenbank herausgefiltert werden.

2.2.5 Anwendersoftware

08. Welche Arten von Datenbanken werden unterschieden?

Man unterscheidet:

a) Hausinterne Datensammlungen für die Mitarbeiter, bei denen der Zugriff beliebig eingeschränkt werden kann;

b) Externe Datensammlungen, die von Dritten erstellt worden sind, wie z.b. Produkt- und Lieferinformationen. So ist z.b. das Produktnachschlagewerk "Wer liefert was" ebenso wie vergleichbar andere Nachschlagewerke dieser Art auch als Datenbank verfügbar. Bei Datenbanken dieser Art wird eine Technik aus der Unterhaltungselektronik, die Compact Disk (CD) angewandt. Auf den CD´s sind jeweils mehrere tausend Seiten eines Nachschlagewerks zusammengefaßt. Um das Gesuchte zu finden - die sog. Recherche - benötigt man ein Abspielgerät und einen Personalcomputer. Die Software wird vom Lieferanten geliefert. Der Nachteil besteht darin, daß die CD, ebenso wie das Buch, nur in bestimmten Zeitabständen produziert wird. Zwischenzeitlich erfolgte Änderungen können mithin erst bei einer Neuproduktion der CD berücksichtigt werden.

c) Die Online-Datenbank. Basis ist ein Großcomputer, Host genannt. Die Benutzer sind online, d.h per Leitung (Telefon, Standleitung) mit der Datenbank verbunden. Alle Datenänderungen werden sofort gespeichert, so daß alle Informationen immer dem neuesten Stand entsprechen. Die Online Datenbanken gliedern sich in vier Hauptgruppen: Technik und Wissenschaft; Wirtschaft, wie z.B. Produkt-, Firmeninformationen, Märkte; Patente und Warenzeichen; Recht.

09. Welche Bedeutung haben Werkstoffdatenbanken?

In der industriellen Produktion werden in zunehmendem Maße Werkstoffbanken eingesetzt, die in der Lage sind, einem Hersteller auf Anfrage neue Werkstoffe oder umweltfreundliche Technologien oder Werkstoffe mit besonderen Eigenschaften zu nennen. So beabsichtigte z.B. ein Unternehmen, bestimmte metallische Werkstoffe durch Kunststoffe zu ersetzen. Mit Hilfe von Faktendatenbanken wurden bestimmte physikalische Eigenschaften des Werkstoffs vorgegeben, um auf diese Weise den entsprechenden Kunststoff ausfindig zu machen. In den letzten Jahren sind spezielle Datenbanken im Bereich Glas, Steine, Erden, keramische Werkstoffe, Kunststoffe entstanden. Andere Datenbanken befassen sich mit bestimmten Eigenschaften verschiedener Werkstoffe oder mit dem Werkstoffverhalten bei verschiedenen Temperaturen oder unterschiedlichen Geschwindigkeiten (z.B. das Verhalten von Material in Flugzeugen bei hohen Fluggeschwindigkeiten).

10. Welche neueren Entwicklungstendenzen zeichnen sich durch den Einsatz von Datenbanken ab?

Datenbanken gewinnen Bedeutung als Dateiverwaltungen etwa im Bereich der Adressen. Auch ist eine Koppelung mit der Textverarbeitung möglich. Setzt man Datenbanken ein, sind die Formulare frei gestaltbar, d.h. man kann mit Hilfe einer Datenbank sowohl Produktdaten als auch Adressen verwalten. Überdies ist die Zahl der Datensätze nahezu unbegrenzt. So eignen sich Datenbanken z.B. für umfangreiche Produktkataloge, sehr große Adressenbestände und Auftragsbestandsverwaltungen. Die Datenbestände können gleichzeitig in der Datenbank analysiert und aufgegliedert werden.

Für besondere Zwecke eignen sich Relationale Datenbanken. Bei diesen wird zwischen verschiedenen Teildatenbanken über ein gemeinsames Merkmal eine Beziehung, d.h. eine Relation, hergestellt. So könnte in einem Unternehmen z.B. eine Datenbank für die Maschinen, eine für die Lieferanten, eine für die Erzeugnisse, eine für die Spediteure angelegt werden. Allen Datenbanken gemeinsam ist eine Artikelkennziffer, denn nicht jede Maschine kann jeden Artikel produzieren, nicht jeder Lieferant kann alle Teile liefern und nicht jeder Spediteur kann jedes Produkt transportieren. Die Relation wird in diesem Fall über die Artikelnummer hergestellt.

2.2.6 Datensicherung

01. Was versteht man unter Datensicherung?

Alle Maßnahmen, die zur Sicherung der Informationen vor Verlust, irrtümlicher Veränderung oder Zerstörung (Datensicherheit) dienen, oder gegen unbefugten Zugriff (Datenschutz) schützen. Viele Maßnahmen der Datensicherung dienen dem Datenschutz, weil bestimmte Datensicherungsmaßnahmen im Datenschutzgesetz zwingend vorgeschrieben sind.

02. Was versteht man unter einem Back-up?

Ein Back-up ist eine Sicherungskopie. Derartige Back-ups sollten täglich oder wöchentlich und in jedem Fall nach besonders umfangreichen Arbeitsvorgängen zur Datensicherung vorgenommen werden. Der Wert der Daten steht in keinem Verhältnis zum Diskettenpreis.

03. Welche Möglichkeiten bestehen im Hinblick auf die Sicherung der Qualität der zu verarbeitenden Daten?

Es bestehen folgende Prüfverfahren: Prüfziffernprüfung, Formalkontrolle, Plausibilitätsprüfungen, Kontrollsummenermittlung, Bildung von Abstimmkreisen.

04. Durch welche Möglichkeiten kann eine erfolgreiche Datensicherung gewährleistet werden?

Zugangskontrolle
Kontrolle, indem der Zugang zu Datenverarbeitungsanlagen, mit denen personenbezogene Daten verarbeitet werden, nur besonders ausgewählten Mitarbeitern gestattet wird.

Abgangskontrolle
Es muß sichergestellt sein, daß die bei der Verarbeitung personenbezogener Daten beschäftigten Mitarbeiter nicht unbefugt Datenträger entfernen können.

2.2.6 Datensicherung

Speicherkontrolle
Mit ihrer Hilfe soll die unbefugte Eingabe in den Speicher sowie die unbefugte Kenntnisnahme, Veränderung oder Löschung gespeicherter personenbezogener Daten verhindert werden.

Benutzerkontrolle
Durch sie soll die Benutzung von Datenverarbeitungssystemen, aus denen oder in die personenbezogene Daten durch selbsttätige Einrichtungen übermittelt werden, durch unbefugte Personen verhindert werden.

Zugriffskontrolle
Sie soll gewährleisten, daß die Berechtigten zur Benutzung eines Datenverarbeitungssystems durch selbsttätige Einrichtungen ausschließlich auf die ihrer Zugriffsberechtigung unterliegenden personenbezogenen Daten zugreifen können.

Datenübermittlungskontrolle
Diese soll gewährleisten, daß überprüft und festgestellt werden kann, an welchen Stellen personenbezogene Daten durch selbsttätige Einrichtungen übermittelt werden können.

Eingabekontrolle
Sie soll gewährleisten, daß überprüft und festgestellt werden kann, welche personenbezogenen Daten zu welcher Zeit von wem in Datenverabeitungssysteme eingegeben worden sind.

Auftragskontrolle
Sie soll gewährleisten, daß personenbezogene Daten, die im Auftrag Dritter verarbeitet werden, nur entsprechend den Weisungen des Auftraggebers verarbeitet werden.

Transportkontrolle
Indem sichergestellt ist, daß bei der Übermittlung personenbezogener Daten sowie beim Transport entsprechender Datenträger diese nicht unbefugt gelesen, verändert oder gelöscht werden können.

Organisationskontrolle
Die Betriebsorganisation muß so gestaltet sein, daß sie den Anforderungen des Datenschutzes genügt.

05. Aus welchen Gründen können Daten verlorengehen?

Durch Stromausfall oder Softwarefehler können erfaßte und noch nicht abgespeicherte Daten gelöscht werden.

06. Wie werden Daten gesichert?

Die Daten werden auf externen Speichern, wie z.B. Disketten, abgespeichert.

07. Was versteht man unter Datenschutz?

Unter dem Datenschutz versteht man alle im Bundesdatenschutzgesetz niedergelegten Pflichten und Vorschriften, die gleichzeitig die Rechte schutzwürdiger Personen repräsentieren. Personenbezogene Daten sind Einzelangaben über persönliche oder sachliche Verhältnisse einer bestimmten oder bestimmbaren natürlichen Person (dem Betroffenen) wie z.B. Adresse, Einkommen, Familienstand, Personalentwicklungspläne, KFZ-Kennzeichen.

08. Welche Verpflichtungen ergeben sich aus dem Datenschutz für die Unternehmungen?

- Die Geheimhaltungspflicht, d.h. den bei der Datenverarbeitung beschäftigten Personen ist untersagt, geschützte Daten zu anderen Zwecken zu verarbeiten, bekanntzugeben, zugänglich zu machen oder sonst zu nützen.

- Die Löschungspflicht, d.h. personenbezogene Daten sind zu löschen, wenn ihre Kenntnis für die Erfüllung des Zweckes der Speicherung nicht mehr erforderlich ist; ihre Speicherung unzulässig ist; es sich um Daten über gesundheitliche Verhältnisse, strafbare Handlungen, Ordnungswidrigkeiten sowie religiöse oder politische Anschauungen handelt; ihre Richtigkeit von der speichernden Stelle nicht bewiesen werden kann.

- Die Berichtigungspflicht, d.h. personenbezogene Daten sind zu berichtigen, wenn sie unrichtig sind.

- Die Sperrpflicht, d.h. personenbezogene Daten sind zu sperren, wenn ihre Richtigkeit vom Betroffenen bestritten wird und sich weder die Richtigkeit noch die Unrichtigkeit feststellen läßt oder die Kenntnis dieser Daten für die Erfüllung des Zwecks der Speicherung nicht mehr erforderlich ist.

- Die Auskunftspflicht, d.h. dem Betroffenen ist auf Verlangen Auskunft über die zu seiner Person gespeicherten Daten zu geben; der Betroffene kann auch Auskunft über die Person verlangen, an die seine Daten regelmäßig übermittelt werden.

- Die Benachrichtigungspflicht, damit der Betroffene weiß, wer Informationen über ihn besitzt, ist er bei erstmaliger Speicherung von Daten zu seiner Person zu benachrichtigen, es sei denn, er hat auf andere Weise Kenntnis von der Speicherung erlangt.

09. Wann ist ein Dateschutzbeauftragter zu bestellen?

Eine Bestellung gemäß § 28 BDSG ist erforderlich, wenn natürliche und juristische Personen personenbezogene Daten automatisch bearbeiten und mindestens fünf Arbeitnehmer ständig beschäftigen. Bei anderweitiger Verarbeitung personenbezogener Daten besteht die Verpflichtung zur Bestellung dann, wenn mindestens 20 Arbeitnehmer beschäftigt sind.

10. Was sind die Aufgaben eines Datenschutzbeauftragten?

Er muß eine Übersicht über die Art der gespeicherten personenbezogenen Daten und über deren Geschäftszweck führen (sog. Datenübersicht mit Datenempfängern), eine Übersicht über die Art der eingesetzten Datenverarbeitungsanlagen erstellen; die Überwachung der ordnungsgemäßen Anwendung der Datenverarbeitungsprogramme (Software) vornehmen, das Personal, das mit der Verarbeitung personenbezogener Daten betraut ist, unterweisen und schulen; bei der Auswahl der in der Verarbeitung dieser Daten tätigen Personen mitwirken.

2.2.6 Datensicherung

11. Durch welche Maßnahmen läßt sich eine Datensicherung erreichen?

Durch bauliche Maßnahmen, durch organisatorische Maßnahmen, durch technische Maßnahmen, durch programmtechnische Maßnahmen.

12. Was sind in diesem Zusammenhang bauliche Maßnahmen?

Bauliche Maßnahmen, etwa die Verwendung feuerhemmender Materialien, sollen helfen, Schaden durch höhere Gewalt, Sabotage, Mißbrauch zu verhindern. Wichtige Datenträger werden in feuerfesten Schränken und hinter Stahltüren sicher aufbewahrt. Außerdem sollen Sicherungskopien in anderen Gebäuden gelagert werden. Dennoch können magnetische Daten mittels Magnetfelder zerstört oder beschädigt werden. Deshalb muß zwecks Abschirmung gegen magnetische Einflüsse darauf geachtet werden, daß keine Stromleitungen in der Nähe von magnetischen Datenträgern verlegt werden. Außerdem müssen zum Schutz vor Stromausfall Notstromaggregate installiert werden, die in der Lage sind, den Zentralspeicherinhalt auf Datenträger zu speichern.

13. Was sind organisatorische Maßnahmen zur Datensicherung?

Sie sollen Daten sichern und vor unberechtigtem Zugriff schützen, z.B. durch Paßwortregelungen, Einteilung der Daten nach Sicherheitsgraden. Die Daten werden dabei nach Sicherheitsbedürfnis und Vertraulichkeit unterteilt. Programmerstellung und Programmausführung sollen durch verschiedene Personen durchgeführt werden.

Alle Maßnahmen sollen exakt protokolliert werden; wer hat wann auf welche Daten zugegriffen? Welche Programme wurden benutzt? Erstellen von Sicherungskopien.

Magnetbänder, aus denen andere gewonnen werden können, werden solange aufbewahrt, bis sich bei der Verarbeitung von Bändern der übernächsten Generation keine erkennbaren Fehler gezeigt haben.

14. Was sind technische Maßnahmen zur Datensicherung?

Technische Maßnahmen sind z.B. Schutzvorrichtungen, die ein unbeabsichtigtes Löschen verhindern, wenn die Datenträger mit entsprechenden Schutzringen versehen werden. Fehler, die beim Übertragen von Daten entstehen, können durch Anfügen von Prüfbits erkannt werden.

15. Was sind programmtechnische Maßnahmen?

Plausibilitätsprüfungen, Prüfziffernverfahren.

16. Was sind Viren im Bereich der EDV?

Mit Viren werden absichtlich oder unbeabsichtigt entstandene Störfaktoren bezeichnet, die ein EDV-Programm ganz oder teilweise unbrauchbar machen und damit die Arbeitsabläufe gefährden oder unmöglich machen. Viren gelangen über Anwendungsprogramme, die selbst ablauffähig sind, wie z.B. Spiele, Telexsysteme, Kommunikations-Software, Tabellenkalkulationen, in das EDV-System. Ursache des Entstehens von Viren ist in der Regel ein Mitarbeiter, der in Unkenntnis der

Folgen seines Tuns, z.B. in der Mittagspause an seinem PC mit frei kopierbarer Software für private Zwecke arbeitet und dadurch die Erreger in das Netzwerk in das Gesamtsystem einschleust. Die Symptome sind überall die gleichen: ganze Auftragsdatensätze sind nicht mehr auffindbar, das Programm reagiert nicht mehr auf Befehle oder es werden Befehle falsch ausgeführt. Zu diesem Zeitpunkt kommt jedes Viren-Search- oder Distroy-Programm zu spät. Die Folge ist, daß dann die Festplatte neue formatiert werden muß. Alle verlorenen Datensätze müssen per Hand zusammengetragen und eingegeben werden.

17. Wie kann man sich am besten gegen Viren schützen?

Obwohl es gegenwärtig noch keinen absoluten Schutz gegen Viren gibt und auch wegen der bislang bekannt gewordenen Fälle von Zerstörungen von Programmen durch Viren dieses Problem von vielen Benutzern wenig beachtet wird, gibt es einige Schutzregeln:

a) Es sollte nur ordnungsmäßig erworbene (d.h. nicht auf dem Wege sog. Raubkopien erstellte) Software benutzt werden;
b) den Mitarbeitern und anderweitigen Benutzern von PCs muß untersagt werden, die Geräte für private Zwecke oder mit Hilfe frei erworbener Software zu verwenden;
c) die Mitarbeiter müssen in der Anwendung der PC intensiv und umfassend geschult und über die Folgen des Entstehens von Viren und die Höhe des dadurch entstehenden Schadens unterrichtet werden.

2.2.7 Text- und Bildverarbeitung

01. Was versteht man unter Textverarbeitung?

Im Gegensatz zur Datenverarbeitung besteht die Textverarbeitung aus der Verarbeitung der Umgangssprache unter Berücksichtigung der Regeln des Satzbaus und der Rechtschreibung sowie Zeichensetzung.

02. Welche Änderungen sind in der Textverarbeitung in den letzten Jahren eingetreten?

Gegenüber der bisher üblichen Methode, Texte nach Stenogramm zu schreiben, bedient man sich zunehmend bestimmter Hilfsmittel, wie z.B. elektrischer Schreibmaschinen, Diktiergeräte, Kopiergeräte, Rechenmaschinen und Postbearbeitungsmaschinen. Hinzu kommt die Einführung zentraler Schreibdienste, die neben einigen Vorteilen auch Nachteile aufweisen, sofern es sich um das Schreiben von Texten handelt, bei denen eine Sachkenntnis im Detail vorausgesetzt wird.

03. Welche Möglichkeiten der modernen Textverarbeitung bestehen gegenwärtig?

Die Verwendung von Textbausteinen in Form programmierter Textverarbeitung, und die Computertextverarbeitung.

04. Was beinhaltet die programmierte Textverarbeitung?

Da sich die Mehrzahl der von den Betrieben benutzten Texte regelmäßig wiederholt, ist es sinnvoll, diese Texte zu speichern, um sie bei Bedarf individuell zu ergänzen. Zu diesem Zweck verwendet man sog. Textbausteine, die in Texthandbüchern zusammengefaßt sind. Diese Textbausteine werden entsprechend der vorgegebenen Aufgabenstellung zu einem individuellen Brief zusammengefügt und maschinell programmiert geschrieben.

05. Was beinhaltet die Computertextverarbeitung?

Die Computertextverarbeitung geht mit Hilfe von Groß- und Mikrocomputern vonstatten. Der Vorgang wird als Dialogtextverarbeitung bezeichnet. Man kann diese Methode sowohl zur Bausteintextverarbeitung als auch zur Herstellung von Serienbriefen und für individuelle Einzelbriefe verwenden.

06. Welche Möglichkeiten bietet ein Textverarbeitungsprogramm?

Man kann auf diese Weise Texte mit Hilfe eines Bildschirms erstellen, Änderungen einfügen, Absätze und Überschriften zentrieren, den Zeilenabstand verändern, Tabellen einfügen, den geschriebenen Text ausdrucken, speichern, archivieren und jederzeit bei Bedarf wieder verwenden, indem über die Bildschirmtastatur aus der Textdatei durch Eingabe der Selektionsnummer der gewünschte Text abgerufen wird.

2.2.8 Kommunikationsnetze

01. Was versteht man unter Kommunikation?

Unter Kommunikation versteht man den wechselseitigen Austausch von Informationen. Erfolgt hingegen der Informationsfluß nur in einer Richtung, so spricht man von Nachrichtenverteilung.

02. Mit Hilfe welcher Einrichtungen erfolgt eine Kommunikation?

Man bedient sich folgender Einrichtungen:
Telefon, Fernschreiber, Rohrpost, Aktenförderer, Wechselsprechanlagen, Personensuchanlagen und ferner der Dienste der Deutschen Bundespost.

03. Welche Kommunikationsdienste bietet die Deutsche Bundespost?

Das Fernkopieren (Telefax), das Bürofernschreiben, den Bildschirmtext, die Bildschirmkommunikation.

04. Was bedeutet Fernkopieren?

Mit Hilfe des Telefonnetzes werden unter Einsatz von zwei Fernkopiergeräten das graphische Bild von Unterlagen direkt übertragen. Es können über beliebige Entfernungen Originalschreiben mit Briefkopf und Unterschrift, Handschriften, Zeichnungen, Graphiken, Karten und Photos übermittelt werden. Dieser Dienst wird als TELEFAX bezeichnet.

05. Was bedeutet Bürofernschreiben?

Bei der Verwendung von Fernschreiben erfolgt die elektronische Übermittlung von Schreiben zeichenweise. Es können verschiedene Geräte genutzt werden: Teletext-Schreibmaschinen, Mikrocomputer, Großcomputer. Dieser Dienst wird als TELETEX bezeichnet.

06. Was bedeutet Bildschirmtext?

Beim Bildschirmtext (Btx) werden die Informationen über das Telefonnetz vom Zentralcomputer der Deutschen Bundespost zum Fernsehgerät des Empfängers übertragen.

07. Welche Anforderungen werden an eine Teilnahme am Bildschirmtext gestellt?

Bildschirmtextteilnehmer benötigen zusätzlich zu ihrem Fernsprecher ein Gerät, das den Fernsehempfänger an das Fernsprechnetz anpaßt. Nach seiner Hauptfunktion (modulieren und demodulieren) heißt das Apassungsgerät Modem. Weiterhin benötigt der Teilnehmer einen Fernsehempfänger neuer Generation, der einen Bildschirmtext-Decoder enthält. Dieser speichert die empfangenen Textinformationen und wandelt sie in stehende Fernsehbilder, sog. Bildschirmtextseiten um. Der Dialog mit der Bildschirmtextzentrale erfolgt über die Tastatur des Fernsehempfängers.

08. Welche Möglichkeiten einer Bildschirmtext-Anwendung bestehen?

1. Aktuelle Übersichtsinformationen (Nachrichten, Notdienst, Sport), Informationen über Veranstaltungen,
2. Informationen für gewerbliche Verbraucher: Hersteller, Bezugsquellen, Glückwünsche und briefliche Mitteilungen
3. mathematische Berechnungen aller Art, Teilnahme an Weiterbildungsmaßnahmen (im Dialogverkehr).

09. Was bedeutet Bildschirmkommunikation?

Die Dialogverarbeitung, d.h. die Kommunikation zwischen Mensch und Maschine über Datensichtgeräte eines Dialogverarbeitungssystems, ermöglicht den Austausch von Informationen und Nachrichten, und zwar sowohl mit einem bestimmten Dialogpartner, als auch mit mehreren Dialogpartnern und mit allen Benutzern eines Terminals.

10. Welche weiteren Möglichkeiten zusätzlicher Kommunikation bestehen?

Man kann mit Hilfe des Telefons folgende Kommunikationsleistungen verwirklichen: Telefonkonferenzen, Anrufumleitungen, Aufschaltung nach Prioritäten, automatische Neuwahl bei besetzten Anschlüssen. Ferner besteht unter der Bezeichnung Telematik eine Kombinationsmöglichkeit von Daten, Text, Sprache und Bild.

3. Wirtschaftszweigspezifischer Teil

3.1 Betriebliche Organisation und Unternehmensführung

3.1.1 Grundlagen der Planung und der Organisation

01. In welchem Zusammenhang stehen Planung und Organisation?

Planung bedeutet den Entwurf einer Ordnung nach der sich das betriebliche Geschehen vollziehen soll.

Organisation ist der Vollzug, d.h. die Realisierung dieser Ordnung.

02. Was versteht man unter langfristiger Planung der Organisation?

Unter langfristiger Planung der Organisation versteht man die Planung und Vorbereitung aller Maßnahmen, die auf lange Sicht notwendig sind, um den optimalen Bestand der Organisation eines Unternehmens zu erhalten.

03. Was versteht man unter der kurzfristigen Planung der Organisation?

Unter der kurzfristigen Planung der Organisation versteht man die Planung der Maßnahmen, die zur Verwirklichung einer beschlossenen Organisationsänderung oder -verbesserung notwendig sind.

04. Welche Schritte sind bei der Planung einer Organisation zu unternehmen?

a) Prognose der unbeeinflußbaren Daten der Organisation,
b) Planung der beeinflußbaren Daten der Organisation,
c) Planung der Maßnahmen, die sich als Konsequenz aus den unbeeinflußbaren und den beeinflußbaren Daten ergeben.

05. Was ist die Grundlage der Planung der Betriebsorganisation?

Grundlage der Planung ist eine langfristige Festlegung der Unternehmensziele und insbesondere der langfristige Absatzplan. Aus ihm ergibt sich der Aufgabenumfang für die Unternehmensorganisation.

06. Welche Phasen durchläuft eine Planung?

a) Anregungsphase: Das Entscheidungsproblem muß erkannt werden, und zwar aufgrund von Informationen;
b) Suchphase, in deren Verlauf Lösungsmöglichkeiten gesucht werden;

c) Beurteilungsphase, in deren Verlauf die Aufstellung einer möglichst erschöpfenden Liste aller Alternativen und die Beschreibung der Konsequenzen jeder Alternative notwendig ist;
d) Optimierungsphase, d.h., die Berücksichtigung der gegenseitigen Abhängigkeiten.

07. Welche Grundvoraussetzung muß für die Schaffung einer Organisation vorliegen?

Es müssen die Aufgaben ermittelt werden, die es durch die Organisation zu bewältigen gilt.

08. Wie wird die Planung der Organisation realisiert?

Die Planung der Organisation schlägt sich in Arbeitsanweisungen nieder.

09. Welchen Umfang hat die Organisation?

Es sind ständig anfallende, fallweise anfallende und plötzlich anfallende Aufgaben zu regeln.

Ständig anfallende Aufgaben sind solche, die in gleicher Form und in regelmäßigen Zeitabständen sich wiederholen. Solche Aufgaben werden einmal geplant und organisiert und die Ergebnisse in allgemeinen Regeln für die Wiederholungsfälle festgelegt.

10. Welche Probleme sind im Rahmen einer Organisation zu regeln?

Es ist zu regeln,
- wer die Aufgaben erfüllen soll,
- wie die Aufgaben zu erfüllen sind,
- womit, d.h. mit welchen Hilfsmitteln die Aufgaben erfüllt werden sollen,
- an welchem Objekt die Arbeitsleistung erfolgen soll,
- wo die Durchführung erfolgen soll und
- wann die Aufgaben erfüllt werden sollen.

11. Welche Phasen umfaßt die Organisation betrieblicher Arbeitsabläufe?

- Ermittlung des Ist-Zustandes,
- Darstellung des Ist-Zustandes,
- Kritik des Ist-Zustandes,
- Entwicklung eines Sollkonzepts,
- Einführung des Sollkonzepts,
- Kontrolle des Sollkonzepts.

12. Was ist im Falle einer bestehenden Organisation zu tun?

Besteht bereits eine Organisation, so kann nur reorganisiert werden, indem der Ist-Zustand erfaßt wird, und zwar im Hinblick auf die Aufgabenverteilung, die Kom-

3.1.1 Grundlagen der Planung und der Organisation

petenzen, die Informationen und deren Weitergabe, die Arbeitsabläufe für Menschen, Maschinen und Aufgaben.

13. Warum ist ein Soll-Ist-Vergleich notwendig?

Die Verwirklichung einer geplanten Organisation tritt häufig nicht so ein, wie sie gewünscht wurde. Daher sind Vergleiche notwendig, und zwar im Hinblick auf die gewünschten und die erreichten Ziele, die gewünschten Einzelergebnisse im Vergleich zu den erreichten, die gewünschten Regelungen im Vergleich zum tatsächlichen Verhalten sowie Annahmen über Daten im Vergleich zur tatsächlichen Entwicklung dieser Sachverhalte.

14. Welche Gründe können die Abweichungen verursacht haben?

Die Ziele können zu anspruchsvoll gewesen sein, es können Informationslücken bestanden haben, es können Planungsfehler vorliegen oder es können unvorhersehbare Entwicklungen eingetreten sein.

15. Welche Konsequenzen ergeben sich aus der Analyse der Abweichungen?

Aufgrund der Analyse werden die Ziele verändert, ein neuer Plan wird aufgestellt, der eine veränderte Organisation erfordert, der Plan wird realisiert und kontrolliert.

16. Was ist der Zweck der Untersuchung einer Organisation?

Zweck der Untersuchung einer Organisation ist es, Möglichkeiten für Verbesserungen aufzuzeigen.

17. Mit welchen Methoden wird der Ist-Zustand einer Organisation ermittelt?

Die organisatorischen Tatbestände werden dadurch festgestellt, daß man die betroffenen Personen befragt.

18. Mit welchen Methoden wird die Befragung durchgeführt?

Geeignete Methoden sind die Interview-Methode, die Fragebogen-Methode und die Selbstaufschreib-Methode.

19. Was ist das Ziel der Interview-Methode?

Mit Hilfe dieser Methode werden alle Mitarbeiter über ihre Aufgaben, Tätigkeiten, Unterstellungsverhältnisse und die Zusammenarbeit mit anderen Mitarbeitern befragt.

20. Wie wird ein Interview vorbereitet?

Der Interviewer erarbeitet einen Fragebogen, der die wesentlichen Fragen enthält, aber durch Zusatzfragen und durch Anpassung der Fragen an den Einzelfall und an das Niveau des Interviewten die Möglichkeit bietet, die organisatorischen Tatbestände möglichst umfassend aufzuklären.

21. Wie muß ein Interview gestaltet werden?

Es ist darauf zu achten, daß die Fragen nicht zu lang sind, die Fragen müssen in der richtigen Reihenfolge gestellt werden, es dürfen keine Suggestivfragen gestellt werden und es muß genau überlegt werden, ob die Fragen direkt oder indirekt gestellt werden sollen.

22. Was sind die Vor- und Nachteile der Interview-Methode?

Mit Hilfe der Interview-Methode läßt sich ein sehr guter Einblick in die Organisationsstruktur und die Zusammenhänge gewinnen und die Antworten auf die Fragen lassen sich an Ort und Stelle auf ihre Richtigkeit hin überprüfen. Diesem Vorteil steht der Nachteil gegenüber, daß diese Methode sehr zeitaufwendig und mithin sehr teuer ist.

23. Was ist das Ziel der Fragebogen-Methode?

Mit Hilfe eines Fragebogens, der an alle betroffenen Mitarbeiter ausgehändigt und beantwortet wieder zurückgegeben werden muß, will sich der Organisator einen Überblick über die Aufgaben der Mitarbeiter, ihren Zeitaufwand, die Probleme und die Zusammenarbeit mit anderen Stellen und Mitarbeitern machen.

24. Worauf ist bei der Verwendung der Fragebogen-Methode zu achten?

Es ist darauf zu achten, daß alle Mitarbeiter über den Zweck der Aktion unterrichtet werden, daß der Fragebogen unmißverständlich formuliert ist, daß alle Fragen ausführlich erläutert und mit Beispielen versehen sind.

25. Was sind die Vor- und die Nachteile der Fragebogen-Methode?

Mit Hilfe eines Fragebogens läßt sich in kurzer Zeit und relativ billig eine Momentaufnahme über die Organisation eines Betriebes verschaffen. Der Nachteil besteht darin, daß durch Fragebogen Unruhe und Mißtrauen entstehen kann und daß von den Mitarbeitern Absprachen über die Beantwortung getroffen werden, so daß gerade Probleme, über die man sich klare Aussagen erhoffte, unklar bleiben.

26. Wie lassen sich die Nachteile der Interview- und der Fragebogen-Methode vermeiden?

Die Nachteile lassen sich durch eine Kombination beider Methoden vermeiden, indem zunächst ein Fragebogen erstellt wird, der die wichtigsten Fragen zu stellen versucht. Der Fragebogen wird überprüft und im Rahmen des folgenden Interviews durch Kontrollfragen sowie durch weitere, vertiefte Fragen ergänzt.

27. Was ist das Ziel der Methode der Selbstaufschreibung?

Mit dieser Methode läßt sich ebenfalls die Istorganisation erfassen, und zwar eignet sich diese Methode besonders zur Erfassung von Tätigkeits-, Mengen- und Zeitangaben. Die Erfassung erfolgt in der Weise, daß die Tätigkeiten in chronologischer Reihenfolge mit Angabe der hierfür aufgewendeten Zeit aufgeschrieben werden. Derartige Zeitaufschreibungen sind nützlich, weil viele Mitarbeiter gar nicht wis-

3.1.1 Grundlagen der Planung und der Organisation

sen, wieviel Zeit sie für bestimmte Tätigkeiten verwenden. Allerdings begegnen derartige Erfassungen häufig Vorbehalten, weil die Mitarbeiter diese Erfassungsaktion mißverstehen könnten. Dadurch werden entweder ungenaue Angaben gemacht, oder es wird befürchtet, daß die Mitarbeiter zusätzliche Aufgaben übernehmen sollen.

28. Unter welchem Gesichtspunkt werden Arbeitsabläufe erfaßt?

Arbeitsabläufe werden vorrangig daraufhin überprüft, ob der Arbeitsablauf übersichtlich ist, die Förderwege von Arbeitsvorgang zu Arbeitsvorgang klein sind und ob die Arbeitsplätze bestmöglichst dem Arbeitsvorgang angepaßt sind.

29. Wie wird die Ist-Aufnahme auf ihre Vollständigkeit hin überprüft?

Die durch eine der genannten Methoden ermittelten Ist-Sachverhalte müssen, ehe aus ihnen Schlüsse gezogen werden, daraufhin überprüft werden, ob auch tatsächlich alle beschäftigten Personen erfaßt worden sind. Z.B. könnten freie Mitarbeiter, mithelfende Familienangehörige ohne besonderes Entgelt oder Mitarbeiter von Dienstleistungsunternehmen wichtige Aufgaben wahrnehmen, ohne daß dieser Personenkreis im Rahmen der Untersuchung erfaßt worden ist.

30. Welche Aufzeichnungen sind für eine vollständige Erfassung des Ist-Zustandes heranzuziehen?

Ein Organisationsschaubild, welches Aufschluß über die Unterstellungsverhältnisse gibt, Stellenbeschreibungen für alle Abteilungen, Stellen und Arbeitsplätze, Funktionsdiagramme, die aufzeigen, wie die einzelnen Aufgaben, Funktionen und Entscheidungsbefugnisse auf die Stellen einer Abteilung oder die Personen einer Stelle verteilt sind, Verzeichnisse der Ausschüsse und Konferenzen, Verzeichnisse der Beschäftigten und Gehaltssummen für alle Abteilungen, Stellen und Mitarbeiter, eine Darstellung der Verkehrswege zwischen den Abteilungen, eine Zusammenstellung der Regelungen hinsichtlich der Vertretungs-, Verfügungs- und Unterschriftsbefugnis, ein Verzeichnis der Personen mit Leitungsbefugnis und Zeitanalysen für alle Positionen mit Leistungsbefugnis.

31. Was versteht man unter dem Begriff Organisation?

Organisation ist die Gesamtheit der auf die Erreichung von Zwecken und Zielen gerichteten Maßnahmen, mit deren Hilfe Aktivitäten der zum System gehörenden Menschen, der Einsatz der Mitarbeiter und die Verarbeitung von Informationen gesteuert werden.

32. Warum muß in einem Unternehmen organisiert werden?

Jedes Unternehmen steht vor der Notwendigkeit, die Hauptaufgabe - das Unternehmensziel - arbeitsteilig in Aufgaben und Teilaufgaben (z.B. in Funktionen, wie Einkauf, Verkauf, Rechnungswesen) zu gliedern, Kompetenzen und die Beziehungen zwischen den Aufgabenträgern festzulegen. Organisation ist mithin das Ergebnis aller Maßnahmen, die Zuständigkeiten (Kompetenzen) und den

Arbeitsablauf des Unternehmens entsprechend seiner Zielsetzung nach Möglichkeit dauerhaft regeln.

33. Welche Unterteilungen sind im allgemeinen in der Organisation üblich?

Man unterscheidet zwischen Aufbau- und zwischen Ablauforganisation. In der Aufbauorganisation sind geregelt:

- die Gliederung der Betriebsaufgaben nach Verrichtungen (Tätigkeiten und Funktionen) und nach Objekten (Waren)
- die personelle Zuordnung der Aufgaben und Teilaufgaben (Zuständigkeiten)
- Weisungsbefugnisse und Über- und Unterstellungen
- Verantwortungsbereiche und Handlungsbereiche

Die Aufbauorganisation wird im Organisationsplan festgehalten. In der Ablauforganisation sind geregelt:

- die Ausführung aller Arbeiten
- der Einsatz der Arbeitsmittel
- der Arbeitsdurchlauf
- die Überwachung des Arbeitsdurchlaufs
- der Einsatz der Formulare.

Der Arbeitsablauf wird durch Arbeitsanweisungen geregelt.

34. Was versteht man allgemein unter Planen?

Unter Planen wird einmal das Vorausdenken für die Zukunft, das das Unternehmen im ganzen oder in einzelnen Bereichen berührt, und zum anderen das geordnete Festlegen von Vorhaben hinsichtlich Inhalt und Umfang sowie der Zeit und der Mittel der Durchführung verstanden.

35. Was ist die Aufgabe der Organisation?

Die Organisation umfaßt die Summe aller Regelungen zum bestmöglichen Erreichen von erforderlichen, geplanten Zielsetzungen.

36. Was versteht man unter Organisationsplanung?

Organisationsplanung ist die Planung und Organisation der Maßnahmen, die auf lange Sicht notwendig sind, um den optimalen Zustand der Organisation eines Unternehmens zu erhalten.

37. Wie wird die Planung organisiert?

Es werden eindeutig definierte Ziele gesetzt, die bewußt anzustreben sind. Die Gesamtheit dieser Ziele und der darauf gerichteten Maßnahmen wird in einem System von Teilplänen zusammengestellt. Gleichzeitig müssen die Teilpläne zu einem Gesamtplan zusammengesetzt werden.

3.1.1 Grundlagen der Planung und der Organisation

38. In welchen Phasen vollzieht sich die Planung?

In der ersten Phase müssen die Ziele gesetzt und die Maßnahmen zur Erreichung dieser Ziele festgelegt werden. Man spricht deshalb von Zielplänen und von Maßnahmeplänen, wobei die Zielpläne das Ergebnis nennen, das zu bestimmten Zeitpunkten oder in bestimmten Zeiträumen erreicht werden soll. Die Maßnahmepläne hingegen zeigen den Weg und das Verfahren sowie die Methode, die zur Erreichung des gewünschten Ergebnisses führen sollen. In der 2. Phase werden alle Bedingungen und Einflüsse, die für die Planung von Bedeutung sind, erfaßt. In der 3. Phase werden die zu berücksichtigenden Ziele, Daten und Faktoren zu Alternativen kombiniert und zu Teilplänen verarbeitet. In der 4. Phase werden die einzelnen Teilpläne zu einem System der Gesamtplanung verarbeitet.

39. Was muß in einem Unternehmen organisiert werden?

Der Aufbau des Unternehmens und seine Gliederung sowie der Arbeitsablauf zur Durchführung der zu erfüllenden Aufgaben.

40. Was versteht man unter der Regelung des organisatorischen Aufbaus?

Hierzu zählen die Ordnung der Zuständigkeiten, der Verantwortung und die Verteilung der Kompetenzen.

41. Was versteht man unter Arbeitsabläufen?

Als Arbeitsablauf bezeichnet man eine Reihe von gleichzeitig oder nacheinander erfolgenden Arbeitsleistungen, die auf die Lösung einer bestimmten Aufgabe gerichtet sind.

42. Welche Zusammenhänge bestehen zwischen Planung und Organisation?

Während mit Hilfe der Planung festgelegt wird, was, wieviel, auf welche Weise und mit welchen Kräften gekauft, produziert und verkauft werden soll, wird bei der Organisation danach gefragt, welche Personen die inhaltlich festgelegten Aufgaben (d.h. die Zeit, die Termine, die Reihenfolge) und wo (d.h. die Räume und Arbeitsplätze) im einzelnen durchführen sollen.

43. Wie muß die Organisation gestaltet sein, damit sie ihren Aufgaben gerecht wird?

Die Organisation muß so gestaltet sein, daß sie

a) alle technischen Probleme regelt, die zur Lösung der Betriebsaufgaben gestellt sind,
b) alle Funktionen sachlich und zeitlich richtig aufteilt,
c) alle Funktionen in personeller Hinsicht richtig verteilt, d.h., den Betriebsaufbau regelt,
d) eine zeitliche, räumliche und personelle Abstimmung gewährleistet,
e) sich plötzlichen Veränderungen anpassen kann.

44. Welche Bereiche sind im Rahmen der Organisation zu regeln?

a) Die Mensch-Mensch-Beziehungen (dies äußert sich im Führungsstil),
b) die Beziehungen zwischen Mensch und Maschine (dies geschieht im Rahmen der Arbeitszerlegung),
c) die Beziehungen zwischen den Maschinen (das ist etwa im Rahmen der Vollautomatisierung der Fall).

45. Welche Organisationsprinzipien müssen beachtet werden?

Die Organisation soll einfach, klar, übersichtlich, mit ihren Teilen abgestimmt und auf die gemeinsamen Ziele und Zwecke ausgerichtet sein.

46. Wer hat den Begriff der Arbeitsteilung geprägt?

Der Begriff der Arbeitsteilung wurde von *Adam Smith* geprägt und in seinem Werk "Der Reichtum der Nationen" verwandt. In Deutschland wurde der Begriff Arbeitsteilung von *Karl Bücher* systematisch untersucht.

47. Was versteht man unter Arbeitsteilung?

Unter Arbeitsteilung versteht man die Aufteilung einer bisher von einer Person ausgeführten Arbeit auf mehrere Arbeitsgänge.

48. Wodurch wird die Arbeitsteilung gefördert?

Die Notwendigkeit der Arbeitsteilung ergibt sich aus den begrenzten Fähigkeiten des Menschen und aus dem begrenzten Fassungsvermögen des Menschen, aus der steigenden Arbeitsbeherrschung infolge qualitativer Begrenzung der Arbeitsaufgabe und aus der Ablösung der menschlichen Arbeit durch die Maschinen.

49. Was ist der Zweck der Arbeitsteilung?

Sie muß sich der verfügbaren menschlichen Arbeitsneigung anpassen, d.h., die Gesamtheit gegebener Aufgaben so untergliedern, daß jedem einzelnen diejenige Arbeit zugeteilt wird, die seinen körperlich-geistigen Anlagen tatsächlich entspricht.

50. Was sind die Wirkungen der Arbeitsteilung?

Die Wirkungen der Arbeitsteilung liegen in der Aufspaltung ursprünglicher Tätigkeiten in eine Vielzahl von Berufen, in der Arbeitszerlegung und in einer Produktionsteilung, die darin zum Ausdruck kommt, daß die Herstellung der Güter auf viele, voneinander unabhängige Betriebe verteilt ist.

51. Was versteht man unter Rationalisierung?

Rationalisierung bezeichnet die Summe der Änderungen und Maßnahmen, die die Abläufe und Zustände in einem Unternehmen so verbessern sollen, daß die Unternehmensziele schnell, sicher und mit möglichst geringem Aufwand erreicht werden.

3.1.1 Grundlagen der Planung und der Organisation

52. Was sind die Ziele der Rationalisierung?

Maßnahmen der Rationalisierung sollen dazu beitragen, den Unternehmenserfolg zu vergrößern, und zwar durch:

Schnelles Anpassen der Unternehmensziele an veränderte Bedingungen, Straffen von Führungs-, Verwaltungs- und Kontrollfunktionen, Entwickeln marktgerechter Erzeugnisse oder Verkaufsprogramme, Verbesserung der Entscheidungsvorgänge, Verbesserung der zwischenmenschlichen Beziehungen im Betrieb und Vermeidung von Fehlleistungen.

53. Welche Maßnahmen können der Rationalisierung dienen?

- Einführung von modernen Führungsorganisationen und Führungsstilen;
- Steigerung der Produktivität;
- Verbesserung der Wirtschaftlichkeit durch Überwachung der Kosten und Erträge, der Lagerung, der Produktion und des Warenumschlages.

54. Wie lassen sich Rationalisierungsziele ermitteln und bewerten?

Hierzu stehen zur Verfügung: Marktanalysen, Finanzanalysen, Standortanalysen, Ertragsanalysen, ferner Analysen der Informationsflüsse, der Entscheidungsfindung, der Aufgabenteilung und Kompetenzabgrenzung.

55. In welchem Zusammenhang stehen Betriebsorganisation, Rationalisierung und Wirtschaftlichkeit?

Rationalisierung führt zu einer Steigerung der Produktivität, die Produktivitätssteigerung verbessert die Wirtschaftlichkeit, diese wiederum führt zu einer Verbesserung der Rentabilität und die Rentabilitätsverbesserung fördert die Rationalisierung.

56. Warum ist eine Kontrolle der Organisation erforderlich?

Es genügt nicht, den Betriebsablauf zu organisieren. Es muß auch überwacht werden, ob das betriebliche Handeln mit den Planungen übereinstimmt und ferner, ob die organisatorischen Regelungen effizient sind und eingehalten werden.

57. Was ist im Rahmen der Betriebsorganisation im einzelnen zu kontrollieren?

Der laufenden Kontrolle unterliegen:

a) Der Unternehmensablauf (z.B. Materialkontrolle, Kontrolle der Abweichungen der Soll-Ist-Werte, des Absatzplanes),
b) die Anpassung des Unternehmens an die Marktverhältnisse,
c) die Effizienz der aufgrund der gegebenen Organisation getroffenen Entscheidungen.

58. Welche organisatorischen Probleme treten in den Unternehmen auf?

In der Wirklichkeit passen nach einer gewissen Zeit die Arbeitsabläufe nicht mehr vollständig in die vorgegebene Rangordnung der Aufbauorganisation. Es kommt im Laufe der Zeit immer häufiger vor, daß die Arbeitsprozesse anders verlaufen, als es der Stellenplan vorsieht. Oft liegen wichtige Entscheidungen nicht mehr bei den eigentlich zuständigen Aufgabenträgern, d.h. den nach dem Stellenplan zuständigen Stelleninhabern, sondern werden von Mitarbeitern, Kollegen, Teams oder von Mitarbeitern anderer Abteilungen gefällt, die diese Aufgaben praktisch durchzuführen haben. Dem eigentlichen Aufgabenträger bleibt dann das formale Weisungsrecht und die Stellung in der Hierarchie so lange, wie die Differenz zwischen Aufbauorganisation und Ablauforganisation durch neue Stellenpläne geändert wird.

59. Welche Aufgabe hat die Organisationsentwicklung?

Traditionelle Organisationsformen werden durch neue Entwicklungen in Wirtschaft, Technik und Gesellschaft zunehmend in Frage gestellt. Deshalb muß mit Hilfe neuer Organisationsstrukturen die Organisation des Unternehmens an neue Situationen angepaßt werden. Befragungen der Arbeitnehmer zeigen außerdem, daß von ihnen der Betrieb nicht mehr nur als Gelderwerbsquelle angesehen wird, sondern daneben auch die Möglichkeit bieten soll, persönliche Bedürfnisse (Selbstverwirklichung und Anerkennung) zu befriedigen. Das Interesse an anderen Werten als die Arbeit allein wird auch als Wertewandel bezeichnet. Fehlt im Betrieb die Möglichkeit einer Selbstverwirklichung, ist eine negative Motivation der Arbeitnehmer die Folge, die sich nachteilig auf die betriebliche Leistungserstellung auswirkt. Seitens der Unternehmensführungen wird deshalb versucht, Arbeitsplätze einzurichten, die abwechslungsreiche Tätigkeiten, Selbständigkeit und Verantwortung der Mitarbeiter und neuerdings - ausgelöst durch das japanische Vorbild - Teamarbeit erfordern. Diese Bestrebungen werden unter dem Begriff Organisationsentwicklung zusammengefaßt. Dabei spielt auch der Gedanke eine Rolle, daß die Mitarbeiter dann, wenn von ihnen unternehmerisches Denken gefordert wird, auch an der betrieblichen Neu- und Umorganisation beteiligt werden müssen. Aber auch andere Gründe lassen die Überprüfung der Organisationsstruktur als notwendig erscheinen: im Fall hoher Ausschußquoten, bei hohem Krankheitsstand und großer Fluktuation, bei Fehlentscheidungen aufgrund mangelnder Anpassungsfähigkeit des Unternehmens an eine veränderte wirtschaftliche Situation. In solchen Situationen ist es entscheidend, in welchem Ausmaß es gelingt, die Mitarbeiter für das Unternehmen persönlich zu engagieren.

60. Welche Vorteile bietet die Organisationsentwicklung?

Die bislang häufig anzutreffende Ansicht, daß eine hohe Arbeitsleistung des Arbeitnehmers als Voraussetzung für gute Betriebsergebnisse einerseits und ein hoher Grad von persönlicher Bedürfnisbefriedigung andererseits unvereinbar seien, ist durch empirische Untersuchungen der amerikanischen Forscher *McGregor*, *Robert Blake* und *Jane Mouton* widerlegt worden. Insbesondere das Verhaltensgitter (Grid-Methode) der Psychologen *Blake* und *Mouton* beweist aufgrund von Befragungen, daß eine hohe Arbeitsleistung der Mitarbeiter gerade dadurch erreicht wird, daß eine hohe Bedürfnisbefriedigung der Mitarbeiter erfolgt. Dies kann z.B. dadurch erreicht werden, daß Arbeitsziele und Aufgaben gemeinsam von Vorgesetzten und Mitarbeitern vereinbart werden. Die Durchführung und die Kontrolle der Aufgaben liegen dann beim Mitarbeiter (Management by Objectives).

3.1.2 Aufbauorganisation

01. Was ist die Aufgabe der Aufbauorganisation?

Aufgabe der Aufbauorganisation ist es, ausgehend von der gegebenen Gesamtaufgabe des Unternehmens eine Aufspaltung in so viele Teil- oder Einzelaufgaben vorzunehmen, daß durch die anschließende Kombination dieser Teilaufgaben zu Stellen eine sinnvolle arbeitsteilige Gliederung und Ordnung der betrieblichen Handlungsprozesse entsteht. Aufgabe der Aufbauorganisation ist also einmal die Analyse und Zerlegung der Gesamtaufgabe und zum anderen, die Einzelaufgaben auf dem Wege der Stellenbildung wieder zusammenzufassen.

02. Wie läßt sich die Unternehmensaufgabe zergliedern?

Die Unternehmensaufgabe läßt sich sinnvollerweise durch Bildung von Abteilungen zergliedern, z.B. in die Abteilungen Einkauf, Fertigung, Verkauf.

03. Was ist eine Stelle?

Die Stelle ist die Grundlage der Aufbauorganisation. Sie stellt die Zusammenfassung von Teilaufgaben zum Arbeitsbereich einer Person dar.

04. Was versteht man unter Kompetenz?

Unter Kompetenz versteht man die einem Stelleninhaber ausdrücklich zugeteilten Rechte und Befugnisse. Ihnen stehen Pflichten und Verantwortungen gegenüber, die der Stelleninhaber zu übernehmen hat.

05. Was versteht man unter dem Leitungssystem?

Das Leitungssystem berücksichtigt die Verteilung der Leitungsaufgaben nach dem Rangmerkmal und stellt die Beziehungen der einzelnen Stellen unter dem Gesichtspunkt der Weisungsbefugnis dar.

06. Was versteht man unter dem Kommunikationssystem?

Das Kommunikationssystem regelt die Beziehungen der Stellen unter dem Gesichtspunkt des Austauschs von Informationen.

07. Welche Bedeutung haben die Rangmerkmale?

Da das Leitungssystem die einzelnen Stellen unter dem Gesichtspunkt der Weisungsbefugnis untereinander verbindet, stellt es ein hierarchisches Gefüge dar. Die Rangverhältnisse der einzelnen Stellen lassen sich als Über-, Unter- und Gleichordnungsverhältnisse ausdrücken.

08. In welchen Formen ist die betriebliche Hierarchie denkbar?

Die betriebliche Hierarchie läßt sich in Form des Organisations- oder Leitungssystems wie folgt unterteilen: Liniensystem, Funktionssystem, Stabliniensystem, Spartensystem (d.h., die nach Produkten gegliederte Organisation), die nach Märkten gegliederte Organisation, Matrixorganisation.

09. Was versteht man unter dem Liniensystem?

Beim Liniensystem sind alle Organisationsstellen in einem einheitlichen Instanzenweg (Dienstweg, Befehlsweg) eingegliedert, der von der obersten Instanz über mehrere Zwischenstufen zur untersten führt. Die Einhaltung des Dienstweges soll die Einheitlichkeit der Leitung garantieren. In beiden Richtungen, d.h., von oben nach unten und von unten nach oben muß der Instanzenweg für alle Anweisungen und Aufträge genau eingehalten werden, und es müssen auch Instanzen auf einer Ebene den Weg über die nächsthöhere Instanz nehmen, um miteinander in Verbindung treten zu können.

10. Für welche Betriebsgröße ist das Liniensystem geeignet?

Das Liniensystem ist nur für kleinere Betriebe zweckmäßig, denn es schafft klare und übersichtliche Befehlsverhältnisse und eindeutige Abgrenzungen. Es hat aber den Nachteil, daß die Betriebsleitung überlastet wird, weil sie sich um jede Kleinigkeit selbst kümmern muß. Außerdem ist der Befehlsweg zu lang und zu schwerfällig.

11. Was versteht man unter dem Funktionssystem?

Beim Funktionssystem wird auf den Instanzenweg verzichtet. Die Ausführenden haben mehrere, auf verschiedene Sachgebiete spezialisierte Vorgesetzte. Dieses System ist nicht so schwerfällig, jedoch sind die Kompetenzen nicht scharf voneinander abzugrenzen.

12. Was versteht man unter dem Stabliniensystem?

Beim Stabliniensystem handelt es sich um eine Art Liniensystem, bei dem bestimmte Funktionen abgespalten werden, die mit Spezialisten ohne Weisungsbefugnis besetzt werden, d.h., der Instanzenweg des Liniensystems wird beibehalten, wobei einzelnen Instanzen Stabsstellen zugeordnet sind.

13. Was ist die Aufgabe der Stäbe?

Die Stäbe haben die Aufgabe, die Unternehmensleitung oder einzelne Abteilungen bei der Durchführung ihrer Arbeit zu unterstützen und der Linie gewissermaßen Dienstleistungen bereitzustellen mit dem Ziel, der Instanz bei der Wahrnehmung ihrer Aufgaben vorbereitend und unterstützend zu helfen. Die Stabsstellen erhalten Anweisungen, können sie aber nicht weitergeben. Die Stäbe haben aber nicht nur die Aufgabe, Vorschläge zu unterbreiten und bestimmte Aufgaben zu erledigen, sie müssen auch die Entwicklungen des Unternehmens mitplanen und die Linientätigkeiten zwischen den verschiedenen Bereichen koordinieren.

3.1.2 Aufbauorganisation

14. Was versteht man unter der Spartenorganisation?

In dieser Organisationsform werden alle Linientätigkeiten zusammengefaßt, die für die Ergebnisse in einzelnen Produktgruppen wichtig sind. Die Gruppierung erfolgt in der Regel nach Produktgruppen. Das am Produktprinzip orientierte System wird lediglich durch die Bildung von zentralen Spezialabteilungen durchbrochen, die beratend der Gesamtleitung und den Spartenleitungen zur Verfügung stehen.

15. Was sind die Vor- und Nachteile der Spartenorganisation?

Vorteilhaft wirkt sich aus, daß die Organisation flexibler wird und daß sich die Verantwortung besser abgrenzen läßt. Nachteilig kann sich auswirken, daß Doppelarbeit geleistet wird und daß spezielle Kenntnisse und Erfahrungen nur einem Produktbereich zugute kommen.

16. Wie arbeitet die nach Märkten gegliederte Organisation?

In dieser Organisationform werden die für den Erfolg in einem bestimmten Markt wichtigen Tätigkeiten zusammengefaßt. Diese Gruppierung erfolgt nach verschiedenen Merkmalen des Kundenkreises, z.B. nach Regionen, Ländern, Bezirken. Diese Organisationsform erlaubt eine Ausrichtung auf die unterschiedlichen Anforderungen und Eigenarten der verschiedenen Märkte.

17. Was bedeutet Matrix-Organisation?

Im Rahmen einer Matrix-Organisation kooperieren die verschiedenen Bereiche ohne Einschaltung der Betriebsleitung, wobei jeder Funktionsbereich auf seinem Gebiet Entscheidungsvollmacht hat. Die Matrix-Organisation ist insbesondere im Rahmen der nach Sparten gegliederten Organisation üblich.

18. Nach welchen Prinzipien ist die Führungsspitze eines Unternehmens organisiert?

Ein Unternehmen, das von mehreren Personen geleitet wird, ist entweder nach dem Direktorial- oder nach dem Kollegialsystem organisiert.

19. Wie ist das Direktorialprinzip gekennzeichnet?

Beim Direktorialprinzip sind alle Leitungsbefugnisse unabhängig von der Zahl der die Geschäftsführung bildenden Personen auf eine Person konzentriert.

20. Wie ist das Kollegialsystem gekennzeichnet?

Das Kollegialsystem sieht eine Aufteilung der Leitungsbefugnisse auf mehrere Personen vor.

21. Was versteht man unter einer Entscheidung?

Unter einer Entscheidung wird ein dispositiver, geistiger Akt der Auswahl einer Maßnahme oder Situation aus einer Reihe vergleichbarer Alternativen durch zielgerichtete Überlegungen verstanden, wodurch ein gewünschter Endzustand im Rahmen der Gegebenheiten am besten verwirklicht werden kann.

22. Wie wird eine Entscheidung vorbereitet?

Zunächst werden Ziele gesetzt, die in möglichst exakten Sollvorgaben präzisiert werden. Mit Hilfe der Planung werden die verschiedenen Möglichkeiten geprüft und die im Hinblick auf die festgelegten Ziele günstigsten Möglichkeiten ausgewählt.

23. Was versteht man unter einer Instanz im Betrieb?

Unter einer Instanz wird eine mit Leitungsbefugnissen ausgestattete Stelle verstanden. Eine Instanz ist eine organisatorische Einheit, die sowohl Träger des betrieblichen Entscheidungsprozesses als auch Durchsetzungsorgan ist und damit ein wichtiger Bestandteil des betrieblichen Leitungssystems darstellt.

24. Was versteht man unter Entscheidungsbefugnis?

Unter Entscheidungsbefugnis wird die organisatorisch geregelte Ermächtigung oder Kompetenz verstanden, über bestimmte Fragen Entscheidungen zu treffen, die für andere verbindlich sind und einen Bestandteil der Leitungsbefugnis darstellen.

25. Was versteht man unter Leitung?

Unter Leitung versteht man ein bestimmtes menschliches Handeln, das in erster Linie durch das Treffen von Entscheidungen, das Durchsetzen dieser Entscheidungen im Wege der Erteilung von Anordnungen sowie die Übernahme von Verantwortung gekennzeichnet ist. Hinzu kommen das Recht zur Ausübung von Kontrollen und die Pflicht, Initiativen zu ergreifen, falls dies erforderlich werden sollte.

26. Wie werden Leitungsbefugnisse geregelt?

Leitungsbefugnisse werden in der Weise geregelt, daß ein übergeordneter Stelleninhaber Leitungsbefugnisse in Bezug auf das Handeln anderer ausübt, mithin also Entscheidungen trifft, Anordnungen erteilt und Verantwortung übernimmt. Da nun jede geleitete, einer anderen untergeordnete Stelle wiederum in Bezug auf andere, ihr unterstellte Stellen Leitungsbefugnisse ausüben kann, ergibt sich in der Praxis meist eine Kette mehrstufiger Leitungsbeziehungen, die in Form einer Leitungspyramide oder Leitungshierarchie dargestellt werden kann.

27. Wie kann eine Instanz besetzt werden?

Eine Instanz kann durch eine Person besetzt werden (die sog. Singularinstanz). Sie kann aber auch durch mehrere Aufgabenträger gleichzeitig besetzt sein (sog. Pluralinstanzen).

28. Wo sind Pluralinstanzen üblich?

Pluralinstanzen treten insbesondere auf der oberen Leitungs- und Führungsebene auf, und zwar als Direktorium oder Vorstand. Dabei kann die Mitwirkung der einzelnen Instanzeninhaber an Führungsentscheidungen durch bestimmte Formen

3.1.2 Aufbauorganisation

der Kollegialität organisatorisch geregelt werden. Diese Formen werden als Primat-, Abstimmungs-, Kassations- oder Ressortkollegialität bezeichnet.

29. Wie erfolgt die Abteilungsbildung?

Instanzen und direkt untergeordnete Stellen bilden eine Abteilung, in der der übergeordnete Instanzeninhaber der Abteilungsleiter ist.

30. Was versteht man unter einem mehrstufigen Leitungssystem?

Ein mehrstufiges Leitungssystem ist durch eine bestimmte Abteilungsgliederung und verschiedenen Leitungsebenen gekennzeichnet. Diese Ebenen werden als Top Management, Middle und Lower Management und ausführende Stellen bezeichnet.

31. In welchem Zusammenhang stehen Leitungssysteme und Kommunikationssysteme?

Das Kommunikationssystem ist durch das Leitungssystem vorgegeben, und zwar deshalb, weil Anordnungen und entsprechende Vollzugsmeldungen nur nach Maßgabe des Leitungssystems vorgenommen werden dürfen.

32. Welche Nachteile entstehen durch eine starre Bindung der Kommunikation an das Leitungssystem?

Der Nachrichtenverkehr würde sich zu schwerfällig gestalten, wenn für alle Informationen die Wege des Leitungssystems vorgeschrieben wären. Aus dem Aufgabengefüge ist deshalb ein zusätzliches Kommunikationssystem sinnvoll.

33. Wie werden die aufgabenbezogenen Informationsbeziehungen genannt?

Aufgabenbezogene Informationsbeziehungen, d.h. Informationen, die zur Erfüllung vorgegebener Aufgaben benötigt werden, werden als formale Beziehungen bezeichnet. Ihnen stehen die organisatorisch nicht geregelten informalen Beziehungen gegenüber, die die formalen Beziehungen überlagern und als soziale Kontakte (Interaktionen) zwischen den Mitarbeitern spontan entstehen.

34. Welche Bedeutung hat das informale System?

Das informale System kann positiv wirken und zum besseren Betriebsklima beitragen, da nicht alle Fälle eines notwendigen Informationsaustausches vorsehbar sind. Es kann allerdings auch negativ wirken, wenn nämlich Informationen falsch gelenkt werden oder bestimmte Stellen vom Nachrichtenfluß abgeschnitten werden.

35. Welche Aufgaben bestehen im Rahmen der Betriebsorganisation zur Lenkung des Informationsflusses?

Aufgabe der Betriebsorganisation ist es, unter Berücksichtigung des Informationsbedarfs der Stellen zur Erfüllung ihrer Aufgaben die durchzuführenden Kommunikationsmöglichkeiten so auf die Stellen zu verteilen, daß es unter geringsten Kosten möglich ist, alle Stellen qualitativ und quantitativ zum richtigen Zeitpunkt mit den richtigen Informationen zu versorgen.

36. Auf welche Weise kann der Kommunikationsprozeß vorgenommen werden?

Der Kommunikationsprozeß kann schriftlich oder mündlich, direkt oder indirekt ablaufen.

3.1.3 Ablauforganisation

01. Was versteht man unter Ablauforganisation?

Unter Ablauforganisation versteht man die Gestaltung von Arbeitsprozessen. Dabei muß unterschieden werden zwischen der Ordnung des Arbeitsinhaltes, der Ordnung der Arbeitszeit, der Ordnung des Arbeitsraumes und der Arbeitszuordnung.

02. Was versteht man unter der Ordnung des Arbeitsinhaltes?

Der Arbeitsinhalt muß sowohl hinsichtlich der Arbeitsobjekte als auch hinsichtlich der Verrichtungen organisiert werden.

03. Was versteht man unter der Organisation der Arbeitszeit?

Die Arbeitszeit muß in dreifacher Weise geordnet werden: Einmal muß die Zeitfolge der einzelnen Teilaufgaben bestimmt werden, sodann die Zeitdauer der Teilaufgaben und schließlich muß der Zeitpunkt der einzelnen Maßnahmen festgelegt werden.

04. Was ist das Ziel der Ablauforganisation?

Ziel der Ablauforganisation ist der möglichst reibungslose Ablauf der Arbeiten der einzelnen Stellen innerhalb einer Abteilung und die Abstimmung der Arbeiten der einzelnen Stellen verschiedener Abteilungen. Dieses Ziel bedingt die Festlegung und das zeitliche und örtliche Neben- und Nacheinander der zur Erzielung eines bestimmten Arbeitsergebnisses auszuführenden Arbeitsvorgänge. Mithin erfaßt der Arbeitsablauf was, wo, wann und wie zu tun ist.

05. Welche Probleme können sich bei der Ablauforganisation ergeben?

Probleme können dadurch entstehen, daß die Zahl der Arbeitsvorgänge eines Arbeitsablaufs immer größer wird, die Arbeitsteilung wird immer weiter vorangetrieben und auf diese Weise wird der Arbeitsfluß beeinträchtigt. Es kann auch sein, daß die Zeitpunkte oder Termine, zu denen bestimmte Arbeiten anfallen, ungleich verteilt sind, so daß die tatsächliche Arbeitsbelastung zu bestimmten Zeiten größer oder kleiner ist als die normale oder Mindestleistungskapazität.

3.1.3 Ablauforganisation

06. Welche Leitsätze können zur Gestaltung der betrieblichen Arbeitsabläufe dienen?

a) Ausrichtung der Organisation an Regelfällen,
b) funktionelle Zuordnung von Arbeitsstationen,
c) Minimierung von Arbeitsstationen,
d) Minimierung von Informationen,
e) Minimierung von zu verrichtenden Tätigkeiten im Rahmen des Arbeitsprozesses,
f) optimale Auswahl und Gestaltung der Hilfsmittel,
g) Arbeitsverteilung nach qualitativen Gesichtspunkten,
h) optimale Bemessung des Personalbedarfs,
i) ständige Kontrolle und regelmäßige Soll-Ist-Abstimmung,
j) Unabhängigkeit der Ablauforganisation von einzelnen Personen.

07. Was bedeutet die Ausrichtung der Organisation an Regelfällen?

Regelfälle stellen diejenigen Abwicklungsverfahren dar, die alle häufig wiederkehrenden Arbeiten umfassen. Diese Verfahren sind soweit wie möglich organisatorisch zu regeln und in allgemeinverbindlichen Richtlinien und Arbeitsanweisungen niederzulegen. Hingegen können Sonderfälle nicht verbindlich geregelt werden.

08. Was versteht man unter einer funktionellen Zuordnung von Arbeitsstationen?

Die einzelnen Bereiche des Arbeitsablaufs sind entsprechend dem Arbeitsfluß zu gestalten und räumlich möglichst eng zusammenzulegen, damit unnötige Wege unterbleiben.

09. Was bedeutet eine Minimierung der Arbeitsstationen?

Es muß versucht werden, die Anzahl der Arbeitsstationen innerhalb eines Arbeitsablaufs so gering wie möglich zu halten.

10. Was bedeutet die Forderung nach Minimierung von Informationen?

Damit genügend Zeit zu produktiver Arbeit verbleibt, muß die Zahl der zu verarbeitenden Informationen so gering wie möglich gehalten werden. Diese Forderung wiederum beinhaltet die Zielsetzung nach der Auswahl der Informationen, die zur Bewältigung der Arbeit unerläßlich sind und nach Trennung des Wichtigen vom scheinbar Wichtigen.

11. Was bedeutet die Minimierung zu verrichtender Tätigkeiten?

Die Anzahl und der Umfang der im Rahmen eines Arbeitsablaufs zu verrichtender Arbeitsgänge sind möglichst gering zu halten.

12. Was bedeutet eine optimale Auswahl und Gestaltung der Hilfsmittel?

Die Arbeitsplätze sollten mit den notwendigsten und geeignetsten Hilfsmitteln (Karteien, Formularen, Maschinen, Nachschlagewerken, usw.) ausgestattet sein, wobei auch auf die Wirtschaftlichkeit zu achten ist.

13. Wie ist die Arbeitsverteilung unter dem qualitativen Gesichtspunkt vorzunehmen?

Die Arbeitsverteilung soll so vorgenommen werden, daß sowohl ein unterwertiger Einsatz qualifizierter Arbeitskräfte, als auch eine Überforderung vermieden wird.

14. Was bedeutet eine optimale Bemessung des Personalbedarfs?

Der Personalbedarf sollte entsprechend dem Arbeitsumfang so gering wie möglich bemessen sein und sich nicht im Hinblick auf das Stammpersonal an einmaligen Arbeitsspitzen orientieren.

15. Wie ist eine ständige Leistungs- und Aufwandskontrolle durchzuführen?

Die Leistung des eingesetzten Personals und die Entwicklung des Aufwandes sind anhand von Kennzahlen ständig zu beobachten und unter Berücksichtigung der Rentabilität, der Wirtschaftlichkeit, der Produktivität und der Unternehmensziele ständig anhand der vorgegebenen Sollwerte zu vergleichen.

16. Warum soll die Ablauforganisation von einzelnen Personen unabhängig sein?

Die Gliederung und Gestaltung von Arbeitsabläufen ist ausschließlich an sachlichen Gesichtspunkten auszurichten und sollte nicht an Personen orientiert sein.

17. Wie erfolgt die Zuordnung der Teilaufgaben zu einer Stelle?

Je nach der Art der zu verrichtenden Tätigkeiten werden die einzelnen Arbeiten zu Stellen zusammengefaßt. Dies geschieht, indem entweder jede Verrichtung einer bestimmten Person übertragen wird, oder aber die Arbeiten werden in ihrer Gesamtheit einer Gruppe übertragen und im Rahmen der Gruppe wird dann entschieden, wer die einzelnen Arbeiten zu übernehmen hat.

18. In welchem Zusammenhang stehen Aufbau- und Ablauforganisation?

Entweder wird in der Praxis von einer gegebenen Aufbauorganisation ausgegangen und danach die Ablauforganisation angepaßt, oder es wird umgekehrt verfahren.

19. Wie wird die Organisation überwacht?

Die Organisation eines Betriebes muß in jedem Fall überwacht werden, um feststellen zu können, ob die Ergebnisse des Handelns mit der Planung übereinstimmen. Die Überwachung geschieht mit Hilfe der Kontrolle und der Prüfung (Revision).

3.1.3 Ablauforganisation

20. Was versteht man unter Kontrolle?

Man spricht von Kontrolle, wenn die Überwachung durch die mit der Ausführung der Aufgabe betrauten Personen vorgenommen wird, wobei sich die Kontrolle auf den gesamten Tätigkeitsbereich des Unternehmens erstreckt. Die Kontrolle wird anhand von Organisationsplänen, Geschäftsverteilungsplänen und Arbeitsablaufplänen durchgeführt.

21. Was ist die Aufgabe der Revision?

Aufgabe der Revision ist die Prüfung der Arbeitsgänge selbst mit dem Ziel der Feststellung, ob das Kontrollsystem ordnungsgemäß funktioniert, ob und gegebenenfalls welche Mängel in der Organisation vorliegen. Sie hat schließlich auch die Aufgabe, etwa Unregelmäßigkeiten zu unterbinden bzw. aufzudecken.

22. Was versteht man unter graphischen Darstellungen von Strukturen?

Graphische Darstellungen von Strukturen werden in Form von Organisationsplänen (Organisationsschaubildern) und Funktionsdiagrammen erstellt und haben die Aufgabe, die vorhandene oder geplante betriebliche Aufbauorganisation übersichtlich darzustellen.

23. Welche Angaben enthält der Organisationsplan?

Der Organisationsplan veranschaulicht: a) Das Verteilungssystem der Aufgaben und die Institutionalisierung der Teilaufgaben zu Stellen, b) das Gefüge der Stellen und ihre Zusammenfassung zu Abteilungen, c) die Rangordnung der Instanzen, d) die Eingliederung der Hilfsstellen (z.B. der Stäbe), e) die Kommunikationswege, f) die personelle Besetzung der Stellen.

24. Was versteht man unter einer Führungsanweisung?

Eine Führungsanweisung enthält in schriftlicher Form für alle Führungspositionen alle grundsätzlichen instanziellen Rechte und Pflichten.

25. Was versteht man unter einer Stellenbeschreibung?

Unter einer Stellenbeschreibung ist die schriftlich festgelegte Darstellung der Zielsetzung des Arbeitsplatzes, seiner Aufgaben, Kompetenzen, Befugnisse, seiner Beziehungen zu anderen Arbeitsplätzen und der Anforderungen an den Inhaber des Arbeitsplatzes zu verstehen.

26. Was versteht man unter mathematischen Verfahren als Hilfsmittel der Organisation?

Mathematische Hilfsmittel sollen der Organisation Probleme aufzeigen, die sich verbal nicht oder nur schwer darstellen lassen. Hierzu zählen insbesondere Operations Research und Netzplantechnik.

3.1.4 Führungstechniken

01. Was versteht man unter Management?

Management bedeutet zielorientierte Unternehmensführung. Diese beruht auf durchdachter Planung, ihrer Verwirklichung in Verbindung mit der Auswahl und der Ausbildung von Mitarbeitern, die zur Ausübung ihrer Aufgaben befähigt sind, der Entwicklung einer dem Unternehmen angepaßten Organisation und einem laufenden Vergleich der erreichten Ergebnisse mit der Planung. Das Management ist mithin das Organ des Betriebes, das Ziele setzt sowie die Leistungen des Betriebes nicht nur plant und organisiert sondern auch koordiniert und überwacht.

02. Was ist die Aufgabe der Unternehmensführung?

Unternehmensführung ist der Inbegriff aller leitenden, anleitenden und disponierenden Tätigkeit von der obersten Unternehmensleitung bis hin zur Ebene der Meister und Vorarbeiter und der kaufmännischen Abteilungsleiter.

03. Welche Verantwortung trägt das Management?

a) die Verantwortung für die Ziele des Unternehmens und die Aktionen, die unternommen werden müssen, um sie zu verwirklichen,
b) Verantwortung im sozialen Bereich des Unternehmens,
c) Verantwortung gegenüber der menschlichen Gesellschaft.

04. Wie wird das Management eingeteilt?

Das Management wird eingeteilt nach den Stufen der Entscheidung und nach der funktionalen Gliederung.

05. Welche Einteilung ergibt sich nach der Gliederung nach den Stufen der Entscheidung?

a) Die Unternehmensleitung als Träger der unternehmenspolitischen Entschlüsse und der letzten Verantwortung für die Durchführung. Sie hat außerdem die Aufgabe, die Führungskräfte zu koordinieren, Entscheidungen über außergewöhnliche Tagesfragen und über die zukünftige Entwicklung des Unternehmens aufgrund ihrer Kenntnisse über das eigene Unternehmen, die Konkurrenz, Wissenschaft, Technik, Wirtschaft und Politik zu treffen.
b) Obere Führungskräfte. Sie sind Träger allgemeinen Auftrags in der Durchführung der festgesetzten Unternehmenspolitik und unterstehen unmittelbar der Unternehmensleitung.
c) Mittlere Führungskräfte. Sie sind Träger speziellen Auftrages mit umfassendem Verantwortungsbereich, Träger der Verantwortung für die Durchführung des speziellen Auftrages durch nachgeordnete Führungskräfte (Linie) oder Bearbeiter von Spezialaufgaben als ständige Funktion ohne wesentliche Exekutive (Stab).
d) Untere Führungskräfte. Sie sind Träger von Aufgaben mit begrenztem Verantwortungsbereich, in der Regel ohne Untergebene mit Führungsaufgaben. Ihre Aufgabe ist der Einsatz, die Anleitung und Überwachung des Personenkreises, der lediglich ausführend arbeitet.

3.1.4 Führungstechniken

06. Welche Einteilung ergibt sich nach der funktionalen Gliederung des Managements?

Man unterscheidet: Das Management der Fertigung, das Management des Verkaufs, das Finanzmanagement, das Technische Management und das Personalmanagement.

07. Welche grundsätzlichen Entscheidungen hat das Management zu treffen?

a) Die Festlegung der Unternehmenspolitik auf lange Sicht,
b) die Koordinierung der großen betrieblichen Teilbereiche,
c) die Beseitigung von Störungen im laufenden Betriebsprozeß,
d) geschäftliche Maßnahmen von außergewöhnlicher betrieblicher Bedeutung,
e) die Besetzung von Führungsstellen im Betrieb.

08. Welche unternehmenspolitischen Ziele sind denkbar?

Ein Unternehmen muß in der Regel das Gewinnstreben in den Vordergrund seiner Überlegungen stellen. Für viele Unternehmungen ist aber das Gewinnstreben nicht das alleinige Kriterium ihres Handelns. Hinzutreten können das Umsatzstreben, das Streben nach Marktmacht, bzw. das Streben nach Vergrößerung von Marktanteilen, das Streben nach Schaffung oder Erhaltung von Arbeitsplätzen.

09. Nach welchen Organisationssystemen kann die Unternehmensführung arbeiten?

Man unterscheidet das Direktorial- und das Kollegialsystem. Beide Systeme ermöglichen es, die Aufgaben eines Unternehmens auf mehrere Personen zu übertragen und beschlußfähig zu lösen.

10. Was versteht man unter dem Direktorialsystem?

Das Direktorialsystem bedeutet, daß eine Gruppe von Personen berechtigt ist, Entscheidungen für das Unternehmen zu treffen und das Unternehmen nach außen zu repräsentieren, daß aber eine Person in Zweifelsfällen und bei Meinungsverschiedenheiten allein entscheidet.

11. Was beinhaltet das Kollegialsystem?

Bei der Organisation nach dem Kollegialsystem können die Beschlüsse einstimmig oder mit Mehrheit gefaßt werden, wobei im Falle einstimmiger Beschlüsse jedes Mitglied der Geschäftsführung ein Einspruchsrecht geltend machen kann. Im Falle der Beschlußfassung nach dem Mehrheitsgrundsatz entscheidet die Anzahl der abgegebenen Stimmen, ob eine Entscheidung gebilligt wird oder nicht. Im Rahmen des Kollegialsystems ist es denkbar, daß ein Mitglied der Führungsgruppe bei Stimmengleichheit zu entscheiden hat.

12. Welche Techniken der Unternehmensführung sind gegenwärtig üblich?

Obwohl sich eine Vielzahl von Techniken der Unternehmensführung herausgebildet hat, sind die folgend aufgeführten am bedeutungsvollsten:

- Management by Objectives,
- Management by Exception,
- Management by Results,
- Management by System,
- Management by Motivation,
- Management by Control and Direction,
- Management by Decision Rules,
- Management by Communication and Participation,
- Management by Delegation

13. Was versteht man unter Management by Objectives?

Management by Objectives bedeutet Unternehmensführung durch Zielvorgabe. Jeder Bereich und jeder Mitarbeiter erhalten bestimmte Zielvorgaben für ihren eigenen Verantwortungsbereich, die sie im Laufe einer Planungsperiode verwirklichen sollen. Dieses System setzt mithin eine umfassende Unternehmensplanung, eine Anpassung der Führungsorganisation und eine Festlegung der Einzelziele einschließlich einer Erfolgskontrolle voraus.

14. Was versteht man unter Management by Exception?

Management by Exception heißt Führung durch Ausnahmeregelung. Die Vorgesetzten greifen nur dann ein, wenn die im vorhinein festgelegten Ausnahmetatbestände eingetreten sind, während die Normal- und Routinefälle von den Mitarbeitern im Rahmen ihrer eigenen Entscheidungsbefugnis geregelt werden.

15. Was versteht man unter Management by Results?

Management by Results ist ein System mit Ergebnisvorgabe bei dezentraler Führungsorganisation. Man bezeichnet dieses System auch als Unternehmensführung mit Gewinnzentren. Dieses System setzt nicht nur eine Ergebnisvorgabe, sondern auch eine Ergebnismessung voraus.

16. Was versteht man unter Management by System?

Management by System bezeichnet Unternehmensführung mittels Verfahrensordnungen, die notwendig sind, um die verschiedenen Vorgänge im Unternehmen zu systematisieren, zu vereinfachen und auf bestimmte Ziele auszurichten. Im umfassendsten Sinne beruht das System des Management by System auf einem über Computer gesteuerten Managementinformationssystem.

17. Was versteht man unter Management by Motivation?

Management by Motivation berücksichtigt die Ergebnisse der Motivations- und Verhaltensforschung zur Steuerung des individuellen Leistungsverhaltens. Es

3.1.4 Führungstechniken

sollen die Bedürfnisse, Interessen und persönlichen Ziele der Mitarbeiter mit den Unternehmenszielen kombiniert werden mit dem Ziel, daß die Mitarbeiter die Ziele des Unternehmens zu ihren eigenen machen.

18. Was versteht man unter Management by Control and Direction?

Unter der Bezeichnung Management by Control and Direction wird das früher allgemein übliche autoritäre Führungsprinzip verstanden, in dessen Rahmen die Arbeit nur verteilt und die Arbeitsausführung überwacht wird. Ein solches System wird auch heute noch in bestimmten Fällen, nämlich bei eindeutig festliegenden Tätigkeiten notwendig sein.

19. Was versteht man unter Management by Decision Rules?

Management by Decision Rules bedeutet, daß den Mitarbeitern in der Regel Aufgaben, Kompetenzen und Verantwortung übertragen werden, daß ihnen aber Entscheidungsregeln vorgegeben sind, innerhalb derer sie nach eigenem Ermessen tätig werden können.

20. Was versteht man unter dem System Management by Communication and Participation?

Dieses System beteiligt die Mitarbeiter an Entscheidungen, die sie selbst berühren. Den Mitarbeitern muß dazu der notwendige Spielraum zur persönlichen Entfaltung übertragen werden.

21. Was versteht man unter dem Management by Delegation?

Management by Delegation oder "Delegation von Verantwortung" ist eine Konzeption, bei der die Aufgaben so weit als möglich auf die Instanzen und Mitarbeiter übertragen werden, die auch die Befugnisse haben und die Verantwortung für ihren Bereich tragen. Voraussetzung ist jedoch, daß die einzelnen Verantwortungsbereiche klar voneinander abgegrenzt sind. Jeder muß wissen, was er selbst zu erledigen hat und welche Aufgaben den Vorgesetzten obliegen.

22. Was versteht man unter einem Bewertungssystem?

Bewertungssysteme sind Maßstäbe, mit denen sich eine Arbeit genau messen und in Zahlen ausdrücken läßt. So kann zahlenmäßig ermittelt werden, ob sich die gesetzten Ziele verwirklichen lassen.

23. Was versteht man unter Motiv und unter Motivation?

Ein Motiv ist jeder innere Antrieb, der Intensität und Richtung unseres Verhaltens beeinflußt.

Als Motivation bezeichnet man die Gesamtheit der Faktoren, die das Verhalten beeinflussen und in eine bestimmte Richtung drängen. Die Motivation ist im Hinblick auf die Leistungsmotivation bedeutsam. Hierunter versteht man die Tendenz, die eigene Tüchtigkeit in den Bereichen zu erhalten und zu steigern, in denen man einen Gütemaßstab für verbindlich hält.

24. Welche verschiedenen Motive bestehen?

Man kann die Motive nach verschiedenen Gesichtspunkten einteilen:

a) **ursprünglich vorhandene Motive** direkte oder primäre Motive. Sie werden auch als **intrinsische (von innen heraus kommende) Motivation** bezeichnet und

b) durch Verhaltensprägung erworbene Motive indirekte oder sekundäre Motive. Sie werden auch als **extrinsische Motivation** (von außen, nicht von der Sache herkommende Motivation) bezeichnet.

Die verschiedenen Motive haben zur Bildung von Motivklassifikationen geführt. Maslow hat folgende fünf Klassen gebildet:

1. Physiologische Bedürfnisse, z.B. Hunger, Durst
2. Sicherheitsbedürfnisse,
3. Zugehörigkeitsbedürfnisse,
4. Wertschätzungsbedürfnisse,
5. Selbstverwirklichungsbedürfnisse.

Die für das Lernen bedeutungsvollen Motive lassen sich wie folgt gliedern und zusammenfassen:

1. Physiologische Bedürfnisse,
2. Funktionstrieb: Tätigkeits-, Bewegungs-, Erlebnisdrang,
3. Soziale Bedürfnisse,
4. Sicherheitsbedürfnisse,
5. Berufswahlmotive,
6. Status- und Prestigemotive,
7. Lernen aufgrund von Bildungsmotiven,
8. Weltanschauliche Motive.

Direkte Motivation
Man bezeichnet sie auch als **primäre Motivation**. Man arbeitet, erledigt Aufgaben, übt, denkt nach, diskutiert Probleme, weil man Spaß an der Sache hat. Man erlebt es als befriedigend, sich ein Ziel zu setzen, etwas zu gestalten, ein Ziel zu erreichen.

Indirekte Motivation
Man bezeichnet sie auch als **sekundäre Motivation**. Das Lernen ist Mittel zum Zweck. Man lernt nicht aus Interesse am Beruf oder an einzelnen Aufgaben, sondern weil man eben irgendeine Ausbildung haben möchte und einen Abschluß braucht, um später Geld zu verdienen. Man lernt vielleicht auch, um nicht unangenehm aufzufallen, nicht dumm oder ungeschickt zu erscheinen oder auch, um sich in der Gruppe oder bei den Ausbildern ein gewisses Ansehen zu verschaffen.

Direkte und indirekte Motive sind häufig miteinander verflochten: Man hat vielleicht echtes Interesse an der Sache, arbeitet aber auch, um eine gute Note zu erhalten. Sind Ziele selbstgesetzt, macht Leistung Spaß. Sind die Ziele fremdgesetzt, ist Leistung eine Last, die nur übernommen wird, wenn über diesen Umweg eigene Ziele erreicht werden.

3.1.4 Führungstechniken

Motive können aber auch wie folgt unterteilt werden:

a) vorantreibende Motive sollen vorhandene Bedürfnisse befriedigen. Sie veranlassen Personen, Handlungen zu beginnen, deren Erledigung lustvoll erlebt wird oder als deren Folge lustvolle Erlebnisse zu erwarten sind,
b) hemmende (negative) Motive sollen Unlust vermeiden. Sie veranlassen Personen zu Verhalten, das dazu dienen soll, unlustbetonte Situationen möglichst zu vermeiden.

Ferner kann man unterscheiden:

a) Zielmotivation: Aktivitäten werden verstärkt, wenn die Anweisung in überschaubare Zielsetzung gegliedert wird.
b) Sachmotivation: Interesse wecken durch anschauliche, sachliche Informationen; konkrete, verständliche Sprache.
c) Motivation durch Gefühlsanregung: Durch Ansprechen der gefühlsmäßigen Erlebenswelt (z.B. Auszubildende vom Ausbildungsstoff betroffen machen), Ansporn von Neugier sowie durch Vermittlung von Erfolgserlebnissen bringt man die Auszubildenden dazu, über die Wertung und Bewertungen von Sachverhalten zu gewünschten Arbeits- und Sozialverhalten vorzustoßen.

In der Gesellschaft bleiben nur wenige Motive auf die Dauer unverändert.

Man unterscheidet:

a) den Motivschwund, d.h. ähnlich der Erlebnisermüdung schwindet die Kraft eines Motives,
b) Motivstiftung, d.h. beim Verfolgen neuer, bisher unbekannter Ziele entstehen neue Handlungsantriebe,
c) den Motivwandel, d.h. ein weiterhin bestehendes Handlungsziel wird weniger stark verfolgt als bisher. An seine Stelle tritt ein anderes Handlungsziel, das zwar bereits vorhanden war, aber nicht im Vordergrund stand.

25. Was beinhaltet die Mitarbeiterführung?

Trotz des immer noch nicht eindeutig geklärten Inhalts des Begriffs Führung lassen sich einige Regeln ableiten, die für eine erfolgreiche und zeitgemäße Mitarbeiterführung unerläßlich sind. Hierzu gehören: Festlegung von Grundsätzen der Zusammenarbeit, Festlegen der Führungsmittel, Festlegung der Führungsprinzipien, und Schaffung der organisatorischen Voraussetzungen.

26. Was sind zeitgemäße Führungsmittel?

Informieren, d.h. wechselseitige Beschaffung und Weitergabe von Kenntnissen, die zur Erreichung der gestellten Ziele und Aufgaben dienen.

Motivieren mit dem Ziel, daß die Mitarbeiter den Sinn und Zweck ihrer Arbeit erkennen.

Beurteilen, da jeder Mitarbeiter das Recht hat zu erfahren, wie seine Leistungen und seine Zusammenarbeit beurteilt werden.

Fördern, d.h. alle Maßnahmen treffen und Verhaltensweisen fördern, die zur Entfaltung der Fähigkeiten des Mitarbeiters beitragen.

Entlohnung nach zeitgemäßen Grundsätzen.

27. Was sind Führungsprinzipien?

Führungsprinzipien oder Führungsgrundsätze sind generelle Zielvorstellungen zur Regelung der Beziehungen aller Mitarbeiter und Abteilungen untereinander, der Über- und Unterordnung, d.h. vertikalen und horizontalen Beziehungen, der Normen und Wertvorstellungen sowie der Spielregeln zur Lösung von Konflikten.

28. Was sind Führungsstile?

Der Begriff Führungsstil deckt mehrere Inhalte ab. Er ist als Kombination typischer Merkmale zur Beschreibung des Führungsverhaltens anzusehen.

a) Die Art und Weise, wie der Vorgesetzte mit seinen Untergebenen umgeht. Hier ist der patriarchalische, der autoritäre, der laissez-faire-Stil oder der kooperative Führungsstil zu nennen,
b) die verschiedenen Möglichkeiten der Kompetenzverteilung (management by delegation) und Kompetenzzusammenfassung (delegation by participation),
c) das Informationsverhalten (durch management by objectives oder by system)
d) die Art der Autorität charakterisiert durch charismatische Führerschaft oder den bürokratischen Führungsstil. Die charismatische Führerschaft besteht darauf, daß der Anordnende als absolute Autorität mit immer der richtigen Entscheidung empfunden wird. Beim bürokratischen Führungsstil wird nur nach festen Regeln gehandelt. Tritt ein neuer, rechtlich nicht umschriebener Tatbestand auf, wird die Frage zur Entscheidung an die nächsthöhere Instanz weitergegeben.

29. Welche Erwartungen werden an die Führung gestellt?

Eine Führung soll optimal sein und muß deshalb berücksichtigen, wie sich unterschiedliche Führungsstile sowohl auf die Leistung als auch auf die Zufriedenheit der Mitarbeiter auswirken.

30. An welchen Vorstellungen kann sich die Führung orientieren?

An Personen, d.h. an der Persönlichkeit der Führenden, an Gruppen, d.h. am Einsatz gruppendynamischer Führungsmöglichkeiten und an der jeweiligen Situation.

31. Was beinhaltet der Begriff Informationsmanagement?

Unter dem Begriff Informationsmanagement wird das Leitungshandeln - die Managementfunktion - in bezug auf Information und Kommunikation in den Unternehmen verstanden. Information und Kommunikation werden zunehmend zu einem (eigenständigen) Produktionsfaktor. Mit Hilfe des Informationsmanagements sollen alle Informationen für die Erreichung der Unternehmensziele und eines Unternehmenserfolges durch Schaffung und Aufrechterhaltung einer geeigneten

3.1.4 Führungstechniken

Informationsstruktur eingesetzt werden. Das Informationsmanagement beinhaltet ein Denken im Systemzusammenhang. Hierzu gehören:

a) das Datenmanagement, d.h. alle im Unternehmen verwendeten Daten sind so zu planen, zu steuern und zu überwachen mit dem Ziel, daß die zur Informationsversorgung aller Aufgabenträger erforderlichen Daten verfügbar sind im Hinblick auf:
- Richtigkeit
- Vollständigkeit
- Aktualität
- Aufgabenadäquanz (Die Daten müssen den Aufgaben, für deren Bearbeitung sie verwendet werden sollen, entsprechen.)
- Konsistenz der Daten, d.h. das Datensystem soll mehrfach geführte Daten, aus Daten abgeleitete Daten und Daten, die aus anderen Daten aggregiert werden, so führen, daß kein Widerspruch zwischen den einzelnen Daten besteht.

b) das Personalmanagement als Teil des Informationsmanagements, der die Führungsaufgaben der Personalwirtschaft für das Personal umfaßt, welches Aufgabenträger für die Planung, Überwachung und Steuerung der Informationsstruktur ist. Diese Bereiche umfassen:
- die Personalbestandsanalyse zur quantitativen und qualitativen Erfassung des Personal-Istbestandes,
- die Personalbedarfsermittlung zur Bestimmung des Personal-Sollbestands,
- die Personalentwicklung zur Verbesserung der Qualifikation des Personals,
- die Personalbeschaffung,
- der Personaleinsatz zur Zuordnung des Personals auf Aufgaben,
- die Personalfreisetzung,
- die Personalführung zur konkreten Ausgestaltung der Arbeitssituation und des Verhältnisses zwischen Vorgesetzten und Untergebenen.

Grundlage der personalwirtschaftlichen Aufgaben des Informationsmanagements ist die Stellenbildung, deren Ergebnisse in Stellenbeschreibungen niedergelegt sind. In vielen Unternehmen ist das Personalwesen derzeit noch ein eigenständiger Bereich, und der Informationsbereich fungiert als untergeordneter Funktionsbereich, bzw. als Hilfsmittel zur Erledigung der Aufgaben. Je mehr sich jedoch die Möglichkeiten der Informatik für betriebliche Zwecke nutzen lassen, desto mehr werden Informatik und Informationsmanagement zu zentralen Führungsinstrumenten, die zur Unterordnung bisher selbständiger Bereiche, wie z.B. Personalwesen oder auch Einkauf und Fertigung unter das Informationsmanagement führen.

32. Welche Anforderungen werden an Informationen gestellt?

Die auf die Unternehmungen einströmenden Informationen werden immer umfangreicher und stammen aus einer ständig größer werdenden Zahl von Quellen. Damit sie zum Schlüsselfaktor werden können, müssen sie:

- zum richtigen Zeitpunkt,
- zum richtigen Ort,
- in richtiger Selektion,

- mit richtiger Wirkung,
- zielgerichtet

zur Verfügung stehen, bzw. eingesetzt werden.

33. Was ist das Ziel einer zeitgerechten Informationsverarbeitung?

Sie muß:
- die richtigen Informationen zum richtigen Zeitpunkt an die richtigen Leute bringen,
- in zunehmendem Maße für Steuerungsvorgänge in der Wirtschaft eingesetzt werden,
- als Wettbewerbsinstrument im Blickfeld der Unternehmensführung stehen,
- die strategische Position des Unternehmens entscheidend beeinflussen.

Eine der Hauptursachen für die an vielen Stellen unkoordiniert wachsenden Datenbestände und das dadurch entstehende Datenchaos liegt darin, daß die Daten - und damit die Informationen - nicht als eigenständige Ressourcen, sondern lediglich als Betriebsmittel funktionaler Systeme organisiert sind.

3.1.5 Planungs- und Steuerungstechniken

01. Welche Anforderungen müssen an die Unternehmensführung gestellt werden?

Unternehmensführung erfordert immer eine klare Zielkonzeption. Sie ist die Voraussetzung für Einzelziele, die von den einzelnen Instanzen und Mitarbeitern erreicht werden sollen und auf denen die Planung im einzelnen aufbaut.

02. Welche Faktoren beeinflussen die Zielsetzung und Planung?

Die Festlegung von Zielen und Plänen erfordert das Treffen von Entscheidungen. Dabei ist zu beachten, daß das Treffen von Entscheidungen in den meisten Fällen nur möglich ist, wenn im Hinblick auf bestimmte Bereiche Annahmen zugrunde gelegt werden, etwa im Hinblick auf die zukünftige Entwicklung der Märkte, Preise, Kosten, usw. Man spricht daher im Wirtschaftsleben von Entscheidungen unter Unsicherheit, die dadurch charakterisiert sind, daß das Ergebnis einer Maßnahme je nach der tatsächlichen, aber noch nicht vorhersehbaren Situation verschieden ist.

03. Welche Methoden der Entscheidungsfindung werden angewandt?

Man kennt folgende Methoden der Entscheidungsfindung: Operations Research, lineare Programmierung, Spieltheorie, Warteschlangentheorie, Monte-Carlo-Theorie.

04. Was versteht man unter Operations Research?

Operations Research oder auch Unternehmensforschung ist eine während des zweiten Weltkrieges in England und den USA entwickelte Methode zur Beschaffung und Auswertung quantitativer Unterlagen für militärische Entscheidungen. Das Charakteristische der Operations Research ist der Versuch, möglichst alle Entscheidungen von weitreichender Bedeutung durch eine exakte analytische und numerische Berechnung der Folgen der verschiedenen alternativen Möglichkeiten vorzubereiten. Mit Hilfe der Operations Research läßt sich z.B. die optimale Lagergröße gut bestimmen.

05. Was versteht man unter dem linearen Programmieren?

Mit Hilfe des linearen Programmierens können optimale Verhaltensweisen festgelegt werden, um unter Verwendung begrenzter Hilfsmittel ein gewünschtes Ziel zu erreichen. Solche Ziele sind: Niedrigste Kosten oder höchste Gewinne bei begrenzten Finanzmitteln.

06. Was ist das Ziel der Spieltheorie?

Während das lineare Programmieren von gegebenen Voraussetzungen ausgeht und die Bedingungen zur Erreichung eines Optimum festzustellen sucht, nimmt die Spieltheorie die Erreichung eines bestimmten Zieles, z.B. des höchsten Gewinns, als gegeben an und untersucht die variablen Voraussetzungen zur Erreichung dieses Zieles auf ihre optimale Kombination. Solche Fälle sind in der betrieblichen Praxis sehr häufig, weil jede Unternehmensleitung bei bestimmten Maßnahmen mit Gegenmaßnahmen ihrer Konkurrenz rechnen muß. Derartige Situationen sind mit einem Spiel vergleichbar, dessen Regeln genau fixiert sind, da bei einem Spiel wie in der Wirklichkeit jeder der Beteiligten zur Erreichung eines bestimmten, genau definierten Zieles die besten strategischen Maßnahmen zu ergreifen versucht.

07. Was ist das Ziel der Warteschlangentheorie?

Die Warteschlangentheorie analysiert die Beziehungen, die sich beim Warten in einer Reihe ergeben, wie z.B. bei Kunden, die auf Bedienung warten.

08. Was ist das Ziel der Monte-Carlo-Methode?

Mit Hilfe der Monte-Carlo-Methode wird versucht, durch Simulation wirkliche Vorgänge im Modell nachzubilden. Man geht von der Annahme aus, daß in ihrer Zahl unbestimmte Aufträge auf Erledigung warten, die unregelmäßig anfallen, aber schnellstens erledigt werden müssen, um eine Verärgerung der Kunden oder sogar ihr Abspringen zu vermeiden. Die Monte-Carlo-Methode besteht nun darin, mit Hilfe von Zufallszahlen die wahrscheinlichen Auftragseingänge eines Unternehmens ebenso wie die Möglichkeit ihrer Ausführung zu berechnen. Die Streuung der Zufallszahlen soll dabei die im Wirtschaftsablauf tatsächlich zu erwartende Streuung widerspiegeln. Das Verfahren versucht also theoretisch diejenigen Gegebenheiten zu schaffen, die mit großer Wahrscheinlichkeit in der Praxis anzutreffen sind.

09. Welche Anforderungen müssen an Management-Techniken gestellt werden?

Management-Techniken müssen die Arbeit erleichtern, sie dürfen nicht ausschließlich starre Anweisungen enthalten. Darüber hinaus müssen sie wirtschaftlich sinnvoll sein.

10. Warum ist eine Kontrolle notwendig?

Jedes Wirtschaften bedarf der Kontrolle, um feststellen zu können, ob die gesetzten Ziele eingehalten wurden. Bei der Kontrolle wird unterschieden, ob es sich um eine laufende Überwachung, die als eigentliche Kontrolle bezeichnet wird, oder um eine zu bestimmten Zeiten durchgeführte Überprüfung handelt. Für die nicht laufende Kontrolle hat sich der Begriff Revision eingebürgert.

11. Was ist Gegenstand der Kontrolle?

Die Kontrolle erstreckt sich auf die Aufgabenverteilung, den Arbeitsablauf, den Auftragsbestand, den Soll-Ist-Vergleich der Einzelpläne, die Finanzen, die Liquidität.

12. Wie werden in einem Unternehmen Pläne aufgestellt?

Der Gesamtplan eines Unternehmens besteht aus verschiedenen Einzelplänen, die genau aufeinander abgestimmt sein müssen.

13. Was sind die Bereiche der Planung?

Die betriebliche Planung erstreckt sich auf die Bereiche: Menge, Wert und Zeit, d.h. auf eine Mengenplanung des künftigen Absatzes, auf den Wert der erzeugten oder abgesetzten Menge und auf die Zeit, in der diese Mengen und Werte zu erzeugen bzw. abzusetzen sind.

14. Welche Einzelpläne werden in einem Unternehmen aufgestellt?

Produktprogramm-, Verkaufs- und Werbeplan, Produktionsplan, Lagerplan, Personalplan, Beschaffungsplan, Absatzplan, Investitionsplan, Finanzplan, Kosten- und Budgetplan.

15. Welche Anforderungen müssen an eine Planung gestellt werden?

Eine Planung muß vollständig, genau, kontinuierlich, flexibel und wirtschaftlich sein.

16. Welche Voraussetzungen für die Planung müssen erfüllt sein?

Es müssen Ziele gesetzt werden, wobei man unter einem Ziel einen bestimmten, in der Zukunft angestrebten Zustand versteht. Bei der Verwirklichung von Zielen muß allerdings beachtet werden, daß Ziele mit anderen Zielen konkurrieren, so daß Zielkonflikte entstehen können.

17. Welche Entscheidungen sind im Hinblick auf die Planung zu treffen?

Es muß entschieden werden, wer planen soll, was geplant werden soll und wann geplant werden soll.

3.1.5 Planungs- und Steuerungstechniken

18. Aus welchen Stufen besteht der Planungsprozeß?

Planung steht in einem engen Zusammenhang mit der Kontrolle und der Unternehmenspolitik. Allgemein ergibt sich folgender Planungsprozeß:

a) Klärung der allgemeinen Zwecksetzung, z.B. Gewinnmaximierung oder Kostendeckung oder anderer konkreter Planziele, z.B. die Aufnahme neuer Sortimente in das Verkaufsprogramm, die Einführung neuer Vertriebsformen,
b) die Datenermittlung, Datenauswahl und Datenanalyse,
c) die Aufstellung von Alternativplänen,
d) die Abstimmung aller Teilpläne,
e) Ausarbeitung des endgültigen Sollplanes,
f) Kontrolle und Korrektur der Planung.

19. Welche Möglichkeiten bestehen für eine Umsatzsteigerung?

Sie bestehen durch eine der folgenden Möglichkeiten oder eine Kombination dieser Faktoren: Mehrverbrauch der Kunden, Minderumsatz der Konkurrenz, Erschließung neuer Käuferschichten, Erschließung neuer Absatzmärkte, technische Verbesserung der Produkte, neue Verwendungsmöglichkeiten der Produkte, künstliche Veralterung der Produkte (technisch oder durch die Mode), Verkauf von Zweitexemplaren.

20. Welche Arten von Planungen können unterschieden werden?

a) Nach dem Umfang unterscheidet man: Teilplanungen, die nach betrieblichen Funktionen gegliedert sind und Gesamtplanungen.
b) Nach dem Gegenstand der Planung: Strukturplanung, wie z.B. Organisationspläne, Standortpläne, Ablaufpläne, z.B. der Verkaufsmaßnahmen, Ergebnisplanung.
c) Nach der Ausführungsart unterscheidet man Grob- und Feinplanung.
d) Nach der Zeitdauer unterscheidet man:
langfristige Planung (Zeiträume über 10 Jahre),
mittelfristige Pläne (Zeiträume 2-10 Jahre) und
kurzfristige Pläne (1-2 Jahre).
Die kurzfristigen Pläne können aber auch noch in Quartals- und in Monatspläne weiter unterteilt werden.
e) Man unterscheidet ferner, ob es sich um einmalige oder um laufende Planungen handelt. Einmalige Planungen erstrecken sich auf die Gründung, Umwandlung, Fusion, Sanierung, Liquidation eines Unternehmens, während sich die laufende Planung auf Planungen einzelner Bereiche oder des Gesamtunternehmens erstreckt, d.h. auf die Bereiche wie Einkauf, Verkauf, Lagerhaltung und auf die gesamtunternehmensbezogenen Teilplanungen, wie Organisation, Personal, Kosten, Finanzwesen, Aufwand und Ertrag, Bilanzen.

21. Welche Vorteile können mit Hilfe einer fundierten Planung erzielt werden?

a) Eine klare Aufgabenstellung,
b) eine gründliche Analyse außer- und innerbetrieblicher Vorgänge,
c) eine methodische Aufstellung von Prognosen,

d) eine bessere Koordinierung betrieblicher Teilaufgaben,
e) zweckgerichtete Maßnahmen auf längere Dauer,
f) Entlastung der Führungskräfte von Routineaufgaben,
g) eine wirksame Kontrolle.

22. Was versteht man unter Planung der Innovation?

Innovation ist das Finden von neuen Methoden, Wegen und Technologien. Produktinnovation kann durch Forschung und Entwicklung im Produktionsprozeß als innovatives Verfahren oder als das Ergebnis des Produktionsprozesses in Form des Produktes erfolgen. Mit Hilfe der Innovationsplanung wird die Richtung festgelegt, in der neue Produkte erzeugt oder neue Technologien eingesetzt werden sollen.

23. Auf welche Weise kann das Wachstum eines Unternehmens geplant werden?

Wachstum durch Entwicklung entsprechend dem Branchenwachstum; Wachstum durch Zukauf, Wachstum durch Diversifikation und Wachstum durch Innovation.

24. Welche Ziele werden mit Hilfe der Planüberwachung verfolgt?

Die Planüberwachung dient in der Durchführungsphase dazu, den Vergleich zwischen dem Geplanten und der Realität durchzuführen. Zeigen sich im Verlauf der Zeit Abweichungen, so ist den Gründen in Form einer Abweichungsanalyse nachzugehen mit dem Ziel, entweder die ursprünglichen Vorgaben doch noch zu erreichen, oder aber, den Plan zu korrigieren.

25. Welche Aufgabe hat das Berichtswesen als Teil des Planungssystems zu erfüllen?

Im Berichtswesen sollen die gesammelten Informationen eines vergangenen Zeitraumes, die zur Beurteilung der Situation notwendig sind, zusammengefaßt und kommentiert werden. Das Berichtswesen besteht aus:

1. den Zahlenergebnissen des abgelaufenen Zeitraumes,
2. den Abweichungen zwischen Soll und Ist sowie den Abweichungsursachen,
3. den im Verlauf des Berichtszeitraumes eingesetzten Maßnahmen,
4. den Ergebnissen und Auswirkungen dieser Maßnahmen,
5. den Projektionen auf den Rest der Planungsperiode,
6. beabsichtigten Maßnahmen mit dem Ziel weiterer Kurskorrekturen,
7. sonstigen Besonderheiten, die mit Hinblick auf das Ergebnis oder die zukünftigen Erwartungen von Bedeutung sind.

26. Welcher Plan ist in der Regel der Ausgangspunkt aller übrigen Pläne?

Alle Teilpläne werden in der Regel auf den Absatz- bzw. Verkaufsplan hin ausgerichtet.

3.1.5 Planungs- und Steuerungstechniken

27. Warum ist eine Langfristplanung notwendig?

Die Langfristplanung dient dem Erkennen von Trends und deren Auswirkungen auf das gesamte Unternehmensgeschehen sowie dem Versuch, diese zu erfassen und für das Unternehmen positiv zu gestalten.

28. Wie arbeitet die Verkaufsplanung?

Im Rahmen der Verkaufsplanung werden die erzielten Umsätze der letzten Jahre festgehalten. Ihnen werden die Sollwerte für die nächsten Jahre gegenübergestellt, die naturgemäß für die kommenden Jahre nur Schätzwerte sein können, sich aber für das folgende Jahr quartalsweise bzw. für Monate, Wochen oder sogar Tage in absolute Sollwerte aufschlüsseln lassen. Diese Verkaufsplanung muß einhergehen mit der Planung der Preispolitik, der Werbung, der Lagerhaltung, des Personals und der Kosten. Im Falle stärkerer Abweichungen zwischen Soll- und Istumsätzen muß entweder das absatzpolitische Instrumentarium verändert werden, oder die Planzahlen müssen revidiert werden. Revidierte Planzahlen im Verkaufsbereich müssen aber auch veränderte Werte etwa im Bereich des Personalwesens, der Kosten, der Werbung und der Lagerhaltung zur Folge haben.

29. Auf welchen Daten beruht die Verkaufsplanung?

Die Verkaufsplanung beruht auf den Ergebnissen der Marktbeobachtung, der Absatzstatistik, den Konsumgewohnheiten, den Bedarfsänderungen, der Berücksichtigung von Qualität und Preisen, detaillierten Angaben im Verkaufsplan, wie z. B. den erwarteten Absatzmengen und -werten, Kundengruppen, Absatzgebieten und Absatzwegen.

30. Auf welchen Daten beruht die Produktionsplanung?

Die Produktionsplanung erfolgt auf der Grundlage des Produktionsprogramms, der Produktionsmengen aus eigener Herstellung, aus Zulieferbetrieben und fremder Lohnarbeit, der Produktionsverfahren, des Kapazitätsplans, der Arbeitsvorbereitung unter Berücksichtigung der Maschinenbelegung, des Arbeitskräfteeinsatzes und der Durchlaufzeiten sowie unter Berücksichtigung der Zeiten für Reparatur und Wartung.

31. Was sind die Aufgaben der Beschaffungsplanung?

Die Aufgabe der Beschaffungsplanung ist es, im Rahmen eines Einkaufsplanes Roh-, Hilfs- und Betriebsstoffe, Handelswaren und Investitionsgüter zur Verfügung zu stellen sowie im Rahmen des Lagerplanes die Lagerdauer, den Lagerumschlag, den eisernen Bestand und die Lagerausstattung festzulegen.

32. Worauf erstreckt sich die Investitionsplanung?

Die Investitionsplanung umfaßt Grundstücke und Gebäude, Maschinen und maschinelle Anlagen, Einrichtungen, Beteiligungen und andere langfristige finanzielle Bindungen.

33. Was sind die Aufgaben der Personalplanung?

Die Personalplanung umfaßt die Personalbedarfsermittlung, die Personalbeschaffung bzw. -freisetzung, den Personaleinsatz, die Personalverwaltung, die Personalentwicklung sowie die Personalkosten.

34. Worauf erstreckt sich die Finanzplanung?

Die Finanzplanung umfaßt den kurzfristigen Finanzplan (Liquiditätsplan) sowie den langfristigen Finanzplan als Mittelbeschaffungs- und Mittelverwendungsplan und erstreckt sich auch auf die Kosten-, Erlös- und Ergebnisplanung. Der Kostenplan wird auf die Kostenstellen und Kostenträger bezogen. Der Erlösplan kann artikelbezogen, absatzbereichsbezogen oder kundengruppenbezogen aufgestellt werden.

35. Wie können Pläne organisatorisch bearbeitet werden?

Pläne werden entweder zentral oder dezentral aufgestellt. Zentrale Planaufstellung hat den Vorteil, daß sich die Mitarbeiter auf ihre planerische Arbeit konzentrieren und Pläne reibungslos koordiniert werden können, haben aber den Nachteil, daß die Führungskräfte der Linie nur unzureichend an den Plänen mitwirken und außerdem für Mittelbetriebe hohe Kosten durch eine eigene Planungsabteilung entstehen. Bei dezentraler Planung kann die Linie besser an der Planung beteiligt werden. Allerdings sind die verschiedenen an der Planung beteiligten Mitarbeiter unterschiedlich für Planungsarbeiten qualifiziert, so daß von dieser Seite her im Ergebnis eine unterschiedliche Qualität der Planung eintreten kann. Außerdem können Schwierigkeiten bei der Koordination der Planung zwischen den einzelnen Abteilungen eintreten. Solche Nachteile können und müssen durch Abstimmungsgremien im Rahmen der Geschäftsführung beseitigt werden.

36. Was ist im Hinblick auf die Organisation des Planungsablaufs zu beachten?

Es müssen Richtlinien für Art und Ablauf der Planaufstellungsverabschiedung und -auswertung bestehen, in denen festgelegt werden muß:

a) Innerhalb welcher Zeiträume in den einzelnen Bereichen die Teilplanungen aufzustellen sind,
b) wann und in welcher Zusammensetzung die Abstimmung der verschiedenen Teilplanungen erfolgen muß,
c) für welche Zeiträume Pläne aufzustellen sind,
d) welchen verbindlichen Charakter die einzelnen Teilplanungen mindestens haben müssen,
e) wann, in welchen Fällen und in welchem Umfang Istzahlen, Abweichungen und Planänderungen zu melden sind.

37. Welche Hilfsmittel stehen für die Planung zur Verfügung?

Für die Durchführung der Planung eignen sich Standardformulare und für ihre Auswertung tabellarische und graphische Darstellungen. Außerdem stellt die

3.1.5 Planungs- und Steuerungstechniken

elektronische Datenverarbeitung Möglichkeiten der computergesteuerten Auswertung zur Verfügung.

38. Was versteht man unter Alternativplanung?

Planungen setzen immer bestimmte Annahmen voraus, nach denen sich die Entwicklung im Unternehmen vollziehen sollte. Dabei werden Annahmen in den einzelnen Teilbereichen der Planung sowie auf den Märkten einschließlich der Konkurrenz unterstellt. In der Regel werden bei der Planung mehrere Annnahmen z.B. über verschiedene Produktions- oder Verkaufsmengen erarbeitet. Von diesen Vorschlägen wird eine Annahme als verbindlich angesehen. Stellt sich später heraus, daß die zugrundeliegende Planung nicht realisierbar ist, kann ohne weiteres auf eine der weiteren Annahmen zurückgegriffen werden, d.h., es braucht keine generelle Planrevision zu erfolgen. Es genügt vielmehr das Zurückgreifen auf bereits vorhandene Pläne, die anstelle der ursprünglichen Planung verwirklicht werden.

39. Was versteht man unter Simultanplanung?

Sämtliche Teilpläne im Rahmen der Unternehmensplanung stehen in einem engen Zusammenhang, denn jeder Teilplan berührt andere Teilpläne, bzw. baut auf ihnen auf oder ist von ihnen abhängig. Dies bedeutet, daß alle Einzelpläne aufeinander abgestimmt sein müssen. Simultanplanung liegt dann vor, wenn alle Maßnahmen gleichzeitig, d.h. simultan geplant werden.

40. Was versteht man unter Engpaßplanung?

Engpaßplanung bedeutet die Ausrichtung der Gesamtplanung auf den jeweiligen Engpaß. Die Kapazitäten müssen so aufeinander abgestimmt werden, daß die Engpässe berücksichtigt werden können.

41. Was versteht man unter dem Ausgleichsgesetz der Planung?

Das Ausgleichsgesetz der Planung beinhaltet die Engpaßplanung und besagt, daß sich kurzfristig alle Teilpläne nach dem Engpaßsektor bzw. nach dem Engpaßfaktor ausrichten. Dabei wird der Engpaß, d.h. der schwächste Teilbereich als konstant angesehen, während die übrigen Teilpläne als variabel angesehen werden. Langfristiges Ziel ist es, die Engpässe zu beseitigen. Dabei streben dann die Teilpläne nach dem größten Sektor bzw. Faktor.

42. Was ist der Break-even-point?

Der Break-even-point ist der Punkt, bei dem die Summe der Deckungsbeiträge, gerade den Fixkostenblock deckt. Jenseits des Break-even-points beginnt die Gewinnzone.

43. Was versteht man unter der Break-even-Analyse?

Die Break-even-Analyse wird auch als Gewinnschwellenanalyse bezeichnet, d.h. sie ermittelt die Produktionsmenge, deren Verkaufserlös gerade die dem Produkt zurechenbaren Kosten deckt. Eine Ausdehnung der Produktionsmenge über die Gewinnschwelle hinaus ergibt bei konstanten Preisen einen Gewinn. Voraussetzung für die Anwendung bzw. für die Richtigkeit der Break-even-Analyse ist, daß die Fixkosten ausschließlich oder überwiegend den Produkten zurechenbar sind.

44. Was versteht man unter Netzplänen?

Netzpläne sind Verfahren zur Planung, Steuerung und Ablaufkontrolle komplexer Prozesse mit einer größeren Anzahl auszuführender Arbeiten.

45. Welches sind die gebräuchlichsten Verfahren im Rahmen der Netzplantechnik?

- CPM = Critical Path Method ist eine tätigkeitsorientierte Berechnungsart und
- PERT = Program Evaluation and Review Technique ist eine ereignisorientierte Berechnungsart.

46. Wie wird mit Hilfe der Netzplantechnik gearbeitet?

Die Netzplantechnik beruht in der Regel auf einem graphischen Modell, dem Netzplan und stellt die einzelnen Arbeitsgänge (Tätigkeiten) und die Zeitpunkte, an denen diese Tätigkeiten beginnen bzw. enden (Ereignisse) in ihrer logischen Aufeinanderfolge übersichtlich und eindeutig dar. Dabei wird Wert auf den sog. kritischen Weg gelegt, der die Maßnahmen des Netzplanes angibt, deren Verzögerung auch den Endtermin des Projektes hinausschieben würde.

47. Wie ist ein Netzplan nach der CPM-Methode aufgebaut?

Die Tätigkeiten des gesamten Arbeitsablaufs werden vom Startereignis zum Zielereignis hin in ihren jeweiligen Abhängigkeiten voneinander durch Pfeile dargestellt, die jeweils in die Ereignisknoten münden bzw. von diesen ausgehen. Durch eine Vorwärtsrechnung, d.h. die Addition der Zeiten vom Start- zum Zielergebnis für jede einzelne Maßnahme ergibt sich die ausschlaggebende Zeitdauer für das gesamte Projekt, der sog. kritische Weg. Durch Rückwärtsrechnen vom Zielereignis zum Startereignis werden die außerhalb des kritischen Weges liegenden Pufferzeiten ersichtlich.

48. Wie erfolgt die Darstellung im Rahmen eines Netzplanes?

Gebräuchlich ist die graphische Darstellung, die Darstellung in Tabellen- oder Matritzenform bzw. die algebraische Form. Die Berechnung kann manuell oder mit Hilfe der EDV erfolgen. Manuell ist die Darstellung und Berechnung nur bei kleineren Vorgängen möglich. Die Matrixform ist bei stärkeren Verknüpfungen üblich. Hingegen dürften bei ca. 80 und mehr Verknüpfungen im Rahmen eines Netzplanes Computerauswertungen unerläßlich sein.

49. Was ist der Zweck des Marketing?

Zweck des Marketing ist die Schaffung neuer Märkte und neuer Absatzmöglichkeiten für vorhandene Produkte. Es genügt nicht, Produkte zu erzeugen, vielmehr ist es wichtiger, den Wünschen der Verbraucher entgegenzukommen und das zu produzieren, was absetzbar ist. Die Verbraucherwünsche erstrecken sich dabei jedoch nicht nur auf das Produkt selbst, sondern vor allem auch auf sein Aussehen, seine Funktionen, den Preis, die Haltbarkeit, usw. Das Marketingdenken erfordert daher eine absatzorientierte Unternehmensführung im Gegensatz zu früher, als mehr das produktionsorientierte Denken im Vordergrund stand.

50. Wie läßt sich mit Hilfe des Marketing der Absatz steuern?

Das Marketing läßt sich einsetzen im Rahmen des Vertriebs, der Konkurrenzpolitik und der auf die Kunden gerichteten Maßnahmen.

51. Wie orientiert sich die Vertriebspolitik am Marketingdenken?

Es gilt in erster Linie, Nachfrage für die eigenen Erzeugnisse zu wecken, d.h. so für die eigenen Erzeugnisse zu werben, daß die Kunden den eigenen Erzeugnissen gegenüber aufgeschlossener als den Konkurrenzerzeugnissen sind. Dabei ist zu bedenken ist, daß die Kunden bei fast allen Produkten zwischen mehreren gleichartigen Erzeugnissen wählen können, sie sich kaum voneinander unterscheiden, bzw. es den Kunden schwerfällt, die Unterscheidungen zu erkennen oder als wesentlich anzusehen. Es kommt daher darauf an, die eigenen Erzeugnisse in irgendeiner Weise für die Abnehmer begehrenswert zu machen.

52. Wie orientiert sich die Konkurrenzpolitik am Marketing?

Jedes Unternehmen kann auf drei verschiedene Arten der Konkurrenz begegnen:

a) Die erste Möglichkeit besteht darin, der Konkurrenz auszuweichen, indem man entweder andere Sortimente führt - teurere oder billigere Produkte, ausländische statt deutsche, andere Formen als die bisherigen Anbieter bevorzugt, eine andere Bedienungsart wählt oder einen anderen Standort nimmt als die Konkurrenz.

   Man kann,
b) den Kampf mit der Konkurrenz aufnehmen und sich in einen Preiskampf einlassen und man kann,
c) versuchen, die Konkurrenz auszuschalten.

53. Was versteht man unter Marketing-Mix?

Unter Marketing-Mix versteht man die Koordinierung und optimale Kombination aller Marketingmöglichkeiten. Dies ist eine Aufgabe der Unternehmensleitung. Mit Hilfe des Marketing-Mix sollen die Marketingziele der Unternehmung erreicht werden. Marketing-Mix geht also über die reinen Absatzfunktionen hinaus.

54. Worauf beruhen Marketingmaßnahmen?

Marketingmaßnahmen erfordern Prognosen der künftigen Markt- und Absatzentwicklung. Dabei sind folgende Begriffe zu unterscheiden: Das Marktpotential, das die Gesamtheit aller zu erwartenden Umsätze eines Produktes für alle Anbieter in einem bestimmten Absatzgebiet für eine bestimmte Periode umfaßt. Das Absatzpotential bezeichnet einmal den Anteil des eigenen Unternehmens am Marktpotential, den es maximal erreichen kann, und zum anderen den Anteil, den es mit Hilfe seiner Marketingmaßnahmen im Verlauf der geplanten Zeiträume zu erreichen gedenkt; denn den maximalen Anteil kann man möglicherweise infolge fehlender und nicht kurzfristig zu schaffender Voraussetzungen nicht ohne weiteres erreichen.

55. Worauf beruht die ABC-Analyse?

Ausgangspunkt der ABC-Analyse ist die Erkenntnis, daß in vielen Betrieben eine kleine Anzahl von Gütern den Hauptbestandteil des gesamten Produktionsprozesses ausmachen.

56. Wie wird die ABC-Methode angewandt?

Es wird festgestellt, wie der Anteil der einzelnen Güter am Gesamtwaren- oder Lagerbestand ist und aufgrund dieser Feststellungen eine Einteilung der Waren in A-, B- und C-Waren getroffen. Nach allgemeinen Feststellungen stellen A-Güter zwischen 75 und 80 % des Gesamtwertes aller Waren dar, hingegen ist ihr Anteil an der Gesamtzahl der eingelagerten Waren sehr gering. Der Anteil der B-Güter macht ungefähr 15 % des Lagerwertes und 30-40 % der Lagermenge aus, während C-Güter einen Anteil von 5-10 % am Gesamtwert haben, jedoch eine Menge von ca. 40-55 % ausmachen.

57. Welche Konsequenzen sind aus einer ABC-Analyse zu ziehen?

Die ABC-Analyse ist für die Beschaffungsprogrammplanung von entscheidender Bedeutung. Insbesondere sind für die A-Güter besondere Maßnahmen notwendig. Sie erfordern sorgfältige Anordnungen im Hinblick auf die Bestellmengen, die Meldetermine und eine exakte Kontrolle der Bestände, des Verbrauchs und des Schwundes bzw. des Verderbs. Hingegen können die Regularien zur Erfassung der Bestellmengen und Bestelltermine der C-Güter großzügig gehandhabt werden. Im Hinblick auf die B-Güter ist ein Verfahren anwendbar, das etwa in der Mitte der Behandlung der A- und der C-Güter liegt.

58. Wie wirkt sich die ABC-Methode im Hinblick auf die Unternehmensplanung aus?

Eine für jeden Betrieb sorgfältig durchgeführte ABC-Analyse ermöglicht es den Betrieben, sich auf bestimmte Schwerpunkte zu konzentrieren. Es ist häufig ausreichend, die A-Güter sorgfältig im Hinblick auf die Beschaffung, die Lagerung und das Kostenwesen zu untersuchen und die unternehmenspolitischen Entscheidungen auf den Ergebnissen der A-Güter aufzubauen. Für die B- und insbesondere die C-Güter hingegen genügen gröbere Schätzungen. Weder mengenmäßige Fehldispositionen noch preispolitische Fehlentscheidungen wirken sich im Betriebsergebnis durchschlagend aus. Fehlplanungen im Bereich der A-Güter können jedoch das Unternehmen ernsthaft gefährden und Produktionsausfälle hervorrufen.

3.1.5 Planungs- und Steuerungstechniken

59. Welche Fehlentscheidungen können sich negativ auswirken?

Vernachlässigt man im Rahmen der ABC-Analyse die B- oder C-Güter, so können Produktionsstillstände eintreten, wenn die vernachlässigten Güter für die Fertigung unentbehrlich sind und eine Beschaffung kurzfristig nicht möglich ist, so daß Aufträge nicht fristgemäß ausgeführt werden können. Die Beachtung der eisernen Bestände ist daher auch für B- und C-Güter dann wichtig, wenn ohne diese Güter die Produktion nicht oder nicht fristgemäß arbeiten kann.

60. Was versteht man unter Controlling?

Aufgabe der Unternehmensführung ist die zielorientierte Gestaltung und Steuerung der Unternehmung. Dies umfaßt alle Aufgaben, durch die sichergestellt werden kann, daß die Unternehmung ihre wirtschaftlichen, technischen, sozialen und ökologischen Ziele erreicht. Das Controlling in diesem Bereich umfaßt diejenigen Aufgaben, die die Koordination der Unternehmensführung sowie die Sicherstellung ihrer Informationsversorgung zur optimalen Erreichung der Unternehmensziele zum Gegenstand hat. Das Controlling wird das langfristige strategische und in das eher kurzfristige operative Controlling unterteilt. Ziel des strategischen Controlling ist es, Erfolgspotentiale zu schaffen, zu sichern und so die Existenz des Unternehmens langfristig zu gewährleisten, Ziel des operativen Controlling ist es hingegen, im Hinblick auf die Existenzsicherung des Unternehmens eine kurz- und mittelfristige Gewinnoptimierung zu erreichen.

61. Welche besonderen Probleme sind im Industriebetrieb mit Hilfe des Controlling zu lösen?

Die Abstimmung der Unternehmensziele und der Unternehmensplanung über alle Hierarchiestufen hinweg ist - trotz des verstärkten Einsatzes der EDV - vielfach problematisch, da zwar Anweisungen von oben nach unten erteilt und wohl auch befolgt werden, aber andererseits die Rückmeldungen nicht organisiert sind. So können oftmals Trends und Tendenzen, die ein schnelles Reagieren seitens der Unternehmensführung erfordern würden, weil die notwendigen Planungen und technischen Entwicklungen wie auch die Umrüstungen längere Zeit in Anspruch nehmen, nicht frühzeitig diagnostiziert werden. Da sich das Controlling in der Regel auf den Kostenbereich konzentriert, wobei Marketing, Entwicklung, Finanzplanung und Technikanalysen eingeschlossen sind, nicht aber der Bereich des Fertigungs-Controlling. Dies führt dazu, daß falsche Entscheidungen in der Fertigung selbst zu Lasten des Ganzen getroffen werden, wie z.B. das Bevorzugen von Aufträgen, die bei der Bearbeitung und in der Qualität weniger Probleme aufwerfen, das Liegenlassen umrüstungsintensiver Aufträge, die Zusammenfassung ähnlicher Aufträge. Es wird auch zu wenig auf die Verkürzung der Produktentwicklungszeiten geachtet. Insbesondere wird sich im Falle von Produkten mit kurzer Lebensdauer Verzögerungen im Forschungs- und Entwicklungsprozeß nachhaltig auf die Ergebnisentwicklung aus und schließlich führt die ausufernde Konzentration zu hohen, aber andererseits vermeidbaren Kosten.

3.1.6 Wertanalyse

01. Was versteht man unter Wertanalyse?

Wertanalyse ist eine Methode zur Wertsteigerung, bei der durch ein bestimmtes systematisches Vorgehen mit hoher Wahrscheinlichkeit ohne Umwege eine optimale Lösung erzielt wird.

02. Was ist der Zweck der Wertanalyse?

Mit Hilfe der Wertanalyse sollen jeder Materialaufwand, das gesamte Produktionskonzept, alle Arbeitsabläufe und Kostenaufwendungen in allen Bereichen nach folgenden Fragestellungen durchleuchtet werden: Was haben wir alles? Was kostet uns das? Brauchen wir das alles? Gibt es eine kostengünstigere Alternative? Was kostet uns diese?

03. Welche Ziele können im einzelnen mit Hilfe der Wertanalyse erreicht werden?

Die Steigerung der Produktivität, die Senkung der Produktionskosten, die Vermeidung nicht notwendiger Kosten, die Verbesserung der Qualität der Erzeugnisse, die Steigerung des Nutzens oder der Verwendungsmöglichkeiten, die Verkürzung der Termine bzw. der Durchlaufzeiten, die Verkürzung der Innovationszeiten, also die systematische Anwendung von Techniken zur Ermittlung der Funktionen eines Erzeugnisses oder einer Arbeit, zur Bewertung der Funktionen und zum Auffinden von Wegen, um die notwendigen Funktionen mit den geringsten Kosten erfüllen zu können.

04. Welche Fragestellungen ergeben sich im Rahmen einer Wertanalyse?

Folgende Einzelfragen spielen im Rahmen einer Wertanalyse eine Rolle:

- Leistet das Produkt oder das in Frage kommende Teil einen Beitrag zum Wert?
- Stehen die Kosten in einem vernünftigen Verhältnis zum Nutzen bzw. Gebrauchswert?
- Gibt es etwas Besseres zur Erfüllung des beabsichtigten Zweckes?
- Kann ein brauchbares Teil durch eine kostengünstigere Methode hergestellt werden? Kann ein brauchbares Standardprodukt gefunden werden?
- Ist das Produkt werkzeugmäßig entsprechend der benötigten Gesamtstückzahl ausgelegt?
- Stehen die einzelnen Kosten in einem angemessenen Verhältnis zum Gewinn?
- Kann ein Teil von einem anderen zuverlässigen Hersteller günstiger bezogen werden?

05. Welche Arten der Wertanalyse werden unterschieden?

Man unterscheidet die Konzept-Wertanalyse, die Arbeitsablauf-Wertanalyse sowie die Bestandsaufnahme-, Zeit- und Kostenanalyse.

06. Was versteht man unter der Konzept-Wertanalyse?

Die Konzept-Wertanalyse beinhaltet die Wertanalyse entweder über ein neues Produkt oder die Entwicklung eines Produktes nach den Vorstellungen des Marktes oder der Kunden.

07. Was versteht man unter der Arbeitsablauf-Wertanalyse?

Die Arbeitsablauf-Wertanalyse befaßt sich mit den Arbeitsabläufen und insbesondere mit den Möglichkeiten einer kostengünstigeren Produktion, wobei es darum geht, alternative Lösungen zu finden, die ein Produkt bei gleicher Qualität kostengünstiger herstellen lassen.

08. Was beinhaltet die Bestandsaufnahme-, Zeit- und Kostenanalyse?

Diese Analyse verfolgt den Zweck, über die Bestandsaufnahme der benötigten Zeiten und der angefallenen Kosten Ansatzpunkte für die Durchführung der Wertanalyse zu finden.

09. In welchen Schritten wird eine Wertanalyse abgewickelt?

a) Die Ermittlung des Ist-Zustandes. Dieser Schritt wird als Informationsphase bezeichnet;
b) die Prüfung des Ist-Zustandes, d.h. die Prüfung der Funktionserfüllung und der Kosten. Dieser Schritt wird als die kritische Phase bezeichnet;
c) die Ermittlung von Lösungen. Dabei wird Wert auf die Suche nach allen denkbaren Lösungen gelegt. Dieser Schritt wird als kreative Phase bezeichnet;
d) die Prüfung der Lösungen. In diesem Rahmen erfolgt sowohl eine technische Überprüfung als auch eine Überprüfung der Wirtschaftlichkeit. Dieser Schritt wird auch als Bewertungsphase bezeichnet;
e) der Vorschlag und die Einführung. Hier spielen die Auswahl, Empfehlung und Verwirklichung der Lösungen eine Rolle. Dieser Schritt stellt die Vorschlagsphase dar.

10. Wie wird die Wertanalyse zweckmäßigerweise durchgeführt?

Die Wertanalyse kann erfolgreich nur in Teamarbeit durchgeführt werden. Zu ihrem Gelingen müssen Techniker und Kaufleute beitragen, d.h., es müssen fachkundige Mitarbeiter aus allen betroffenen Bereichen, wie Konstruktion, Arbeitsvorbereitung, Beschaffung, Fertigung und Vertrieb beteiligt werden.

3.1.7 Statistik als unternehmenspolitisches Instrument

01. Welche Bedeutung hat die Statistik im Rahmen unternehmenspolitischer Entscheidungen?

Die betriebliche Statistik hat die Aufgabe, betriebliche Erscheinungen und Zusammenhänge so darzustellen, daß die notwendigen Schlüsse für unternehmenspolitischen Entscheidungen getroffen werden können. Die Betriebsstatistik muß im Zusammenhang mit der Buchführung, der Kostenrechnung und der Planungsrechnung, insbesondere Wirtschaftlichkeit, Gewinn und Rentabilität sicherstellen.

02. Welche statistischen Werte benötigt die Unternehmensleitung?

Die Unternehmensleitung benötigt keine Zahlenfriedhöfe und keine veralteten Zahlen. Sie benötigt aber, und zwar unverzüglich am Ende eines Monats, bestimmte Daten, die über die wesentlichen Fakten des Betriebes Aufschluß geben. Dazu gehören die Umsätze im Soll-Ist-Vergleich und im Vergleich zu den Vorjahren und zwar absolut und in Prozenten, die Deckungsbeiträge der einzelnen Warengruppen, die Liquidität, die Außenstände, die Schulden, der Lagerumschlag, der Warenbestand und die wichtigsten Kostenarten.

03. Welche Konsequenzen müssen aus der Statistik gezogen werden?

Die jeweils erarbeiteten Zahlen müssen daraufhin überprüft werden, ob sie mit den vorgegebenen Werten übereinstimmen. Abweichungen erfordern eine eingehende Untersuchung und entsprechende Maßnahmen, etwa im Bereich der Werbung, der Umstellung der Sortimente, der Preispolitik, des Einkaufs und möglicherweise eine Revision der vorgegebenen Plandaten.

04. Welchen Aussagewert hat die betriebliche Statistik?

Die betriebliche Statistik dient zunächst nur der Kontrolle, ob die erreichten Daten mit den Plandaten übereinstimmen. Sie kann aber auch in Verbindung mit den betrieblichen Kennzahlen und den Werten der Branche bzw. der gesamten Volkswirtschaft Aufschluß darüber geben, wie das Unternehmen insgesamt zu beurteilen ist. Steigen überall die Personalkosten über das geschätzte Maß hinaus oder sind die Lagervorräte bei allen Betrieben überdurchschnittlich hoch, so liegt der Schluß nahe, daß man sich aufgrund nicht vorhersehbarer Faktoren verschätzt hat. Anders wäre die Situation, wenn man im Vergleich zur Branche wesentlich ungünstigere Ergebnisse erzielt hätte.

05. Welche Gefahren bestehen im Rahmen statistischer Erhebungen?

Werden eigene Statistiker mit der Erhebung von Daten beauftragt, so ist zwar die methodische Seite der Erhebung sichergestellt, es besteht aber die Gefahr, daß zu viele Daten erhoben werden, daß weiter die in die Datenerfassung eingeschalteten Kräfte anderer Abteilungen den Sinn der erhobenen Daten nicht einsehen und deshalb vielleicht unvollständig arbeiten. Die Statistik gerät daher in die Gefahr, daß eine Vielzahl von Daten zur Verfügung steht, die für die benötigten Aussagen nicht aufschlußreich genug sind, während andererseits die benötigten Zahlen nicht beschafft worden sind.

06. Wie kann der Gefahr falscher Daten begegnet werden?

Die Unternehmensleitung muß klare Ziele über die benötigten Daten vorgeben, die notwendigen Fristen setzen und die aus den Zahlen zu ziehenden Schlüsse unverzüglich in Entscheidungen umsetzen.

3.1.7 Statistik als unternehmenspolitisches Instrument

07. Was ist Statistik und was ist ihre Aufgabe?

Der Name Statistik leitet sich von dem lateinischen Wort status = Zustand ab und bedeutet systematische Gewinnung, Verarbeitung, Darstellung und Analyse von zahlenmäßig erfaßbaren Tatsachen oder Erscheinungen aufgrund wissenschaftlicher Methoden. Voraussetzung jeder Statistik ist das Vorhandensein einer größeren Anzahl von gleichwertigen Gegenständen oder Merkmalen.

08. Womit beschäftigt sich die Statistik?

Die Statistik beschäftigt sich mit Bestandsmassen und Bewegungsmassen. Bestandsmassen sind Massen, die einen Zustand zu einem bestimmten Zeitpunkt wiedergeben, z.B. die Zahl der Betriebe an einem genau festgelegten Tag. Bewegungsmassen sind Massen, die in einen bestimmten Zeitraum fallen, wie z.B. die Zahl der in einem Jahr in Deutschland beschäftigten Gastarbeiter.

09. Was ist eine Grundgesamtheit?

Unter Grundgesamtheit wird die Summe aller gleichartigen Gegenstände oder Merkmale verstanden.

10. Wie werden Daten gesammelt?

Muß das Material selbst gesammelt werden, spricht man von einer primärstatistischen Erhebung. Kann auf Material zurückgegriffen werden, das bereits zu einem anderen Zweck gesammelt wurde, spricht man von einer sekundärstatistischen Untersuchung.

11. Was ist eine Stichprobe?

Anstelle der vollständigen Erfassung aller Daten genügt aus Kosten- oder Zeitgründen vielfach eine Stichprobe, die als eine Mehrheit von Einzelfällen interpretiert werden kann. Eine Stichprobe muß nach dem Zufallsprinzip aus einer Grundgesamtheit gezogen werden und die Grundgesamtheit repräsentativ widerspiegeln. Die Stichprobe kann daher als Abbildung dieser Grundgesamtheit mit verkleinertem Maßstab angesehen werden. Die Anzahl der in der Stichprobe auftretenden Zahlenwerte wird Umfang der Stichprobe genannt.

12. Was ist betriebswirtschaftliche Statistik?

Die betriebswirtschaftliche Statistik ist ein Teilgebiet der theoretischen und der angewandten Sozialstatistik und befaßt sich mit der zahlenmäßigen Beobachtung und Erforschung der Betriebe und Unternehmungen, d.h. mit betrieblichen und den Betrieb interessierenden außerbetrieblichen Massenerscheinungen und deren Ergebnis.

13. Was ist die Aufgabe der betriebswirtschaftlichen Statistik?

Aufgabe der betriebswirtschaftlichen Statistik ist es, der Betriebs- oder Unternehmensleitung Informationen zur Erreichung des Betriebszieles im Hinblick auf

Planung, Organisation und Kontrolle zu geben. Die betriebswirtschaftliche Statistik erweitert die Möglichkeiten zur Betriebsdurchleuchtung und des Betriebsvergleichs.

14. Was sind die Hauptquellen der betriebswirtschaftlichen Statistik?

Hauptquellen der betriebswirtschaftlichen Statistik sind Angaben aus der Buchhaltung, der Bilanz, der Kosten- und Erfolgsrechnung sowie Zahlen von Verbänden, des Staates und der Konkurrenzbetriebe, die für die eigenen betrieblichen Zwecke systematisch ausgewertet werden können und mithin eine Übersicht über alle Vorgänge ermöglichen, die sich zahlenmäßig für die eigene planmäßige Betriebsdisposition verwerten lassen.

15. Was ist die Aufgabe eines Betriebsvergleiches?

Ein Betriebsvergleich soll einen Vergleich der Vorgänge in der eigenen Unternehmung verschiedener Jahre sowie einen Vergleich der eigenen Unternehmung mit anderen Unternehmungen ein- und desselben Jahres ermöglichen.

16. Welchen Umfang nimmt die betriebswirtschaftliche Statistik ein?

Die betriebswirtschaftliche Statistik erstreckt sich auf die betriebswirtschaftlichen Kräfte, d.h. auf die beschäftigten Menschen und auf die betriebswirtschaftlichen Funktionen wie Beschaffung, Produktion, Lagerung, Absatz, Finanzierung sowie auf die Statistik der Erfolgsübung, d.h. des Aufwandes, des Ertrages, des Erfolges.

17. Was sind die wichtigsten Betriebsstatistiken?

Wichtigste Betriebsstatistiken sind: Beschäftigungsstatistik, Arbeitszeitstatistik, Lohn- und Gehaltsstatistik, Beschaffungsstatistik, Lagerstatistik, Produktions- bzw. Fertigungsstatistik, Absatzstatistik, Finanzstatistik, Preisstatistik, Kostenstatistik.

18. Welche Bedeutung haben die einzelnen aufgeführten Betriebsstatistiken?

Die Bedeutung ist je nach der Art des Betriebes verschieden. Ein Produktionsbetrieb z.B. wird mehr Wert auf die Erzeugung legen und seine Statistik überwiegend nach Gesichtspunkten des Auftragsbestandes, des Auftragseinganges, der Produktionsanlagen und deren Nutzung, der mengen- und wertmäßigen Herstellung von Halb- und Fertigfabrikaten, dem Ausschuß, dem Materialverbrauch, der Produktionsleistungen, der Erfassung der Kosten nach Kostenarten und Kostenstellen und der Arbeitsintensität gliedern. Ein Handelsunternehmen wird mehr Wert auf die Aufgliederung des Umsatzes nach Bezirken, Abteilungen, Handelsvertretern, Lagerhaltung, Art des Verkaufs, Einkauf nach Mengen, Preisgruppen, Werten, Zeitabschnitten, die Liquidität, die Außenstände und Schulden nach Kunden und Fälligkeit legen.

19. Welche Angaben werden mit Hilfe der Beschäftigungsstatistik erfaßt?

Die Beschäftigungsstatistik befaßt sich mit dem Bestand, dem Zugang und Abgang der Beschäftigten, ihrer Aufteilung in einzelne Abteilungen, mit Krankheitsfällen

3.1.7 Statistik als unternehmenspolitisches Instrument

und Kündigungen sowie mit Angaben über die Arbeitszeit und über Löhne bzw. Gehälter.

20. Welche Angaben werden mit Hilfe der Beschaffungsstatistik erfaßt?

Die Beschaffungsstatistik befaßt sich mit Daten der Beschaffung, z.B. mit Preisen, den Anbietern, der wert- und mengenmäßigen Erfassung der Aufträge, den eingekauften Waren nach Preisen, Mengen, Wert und Qualität.

21. Welche Angaben werden mit Hilfe der Lagerstatistik erfaßt?

Die Lagerstatistik erfaßt die lagernden Erzeugnisse nach Art, Menge, Wert und der Lagerdauer und dient insbesondere der Ermittlung des Lagerbestandes und des Lagerumschlages.

22. Welche Angaben werden mit Hilfe der Produktions- bzw. Fertigungsstatistik erfaßt?

Sie gibt eine Übersicht über die Gesamtproduktion und die Aufteilung in einzelne Produkte und Produktgruppen. Dabei kommt es vor allem auf die Vergleichbarkeit der verbrauchten Roh-, Halb- und Fertigfabrikate, der Arbeits- und Maschinenleistungen sowie des Ausschusses, der Aufträge und der Kosten an.

23. Welche Angaben werden mit Hilfe der Absatzstatistik erfaßt?

Die Absatz- oder auch Umsatzstatistik erfaßt die Entwicklung des Gesamtumsatzes, aufgeteilt in Erzeugnisse, Absatzgebiete und Monatsumsätze. Die einzelnen Werte werden nach Menge, Wert, Qualität, Filialen, Artikelgruppen usw. unterschieden. Andere Gliederungskriterien sind die Art der Bezahlung, die Aufgliederung nach der Art der Bezieher, die Höhe der Aufträge, die durchschnittlichen Aufträge usw. Oft ist eine Absatzstatistik mit einer Statistik des Werbeerfolges verknüpft. Ferner sind die Höhe der Verkaufskosten, die Verkaufspreisentwicklung, die Kaufkraftentwicklung, die Verkaufsförderungsmaßnahmen sowie die Retouren und Mängelrügen interessant. Beim Einsatz von Reisenden kann die Zahl der Aufträge, die gesamte Auftragssumme, die Zahl der besuchten Kunden usw. erfaßt werden. Wichtig ist jedoch, daß unter Umsatz überall dasselbe verstanden wird (z.B. müssen die Rabatte abgezogen werden).

24. Welche Angaben werden mit Hilfe der Preis- und Kostenstatistik erfaßt?

Mit Hilfe der Preis- und Kostenstatistik werden die gezahlten und die erzielten Preise und die Entwicklung der Kosten und der Kostenarten erfaßt.

25. Welche Angaben werden mit Hilfe der Finanzstatistik erfaßt?

Die Finanzstatistik erfaßt die Geldein- und -ausgänge, die Bankguthaben und Verbindlichkeiten, die Dauer und Art der Verschuldung, die Liquidität, die Rentabilität, die Investitionen, die Betriebsergebnisse und den Vermögensaufbau.

26. Welchen Aussagewert haben Statistiken und insbesondere betriebswirtschaftliche Statistiken?

Der Aussagewert einer Statistik ist zunächst beschränkt, wenn man nur die allgemeine Zahl betrachtet. Der Aussagewert gewinnt an Bedeutung, wenn man die gewonnene Zahl mit anderen Zahlen in Beziehung setzt und Vergleiche zieht.

27. Was sind wichtige betriebliche Vergleichszahlen?

Wichtig sind zunächst die betrieblichen Meßzahlen, die Kennzahlen und die Kennziffern. Außerdem die verschiedenen Arten von Verhältniszahlen der statistischen Methodenlehre, insbesondere die Gliederungszahlen, die Beziehungszahlen und die Veränderungs- oder Indexzahlen.

28. Was ist eine Meßzahl?

Eine Meßzahl ist ein Maßstab, der eine gewisse Allgemeingültigkeit hat und einen relativen Wert darstellt und mithin eine Bezugsgröße ist, an der eine Entscheidung getroffen werden kann, wie die ermittelte Zahl von der Meßzahl abweicht.

29. Was sind Kennzahlen?

Kennzahlen sind betriebswirtschaftliche Zahlen, die auf bestimmten betrieblichen Daten beruhen und eine konkrete und konzentrierte Aussage über diese Zahlen zulassen. Kennzahlen haben den Charakter von Richtwerten.

30. Was sind Kennziffern?

Kennziffern sind Richtzahlen für eine Vielzahl von Betrieben eines Wirtschaftszweiges.

31. Was sind Gliederungszahlen?

Die unmittelbar aus statistischen Erhebungen und Beobachtungen gewonnenen Zahlen sind absolute Zahlen, die den Wert oder die Menge eines Tatbestandes oder Vorganges angeben. Absolute Zahlen haben jedoch häufig nur einen geringen Aussagewert. Gliederungszahlen hingegen setzen Teile oder absolute Zahlen in ein Verhältnis zum Ganzen. Typisches Beispiel sind Prozentzahlen.

32. Was sind Beziehungszahlen?

Beziehungszahlen sind begrifflich verschiedene, einander gleichgeordnete Größen, die Aussagen über das Verhältnis zweier Größen oder Massen, die sachlich miteinander in Beziehung stehen, zulassen, wie z.B. das Gehalt pro Kopf eines Angestellten.

33. Was sind Veränderungs- oder Indexzahlen?

Veränderungs- oder Indexzahlen sind begrifflich gleichartige, zeitlich unterschiedliche Größen, die das Verhältnis zweier Größen oder Massen gleicher Art zu verschiedenen Zeitpunkten angeben. Gebräuchlich ist besonders der Begriff Indexziffer. Eine Indexzahl ist eine Zahl, die an der Grundzahl Index = 100 gemessen wird.

34. Was sind wichtige betriebswirtschaftliche Kennzahlen aus der amtlichen Statistik?

Das Statistische Bundesamt veröffentlicht regelmäßig eine Vielzahl betriebswirtschaftlicher Kennzahlen, z.B. den durchschnittlichen Monatsumsatz je Beschäftigten in DM, den Export in Prozenten des Umsatzes, die Personalkosten in Prozent des Umsatzes, den Index des Auftragseinganges, den Auftragseingang in Prozenten des Umsatzes.

35. Was sind die Haupterfordernisse der statistischen Erhebung?

Eine statistische Erhebung ist an folgende Voraussetzungen gebunden: Es muß eine eindeutige Abgrenzung der Erhebungseinheiten gegen verwandte, nicht zu erhebende Erscheinungen gegeben sein, ferner muß eine Abgrenzung der Erhebungsmerkmale vorgenommen werden. Klare Fragen sowie eine Vollständigkeit der Erfassung müssen gewährleistet sein. Weiter ist für jede Erhebung ein Stichtag und eine Kontrolle hinsichtlich der Vollständigkeit, Vollzähligkeit, Einheitlichkeit und Genauigkeit der Erhebung notwendig.

36. Was sind die hauptsächlichsten Fehlerquellen einer Erhebung?

Fehlerquellen sind eine falsche Abgrenzung der Erhebungsmerkmale oder der Erhebungseinheiten, eine nicht eindeutige Festlegung der benötigten Merkmale oder Einheiten, Leistungsunfähigkeit der mit der Erhebung Beauftragten, mangelndes Interesse, der Drang nach Vollständigkeit, der beim Befragten zur Verärgerung oder zu unvollständigen Angaben führt, absichtliches Verfälschen.

37. Was versteht man unter schätzender Statistik?

Unter Schätzung wird die Bestimmung von vermutlichen Zahlengrößen als Ersatz für genau und unmittelbar festgestellte Zahlen verstanden.

38. Welche Verfahren der schätzenden Statistik gibt es?

a) Fortschreibung,
b) Interpolation und Extrapolation, d.h. Weiterführung einer statistischen Reihe durch Einfügen neuer Werte bzw. über den Endpunkt hinaus oder über den Anfangspunkt zurück,
c) Schätzende Berechnung. Hierunter wird die Berechnung von Annäherungswerten aus statistisch festgestellten Tatbeständen anderer Art mit Hilfe von Analogieschlüssen verstanden.

39. Was sind statistische Reihen?

Statistische Reihen sind Zusammenstellungen von zusammengehörigen, gleichartigen statistischen Größen. Die einzelnen Werte einer Reihe bezeichnet man als

Reihenwerte. Die Gleichartigkeit einer Reihe ist dann gegeben, wenn man die einzelnen Größen unter einem gemeinsamen Oberbegriff unterordnen kann.

40. Wie kann man statistische Reihen gliedern?

- In artmäßige oder kategoriale Reihen,
- in Häufigkeitsreihen oder Frequenzreihen,
- in Zeitreihen.

41. Was versteht man unter kategorialen Reihen?

Kategoriale Reihen sind unechte Reihen, weil sie keinen logisch zwingenden Reihungsgrund haben. Zum Beispiel kann bei einer Berufsgliederung willkürlich mit der Reihenbildung begonnen werden.

42. Was bezeichnet man als Frequenzreihen und als Zeitreihen?

Frequenzreihen haben in der Zahlenreihe und Zeitreihen im Zeitablauf einen zwingenden Reihungsgrund. Zum Beispiel muß bei einer Altersgliederung mit dem ersten Jahr begonnen werden. Man bezeichnet Häufigkeitsreihen und Zeitreihen daher auch als echte Reihen.

43. Welchem Zweck dienen statistische Erhebungen?

Statistische Erhebungen sind das statistische Urmaterial. Die Erhebungsergebnisse müssen anschließend aufbereitet und danach dargestellt werden.

44. Was ist der Zweck einer Aufbereitung?

Die Aufbereitung hat den Zweck, die in der Erhebung gewonnenen Einzelangaben in Zahlenform zu gliedern, d.h. alle gleichartigen Fälle zusammenzufassen und nach Erhebungsmerkmalen zu gliedern.

45. Wie wird eine Aufbereitung vorgenommen?

Die Aufbereitung wird in der Weise vorgenommen, daß alle in einer Erhebung erfaßten Tatbestände in Gruppen gleicher Art zusammengefaßt werden. Die Einteilung erstreckt sich auf räumliche, zeitliche und sachliche Gesichtspunkte. Es kann manuell oder maschinell aufbereitet werden. Die manuelle Aufbereitung wird mit einer Strichliste oder nach dem Legeverfahren durchgeführt, während bei einer maschinellen Verarbeitung die Ergebnisse auf einem Datenträger festgehalten werden. Bei der Verwendung von Datenträgern müssen auch qualitative Merkmale in Ziffern übertragen werden. Zu diesem Zweck bedient man sich eines Schlüssels, der für jede Angabe eine Zahlenkombination vorsieht.

46. Wie wird die statistische Darstellung vorgenommen?

Die statistische Darstellung wird in Form von Tabellen oder Schaubildern insbesondere Diagrammen vorgenommen. Diese Form der Darstellung soll dazu dienen, die Ergebnisse einer statistischen Erhebung besser überschaubar zu machen.

47. Wie muß eine Tabelle gestaltet werden?

Eine Tabelle soll in sich verständlich sein und möglichst wenig Einteilungen enthalten. Es ist in vielen Fällen nicht einfach, eine Tabelle so übersichtlich zu gestalten, daß sie Beachtung findet, verstanden wird und aussagefähig ist. Mit jeder statistischen Darstellung ist letztlich immer eine Straffung des Urmaterials verbunden. Auch können Tabellen mit unübersichtlicher Darstellung oder mit tendenzieller Hervorhebung bestimmter Merkmale trotz der Richtigkeit der zugrundeliegenden Zahlen beim Betrachter zu falschen Schlußfolgerungen führen. Man unterscheidet bei jeder Tabelle Textteil und Zahlenteil. Der Textteil zerfällt in Kopf- und Vorspalte, die von dem eigentlichen Zahlenteil erkennbar getrennt sein sollen. Die einzelnen Vorspalten sollen numeriert sein. Ebenso sollen die Einheiten deutlich bezeichnet sein. Die Tabelle soll überdies eine Summenspalte enthalten. Leerspalten sollen vermieden werden, damit es nicht näherer Angaben bedarf, weshalb in bestimmten Spalten keine Angaben gemacht worden sind. Überdies sollte jede Tabelle textliche Erläuterungen enthalten, die Auskunft darüber geben, wie die einzelnen Zahlen gewonnen wurden, wie die einzelnen Begriffe zu deuten und was die wesentlichsten sachlichen Ergebnisse sind.

48. Was sind die wichtigsten Schaubilder?

Man unterscheidet Diagramme, das sind Darstellungen statistischer Größen in Form von geometrischen Figuren, und Kartogramme, d.h. Darstellung in Form von Landkarten. Bei den Diagrammen ist zu unterscheiden zwischen:

a) Linien- oder Stabdiagrammen, die die gleiche Basis und die gleiche Breite haben und die Ergebnisse in unterschiedlicher Höhe ausdrücken,
b) Säulendiagramme, die verbreiterte und in sich wiederum gegliederte Stabdiagramme sind,
c) Flächendiagramme, die eine variable Basis und eine ungleiche Breite haben,
d) Kurvendiagramme, die sich insbesondere zur Darstellung sich kontinuierlich verändernder Größen eignen,
e) Körperdiagramme in Form von Quadraten, Rechtecken und Kreisen. Bei Quadraten und Rechtecken ist nicht nur die Länge, sondern auch die Basis der Säulen variabel. Bei Körperdiagrammen kann man die statistischen Ergebnisse auch in plastischen Figuren ausdrücken, z.B. die Weizenernte in Form von Säcken.

49. Was ist der Zweck von Kartogrammen?

Kartogramme kommen in erster Linie für die Veranschaulichung geographischer Unterschiede in Betracht, wobei die einzelnen Zonen schraffiert oder unterschiedlich gefärbt sind. Bei der Benutzung von Farben verwendet man hellere Farben für niedrigere und dunkle Farben für hohe Zahlen. Das Kartogramm bietet gegenüber der Tabelle den Vorzug, daß eine räumliche Verteilung veranschaulicht werden kann.

50. Was sind Beziehungsdiagramme?

Verglichene Größen können zu Beziehungsdiagrammen in einem rechtwinkligen Koordinatensystem zusammengefaßt werden. Zur Veranschaulichung gegenseitiger Beziehungen trägt man auf der x-Achse oder Abzisse die Einheiten der unabhängigen und auf der y-Achse oder Ordinate die Einheiten der abhängigen Variablen ein. Jedem Datenpaar entspricht dann ein bestimmter Punkt im Koordinatenfeld. Das Koordinatensystem kann man jeweils so einteilen, daß gleichen Strecken immer gleichbleibende absolute Werte entsprechen (arithmetische Darstellung). Man kann aber auch jeder Einheit der Skala eine prozentual gleiche Veränderung der Variablen zuordnen (logarithmische Darstellung). Man kennt außerdem noch die halblogarithmische Darstellung, bei der der x-Wert arithmetisch und der y-Wert logarithmisch eingeteilt ist. Eine logarithmische Darstellung ist bei großen Werten oder bei der Darstellung von Werten verschiedener Größenordnungen angebracht.

51. Auf welche Weise lassen sich neben der Darstellung in Tabellen oder Diagrammen statistische Werte ausdrücken?

Man kann neben der Darstellung von Erhebungen in Form von Tabellen und Diagrammen Statistiken auch noch in Kurzform durch Errechnung bestimmter statistischer Meßzahlen ausdrücken. Hierzu eignen sich die Bestimmung eines Mittelwertes und der Streuung.

52. Was ist die Aufgabe eines Mittelwertes?

Ein Mittelwert hat die Aufgabe, eine Häufigkeitsverteilung zu charakterisieren und eine statistische Reihe ungleicher Größen durch eine einzige Zahl auszudrükken, die zwischen den extremen Werten dieser Reihe liegt. Man unterscheidet errechnete Mittelwerte und Mittelwerte der Lage.

53. Welche Arten von Mittelwerten werden unterschieden?

Errechnete Mittelwerte sind das arithmetische Mittel, das geometrische Mittel, das quadratische Mittel, das harmonische Mittel und das antiharmonische Mittel. Mittelwerte der Lage sind der Zentralwert und der häufigste Wert.

54. Was ist das arithmetische Mittel?

Das arithmetische Mittel wird in der Praxis am häufigsten angewandt. Man unterscheidet das ungewogene oder ungewichtete und das gewogene oder gewichtete arithmetische Mittel.

55. Wie wird das ungewogene arithmetische Mittel berechnet?

Das ungewogene arithmetische Mittel ist die Summe der Einzelwerte dividiert durch die Anzahl der Fälle:

$$\overline{X} = \frac{x_1 + x_2 + \ldots x_n}{n} = \sum_{i=1}^{n} \frac{x_i}{n}$$

56. Wie wird das gewogene arithmetische Mittel berechnet?

Wo das Gewicht der Einzelwerte zur Geltung kommen muß, wird das gewogene arithmetische Mittel angewandt. Das gewogene arithmetische Mittel ist die Summe der Einzelwerte einer Reihe, die mit den Gewichten oder Häufigkeiten multipliziert werden, dividiert durch die Summe der Gewichte oder Häufigkeiten:

$$\overline{X} = x_1 \cdot f_1 + x_2 \cdot f_2 + \ldots x_n \cdot f_n = \frac{(x \cdot f)}{\Sigma f}$$

57. Wie wird das geometrische Mittel berechnet?

Beim geometrischen Mittel (M ↑) wird das, was beim arithmetischen Mittel addiert wird, multipliziert und das, was dort multipliziert wird, wird hier potenziert und was dort dividiert wird, wird hier radiziert. Das geometrische Mittel ist also die Wurzel aus dem Produkt der Reihenglieder:

$$X_G = \sqrt[n]{x_1 \cdot x_2 \ldots x_n}$$

58. Wie wird das gewogene geometrische Mittel berechnet?

Das gewogene geometrische Mittel wird berechnet, indem jeder Einzelwert der Reihe mit einem zugehörigen Gewicht potenziert wird. Diese Werte werden miteinander multipliziert und das Produkt wird durch die Summe der Gewichte radiziert:

$$\overline{X}_G = \sqrt[\sum_{i=1}^{n} f_i]{x_1^{f_1} \cdot x_2^{f_2} \ldots x_n^{f_n}}$$

Das geometrische Mittel ist meist kleiner als das arithmetische Mittel. Es kann höchsten gleich dem arithmetischen Mittel sein.

59. Wie wird das quadratische Mittel berechnet?

Beim ungewichteten quadratischen Mittel (Q) wird jeder Reihenwert quadriert und die Summe der quadrierten Reihenwerte addiert. Das Ergebnis wird durch die Zahl der Fälle dividiert und aus dem Quotienten die Quadratwurzel gezogen.

$$\overline{X}_Q = \sqrt{\frac{x_1^2 + x_2^2 \ldots + x_n^2}{n}} = \overline{X}_Q \sqrt{\frac{\sum_{i=1}^{n} x_i^2}{n}}$$

60. Wie wird das harmonische Mittel berechnet?

Das harmonische Mittel (H) ist der reziproke Wert des arithmetischen Mittels aus den reziproken Werten der einzelnen Glieder.

$$\overline{x}_H = \frac{n}{\frac{1}{x_1} + \frac{1}{x_2} + \ldots \frac{1}{x_n}} = \frac{n}{\sum \frac{1}{x_i}}$$

61. Wie wird das gewogene harmonische Mittel berechnet?

Beim gewogenen harmonischen Mittel werden die Einzelwerte einer Reihe mit ihren Gewichten multipliziert, die Produkte addiert.

$$\overline{x}_H = \frac{n}{\frac{1}{x_1} \cdot f_1 + \frac{1}{x_2} \cdot f_2 \ldots + \frac{1}{x_n} \cdot f_n} = \frac{\sum f_i}{\sum_{i=1}^{n} \frac{1}{x_i} \cdot f_i}$$

62. Wie wird das antiharmonische Mittel berechnet?

Das antiharmonische Mittel wird nach folgender Formel berechnet:

$$A_H = \frac{\sum a^2}{\sum a}$$

63. Wie wird der Zentralwert (Z) ermittelt?

Der Zentralwert, auch Median genannt, liegt in einer der Größe nach geordneten Reihe von Einzelwerten in der Mitte. Bei ungerader Zahl von Reihenwerten hat er genau soviel Werte über sich wie unter sich. Bei gerader Zahl von Reihenwerten ist der Zentralwert das arithmetische Mittel der beiden mittleren Reihenwerte. Damit also der Zentralwert überhaupt ermittelt werden kann, muß eine Reihe der Größe nach geordnet werden.

$$Z = \frac{n+1}{2}$$

64. Wie wird der häufigste Wert (Modul) ermittelt?

Der Modul (Mo) ist der Wert, der in einer Reihe am häufigsten vorkommt. Er ist in vielen Statistiken leicht zu schätzen. Wenn aber eine Reihe keine Häufungsstellen hat, muß er rechnerisch bestimmt werden. Der Modul spielt in der Praxis etwa zur Feststellung der häufigsten Preislage, der häufigsten Einkommenshöhe oder der Werbeträger mit dem größten Umsatzerfolg eine Rolle.

$$Mo = G + \frac{b-a}{2b-a-c} \cdot i$$

3.1.7 Statistik als unternehmenspolitisches Instrument

Dabei bedeuten: G = der untere Grenzpunkt der Einfallsgruppe; b = die Einfallsgruppe; a = die Gruppe, die vor der Einfallsgruppe liegt, c = die Gruppe, die nach der Einfallsgruppe liegt; i = die Klassenbreite.

65. Was sind die Vorzüge und die Nachteile der wichtigsten Mittelwerte?

Man kann die Vorzüge und die Nachteile der wichtigsten Mittelwerte wie folgt zusammenfassen:

Das arithmetische Mittel ist nur eindeutig bestimmt und schließt alle Daten einer Reihe oder Gruppe ein, kann jedoch den extremen Werten zu viel Gewicht geben und das Mittel auf einen Punkt legen, in dem nur wenige oder gar keine tatsächlichen Fälle liegen.

Das geometrische Mittel ist eindeutig bestimmt, sofern alle Werte größer als Null sind und kann deshalb nicht verwandt werden, wenn ein Wert Null oder kleiner als Null ist. Es kann außerdem auf einem Punkt liegen, in dem es nur wenige oder gar keine tatsächlichen Fälle gibt.

Der Median schaltet extreme Werte aus und kann für sonst nicht vergleichbare Größen benutzt werden. Auch brauchen nur die Werte der mittleren Größe bekannt zu sein. Er ist jedoch bei unregelmäßiger Verteilung der Werte schwer zu bestimmen.

Der Modus schaltet extreme Werte aus, ist jedoch häufig ebenfalls schwer bestimmbar.

66. Was versteht man unter Streuung?

Der Verlauf einer Reihe ist durch ihren Mittelwert sowie durch die Streuung der Einzelwerte um den Mittelwert gekennzeichnet. Die Streuung sagt aus, ob die Werte nah oder weit voneinander liegen. Man unterscheidet die Wesensstreuung und die Zufallsstreuung. Unter der Wesensstreuung versteht man die bei jedem statistischen Material vorhandene Streuung und unter Zufallsstreuung die Abweichungen, die durch die Zufälligkeiten der beschränkten Beobachtungen zustandekommen.

67. Welche Maße kennt man bei der Wesensstreuung?

Die Variationsbreite oder Schwankungsbreite; der mittlere Viertelswert- oder Quartilsabstand; die einfache mittlere Abweichung und die Standardabweichung oder quadratische mittlere Abweichung.

68. Was ist die Variationsbreite?

Das einfachste Streuungsmaß ist die Spanne zwischen den Grenzwerten der gesamten Reihe. Man nennt sie Variationsbreite, Schwankungsbreite oder Spannweite. Sie wird mit R (Range) bezeichnet.

69. Warum sind rechnerische Streuungsmaße erforderlich?

Die Lage der Extreme einer Reihe kann sehr unbezeichnend für die Streuung innerhalb der Schwankungsbreite sein, so daß genauere, rechnerisch bestimmbare

Maße erforderlich werden. Auch ist die Angabe der Schwankungsbreite in absoluten Zahlen jeder Reihe beim Vergleich mehrerer Reihen mit verschiedenen Maßeinheiten und verschiedener Niveaulage unzureichend.

70. Wie wird der mittlere Viertelswertabstand oder Quartilsabstand berechnet?

Die Quartile oder Viertelswerte werden in Analogie zum Zentralwert als Zentralwerte aller Reihen unterhalb Q↑ oder oberhalb Q↑ des Zentralwertes berechnet. Es entspricht dem Ordnungswert:

$$Q_1 = \frac{n+1}{4} \text{ und } Q_3 = \frac{3(n+1)}{4}$$

Der mittlere Abstand der Viertelswerte vom Zentralwert ist ein Maß für die Streuung und ist gleich der Hälfte des Abstandes der Quartile voneinander:

$$Q = \frac{Q_3 - Q_1}{2}$$

71. Wie wird die einfache mittlere Abweichung (d) berechnet?

Die einfache mittlere Abweichung ist wie folgt definiert: Sie ist das arithmetische Mittel der Abweichungen der Reihenwerte vom Mittelwert ohne Berücksichtigung des Vorzeichens. Sie ändert sich mit der Änderung irgendeines Vorzeichens.

Für Kategorialreihen lautet ihre Formel:

$$d = \frac{\Sigma(d)}{n}$$

Für Frenquenzreihen wird die einfache mittlere Abweichung wie folgt definiert: Die einfache mittlere Abweichung ist das mit den Frequenzen gewogene arithmetische Mittel der Abstände der Reihenwerte vom Mittelwert, und zwar ohne Berücksichtigung des Vorzeichens:

$$d = \frac{\Sigma(d) \cdot f}{n}$$

72. Wie wird die Standardabweichung berechnet?

Die Standardabweichung ist die Quadratwurzel aus der Streuung.

73. Was sind relative Streuungsmaße?

Häufig handelt es sich nicht darum, die Streuung einer Reihe um einen Mittelwert in absoluten Zahlengrößen festzustellen, sondern vielmehr Reihen verschiedener Dimensionen (z.B. die Streuung einer kg-Reihe mit einer DM-Reihe) zu vergleichen. Dies geschieht mit Hilfe des Koeffizienten der durchschnittlichen Abweichung und des Koeffizienten der Standardabweichung.

3.1.7 Statistik als unternehmenspolitisches Instrument

Der Koeffizient der durchschnittlichen Abweichung wird nach der Formel ermittelt:

$$K = \frac{\Sigma d/n}{X} \cdot 100$$

Diese Formel entspricht der Formel für die einfache mittlere Abweichung, nur daß man die durchschnittliche Abweichung einer Reihe in Prozenten des arithmetischen Mittels der gleichen Reihe ausdrückt. Nach der gleichen Methode wird der Koeffizient der Standardabweichung berechnet:

$$K_\delta = \frac{\Sigma d/n}{X} \cdot 100$$

74. Welche Bedeutung haben die Verhältniszahlen?

In der Praxis ist es häufig notwendig, zwei oder mehr Werte oder Reihen miteinander in Beziehung zu setzen, denn eine einzelne Zahl besagt für sich allein nicht sehr viel. Hierzu dienen die Verhältniszahlen, nämlich die Gliederungszahlen, Meßziffern und Indexzahlen.

Bei den Gliederungszahlen werden Teilmassen mit Gesamtmassen zueinander in Beziehung gesetzt, z.B. die Lohnkosten im Verhältnis zu den Gesamtkosten. Zur Berechnung der Gliederungszahlen wird der Gesamtwert einer Reihe gleich 100 und jeder Wert der Reihe hierzu ins Verhältnis gesetzt.

Bei den Beziehungszahlen werden verschiedenartige Massen miteinander in Verbindung gesetzt, die aber in einem sachlich-logischen Zusammenhang zueinander stehen. Man teilt die Beziehungszahlen ein in Dichteziffern und in Häufigkeitsziffern. Dichteziffern bezeichnen die Häufigkeit einer Erscheinung, z.B. die Bevölkerungsdichte je Quadratkilometer. Häufigkeitsziffern sind Beziehungen von Bestands- zu Bewegungsmassen, z.B. die Zahl der Konkurse zur Gesamtzahl der Betriebe.

Meßziffern sind relative Zahlengrößen, wobei die Einzelwerte einer Reihe in Prozenten zu einem ihrer Glieder, zum Median oder zum Durchschnitt der Reihe ausgedrückt werden.

75. Was sind Indexzahlen?

Indexzahlen sind eine besondere Art von Meßziffern. Sie werden hauptsächlich angewendet, wenn Zahlen der Vergangenheit mit Zahlen der Gegenwart verglichen werden sollen. Das erfordert, daß eine bestimmte Größe als Ausgangspunkt gewählt und ein Basiszeitraum bestimmt wird, für den der Vergleich gelten soll. Weiterhin muß die Wertzahl des Basiszeitraums bestimmt werden, die man Basiszahl nennt. Die Wertzahl, die mit der Basiszahl verglichen wird, wird Vergleichszahl und der zugehörige Zeitraum Vergleichszeitraum genannt. Dabei wird die Basiszahl gleich 100 gesetzt und die Vergleichszahl im prozentualen Verhältnis dazu ausgedrückt.

76. Wo liegt die Bedeutung der Indexrechnung?

Die Indexrechnung wird sowohl im Betrieb als auch in der Volkswirtschaft häufig angewandt. Für ein Unternehmen sind Produktions-, Preis- und Umsatzindizes von

Wichtigkeit und für die Volkswirtschaft z.B. der Geldmengenindex, der Produktionsindex, der Umsatzindex, der Lebenshaltungskostenindex, der Lohnindex und der Kaufkraftindex.

77. Worauf kommt es bei der Ermittlung von Indizes entscheidend an?

Es müssen aussagefähige Basisjahre gewählt werden, die nicht durch anormale Situationen gekennzeichnet sind. Für die Produktionsstatistik ist z.b. das Jahr 1948 ungeeignet als Ausgangsbasis. Je nachdem, welches Basisjahr gewählt wird, ist das Ausgangsniveau unterschiedlich. Bei niedrigen Preisen im Basisjahr fällt die Indexzahl höher aus und umgekehrt.

78. Was sind Preisindizes?

Was Geld wert ist, bemißt sich nach der Kaufkraft. Diese ist identisch mit dem Kehrwert eines Preisindex und bedeutet: die Kaufkraft des Geldes ist um so niedriger, je höher der Preisindex ist. Von den verschiedenen Indexreihen, die das Statistische Bundesamt und die Statistischen Landesämter regelmäßig veröffentlichen, hat der Preisindex für die Lebenshaltung eine zentrale Bedeutung. Er ermöglicht Aussagen über die Veränderung der Kaufkraft der privaten Haushalte und damit über den Lebensstandard der Bevölkerung; er ist eine wichtige Orientierungsmarke bei den Tarifverhandlungen der Sozialpartner, und er ist ferner wichtig für Rechtsgeschäfte, bei denen Wertsicherungsklauseln vereinbart worden sind.

Jedem Preisindex wird das Konsumverhalten bestimmter Haushaltstypen zugrunde gelegt, welches sich in einem repräsentativen Warenkorb zusammenfassen läßt. Der derzeit gültige Warenkorb umfaßt 751 Einzelpositionen, deren Preisveränderungen monatlich in 118 Städten und Dörfern ermittelt wird. Der Preisindex für die Lebenshaltung bezieht sich auf die Gesamtheit der jeweils betrachteten privaten Haushalte, weshalb der Warenkorb mit dem eines individuellen Einzelhaushaltes kaum identisch sein dürfte. Da sich die Konsumgewohnheiten im Laufe der Zeit verändern, wird der Warenkorb durch das Statistische Bundesamt alle vier bis sechs Jahre neu gepackt. Das letzte Basisjahr ist 1985. War der Lebenshaltungskostenindex 1985 = 100, so lag er für Arbeitnehmerhaushalte mit mittlerem Einkommen im August 1992 bei 115,2 Punkten.

Da die Konsumgewohnheiten in verschiedenen Bevölkerungsschichten unterschiedlich sind, berechnet das Statistische Bundesamt vier verschiedene Preisindizes für die Lebenshaltung, und zwar für alle privaten Haushalte (durchschnittliche Haushaltsgröße 2,3 Personen, Verbrauchsausgaben je Monat und Haushalt im Basisjahr 1985 = 3.105 DM);
einen Preisindex für einen Vier-Personen-Arbeitnehmerhaushalt von Arbeitnehmer und Angestellten mit mindestens einem Kind unter 15 Jahren und mittlerem Einkommen (1985 = 3.044 DM);
einen Preisindex für einen Vier-Personen-Haushalt von Angestellten und Beamten mit höherem Einkommen (1985 = 4.964 DM);
weiter einen Preisindex für einen Zwei-Personen-Haushalt von Rentnern und Sozialhilfeempfängern (1985 = 1.526 DM).

3.1.7 Statistik als unternehmenspolitisches Instrument

79. Was sind zeitliche Reihen?

Zeitliche Reihen sind Reihen, die unabhängig von Schwankungen im Gesamtverlauf eine bestimmte Entwicklungsrichtung, d.h. einen Trend wiedergeben. Nach der Richtung hin unterscheidet man gleichbleibende, sinkende oder steigende Trends. Nach der Art und dem Umfang des Verlaufs unterscheidet man Trends ersten Grades oder gradlinige Trends, Trends zweiten Grades oder Trends mit einer Krümmung und Trends dritten Grades, d.h. Trends mit zwei Krümmungen.

80. Wie wird rechnerisch der Trend berechnet?

Man kennt die Methode der gleitenden Durchschnitte und die Methode der kleinsten Quadrate.

81. Wie wird der Trend nach der Methode der gleitenden Durchschnitte berechnet?

Beim Verfahren der gleitenden Durchschnitte werden aus einer Originalreihe oder aus einer in Indexwerten wiedergegebenen Reihe zeitraumgleiche Perioden gebildet. Meist werden jeweils drei Glieder so lange zusammengefaßt, bis die Reihe genügend glatt ist. Dabei wird der Umfang der Reihe kleiner. Z.B. wird die aus den Gliedern A_1, A_2, A_3, A_4, A_5 bestehende Reihe wie folgt verwandelt:

$$(A_1 + A_2 + A_3) : 3; (A_2 + A_3 + A_4) : 3; (A_3 + A_4 + A_5) : 3$$

Nachdem jeder Ursprungswert der Reihe zusammen mit jeweils gleich vielen vorausgehenden und folgenden Gliedern zusammengefaßt worden ist, wird das arithmetische Mittel für jede dieser Zusammenfassungen errechnet, und an Stelle der Ursprungswerte werden die neuen Durchschnittswerte eingesetzt, die eine neue Reihe bilden. Liegen bestimmte jahreszeitliche Schwankungen vor, werden 12 gleitende Monatsdurchschnitte gebildet.

82. Wie wird der Trend nach der Methode der kleinsten Quadrate errechnet?

Die Formel lautet: $y = a + bx$

$$a = \frac{\Sigma y}{n} \qquad b = \frac{\Sigma ay}{\Sigma x^2}$$

3.2 Jahresabschluß, Finanzierung, Steuern

3.2.1 Gliederung der Bilanz und der Gewinn- und Verlustrechnung

01. Wie wird das Rechnungswesen unterteilt?

Das Rechnungswesen wird seit der 1937 vom damaligen Reichswirtschaftsminister in einem Erlaß festgelegten Unterteilung in Buchhaltung und Bilanz (als Zeitrechnung) in Selbstkostenrechnung oder Kalkulation (als Stückrechnung) in Planung (als Vorausschau von Zahlen, in denen sich Entscheidungen und Maßnahmen der Unternehmungen niederschlagen) und in Statistik (als Vergleichsrechnung) aufgeteilt.

02. Welche Aufgaben sind dem Rechnungswesen einer Unternehmung gestellt?

Das Rechnungswesen einer Unternehmung soll ein Abbild des Wirtschaftsgeschehens dieses Unternehmens geben und anhand der wirtschaftlichen Vorgänge diejenigen Tatbestände herausstellen, die sich rechnerisch darstellen lassen und geeignet sind, die Wirklichkeit inhaltsgetreu wiederzugeben. Der Zweck des Rechnungswesens ist aber auch die Erfüllung einer gesetzlich vorgeschriebenen, im Interesse der Eigentümer liegenden und für weitere Dispositionen notwendigen Informationsaufgabe.

03. Welche Bedeutung hat der Jahresabschluß aufgrund rechtlicher Vorschriften?

Das deutsche Recht muß aufgrund des EG-Vertrages zwingend europäischen Rechtsvereinheitlichungen angepaßt werden. Zu diesem Zweck erläßt die EG Richtlinien, die in nationales Recht umgesetzt werden. Der Erlaß der sog. 4., 7. und 8. Richtlinien des Rates der EG zur Koordinierung des Gesellschaftsrechts hat zur Änderung von 39 deutschen Gesetzen und zum Erlaß des Bilanzrichtliniengesetzes geführt, das am 1.1.1986 in Kraft getreten ist. Gleichzeitig ist ein neues drittes Buch des HGB geschaffen worden. Der Begriff der Kapitalgesellschaft wird bereits in der Überschrift des zweiten Abschnittes des 3. Buches des HGB abgegrenzt; es werden als Kapitalgesellschaften die Aktiengesellschaft, die Kommanditgesellschaft auf Aktien und die Gesellschaft mit beschränkter Haftung aufgezählt.

04. Was ist die Aufgabe der Buchführung?

Die Buchführung hat vielfältige Aufgaben zu erfüllen. Sie muß

a) den gesetzlichen Anforderungen genügen und die Verpflichtungen erfüllen, die der Gesetzgeber an die Gewerbetreibenden stellt,
b) dem Betrieb selbst jederzeit einen lückenlosen und wahrheitsgemäßen Stand des Vermögens, der Schulden und der Geschäftsvorfälle gestatten,
c) die Höhe des im Betrieb arbeitenden Kapitals ausweisen,

3.2.1 Gliederung der Bilanz und der Gewinn- und Verlustrechnung

d) die Herkunft und die Veränderungen der Vermögens- und Schuldenwerte aufzeichnen,
e) den Erfolg des Betriebs ermitteln.

05. Warum muß die Buchführung korrekt und jederzeit auf dem laufenden sein?

Kein Betrieb kann für sich allein existieren. Zulieferer und Abnehmer erwarten, daß sie es mit einem Unternehmer zu tun haben, der seine Verpflichtungen aus laufenden Verträgen erfüllt. Das setzt voraus, daß die Geschäftsvorfälle vollständig und richtig erfaßt werden. Schließlich hat das Unternehmen Verpflichtungen gegenüber dem Staat und der Gemeinde, die erwarten, daß das Unternehmen seine Steuern aufgrund korrekter Angaben pünktlich zahlt.

06. Warum ist eine laufende Buchführung erforderlich?

Durch die Vielfalt der täglichen Geschäftsvorfälle, wie Einkauf und Verkauf von Waren, ändern sich die geschäftliche Situation und der Stand des Vermögens und der Schulden ständig. Damit die Übersicht nicht verlorengeht, ist eine laufende Verbuchung aller Geschäftsvorfälle dringend geboten.

07. Welche konkreten Aufgaben muß die Buchhaltung erfüllen?

a) Die Ermittlung des Vermögens und der Schulden in regelmäßigen Abständen, mindestens jedoch zum Ende eines Wirtschaftsjahres, sicherstellen,
b) Art, Ursache und Höhe der Veränderungen durch die einzelnen Geschäftsvorfälle im Laufe einer Rechnungsperiode festhalten,
c) die Feststellung des betrieblichen Erfolges, d.h. des Gewinns oder Verlustes durch Aufzeichnung aller Aufwendungen und Erträge gestatten,
d) Kosten und Leistungen zum Zwecke der Kalkulation erfassen,
e) Grundlage für Vergleichs- und Meßzahlen im Hinblick auf eine statistische Auswertung der Ergebnisse und für die Planungen der Zukunft sein,
f) Auskünfte der Gläubiger, Kreditinstitute und Geschäftspartner gestatten,
g) dem Finanzamt die Überprüfung der Unterlagen zum Zwecke der Besteuerung gestatten.

08. Was ist die Aufgabe der Kostenrechnung?

Die Kostenrechnung ist eine Leistungs- und Stückrechnung, d.h. sie verwendet die Zahlen der Buchführung für die Kalkulation.

09. Welche Aufgabe hat die Statistik?

Die Statistik dient als Vergleichsrechnung, indem sie die Betriebsergebnisse der einzelnen Bereiche verschiedener Jahre gegenüberstellt.

10. Was ist die Aufgabe der Planung?

Die Planung ist eine Vorausschau, die aus den Zahlen der Buchhaltung, der Statistik und der Kostenrechnung die künftige Entwicklung abzuschätzen und durch entsprechende Dispositionen zu beeinflussen sucht.

11. Welche konkreten Angaben kann man mit Hilfe der Buchführung erhalten?

Den Stand der Forderungen gegenüber den Kunden, die Höhe der Lieferantenschulden, den Wert des Warenlagers, die Umsatzentwicklung, die Höhe der Personalkosten, den betrieblichen Erfolg, die Veränderung des Kapitals.

12. Welche Funktionen muß die Buchführung erfüllen?

Das Sammeln und Sortieren von Belegen, das Buchen der Belege auf den vorgeschriebenen Konten, das Erstellen einer Bilanz als Übersicht der Geschäftsentwicklung eines bestimmten Zeitraumes.

13. Wer ist gesetzlich zur Buchhaltung verpflichtet?

Nach dem Handelsrecht sind alle Vollkaufleute verpflichtet, Bücher zu führen und regelmäßig Abschlüsse aufgrund jährlicher Bestandsaufnahmen zu machen. Für Zwecke der Besteuerung unterliegen nach der Abgabenordnung (AO 1977) alle Unternehmer und Unternehmen über die Mindestbuchführungspflicht hinaus einer besonderen Buchführungspflicht, die nach den bei der letzten Veranlagung getroffenen Feststellungen eine der folgenden Bedingungen erfüllen:

a) einen Gesamtumsatz von mehr als 500.000,— DM im Kalenderjahr,
b) ein Betriebsvermögen von mehr als 125.000,— DM,
c) einen Gewinn aus Gewerbebetrieb von mehr als 36.000,— DM im Wirtschaftsjahr oder
d) einen Gewinn aus Land- und Forstwirtschaft von mehr als 36.000,— DM im Kalenderjahr.

14. Was ist der Unterschied zwischen der einfachen und der doppelten Buchführung?

Die einfache Buchführung erfaßt alle Geschäftsvorfälle nur in chronologischer Reihenfolge. Sie hält lediglich die Kassenvorgänge und den Kunden- und Lieferantenverkehr sowie den Wareneinkauf und -verkauf fest. Sie verzichtet auf eine gesonderte Erfassung der Aufwendungen und der Erträge. Sie ist daher in weiten Bereichen unvollständig. Sie macht jedoch die Aufstellung einer Bilanz zur Pflicht, dagegen fehlt die Gewinn- und Verlustrechnung.

Eine sinnvolle kaufmännische Buchführung kann mithin nur mittels der doppelten Buchführung durchgeführt werden. Doppelte Buchführung bedeutet, daß jeder Geschäftsvorfall doppelt, d.h. auf zwei verschiedenen Konten und Seiten verbucht wird. Mit Hilfe der doppelten Buchführung ist es u.a. möglich, die Kosten exakt zu erfassen und eine einwandfreie Gewinn- und Verlustrechnung zu erstellen.

15. Welche Vorschriften gelten im Hinblick auf die Mindestbuchführung?

a) das Geschäftstagebuch, das in zeitlicher Reihenfolge alle Geschäftsvorfälle enthält und täglich laufend und lückenlos geführt werden muß. Erfaßt werden Einnahmen und Ausgaben aus der Kasse nach dem Kassenbericht, Postscheck und Banken, getrennt nach Betriebskosten, Privatentnahmen, Wareneinkäufen und -verkäufen und die sonstigen Geschäftsvorfälle;

b) das Wareneingangsbuch. Es soll eine verläßliche Grundlage für die Kalkulation bilden: Einstandspreise, getrennte Erfassung der Warennebenkosten, der Rabatte und Retouren;
c) der Kassenbericht, der alle täglichen Kassengeschäfte (Einnahmen und Ausgaben) erfaßt;
d) fortlaufende Aufzeichnungen der Debitoren und Kreditoren;
e) ein Inventarbuch und die Bilanzen.

16. Was bezeichnet man als Grundsätze ordnungsgemäßer Buchführung?

Jede Buchführung muß den Grundsätzen ordnungsgemäßer kaufmännischer Gepflogenheiten entsprechen. Die Buchungen und sonstigen Aufzeichnungen müssen richtig, zeitgerecht, vollständig, geordnet und in den Schriftzeichen einer lebenden Sprache abgefaßt sein. Alle Bücher müssen gebunden und die Blätter oder Seiten mit fortlaufenden Zahlen versehen sein.

17. Welche Aufbewahrungspflichten bestehen?

Nach dem neuen § 257 HGB ist jeder Kaufmann verpflichtet, folgende Unterlagen geordnet aufzubewahren: Handelsbücher, Inventare, Eröffnungsbilanzen, Jahresabschlüsse, Lageberichte, Konzernabschlüsse, Konzernlageberichte, empfangene Handelsbriefe, Wiedergaben abgesandter Handelsbriefe und Buchungsbelege. Mit Ausnahme der Bilanzen können die Unterlagen auf Datenträgern aufbewahrt werden.

Nach § 147 HGB müssen Bücher und Aufzeichnungen, Inventare und Bilanzen 10 Jahre, alle Buchungsbelege, empfangener und die Durchschriften abgesandter Geschäftsbriefe sowie sonstige für die Besteuerung wichtige Unterlagen 6 Jahre aufbewahrt werden, um die Möglichkeit einer Nachprüfung zu haben. Die Aufbewahrungsfrist beginnt mit dem Ablauf des Kalenderjahres, in dem die letzte Eintragung getätigt worden ist. Die Aufbewahrungspflicht läuft jedoch nicht ab, soweit und solange die Unterlagen für Steuern von Bedeutung sind, für welche die Festsetzungsfrist noch nicht abgelaufen ist.

18. Welche Folgen treten bei Verstößen gegen eine ordnungsgemäße Buchführung ein?

Im Falle der Unvollständigkeit oder formellen bzw. sachlichen Unrichtigkeit der Bücher und Aufzeichnungen kann die Buchführung vom Finanzamt verworfen werden. Das Finanzamt kann dann die Besteuerungsgrundlagen schätzen. Die Verletzung der Buchführungspflicht ist nach dem Strafgesetzbuch strafbar. Für die Inanspruchnahme der verschiedensten Steuervergünstigungen hat der Gesetzgeber neuerdings auf das Erfordernis einer ordnungsgemäßen Buchführung verzichtet.

19. Was sind Inventur und Inventar?

Die Inventur ist die körperliche Bestandsaufnahme aller betrieblichen Vermögensgegenstände. Sie findet ihren Niederschlag zu Beginn eines Handelsgewerbes, und am Schluß eines jeden Geschäftsjahres und bei Neugründungen im Inventar als

Bestands- und Vermögensverzeichnis, das neben den durch die Inventur ermittelten Werten auch die Forderungen und Schulden enthält.

20. Welche Verpflichtungen bestehen im Hinblick auf die Inventur?

Die Inventur wird mengenmäßig (körperlich) durch Zählen, Messen, Wiegen und evtl. Schätzen und wertmäßig aus den Geschäftsbüchern durchgeführt und soll feststellen, ob die in den Geschäftsbüchern enthaltenen Werte tatsächlich vorhanden sind.

Die gesetzliche Verpflichtung, zum Ende eines Wirtschaftsjahres eine Inventur durchzuführen, ergibt sich nach Einführung des Bilanzrichtliniengesetzes nach dem Handelsrecht aus den §§ 240 ff, 246 ff, 252 ff und 278 ff HGB und nach dem Steuerrecht aus § 141 der Abgabenordnung.

21. Wie wird die Inventur durchgeführt?

Die Durchführung der Inventur erfordert große Sorgfalt. Für die Inventur ist eine genaue Aufnahmezeit festzulegen. Zu achten ist auf eine besondere Behandlung von Kommissionswaren und sonstigen fremden Eigentums. Ferner müssen Doppelzählungen vermieden und der Betriebsablauf darf nicht über Gebühr beeinträchtigt werden. Die Inventurlisten müssen von den aufnehmenden und an der Erfassung beteiligten Personen unterschrieben werden.

22. Welche Arten von Inventuren kennt man?

Man unterscheidet die Stichtagsinventur, die permanente Inventur und die zeitliche Inventur.

23. Was ist eine Bilanz und wie ist sie aufzustellen?

Eine Bilanz ist ein Abschluß, der die Aktiva (links) und die Passiva (rechts) gegenüberstellt und eine selbständige Übersicht über das Verhältnis beider gewährt. Diese Vermögensaufstellung enthält auf der Aktivseite die vorhandenen Vermögenswerte und auf der Passivseite die Schulden (das Fremdkapital) sowie das Eigenkapital, das in dem Betrieb vorhanden ist.

Die Bilanz ist gemäß § 266 HGB in Kontoform aufzustellen. Für alle Kapitalgesellschaften ist eine verbindliche Gliederung vorgeschrieben, die für große und mittelgroße Gesellschaften noch im einzelnen genau untergliedert ist.

24. Wie wird das Vermögen in der Bilanz gegliedert?

Das Vermögen wird in Anlage- und in Umlaufvermögen gegliedert.

25. Was versteht man unter Anlagevermögen?

Zum Anlagevermögen gehören die Wirtschaftsgüter, die dazu bestimmt sind, dauernd dem Betrieb zu dienen. Es handelt sich um Anlagegüter, die nicht der Abnutzung unterliegen (z.B. Grund und Boden) und um abnutzbare Anlagegüter (z.B. Gebäude, Maschinen).

3.2.1 Gliederung der Bilanz und der Gewinn- und Verlustrechnung

26. Wie ist das Anlagevermögen gemäß § 267 HGB gegliedert?

Nach § 267 HGB erstreckt sich die Mindestgliederung des Anlagevermögens auf folgende Positionen: I. Immaterielle Vermögensgegenstände (das sind 1. Konzessionen, gewerbliche Schutzrechte und ähnliche Rechte und Werte sowie Lizenzen aus solchen Rechten und Werten, 2. der Geschäfts- oder Firmenwert, 3. geleistete Anzahlungen). II. Sachanlagen (d.h. 1. Grundstücke, grundstücksgleiche Rechte und Bauten einschließlich der Bauten auf fremden Grundstücken, 2. technische Anlagen und Maschinen, 3. andere Anlagen, Betriebs- und Geschäftsausstattung, 4. geleistete Anzahlungen und Anlagen im Bau). III. Finanzanlagen (dazu gehören: 1. Anteile an verbundenen Unternehmen, 2. Ausleihungen an verbundene Unternehmen, 3. Beteiligungen, 4. Ausleihungen an Unternehmen, mit denen ein Beteiligungsverhältnis besteht, 5. Wertpapiere des Anlagevermögens, 6. sonstige Ausleihungen).

27. Wovon ist die Zusammensetzung des Anlagevermögens abhängig?

Die Zusammensetzung des Anlagevermögens ist abhängig von der Branche, dem Produktions- oder Dienstleistungsprogramm, dem Sortiment und der Investitionspolitik.

28. Was ist das Umlaufvermögen?

Das Umlaufvermögen ist der eigentliche Gewinnträger und unterliegt im Geschäftsablauf ständigen Veränderungen.

29. Wie wird das Umlaufvermögen gemäß § 267 HGB gegliedert?

I. Vorräte (1. Roh-, Hilfs- und Betriebsstoffe, 2. unfertige Erzeugnisse, unfertige Leistungen, 3. fertige Erzeugnisse und Waren, 4. geleistete Anzahlungen),

II. Forderungen und sonstige Vermögensgegenstände (1. Forderungen aus Lieferungen und Leistungen, 2. Forderungen gegen verbundene Unternehmen, 3. Forderungen gegen Unternehmen, mit denen ein Beteiligungsverhältnis besteht, 4. sonstige Vermögensgegenstände),

III. Wertpapiere (Anteile aus verbundenen Unternehmen, eigene Anteile, sonstige Wertpapiere). IV. Schecks, Kassenbestand, Bundesbank- und Postgiroguthaben, Guthaben bei Kreditinstituten.

30. Wie werden Kapital und Verbindlichkeiten in der Bilanz gegliedert?

A: Eigenkapital: I. gezeichnetes Kapital, II. Kapitalrücklage, III. Gewinnrücklage, IV. Gewinnvortrag/Verlustvortrag, V. Jahresüberschuß/Jahresfehlbetrag.
B: Rückstellungen (für Pensionen, Steuerrückstellungen, sonstige Rückstellungen).
C: Verbindlichkeiten (Anleihen, Verbindlichkeiten gegenüber Kreditinstituten, erhaltene Anzahlungen auf Bestellungen, Verbindlichkeiten aus Lieferungen und Leistungen, Wechselverbindlichkeiten, Verbindlichkeiten gegenüber verbundenen Unternehmen und aus Beteiligungsverhältnissen, sonstige Verbindlichkeiten.

31. Wie wird das Reinvermögen errechnet?

Sind die Aktiva größer als die Schulden (Fremdkapital), ist Reinvermögen vorhanden.

32. Welche Verpflichtungen hat der Kaufmann im Hinblick auf die Bilanz?

Nach § 242 HGB hat der Kaufmann zu Beginn seines Handelsgewerbes und für den Schluß eines jeden Geschäftsjahres einen das Verhältnis seines Vermögens und seiner Schulden darstellenden Abschluß (Bilanz) aufzustellen. Er hat ferner für den Schluß eines jeden Geschäftsjahres eine Gegenüberstellung der Aufwendungen und Erträge des Geschäftsjahres (Gewinn- und Verlustrechnung) aufzustellen. Bilanz und Gewinn- und Verlustrechnung bilden den Jahresabschluß. Der Jahresabschluß ist nach den Grundsätzen ordnungsgemäßer Buchführung aufzustellen; er muß klar und übersichtlich sein und ist in deutscher Sprache und in Deutscher Mark aufzustellen. Der Jahresabschluß ist vom Kaufmann unter Angabe des Datums zu unterzeichnen. Sind mehrere persönlich haftende Gesellschafter vorhanden, so haben sie alle zu unterzeichnen.

33. Welche Grundsätze gelten für die Aufstellung einer Bilanz?

Die Prinzipien der Bilanzwahrheit, der Bilanzklarheit und der Bilanzkontinuität.

34. Was versteht man unter der Bilanzwahrheit?

Das Prinzip der Bilanzwahrheit besagt, daß die tatsächlichen Werte eingesetzt werden. Die Bilanz muß sachlich richtig sein.

35. Was versteht man unter der Bilanzklarheit?

Die einzelnen Positionen müssen klar und übersichtlich gegliedert sein. Es ist kein Saldieren von Forderungen und Schulden gestattet (keine Sammelposten!).

36. Was versteht man unter der Bilanzkontinuität?

Die Bilanzkontinuität muß sowohl formal als auch materiell gegeben sein. Die formale Bilanzkontinuität besagt, daß die Schlußbilanz mit der Eröffnungsbilanz des folgenden Jahres übereinstimmen muß. Die materielle Bilanzkontinuität besagt, daß eine gleichmäßige Bewertung der Vermögens- und Schuldenwerte von Jahr zu Jahr zum Zwecke der Vergleichbarkeit und der richtigen Beurteilung der Entwicklung der gesamten Vermögens- und Kapitalstruktur gegeben sein muß.

37. Was ist der Unterschied zwischen der Handelsbilanz und der Steuerbilanz?

Die Steuerbilanz wird aus der Handelsbilanz abgeleitet und hat das Ziel einer Ermittlung des tatsächlichen Gewinns als Grundlage der Besteuerung (EStG). Hingegen ist in der Handelsbilanz der Gewinn vorsichtiger berechnet (Grundsatz der vorsichtigen Bewertung). So kann der Gewinn absichtlich zugunsten offener oder stiller Reserven gekürzt sein (weitgehende Bewertungsfreiheit).

38. Wie werden Kapitalgesellschaften unterteilt?

§ 267 HGB differenziert die Kapitalgesellschaft in kleine, mittelgroße und große Kapitalgesellschaften. Die Bedeutung der Differenzierung beruht darauf, daß für kleine und mittelgroße Kapitalgesellschaften im Vergleich zu großen Kapitalgesell-

3.2.1 Gliederung der Bilanz und der Gewinn- und Verlustrechnung

schaften unterschiedliche Erleichterungen eingeräumt sind. Kriterien für die Unterscheidung sind die Bilanzsumme, die Umsatzerlöse und die Zahl der Beschäftigten. Es müssen jeweils 2 der drei Kriterien erfüllt sein.

		Bilanzsumme	Umsatzerlöse	Beschäftigte
kleine Kapitalgesellschaft	§ 267 Abs. 1 HGB	< 3,9 Mio	< 8 Mio	< 50
mittelgroße Kapitalgesellschaft	§ 267 Abs. 2 HGB	> 3,9 - 15,5	8 - 32 Mio	51 - 250
große Kapitalgesellschaft	§ 267 Abs. 3 HGB	> 15,5 Mio	> 32 Mio	> 250

Der gemäß § 264 HGB aufzustellende Jahresabschluß ist in den ersten 3 Monaten des Geschäftsjahres für das vergangene Geschäftsjahr aufzustellen. Kleine Kapitalgesellschaften dürfen den Jahresabschluß innerhalb von 6 Monaten aufstellen, wenn dies einem ordnungsgemäßen Geschäftsgang entspricht.

39. Welche Vorschriften gelten für die Gewinn- und Verlustrechnung?

Die Gewinn- und Verlustrechnung ist nach § 275 HGB in Staffelform nach dem Gesamtkostenverfahren oder dem Umsatzkostenverfahren aufzustellen. Wird das Gesamtkostenverfahren angewandt, so sind auszuweisen: 1. die Umsatzerlöse, 2. Erhöhung oder Verminderung des Bestandes an fertigen oder unfertigen Erzeugnissen, 3. andere aktivierte Eigenleistungen, 4. sonstige betriebliche Erträge, 5. Materialaufwand, 6. Personalaufwand, 7. Abschreibungen, 8. sonstige betriebliche Aufwendungen, 9. Erträge aus Beteiligungen, 10. Erträge aus Wertpapieren, 11. Zinserträge, 12. Abschreibungen, 13. Zinsaufwendungen, 14. Ergebnis der gewöhnlichen Geschäftstätigkeiten, 15. außerordentliche Erträge, 16. außerordentliche Aufwendungen, 17. außerordentliche Ergebnisse, 18. Steuern vom Einkommen und vom Ertrag, 19. sonstige Steuern, 20. Jahresüberschuß/Jahresfehlbetrag.

Bei Anwendung des Umsatzkostenverfahrens sind auszuweisen: 1. Umsatzerlöse, 2. Herstellungskosten, 3. Bruttoergebnis vom Umsatz, 4. Vertriebskosten, 5. allgemeine Verwaltungskosten, 6. sonstige betriebliche Erträge, 7. sonstige betriebliche Aufwendungen, 8. Erträge aus Beteiligungen, 9. Erträge aus Wertpapieren, 10. Zinserträge, 11. Abschreibungen, 12. Zinsaufwendungen, 13. Ergebnis der gewöhnlichen Geschäftstätigkeit, 14. außergewöhnliche Erträge, 15. außergewöhnliche Aufwendungen, 16. außerordentliches Ergebnis, 17. Steuern vom Einkommen und Ertrag, 18. sonstige Steuern, 19. Jahresüberschuß/Jahresfehlbetrag.

40. Warum ist eine kurzfristige Erfolgsrechnung notwendig?

Die für jeweils ein Wirtschaftsjahr durchgeführte Gewinn- und Verlustrechnung steht zu spät zur Verfügung, um dem Unternehmer als Instrument einer aktiven Beeinflussung des Geschäftsablaufs dienen zu können. Das Unternehmen braucht jedoch kurzfristige Übersichten über den betrieblichen Erfolg, um sich in seiner Absatzpolitik auf veränderte Gegebenheiten einstellen zu können. Diesem Ziel dient die kurzfristige Erfolgsrechnung.

41. Welche Schritte müssen bei der Einführung der kurzfristigen Erfolgsrechnung beachtet werden?

Zunächst muß ein Warengruppenplan aufgestellt werden. Anschließend sind zu ermitteln: der Umsatz, der Wareneingang, Preisänderungen und der Warenbestand.

42. Was ist Deckungsbeitrag und was bezweckt die Deckungsbeitragsrechnung?

Deckungsbeitrag ist die Differenz zwischen den Erlösen eines Betriebes und den variablen Kosten der gleichen Geschäftsperiode. Aus dem Deckungsbeitrag sind alle fixen Kosten zu decken, bevor ein Gewinn entsteht. Die Deckungsbeitragsrechnung geht einen Schritt weiter als die oben genannten Verfahren, bei denen nur Wareneinstandskosten, nicht aber die übrigen fixen und variablen Kosten berücksichtigt werden. Die Deckungsbeitragsrechnung als kurzfristige Erfolgsrechnung ist in 2 Formen möglich:

1. als Teilkostenrechnung auf Grenzkostenbasis (direct costing) und
2. auf der Basis einer Einzelkostenrechnung.

43. Was versteht man unter einem Betriebsvergleich?

Unter einem Betriebsvergleich versteht man den zahlenmäßigen Vergleich betrieblicher Vorgänge, Entwicklungen und Zustände entweder innerhalb eines Betriebes zu verschiedenen Zeiten (innerbetrieblicher Vergleich) oder in verschiedenen Bereichen eines Wirtschaftszweiges (zwischenbetrieblicher Vergleich).

44. Wie kann der innerbetriebliche Vergleich durchgeführt werden?

Der innerbetriebliche Vergleich kann auf drei Arten durchgeführt werden: als Zeitvergleich, als Soll-Ist-Vergleich und als Verfahrensvergleich.

45. Wie wird der Zeitvergleich durchgeführt?

Beim Zeitvergleich werden bestimmte betriebliche Größen, wie z.B. der Umsatz, die Zahl der Beschäftigten, die Kosten oder die Ergebnislage des eigenen Betriebes an verschiedenen Zeitpunkten bzw. innerhalb verschiedener Zeiträume untersucht.

46. Wie wird der Soll-Ist-Vergleich durchgeführt?

Beim Soll-Ist-Vergleich werden die gleichen betrieblichen Bereiche zum gleichen Zeitpunkt oder für gleiche Zeiträume gegenübergestellt, und zwar mit den Wertansätzen der Sollwerte, z.B. den Plankosten einer Kostenstelle und den geplanten Umsätzen, die in Beziehung zu den ermittelten Ist-Werten gesetzt werden.

47. Wie wird der Verfahrensvergleich durchgeführt?

Beim Verfahrensvergleich werden verschiedene betriebliche Verfahren im gleichen Zeitpunkt oder für gleiche Zeiträume miteinander verglichen.

48. Wie kann der zwischenbetriebliche Vergleich durchgeführt werden?

Der zwischenbetriebliche Vergleich kann als Vergleich von Betrieben desselben Wirtschaftszweiges, von Betrieben verschiedener Wirtschaftszweige und als Richtzahlenvergleich durchgeführt werden.

49. Wie wird der Vergleich von Betrieben desselben Wirtschaftszweiges durchgeführt?

Beim Vergleich von Betrieben desselben Wirtschaftszweiges werden gleiche Faktoren verschiedener Betriebe zum gleichen Zeitpunkt oder in einem gleichen Zeitraum einander gegenübergestellt, z.B. die Umsatzentwicklung im gesamten Lebensmitteleinzelhandel. Insbesondere im Handel wird z.B. der Umsatz je beschäftigter Person oder je qm Verkaufsfläche zum Vergleichsmaßstab genommen.

50. Wie wird der Vergleich von Betrieben verschiedener Wirtschaftszweige durchgeführt?

Bei dieser Vergleichsform werden die Daten der Branche mit den gleichen Faktoren anderer Branchen zu einem bestimmten Zeitpunkt verglichen.

51. Wie wird der Richtzahlenvergleich durchgeführt?

Beim Richtzahlenvergleich werden betriebseigene Kennzahlen mit den Branchendurchschnittszahlen verglichen.

52. Welche Voraussetzungen müssen gegeben sein, um einen Betriebsvergleich durchführen zu können?

Voraussetzung für jeden Betriebsvergleich ist, daß die betrieblichen Zahlen, mit denen man arbeiten will, auch tatsächlich vergleichbar sind. In vielen Fällen bedeutet dies, daß die Zeiträume verändert werden müssen oder daß das Rechnungswesen verändert und den zu vergleichenden Daten angepaßt werden muß.

53. Wie läßt sich eine Vergleichbarkeit herstellen?

Um beim Betriebsvergleich zu aussagefähigen Zahlen zu kommen, müssen verschiedene Probleme gelöst werden, z.B. müssen Preisschwankungen und inflationäre Entwicklungen berücksichtigt werden. Dies kann geschehen, indem man entweder Indexrechnungen einführt oder feste Verrechnungspreise verwendet.

3.2.2 Bilanzierungs- und Bewertungsgrundsätze von Wirtschaftsgütern

01. Was ist der Zweck der Bewertung?

Da nur wenige Werte, etwa die Bankguthaben, den Geschäftsbüchern entnommen werden können, ist eine Bewertung der Bilanzpositionen erforderlich.

02. Welche Prinzipien müssen bei der Bewertung grundsätzlich beachtet werden?

Bei der Bewertung gelten folgende grundsätzliche Prinzipien: Die Bewertungsstetigkeit, die Wertfortführung und die Maßgeblichkeit handelsrechtlicher vor steuerrechtlicher Bewertungsvorschriften.

03. Was besagt das Prinzip der Bewertungsstetigkeit?

Das einmal eingeführte Bewertungsverfahren kann nicht ohne weiteres verändert werden, sondern nur dann, wenn wichtige wirtschaftliche Gründe vorliegen. Auf diese Weise soll die Vergleichbarkeit der Ergebnisse verschiedener Jahre gewährleistet werden.

04. Was besagt das Prinzip der Wertfortführung?

Dieses Prinzip besagt, daß einmal ausgewiesene Werte später nicht erhöht werden dürfen.

05. Was besagt das Prinzip der Maßgeblichkeit handelsrechtlicher vor steuerrechtlicher Bewertungsvorschriften?

Dieses Prinzip besagt, daß trotz unterschiedlicher handels- und steuerrechtlicher Bewertungsvorschriften die handelsrechtlichen Bewertungsvorschriften immer richtungsweisend sind.

06. Welche Kosten unterscheidet man bei der Bewertung?

Man unterscheidet die Anschaffungs- und die Herstellungskosten.

07. Was versteht man unter den Anschaffungskosten?

Unter die Anschaffungskosten fallen alle Kosten, die bei der Beschaffung von Sachanlagen und Vorräten einschließlich aller Nebenkosten wie Fracht, Verpackung, Zoll, Montage anfallen. Die Anschaffungskosten werden gemindert durch Nachlässe, wie z.B. Rabatte.

08. Was versteht man unter den Herstellungskosten?

Herstellungskosten sind alle Kosten, die bei der Fertigung im eigenen Betrieb anfallen, wie Produktionskosten, Fertigungsmaterial, Lohn, Sondereinzelkosten, Energiekosten. Nicht zu den Herstellkosten zählen die Vertriebskosten und die produktionsbezogenen Verwaltungskosten.

09. Was versteht man unter dem Börsen- oder Marktwert?

Der Börsen- oder Marktwert ist der Wert oder Preis, den das Gut am Stichtag am Markt oder an der Börse erzielt.

10. Was versteht man unter dem Tages- oder Zeitwert?

Sofern ein Börsen- oder Marktwert für ein Wirtschaftsgut nicht festzustellen ist, tritt an seine Stelle der Tages- oder Zeitwert, der den Kosten der Wiederbeschaffung

3.2.2 Bilanzierungs- und Bewertungsgrundsätze von Wirtschaftsgütern

bzw. der Wiederherstellung für das betreffende Wirtschaftsgut am Tag der Bewertung entspricht.

11. Was versteht man unter dem Niedrigstwertprinzip?

Als Höchstgrenze für die Bewertung gelten die Anschaffungs- oder Herstellungskosten, die beim Anlagevermögen um die Abschreibungen zu berichtigen sind. Beim Umlaufvermögen sowie bei Beteiligungen ist hingegen der Börsen- oder Marktpreis dann anzusetzen, wenn er unter dem Anschaffungswert liegt.

12. Was versteht man unter dem Prinzip der Bilanzvorsicht?

Das Vermögen soll eher zu niedrig als zu hoch bewertet werden, um der Unberechenbarkeit der wirtschaftlichen Entwicklung vorzubeugen.

13. Welche Bewertungsverfahren beim Vorratsvermögen kennt man?

Nach § 155 AktG kennt man die lifo-Methode, die fifo-Methode, die hifo-Methode.

14. Was besagt die lifo-Methode?

Lifo bedeutet last in, first out und besagt, daß die zuletzt bezogenen oder hergestellten Vorräte zuerst verkauft oder verbraucht worden sind und daß die zuerst gekauften Waren als Endbestand verbleiben. Die lifo-Methode ist bei steigenden Preisen zweckmäßig.

15. Was besagt die fifo-Methode?

Fifo bedeutet first in, first out und besagt, daß die zuerst angeschafften oder hergestellten Vorräte auch zuerst verkauft oder verbraucht worden sind. Die fifo-Methode wird zweckmäßigerweise bei sinkenden Preisen angewendet.

16. Was besagt die hifo-Methode?

Die hifo-Methode besagt highest in, first out, wonach die Gegenstände mit den höchsten Anschaffungs- oder Herstellungskosten zuerst verkauft oder verbraucht worden sind. Dieses Bewertungsverfahren empfiehlt sich dann, wenn die Kosten starken Schwankungen unterliegen.

17. Was ist der Zweck dieser drei Bewertungsverfahren?

Der Zweck der Bewertungsverfahren besteht darin, Preissteigerungsgewinne zu verhindern, die dann entstehen, wenn die Wiederbeschaffungskosten über den Anschaffungskosten der bereits umgesetzten Waren liegen.

18. Was ist ein Konto?

Das Konto ist eine Verrechnungsstelle für jeden Geschäftsvorfall und ermöglicht auf zwei gegenüberliegenden getrennten Seiten die gesonderte Erfassung der Zunahmen und Abnahmen und weist beim Vergleich der beiden Seiten den Saldo als Unterschied oder Bestand aus. Die linke Seite des Kontos trägt die Bezeichnung Soll und die rechte die Bezeichnung Haben.

19. Auf welche Weise wird die Auflösung der Bilanz in Konten vorgenommen?

Die Auflösung einer Bilanz in Konten erfolgt in der Weise, daß der Anfangsbestand der Aktiv- und der Passivseite auf den einzelnen Konten verbucht wird. Dabei gelten folgende Regeln: Die Aktivkonten nehmen den Anfangsbestand und die Zugänge auf der Sollseite und die Abgänge auf der Habenseite auf, während bei den Passivkonten umgekehrt verfahren wird. Hier werden der Anfangsbestand und die Zugänge auf der Habenseite und die Abgänge auf der Sollseite verbucht.

20. Was versteht man unter Bestandskonten?

Bestandskonten weisen tatsächlich vorhandene, rechnerisch ermittelte Bestände (Vermögenswerte, Verbindlichkeiten) aus.

21. Was sind Erfolgskonten?

Die Bestandskonten können nicht alle Geschäftsvorfälle aufnehmen, da ein Betrieb auch Aufwendungen macht und Erträge erzielt. Solche Aufwendungen, wie z.B. das Bezahlen einer Fernsprechrechnung oder Erträge, wie das Erzielen von Mieteinnahmen, werden auf besonderen Erfolgskonten gesammelt. Erfolgskonten sind mithin Konten, die keine Bestände ausweisen, sondern nur die Werte für entstandene Aufwendungen und erzielte Erträge enthalten.

22. Wie werden Erfolgskonten aufgegliedert?

Erfolgskonten werden in Aufwands- und Ertragskonten unterteilt. Typische Aufwandskonten sind Personalkosten, Steuern, Mietzahlungen und Zinsaufwendungen. Typische Ertragskonten: gewährte Boni oder Zinserträge. Aufwendungen und Erträge müssen jeweils auf getrennten Konten verbucht werden.

23. Wie wird auf den Erfolgskonten gebucht?

Aufwandskonten nehmen die einzelnen Aufwendungen im Soll und die Rückbuchungen sowie den Saldo im Haben auf. Die Ertragskonten nehmen die einzelnen Erträge im Haben und die Rückbuchungen sowie den Saldo im Soll auf.

24. Aufgrund welcher Unterlagen erfolgt eine Buchung?

Buchungen dürfen grundsätzlich nur aufgrund von Belegen vorgenommen werden.

25. Was ist ein Beleg?

Unter einem Beleg wird die schriftliche Aufzeichnung über einen Geschäftsvorfall verstanden. Ist aus irgendwelchen Gründen kein Beleg vorhanden, so muß ein solcher geschaffen werden, z.B. durch Ausfertigen besonderer Quittungen. Man spricht in diesen Fällen von Ersatzbelegen. Ersatzbelege werden gelegentlich auch verwendet, obwohl die Originalbelege vorhanden sind. Das ist etwa bei den sog. Sammelbelegen der Fall, die dann angefertigt werden, wenn die Erfassung und Verbuchung von Einzelbelegen zu aufwendig wäre.

3.2.2 Bilanzierungs- und Bewertungsgrundsätze von Wirtschaftsgütern

26. Was eignet sich als Buchungsbeleg?

Als Buchungsbelege kommen in Frage: Quittungen, ein- und ausgehende Rechnungen, Schecks, Wechsel, Bankauszüge, Mängelrügen. Da viele Geschäftsvorfälle mehrere Belege bewirken, z.B. fallen bei der Ausgabe von Waren Lieferscheine, Lagerbestands- bzw. Ausgabebelege und Rechnungen an, können Doppelbuchungen entstehen, sofern nicht eindeutig festgelegt wird, welche Belege als Grundlage für die Buchungen verwendet werden sollen.

27. Wie muß ein Beleg verbucht werden?

Jeder Beleg muß numeriert werden und einen Buchungsvermerk tragen sowie den zugrundeliegenden Geschäftsvorfall eindeutig bezeichnen.

28. Was ist ein Kontenrahmen?

Mit Hilfe eines Kontenrahmens wird die gleichartige Aufgliederung der Konten sämtlicher Betriebe eines Wirtschafsbereiches bezweckt. Es ist den Betrieben mithin nicht mehr wie früher gestattet, die Konten nach eigenem Belieben zu gliedern.

29. Für welche Bereiche bestehen eigene Kontenrahmen?

Für die verschiedenen Wirtschaftszweige wie die Industrie, den Großhandel, den Einzelhandel, die Banken bestehen jeweils gesonderte Kontenrahmen, die auf die jeweiligen Belange zugeschnitten sind.

30. Wie ist ein Kontenrahmen aufgebaut?

Der Kontenrahmen ist nach dem Dezimalsystem aufgebaut. Er ist in Kontenklassen, Kontengruppen, Kontenarten und in einzelne Konten untergliedert. Jeder Kontenrahmen besteht grundsätzlich aus 10 Kontenklassen mit den Ziffern 0–9. Diese wiederum sind in 10 Kontengruppen und diese in 10 Kontenarten unterteilt. Während die Betriebe verpflichtet sind, die vorgeschriebenen Kontenklassen und Kontengruppen einzuhalten, sind sie in der Untergliederung der Kontengruppen in Kontenarten weitgehend frei.

31. Wie verfährt der Betrieb bei der Gestaltung des Kontenrahmens?

Der Betrieb stellt anhand des Kontenrahmens den auf seine Belange zugeschnittenen Kontenplan auf. Dieser ist ein Teil des auf die speziellen Bedürfnisse abgestellten Organisationsplanes des Betriebes.

32. Was versteht man unter neutralem Aufwand?

Unter neutralem Aufwand versteht man einen Werteverzehr, der nicht betriebsbedingt ist und deshalb nicht zu den Kosten zählt.

33. Wie wird der neutrale Aufwand unterteilt?

Der neutrale Aufwand wird unterteilt in betriebsfremden und in außerordentlichen Aufwand. Ein betriebsfremder Aufwand entsteht nicht zum Zwecke der Leistungserstellung, z.B. Verluste aufgrund von Wechselkursänderungen, Reparaturen für ein dem Unternehmen gehörendes, aber nicht betrieblich genutztes Gebäude. Ein außerordentlicher Aufwand wird zwar durch den Betrieb hervorgerufen, entspricht aber nicht dem normalen Betriebsablauf, z.B. durch Schadensfälle, Diebstahl, Zahlungsunfähigkeit eines Schuldners.

34. Was versteht man unter neutralen Erträgen?

Neutrale Erträge sind solche, die nicht betriebsbedingt sind. Hierzu zählen betriebsfremde Erträge, wie z.B. Spekulationsgewinne, Erträge aus Wechselkursänderungen, Mieterträge aus nicht betrieblich genutzten Gebäuden und außerordentliche Erträge, wie z.B. der Verkauf von Gegenständen des Anlagevermögens, soweit der Verkaufswert den Buchwert übersteigt. Es handelt sich also um Erträge, denen keine kostenverursachende Leistungen zugrunde liegen.

35. Was versteht man unter Rückstellungen?

Rückstellungen sind besonders ausgewiesene Posten, die für mögliche Verbindlichkeiten gebildet werden, die dem Grunde nach bekannt, in ihrer Höhe und ihrem Zahlungstermin noch ungewiß sind.

36. Was ist das Ziel der Abschreibung?

Da der Wert von Wirtschaftsgütern des Anlagevermögens, deren Nutzung zeitlich begrenzt ist, Veränderungen durch technische Abnutzung, wirtschaftliche Entwertung oder steigende Preisen unterliegt, müssen diese durch Abschreibungen, d.h. durch Minderung des Anschaffungs- oder Herstellungswertes, berücksichtigt werden. Die Abschreibung dient mithin der richtigen Darstellung der Vermögens- und der Ertragslage.

37. Welche Abschreibungsarten werden unterschieden?

Man unterscheidet die lineare und die degressive Abschreibung.

38. Was ist das Prinzip der linearen Abschreibung?

Bei der linearen Abschreibung werden die Anschaffungs- oder Herstellungskosten in gleichen Beträgen auf die Jahre der betriebsgewöhnlichen Nutzung verteilt.

39. Was ist das Prinzip der degressiven Abschreibung?

Bei der degressiven Abschreibung wird während der Nutzungszeit mit einem unveränderten Abschreibungsprozentsatz vom jeweiligen Buchwert des Anlagegutes abgeschrieben.

40. Wie werden Löhne und Gehälter gebucht?

Da den Arbeitnehmern das vereinbarte Entgelt nicht voll ausgezahlt werden darf, und die verschiedenen Abgaben, wie Lohnsteuer, Kirchensteuer und Sozialabgaben zu berücksichtigen sind, die der Arbeitgeber aufgrund der Vorschriften des Einkommensteuergesetzes und der Lohnsteuerdurchführungsverordnung abziehen muß,

3.2.2 Bilanzierungs- und Bewertungsgrundsätze von Wirtschaftsgütern

sind mehrere Buchungen notwendig. Der Auszahlungsbetrag wird auf einem Finanzkonto gebucht. Der Unterschied zu den Entgelten, d.h. die Abzüge, sind bis zur Überweisung an das Finanzamt oder an die Sozialversicherungsträger als Sonstige Verbindlichkeiten auszuweisen. Sie können auch als noch abzuführende Abgaben geführt und in dieser Form für jeden einzelnen Bereich noch weiter unterteilt werden.

41. Welche Bewertungsvorschriften bestehen für die Bewertung der im Jahresabschluß ausgewiesenen Vermögensgegenstände und Schulden gemäß § 252 HGB?

1. Die Wertansätze in der Eröffnungsbilanz des Geschäftsjahrs müssen mit denen der Schlußbilanz des vorhergehenden Geschäftsjahrs übereinstimmen.
2. Bei der Bewertung ist von der Fortführung der Unternehmenstätigkeit auszugehen, sofern dem nicht tatsächliche oder rechtliche Gegebenheiten entgegenstehen.
3. Die Vermögensgegenstände und Schulden sind zum Abschlußstichtag einzeln zu bewerten.
4. Es ist vorsichtig zu bewerten, namentlich sind alle vorhersehbaren Risiken und Verluste, die bis zum Abschlußstichtag entstanden sind, zu berücksichtigen, selbst wenn diese erst zwischen dem Abschlußstichtag und dem Tag der Aufstellung des Jahresabschlusses bekanntgeworden sind; Gewinne sind nur zu berücksichtigen, wenn sie am Abschlußstichtag realisert sind.
5. Aufwendungen und Erträge des Geschäftsjahrs sind unabhängig von den Zeitpunkten der entsprechenden Zahlungen im Jahresabschluß zu berücksichtigen.
6. Die auf den vorhergehenden Jahresabschluß angewandten Bewertungsmethoden sollen beibehalten werden.

42. Welche Wertansätze bestehen gemäß § 253 HGB für Vermögensgegenstände und Schulden?

1. Vermögensgegenstände sind höchstens mit den Anschaffungs- oder Herstellungskosten, vermindert um Abschreibungen nach den Absätzen 2 und 3 anzusetzen. Verbindlichkeiten sind zu ihrem Rückzahlungsbetrag, Rentenverpflichtungen, für die eine Gegenleistung nicht mehr zu erwarten ist, zu ihrem Barwert und Rückstellungen nur in Höhe des Betrages anzusetzen, der nach vernünftiger kaufmännischer Beurteilung notwendig ist.
2. Bei Vermögensgegenständen des Anlagevermögens, deren Nutzung zeitlich begrenzt ist, sind die Anschaffungs- oder Herstellungskosten um planmäßige Abschreibungen zu vermindern. Der Plan muß die Anschaffungs- oder Herstellungskosten auf die Geschäftsjahre verteilen, in denen der Vermögensgegenstand voraussichtlich genutzt werden kann. Ohne Rücksicht darauf, ob ihre Nutzung zeitlich begrenzt ist, können bei Vermögensgegenständen des Anlagevermögens außerplanmäßige Abschreibungen vorgenommen werden, um die Vermögensgegenstände mit dem niedrigeren Wert anzusetzen, der ihnen am Abschlußstichtag beizulegen ist; sie sind vorzunehmen bei einer voraussichtlich dauernden Wertminderung.

3. Bei Vermögensgegenständen des Umlaufvermögens sind Abschreibungen vorzunehmen, um diese mit einem niedrigeren Wert anzusetzen, der sich aus einem Börsen- oder Marktpreis am Abschlußstichtag ergibt. Ist ein Börsen- oder Marktpreis nicht festzustellen und übersteigen die Anschaffungs- oder Herstellungskosten den Wert, der den Vermögensgegentsänden am Abschlußstichtag beizulegen ist, so ist auf diesen Wert abzuschreiben. Außerdem dürfen Abschreibungen vorgenommen werden, soweit diese nach vernünftiger kaufmännischer Beurteilung notwendig sind, um zu verhindern, daß in der nächsten Zukunft der Wertansatz dieser Vermögensgegenstände auf Grund von Wertschwankungen geändert werden muß.

4. Abschreibungen sind außerdem im Rahmen vernünftiger kaufmännischer Beurteilung zulässig.

43. Welche steuerrechtlichen Abschreibungen bestehen?

Gemäß § 254 HGB können Abschreibungen auch vorgenommen werden, um Vermögensgegenstände des Anlage- oder Umlaufvermögens mit dem niedrigeren Wert anzusetzen, der auf einer nur steuerrechtlich zulässigen Abschreibung beruht. § 253 Abs. 5 ist entsprechend anzuwenden.

44. Was versteht § 255 HGB unter Anschaffungs- und Herstellungskosten?

1. Anschaffungskosten sind die Aufwendungen, die geleistet werden, um einen Vermögensgegenstand zu erwerben und ihn in einen betriebsbereiten Zustand zu versetzen, soweit sie dem Vermögensgegenstand einzeln zugeordnet werden können. Zu den Anschaffungskosten gehören auch die Nebenkosten sowie die nachträglichen Anschaffungskosten. Anschaffungspreisminderungen sind abzusetzen.

2. Herstellungskosten sind die Aufwendungen, die durch den Verbrauch von Gütern und die Inanspruchnahme von Diensten für die Herstellung eines Vermögensgegenstands, seine Erweiterung oder für eine über seinen ursprünglichen Zustand hinausgehende wesentliche Verbesserung entstehen. Dazu gehören die Materialkosten, die Fertigungskosten und die Sonderkosten der Fertigung. Bei der Berechnung der Herstellungskosten dürfen auch angemessene Teile der notwendigen Materialgemeinkosten, der notwendigen Fertigungsgemeinkosten und des Wertverzehrs des Anlagevermögens, soweit er durch die Fertigung veranlaßt ist, eingerechnet werden. Kosten der allgemeinen Verwaltung sowie Aufwendungen für soziale Einrichtungen des Betriebs, für freiwillige soziale Leistungen und für betriebliche Altersversorgung brauchen nicht eingerechnet zu werden. Aufwendungen im Sinne der Sätze 3 und 4 dürfen nur insoweit berücksichtigt werden, als sie auf den Zeitraum der Herstellung entfallen. Vertriebskosten dürfen nicht in die Herstellungskosten einbezogen werden.

3. Zinsen für Fremdkapital gehören nicht zu den Herstellungskosten. Zinsen für Fremdkapital, das zur Finanzierung der Herstellung eines Vermögensgegenstands verwendet wird, dürfen angesetzt werden, soweit sie auf den Zeitraum der Herstellung entfallen; in diesem Falle gelten sie als Herstellungskosten des Vermögensgegenstandes.

4. Als Geschäfts- oder Firmenwert darf der Unterschiedsbetrag angesetzt werden, um den die für die Übernahme eines Unternehmens bewirkte Gegenleistung den Wert der einzelnen Vermögensgegenstände des Unternehmens abzüglich der Schulden im Zeitpunkt der Übernahme übersteigt. Der Betrag ist in jedem folgenden Geschäftsjahr zu mindestens einem Viertel durch Abschreibungen zu tilgen. Die Abschreibung des Geschäfts- oder Firmenwerts kann aber auch planmäßig auf die Geschäftsjahre verteilt werden, in denen er voraussichtlich genutzt wird.

45. Welche Vorschriften bestehen für die Prüfung des Jahresabschlusses?

Im HGB ist die Pflicht zur Prüfung des Jahresabschlusses für alle Kapitalgesellschaften mit Ausnahme der kleinen Kapitalgesellschaften festgelegt. Prüfungsgegenstand sind die Buchführung, d.h. der Jahresabschluß bestehend aus: Bilanz, Gewinn- und Verlustrechnung, Anhang und Lagebericht gemäß § 317 HGB. Hierbei stehen den Mehrkosten durch die Prüfung des Jahresabschlusses zum einen die größere Zuverlässigkeit und die bessere Aussagefähigkeit des durch einen Abschlußprüfer bestätigten Jahresabschlusses gegenüber; zum anderen bringt die Prüfung auch Hinweise und Anregungen für Verbesserungen im Bereich des gesamten Rechnungswesens.

3.2.3 Das finanzielle Zielsystem der Unternehmung

01. Was versteht man unter betrieblicher Finanzwirtschaft?

Gegenstand der betrieblichen Finanzwirtschaft sind alle finanziellen Maßnahmen zur Beschaffung (Einzahlungsströme) und Auszahlung (Auszahlungsströme) finanzieller Mittel, die zur Vorbereitung, Durchführung und Veräußerung von Unternehmensleistungen notwendig sind oder die der Kapitalverwendung (Investition) oder Kapitaltilgung dienen. Die betriebliche Finanzwirtschaft gliedert sich in:
- die Kapitalbeschaffung = Finanzierung
- die Kapitalverwendung = Investition
- die Kapitaldisposition = Zahlungsverkehrssteuerung, Finanzdisposition, Liquiditätssicherung

02. Was versteht man unter einem Zahlungsstrom?

Ein Zahlungsstrom ist die Summe aller mit der betrieblichen Tätigkeit verbundenen Zahlungen im Hinblick auf die Herstellung eines Produktes, die Bereitstellung einer Dienstleistung, die wirtschaftliche Lebensdauer eines Investitionsgutes, aber auch auf die gesamte Lebensdauer einer Unternehmung oder auf eine Rechenperiode.

03. Was sind Finanzierungsziele?

Darunter versteht man die finanzwirtschaftliche Zielsetzung einer optimalen bzw. befriedigenden Kapitalstruktur und eines kurz- bzw. langfristigen finanziellen Gleichgewichts. Das oberste Finanzierungsziel ist immer der Ausgleich von Kapitalbedarf und -deckung.

04. Welche Einzelziele werden im Rahmen des finanzwirtschaftlichen Zielsystems angestrebt?

1. Der Ausgleich von Kapitalbedarf und Deckung. Dieses Ziel ist erreicht, wenn eine Unternehmung ihren finanziellen Verpflichtungen jederzeit uneingeschränkt (in der richtigen Menge zum richtigen Zeitpunkt am richtigen Ort) nachkommen kann.
2. Berücksichtigung der Rentabilität, d.h. den Kapitalbedarf möglichst günstig zu decken (Kosten des Eigen- und des Fremdkapitals möglichst niedrig zu halten).
3. Das Sicherheitsstreben, wobei als Ursachen des Risikos unsichere Erwartungen hinsichtlich Höhe und Zeitpunkt künftiger Einnahmen und Ausgaben zu nennen sind.

Hierzu zählen das
- Insolvenzrisiko von Schuldnern,
- Liquiditätsrisiko,
- Sicherungsrisiko,
- Zinsänderungsrisiko,
- Inflationsrisiko,
- Wechselkursrisiko (bei Auslandsgeschäften).

05. Welche Probleme entstehen bei der Realisierung der Finanzierungsziele?

Bei der Abstimmung zwischen Kapitalbedarf und Kapitaldeckung ist die Gesamtzielsetzung der Unternehmung zu berücksichtigen. Das Rentabilitätsstreben führt dazu, den Kapitalbedarf möglichst kostengünstig zu decken, d.h. möglichst niedrige Kapitalkosten zu erreichen. Die Unabhängigkeit des Unternehmens wird dann beeinträchtigt, wenn Kapitalgeber bei der Kapitalhingabe Mitbestimmungs-, Mitgestaltungs- und Mitentscheidungsrecht geltend machen. Das Sicherheitsstreben veranlaßt die Kapitalnehmer zu möglichst geringem Risiko. Hingegen vermindert ein hoher Anteil des Eigenkapitals das Risiko bei Verlusten und verleiht eine hohe Flexibilität. Bei der Fremdfinanzierung wiederum spielen die Ertragskraft und die Stellung von Sicherheiten eine entscheidende Rolle.

06. Was versteht man unter Joint Ventures?

Als Joint Ventures bezeichnet man eine Gemeinschaftsunternehmung, die als Kapitalbeteiligung zwischen zwei oder mehr Partnern mit dem Ziel gebildet wird, Geschäftsführung und Risiko zwischen den Parteien aufzuteilen. Diese Form kann sowohl im nationalen Rahmen als auch für grenzüberschreitende Kooperationen gewählt werden. Bei Kooperationen mit dem Ausland ist das im Anlageland gültige Gesellschaftsrecht verbindlich.

3.2.4 Finanzierungsregeln

01. Was versteht man unter Finanzierungsregeln?

Finanzierungsregeln sind normierte Mindestanforderungen an die aus der Bilanz ersichtliche Kapitalstruktur der Unternehmung. Dabei unterscheidet man zwischen horizontalen und vertikalen Finanzierungsregeln.

Horizontale Finanzierungsregeln erlauben Aussagen über die Kapitalverwendung; sie nennen Grundsätze, wie das Vermögen zu finanzieren ist und betreffen das Verhältnis zwischen Kapital und Vermögen.

Vertikale Finanzierungsregeln gestatten eine Aussage über das Verhältnis der Kapitalquellen zueinander. Sie betreffen nur die Kapitalseite.

02. Welche Finanzierungsregeln sollten beachtet werden?

Für die Finanzierung eines Unternehmens gelten einige Regeln, die immer beachtet werden sollten:

Der Finanzbedarf ist durch diejenige Finanzierungsart zu decken, die den geringstmöglichen Aufwand verursacht.

Kurzfristige Mittel sollten nur für kurzfristige Verbindlichkeiten und langfristiges Fremdkapital nur für langfristige Verbindlichkeiten verwandt werden.

Langfristiges Fremdkapital soll nicht langfristiger als bis zu seinem Rückzahlungstermin investiert werden.

Das Anlagevermögen soll durch Eigenkapital bzw. durch langfristiges Fremdkapital gedeckt sein (sog. goldene Bankregel).

03. Welche vertikalen Finanzierungsregeln bestehen im einzelnen?

Der Verschuldungsgrad drückt die Relation Fremdkapital zu Eigenkapital aus. In früheren Jahren hat man seitens der Banken ein Verhältnis 1 : 1 zwischen Eigenkapital und Fremdkapital gefordert. Dabei wurde unterstellt, daß bei auftretenden Verlusten nur das Eigenkapital, jedoch nicht das Fremdkapital beeinflußt wurde. Das Sicherheitsstreben der Gläubiger wird aber auch durch unternehmens- oder branchenspezifische Risikofaktoren beeinflußt. Das Gläubigerrisiko wächst jedoch mit steigendem Fremdkapitalanteil; auch wird in solchen Situationen das Liquiditätsziel der Unternehmung bei schlechter Ertragslage beeinträchtigt.

04. Welche horizontalen Finanzierungsregeln bestehen im einzelnen?

Die goldene Finanzierungsregel, die goldene Bilanzregel, die Liquidität 2. Grades (acid fest) bzw. die Liquidität 3. Grades (current ratio)

05. Was besagt die goldene Finanzierungsregel?

Nach dieser Regel ist die Liquidität einer Unternehmung bei gleichzeitig reibungslos ablaufendem Unternehmensprozeß unter der Voraussetzung gesichert, daß die

Kapitalüberlassungs- und die Kapitalbindungsdauern übereinstimmen. Diese Regel unterstellt, daß die gebundenen Kapitalien vollständig und zeitlich wie geplant wieder freigesetzt werden. Es wird mithin die problemlose Anschlußfinanzierung fälliger Kapitalien unterstellt. Dies kann durch Prolongation bestehender Vertragsverhältnisse oder durch den Ersatz des zu tilgenden Kapitals durch anderen Kapitalien geschehen.

06. Was besagt die goldene Bilanzregel?

Sie verlangt die absolute Finanzierung des Anlagevermögens mit Eigenkapital

$$\frac{\text{Anlagevermögen}}{\text{Eigenkapital}} \geqq 1$$

In abgewandelter Form besagt die Regel:

 oder

$$\frac{\text{Anlagevermögen}}{\text{Eigenkapital + langfristiges Fremdkapital}} \geqq 1$$

Diese Regel ist jedoch problematisch, da aus den der Bilanz entnommenen Angaben nicht die effektiven Fälligkeiten der Passiven ersichtlich sind.

07. Was besagt die Liquidität 2. Grades?

$$\frac{\text{monetäres Umlaufvermögen}}{\text{kurzfristige Verbindlichkeiten}} \geqq 1$$

08. Was besagt die Liquidität 3. Grades?

$$\frac{\text{Umlaufvermögen}}{\text{kurzfristige Verbindlichkeiten}} \geqq 1$$

3.2.5 Finanzierungsarten

01. Was versteht man unter Finanzierung?

Unter Finanzierung versteht man die Beschaffung, Verwendung und Rückzahlung von Kapital für die Zwecke einer Unternehmung.

02. Welche Finanzierungsanlässe werden unterschieden?

Man unterscheidet die Finanzierung im Hinblick auf:
a) den zeitlichen Ablauf,
b) die Häufigkeit des Finanzierungsanfalls,
c) die Fristigkeit des beschafften Kapitals,
d) die Finanzierungsquellen.

3.2.5 Finanzierungsarten

03. Wie wird die Finanzierung nach dem zeitlichen Ablauf unterteilt?

Man unterscheidet:

a) die Erst- oder Gründungsfinanzierung,
b) Folgefinanzierungen in Form von Erweiterungsfinanzierungen und Umfinanzierungen zum Zwecke von Umwandlungen, Fusionen oder Sanierungen.

04. Wie wird die Finanzierung nach der Häufigkeit des Finanzierungsanfalls unterschieden?

Man unterscheidet die laufende Finanzierung und die einmalige oder gelegentliche Finanzierung.

05. Wie wird die Finanzierung im Hinblick auf die Fristigkeit unterteilt?

Man unterscheidet die kurzfristige, die mittelfristige und die langfristige Finanzierung.

06. Welche Finanzierungsquellen unterscheidet man?

Man unterscheidet die externe Finanzierung und die interne Finanzierung (Außen- und Innenfinanzierung).

07. Auf welche Weise ist die Beschaffung von Kapital möglich?

Die Finanzierung des Kapitalbedarfs kann auf dem Wege der Eigenfinanzierung, der Fremdfinanzierung und der Selbstfinanzierung erfolgen.

08. Was versteht man unter der Eigenfinanzierung (Finanzierung mittels Eigenkapital)?

Bei der Eigenfinanzierung handelt es sich um die Finanzierung durch Beteiligung oder Einlagen. In diesen Fällen erhält das Unternehmen das Eigenkapital von den Eigentümern zugeführt. Bei der Eigenfinanzierung handelt es sich meist um nichtkündbares Kapital, das der Gesellschaft langfristig zur Verfügung steht. Es bildet die Basis für die Kreditwürdigkeit der Unternehmung und kann für alle Zwecke, selbst für risikoreiche, eingesetzt werden. Mit der Aufnahme dieser finanziellen Mittel entstehen keine laufenden festen Ausgaben und Aufwendungen. Ein schlechtes Geschäftsergebnis wirkt sich über eine geringer werdende Vergütung an die Kapitaleigner aus. Hingegen wären im Falle einer Fremdfinanzierung Zinsen ohne Rücksicht auf die Ertragslage zu zahlen. Dennoch ist zu berücksichtigen, daß die Eigenfinanzierung vergleichsweise teuer ist, weil der auszuschüttende Gewinn versteuert werden muß.

09. Was sind die Vor- und Nachteile der Fremdfinanzierung?

Die Fremdfinanzierung wird üblicherweise in kurzfristige mit einer Dauer bis zu 6 Monaten, in mittelfristige mit einer Dauer von bis vier Jahren und in langfristige mit einer Dauer von mehr als vier Jahren eingeteilt, wobei das kurzfristige Fremdkapital im Umlaufvermögen als Umsatzkredit verwandt wird und das langfristige

Fremdvermögen im Anlagevermögen niedergelegt werden soll, d.h. zur Finanzierung von Investitionen dient.

Die Aufnahme von Fremdkapital ist dann von Vorteil, wenn die Liquidität durch den Zinsen- und Tilgungsdienst nicht zu stark belastet ist und die Gläubiger keinen Einfluß auf die Geschäftspolitik ausüben, weil die zu zahlenden Zinsen steuerlich abzugsfähige Betriebsausgaben sind. Andererseits muß ein Unternehmen bis zu einem gewissen Teil aus Eigenmitteln finanziert sein, weil sonst die Aufnahme von Fremdkapital scheitert. Ein Nachteil in der Fremdfinanzierung liegt darin begründet, daß die Zinsen auch in Verlustjahren bezahlt werden müssen und die Gläubiger bei Zahlungsschwierigkeiten die Unternehmung in den Konkurs treiben können. Die Aufnahme von Fremdkapital ist von der Größe und der Rechtsform des Unternehmens, von den zu stellenden Sicherheiten der allgemeinen Konjunkturlage, dem Ansehen und der besonderen wirtschaftlichen Situation des kreditsuchenden Unternehmens abhängig.

10. Wie können Großunternehmen langfristiges Fremdkapital aufnehmen?

Großunternehmen können die langfristige Fremdfinanzierung auf dem Wege der Ausgabe von Schuldverschreibungen bzw. Obligationen vornehmen.

11. Was versteht man unter Schuldverschreibung?

Schuldverschreibungen sind Wertpapiere, in denen verzinsliche Forderungsrechte verbrieft sind. Es handelt sich dabei in der Regel um sog. Teilschuldverschreibungen, die den Gesamtbetrag der Anleihe in kleine Beträge (Stücke) in Höhe von DM 100,—, 200,—, 500,—, 1.000,— und 5.000,— unterteilen. Die Urkunden bestehen aus der eigentlichen Obligation, auch Mantel genannt, und den Zinsscheinbogen mit den einzelnen Zinsscheinen. Schuldverschreibungen dürfen nach §§ 795 und 808 a BGB nur mit Genehmigung des Wirtschaftsministeriums ausgegeben werden. Ihre Marktgängigkeit ist davon abhängig, ob sie zum Handel an der Börse zugelassen sind. Die Zulassung zur Börse ist von der Kapitalhöhe abhängig. Die Laufzeit einer Obligation beträgt in der Regel 15-20 Jahre.

12. Wie werden Obligationen gesichert?

Obligationen werden in der Regel durch Belastung von Grundstücken des Unternehmens in Form der Eintragung einer Hypothek oder einer Grundschuld gesichert.

13. Was versteht man unter einer Gewinnobligation?

Die Gewinnobligation ist eine Schuldverschreibung, bei der außer einem festen Zins zusätzlich noch eine bestimmte, nach oben oder unten begrenzte Gewinnbeteiligung gewährt wird. Sie bedarf einer ministeriellen Genehmigung.

14. Was versteht man unter einer Wandelschuldverschreibung?

Eine Schuldverschreibung von Aktiengesellschaften, die das Recht auf Umtausch der Obligation in Aktien einräumt. Nach Ablauf einer bestimmten Zeit kann der Inhaber der Obligation von seinem Umtauschrecht Gebrauch machen und wird

3.2.5 Finanzierungsarten

dadurch zum Aktionär. In diesem Falle muß eine sog. bedingte Kapitalerhöhung vorgenommen werden.

15. Was versteht man unter einer Optionsanleihe?

Bei einer Optionsanleihe beinhaltet die Schuldverschreibung ein Bezugsrecht auf Aktien. Innerhalb einer bestimmten Frist hat der Gläubiger die Möglichkeit, sein Bezugsrecht zu einem bestimmten Kurs auszuüben.

16. Was versteht man unter Finanzierung mit Schuldscheindarlehen?

Unter Schuldscheindarlehen versteht man Kredite, die in erster Linie von privaten Versicherungsunternehmen, von Trägern der Sozialversicherung und anderen Kapitalsammelstellen, die nicht Kreditinstitute sind, an private Unternehmen, aber auch an Körperschaften des öffentlichen Rechts vergeben werden.

17. Wie werden Schuldscheindarlehen übertragen?

Die rechtliche Übertragung der Forderungen aus einem Schuldschein geschieht durch privatrechtliche Abtretung.

18. Welche Möglichkeiten einer langfristigen Fremdfinanzierung bestehen für Klein- und Mittelbetriebe?

Klein- und Mittelbetriebe haben bei der Beschaffung von langfristigem Fremdkapital deshalb Schwierigkeiten, weil ihnen der Kapitalmarkt verschlossen ist, d.h. sie können weder Aktien ausgeben, noch Obligationen begeben oder Schuldscheindarlehen aufnehmen. Sie sind deshalb auf die Hypothekarkredite der Realkreditinstitute angewiesen.

19. Welche Möglichkeiten der kurzfristigen Fremdfinanzierung bestehen?

Lieferantenkredite, Kundenkredite, kurzfristige Bankkredite, wie Kontokorrentkredit, Diskontkredit, Akzeptkredit, Lombardkredit und Avalkredit.

20. Was versteht man unter einem Lieferantenkredit?

Bei einem Lieferantenkredit räumt der Lieferant seinem Abnehmer ein bestimmtes Zahlungsziel ein. Ein Lieferantenkredit ist jedoch in vielen Fällen sehr teuer, weil man auf den für Barzahlung eingeräumten Skonto verzichten muß. Deshalb sind Bankkredite oftmals billiger.

21. Was versteht man unter einem Kundenkredit?

Unter einem Kundenkredit versteht man eine Anzahlung auf die zu liefernden Waren, die in der Regel sofort nach Vertragsabschluß zu zahlen ist.

22. Was versteht man unter einem Kontokorrentkredit?

Unter einem Kontokorrentkredit versteht man einen kurzfristigen Buchkredit von drei bis sechs Monaten, der während der Laufzeit in wechselnder Höhe in Anspruch genommen werden kann (Überziehung des Bankkontos).

23. Was versteht man unter einem Diskontkredit?

Unter einem Diskontkredit versteht man einen kurzfristigen Wechselkredit, bei dem die kreditgebende Bank Wechsel vor ihrer Fälligkeit ankauft und dem Kreditnehmer den Wechselbetrag unter Abzug von Wechselzinsen (Diskont) gutschreibt.

24. Was versteht man unter einem Akzeptkredit?

Unter einem Akzeptkredit versteht man einen kurzfristigen Wechselkredit, bei dem eine Bank einen von ihrem Kunden auf sie gezogenen Wechsel unter der Bedingung akzeptiert, daß der Kunde die Wechselsumme vor Fälligkeit des Wechsels bereitstellt.

25. Was versteht man unter einem Lombardkredit?

Unter einem Lombardkredit versteht man einen kurzfristigen Bankkredit gegen Verpfändung verwertbarer Gegenstände oder Wertpapieren.

26. Was versteht man unter einem Avalkredit?

Bei einem Avalkredit übernimmt das Kreditinstitut eine Bürgschaft oder Garantie zugunsten des Kunden.

27. Was versteht man unter Selbstfinanzierung?

Unter Selbstfinanzierung versteht man die Finanzierung aus einbehaltenem Gewinn. Diese Form setzt voraus, daß zunächst einmal Gewinn erwirtschaftet worden ist. Bei Kapitalgesellschaften erfolgt die Selbstfinanzierung durch die Bildung von Rücklagen, wobei zwischen offenen, stillen und versteckten Rücklagen unterschieden werden muß.

Überbewertg. d. Vermögens

28. Was versteht man unter Finanzierung aus Abschreibungserlösen?

Bei der Finanzierung aus Abschreibungen werden die über den Verkauf der Waren hereinkommenden Abschreibungserlöse, die für die Ersatzbeschaffung vorgesehen sind, aufgespart. Sie werden erst später zu effektiven Ausgaben, da zum Zeitpunkt des Eingangs der Abschreibungserlöse die Anlagen nicht erneuert werden müssen.

29. Welche Möglichkeiten einer Kreditsicherung bestehen?

Bürgschaft, Verpfändung von Wertpapieren, Waren und sonstigen Vermögenswerten, Sicherungsübereignung von beweglichen Sachen, Abtretung von Forderungen und Rechten, Grundschuld und Hypothek.

30. Was versteht man unter einer Bürgschaft?

Die Bürgschaft ist ein einseitig verpflichtender Vertrag, durch den sich der Bürge dem Gläubiger eines Dritten gegenüber verpflichtet, für die Erfüllung der Verbindlichkeiten des Dritten einzustehen. Der Zweck der Bürgschaft ist mithin die Sicherung des Gläubigers bei Zahlungsunfähigkeit des Schuldners. Der Umfang der Haftung des Bürgen bestimmt sich nach der jeweiligen Höhe des Kredits, für den

3.2.5 Finanzierungsarten

sich der Bürge verbürgt hat. Wird die Forderung des Gläubigers gegen den Hauptschuldner durch den Bürgen befriedigt, so geht sie kraft Gesetzes auf den Bürgen über.

31. Was versteht man unter dem Pfandrecht?

Das Pfandrecht ist ein dingliches, zur Sicherung einer Forderung dienendes, gegen jedermann wirkendes Recht an fremden beweglichen Sachen oder Rechten, kraft dessen der Gläubiger berechtigt ist, sich aus dem belasteten Gegenstand zu befriedigen.

32. Was versteht man unter der Sicherungsübereignung?

Die Sicherungsübereignung ist das durch Übereignung einer beweglichen Sache seitens des Sicherungsgebers an den Sicherungsnehmer begründet und zur Sicherung einer Forderung bestimmte Eigentum an einer Sache, die der Erwerber zu verwerten berechtigt ist, um aus dem Erlös die gesicherte Forderung tilgen zu können.

33. Was versteht man unter der Abtretung von Forderungen und Rechten?

Die Abtretung von Forderungen und Rechten an die kreditgebende Bank ist eine weitverbreitete Form der Sicherung von Krediten. Die Abtretung, die grundsätzlich formlos gültig ist, bedeutet, daß ein schuldrechtlicher Anspruch, d.h. eine Forderung gemäß § 398 BGB vom bisherigen Gläubiger, dem Zedenten, durch Vertrag auf einen neuen Gläubiger (Zessionar) zum Zweck der Kreditsicherung übertragen wird. Die Forderung muß bestimmt oder noch bestimmbar sein. Eine Forderung kann nur abgetreten werden, soweit sie auch pfändbar ist. Sie kann nicht abgetreten werden, wenn sich der Inhalt der Leistung durch die Abtretung ändern würde, etwa durch eine persönliche Dienstleistung oder wenn die Abtretung durch Vereinbarung mit dem Schuldner ausgeschlossen wurde. Die Abtretung bewirkt, daß der neue Gläubiger an die Stelle des bisherigen Gläubigers tritt; zugleich gehen die Nebenrechte (z.B. Pfandrechte und Hypotheken) auf ihn über.

34. Was ist eine Hypothek?

Die Hypothek ist nach § 1113 BGB die Belastung eines Grundstückes in der Weise, daß an den Berechtigten eine bestimmte Geldsumme zur Befriedigung wegen einer ihm zustehenden Forderung aus dem Grundstück zu zahlen ist. Mithin setzt eine Hypothek das Vorliegen einer Forderung des Gläubigers gegen den Grundstückseigentümer voraus. Die Hypothek ist vom Bestand der Forderung abhängig. Zur Entstehung einer Hypothek ist Einigung und Eintragung im Grundbuch erforderlich. Die Einigung muß zwischen dem Gläubiger der Forderung und dem Grundstückseigentümer abgeschlossen werden. Bei der Eintragung der Hypothek müssen der Gläubiger, der Geldbetrag der Forderung, der Zinssatz, und wenn andere Nebenleistungen zu entrichten sind, der Geldbetrag, im Grundbuch angegeben werden.

35. Welche Arten von Hypotheken werden unterschieden?

Wird über die Hypothek ein Hypothekenbrief erteilt, spricht man von einer **Briefhypothek**, ansonsten von einer **Buchhypothek**. Der Hypothekenbrief ist eine vom Grundbuchamt über die Hypothek ausgestellte öffentliche Urkunde. Der Brief vermittelt den Erwerb und die Übertragung der Hypothek. Bei der Buchhypothek ist das Grundbuch die alleinige Grundlage.

Die **Eigentumshypothek** ist eine Hypothek, die dem Eigentümer an seinem eigenen Grundstück zusteht. Sie entsteht, wenn die Forderung, für welche die Hypothek bestellt ist, nicht zur Entstehung gelangt, erlischt, oder der Gläubiger auf die Hypothek verzichtet.

Die **Gesamthypothek**: Besteht für eine Forderung einer Hypothek an mehreren Grundstücken (Gesamthypothek), so haftet jedes Grundstück für die ganze Forderung.

Die **Sicherungshypothek**: Sie ist eine Hypothek, bei der sich das Recht des Gläubigers nur nach der Forderung bestimmt. Der Gläubiger muß den Beweis des Bestehens einer Forderung erbringen.

Die **Höchstbetragshypothek**: Bei ihrer Bestellung wird nur der Höchstbetrag bestimmt, bis zu dem das Grundstück haften soll. Sie wird vor allem zur Sicherung von Forderungen aus laufenden Rechnungen (Kontokorrentverkehr) verwendet.

36. Was ist eine Grundschuld?

Die Grundschuld ist eine Grundstücksbelastung des Inhalts, daß an den Berechtigten eine bestimmte Summe aus dem Grundstück zu zahlen ist (§ 1191 BGB). Während die Hypothek abhängig von der zu sichernden Forderung ist, ist die Grundschuld abstrakt, d.h. das Bestehen der Grundschuld ist von dem Bestehen der persönlichen Forderung vollständig unabhängig. Für die Grundschuld gelten die meisten Vorschriften über die Hypothek.

37. Was ist eine Rentenschuld?

Die Rentenschuld ist eine Grundschuld mit der Maßgabe, daß in regelmäßig wiederkehrenden Terminen eine bestimmte Geldsumme aus dem Grundstück zu zahlen ist.

38. Was versteht man unter bargeldlosem Zahlungsverkehr?

Unter bargeldlosem Zahlungsverkehr wird die Bewegung von Buchgeld verstanden. Der bargeldlose Zahlungsverkehr setzt voraus, daß sowohl der Zahlende als auch der Zahlungsempfänger über ein Konto - dies kann Kontokorrent-, ein Scheck-, ein Giro- oder ein Depositenkonto sein - bei einem Kreditinstitut oder über ein Postgirokonto bei einem Postgiroamt verfügen.

39. Was ist eine Überweisung?

Eine Überweisung ist der Auftrag eines Kunden an seine Bank, zu Lasten seines Kontos einem begünstigten Dritten eine bestimmte Geldsumme zu übermitteln.

3.2.5 Finanzierungsarten 155

Rechtlich handelt es sich dabei um einen sog. Geschäftsbesorgungsvertrag gemäß § 675 BGB.

40. Wie wird eine Überweisung durch die Bank erledigt?

Sofern der begünstigte Dritte - der Empfänger - bei der Bank des Auftraggebers kein Konto unterhält, muß die Gutschriftanzeige über die bestehenden Gironetze bzw. den Abrechnungsverkehr der Landeszentralbanken der Bank des Zahlungsempfängers zugeleitet werden. Der Zahlungsvorgang ist mit der Gutschrift des Überweisungsbetrages auf dem Konto des Begünstigten abgeschlossen.

41. Was ist ein Scheck?

Der Scheck ist die Anweisung des Ausstellers an ein Kreditinstitut oder ein Postgiroamt, aus seinem Guthaben bzw. aufgrund eines zugesagten Kredits an einen Dritten die im Scheck genannte Geldsumme bei Sicht zu zahlen. Rechtlich gesehen ist der Scheck ein Wertpapier.

42. Welche Bestandteile muß ein Scheck enthalten?

Ein Scheck muß, um als solcher zu gelten, folgende wesentliche, gesetzliche Bestandteile enthalten:

a) Die Bezeichnung "Scheck" im Text der Urkunde, und zwar in der Sprache, in der sie ausgestellt ist.
b) die unbedingte Anweisung, eine bestimmte Geldsumme zu zahlen,
c) den Namen dessen, der zahlen soll (Bezogener),
d) die Angabe des Zahlungsortes,
e) die Angabe des Tages und Ortes der Ausstellung,
f) die Unterschrift des Ausstellers.

43. Wer haftet für einen Scheck?

Für einen Scheck haftet der Aussteller.

44. Welche Arten von Schecks gibt es?

a) Inhaberscheck (Zusatz "oder Überbringer"). Die Übertragung erfolgt durch Einigung und einfache Übergabe.
b) Orderscheck. Ein Orderscheck liegt vor, wenn ein Scheck lediglich zugunsten einer bestimmten Person mit oder ohne ausdrücklichen Vermerk "an Order" ausgestellt ist.
c) Rektascheck. Enthält der auf eine bestimmte Person ausgestellte Scheck den Vermerk "nicht an Order", so wird er als Rektascheck bezeichnet. Dieser kann nur im Wege der bürgerlich-rechtlichen Abtretung (Zession) weitergegeben werden. Die Auszahlung bzw. Gutschrift erfolgt grundsätzlich an die im Text der Urkunde genannte Person.

45. Welche Scheckarten werden im Hinblick auf die Einlösung unterschieden?

Im Hinblick auf die Einlösung unterscheidet man den Barscheck, der für den Aussteller bei Verlust die Gefahr einer mißbräuchlichen Verwendung mit sich bringt, und den Verrechnungsscheck, der durch den quer über die Vorderseite des Schecks gesetzten Vermerk "nur zur Verrechnung" entsteht. Der Verrechnungsscheck berechtigt die Kreditinstitute nur, den Scheck im Wege der Gutschrift einzuziehen.

46. Wann sind Schecks einzulösen?

Schecks sind grundsätzlich bei Sicht zahlbar. Ein vordatierter Scheck ist am Tage der Vorlegung zahlbar. Die gesetzliche Vorlegungsfrist, innerhalb der der Scheck dem bezogenen Kreditinstitut zur Einlösung vorzulegen ist, beträgt bei Inlandschecks 8 Tage ab Ausstellungstag, bei Schecks auf das europäische Ausland und die außereuropäischen Mittelmeerländer 20 Tage und bei Schecks auf sonstige Länder anderer Erdteile 70 Tage.

47. Was ist ein Wechsel?

Ein Wechsel ist eine Urkunde, die die unbedingte Anweisung enthält, eine bestimmte Geldsumme zu einem bestimmten Termin an eine im Wechsel genannte Person zu zahlen. Die Urkunde muß im Text als Wechsel bezeichnet sein und gilt kraft Gesetzes als geborenes Orderpapier und abstraktes Forderungspapier.

48. Wer kann die im Wechsel liegenden Rechte geltend machen?

Da der Wechsel ein Wertpapier ist, welches eine selbständige Zahlungsverpflichtung enthält, können alle im Wechsel verkörperten Rechte nur von demjenigen geltend gemacht werden, der sein Eigentumsrecht am Papier nachweist.

49. Welche Formen des Wechsels werden unterschieden?

Man unterscheidet den gezogenen Wechsel (Tratte) und den eigenen Wechsel (Solawechsel).

50. Welche gesetzlichen Bestandteile enthält der gezogene Wechsel?

a) die Bezeichnung "Wechsel" im Text der Urkunde, und zwar in der Sprache, in der sie ausgestellt ist,
b) die unbedingte Anweisung, eine bestimmte Geldsumme zu zahlen,
c) der Name dessen, der zahlen soll (Bezogener),
d) die Angabe der Verfallzeit,
e) die Angabe des Zahlungsorts,
f) der Name dessen, an den oder an dessen Order gezahlt werden soll (Wechselnehmer),
g) die Angabe des Ausstellungstages und -ortes,
h) die Unterschrift des Ausstellers (Trassanten).

3.2.5 Finanzierungsarten

51. Was ist bei der Angabe des Zahlungsortes zu beachten?

Wechselschulden sind Holschulden, d.h., der Wechsel muß bei Fälligkeit grundsätzlich bei Bezogenen vorgelegt werden. Er kann aber auch bei einem Dritten (z.B. einem Kreditinstitut) und an einem anderen Ort zahlbar gestellt werden (Domizilwechsel). Fehlt die Angabe eines Zahlungsortes, so gilt der bei dem Namen des Bezogenen angegebene Ort als Zahlungsort.

52. Welche Bedeutung hat der eigene Wechsel (Solawechsel)?

Im Gegensatz zum gezogenen Wechsel (Tratte) enthält der eigene Wechsel das Versprechen des Ausstellers, an den genannten Wechselnehmer oder an dessen Order zu einem genau festgelegten Termin eine bestimmte Geldsumme zu zahlen. Hinsichtlich der gesetzlichen Wechselbestandteile unterscheidet sich der eigene Wechsel vom gezogenen Wechsel dadurch, daß die Angabe eines Bezogenen entfällt und in der Urkunde keine Anweisung, sondern ein unbedingtes Zahlungsversprechen gegeben wird.

53. Welche Arten von Wechseln sind im Geschäftsleben üblich?

Man kennt in der kaufmännischen Praxis folgende Wechselarten:

a) Waren- oder Handelswechsel. Sie dienen der Finanzierung eines Waren- oder Dienstleistungsgeschäfts,
b) Finanzwechsel, die der Geldbeschaffung dienen,
c) Bankakzepte. In diesem Fall läßt sich die Bank einen Wechsel ausstellen.

54. Welche Funktionen hat der Wechsel zu erfüllen?

Der Wechsel erfüllt neben der Zahlungsmittelfunktion vor allem eine Kreditfunktion. Diese Funktion ist besonders wichtig, denn die Bezahlung einer Verbindlichkeit wird durch die Ausstellung eines Wechsels um die Laufzeit hinausgeschoben. Ferner sind die Refinanzierungsfunktion, die Sicherungsfunktion, die Geldanlagefunktion (für die Banken) zu nennen.

55. Wer darf einen Wechsel zur Annahme an den Bezogenen vorlegen?

Jeder Wechselinhaber ist berechtigt, einen Wechsel bis zum Verfalltag dem Bezogenen an seinem Wohnort zur Annahme vorzulegen.

56. Wie wird ein Wechsel weitergegeben?

Die Weitergabe des Wechsels erfolgt durch eine Übertragungserklärung auf der Rückseite, die als Indossament bezeichnet wird.

57. Wie wird ein Wechsel eingelöst?

Der Inhaber eines Wechsels hat den Wechsel am Zahlungstag oder an einem der beiden folgenden Werktage zur Zahlung vorzulegen. Mit dem Versäumen der Vorlegungsfrist verliert der Inhaber seine Rückgriffsansprüche gegenüber den Indossanten, dem Aussteller und allen anderen Wechselverpflichteten mit Ausnahme des Bezogenen.

58. Was geschieht bei Nichteinlösung des Wechsels?

Wird der Wechsel vom Bezogenen nicht eingelöst, so kann der Inhaber auf seine Vormänner Rückgriff nehmen. Der Rückgriff ist mangels Annahme, mangels Sicherheit und mangels Zahlung gestattet.

59. Was versteht man unter einem Wechselprotest?

Der Protest ist eine öffentliche Urkunde, durch die allen Wechselbeteiligten bewiesen wird, daß vom Bezogenen die Zahlung nicht oder nur zum Teil zu erlangen war und daß der Wechsel ferner innerhalb der gesetzlich vorgesehenen Frist zur Zahlung vorgelegt wurde.

60. Was ist im Falle eines Wechselprotests zu tun?

Ist ein Wechsel zu Protest gegangen, so hat der Inhaber seinen unmittelbaren Vormann und den Aussteller innerhalb von vier Werktagen nach der Protesterhebung davon zu unterrichten. Ferner muß jeder Indossant seinen unmittelbaren Vormann benachrichtigen.

61. Was bewirkt der Regreß?

Alle Personen, die einen Wechsel ausgestellt, angenommen, indossiert oder mit einer Wechselbürgschaft versehen haben, haften dem jeweiligen Inhaber als Gesamtschuldner, d.h. der Inhaber kann jeden einzelnen, mehrere oder alle zusammen in Anspruch nehmen, ohne an die Reihenfolge gebunden zu sein. Greift der Rückgriffsberechtigte auf seinen unmittelbaren Vormann zurück, so spricht man von einem Reihenregreß, überspringt er einen oder mehrere rückgriffsverpflichtete Vormänner, so handelt es sich um einen Sprungregreß.

62. Was versteht man unter einer Wechselprolongation?

Die Wechselprolongation dient der Vermeidung des Protests und besteht darin, daß der Aussteller dem zum Zeitpunkt der Fälligkeit des Wechsels zahlungsunfähigen Bezogenen einen Zahlungsaufschub gewährt.

63. Wie sind Wechselklage und Wechselmahnbescheid vorzunehmen?

Jeder Wechselgläubiger kann seine wechselrechtlichen Ansprüche in einem besonderen Wechselverfahren geltend machen. Für den Wechselprozeß gelten die Vorschriften der Zivilprozeßordnung über den Urkundenprozeß entsprechend.

64. Was versteht man unter Factoring?

Unter Factoring versteht man den Ankauf von Forderungen aus Warenlieferungen und/oder Leistungen eines Unternehmens durch ein Finanzierungsinstitut (Factor). Beteiligte bei diesem Geschäft sind der Verkäufer der Forderungen (Klient), der Käufer der Forderungen (Factor) und der Kunde des Verkäufers (Drittschuldner). Vertragsgegenstand ist in der Regel der jeweilige Bestand an Debitoren beim Klienten.

Die Leistungen des Factors umfassen Finanzierungsleistungen, Dienstleistungen und die Übernahme eines Teils des Ausfallrisikos. Bei den Finanzierungsleistungen erhält der Klient den Gegenwert der verkauften Forderungen vom Factor vor Fälligkeit der Forderungen. Es wird jedoch seitens des Factor einen vorläufigen Einbehalt in Höhe von zehn Prozent der angekauften Forderungen vor, um sich vor Verlusten zu schützen, die für ihn durch Abzüge seitens des Drittschuldners für Mängelrügen, Skonto, usw. entstehen können. Der Restbetrag wird ausbezahlt, sobald er beim Factor eingegangen ist. Der Vorteil liegt darin, daß der Gegenwert der Rechnung sofort ausbezahlt wird und damit die Liquidität verbessert. Gegebenenfalls kann ein in Anspruch genommener Kredit zurückgezahlt oder Lieferantenrechnungen können unter Inanspruchnahme von Skonto beglichen werden.

3.2.6 Grundbegriffe des Steuerrechts

01. Auf welchen Rechtsgrundlagen basiert das Steuerrecht?

Rechtsgrundlagen des Steuerrechts sind Gesetze, Rechtsverordnungen und Verwaltungsvorschriften oder Richtlinien, die den Ermessensspielraum der Verwaltungsbehörden regeln. Außerdem ergeben sich Hinweise aus der Rechtsprechung des Bundesfinanzhofes und der Finanzgerichte.

02. Was sind Steuern?

Steuern sind gem. § 3 AO Geldleistungen, die nicht eine Gegenleistung für eine besondere Leistung darstellen und von einem öffentlich-rechtlichen Gemeinwesen - Bund, Ländern und Gemeinden - zur Erzielung von Einnahmen allen auferlegt werden, bei denen der Tatbestand zutrifft, an den das Gesetz die Leistungspflicht knüpft.

03. Wer ist Steuerpflichtiger?

Wer eine Steuer schuldet, für eine Steuer haftet, eine Steuer für Rechnung eines Dritten einzubehalten und abzuführen hat, wer eine Steuererklärung abzugeben hat, Sicherheit zu leisten, Bücher und Aufzeichnungen zu führen oder andere ihm durch die Steuergesetze auferlegte Verpflichtungen zu erfüllen hat (§ 33 Abs. 1 AO).

04. Was ist der Steuergegenstand?

Gegenstand der Besteuerung oder das Steuerobjekt ist der Tatbestand, dessen Vorhandensein den Anlaß zur Steuererhebung bildet.

05. Was ist die Steuerbemessungsgrundlage?

Die Steuerbemessungsgrundlage ist der in Geld, Gewichts- oder sonstigen Maßeinheiten ausgedrückte Sachverhalt, nach dem der Steuerbetrag errechnet wird.

06. Was versteht man unter der Steuerüberwälzung?

Steuerüberwälzung bedeutet, daß ein Steuerzahler die ihm auferlegte Steuer nicht tatsächlich trägt, sondern über den Preis auf einen anderen Teilnehmer am Wirtschaftsleben überwälzt.

07. Was ist der Steuersatz?

Unter dem Steuersatz versteht man den in der Regel in Prozenten ausgedrückten Anteil der Steuerbemessungsgrundlage, der als Steuer abgeführt wird.

08. Wie ist die Finanzverwaltung aufgebaut?

Der Aufbau der Finanzverwaltung ist im Finanzverwaltungsgesetz (FVG) niedergelegt. Danach gliedert sich die Finanzverwaltung in örtliche Behörden, Mittelbehörde und oberste Leitung. Zu den örtlichen Behörden zählen als Landesbehörden die Finanzämter und als Bundesbehörden die Hauptzollämter. Die Finanzämter sind für die Verwaltung der den Ländern zustehenden Steuern und die ihnen sonst übertragenen Aufgaben zuständig. Die Hauptzollämter verwalten die Zölle und die Verbrauchsteuern. Als Mittelbehörden sind die Oberfinanzdirektionen gleichzeitig Bundesbehörde und Landesbehörde, je nachdem, ob es sich um Bundes- oder um Landessteuern handelt. Die Oberfinanzdirektion überwacht die Gleichmäßigkeit der Gesetzesanwendung und beaufsichtigt die Geschäftsführung der nachgeordneten Dienststellen. Die oberste Leitung der Bundesfinanzbehörde liegt in der Hand des Bundesministers der Finanzen, die oberste Leitung der Landesfinanzbehörden obliegt dem jeweiligen Landesfinanzminister.

09. Wie werden die Steuern eingeteilt?

Die Steuern können nach den verschiedensten Gesichtspunkten unterteilt werden. Am gebräuchlichsten sind die Unterscheidungen in direkte und indirekte Steuern sowie in Personen- und Realsteuern, ferner in ordentliche und außerordentliche Steuern, in Besitz-, Verkehr-, Verbrauchsteuer und Zölle oder in Bundes-, Landes- und Gemeindesteuern.

10. Was versteht man unter direkten und indirekten Steuern?

Direkte Steuern sind solche, bei denen Steuerzahler und Steuerträger identisch sind, indirekte solche, bei denen der Gesetzgeber eine Überwälzung beabsichtigt, z.B. vom Produzenten oder Händler, der sie an den Fiskus abführt, durch Preisaufschläge auf den Verbraucher, der sie tatsächlich trägt.

11. Was versteht man unter Personen- bzw. Realsteuern?

Personensteuern knüpfen an die individuelle Leistungsfähigkeit einer Person an und berücksichtigen die individuellen Verhältnisse, wie Familienstand, Kinderzahl, Alter, Krankheit, Höhe des Gesamteinkommens usw. Die Realsteuern bemessen die Steuerlast nur nach bestimmten äußeren Merkmalen des Steuerobjekts, z.B. der Größe des Grundstücks.

3.2.6 Grundbegriffe des Steuerrechts

12. Was sind Besitzsteuern?

Besitzsteuern sind Steuern auf Vermögen und Vermögenzuwachs. Dazu gehören die Erbschaftsteuer, Einkommensteuer und Ertragsteuern wie die Grund- und die Gewerbesteuer.

13. Was sind Verkehrsteuern?

Verkehrsteuern knüpfen an bestimmte Vorgänge des rechtlichen und wirtschaftlichen Verkehrs an. Dazu zählen Umsatzsteuer, Grunderwerbsteuer, Wechselsteuer, Kapitalverkehrsteuer, Lotteriesteuer.

14. Was sind Verbrauchsteuern?

Verbrauchsteuern belasten den Verbrauch, wie z.B. die Steuern auf Nahrungs- und Genußmittel.

15. Was ist die Einkommensteuer?

Die Einkommensteuer ist die Steuer auf das Einkommen natürlicher Personen unter besonderer Berücksichtigung ihrer steuerlichen Leistungsfähigkeit. Ihr unterliegen alle natürlichen Personen, und zwar unbeschränkt, wenn sie ihren Wohnsitz im Inland haben. Besteuerungsgrundlage ist das während eines Kalenderjahres bezogene Einkommen aus den im Einkommensteuergesetz genannten Einkunftsarten.

16. Welche Einkunftsarten kennt das Einkommensteuergesetz?

Das Einkommensteuergesetz unterscheidet: Einkünfte aus Land- und Forstwirtschaft, aus Gewerbebetrieb, aus selbständiger Arbeit, aus nichtselbständiger Arbeit, aus Kapitalvermögen, aus Vermietung und Verpachtung sowie sonstige Einkünfte.

17. Was sind Betriebsausgaben?

Betriebsausgaben sind die Aufwendungen, die durch den Betrieb veranlaßt sind. Sie mindern den Gewinn, kommen also nur bei den Gewinneinkunftsarten, d.h. bei den Einkünften aus Land- und Forstwirtschaft, Gewerbebetrieb und selbständiger Arbeit vor.

18. Was ist die Lohnsteuer?

Die Lohnsteuer ist eine besondere Erhebungsform der Einkommensteuer bei Einkünften aus nichtselbständiger Arbeit. Im Rahmen des Lohnsteuerabzugsverfahrens ist der Arbeitgeber verpflichtet, unter Anwendung der Lohnsteuertabelle die Lohnsteuer von den Bruttobezügen einzubehalten. Obwohl der Arbeitnehmer Steuerschuldner ist, haftet der Arbeitgeber für die Abführung der Lohnsteuer an das Finanzamt.

19. Was ist die Körperschaftsteuer?

Die Körperschaftsteuer ist die Einkommensteuer der juristischen Personen, d.h. der Kapitalgesellschaften, der Erwerbs- und Wirtschaftsgenossenschaften, Anstalten, Stiftungen, Betriebe der Körperschaften des öffentlichen Rechts, wie Gaswerke, Wasser- und Elektrizitätswerke. Steuergegenstand ist das nach dem Einkommensteuergesetz ermittelte Einkommen, soweit nicht durch das Körperschaftsteuergesetz besondere Regelungen getroffen sind.

20. Was ist die Vermögensteuer?

Die Vermögensteuer will im Gegensatz zu der Besteuerung des Einkommens das Reinvermögen, d.h., das Vermögen nach Abzug der Schulden und der Freibeträge, besteuern. Vermögensteuerpflichtig sind alle natürlichen und juristischen Personen, sofern bestimmte Vermögenswerte erreicht werden.

21. Was ist die Erbschaftsteuer?

Der Erbschaftsteuer unterliegen der unentgeltliche Vermögensübergang von Todes wegen oder unter Lebenden und die Zweckzuwendungen. Steuerpflichtig sind der Erbe, der Vermächtnisnehmer bzw. der Beschenkte. Die Höhe des Erbschaftsteuersatzes richtet sich nach dem Verwandtschaftsverhältnis, das der Erwerber zum Erblasser oder Schenker einnimmt und nach der jeweiligen Höhe des vermachten Vermögens.

22. Was ist die Grundsteuer?

Die Grundsteuer ist eine Real- und Gemeindesteuer, die auf den im Gemeindegebiet gelegenen Grundbesitz erhoben wird. Das Finanzamt bestimmt auf Grund von Einheitswerten den Steuermeßbetrag. Die Gemeinde setzt den Hebesatz (Hundertsatz) fest und erläßt den Grundsteuerbescheid.

23. Was ist die Gewerbesteuer?

Die Gewerbesteuer ist eine bundeseinheitlich geregelte Steuer der Gewerbebetriebe, die den Gemeinden zufließt und für die Gemeinden die wichtigste Einnahmequelle darstellt. Steuerpflichtig ist der Inhaber eines inländischen Gewerbebetriebes. Dabei wird unter Gewerbe die fortgesetzte, auf Gewinnerzielung gerichtete Tätigkeit verstanden, die sich als Beteiligung am allgemeinen wirtschaftlichen Verkehr darstellt. Man unterscheidet zwei verschiedene Bemessungsgrundlagen: den Gewerbeertrag und das Gewerbekapital. Als Gewerbeertrag gilt der einkommen- oder körperschaftsteuerliche Gewinn aus dem Gewerbebetrieb, vermehrt um bestimmte Hinzurechnungen und vermindert um bestimmte Kürzungen. Als Gewerbekapital gilt der Einheitswert des Gewerbebetriebes im Sinne des Bewertungsgesetzes mit bestimmten Hinzurechnungen und Kürzungen. Die Gewerbesteuer wird nach einem von den Gemeinden jährlich neu festzusetzenden Hebesatz auf der Grundlage des einheitlichen Steuermeßbetrages aus Gewerbeertrag und Gewerbekapital erhoben.

3.2.6 Grundbegriffe des Steuerrechts

24. Was ist die Umsatzsteuer?

Die Umsatzsteuer ist eine Steuer auf den Umsatz von Gütern und Leistungen. Sie erfaßt jedoch nicht den gesamten Bruttoumsatz jeder Produktionsstufe, sondern immer nur den Bestandteil des Verkaufserlöses eines Produkts, der noch nicht auf der Vorstufe der Produktion besteuert worden ist, d.h., der Umsatzsteuer (Mehrwertsteuer) unterliegt nur die Wertschöpfung jeder Produktions- oder Dienstleistungsstufe der einzelnen Unternehmung. Der Unternehmer kann von seiner Steuer die sog. Vorsteuer abziehen. Auf diese Weise wird nur die Wertschöpfung auf der einzelnen Wirtschaftsstufe besteuert.

25. Was unterliegt der Umsatzsteuer im einzelnen?

Der Umsatzsteuer unterliegen Lieferungen und sonstige Leistungen, die ein Unternehmen im Inland gegen Entgelt im Rahmen seines Unternehmens ausführt, ferner der Eigenverbrauch und die Einfuhr von Gegenständen in das Zollgebiet. Die Einfuhrumsatzsteuer ist als Vorsteuer absetzbar.

26. Wie wird die Umsatzsteuer berechnet?

Bei der Errechnung der Umsatzsteuer geht man von der Summe der Umsätze aus, die um die steuerfreien Umsätze vermindert werden. Maßgebend ist die Ausführung der Leistung und nicht etwa der Zeitpunkt der Rechnungserstellung oder des Zahlungseingangs, d.h., es gilt die sog. Sollbesteuerung. Auf den so ermittelten Betrag werden die Steuersätze angewandt, die dann die Traglast ergeben. Nach Abzug der anrechenbaren Vorsteuern des gleichen Zeitraums ergibt sich die zu zahlende Steuer (Zahllast).

27. Welche Vorschriften bestehen im Hinblick auf die Bewertung?

Alle Wirtschaftsgüter, die in den Bilanzen ausgewiesen sind, müssen bewertet werden. Dabei wird zwischen Gütern des Anlagevermögens und des Umlaufvermögens unterschieden. Alle Wirtschaftsgüter gehen in die Buchführung zunächst mit den Anschaffungs- oder Herstellungskosten ein. Soweit Wirtschaftsgüter der Abnutzung unterliegen, sind sie mit dem um die Absetzungen für Abnutzung gekürzten Anschaffungs- oder Herstellungskosten anzusetzen. Sinkt der Wert eines Wirtschaftsgutes infolge besonderer Umstände, so kann bzw. muß er mit dem niedrigeren Teilwert (Mindestgrenze), regelmäßig den Wiederbeschaffungskosten, in die Bilanz eingesetzt werden.

28. Was ist die Abgabenordnung?

Die Abgabenordnung (AO) ist das Verwaltungsverfahrensgesetz. In der Abgabenordnung sind u.a. geregelt: Die steuerlichen Begriffsbestimmungen, die Zuständigkeit der Finanzbehörden, das sog. Steuerschuldrecht (Steuerpflichtiger, Steuerschuldverhältnis, steuerbegünstigte Zwecke, Haftung), allgemeine Verfahrensvorschriften, die Vollstreckung, das außergerichtliche Rechtsbehelfsverfahren, sowie Straf- und Bußgeldverfahren.

29. Welches Finanzamt ist zuständig?

Nach den §§ 16 ff AO ist das Finanzamt zuständig, in dessen Bezirk sich die Geschäftsleitung, oder sofern eine solche im Geltungsbereich dieses Gesetzes nicht vorhanden ist, sich eine Betriebstätte, oder bei mehreren Betriebstätten, die wirtschaftlich bedeutendste befindet.

30. Was ist der Anwendungsbereich der AO?

Die Abgabenordnung gilt für alle Steuern, einschließlich der Steuervergütung, die durch Bundesrecht oder Recht der Europäischen Gemeinschaften geregelt sind, soweit sie durch Bundesfinanzbehörden oder durch Landesfinanzbehörden verwaltet werden (§ 1 Abs. 1 AO).

31. Was versteht die AO unter einem Steuerschuldverhältnis?

Ansprüche aus dem Steuerschuldverhältnis sind der Steueranspruch, der Steuervergütungsanspruch, der Haftungsanspruch, der Anspruch auf eine steuerliche Nebenleistung, der Erstattungsanspruch sowie die in Einzelsteuergesetzen geregelten Steuererstattungsansprüche (§ 37 AO).

32. Wann entstehen Ansprüche aus dem Steuerschuldverhältnis?

Ansprüche aus dem Steuerschuldverhältnis entstehen, sobald der Tatbestand verwirklicht ist, an den das Gesetz die Leistungspflicht knüpft (§ 38 AO).

33. Wie werden Steuern festgesetzt?

Steuern werden von der Finanzbehörde durch Steuerbescheid festgesetzt. Der Steuerbescheid ist ein Verwaltungsakt (§ 155 AO).

34. Wann werden Ansprüche aus einem Steuerschuldverhältnis fällig?

Die Fälligkeit von Ansprüchen aus dem Steuerschuldverhältnis richtet sich nach den Vorschriften der Steuergesetze. Fehlt es an einer besonderen gesetzlichen Regelung über die Fälligkeit, so wird der Anspruch mit seiner Entstehung fällig.

35. Was versteht die AO unter einer Außenprüfung?

Der Begriff Außenprüfung ersetzt den bisherigen Begriff Betriebsprüfung. Unter die Außenprüfungen fallen die Betriebsprüfungen, die Lohnsteueraußenprüfungen und die Umsatzsteueraußenprüfungen. Eine Außenprüfung ist zulässig bei Steuerpflichtigen, die einen gewerblichen oder land- oder forstwirtschaftlichen Betrieb unterhalten oder die freiberuflich tätig sind (§ 193 AO).

36. Auf welche Sachverhalte erstreckt sich eine Außenprüfung?

Die Außenprüfung dient der Ermittlung der steuerlichen Verhältnisse des Steuerpflichtigen. Sie kann eine oder mehrere Steuerarten, einen oder mehrere Besteuerungszeiträume, umfassen oder sich auf bestimmte Sachverhalte beschränken (§194 AO).

3.2.6 Grundbegriffe des Steuerrechts

37. Wie wird der Umfang der Außenprüfung festgelegt?

Der Umfang der Außenprüfung wird in einer schriftlich zu erteilenden Prüfungsanordnung von der Finanzbehörde festgelegt (§ 196 AO).

38. Welche Prüfungsgrundsätze gelten?

Der Prüfer hat die tatsächlichen und rechtlichen Verhältnisse, die für die Steuerpflicht und für die Bemessung der Steuer maßgebend sind, zugunsten wie zuungunsten des Steuerpflichtigen zu prüfen. Dabei ist der Steuerpflichtige über die Sachverhalte und die möglichen steuerlichen Auswirkungen während der Prüfung zu unterrichten (§ 199 AO).

39. Wonach richtet sich der Prüfungszeitraum?

Der Prüfungszeitraum bei einer Prüfung von Industriebetrieben richtet sich nach folgenden Größenklassen: Großbetriebe: Umsatz über 5,15 Mio. DM oder steuerlicher Gewinn über 258.000,— DM, Mittelbetriebe: Umsatz über 515.000,— DM oder Gewinn über 62.000,— DM, Kleinbetriebe Umsatz über 190.000,—DM oder Gewinn über 36.000,— DM.

40. Was ist eine verbindliche Zusage im Sinne der AO?

Gemäß § 204 AO kann die Finanzbehörde dem Steuerpflichtigen im Anschluß an eine Außenprüfung auf Antrag verbindlich zusagen, wie ein für die Vergangenheit geprüfter und im Prüfbericht dargestellter Sachverhalt in Zukunft steuerrechtlich behandelt wird, wenn die Kenntnis der künftigen steuerrechtlichen Behandlung für die geschäftlichen Maßnahmen des Steuerpflichtigen von Bedeutung ist.

41. Wie wird die Steuergesetzgebung in der Bundesrepublik Deutschland geregelt?

Die Steuergesetzgebung in der Bundesrepublik hat ihre Grundlage im Art. 105 GG; dieser unterscheidet dem föderalistischen Aufbau der Bundesrepublik entsprechend

eine ausschließliche und
eine konkurrierende Gesetzgebung.

In Abschnitt X (Das Finanzwesen) Art. 105 GG ist geregelt:

Abs. 1: "Der Bund hat die ausschließliche Gesetzgebung über die Zölle und Finanzmonopole.
Abs. 2: Der Bund hat die konkurrierende Gesetzgebung über die übrigen Steuern, wenn ihm das Aufkommen dieser Steuern ganz oder zum Teil zusteht oder die Voraussetzungen des Artikels 72 Abs. 2 vorliegen.
Abs. 2a: Die Länder haben die Befugnis zur Gesetzgebung über die örtlichen Verbrauch- und Aufwandsteuern, solange und soweit sie nicht bundesgesetzlich geregelten Steuern gleichartig sind.
Abs. 3: Bundesgesetze über Steuern, deren Aufkommen den Ländern oder den Gemeinden (Gemeindeverbänden) ganz oder zum Teil zufließt, bedürfen der Zustimmung des Bundesrates."

In diesem Zusammenhang ist also auch Art. 72 GG von Bedeutung:

Abs. 1: "Im Bereich der konkurrierenden Gesetzgebung haben die Länder die Befugnis zur Gesetzgebung, solange und soweit der Bund von seinem Gesetzgebungsrecht keinen Gebrauch macht.
Abs. 2: Der Bund hat in diesem Bereich das Gesetzgebungsrecht, soweit ein Bedürfnis nach bundesgesetzlicher Regelung besteht, weil
1. eine Angelegenheit durch die Gesetzgebung einzelner Länder nicht wirksam geregelt werden kann oder
2. die Regelung einer Angelegenheit durch ein Landesgesetz die Interessen anderer Länder oder der Gesamtheit beeinträchtigen könnte oder
3. die Wahrung der Rechts- und Wirtschaftseinheit, insbesondere die Wahrung der Einheitlichkeit der Lebensverhältnisse über das Gebiet eines Landes hinaus sie erfordert."

3.2.7 Unternehmensbezogene Steuern: Einkommensteuer, Körperschaftsteuer, Gewerbesteuer, Vermögensteuer, Umsatzsteuer

01. Wer unterliegt der Steuerpflicht nach dem Einkommensteuergesetz?

Das Einkommensteuergesetz unterscheidet eine unbeschränkte und eine beschränkte Steuerpflicht.

Unbeschränkt steuerpflichtig sind alle natürlichen Personen, die im Geltungsbereich des Einkommensteuergesetzes (Bundesgebiet) einen Wohnsitz haben oder sich hier gewöhnlich aufhalten (§ 1 Abs. 1 EStG, Abschn. 1 Abs. 1-3 EStR). Die Steuerpflicht erstreckt sich grundsätzlich auch auf die im Ausland bezogenen Einkünfte, wenn auch diese im Ausland zur Einkommensteuer herangezogen worden sind (= Welteinkommen; Universalprinzip). Weitergehende unbeschränkte Einkommensteuerpflicht siehe § 1 Abs. 2 EStG.

Beschränkt steuerpflichtig (§ 1 Abs. 3 EStG, Abschn. 1 Abs. 4 EStR) sind Personen, die im Inland weder ihren Wohnsitz noch ihren gewöhnlichen Aufenthalt haben, soweit inländische Einkommen erzielt worden sind.

Der Umfang der Steuerpflicht richtet sich also im Regelfall nach dem Wohnsitz oder gewöhnlichen Aufenthalt.

Einen Wohnsitz (§ 8 AO) hat jemand dort, wo er eine Wohnung unter Umständen innehat, die darauf schließen lassen, daß er die Wohnung beibehalten oder benutzen wird.

Den gewöhnlichen Aufenthalt (§ 9 AO) hat jemand dort, wo er sich unter Umständen aufhält, die darauf schließen lassen, daß er an diesem Ort oder in diesem Gebiet nicht nur vorübergehend verweilt. Bei der Beurteilung, ob ein gewöhnlicher Aufenthalt vorliegt, ist ein zeitlich zusammenhängender Aufenthalt von mehr als sechs Monaten Dauer anzusehen; kurzfristige Unterbrechungen bleiben unberücksichtigt.

02. Wie wird das zu versteuernde Einkommen ermittelt?

Das zu versteuernde Einkommen (§ 2 Abs. 5 EStG) wird wie folgt ermittelt (vgl. auch Abschn. 3 Abs. 1 EStR):

1		Summe der Einkünfte aus den Einkunftsarten
2	+	nachzuversteuernder Betrag (§ 10a EStG)
3	./.	Verlustabzugsbetrag (§ 2a Abs. 1 Satz 3 Auslandsinvestitionsgesetz)
4	+	Hinzurechnungsbetrag (§ 2 Abs. 1 Satz 3 Auslandsinvestitionsgesetz)
5		Summe der Einkünfte
6	./.	Altersentlastungsbetrag (§ 24a EStG)
7	./.	Ausbildungsplatz-Abzugsbetrag (§ 24b EStG)
8	./.	Freibetrag für Land- und Forstwirte (§ 13 Abs. 3 EStG)
9	./.	ausländische Steuern vom Einkommen (§ 34c Abs. 2, 3 und 6 EStG)
10	=	Gesamtbetrag der Einkünfte (§ 2 Abs. 3 EStG)
11	./.	Sonderausgaben (§§ 10, 10b, 10c EStG)
12		Zwischensumme
13	./.	steuerbegünstigter nicht entnommener Gewinn (§ 10a EStG)
14	./.	Freibetrag für freie Berufe (§ 18 Abs. 4 EStG) - entfällt ab 1990
15	./.	außergewöhnliche Belastungen (§§ 33 bis 33c EStG, § 33 a EStG 1953 i.V. mit § 52 Abs. 22 EStG)
16		Steuerbegünstigung der zu eigenen Wohnzwecken genutzten Wohnung im eigenen Haus (§ 10e EStG)
17	./.	Verlustabzug (§ 10d EStG, § 2a Abs. 3 Satz 2 EStG, § 2 Abs. 1 Satz 2 Auslandsinvestitionsgesetz)
18	=	Einkommen (§ 2 Abs. 4 EStG)
19	./.	Altersfreibetrag (§ 32 Abs. 2 EStG)
20	./.	Kinderfreibetrag (§ 32 Abs. 6 EStG)
21	./.	Haushaltsfreibetrag (§ 32 Abs. 7 EStG)
22	./.	freibleibender Betrag nach § 46 Abs. 3 EStG, § 70 EStDV
23	=	zu versteuerndes Einkommen (§ 2 Abs. 5 EStG)

03. Welche Einkunftsarten werden unterschieden?

1. Einkünfte aus Land- und Forstwirtschaft
2. Einkünfte aus Gewerbebetrieb
3. Einkünfte aus selbständiger Arbeit
4. Einkünfte aus nichtselbständiger Arbeit
5. Einkünfte aus Kapitalvermögen
6. Einkünfte aus Vermietung und Verpachtung
7. sonstige Einkünfte im Sinne des § 22 EStG

04. Was ist im steuerlichen Sinne ein Gewerbebetrieb?

Eine selbständige nachhaltige Betätigung, die mit Gewinnabsicht unternommen wird und sich als Beteiligung am allgemeinen wirtschaftlichen Verkehr darstellt, ist Gewerbebetrieb, wenn die Betätigung weder als Ausübung von Land- und Forstwirtschaft noch als Ausübung eines freien Berufs noch als eine andere selbständige Arbeit im Sinne des Einkommensteuerrechts anzusehen ist. Die Gewinnabsicht (das Streben nach Gewinn) braucht nicht der Hauptzweck der Betätigung zu sein. Ein Gewerbebetrieb liegt, wenn seine Voraussetzungen im übrigen gegeben sind, auch dann vor, wenn das Streben nach Gewinn (die Gewinnabsicht) nur ein Nebenzweck ist.

05. Was ist Arbeitslohn?

Arbeitslohn sind alle Einnahmen, die dem Arbeitnehmer aus Anlaß des Dienstverhältnisses (Arbeitsergebnis) zufließen, soweit es sich nicht um steuerfrei gestellte Einnahmen handelt (§ 2 Abs. 1 LStDV).

Arbeitslohn kann in Geld oder in Geldeswert (Sachleistungen) gewährt werden. Es ist gleichgültig, ob es sich um einmalige oder laufende Einnahmen handelt.

06. Was unterliegt der Körperschaftsteuer?

Der Gewinn als das Einkommen juristischer Personen.

07. Wer unterliegt im einzelnen der Steuerpflicht der Körperschaftsteuer?

Der Körperschaftsteuer unterliegen nach § 1 KStG: Kapitalgesellschaften, Erwerbs- und Wirtschaftsgenossenschaften, Versicherungsvereine auf Gegenseitigkeit, sonstige juristische Personen des privaten Rechts, nichtrechtsfähige Vereine, Anstalten, Stiftungen und andere Zweckvermögen des privaten Rechts; Betriebe gewerblicher Art von juristischen Personen des öffentlichen Rechts.

Diese Körperschaften sind unbeschränkt steuerpflichtig, wenn sie ihre Geschäftsleitung oder ihren Sitz im Inland haben.

08. Wer ist von der Körperschaftsteuer befreit?

Die Deutsche Bundespost, die Deutsche Bundesbahn, die Monopolverwaltungen des Bundes und die staatlichen Lotterieunternehmen,

Gesamtwirtschaftlich wichtige Banken mit öffentlichen Aufgaben, wie die Deutsche Bundesbank, die Kreditanstalt für Wiederaufbau, die Lastenausgleichsbank, die Deutsche Siedlungs- und Landesrentenbank u.a.,

Körperschaften, Personenvereinigungen und Vermögensmassen, die ausschließlich und unmittelbar gemeinnützigen, mildtätigen oder kirchlichen Zwecken dienen,

sozialen Belangen und der Wohlfahrt dienende Einrichtungen, Selbsthilfeorganisationen, wie Berufsverbände ohne öffentlich-rechtlichen Charakter, deren Zweck nicht auf einen wirtschaftlichen Geschäftsbetrieb gerichtet ist, und solche, die deren Vermögensverwaltung zum Gegenstand haben,

09. Was ist Bemessungsgrundlage der Vermögensteuer?

Das Vermögen bildet die Bemessungsgrundlage für die Vermögensteuer. Der Vermögensteuer unterliegt nach § 4 Abs. 1 Nr. VStG:

Bei unbeschränkt Steuerpflichtigen das Gesamtvermögen (§§ 114 bis 120 BewG). Zum Gesamtvermögen gehören nicht die Wirtschaftsgüter, die nach den Vorschriften des VStG oder anderer Gesetze von der Vermögensteuer befreit sind.

Bei beschränkt Steuerpflichtigen das Inlandsvermögen (§ 4 Abs. 1 Nr. 2 VStG, § 121 BewG).

Der Wert des Gesamtvermögens oder des Inlandsvermögens wird auf volle 1.000,— DM nach unten abgerundet.

Das Vermögen setzt sich zusammen (§ 18 BewG) aus
- dem land- und forstwirtschaftlichen Vermögen
- dem Grundvermögen
- dem Betriebsvermögen
- dem sonstigen Vermögen.

Vermögensteuer für Gewerbetreibende von bislang 125.000 DM auf 500.000 DM erhöht worden. Allerdings können nunmehr Besitz- und Schuldposten nur dann in die Vermögensaufstellung eingestellt werden, wenn sie dem Gewerbetreibenden gehören, also in seinem wirtschaftlichen Eigentum stehen. Das Betriebsvermögen des Einzelunternehmers umfaßt: das notwendige Betriebsvermögen, d.h. alle Wirtschaftsgüter, die ausschließlich und unmittelbar für betriebliche Zwecke genutzt werden sowie das gewillkürte Betriebsvermögen, d.h. diejenigen Wirtschaftsgüter, die in einem objektiven Zusammenhang mit dem Betrieb stehen. Das Betriebsvermögen der Personengesellschaften besteht im wesentlichen aus Gesamthandsvermögen.

10. Wer ist gewerbesteuerpflichtig?

Steuergegenstand ist der Gewerbebetrieb als Objekt. Ist dieses Objekt existent, beginnt die sachliche Steuerpflicht. Je nach der Rechtsform der Unternehmung sind zu unterscheiden (Abschn. 21 GewStR):

1. Bei Einzelgewerbetreibenden und bei Personengesellschaften i.S. des § 2 Abs. 2 Nr. 1 GewStG beginnt die Steuerpflicht in dem Zeitpunkt, in dem die maßgebliche Tätigkeit aufgenommen wird.

    Vorbereitungsverhandlungen (z.B. Anmietung eines Geschäftslokals, Errichtung eines Fabrikgebäudes) begründen die Gewerbesteuerpflicht noch nicht. Die Eintragung ins Handelsregister ist hier ohne Bedeutung.

2. Bei Gewerbebetrieben kraft Rechtsform gem. § 2 Abs. 2 Nr. 2 GewStG beginnt die Steuerpflicht

    bei Kapitalgesellschaften mit der Eintragung ins Handelsregister,
    bei Erwerbs- und Wirtschaftsgenossenschaften mit der Eintragung in das Genossenschaftsregister,

bei Versicherungsvereinen auf Gegenseitigkeit mit der aufsichtsbehördlichen Erlaubnis zum Geschäftsbetrieb,

bei den sonstigen juristischen Personen des privaten Rechts und den nichtrechtsfähigen Vereinen, wenn alle anderen Voraussetzungen mit der Aufnahme eines wirtschaftlichen Geschäftsbetriebes vorliegen,

bei Unternehmen, für die der Grund für die Befreiung von der Gewerbesteuer wegfällt, im Zeitpunkt des Wegfalls des Befreiungsgrundes.

11. Wie wird die Gewerbesteuer berechnet?

Die Steuermeßbeträge, die sich nach dem Gewerbeertrag und dem Gewerbekapital ergeben, werden zusammengerechnet und ergeben den einheitlichen Steuermeßbetrag (§ 14 GewStG).

Der einheitliche Steuermeßbetrag wird für den Erhebungszeitraum (= Kalenderjahr) nach dessen Ablauf vom Betriebsfinanzamt festgesetzt.

Fällt die Steuerpflicht im Laufe des Erhebungszeitraums weg, so kann der einheitliche Steuermeßbetrag sofort festgesetzt werden.

Die Gewerbesteuer wird aufgrund des einheitlichen Steuermeßbetrags mit einem Hundertsatz (Hebesatz) festgesetzt und erhoben (§ 16 GewStG).

Dieser Hebesatz wird von der hebeberechtigten Gemeinde für ein Kalenderjahr oder mehrere Kalenderjahre festgesetzt; er muß für alle in der Gemeinde vorhandenen Unternehmen der gleiche sein.

12. Was bedeutet Steuerzerlegung?

Bei Hebeberechtigung mehrerer Gemeinden bezogen auf denselben Gewerbebetrieb ist der einheitliche Steuermeßbetrag auf die einzelnen Gemeinden zu zerlegen (§ 28 GewStG).

Mehrere Gemeinden sind hebeberechtigt, wenn
ein Unternehmen im Erhebungszeitraum zur Ausübung des Gewerbes in mehreren Gemeinden Betriebsstätten unterhalten hat,
sich die Betriebsstätte innerhalb eines Gewerbebetriebs über mehrere Gemeinden erstreckt,
eine Betriebstätte innerhalb eines Erhebungszeitraums von einer Gemeinde in eine andere Gemeinde verlegt worden ist.

Der allgemeine Zerlegungsmaßstab (§ 29 GewStG, Abschn. 115 GewStR) bezieht sich entweder

1. auf das Verhältnis der Betriebseinnahmen, die in den Betriebsstätten der einzelnen Gemeinden (tatsächlich) erzielt worden sind, zu der Summe der in allen Betriebstätten erzielten Betriebseinnahmen oder

2. auf das Verhältnis der Arbeitslöhne, die an die bei den Betriebstätten der einzelnen Gemeinden beschäftigten Arbeitnehmer gezahlt worden sind, zu der Summe der Arbeitslöhne, die an die bei allen Betriebstätten beschäftigten

Arbeitnehmer gezahlt worden sind. Dieses Verfahren gilt als Normalregelung für alle Arten von Unternehmungen mit Ausnahme der Wareneinzelhandelsunternehmen.

Bei Wareneinzelhandelsunternehmen wird ein kombinierter Zerlegungsmaßstab benutzt; zur Hälfte ist das Verhältnis der Betriebseinnahmen (Verfahren (1)) und zur anderen Hälfte das Verhältnis der Arbeitslöhne (Verfahren (2)) anzuwenden.

Für die Ermittlung der Verhältniszahlen sind die Betriebseinnahmen oder Arbeitslöhne auf volle 1.000 DM abzurunden.

Erstreckt sich die Betriebsstätte auf mehrere Gemeinden - § 30 GewStG - (mehrgemeindliche Betriebstätte), so ist der einheitliche Steuermeßbetrag oder Zerlegungsanteil auf die Gemeinden zu zerlegen, auf die sich die Betriebstätte erstreckt.

Hierbei soll die Zerlegung nach Lage der örtlichen Verhältnisse unter Berücksichtigung der durch die Betriebstätte verursachten Gemeindelasten erfolgen.

13. Was ist der Gegenstand der Umsatzsteuer?

Das Umsatzsteuergesetz bietet keine Definition des Umsatzbegriffs; vielmehr werden in § 1 UStG die Tatbestandsmerkmale aufgezählt, die das Gesetz unter "Umsatz" versteht (= steuerbare Umsätze).

Danach sind steuerbare Umsätze

die Lieferungen und sonstigen Leistungen, die ein Unternehmer im Erhebungsgebiet gegen Entgelt im Rahmen seines Unternehmens ausführt (§ 1 Abs. 1 Nr. 1 UStG);

Lieferungen und sonstigen Leistungen, die im Erhebungsgebiet ein Unternehmer an seine Arbeitnehmer (§ 1 Abs. 1 Nr. 1b UStG) bzw. Körperschaften oder Personenvereinigungen an ihre Gesellschafter oder Mitglieder (§ 1 Abs. 1 Nr. 3) ohne besonders berechnetes Entgelt erbringen;

Eigenverbrauch,
- wenn ein Unternehmer im Erhebungsgebiet Gegenstände aus seinem Unternehmen für Zwecke entnimmt, die außerhalb des Unternehmens liegen (§ 1 Abs. 1 Nr. 2a),
- soweit ein Unternehmer im Erhebungsgebiet sonstige Leistungen der in § 3 Abs. 9 bezeichneten Art für Zwecke erbringt, die außerhalb des Unternehmens liegen (§ 1 Abs. 1 Nr. 2b)
- soweit ein Unternehmer im Erhebungsgebiet Aufwendungen tätigt, die nach § 4 Abs. 5 Nr. 1-7 und Abs. 6 EStG bei der Gewinnermittlung ausscheiden, das gilt nicht für Geldgeschenke (§ 1 Abs. 1 Nr. 2c);

die Einfuhr von Gegenständen in das Zollgebiet (§ 1 Abs. 1 Nr. 4).

Steuerbar ist also der einzelne Umsatz, bei dem alle Tatbestandsmerkmale des §1 Abs. 1 UStG erfüllt sind.

3.3 Kosten- und Leistungsrechnung

3.3.1 Grundlagen der Kostenrechnung

01. Was versteht man unter Kosten?

Unter Kosten wird der betriebsnotwendige Werteverzehr zur Erstellung betrieblicher Leistungen verstanden. Er wird in Geld gemessen.

02. Wie werden Kosten unterteilt?

Die Kosten werden nach herkömmlicher Art nach der Erfaßbarkeit und Zurechenbarkeit je Leistungseinheit in Einzelkosten, Sondereinzelkosten und Gemeinkosten eingeteilt.

Einzelkosten sind solche Kosten, die für den einzelnen Auftrag oder das einzelne Erzeugnis, d.h. die Leistungseinheit, unmittelbar aufgewendet und genau erfaßt werden. Hierzu zählen im wesentlichen die Rohstoffe, auch Fertigungsmaterial genannt, und die Fertigungslöhne.

Sondereinzelkosten sind Kosten, die nur in besonderen Fällen berechnet werden. Sie zerfallen in Sondereinzelkosten der Fertigung und des Vertriebs. Sondereinzelkosten der Fertigung sind solche, die weder Stoffverbrauch noch Einzellöhne sind, dem Erzeugnis aber dennoch direkt zugerechnet werden können, wie Kosten für Sonderausstattungen, Kosten für Klischees, Löhne fremder Zulieferer oder Stücklizenzgebühren. Sondereinzelkosten des Vertriebs sind z.B. Vertreterprovisionen, Ausgangsfrachten und Spezialverpackungen, d.h. Vertriebskosten, die für jeden Auftrag in ihrer Höhe genau erfaßbar sind.

Gemeinkosten sind Kosten, die während eines bestimmten Zeitraumes für eine Vielzahl von Erzeugnissen gemeinsam anfallen und den einzelnen Leistungseinheiten nach bestimmten Verteilungsschlüsseln zugeteilt werden.

03. Wie werden die Gemeinkosten unterteilt?

Materialgemeinkosten, Fertigungsgemeinkosten, Verwaltungsgemeinkosten, Vertriebsgemeinkosten.

04. Was sind kalkulatorische Kosten?

Für die Leistungsberechnung müssen die kalkulatorischen Kosten berücksichtigt werden. Kalkulatorische Kosten sind Kosten für verbrauchsbedingte Abschreibungen, betriebsbedingte Zinsen, betriebsbedingte Wagnisverluste und Unternehmerlohn. Sie müssen in der Höhe berücksichtigt werden, die durch die Leistungserstellung bedingt sind.

05. Was ist Aufwand?

Von den Kosten muß der Aufwand streng unterschieden werden. Unter Aufwand wird derjenige Leistungsverzehr des Gesamtbetriebes verstanden, der sich auf den Erfolg auswirkt.

3.3.1 Grundlagen der Kostenrechnung

06. Wie wird die Kostenrechnung unterteilt?

Die Kostenrechnung wird nach den Gemeinschaftsrichtlinien der Kosten- und Leistungsrechnung (GRK) in die Kostenarten-, die Kostenstellen-, die Kostenträger-, die Leistungs- und Betriebsergebnisrechnung eingeteilt.

Die Kostenartenrechnung soll die anfallenden Kosten sammeln und nach Kostengruppen ordnen. Die Kosten lassen sich in folgende Gruppen zusammenfassen: Stoffkosten (Rohstoffe, Hilfsstoffe, bezogene Fertigteile, Betriebsstoffe), Arbeitskosten (Löhne und Gehälter, Sozialkosten, sonstige Personalkosten, kalkulatorischer Unternehmerlohn), Anlagekosten (Kosten durch Instandhaltung, Abnutzung und Abschreibung, Kapitalkosten für Zins und Risiko), Fremdleistungskosten (Kosten durch die Inanspruchnahme fremder Betriebe, z.B. Transportkosten, Miete, Strom, Wasser, Kosten für die Einschaltung von Werbeagenturen, Patent- und Lizenzkosten, Versicherungsprämien, Rechts- und Beratungskosten), Kosten der menschlichen Gesellschaft (Steuern).

Die Kostenstellenrechnung verteilt die Kosten auf den Ort ihrer Entstehung, wobei die Kosten nach Einzel- und Gemeinkosten getrennt erfaßt werden müssen.

Zur Zuordnung der Kosten auf die Kostenstellen werden Kostenbereiche gebildet: Stoffbereich, Fertigungsbereich, Entwicklungs- und Konstruktionsbereich, Verwaltungsbereich, Vertriebsbereich, allgemeiner Bereich und neutraler Bereich.

Die Zuordnung der Gemeinkosten auf die Kostenstellen kann innerhalb oder außerhalb der Buchführung geschehen. Zweckmäßiger und allgemein üblich ist die Kostenstellenrechnung außerhalb der Buchführung in tabellarischer Form auf einem Betriebsabrechnungsbogen (BAB).

Die Kostenträgerrechnung - das dritte Teilgebiet der Kostenrechnung - ordnet die Kosten den einzelnen Kostenträgern zu. Unter Kostenträger versteht man die einzelnen unfertigen oder fertigen Erzeugnisse, die Serien, Aufträge und betrieblichen Einzelleistungen.

Die Kostenträgerrechnung zerfällt in die Kostenträgerstückrechnung und in die Kostenträgerzeitrechnung. In der Kostenträgerstückrechnung - sie ist die eigentliche Kalkulation - werden die Kosten für den einzelnen Kostenträger, d.h. für jede Einheit, berechnet.

Die Kostenträgerstückrechnung arbeitet je nach der Art der Fertigung mit unterschiedlichen Verfahren. Die Divisionskalkulation ist anwendbar in Betrieben, die nur ein einziges oder mehrere gleichartige Erzeugnisse in großen Mengen herstellen. Die Kosten je Leistungseinheit werden durch die Division der Gesamtkosten durch die Gesamtzahl der Leistungseinheiten, d.h. der Stücke errechnet. Bei der Erzeugung gleichartiger Stücke, die sich nur in der Endstufe in Güte, Form oder Ausstattung unterscheiden, wird die Äquivalenzziffernkalkulation angewandt. Da sich die Unterschiede in der Endstufe in den Kosten auswirken, werden diese mit Hilfe von Äquivalenzziffern, d.h. Verhältniszahlen, die angeben, wie sich die Kosten der verschiedenen gleichartigen Erzeugniseinheiten zueinander verhalten, in der Kalkulation unterschiedlich berücksichtigt.

Bei der **Herstellung verschiedenartiger Erzeugnisse wird die** *Zuschlagskalkulation* **angewandt.** Sie setzt die Trennung in Einzel- und Gemeinkosten voraus, wobei die Einzelkosten dem Kostenträger direkt und die Gemeinkosten indirekt in Form von Zuschlagssätzen zugerechnet werden. Die Zuschlagskalkulation kann in Form der *Auftragskalkulation* - jeder Auftrag wird hierbei gesondert erfaßt - oder in Form der *Sortenkalkulation* durchgeführt werden, wobei der Kostenträger die in einer Rechenperiode hergestellte Menge einer Sorte ist.

Die *Stufendivisionskalkulation* wird angewandt, wenn ein Massenerzeugnis einzelne Fertigungsstufen in verschiedenen Mengen durchläuft, wobei die Erzeugnisse nur mit den Kosten derjenigen Fertigungsstufen belastet werden, die sie durchlaufen haben. Schließlich ist die *Kalkulation von Kuppelprodukten* dort üblich, wo bei einem Produktionsprozeß verbundene Leistungen gleichzeitig anfallen. Fallen z.B. mehrere Hauptprodukte an, so werden die Gesamtkosten im Verhältnis ihrer Verkaufswerte aufgeschlüsselt. Fallen Haupt- und Nebenprodukte an, so wird von den Gesamtkosten der Nettoveräußerungswert der Nebenprodukte abgezogen. Die Division der Restkosten des Hauptproduktes durch die erzeugte Leistungsmenge ergibt die Stückkosten des Hauptproduktes.

Die **Kostenträgerzeitrechnung** hat die Aufgabe, alle **Einzel- und Gemeinkosten eines bestimmten Zeitraumes den verschiedenen Kostenträgergruppen zuzurechnen**, den Anteil der Kostenträger am Gewinn oder Verlust festzustellen und das **Betriebsergebnis** zu ermitteln.

Die Kostenträgerzeitrechnung **wird mit Hilfe eines Kostenträgerblattes zu einer Ergebnisrechnung (Leistungs- und Betriebsergebnisrechnung) ausgebaut.** Das Kostenträgerblatt ist aus dem Kalkulationsschema entwickelt worden. Die Einzelkosten werden der Buchführung entnommen und auf die verschiedenen Erzeugnisgruppen verteilt. Die Gemeinkosten werden anteilig verrechnet. Die Ergebnisrechnung hat die Aufgabe, durch Vergleich der Selbstkosten des Umsatzes mit den entsprechenden Nettoverkaufserlösen das Umsatzergebnis gesamt und für die verschiedenen Kostenträgergruppen zu ermitteln. Das Umsatzergebnis wird durch die Subtraktion der Selbstkosten des Umsatzes von den Nettoverkaufserlösen ermittelt. Wird das Umsatzergebnis außerdem um die Überdeckung laut BAB erhöht bzw. um die Unterdeckung laut BAB verringert, so erhält man das Betriebsergebnis.

Das im Kostenträgerblatt ermittelte Betriebsergebnis muß mit dem Betriebsergebniskonto der Buchführung übereinstimmen. Mit Hilfe der Kostenstellenrechnung (des BAB), der Kostenträgerrechnung und der Betriebsergebnisrechnung wird daher eine Abstimmung der Kostenrechnung mit der Buchführung erreicht.

07. Warum ist die Kostenrechnung eine Hilfe für qualifizierte Unternehmensentscheidungen?

Die Bedeutung der Kostenrechnung besteht darin, **daß sie es ermöglicht, durch den Vergleich von Kosten und Leistungen den Wirtschaftlichkeitsgrad der Leistungserstellung zu überwachen.** Die Kosten- und Leistungsrechnung ist aber aus einer Reihe von Gründen auch zu einem wesentlichen Instrument der Unternehmensfüh-

3.3.1 Grundlagen der Kostenrechnung

rung geworden, denn überall dort, wo die Konkurrenz über die Herstellung und den Absatz auch der eigenen Produkte entscheidet, d.h. überall dort, wo die Produktionskapazitäten größer als die Nachfrage sind, sind die Kosten oftmals losgelöst von den zu erzielenden Preisen zu sehen. Der Betrieb kann dann nicht mehr von den Kosten ausgehen, sondern muß in erster Linie die zu erzielenden Preise berücksichtigen. Es erfolgt daher eine Rückrechnung von den zu erzielenden Preisen auf die Kosten, die entstehen würden, wenn die Produktion aufgenommen würde. Erst wenn die Kosten die erzielbaren Preise decken, ist die Produktion sinnvoll, denn nur im Ausnahmefall ist ein Absatz ohne entsprechende Kostendeckung möglich. Mithin kommt der Kostenplanung als Orientierung der Produktion eine entscheidende Bedeutung zu.

08. Was ist die Aufgabe der Kostenrechnung?

a) Ermittlung der Selbstkosten zur Bildung und Kontrolle der Angebotspreise, d.h. die Kalkulation,
b) die richtige Erfassung, Verteilung und Zurechnung der Kosten, die bei der betrieblichen Leistungserstellung entstanden sind,
c) die Bewertung der Bestände an Halb- und Fertigerzeugnissen,
d) die Feststellung des Erfolges,
e) die Messung der Wirtschaftlichkeit als Grundlage für betriebliche Dispositionen,
f) die Planung, Kontrolle und Disposition im Rahmen der Unternehmenspolitik.

09. Wie ist die Kostenrechnung organisatorisch gegliedert?

Die Kostenrechnung gliedert sich in die Betriebsabrechnung und in die Kalkulation. Die Betriebsabrechnung gliedert sich

a) in die Kostenartenrechnung (die fragt, welche Kosten entstanden sind),
b) die Kostenstellenrechnung (die fragt, wo die Kosten entstanden sind),
c) die Kostenträgerrechnung (die fragt, für wen diese Kosten entstanden sind).

Im Betriebsabrechnungsbogen werden die Kostenarten auf die Kostenstellen umgelegt, kostenstellenweise verrechnet und die Zuschläge für die Kalkulation ermittelt. Die Zuordnung der Kosten erfolgt im Rahmen der Kostenträgerzeitrechnung.

Die Kalkulation hingegen ist im Gegensatz zur Betriebsabrechnung eine Stückrechnung. Sie ermittelt die Kosten pro Stück, Auftrag oder Leistung. Dabei wird im Rahmen der Kostenträgerstückrechnung zwischen der Vor- und der Nachkalkulation unterschieden.

Die Ergebnisrechnung basiert auf der Kostenträgerzeitrechnung, die auch der Nachkalkulation entspricht.

10. Wie kann man die Kostenrechnung schematisch darstellen?

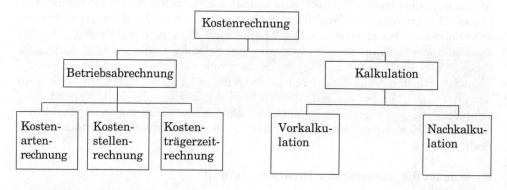

Aus der Buchhaltung ergibt sich:

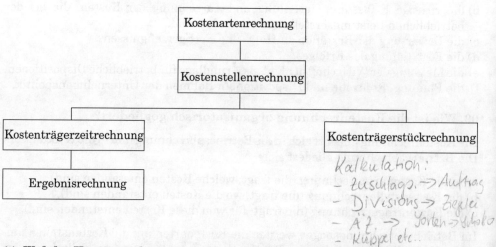

11. Welche Kostenrechnungssysteme werden unterschieden?

Man unterscheidet die Vollkostenrechnung und die Teilkostenrechnung. Da das Unternehmen langfristig nur bestehen kann, wenn die vollen Kosten gedeckt sind und bestimmte Informationen nur aus der Vollkostenrechnung gewonnen werden können, die Vollkostenrechnung einfach zu handhaben ist und bestimmte gesetzliche Vorschriften hinsichtlich der Bewertung nur im Rahmen der Vollkostenrechnung zu gewinnen sind und überdies dort, wo öffentliche Aufträge erfüllt werden, nur die Kalkulation aufgrund der Vollkostenrechnung möglich ist, hat die Vollkostenrechnung in der Praxis erhebliche Bedeutung.

Der Vollkostenrechnung werden jedoch Mängel zugeschrieben, die die Teilkostenrechnung begünstigen. Man argumentiert nämlich, daß aus Wettbewerbsgründen oftmals nur die von der Produktionsmenge direkt zuordnungsbaren variablen Kosten berechnet werden können. Die Teilkostenrechnung liefert daher in bestimmten Fällen Entscheidungshilfen. Der Nachteil der Teilkostenrechnung besteht nun darin, daß kein Unternehmen insgesamt und auf Dauer auf die Deckung der fixen

Kosten verzichten kann, weil dadurch der Konkurs unabwendbar würde. In der betrieblichen Praxis ist daher je nach dem Produktionsprogramm eine Kombination beider Kostenrechnungssysteme notwendig.

12. Nach welchen Kriterien können die Kosten eingeteilt werden?

- Haupt- und Nebenkosten,
- einmalige und laufende Kosten,
- Gesamt- und Sonderkosten,
- direkte und indirekte Kosten,
- Einzel- und Gemeinkosten,
- Grund- und Zuschlagskosten,
- Soll- und Istkosten,
- fixe und variable Kosten,
- Durchschnitts- und Grenzkosten,
- Standard-, Normal- und Plankosten.

13. Was sind die Grundbegriffe der Kostenrechnung?

In der Kostenrechnung verwendet man als Grundbegriff die Begriffspaare:
Ausgaben - Einnahmen,
Aufwand - Ertrag,
Kosten - Leistungen.

14. Was versteht man unter Ausgaben und Einnahmen?

Ausgaben und Einnahmen sind Zahlungen im Rahmen des Kassen- und Giroverkehrs, unabhängig davon, ob es sich um eigene oder um fremde Mittel handelt.

15. Was versteht man unter Aufwand und Ertrag?

Aufwand ist jeder Verbrauch an Gütern und Diensten in einer bestimmten Periode, unabhängig davon, ob der Aufwand zur Leistungserstellung führt. Ertrag ist jeder Wertzuwachs. Er kann auf betrieblichen Leistungen beruhen oder davon unabhängig sein.

16. Welche Arten von Aufwand werden unterschieden?

Der Gesamtaufwand einer Periode wird in den betrieblichen Zweckaufwand und in den zweckfremden Aufwand der Periode unterteilt. Der betriebliche Zweckaufwand wiederum wird in den außerordentlichen Zweckaufwand und den ordentlichen betrieblichen Zweckaufwand unterteilt. Der außerordentliche Zweckaufwand kann außergewöhnlich oder periodenfremd sein. Ein außergewöhnlicher Zweckaufwand läge z.B. bei einer Explosion einer nicht genügend hoch versicherten Anlage vor, während ein periodenfremder Zweckaufwand eine Steuernachzahlung sein kann. Der ordentliche betriebliche Zweckaufwand der Periode wird als Kosten der Periode bezeichnet. Der zweckfremde Aufwand und der außerordentliche betriebliche Zweckaufwand bilden zusammen den neutralen Aufwand.

17. Warum bezeichnet man einen Teil des Aufwandes als neutralen Aufwand?

Um den Wertverzehr im Unternehmen klar erfassen und abgrenzen zu können, der nicht betriebsbedingt ist, d.h. in keinem Zusammenhang mit der Leistungserstellung steht, wurde der Begriff des neutralen Aufwandes eingeführt.

18. Was versteht man unter Kosten und Leistungen?

Unter Kosten versteht man den bewerteten Verzehr von Gütern und Dienstleistungen zur Erstellung betrieblicher Leistungen. Ein Wertverzehr bedeutet mithin, daß ein ursprünglich vorhandener Wert nicht mehr oder nicht mehr im vollen Umfang vorhanden ist. Unter Leistungen versteht man den durch die betriebliche Tätigkeit entstandenen Ertrag.

19. Wie werden die Gesamtkosten einer Periode ermittelt?

Die Gesamtkosten einer Abrechnungsperiode errechnen sich aus der Summe des ordentlichen betrieblichen Zweckaufwandes und der Zusatzkosten, die auch kalkulatorische Kosten genannt werden.

20. Welche Arten von kalkulatorischen Kosten werden unterschieden?

Man unterscheidet den kalkulatorischen Unternehmerlohn, die kalkulatorische Eigenkapitalverzinsung, die kalkulatorischen Wagnisse, die kalkulatorischen Abschreibungen und die kalkulatorische Miete.

21. Wie werden die Kosten vom Aufwand unterschieden?

Während die Kosten leistungsbedingter Güter- und Diensteverzehr sind, ist der Aufwand der im Rahmen der Erfolgsrechnung erfaßte gesamte Verbrauch an Gütern und Dienstleistungen einschließlich des nicht leistungsbedingten Verzehrs, d.h. des neutralen Aufwands.

22. Wie unterscheiden sich die Kosten von den Ausgaben?

Mehrere Fälle sind denkbar, und zwar:

- Ausgaben werden niemals zu Kosten. Beispiel: Es werden Ausgaben zu spekulativen Zwecken getätigt. Dabei entsteht lediglich Aufwand.

- Ausgaben werden später zu Kosten. Beispiel: Es wurden Waren gekauft, bezahlt und auf Lager genommen, aber erst in einer späteren Periode verwandt.

- Ausgaben werden gleichzeitig zu Kosten. Beispiel: Zahlung von Löhnen.

- Ausgaben folgen den Kosten zu einem späteren Zeitpunkt. Beispiel: Es müssen nachträglich Mieten für ein betrieblich genutztes Gebäude gezahlt werden.

- Kosten werden niemals zu Ausgaben. Beispiel: Kalkulatorische Eigenkapitalzinsen.

23. Wie werden Ausgaben und Aufwand abgegrenzt?

Die Gesamtausgaben einer Abrechnungsperiode setzen sich zusammen aus

- Ausgaben, die nie zu Aufwand werden (Beispiel: Die Rückzahlung eines in Anspruch genommenen Kredits, Ausgaben für die Beschaffung nicht abnutzbarer Vermögensgegenstände);

3.3.1 Grundlagen der Kostenrechnung

- Ausgaben der Abrechnungsperiode, bei denen der Aufwand früher oder später entsteht (Beispiel: Es werden Maschinen beschafft, die einmalige Ausgaben verursachen, jedoch über mehrere Perioden genutzt werden und deren Aufwendungen in einer Periode nur in der Höhe der Wertminderungen auftreten); es entstehen die sog. Posten der Rechnungsabgrenzung, d.h. Ausgaben, die erst in der nächsten Periode zu Aufwand werden wie z.B. die Vorauszahlung von Löhnen und Ausgaben, denen in der Vorperiode ein Aufwand gegenüberstand, wie z.B. die nachträgliche Zahlung einer Miete;
- Ausgaben der Periode, die dem Aufwand der Abrechungsperiode entsprechen.

Es gibt ferner Aufwand, der früher oder später Ausgaben hervorruft (Beispiel: Wertminderung einer früher gekauften Maschine) und einen Aufwand, der nicht mit Ausgaben verbunden ist (Beispiel: Nutzung einer geschenkten Maschine).

24. Wie werden Einnahmen und Erträge abgegrenzt?

Man unterscheidet Einnahmen, die nie einen Ertragscharakter aufweisen, wie z.B. die Aufnahme eines Kredits, der Verkauf eines unbebauten Grundstücks und Einnahmen, bei denen der Ertrag früher (Beispiel: Verkauf von in der Vorperiode hergestellten oder bezogenen Waren) oder später vorliegt (Beispiel: Kundenvorauszahlungen).

Man unterscheidet ferner Erträge, denen früher oder später Einnahmen gegenüberstehen (Beispiele: Kundenvorauszahlungen oder Produktion auf Lager) und Erträge, die nie zu Einnahmen führen (Beispiel: Herstellung von Produkten, die im eigenen Betrieb verbraucht werden).

25. Welche Bereiche fallen unter die Erträge?

Die Umsatzerträge, Erträge aus Erhöhungen der Bestände, aktivierte Eigenleistungen, betriebliche Nebenleistungen.

26. Welche Arten von Erträgen werden unterschieden?

Man unterscheidet den betrieblichen Zweckertrag und den zweckfremden Ertrag. Der betriebliche Zweckertrag ist entweder ordentlicher betrieblicher Zweckertrag oder außerordentlicher Zweckertrag. Der außerordentliche Zweckertrag ist entweder außergewöhnlich (Beispiel: Verkauf einer Erfindung) oder periodenfremd, etwa durch eine Steuerrückzahlung. Der zweckfremde Ertrag und der außerordentliche betriebliche Zweckertrag bilden den neutralen Ertrag.

27. Warum verwendet man den Begriff neutrale Erträge?

Um die betriebsfremden und die außerordentlichen Erträge von dem ordentlichen Zweckertrag abgrenzen zu können, wurde der Begriff neutraler Ertrag gewählt, der in einem Zusammenhang mit dem neutralen Aufwand steht.

28. Wie werden Ertrag und Leistung abgegrenzt?

Der ordentliche betriebliche Zweckertrag stellt die Gesamtleistung der Abrechnungsperiode dar. Diese Gesamtleistung umfaßt sowohl die aktivierten Leistungen, d.h. den Zugang an Beständen und Eigenleistungen als auch die Marktleistungen, d.h. den Verkaufswert der in der laufenden Periode hergestellten bzw. abgesetzten Waren und dem Wert der in dieser Periode abgesetzten, aber früher hergestellten bzw. bezogenen Waren.

29. Welche Bedeutung haben die Begriffspaare Ausgaben - Einnahmen, Aufwand - Ertrag und Kosten - Leistung?

Ausgaben und Einnahmen schlagen sich in der Liquidität nieder und erfordern eine Deckung aller Ausgaben der Abrechnungsperiode durch entsprechende Einnahmen. Die Differenz von Aufwand und Ertrag drückt den Unternehmenserfolg aus und die Differenz von Leistung und Kosten drückt den Betriebserfolg aus.

30. Welche Kriterien sind im Rahmen der Kostenrechnung von besonderer Bedeutung?

Die Unterscheidung nach fixen und variablen Kosten, die Unterscheidung nach Einzel- und Gemeinkosten, sowie die Unterscheidung nach Kostenarten.

31. Was versteht man unter fixen und variablen Kosten?

Fixe Kosten sind Kosten, die unabhängig von der Höhe der Ausbringung und des Beschäftigungsgrades anfallen. Sie fallen auch an, wenn der Betrieb nur wenig ausgelastet oder sogar stillgelegt ist. Ändert sich der Ausnutzungsgrad, so ändert sich in Intervallen die Fixkostenstruktur. Man spricht von sprungfixen Kosten.

Variable Kosten sind solche, die sich mit der Höhe der Ausbringung verändern, und zwar können sie sich entweder im gleichen Verhältnis ändern, sie können schneller wachsen als die Ausbringung (dann handelt es sich um progressive Kosten) und sie können langsamer wachsen als die Ausbringung (dann handelt es sich um degressive Kosten).

32. Worin liegt das Problem der Zuordnung der Kosten in fixe oder variable Kosten?

Es gibt kaum Kosten, die eindeutig ihrem Wesen nach fixe oder variable Kosten sind. Sie werden vielmehr erst durch die Art der Verrechnung zu fixen oder zu variablen Kosten. Abschreibungen sind z.B. dann fixe Kosten, wenn sie unabhängig von der Produktion verrechnet werden, sie sind variable Kosten, wenn sie auf das Stück bezogen werden. Einzelkosten sind in der Regel variable Kosten, da sie nicht entstanden wären, wenn dieses Stück nicht hergestellt worden wäre.

33. Wie werden Einzel- und Gemeinkosten zugeordnet?

Einzelkosten werden den Kostenträgern unmittelbar, d.h. ohne eine vorherige Verrechnung über die Kostenstellen den Kostenträgern zugerechnet. Hingegen lassen sich die Gemeinkosten nicht direkt auf die Leistung zurechnen, da sie für alle oder mehrere Leistungen des entsprechenden Kostenbereichs entstanden sind. Die Verrechnung der Gemeinkosten muß mit Hilfe von Zuschlägen über Schlüssel erfolgen.

3.3.1 Grundlagen der Kostenrechnung

34. Was versteht man unter Grenzkosten?

Als Grenzkosten bezeichnet man diejenigen Kosten, die zusätzlich anfallen, wenn die bisherige Menge um ein Stück erhöht wird.

35. Was bezeichnet man als Prozeßkostenrechnung?

Als Prozeßkostenrechnung bezeichnet man eine neuartige Kostenrechnungsvariante, die auch den Namen Activity-Based-Costing (ABC) trägt und die die Gemeinkosten anders als bisher üblich vrteilt. Mit Hilfe der Prozeßkostenrechnung soll eine verursachergerechte Kostenzuweisung der Gemeinkosten erreicht werden, um schnell feststellen zu können, ob ein Produkt tatsächlich Gewinn abwirft.

36. Aus welchen Gründen wurde die Prozeßkostenrechnung entwickelt?

Die bisher angewandten Umlageschlüssel für die Gemeinkosten lassen kleine Serien oftmals billiger erscheinen, obwohl sie tatsächlich genauso hohe Vorbereitungskosten erfordern wie Großserien. In der Praxis werden den Umsätzen der einzelnen Produkte entweder zu geringe oder zu hohe Gemeinkosten in den Bereichen Produktionsvorbereitung, Marketing und Verwaltung gegenübergestellt, was dazu führt, daß Preise falsch kalkuliert, unwirtschaftliche Sortimente beibehalten und zu teure Produktionsverfahren gewählt werden.

37. Welche Schritte müssen zwecks Einführung der Prozeßkostenrechnung unternommen werden?

Mit Hilfe der Kostenrechnung sollen heute allgemein die folgenden Fragen geklärt werden:
Was sind die Gründe für den steilen Anstieg der fixen Gemeinkosten?
Wie hoch sind die Kosten eines Produktes bezogen auf dessen gesamten Lebenszyklus?
Was kostet die Einführung einer neuen bzw. die Änderung einer bestehenden Produktvariante?
Was kosten bestimmte Abläufe, die über den Markterfolg entscheiden, wie z.B. die Produktentwicklung, die Abwicklung eines Auftrages, die Sicherung der Qualität, die Betreuung der Kunden, die Abwicklung von Reklamationen?

Die Prozeßkostenrechnung stellt keine Vollkostenrechnung im klassischen Sinne dar, sie verrechnet in der Kalkulation lediglich die vom Produkt tatsächlich in Anspruch genommenen Prozeßkosten. Bei der Einführung einer Prozeßkostenrechnung sind drei Schritte erforderlich:

- Tätigkeitesanalyse,
- Festlegung von Bezugsgrößen,
- Festlegung von Planprozeßkosten.

Es müssen die Kostenstellen Forschung und Entwicklung, Einkauf, Produktionsplanung, Produktionssteuerung und Vertrieb einbezogen werden.

Bei der Tätigkeitsanalyse werden die von den Kostenstellen wahrzunehmenden Teilprozesse untersucht, wie z.B. beim Einkauf: Angebote einholen, Bestellungen aufgaben, Arbeitsabläufe bestimmen, Reklamationen bearbeiten.

Bei der Zuordnung der Kosten in der Fertigung, für Material, Lohn, Sondereinzelkosten sowie der Sondereinzelkosten des Vertriebs ändert sich gegenüber der bisher geübten Kostenerfassungspraxis nichts. Danach wird ermittelt, welche Produkte welche Kosten verursachen. Die Materialgemeinkosten, die Fertigungsgemeinkosten, die Verwaltungsgemeinkosten und die Vertriebsgemeinkosten werden nicht mehr pauschal zugeordnet, sondern nach individueller Erfassung pro Produkt ermittelt und nach dem Verursacherprinzip zugeordnet.

38. Was versteht man unter Zielkosten (Target Costing)?

Bei vielen Produkten wird erst nach der Produktentwicklung und dem Fertigungsanlauf festgestellt, daß das Erzeugnis unter Zugrundelegung der erzielbaren Absatzpreise nur Verluste bringen würde, so daß die Produktion nicht weiter betrieben wird.

Bei dem Zielkostenprinzip wird zunächst nach dem erzielbaren Marktpreis gefragt und nach dessen Höhe wird das Produkt entwickelt, konstruiert und gebaut. Es hat sich herausgestellt, daß mit der Konstruktionsweise eines Produktes rund 70 % aller Kosten bereits festgelegt sind. Wenn mithin der erzielbare Marktpreis unter den von vornherein feststehenden Kosten liegt, ist die Produktion dieses Erzeugnisses wirtschaftlich nicht vertretbar.

39. Was versteht man unter der Analyse der Wertkette (Value Chain Analysis)?

Die Analyse der Wertkette ist ein Bestandteil der strategischen Unternehmensplanung und besonders geeignet, an Hand des Wertschöpfungsprozesses in der Unternehmung die Gründe für den Erfolg oder Mißerfolg der Unternehmensführung zu erkennen. Mit Hilfe strategischer Planungen versuchen die Unternehmen die Entwicklung der Wettbewerbssituation in ihrer Branche und die Stellung ihres eigenen Unternehmens am Markt zu analysieren. Auf diese Weise können Anpassungsprozesse an veränderte Situationen rechtzeitig in die Wege geleitet werden, wobei zum einen die Umwelt des Unternehmens (Konjunktur, Branche, Konkurrenten) und zum anderen die erkannten eigenen Stärken und Schwächen berücksichtigt werden müssen. Daraus muß der strategische Handlungsbedarf abgeleitet werden.

Die Wertketten-Analyse stellt die verschiedenen Tätigkeiten im Unternehmen in den Mittelpunkt der Betrachtung und zielt auf eine systematische und strukturierte Untersuchung des Wertschöpfungsprozesses unter strategischen Gesichtspunkten. Zunächst wird unterschieden zwischen primären Aktivitäten, die unmittelbar mit der Herstellung und dem Vertrieb der Produkte im Zusaammenhang stehen und Steuerungs- und Versorgungsaufgaben als den Leistungsprozeß unterstützende Aktivitäten.

Die primären Aktivitäten lassen sich wie folgt unterteilen:
- Eingangslogistik, d.h. alle Tätigkeiten im Zusammenhang mit dem Eingang, der Lagerung und Bereitstellung von Werkstoffen und Betriebsmitteln,
- Produktionsaktivitäten wie Herstellung, Zwischenlager, Qualitätskontrolle usw.

- Ausgangslogistik, d.h. alle Tätigkeiten im Zusammenhang mit der Auslieferung der Produkte, Fertiglager, Transport, Auftragsabwicklung,
- Marketing und Vertrieb als Oberbegriff für Tätigkeiten wie Werbung, Verkaufsförderung, Außendienst, Vertriebswege,
- Kundendienst, d.h. Tätigkeiten und Dienstleistungen zur Förderung der Werterhaltung der Produkte durch Aufstellung, Installation, Reparatur, Ausbildung des Außendienstes und der Monteure, usw.

Die unterstützenden Funktionen erstrecken sich auf folgende Bereiche:
- die Unternehmensinfrastruktur, d.h. alle übergreifenden Steuerungsfunktionen, wie Rechnungswesen, Planung, Finanzen, Informationssysteme,
- Beschaffung, d.h. alle Aktivitäten zur Bereitstellung der benötigten Inputs,
- Technologieentwicklung, d.h. Forschung und Entwicklung, Arbeitsabläufe und Verfahrenstechniken,
- Personalwirtschaft, d.h. alle Tätigkeiten, die die Arbeit betreffen, einschließlich der Weiterbildung und Personalentwicklung.

Bei der Wertkettenanalyse werden Kosten und Nutzen der einzelnen Tätigkeiten kritisch durchleuchtet und denen der Konkurrenz gegenüber gestellt. Gleichzeitig wird ein Vergleich mit den vor- und nachgelagerten Produktions- bzw. Wertschöpfungsstufen gezogen und dabei ermittelt, ob es günstiger ist, Teilprodukte selbst herzustellen oder, weil andere Hersteller kostengünstiger sind, von Drittlieferanten zu beziehen. Es muß also eine Überlegung angestellt werden, ob die eigene Wertschöpfung optimal ist oder ob die Wertschöpfungsaktivitäten neu strukturiert werden müssen. Im Endergebnis werden im eigenen Betrieb zu teuer produzierte Teile - bedingt durch zu hohe Lohnkosten - auf Zulieferer oder in mit niedrigeren Lohnkosten arbeitende Drittländer verlagert.

3.3.2 Kostenartenrechnung

01. Welche Voraussetzungen müssen im Hinblick auf eine ordnungsgemäße Kosten- und Leistungsrechnung vorliegen?

Das Rechnungswesen muß auf der Grundlage entsprechender Vorschriften organisiert sein. Dazu gehören die vom Bundesverband der Deutschen Industrie herausgegebenen Grundsätze für das Rechnungswesen, die Gemeinschaftsrichtlinien für die Buchführung, die Gemeinschaftsrichtlinien für die Kosten- und Leistungsrechnung, dem Kontenrahmen und der Verordnung über die Preise bei öffentlichen Aufträgen sowie den Leitsätzen für die Preisermittlung bei öffentlichen Aufträgen. Diese sind von allen Betrieben zu befolgen, die Aufträge öffentlicher Stellen durchführen. Es handelt sich dabei um Verfahrens-, Bewertungs- und Gliederungsvorschriften für die Kalkulation und die Ermittlung der Kalkulationsgrundlagen in der Kostenrechnung.

Hauptteil des Rechnungswesens, der in einem engen Zusammenhang mit der Kostenrechnung steht, ist die Buchführung. Sie gliedert sich im Industriebetrieb in die Finanz- und in die Betriebsbuchführung. Die Finanzbuchführung bucht alle Vorgänge des Zahlungs-, Kredit- sowie des Kunden- und Gläubigerverkehrs und gibt damit Aufschluß über die wirtschaftliche Lage des Unternehmens. Die Finanzbuchhaltung muß handelsrechtliche und steuerrechtliche Vorschriften erfüllen, die besagen, daß die Gesamtkosten des Unternehmens in einer der Größe und Eigenart des Betriebes entsprechenden Weise ordnungsgemäß in Kostenarten gegliedert sind. Die Betriebsbuchhaltung verfolgt die Kosten und Leistungen in der Fertigung.

02. Wie werden die Kosten erfaßt?

Voraussetzung einer genauen Verrechnung der Kosten und Leistungen ist die zuverlässige Erfassung der Kosten- und Leistungsmengen. Zu diesem Zweck werden die Kosten in Einzelkosten, Sondereinzelkosten, Gemeinkosten und Sondergemeinkosten unterteilt. Man bedient sich der Materialentnahmescheine für die Erfassung des Materialverbrauchs, der Lohnzettel für die Erfassung des Arbeitsaufwandes und der Anlagekartei für die Erfassung der Maschinenkosten und der Abschreibungen.

03. Was sind Einzelkosten?

Einzelkosten (oder direkte Kosten) sind solche Kosten, die mengen- und wertmäßig den einzelnen Kostenträgern zugerechnet werden können.

04. Was sind Gemeinkosten?

Gemeinkosten (oder indirekte Kosten) sind Kosten, die dem einzelnen Kostenträger nicht direkt zurechenbar sind und die durch prozentuale Zuschlagssätze verrechnet werden.

05. Was sind Sondereinzelkosten?

Sondereinzelkosten sind betriebliche ordentliche Aufwendungen, die auftragsweise entstehen. Sie unterteilen sich in Sonderkosten der Fertigung, wie für Modelle, Schablonen, besondere Entwicklungs- und Versuchskosten, besondere Lizenzgebühren sowie Sonderkosten des Vertriebs.

06. Was sind die wichtigsten Einzelkosten?

Die Material- oder Stoffkosten und die Personalkosten.

07. Wie werden die Material- oder Stoffkosten gegliedert?

Man unterscheidet Fertigungsmaterial (wie Rohstoffe und Hilfsmaterial) vom Betriebsmaterial.

08. Wie werden die Materialkosten erfaßt?

a) Durch Einzelerfassung über den Materialschein. Für jedes Material wird zu diesem Zweck eine Karteikarte angelegt, auf der die Zugänge und der Verbrauch eingetragen werden. Dieses Verfahren erfordert einen hohen Arbeitsaufwand;
b) durch die Bestandsrechnung. Anfangs- und Endbestand werden durch die Inventur festgestellt. Das Schema lautet:
Anfangsbestand + Zugang ./. Endbestand = Verbrauch;

c) durch die Rückrechnung, man geht von der Stückliste aus und errechnet daraus den Materialverbrauch.

09. Wie werden die Personalkosten untergliedert?

Die Personalkosten werden unterteilt in: Fertigungslöhne, d.h. die direkt erfaßbaren Kosten, Gemeinkostenlöhne, die auch als Hilfslöhne bezeichnet werden, Gehälter und die Sozialkosten.

10. Wie lassen sich die Gemeinkosten gruppieren?

Materialgemeinkosten, Fertigungsgemeinkosten, Verwaltungsgemeinkosten, Vertriebsgemeinkosten.

11. Was sind kalkulatorische Kosten?

Kalkulatorische Kosten sind Kosten für verbrauchsbedingte Abschreibungen, betriebsbedingte Zinsen, betriebsbedingte Wagnisverluste und der Unternehmerlohn. Sie müssen in der Höhe berücksichtigt werden, die durch die Leistungserstellung bedingt sind.

3.3.3 Kostenstellenrechnung

01. Was ist die Aufgabe der Kostenstellenrechnung?

Die Kostenstellenrechnung verteilt die Kosten auf den Ort ihrer Entstehung, wobei die Kosten nach Einzel- und Gemeinkosten getrennt erfaßt werden müssen.

02. Wie erfolgt die Zuordnung der Kosten auf die Kostenstellen?

Zur Zuordnung der Kosten auf die Kostenstellen werden Kostenbereiche gebildet: Material- oder Stoffverbrauch, Fertigungsbereich, Entwicklungs- und Konstruktionsbereich, Verwaltungsbereich, Vertriebsbereich, allgemeiner Bereich, neutraler Bereich. Es sind aber auch andere Einteilungskriterien möglich, z.B. nach Verantwortungsbereichen, nach der Kostenstruktur oder nach Räumen. Es ist auch möglich, die Kostenstellen bis hin zu den einzelnen Maschinen zu gliedern. Man spricht dann von einer Kostenplatzrechnung.

In jedem Fall ist es notwendig, Kostenstellenpläne aufzustellen. Es ist daher möglich, für mehrere Kostenbereiche eine einzige Kostenstelle zu bilden, für jeden Kostenbereich eine gesonderte Kostenstelle einzurichten oder innerhalb eines Kostenbereiches mehrere Kostenstellen zu bilden. Es können aber auch Haupt- und Hilfskostenstellen gebildet werden.

03. Wie kann die Zuordnung der Gemeinkosten auf die Kostenstellen erfolgen?

Die Zuordnung der Gemeinkosten auf die Kostenstellen kann innerhalb und außerhalb der Buchführung erfolgen. Zweckmäßiger und allgemein üblich ist die Kostenstellenrechnung außerhalb der Buchführung in tabellarischer Form auf dem Betriebsabrechnungsbogen. Dieser enthält in vertikaler Gliederung die Kosten der Kostenarten und in horizontaler Gliederung die einzelnen Kostenstellen.

04. Welche Formen des Betriebsabrechnungsbogens werden unterschieden?

Man unterscheidet den einstufigen und den zweistufigen Betriebsabrechnungsbogen.

Hauptkostste · Primäre + sekund. Ko. Verteilung

05. Wodurch ist der einstufige Betriebsabrechnungsbogen gekennzeichnet?

Der einstufige Betriebsabrechnungsbogen kennt nur Hauptkostenstellen, d.h. Kostenstellen, die die aufnehmenden Kosten nicht an andere Kostenstellen weiterleiten, sondern diese endgültig behalten. Die Hauptkostenstellen werden daher auch als Endkostenstellen bezeichnet. Ein Industriebetrieb besteht mindestens aus vier Hauptkostenstellen, und zwar: Materialkostenstelle, Fertigungskostenstelle, Verwaltungskostenstelle und Vertriebskostenstelle.

06. Wie können die Gemeinkosten verteilt werden?

Die Gemeinkosten können direkt und indirekt verteilt werden. Die direkt verteilbaren Gemeinkosten werden auch als Stelleneinzelkosten bezeichnet. Darunter versteht man Gemeinkosten, die für jede einzelne Kostenstelle genau erfaßt werden können. Sie werden anhand von Materialentnahmescheinen, Lohnscheinen, usw. ermittelt. Die Stellengemeinkosten, d.h., die Gemeinkosten, die mit Hilfe eines Verteilungsschlüssels auf mehrere Hauptkostenstellen verteilt werden müssen, sind das eigentliche Problem. Die Kostenverteilungsschlüssel sollen möglichst einfach zu ermitteln sein, aber dennoch die Kostenverursachung möglichst genau erfassen. Diese indirekte Kostenerfassung der Stellengemeinkosten ist jedoch häufig nur mit Hilfe grober Schätzungen möglich.

07. Wodurch ist der zweistufige Betriebsabrechnungsbogen gekennzeichnet?

Im Gegensatz zum einstufigen Betriebsabrechnungsbogen enthält der zweistufige Betriebsabrechnungsbogen neben den Hauptkostenstellen zusätzlich Hilfs- bzw. Vorkostenstellen. Diese sind kalkulatorisch unselbständig und behalten die ihnen zugeordneten Kosten nicht selbst, sondern übertragen sie mit Hilfe von Schlüsseln auf die Hauptkostenstellen.

08. Wie werden die durch den Betriebsabrechnungsbogen ermittelten Stellengemeinkosten umgelegt?

Die durch den Betriebsabrechnungsbogen ermittelten Stellengemeinkosten müssen durch Gemeinkostenzuschlagssätze den verschiedenen Erzeugnissen zugeteilt werden. Die Zuschlagssätze werden ermittelt, indem die Material-, Fertigungs-, Verwaltungs- und Vertriebsgemeinkosten zu den Zuschlagsgrundlagen in Beziehung gesetzt werden. Man geht davon aus, daß die Höhe der Materialgemeinkosten von dem verbrauchten Fertigungsmaterial und die Höhe der Fertigungsgemeinkosten

3.3.3 Kostenstellenrechnung

von den gezahlten Fertigungslöhnen abhängig ist. Hingegen werden die Fertigungsgemeinkosten in Betrieben mit hohem Maschineneinsatz in Maschinenstundeneinsätzen zusammengefaßt. Die Maschinenstundensätze werden auf einer Maschinenstundensatzkarte an Hand der Anschaffungskosten, der Abschreibungen, der Instandhaltungen, der Wartungskosten, der Raumkosten und des Energieverbrauchs unter Berücksichtigung der voraussichtlichen Nutzungsdauer, bezogen auf eine Laufstunde ermittelt. Die Verwaltungs- und die Vertriebsgemeinkosten werden auf die Herstellkosten bezogen.

09. Was versteht man unter den Herstellkosten?

Die Materialkosten und die Fertigungskosten werden als Herstellkosten der Erzeugung bezeichnet. Die Materialkosten setzen sich aus dem Fertigungsmaterial und den Materialgemeinkosten zusammen. Hinzu kommen die Fertigungskosten, die sich aus dem Fertigungslohn und den Fertigungsgemeinkosten zusammensetzen. Diesen werden die Sondereinzelkosten der Fertigung hinzugerechnet. Hieraus ergibt durch Addition die Herstellkosten der Erzeugung.

10. Welche Bedeutung haben innerbetriebliche Leistungen?

In vielen Bereichen werden innerbetriebliche Leistungen erbracht und verbraucht, die nicht direkt in die Aufträge oder Erzeugnisse eingehen, sondern anderen Kostenstellen zur Verfügung gestellt werden. Um eine ordnungsgemäße Zuordnung der Gemeinkosten vornehmen zu können, muß eine innerbetriebliche Verrechnung solcher Leistungen erfolgen. Solche innerbetrieblichen Leistungen sind die eigene Herstellung von Betriebsmitteln aller Art, Reparaturarbeiten, die eigene Erzeugung von Strom, Entwicklungs- und Forschungsarbeiten, die Telefonzentrale, der Werkschutz, der Fuhrpark, die Hausdruckerei, das Fotolabor, Vervielfältigungsgeräte, usw. Ohne eine innerbetriebliche Kosten- und Leistungsverrechnung ist eine einigermaßen genaue Kalkulation der Kostenträger nicht möglich. Bei der Verrechnung innerbetrieblicher Leistungen muß noch berücksichtigt werden, ob es sich um aktivierbare Leistungen oder um nicht aktivierbare Leistungen handelt.

11. Welche Verfahren sind zur Verrechnung innerbetrieblicher Leistungen entwickelt worden?

Das Kostenartenverfahren, das Kostenstellenumlageverfahren in zwei Formen (Anbauverfahren und Stufenleiterverfahren), das Kostenstellenausgleichsverfahren, das Kostenträgerverfahren, das mathematische Verfahren.

12. Was ist der Zweck des Kostenartenverfahrens?

Mit Hilfe des Kostenartenverfahrens werden in der leistenden Kostenstelle nur direkt zurechenbare Einzelkosten erfaßt und der empfangenden Kostenstelle angelastet. Auf eine Verrechnung der Gemeinkosten wird verzichtet. Dieses Verfahren ist ungenau und läßt sich daher nur dann anwenden, wenn nur Hauptkostenstellen gebildet werden und nur geringe Gemeinkosten anfallen.

13. Wie wird im Rahmen des Kostenstellen-Umlageverfahrens verfahren?

Bei diesem Verfahren werden die Eigenleistungen zunächst auf Vor- bzw. Hilfskostenstellen gesammelt und am Monatsende mit Hilfe von Verrechnungsschlüsseln auf die empfangenden Kostenstellen umgelegt. Verwendet man das Anbauverfahren, so wird ein Austausch zwischen den Hilfsstellen nicht berücksichtigt. Alle Hilfsstellen werden vielmehr nur auf Hauptstellen umgelegt.
Beim Stufenleiterverfahren werden zuerst die Hilfsstellen umgelegt, die von anderen Stellen keine oder nur wenige Leistungen empfangen haben. Im Gegensatz zum Anbauverfahren werden die Hilfsstellen auch auf andere Hilfsstellen umgelegt, sofern andere Hilfsstellen von der umzulegenden Stelle Leistungen erhalten haben.

14. Was ist der Zweck des Kostenstellen-Ausgleichsverfahrens?

Bei diesem Verfahren werden zunächst die Einzelkosten der innerbetrieblichen Leistungen den empfangenden Kostenstellen angelastet. Die Gemeinkosten werden bei den leistenden Kostenstellen abgezogen und den empfangenden Kostenstellen zugerechnet und zwar werden die Verrechnungsbeträge außerhalb des Betriebsabrechnungsbogens ermittelt.

15. Was ist der Zweck des Kostenträgerverfahrens?

Das Kostenträgerverfahren ist besonders zur Abrechnung selbsterstellter Betriebsmittel und durchgeführter Reparaturen geeignet. In diesen Fällen ist die empfangende Kostenstelle eindeutig bestimmt und die Kosten brauchen nicht mittels Verrechnungsschlüssels verteilt zu werden. Die Leistungen werden behandelt, als ob sie verkauft wurden. Dadurch werden sie zu Kostenträgern.

16. Was ist der Zweck des mathematischen Verfahrens?

Das mathematische Verfahren kann exakt den gegenseitigen Leistungsaustausch der Kostenstellen berücksichtigen, erfordert jedoch die Berechnung von linearen Gleichungen für jede Kostenverteilung.

17. Worin liegt der Vorteil des Betriebsabrechnungsbogens (BAB)?

Der BAB ist nicht nur ein Hilfsmittel der Kostenstellenrechnung, er ermöglicht auch die direkte Zurechnung der Gemeinkostenarten auf die Kostenträger.

18. Für welchen Zeitraum wird der Betriebsabrechnungsbogen aufgestellt?

Der BAB wird für jeden Monat aus den Zahlen des Vormonats neu ermittelt. Um ständige Schwankungen in der Kalkulation aufgrund neuer Monatszahlen zu vermeiden, arbeitet man in der Praxis häufig nicht mit Istzahlen des tatsächlichen Kostenverlaufs, sondern mit durchschnittlichen Normal- oder Sollzuschlagssätzen. Da Ist- und Normalkosten selten übereinstimmen, ergibt sich eine Über- oder Unterdeckung. Bei einer Überdeckung liegen die errechneten Normalkosten über und bei einer Unterdeckung unter den Istkosten. Im Betriebsabrechnungsbogen werden daher sowohl die Soll- als auch die Istsätze eingetragen, wobei die Sollkosten bei der Vorkalkulation und die Istkosten bei der Nachkalkulation ermittelt werden.

19. Wie werden die Herstellkosten des Umsatzes errechnet?

Die Herstellkosten des Umsatzes werden errechnet, indem zu den Herstellkosten der Erzeugung die Bestandsveränderungen an unfertigen und fertigen Erzeugnissen hinzugerechnet werden. Das bedeutet, daß z.B. die Endbestände kleiner sind als die Anfangsbestände, wenn mehr Erzeugnisse verkauft als hergestellt worden sind, so daß die Herstellkosten des Umsatzes höher als die der Erzeugung sind. Der Minderbestand muß den Herstellkosten der Erzeugung zugerechnet werden, um die Herstellkosten des Umsatzes zu erhalten. Entsprechend müssen Bestandsvermehrungen abgezogen werden, wenn also die Endbestände größer sind als die Anfangsbestände, da mehr erzeugt als verkauft worden ist, so daß die Herstellkosten des Umsatzes niedriger als die der Erzeugung sind. Um die Herstellkosten des Umsatzes zu erhalten, muß der Mehrbestand von den Herstellkosten der Erzeugung abgezogen werden.

3.3.4 Kostenträgerrechnung

01. Was ist die Aufgabe der Kostenträgerrechnung?

Die Kostenträgerrechnung ordnet die Kosten den einzelnen Kostenträgern zu. Unter Kostenträger versteht man die einzelnen unfertigen oder fertigen Erzeugnisse, die Serien, Aufträge und betrieblichen Einzelleistungen.

02. Wie wird die Kostenträgerrechnung unterteilt?

Die Kostenträgerrechnung zerfällt in die Kostenträgerstückrechnung und in die Kostenträgerzeitrechnung.

In der Kostenträgerstückrechnung werden die Kosten für den einzelnen Kostenträger, d.h. für jede Einheit, errechnet.

03. Welche Verfahren sind im Rahmen der Kostenträgerstückrechnung üblich?

Die Kostenträgerstückrechnung arbeitet je nach der Art der Fertigung mit unterschiedlichen Verfahren.

Die Divisionskalkulation ist anwendbar in Betrieben, die nur ein einziges oder mehrere gleichartige Erzeugnisse in großen Mengen herstellen. Die Kosten je Leistungseinheit werden durch die Division der Gesamtkosten durch die Gesamtzahl der Leistungseinheiten, d.h. der Stücke errechnet.

Bei der Erzeugung gleichartiger Stücke, die sich nur in der Endstufe in Güte, Form oder Ausstattung unterscheiden, wird die Äquivalenzziffernkalkulation angewandt. Da sich die Unterschiede in der Endstufe in den Kosten auswirken, werden diese mit Hilfe von Äquivalenzziffern in der Kalkulation unterschiedlich berücksichtigt. Äquivalenzziffern sind Verhältniszahlen, die angeben, wie sich die Kosten der verschiedenen gleichartigen Erzeugniseinheiten zueinander verhalten.

Bei der Herstellung verschiedenartiger Erzeugnisse wird die Zuschlagskalkulation angewandt. Sie setzt die Trennung in Einzel- und Gemeinkosten voraus, wobei die Einzelkosten dem Kostenträger direkt und die Gemeinkosten indirekt in Form von Zuschlagsätzen zugerechnet werden. Die Zuschlagskalkulation kann in der Form der Auftragskalkulation - jeder Auftrag wird hierbei gesondert erfaßt - oder in Form der Sortenkalkulation durchgeführt werden, wobei der Kostenträger die in einer Rechenperiode hergestellte Menge einer Sorte ist.

Die Stufendivisionskalkulation wird angewandt, wenn ein Massenerzeugnis einzelne Fertigungsstufen in verschiedenen Mengen durchläuft, wobei die Erzeugnisse nur mit den Kosten derjenigen Fertigungsstufen belastet werden, die sie durchlaufen haben.

Schließlich ist die Kalkulation von Kuppelprodukten dort üblich, wo bei einem Produktionsprozeß verbundene Leistungen gleichzeitig anfallen. Fallen z.B. mehrere Hauptprodukte an, so werden die Gesamtkosten im Verhältnis ihrer Verkaufswerte aufgeschlüsselt. Fallen Haupt- und Nebenprodukte an, so wird von den Gesamtkosten der Nettoveräußerungswert der Nebenprodukte abgezogen. Die Division der Restkosten des Hauptproduktes durch die erzeugte Leistungsmenge ergibt die Stückkosten des Hauptproduktes.

04. Was ist die Aufgabe der Kostenträgerzeitrechnung?

Die Kostenträgerzeitrechnung hat die Aufgabe, alle Einzel- und Gemeinkosten eines bestimmten Zeitraumes den verschiedenen Kostenträgergruppen zuzurechnen, den Anteil der Kostenträger am Gewinn oder Verlust festzustellen und das Betriebsergebnis zu ermitteln.

05. Wie wird die Ergebnisrechnung vorgenommen?

Die Kostenträgerzeitrechnung wird mit Hilfe eines Kostenträgerblattes zu einer Ergebnisrechnung (Leistungs- und Betriebsergebnisrechnung) ausgebaut. Das Kostenträgerblatt ist aus dem Kalkulationsschema entwickelt worden. Die Einzelkosten werden der Buchführung entnommen und auf die verschiedenen Erzeugnisgruppen verteilt. Die Gemeinkosten werden anteilig verrechnet. Die Ergebnisrechnung hat die Aufgabe, durch Vergleich der Selbstkosten des Umsatzes mit den entsprechenden Nettoverkaufserlösen das Umsatzergebnis insgesamt und für die verschiedenen Kostenträgergruppen zu ermitteln. Das Umsatzergebnis wird durch die Subtraktion der Selbstkosten des Umsatzes von den Nettoverkaufserlösen ermittelt. Wird das Umsatzergebnis außerdem um die Überdeckung laut Betriebsabrechnungsbogen erhöht bzw. um die Unterdeckung laut BAB verringert, so erhält man das Betriebsergebnis.

06. Wie wird die Verbindung mit der Buchführung hergestellt?

Das im Kostenträgerblatt ermittelte Betriebsergebnis muß mit dem Betriebsergebniskonto der Buchführung übereinstimmen. Mit Hilfe der Kostenstellenrechnung (des BAB), der Kostenträgerrechnung und der Betriebsergebnisrechnung wird daher eine Abstimmung der Kostenrechnung mit der Buchführung erreicht.

3.3.5 Plan- und Istkostenrechnung

07. Was ist die besondere Bedeutung der Kostenträgerrechnung?

Nur mit Hilfe der Kostenträgerrechnung können die Herstellungskosten der am Bilanzstichtag lagernden unfertigen und fertigen Erzeugnisse errechnet werden. Sie zeigt überdies auf, welches die günstigsten Absatz- und Beschaffungswege sind und an welchen Erzeugnissen am besten verdient wird. Sie zeigt die Selbstkosten der vergangenen Periode auf und ermöglicht damit die Angebotskalkulation für die Fertigung der Aufträge.

08. In welchem Zusammenhang stehen Vor-, Zwischen- und Nachkalkulation?

Die Vorkalkulation liegt zeitlich vor der Erstellung der betrieblichen Leistungen und bedient sich der Unterlagen aus den Stücklisten, evtl. beruht sie auch auf Schätzungen. Zwischenkalkulationen sind notwendig bei Gütern mit langer Produktionsdauer, etwa bei umfangreichen Maschinenanlagen. Sie ist aber auch notwendig, um feststellen zu können, welche Kosten am Ende einer Abrechnungsperiode für die noch nicht fertiggestellten Kostenträger angefallen sind. Die Nachkalkulation liegt zeitlich nach der Erstellung der Betriebsleistung und entnimmt die Kosten aus der Betriebsabrechnung und verteilt die nach Kostenstellen gegliederten Gesamtkosten auf die Kostenträger. Schließlich dient sie der Kontrolle der Vorkalkulation und beantwortet die Frage, ob sich vom Markt aus betrachtet die Fortsetzung der Produktion bestimmter Erzeugnisse lohnt.

09. Wann ist die Divisionskalkulation anwendbar?

Die Divisionskalkulation ist bekanntlich nur dann sinnvoll, wenn gleichartige Erzeugnisse produziert werden. Eine weitere Voraussetzung ist zunächst, daß keine Zwischenlager notwendig sind. Die Divisionskalkulation ist aber auch in mehrstufiger Form anwendbar, und zwar dann, wenn der Produktionsprozeß mehrere Stufen umfaßt und auf jeder Stufe Zwischenlager mit schwankendem Bestand notwendig sind. Die Folge solcher Produktionsweise ist, daß die Zahl der Endprodukte nicht mit der Zahl der Zwischenprodukte auf den einzelnen Stufen übereinstimmt. Die mehrstufige Divisionskalkulation zerlegt daher den Produktionsablauf in verschiedene Produktionsstufen, wobei die Kosten jeder Produktionsstufe gesammelt und auf die in jeder Produktionsstufe geleisteten Arbeiten verteilt werden. Die einzelnen Produktionsstufen berechnen der folgenden Produktionsstufe die Leistungen, die sie ihr übergeben.

10. Wann ist die Äquivalenzziffernkalkulation anwendbar?

Die Anwendung der Kalkulation mit Äquivalenzziffern ist dann zweckmäßig, wenn aus einem Ausgangsprodukt verschiedene Sorten ähnlicher Erzeugnisse hergestellt werden und die Kosten der Erzeugnisse in einem festen Verhältnis zueinander stehen. Die Äquivalenzziffernkalkulation kann daher auch in der Weise mit der Divisionskalkulation kombiniert werden, daß für bestimmte Erzeugnisse oder Abteilungen die eine und für andere Bereiche die andere Kalkulationsform gewählt wird.

vergleichbar machen

11. Wann ist die Zuschlagskalkulation anwendbar?

Die Zuschlagskalkulation wird dann angewendet, wenn mehrere verschiedenartige Produkte hergestellt werden. Das Verfahren wird angewendet, indem zunächst die eindeutig zurechenbaren Kosten je Produkt ermittelt werden. Die verbleibenden Gemeinkosten werden mit Hilfe von Zuschlägen verteilt, wobei versucht werden muß, dem Produkt nur diejenigen Kosten anzulasten, die sie verursacht haben. Die Zuschlagskalkulation ist in einfacher und in differenzierter Form möglich. Bei der einfachen Zuschlagskalkulation werden die Gemeinkosten mit Hilfe eines einzigen Zuschlagssatzes errechnet. Als Bezugsgröße eignen sich entweder die Fertigungslöhne, sofern eine lohnintensive Fertigung vorliegt. Die differenzierte Form liegt dann vor, wenn anstelle des pauschalen Satzes mehrere unterschiedliche Bezugsgrößen gewählt werden, für die jeweils unterschiedliche Zuschlagssätze gelten, so etwa für die Materialkosten, die Fertigungslöhne, die Verwaltungs- und die Vertriebskosten. Möglich wäre es aber auch, für jede Kostenstelle gesonderte Zuschlagssätze zu verrechnen.

Schließlich läßt sich auf der Basis der Maschinenstundensätze eine weitergehende Differenzierung erreichen.

12. Wann ist die Kuppelproduktion anwendbar?

Eine Kuppelpropduktion liegt vor, wenn aus einem Produktionsprozeß verschiedenartige Leistungen hervorgehen, die technisch oder wirtschaftlich nicht unabhängig voneinander produziert werden können. Probleme der Kalkulation ergeben sich deshalb, weil die Kosten des Stoffeinsatzes und des Produktionsprozesses zugeordnet werden können. Die Zuordnung der Kosten ist mit Hilfe von drei Verfahren möglich, und zwar dem Restwertverfahren, dem Verteilverfahren und dem Marktpreisverfahren. Das Restwertverfahren wird angewendet, wenn bei der Kuppelproduktion Haupt- und Nebenprodukte anfallen. Die Erlöse der Nebenproduktion werden von den Gesamtkosten abgezogen und die Restkosten werden den Hauptprodukten zugeordnet. Das Verteilungsverfahren kommt bei der Produktion mehrerer Hauptprodukte in Frage. Mit Hilfe verschiedener Schlüssel werden die Mengenanteile der einzelnen Produkte errechnet oder mit Hilfe physikalischer Schlüssel die Mengenanteile mit physikalischen Faktoren gewichtet. Mit Hilfe des Marktpreisverfahrens werden die Kosten den Produkten soweit zugeordnet, wie sie vom Markt getragen werden können.

3.3.5 Plan- und Istkostenrechnung

01. Welche Konzepte der Kostenrechnung werden im Rahmen der Vollkostenrechnung angewandt?

Man unterscheidet die Istkostenrechnung, die Normalkostenrechnung und die Plankostenrechnung.

02. Wodurch unterscheiden sich Istkostenrechnung, Normalkostenrechnung und Plankostenrechnung?

Die Istkostenrechnung beschränkt sich auf die Erfassung und Verrechnung der tatsächlich angefallenen Kosten.

Die Normalkostenrechnung verwendet die normalerweise anfallenden Kosten und läßt außer acht, ob diese Kosten in der Abrechnungsperiode tatsächlich in der angenommenen Höhe entstanden sind.

Die Plankostenrechnung arbeitet mit geplanten Kostengrößen.

Die Istkostenrechnung ist in vielerlei Hinsicht mit Zufälligkeiten belastet. Die Normalkostenrechnung ermittelt aus den vergangenen Abrechnungsperioden durchschnittliche Werte, die sie der Kostenrechnung zugrundelegt und die Plankostenrechnung orientiert sich ausschließlich an der Kostenentwicklung der Zukunft.

03. Wodurch ist die Istkostenrechnung charakterisiert?

Die Istkostenrechnung ist aus der Buchhaltung entstanden und beruht auf der vollständigen Erfassung aller entstandenen Kosten. Ihre Durchführung ist erst möglich, wenn alle Kosten exakt erfaßt sind. Im Hinblick auf verschiedene Zufälligkeiten hat die Feststellung der Wirtschaftlichkeit im Rahmen der Istkostenrechnung nur einen beschränkten Aussagewert. Die Istkostenrechnung versucht, diesen Gefahren durch verschiedene Methoden zu begegnen. So haben insbesondere die kalkulatorischen Kosten mehr den Charakter von Plankosten als von Istkosten. Häufig wird auch der Stoffverbrauch zu festen Verrechnungspreisen vorgenommen und als Weiterentwicklung der Istkostenrechnung ist die Tatsache anzusehen, daß für die Einzelkosten Planwerte errechnet werden. Mithin handelt es sich dort, wo nur noch die Gemeinkosten in der Form der tatsächlichen Erfassung der Istkosten ermittelt werden, nicht mehr um eine reine Istkostenrechnung, sondern um eine Mischform aus Istkostenrechnung und Plankostenrechnung.

04. Wodurch ist die Normalkostenrechnung charakterisiert?

Die Normalkostenrechnung beruht auf der Ermittlung durchschnittlicher Werte aus mehreren Abrechnungsperioden als Grundlage für die Festsetzung der Werte für die laufende Abrechnungsperiode. Normalkosten sind auch dort erforderlich, wo es zu lange dauert, bis die Ergebnisse der Istkostenrechnung vorliegen. Normalwerte müssen bei der Anwendung der Normalkostenrechnung für die Einzelkosten, für die Verrechnungssätze bei der innerbetrieblichen Leistungsverrechnung und für die Kalkulations- bzw. Zuschlagssätze der Gemeinkosten je Kostenstelle ermittelt werden. Die Übertragung der Normalkosten auch für die Zukunft ist allerdings an die Voraussetzung gebunden, daß sich die Produktionsverhältnisse im Hinblick auf das gewählte Produktionsverfahren und die Zusammensetzung des Produktionsprogramms nicht verändert haben. Die Anwendung der Normalkostenrechnung hat aber auch Gefahren. So könnte versucht werden, sich zwecks Vermeidung ungünstiger Verrechnungssätze an vorgegebene Werte zu halten, auch wenn diese unterschritten werden könnten. Auch könnten notwendig gewordene Kosten vermieden werden, um die Vorgaben einhalten zu können, was sich in der Zukunft negativ auswirkt. Ferner hat der Beschäftigungsgrad einen hohen Einfluß auf die Normalkosten, denn bei sinkendem Beschäftigungsgrad ändert sich die Zuschlagsbasis, die den Gemeinkostenzuschlag erhöht.

05. In welchen Formen ist die Normalkostenrechnung üblich?

Man unterscheidet die starre und die flexible Normalkostenrechnung.

06. Wodurch unterscheiden sich starre und flexible Normalkostenrechnung?

Bei der starren Normalkostenrechnung geht man von einer bestimmten durchschnittlichen Beschäftigung und einer bestimmten Auftragszusammenstellung aus. Bei schwankender Beschäftigung kommt es zu erheblichen Abweichungen zwischen Ist- und Normalgemeinkosten. Hingegen werden bei der flexiblen Normalkostenrechnung die Beschäftigungsschwankungen berücksichtigt. Da die fixen Kosten unabhängig von der in der Kostenstelle jeweils geleisteten Stundenzahl oder der produzierten Stücke anfallen, werden sie aus den Normalgemeinkosten herausgenommen. Es werden nur die proportionalen, d.h. vom Beschäftigungsgrad abhängigen Gemeinkosten berücksichtigt. Die Anwendung der flexiblen Normalkostenrechnung erfordert daher eine Auflösung der Gemeinkosten in fixe und proportionale Kosten.

07. Was ist das charakteristische der Plankostenrechnung?

Bei der Festsetzung von Plankosten spielen die Istkosten keine Rolle. Entscheidend für die Ermittlung der Werte ist allein, welche Leistungen zu erstellen sind und welche Produktionswerte, d.h. Mengen und Qualitäten für die geplante Leistungserstellung erforderlich sind.

08. Wie wird bei der Anwendung der Plankostenrechnung verfahren?

Die Plankostenrechnung will die Kosten mit dem Ziel einer hohen Wirtschaftlichkeit planen und eine Analyse der Kostenabweichungen vornehmen, um die Ursachen der Kostenabweichungen feststellen zu können.

09. Welche Formen der Plankostenrechnung werden unterschieden?

Man unterscheidet die starre und die flexible Plankostenrechnung.

10. Wie wird im Rahmen der starren Plankostenrechnung verfahren?

Bei der starren Plankostenrechnung wird vom geplanten Beschäftigungsgrad ausgegangen, wobei keine Anpassung der Plankosten an den jeweiligen Beschäftigungsgrad vorgenommen wird. Auch wird keine Kostenauflösung in fixe und proportionale Kosten vorgenommen. Die Plankostenrechnung ist ein Bestandteil der gesamten betrieblichen Planung. Die Planung der Kosten erfolgt schrittweise, und zwar werden für jede Kostenstelle die Bezugsgrößen festgelegt. Ebenso erfolgt eine Festlegung der Planbeschäftigung, der Gemeinkostenarten, der Plangemeinkosten und der Verrechnungssätze. Der Nachteil der starren Plankostenrechnung besteht darin, daß es nicht möglich ist zu ermitteln, welcher Kostenbetrag bei einer von der Planbeschäftigung abweichenden Beschäftigung zugrunde gelegt werden soll.

11. Wie wird im Rahmen der flexiblen Plankostenrechnung verfahren?

Die flexible Plankostenrechnung versucht, Planabwicklungen näher zu ergründen. Solche Abweichungsursachen können in Preisabweichungen, in Verbrauchsabweichungen und in Kostenabweichungen aufgrund eines veränderten Beschäftigungsgrades begründet sein. Preisabweichungen sind die Differenz zwischen Plan- und Istpreisen. In der Regel ist es notwendig, für alle Kostengüter Verrechnungspreise einzuführen, die die Preisschwankungen vor der Berücksichtigung der Istkosten ausgleichen. Die Beschäftigungsabweichung ergibt sich als Differenz zwischen den verrechneten Plankosten und den Selbstkosten bei einer bestimmten Beschäftigung. Die Verbrauchsabweichung stellt den Unterschied zwischen den Sollkosten und den Istkosten bei einer bestimmten Beschäftigung dar. Die flexible Plankostenrechnung wirkt sich in der Weise aus, daß bei Unterbeschäftigung zu wenig fixe Kosten und bei Überbeschäftigung zu viel fixe Kosten verrechnet werden.

3.3.6 Voll- und Teilkostenrechnung

01. Welche Kostenrechnungssysteme werden unterschieden?

Man unterscheidet die Vollkostenrechnung und die Teilkostenrechnung.

02. Was ist der Zweck der Vollkostenrechnung?

Mit Hilfe der Vollkostenrechnung sollen sämtliche Kosten, d.h. fixe und variable, auf die Kostenträger verteilt werden. Es wird angestrebt, die Kosten nach dem Verursachungsprinzip demjenigen Kostenträger anzulasten, der sie verursacht hat. Dadurch soll erreicht werden, daß die Differenz zwischen Kosten und Erlösen ersichtlich wird, die wiederum einen Maßstab für die Wirtschaftlichkeit und die Entscheidung, welches Produktionsprogramm sinnvoll ist, bildet. Die Vollkostenrechnung kann mit Hilfe der Kostenartenrechnung, der Kostenstellenrechnung und der Kostenträgerrechnung diese Ziele erfüllen.

03. Wo liegen die Grenzen der Vollkostenrechnung?

Die Vollkostenrechnung hat eine wesentliche Bedeutung für Klein- und Mittelbetriebe. Sie erfordert jedoch mit wachsender Betriebsgröße immer aufwendigere Verfahren und mathematischere Methoden, um ihrer Aufgabe gerecht zu werden. Teilweise ist es nur mit Hilfe von Computern möglich, überhaupt aussagefähige Zahlen zu gewinnen. Auch steigen die Anforderungen an die mit der Erfassung der Kosten betrauten Personen. Eine weitere Folge sind umfangreiche Formulare und eine Bürokratisierung des Verwaltungsablaufs, um dem Bestreben der Erfassung und sachgerechten Kostenzuordnung gerecht zu werden. Der Vollkostenrechnung haften aber auch noch andere Mängel an. Es hat sich in allen größeren Betrieben herausgestellt, daß die Fixkosten nur in den seltensten Fällen tatsächlich richtig auf die Produkte verteilt werden können, sei es, weil die tatsächlich ermittelten Werte zu spät vorliegen, sei es, daß die geplanten Mengen nicht mit den tatsächlich erstellten übereinstimmen. Marktschwankungen, die Preis- und Beschäftigungsänderungen nach sich ziehen, führen mit Hilfe der Vollkostenrechnung zu falschen Ergebnissen. Denn kann eine geplante und tatsächliche verwirklichte Produktionsmenge nicht vollständig verkauft werden, so müßte die Verringerung der Beschäftigung zu einem höheren Preis führen, damit alle Kosten gedeckt wären. Eine Erhöhung des Preises ist nämlich häufig mit einer Verringerung der Absatzmöglichkeiten verbunden. Die Vollkostenrechnung bewirkt also, daß ein Erzeugnis um so teuerer wird, je schlechter die Beschäftigung ist. Aus diesem Grunde begnügen sich die Betriebe in solchen Situationen nur mit der Deckung eines Teiles ihrer Kosten, und zwar der variablen. In diesem Fall liegt eine Teilkostenrechnung vor.

04. Was ist der Zweck der Teilkostenrechnung?

Die Teilkostenrechnung will die Fehler der Vollkostenrechnung vermeiden und verteilt deshalb die fixen Kosten nicht proportional auf die hergestellten und verkauften Erzeugnisse. Die fixen Kosten werden nicht verteilt, sondern bleiben zunächst als unverteilter Fixkostenblock bestehen. Es werden vielmehr nur die variablen Einzelkosten und der variable Teil der Gemeinkosten auf die hergestellten Produkte verteilt. Dem Produkt werden also nur die variablen Kosten belastet. Während bereits im Rahmen der Vollkostenrechnung das erst verkaufte Erzeugnis Gewinn bringt, wird die Differenz bei der Teilkostenrechnung zwischen Erlös je Stück und variablen Kosten als Deckungsbeitrag bezeichnet. Es handelt sich um den Beitrag dieses Erzeugnisses zur Deckung der unverteilten fixen Kosten. Ein Gewinn wird erst dann erzielt, wenn mehr Deckungsbeiträge entstanden sind als fixe Kosten.

05. Welche Gliederung ist im Rahmen der Teilkostenrechnung üblich?

Auch in der Teilkostenrechnung verwendet man die Unterteilung in Kostenartenrechnung, Kostenstellenrechnung und Kostenträgerrechnung.

06. In welchen Formen ist die Teilkostenrechnung üblich?

Die Teilkostenrechnung ist als Direktkostenrechnung, Fixkostendeckungsrechnung und Grenzplankostenrechnung üblich.

07. Was ist das Ziel der Deckungsbeitragsrechnung?

Die Deckungsbeitragsrechnung befaßt sich mit der alleinigen Zurechnung der variablen Kosten auf den Kostenträger als Bezugsgröße. Aus der Gegenüberstellung des Erlöses und der variablen Kosten eines Produktes ergibt sich sein Deckungsbeitrag oder Bruttogewinn. Man spricht auch von Direktkostenrechnung (direct costing); denn die variablen Kosten im Sinne der Direktkostenrechnung umfassen nicht nur die unmittelbar produktbezogenen Einzelkosten, sondern auch den variablen Teil der Gemeinkosten. Beide Bereiche werden als direkte Kosten bezeichnet. Die modernen Teilkostenrechnungsverfahren werden meist als Deckungsbeitragsrechnung bezeichnet.

3.3.6 Voll- und Teilkostenrechnung

08. Was ist das charakteristische der Kostenartenrechnung im Rahmen der Direktkostenrechnung?

Die Kostenartenrechnung hat die Aufgabe einer Trennung der fixen von den variablen Kosten. Um eine exakte Trennung vornehmen zu können, muß festgestellt werden, in welcher Form jede Kostenart auf Beschäftigungsänderungen reagiert. Mit Hilfe des sog. Reabilitätsgrades wird das Verhältnis der prozentualen Kostenänderung zur prozentualen Beschäftigungsänderung gemessen. Diejenigen Werte, die auf Beschäftigungsänderungen nicht reagieren, wie z.B. die Abschreibungen, sind die fixen Kosten. Im Gegensatz dazu verändern sich die proportionalen Kosten im gleichen Verhältnis wie die Beschäftigung. Zwecks Auflösung aller Kosten in fixe und variable Kosten mit Hilfe bestimmter Kostenauflösungsverfahren wird mit Hilfe des Variators festgehalten, wie der Anteil der fixen und der proportionalen Kosten ist. Die Skala des Variators reicht von 0 bis 10. Der Variator wird wie folgt berechnet:

$$\text{Variator} = \frac{\text{variable Kosten} \times 100}{\text{Gesamtheit}}$$

09. Welche Kostenauflösungsverfahren werden unterschieden?

Man unterscheidet das buchtechnische, das graphische und das mathematische Verfahren. Bei dem buchtechnischen Verfahren werden auf der Grundlage der Kostenaufzeichnungen aus früheren Perioden die Kostenbeträge und der jeweilige Beschäftigungsgrad tabellarisch festgehalten. Bei dem graphischen Verfahren werden die Werte in einem Streuungsdiagramm dargestellt. Beim mathematischen Verfahren werden die Werte mit Hilfe der sog. Regressionsanalyse ermittelt.

10. Was ist das charakteristische der Kostenstellenrechnung im Rahmen der Direktkostenrechnung?

In die Kostenstellenrechnung werden zwar auch wie im Rahmen der Vollkostenrechnung die Gemeinkosten auf die Kostenstellen verteilt, die Verrechnung erstreckt sich jedoch nur auf die variablen Kosten. Zur Verrechnung dieser Kosten werden Zuschlagssätze gebildet, die sich jedoch in der Regel nur auf den Fertigungs- und den Materialverbrauch erstrecken. Die fixen Kosten werden zum Fixkostenblock addiert.

11. Was ist das charakteristische der Kostenträgerrechnung im Rahmen der Direktkostenrechnung?

Die Kostenträgerrechnung kann in einstufiger und in mehrstufiger Form durchgeführt werden. Bei der Anwendung der mehrstufigen Form ist eine Aufteilung des Fixkostenblockes in Erzeugnisfixkosten, Erzeugnisgruppenfixkosten, Bereichsfixkosten und Unternehmensfixkosten erforderlich. Diese Aufteilung wird im Betriebsabrechnungsbogen festgehalten. Es handelt sich dabei jedoch um eine direkte Verteilung ohne Schlüsselung.

12. Welches Ziel kann mit Hilfe der Grenzplankostenrechnung erreicht werden?

Mit Hilfe der Grenzplankostenrechnung läßt sich die Preisuntergrenze ermitteln. Im übrigen werden weitgehend die Verfahren der Plankostenrechnung angewandt. Die Grenzplankostenrechnung hat überdies den Vorteil einer besseren Kostenkontrolle und ist in der betrieblichen Praxis häufig anzutreffen.

13. Was ist das charakteristische der Fixkostendeckungsrechnung?

Die Fixkostendeckungsrechnung macht die Teilkostenrechnung praktisch wieder zu einer Vollkostenrechnung. Sie ermöglicht es, einen hohen Anteil der Fixkosten direkt den Erzeugnisarten zuzuschlagen. Die Fixkostendeckungsrechnung macht vor allem deutlich, daß kein Betrieb auf Dauer ohne eine Deckung der fixen Kosten existieren kann.

14. Wo liegen die Grenzen der Teilkostenrechnung?

Teilkostenrechnungen kommen dem Kostenverursachungsprinzip näher als die Vollkostenrechnung. Die Grenzen der Teilkostenrechnung liegen dort, wo mit Hilfe der Kostenträgerrechnung zu niedrige Selbstkosten als Folge der einseitigen Belastung mit ausschließlich variablen Kosten errechnet werden. Diese Gefahren werden bei Anwendung der Grenzplankostenrechnung und der Fixkostendeckungsrechnung erkannt und bei richtiger Anwendung vermieden.

3.3.7 Bewertung der Kosten

01. Welche Preise werden unterschieden?

Man unterscheidet den Anschaffungs- oder Einstandspreis, den Tagespreis und den Verrechnungspreis.

02. Wann ist eine Bewertung zu Anschaffungs- oder Einstandspreisen zweckmäßig?

Der Anschaffungspreis ist dann sinnvoll im Rahmen der Kostenrechnung zu verwenden, wenn die Güter nach Eingang sofort verbraucht und nicht gelagert werden und wenn keine Preisschwankungen zu verzeichnen sind.

03. Welche Probleme können sich bei den Anschaffungs- oder Einstandspreisen ergeben?

Zwar können Anschaffungspreise anhand der Eingangsrechnungen leicht festgestellt werden, doch ist es denkbar, daß mehrere Eingänge zu unterschiedlichen Einstandspreisen erfolgt sind. In diesen Fällen muß für die Bewertung des Verbrauchs ein Durchschnittspreis gebildet werden. Da der Anschaffungspreis nicht den richtigen Wert am Tag des Verbrauchs darstellt, wird die Abweichung um so größer, je länger Waren gelagert werden. Außerdem wird die Kontrolle des Ver-

3.3.7 Bewertung der Kosten

brauchs schwieriger, da Abweichungen sowohl auf Mengen- als auch auf Preisdifferenzen beruhen können. Überdies sind Anschaffungspreise für die Bewertung der Rohstoffe in der Bilanz nicht zulässig, sofern sie höher als die Tagespreise sind.

04. Welche Probleme ergeben sich bei der Verwendung des Tagespreises?

Es muß geklärt werden, welcher Preis als Tagespreis gelten soll: der Zeitpunkt des Verbrauchs, der nur für die Bewertung feststellbar ist, der Zeitpunkt des Verkaufs der Fertigerzeugnisse, der Zeitpunkt der Wiederbeschaffung des verbrauchten Materials. In der Praxis ist dem Zeitpunkt des Verbrauchs der Vorzug zu geben, allerdings sind die Nachteile der Tagespreise nicht zu verkennen. Sie liegen in der schwierigen Feststellung der Abweichungen zwischen Soll- und Istverbrauch und in steuerlichen Schwierigkeiten.

05. Was ist der Zweck der Verrechnungspreise?

Verrechnungspreise ermöglichen es, Preisschwankungen in der Kostenrechnung auszuschalten. Verrechnungspreise sollen in der Nähe der durchschnittlichen Einstandspreise liegen und nach Möglichkeit für die gesamte Abrechnungsperiode konstant bleiben. In diesem Fall sind Abweichungen in den Rohstoffkosten eindeutig auf Mehr- oder Minderverbrauch zurückzuführen.

06. Wie wird die zeitliche Abgrenzung vorgenommen?

Die Verrechnung der Kosten erfolgt in vorher festgelegten Zeitabschnitten. Je kürzer der Zeitabschnitt ist, desto zeitnäher ist die Abrechnung. Es ist auch Wert darauf zu legen, daß jede Periode nur mit den Kosten belastet wird, die in diesem Zeitabschnitt entstanden sind.

07. Was ist das Wesen der fixen Kosten?

Fixe Kosten sind der Teil der Gesamtkosten, der bei Änderungen des Beschäftigungsgrades unbeeinflußt bleibt. Die fixen Kosten entstehen aus der Produktionsbereitschaft.

08. Wie werden die fixen Kosten unterteilt?

a) Absolut fixe Kosten oder Stillstandskosten, d.h. Kosten, die schon durch die Existenz des Betriebes entstehen, und zwar ohne Rücksicht darauf, ob produziert wird oder nicht. Hierzu gehören Kapitalkosten, Zinsen, teilweise die Abschreibungen,

b) intervallfixe Kosten bzw. Sprungkosten. Das sind Kosten, die erst bei der Aufnahme bzw. der Erweiterung der Produktion entstehen und für bestimmte Beschäftigungsgrößen unverändert sind. Sie steigen dann sprunghaft an, sobald eine Vergrößerung der Produktion zusätzliche Investitionen und einen größeren Beschäftigungsgrad erfordert.

09. Welche Wirkungen haben die fixen Kosten?

Die fixen Kosten sind auf die Leistungseinheit bezogen beweglich. Sie verändern sich im umgekehrten Verhältnis wie die Beschäftigung. Die fixen Kosten gehen bei einem Anstieg der Beschäftigung pro Leistungseinheit zurück, bei einem Beschäftigungsrückgang steigen sie an. Je größer der Anteil der fixen Kosten an den Gesamtkosten ist, desto starrer ist die Kostenstruktur und um so geringer ist die Möglichkeit einer Änderung des Angebots bei Preisänderungen. Deshalb ist die Höhe der fixen Kosten oftmals ein Grund für die Entscheidung für Voll- oder Teilkostenrechnungsverfahren.

10. Was sind variable Kosten?

Variable Kosten sind die Kosten, deren Höhe vom Beschäftigungsgrad des Betriebes abhängig sind.

11. Wie werden die variablen Kosten unterteilt?

Die variablen Kosten werden wie folgt unterteilt:

a) Proportionale Kosten: sie ändern sich im gleichen Verhältnis wie die Beschäftigung und sind je Leistungseinheit konstant;

b) degressive Kosten: sie steigen bei einem Anstieg der Beschäftigung langsamer und gehen bei einem Rückgang auch langsamer zurück. Sie gehen bei einem Beschäftigungsanstieg je Leistungseinheit zurück und steigen bei einem Rückgang der Beschäftigung an;

c) progressive Kosten: sie steigen stärker als die Beschäftigung und gehen bei einem Rückgang mit zurück. Auch je Leistungseinheit verändern sie sich stärker als die Beschäftigung;

d) regressive Kosten: sie verhalten sich umgekehrt wie die Beschäftigung, d.h., sie sinken bei steigender Beschäftigung und umgekehrt.

12. Was ist die Problematik der Kostenauflösung?

Mit Hilfe der in der Praxis üblichen Kostenauflösungsverfahren lassen sich zwar die Kosten in fixe und variable trennen, doch darf nicht übersehen werden, daß die Kosten nicht allein vom Beschäftigungsgrad abhängen. Tatsächlich spielen auch der Kostenwert, das Fertigungsprogramm, die Ausstattung und die Ausschußquote eine Rolle, so daß weitere Kriterien berücksichtigt werden müssen.

13. Was versteht man unter Leistungen?

Leistungen sind die in Geld bewerteten Güter, die im Produktionsprozeß erbracht worden sind. Man unterscheidet den Wert der einzelnen Leistung und den Wert der Leistung einer Periode. Der Leistungswert besteht entweder nur aus dem Kostenwert der erzeugten Güter oder aus den Erlösen der bereits abgesetzten Güter plus den Kostenwerten der noch nicht verkauften Güter.

3.3.7 Bewertung der Kosten

14. Wie werden Leistungen bewertet?

Der Gesamteinsatz für eine Leistung kann bei verschiedenartigen Einsätzen nur gemessen werden, indem die Einsatzarten bewertet, d.h. als Kosten eingesetzt werden. Die Materialkosten werden dabei aus Materialmenge mal Preis der Mengeneinheit, die Arbeitskosten aus Arbeitszeit mal Stundenlohn ermittelt.

15. Was sind Kennzahlen im Bereich der Leistung?

Aus der Gegenüberstellung von Leistung und Einsatz ergeben sich Verhältniszahlen. Diese werden als Produktivitätskennzahlen bezeichnet.

16. Welche Kennzahlen können verwendet werden?

Üblich sind Meßzahlen zur Ermittlung der Materialproduktivität, zur Materialausbringung, zur Feststellung der Gemeinkosten je Beschäftigten, der Gemeinkosten je Maschinenlaufstunde, der Fertigungskosten je Maschinenlaufstunde und Vergleiche zwischen mehreren Kostenstellen bzw. Vergleiche zwischen Soll- und Istgrößen.

17. Wie werden die betrieblichen Leistungen gebucht?

Da die Leistungen eines Betriebes gleich dem Wert der hergestellten Produkte sind, werden die Verkaufserlöse, Eigenleistungen und Bestandsveränderungen in den entsprechenden Konten gebucht. Unter Zugrundelegung des Gemeinschaftskontenrahmens der Industrie sind dies für die Verkaufserlöse die Konten der Klasse 8, für die Eigenleistungen die Klassen 0 oder 3 und 8 und die Bestandsveränderungen auf dem Konto Bestandsveränderungen. Im Rahmen des neuen Industriekontenrahmens, der in die Rechnungskreise I Geschäfts- oder Finanzbuchhaltung und Rechnungskreis II Kosten- und Leistungsrechnung unterteilt ist, erfolgt die Kosten- und Leistungsrechnung in den Kontenklassen 92-98.

18. Wie setzt sich das Unternehmensergebnis zusammen?

Das Unternehmensergebnis wird aus dem Betriebsergebnis plus/minus dem Neutralen Ergebnis ermittelt.

19. Wie wird das Betriebsergebnis ermittelt?

Das Betriebsergebnis wird unterschiedlich ermittelt, und zwar hängt die Ergebnisermittlung zunächst einmal davon ab, ob eine Vollkostenrechnung oder eine Teikostenrechnung vorliegt.

20. Wie wird die Betriebsergebnisrechnung in der Vollkostenrechnung vorgenommen?

Die Ergebnisrechnung knüpft an die Kostenträgerzeitrechnung an. Es werden die entstandenen Kosten mit den erzielten Leistungen verglichen. Dabei kann zwischen der Jahresergebnisrechnung und der kurzfristigen Erfolgsrechnung unterschieden werden. Die Betriebsergebnisrechnung kann mit Hilfe des Gesamtkostenverfahrens oder mit Hilfe des Umsatzkostenverfahrens durchgeführt werden.

21. Wie wird die Betriebsergebnisrechnung nach dem Gesamtkostenverfahren durchgeführt?

Beim Gesamtkostenverfahren werden die gesamten in einer Abrechnungsperiode anfallenden Kosten den Erlösen der Periode unter Berücksichtigung der Bestandsveränderungen gegenübergestellt.

	Erlöse
+	Bestandsvermehrungen
./.	Bestandsverminderungen
=	Betriebsleistung
./.	Gesamtkosten der Periode
=	Betriebsergebnis

Die Salden der Konten der Kostenarten werden unmittelbar auf das Betriebsergebniskonto übernommen. Die Endbestände an Erzeugnissen werden durch Inventur ermittelt und über das Bestandsveränderungskonto auf das Betriebsergebniskonto übertragen. Das Gesamtkostenverfahren ist sehr einfach zu handhaben. In der Praxis wird das Gesamtkostenverfahren in Verbindung mit einer tabellarischen Betriebsabrechnung außerhalb der Buchführung bevorzugt. Dieses Verfahren enspricht auch dem handelsrechtlichen Gliederungsschema für die Gewinn- und Verlustrechnung.

22. Wie wird die Betriebsergebnisrechnung nach dem Umsatzkostenverfahren vorgenommen?

Beim Umsatzkostenverfahren werden den Erlösen nicht die Gesamtkosten, sondern nur die Kosten der tatsächlich verkauften Erzeugnisse gegenübergestellt, d.h. es geht vom Umsatz aus.

	Erlöse
./.	Kosten der verkauften Erzeugnisse
=	Betriebsergebnis

Um die Kostenwerte zu ermitteln, ist eine Kostenstellen- und eine Kostenträgerstückrechnung notwendig. Dies bedeutet, daß das Umsatzkostenverfahren aufwendiger wird. Die besondere Bedeutung des Umsatzkostenverfahrens liegt jedoch darin, daß die Ermittlung von Teilergebnissen für einzelne Produktgruppen möglich ist. Das Umsatzkostenverfahren ist also ein buchhalterisches Abrechnungsverfahren mit kontenmäßiger Betriebsabrechnung.

23. Wie wird die Ergebnisrechnung im Rahmen der Teilkostenrechnung durchgeführt?

Die Ergebnisrechnung im Rahmen der Teilkostenrechnung weicht erheblich von der Ergebnisrechnung im Rahmen der Vollkostenrechnung ab. Die Betriebsergebnisrechnung ergibt sich aus der Kostenträgerstückrechnung, und zwar geht die Ergebnisrechnung im Hinblick auf die Stückrechnung von den Bruttoerlösen der jeweiligen Erzeugnisse aus. Von den Nettoerlösen werden die proportionalen Kosten abgezogen. Dadurch ergibt sich der Deckungsbeitrag je Produktart. Im Hinblick auf

3.3.7 Bewertung der Kosten

den zeitbezogenen Teil der Ergebnisrechnung wird von der Gesamtsumme der in einer Periode von allen Produkten erzielten Deckungsbeiträge ausgegangen. Davon werden die Fixkosten entweder in Form der einstufigen oder als mehrstufige Deckungsbeitragsrechnung abgesetzt.

24. Wie wird das Ergebnis im Rahmen der einstufigen Deckungsbeitragsrechnung ermittelt?

Im Rahmen der einstufigen Deckungsbeitragsrechnung werden die Fixkosten in einem Block von den erzielten Deckungsbeiträgen abgezogen:

	Bruttoerlöse
./.	Erlösschmälerungen
=	Nettoerlöse
./.	variable Kosten
=	Deckungsbeitrag
./.	Fixe Kosten
=	Betriebsergebnis

einstufige Deckungsbeitragsrechn.

25. Wie wird das Betriebsergebnis im Rahmen der mehrstufigen Deckungsbeitragsrechnung ermittelt?

Bei Anwendung der mehrstufigen Deckungsbeitragsrechnung wird der Fixkostenblock in vier verschiedene Deckungsbeiträge aufgelöst, nachdem die Kosten retrograd von den Erlösen abgezogen worden sind. Der verbleibende Deckungsbeitrag I zeigt, welcher Beitrag für die Fixkostendeckung zur Verfügung steht. Der Deckungsbeitrag II dient zur Abdeckung der Erzeugnisgruppenfixkosten, d. h. der Kosten, die für mehrere Erzeugnisse gemeinsam anfallen. Die Deckungsbeiträge III und IV dienen zur Abdeckung der Bereichsfixkosten und der nicht mehr aufteilbaren Unternehmensfixkosten.

	Bruttoerlöse
./.	Erlösschmälerung
=	Nettoerlöse
./.	variable Kosten
=	Deckungsbeitrag I
./.	Erzeugnisfixkosten
=	Deckungsbeitrag II
./.	Erzeugnisgruppenfixkosten
=	Deckungsbeitrag III
./.	Bereichsfixkosten
=	Deckungsbeitrag IV
./.	Unternehmensfixkosten
=	Betriebsergebnis

mehrstufige Deckungsbeitragsrechnung

26. Welche Bedeutung hat die Betriebsergebnisrechnung im Rahmen der Fixkostendeckungsrechnung?

Die Fixkostendeckungsrechnung ist in der Betriebsergebnisrechnung sehr aussagefähig, da ersichtlich wird, in welchem Maße durch die Erzeugnisarten und Erzeugnisgruppen die Fixkosten gedeckt und Gewinn erzielt werden. Die Fixkostendeckungsrechnung ist zwar sehr schwierig zu handhaben, sie zeigt aber deutlich den Beitrag aller Erzeugnisse zur Erfolgserzielung und ist somit ein Mittel für langfristige Dispositionen.

3.4. Personalwirtschaft

3.4.1 Personalpolitik und -planung

01. Was versteht man unter Personalpolitik?

Unter Personalpolitik wird die Summe der Prinzipien und Maßnahmen verstanden, die die gegenseitigen Beziehungen zwischen der Unternehmensleitung und der Belegschaft, zwischen den einzelnen Mitarbeitern sowie die Beziehungen des einzelnen zu seiner Arbeit bestimmen.

02. Warum ist eine Personalpolitik erforderlich?

Die personellen Entscheidungen im Betrieb können nicht willkürlich getroffen werden. Vielmehr ist die Formulierung und Ausarbeitung einer systematischen Personalpolitik für das Unternehmen im Sinne der bestehenden Organisations- und Führungsprinzipien unerläßlich, um die technische, wirtschaftliche und menschliche Sphäre miteinander in Einklang zu bringen und die Ziele des Unternehmens optimal erreichen zu können.

03. Was ist die Aufgabe der Personalpolitik?

Aufgabe der Personalpolitik ist es, ein sinnvolles und störungsfreies Zusammenwirken des Produktionsfaktors Arbeit mit den übrigen Produktionsfaktoren und den betrieblichen Teilbereichen sicherzustellen. Dabei handelt es sich im einzelnen um die Sicherung der Leistungsbereitschaft und -fähigkeit des Betriebes, soweit diese von der Belegschaft abhängig sind, um die Erhaltung und Steigerung der Arbeitsproduktivität und damit der Wirtschaftlichkeit des Betriebes. Hinzu kommen die sozialen Ziele, d.h., die Erwartungen, Bedürfnisse und Interessen der Mitarbeiter, die sie an die Unternehmungen stellen und die eine wesentliche Voraussetzung dafür sind, daß dem Betrieb leistungsfähige und -willige Mitarbeiter zur Verfügung stehen.

04. Worauf erstreckt sich der Bereich der Personalpolitik?

Die Personalpolitik erstreckt sich auf alle Vorgänge, die sich auf die Planung, den Einsatz, die Überwachung, die Entlohnung und die Pflege der menschlichen Arbeitskraft im Betrieb beziehen.

05. Wer sind die Träger der Personalpolitik?

Träger der Personalpolitik sind die Vertreter der Unternehmensleitung, soweit sie mit personalpolitischen Entscheidungen ausgestattet sind, wie z.B. der Personalleiter, sowie die Vertreter der Mitarbeiter der Unternehmungen, d.h., die Betriebsräte und die Arbeitnehmervertreter im Aufsichtsrat.

06. Welche Aufgaben sind den Trägern der Personalpolitik gestellt?

Die wichtigsten Aufgaben sind:

- Bereitstellung der notwendigen Arbeitskräfte,
- Planung des Personaleinsatzes,
- optimale Gestaltung der menschlichen Arbeitsleistungen,
- Gestaltung einer leistungsgerechten Entlohnung,
- Entwicklung einer betrieblichen Sozialpolitik,
- Sicherung des Arbeitsplatzes im Rahmen der Unfallschutzbestimmungen,
- planmäßige und systematische Ausbildung des Nachwuchses,
- formale Festlegung personalpolitischer Grundsätze,
- Regelung der Betriebsverfassung.

07. Welche Kompetenzen bestehen in der Personalpolitik?

Im Rahmen klar abgegrenzter Zuständigkeiten sind der Personalpolitik Entscheidungsbefugnisse und Weisungsrechte in folgenden Bereichen zugeordnet: Einstellungen und Entlassungen von Mitarbeitern, Stellenbeschreibungen, Arbeitsplatzbewertung, Leistungsbewertung, Gewinnung neuer Mitarbeiter, Auswahl von Mitarbeitern, Durchführung von Eignungstests, Vornahme von Versetzungen, Vornahme von Beurteilungen, die Regelung der Aus-, Fort- und Weiterbildung, Regelung der Aufstiegs- und Nachwuchsplanung.

08. Welche Entscheidungen sind im Rahmen der Personalpolitik zu treffen?

Entscheidungen

- über die Grundsätze der Einstellung, der Versetzung, der Beförderung und Entlassung von Mitarbeitern,
- über den Einsatz und die Auslastung der verschiedenen Mitarbeiter,
- über die Grundsätze und Anwendungsformen der Personalorganisation einschließlich der Führungsorganisation,
- über die Wahl geeigneter Lohnformen,
- über die Frage der Vollmachterteilung im Sinne des Handelsrechts (z.B. bei der Bestellung von Prokuristen),
- über den Führungsstil.

09. Warum ist eine schriftliche Festlegung der Grundsätze der betrieblichen Personalpolitik notwendig?

Eine schriftliche Festlegung von Grundsätzen der Personalpolitik ist erforderlich, um zu verhindern, daß durch Zweifel und Gerüchte Unruhe unter den Mitarbeitern entsteht.

10. Wo liegen die Grenzen der Personalpolitik?

Grenzen der Entscheidungen der Personalpolitik liegen in staatlichen Gesetzen, Einflüssen des Marktes, der öffentlichen Meinung und des staatspolitischen Geschehens.

3.4.1 Personalpolitik und -planung

11. Welche Bedeutung hat die Lohn- und Gehaltspolitik?

Die Lohn- und Gehaltspolitik ist ein wichtiger Bereich im Rahmen der Personalpolitik, denn Löhne und Gehälter sind einmal aus der Sicht des Arbeitgebers Kostenbestandteile und zum anderen aus der Sicht des Arbeitnehmers Grundlage zur Sicherung seiner Existenz und mithin ein wesentlicher Faktor der Motivation.

12. Wie sollten Lohn und Gehalt festgesetzt werden?

Lohn und Gehalt sollten grundsätzlich so festgelegt werden, daß sie ein Höchstmaß an Gerechtigkeit enthalten und von den Mitarbeitern als gerecht empfunden werden.

13. Was sind Maßstäbe gerechter Lohn- und Gehaltspolitik?

Lohn und Gehalt sollten anforderungsgerecht und leistungsgerecht sein und soziale Überlegungen mit berücksichtigen, d.h., das Lebensalter und den Familienstand.

14. Was versteht man unter anforderungsgerechtem Lohn oder Gehalt?

Lohn oder Gehalt sollen der Art der Arbeit, d.h., den körperlichen, geistigen und seelischen Anforderungen entsprechen, die die jeweilige Arbeit an den Menschen stellt.

15. Was versteht man unter leistungsgerechter Entlohnung?

Lohn und Gehalt sollen der Leistung des einzelnen, seiner Einsatzbereitschaft und Leistungskraft entsprechen.

16. Wann ist ein Lohn oder ein Gehalt anforderungsgerecht?

Lohn und Gehalt sind dann anforderungsgerecht, wenn die Höhe des Lohnes oder des Gehaltes nach den Anforderungen, die Arbeitsplatz, Arbeitsvorgang oder Arbeitsbedingungen stellen, gestaffelt sind. Schwierigere Arbeiten müssen mithin höher als einfachere entlohnt werden.

17. Welche Bedeutung hat eine leistungsgerechte Entlohnung?

Eine leistungsgerechte Entlohnung fördert das Leistungsbewußtsein der Mitarbeiter.

18. Wie sollen und können die Leistungen beurteilt werden?

Die Leistungen werden mit Hilfe objektiver Bewertungs- und Beurteilungsmethoden ermittelt. Den unterschiedlichen Anforderungen der verschiedenen Arbeitsplätze wird mit Hilfe der Arbeitsbewertung Rechnung getragen.

19. Welchen Spielraum hat die betriebliche Lohn- und Gehaltspolitik?

Die Löhne und Gehälter sind im allgemeinen durch Tarifverträge festgelegt, so daß den Betrieben wenig Spielraum für eine individuelle Gestaltung der Löhne und Gehälter verbleibt.

20. Was versteht man unter Personalführung?

Für den Erfolg der Personalpolitik ist es entscheidend, daß ihre Ziele auch in die Tat umgesetzt werden. Diese Aufgabe obliegt der Personalführung. Wesentliche Voraussetzung für die Personalführung ist eine Organisation des Betriebes, in der Verantwortungsbereiche und Anordnungsrechte genau festgelegt sind, so daß jeder weiß, wofür er zuständig ist und welche Kompetenzen er besitzt. Dabei ist mit dem Anordnungsrecht auch eine entsprechende Verantwortung verbunden. Sie bewirkt, daß ein Vorgesetzter alle Arbeiten der ihm Unterstellten so zu verantworten hat, als wären es seine persönlichen Fehler.

21. Welche Bereiche können der Lohn- und Gehaltspolitik außerdem zugeordnet werden?

Zur betrieblichen Lohn- und Gehaltspolitik gehören nicht nur die Löhne und Gehälter, sondern auch die betrieblichen Sozialleistungen sowie die Erfolgsbeteiligungen.

22. Welche Formen der betrieblichen Erfolgsbeteiligung bestehen?

Die Arbeitnehmer können entweder am Ertrag oder am Gewinn des Unternehmens beteiligt werden.

23. Welche Bedeutung hat die Personalplanung?

Erst in den letzten Jahren ist das Problem der Personalplanung im heutigen Sinne erörtert worden. Dabei geht es nicht nur um die Beschaffung geeigneter Mitarbeiter, sondern auch um einen Beitrag zur Humanisierung des Arbeitslebens. In einer Zeit, in der Ausbildungsmaßnahmen für Mitarbeiter notwendig sind, um mit den technischen, wirtschaftlichen und sozialen Neuerungen Schritt halten zu können, sind im Personalbereich in erheblichem Maße Investitionen vorzunehmen, um Entwicklungsmöglichkeiten für qualifizierte Mitarbeiter, aber auch für den Nachwuchs im Ausbildungsbereich zu schaffen.

24. Was sind die Aufgaben der Personalplanung?

Der Personalplanung werden die verschiedensten Aufgaben zugeordnet, und zwar:

a) Die Deckung des erforderlichen Personalbedarfs. Unter bestimmten Voraussetzungen ist auch ein Abbau von Arbeitskräften notwendig, der nach Möglichkeit ohne Entlassungen vollzogen werden soll;
b) die Zuordnung von Teilaufgaben zu Personen und umgekehrt, d.h. der Personaleinsatz;
c) die Vermittlung der erforderlichen Qualifikationen durch betriebliche oder außerbetriebliche Bildungsmaßnahmen, wobei insbesondere die Frage erörtert werden muß, welche beruflichen Bildungsmaßnahmen erforderlich sind, um die Mitarbeiter für neue Arbeitsaufgaben zu qualifizieren;
d) der bestmögliche Einsatz der Mitarbeiter entsprechend ihren Fähigkeiten, Neigungen und Kenntnissen;
e) die Eingliederung neuer Mitarbeiter, insbesondere von Teilzeitarbeitskräften;

3.4.1 Personalpolitik und -planung

f) die Ausbildungsplanung, d.h. die Problemlösung von Auszubildenden;
g) die Planung optimaler Arbeitsbedingungen;
h) die Planung der Löhne und Sozialleistungen.

25. Wie kann die Deckung des erforderlichen Personalbedarfs geplant werden?

Die Deckung des Personalbedarfs setzt immer eine langfristige Planung und eine Abstimmung mit anderen Teilbereichen der Unternehmensplanung voraus, um die Mitarbeiter dann zur Verfügung zu haben, wenn sie gebraucht werden. Dazu ist es erforderlich, sich über mögliche und voraussehbare Veränderungen im klaren zu sein, d.h. die Abgänge durch Pensionierungen und die Erfahrungswerte der Fluktuation zu berücksichtigen und mögliche Kapazitätsausweitungen bereits in die Personalwerbung einzubeziehen. Weiter ist es erforderlich, sich über innerbetriebliche Veränderungswünsche im klaren zu sein, um zweckmäßigerweise freiwerdende Positionen innerbetrieblich besetzen zu können.

26. Wie läßt sich eine Deckung des Personalbedarfs erreichen?

Wenngleich die Aufgabe der Arbeitsbeschaffung den Arbeitsämtern gesetzlich übertragen ist und sich auch die Möglichkeit einer Beschaffung durch Anzeigen in Zeitungen und Zeitschriften bietet, ist es immer zweckmäßig, durch eine bewußte Meinungspflege in der Öffentlichkeit den Eindruck zu vermitteln, daß der Betrieb gute Arbeitsplätze bietet und seinen Beitrag zur Zufriedenheit der Mitarbeiter leistet.

27. Wie wird die Personalplanung durchgeführt?

Es wird der kurz- und langfristige quantitative Personalbedarf ermittelt, wobei sowohl in qualitativer und quantitativer als auch in zeitlicher Hinsicht die weiteren betrieblichen Planungen von Investitionen und Absatzerwartungen abhängig sind und neben den erwarteten Abgängen und Schätzungen der Fluktuationsrate aufgrund von Erfahrungswerten und des Krankenstandes auch die Entwicklung der Arbeitszeit zu berücksichtigen ist. Schließlich ist zu unterscheiden, ob ein Ersatzbedarf oder ein Zusatzbedarf einzuplanen ist bzw. ob sich die Planungen auf Personaleinschränkungen zu erstrecken haben.

28. Nach welchem Schema wird der Personalbedarf geplant?

Vom gegenwärtigen Personalbestand werden die Abgänge durch Pensionierungen, Kündigungen, Einberufungen zur Bundeswehr, usw. abgezogen und die bereits vorgenommenen Einstellungen hinzugezählt, desgleichen die zu übernehmenden Auszubildenden und die von der Bundeswehr zurückerwarteten Mitarbeiter. Dieser Personalbestand dient als Grundlage der weiteren noch vorzunehmenden Einstellungen.

29. Wie wird ein Personalabbau ohne Entlassungen betrieben?

Es wird eine mehr oder weniger generelle Einstellungssperre betrieben, wobei freiwerdende Stellen in der Regel nicht wieder besetzt werden. Müssen diese Stellen wieder besetzt werden, so werden sie aus dem vorhandenen Personalstamm besetzt, wobei die durch Aufrücken oder Umsetzung freigewordene Stelle nicht wieder besetzt wird. Zusätzlich werden Mitarbeiter vorzeitig pensioniert. Auch ist es möglich, für zusätzliche Aufgaben, die mit einer Umsatzausweitung verbunden sind, keine neuen Stellen einzurichten.

30. Welche Vorteile bietet die Besetzung freier Arbeitsplätze durch Mitarbeiter des Betriebes?

Es entfallen die oft sehr hohen Einstellungskosten. Das Wissen und Können des Mitarbeiters kann besser als das neuer Mitarbeiter eingeschätzt werden. Der bisherige Mitarbeiter kennt die betrieblichen Gegebenheiten und das Betriebsklima wird dadurch verbessert, daß die Mitarbeiter das Gefühl haben, sie können innerbetrieblich aufsteigen.

31. Welche Gründe sprechen gegen eine innerbetriebliche Besetzung freier Stellen?

Sind mehrere gleich gute Mitarbeiter vorhanden, so kann die Auswahl eines Mitarbeiters von den anderen als Zurücksetzung empfunden werden. Auch sind neue Mitarbeiter nicht betriebsblind und können aufgrund ihrer in anderen Betrieben gewonnenen Erfahrungen neue Ideen unterbreiten.

32. Welche Hilfsmittel stehen für die Personalplanung zur Verfügung?

Hilfsmittel der Personalplanung sind die Personalstatistik, Stellenpläne, Stellenbesetzungspläne, Stellenbeschreibungen sowie Nachfolge- und Laufbahnpläne.

33. Was ist das Ziel einer Arbeitsplatzbeschreibung?

Die Arbeitsplatzbeschreibung ist ein Instrument der Arbeitsplatzbewertung. Sie baut auf dem Ergebnis einer vorangegangenen Arbeitsanalyse auf, die sich auf die Anforderungen bzw. Schwierigkeitsmerkmale eines Arbeitsplatzes konzentriert. Die Arbeitsplatzbeschreibung zielt auf die Ermittlung eines Arbeitswertes, der einer anforderungsgerechten Lohnfindung dienen soll.

34. Was ist das Ziel einer Stellenbeschreibung?

Im betriebswirtschaftlichen Bereich hat sich anstelle der Bezeichnung Arbeitsplatzbeschreibung der Begriff Stellenbeschreibung durchgesetzt. Die Stellenbeschreibung ermittelt jedoch im Gegensatz zur Arbeitsplatzbeschreibung keinen Arbeitsplatzwert und geht daher nicht so eingehend auf die einzelnen Anforderungen und Schwierigkeiten des Arbeitsplatzes ein.

35. Was ist der Inhalt einer Stellenbeschreibung?

Eine Stellenbeschreibung ist die schriftlich fixierte Darstellung des Zieles eines jeden Arbeitsplatzes, seiner Aufgaben, Kompetenzen, Unterstellungen, Überstellungen, seiner Beziehungen zu anderen Arbeitsplätzen sowie seiner Anforderungen an den Inhaber des Arbeitsplatzes.

36. Was ist der Inhalt eines Stellenbesetzungsplanes?

Ein Stellenbesetzungsplan zeigt auf, von wem die einzelnen Stellen besetzt werden. Dadurch wird gleichzeitig ersichtlich, welche Stellen noch unbesetzt sind. Der Stellenbesetzungsplan enthält außer den Namen der Mitarbeiter noch die Titel, die Vollmachten, die Geburts- und Eintrittsjahre sowie die Gehaltsgruppen.

37. Was ist das Ziel von Nachfolge- und Laufbahnplänen?

Nachfolgepläne gehen von den zu besetzenden Positionen aus und zeigen, welche Position von welchem Stelleninhaber in welchem Zeitraum ausgefüllt wird. Die Laufbahnpläne stellen dagegen die Inhaber der einzelnen Positionen in den Mittelpunkt und zeigen, welche Stelleninhaber auf welchen Positionen über welchen Zeitraum hinweg tätig sind.

38. Wie können geeignete Mitarbeiter innerbetrieblich gewonnen werden?

Neue Mitarbeiter können innerbetrieblich durch Umsetzung, Übernahme aus einem Ausbildungsverhältnis, Versetzung und Beförderung gewonnen werden.

39. Wie können Mitarbeiter auf dem Wege über den Arbeitsmarkt gewonnen werden?

Es gibt grundsätzlich drei Möglichkeiten einer Beschaffung neuer Mitarbeiter:
a) Durch die Arbeitsämter,
b) durch die Aufgabe von Stellenanzeigen,
c) durch die Auswertung von Stellenanzeigen von veränderungswilligen Mitarbeitern. In Ausnahmefällen ist es darüber hinaus möglich, Aufgaben an dritte Unternehmen zu übertragen oder sich der Hilfe des Personalleasing zu bedienen.

40. Was ist zu tun, wenn man sich der Hilfe der Arbeitsverwaltung bedient?

Der Arbeitsverwaltung ist der Bedarf rechtzeitig mitzuteilen. Dabei sollte die zu besetzende Stelle nach Möglichkeit genau beschrieben werden. Auch sollten die Anforderungen an den Bewerber genau beschrieben werden, wobei zu bedenken ist, daß der ideale Mitarbeiter sehr oft nur schwer zu finden ist.

41. Wie können Stellenanzeigen in Zeitungen aufgegeben werden?

Stellenanzeigen bei Zeitungen werden entweder unter Nennung des Namens des Unternehmens oder anonym aufgegeben.

42. Wann empfiehlt sich eine Nennung des Unternehmens in der Stellenanzeige?

Eine Angabe des suchenden Unternehmens empfiehlt sich immer dann, wenn im Betrieb bekannt ist, daß eine Stelle neu zu besetzen ist. Die offene Angabe des suchenden Unternehmens ist für qualifizierte Bewerber interessanter als eine Chiffreanzeige und ermöglicht ihnen, vorher Informationen einzuholen.

43. Welche Gründe sprechen gegen eine Angabe des Unternehmens bei der Aufgabe einer Stellenanzeige?

Falls die ausgeschriebene Stelle noch besetzt ist, können sich innerbetriebliche Konflikte ergeben. Auch könnte die Konkurrenz aus der Tatsache, daß eine Position ausgeschrieben ist, Schlüsse über geplante, aber vertrauliche Maßnahmen ziehen.

44. Welche rechtlichen Vorschriften sind bei der innerbetrieblichen Mitarbeitergewinnung zu beachten?

Laut Betriebsverfassungsgesetz kann der Betriebsrat nach § 93 vor jeder Neubesetzung einer Position eine innerbetriebliche Ausschreibung verlangen. Hat der Betriebsrat diese innerbetriebliche Stellenausschreibung gefordert, so kann er die Zustimmung zu einer geplanten Einstellung oder Versetzung verweigern, wenn die betreffende Stelle nicht innerbetrieblich ausgeschrieben worden ist.

45. Was ist das Ziel eines Stellenplanes?

In einem Stellenplan sind die zur Erledigung der Aufgaben eines Unternehmens, eines Bereiches oder einer Abteilung notwendigen Arbeitsplätze nach Anzahl und Bezeichnung festgelegt.

46. Welche Kennziffern sind im Personalbereich aussagefähig?

Die Personalkosten pro Kopf, die Personalnebenkosten pro Kopf, der Anteil der Personalkosten am Umsatz, die durchschnittlichen Fehlzeitquoten pro Kopf, die durchschnittliche Fluktuationsquote, die durchschnittliche Mehrarbeit pro Kopf.

47. Welche Verhältniszahlen geben Aufschluß über wichtige personalwirtschaftliche und kostenmäßige Entwicklungen?

$$\frac{\text{Verschiedene Altersstufen}}{\text{Zahl des Gesamtpersonals}} = \text{Altersaufbau der Mitarbeiter}$$

$$\frac{\text{Arbeiter}}{\text{Angestellte}} = \text{Struktur der Mitarbeiter}$$

$$\frac{\text{Fachkräfte}}{\text{Gesamtpersonal}} = \text{Quote der Mitarbeiter mit beruflichem Abschluß}$$

$$\frac{\text{Umsatz}}{\text{Zahl der Beschäftigten}} = \text{durchschnittliche Umsatzleistung pro Kopf}$$

$$\frac{\text{Personalkosten}}{\text{Gesamt-Handelsbetriebskosten}} = \text{Struktur der Handelsbetriebskosten}$$

48. Welche Einzelstatistiken werden im Rahmen der Personalstatistik geführt?

Die Beschäftigtenstatistik, die Arbeitszeitstatistik, die Lohn- und Gehaltsstatistik, die Sozialstatistik.

3.4.1 Personalpolitik und -planung

49. Wie kann die Beschäftigungsstatistik aufgegliedert werden?

Die Beschäftigungsstatistik kann als Personalstrukturstatistik und als Personalbewegungsstatistik geführt werden.

50. Welche Erkenntnisse werden aus der Personalstrukturstatistik gezogen?

Die Personalstrukturstatistik gibt Auskunft über die Zusammensetzung der Belegschaft nach bestimmten Merkmalen, wie z.B. Alter, Familienstand, Dauer der Betriebszugehörigkeit, Arbeiter und Angestellte, gelernte, angelernte und ungelernte Kräfte, Aufteilung auf einzelne Berufe, männliche und weibliche Mitarbeiter.

51. Welche Erkenntnisse werden aus der Personalbewegungsstatistik gezogen?

Die Personalbewegungsstatistiken geben Auskunft über die Zu- und Abgänge des Personals, und zwar aufgeteilt nach Tod, Pensionierung und Fluktuation, Kündigungen seitens der Arbeitnehmer und des Arbeitgebers, Einberufungen zum Wehrdienst.

52. Welche Erkenntnisse werden aus der Arbeitsstatistik gezogen?

Die Arbeitszeitstatistik gibt Auskunft über die Zahl der geleisteten Arbeitsstunden, die Überstunden, über Urlaub und Krankheit, den Ausfall durch Streik oder Aussperrung. Das Verhältnis der Ist-Arbeitsstunden zu den Soll-Arbeitsstunden ist eine Kennziffer für den Beschäftigungsgrad.

53. Welche Erkenntnisse werden aus der Lohn- und Gehaltsstatistik gezogen?

Die Lohn- und Gehaltsstatistik gibt Auskunft über die Löhne nach Betriebsabteilungen und Lohnformen, wie Zeitlohn und Prämienlohn, Tariflohn und Überstundenlöhne. Durch das Auswerten des Lohnniveaus im Vergleich zu anderen Betrieben lassen sich Schlüsse ziehen, ob durch zu niedrige Löhne ein Abwandern zu anderen Betrieben zu befürchten ist oder ob durch zu hohe Löhne Wettbewerbsnachteile eintreten könnten.

54. Welche Erkenntnisse werden aus der Sozialstatistik gezogen?

Die Sozialstatistik gibt Auskunft über die Aufgliederung der einzelnen sozialen Leistungen nach gesetzlichen, tariflichen und freiwilligen Leistungen sowie nach ihrer Art, wie z.B. nach Gratifikationen, Zuschüssen zur Altersversorgung, Urlaubsgeld, usw.

3.4.2 Aufgaben und Organisation der betrieblichen Personalwirtschaft

01. Was ist die wichtigste Aufgabe der Personalabteilung?

Die wichtigste Aufgabe der Personalabteilung ist es, die bei ihr angeforderten Arbeitskräfte rechtzeitig bereitzustellen, d.h., anzuwerben, auszuwählen und an den Arbeitsplatz weiterzuleiten.

02. Was ist bei der Beschaffung von Arbeitskräften zu beachten?

Es müssen Stellenangebote ausgeschrieben werden, die dem Bewerber exakt Auskünfte über die von ihm erwarteten Anforderungen, die Aufgaben, Verantwortungen und Erwartungen geben. Außerdem können psychologische Eignungstests durchgeführt werden, die die persönliche Eignung des Bewerbers für einen bestimmten Beruf feststellen, und ferner müssen die durch Gesetz, Tarifvertrag oder Betriebsvereinbarung bestehenden Einstellungsbedingungen beachtet werden. Dazu gehört z.B. das rechtzeitige Einschalten des Betriebsrates.

03. Auf welche Art können neue Mitarbeiter gewonnen werden?

Neue Mitarbeiter können aus dem Hause, d.h., durch Umbesetzungen im eigenen Unternehmen oder durch Anwerbung von außen gewonnen werden.

04. Welche Vorteile hat eine innerbetriebliche Ausschreibung?

Die Mobilität wird erhöht, die Arbeitnehmer werden durch Aufstiegsmöglichkeiten motiviert, Erfahrungen im eigenen Unternehmen lassen sich besser verwerten, eine schnellere Einarbeitung ist möglich, Anwerbungskosten lassen sich einsparen.

05. Welche Nachteile hat eine innerbetriebliche Ausschreibung?

Bei Bewerbern, die bei einer Ablehnung eine persönliche Blamage und eine negative Reaktion ihres Vorgesetzten sehen, treten psychologische Hemmnisse auf. Aber auch Vorgesetzte, die es ungern sehen, wenn sich Mitarbeiter um einen freien Platz in einer anderen Abteilung bewerben, sind psychologisch gehemmt. Schließlich besteht die Gefahr, daß angeblich unersetzbare Mitarbeiter am Fortkommen gehindert und weniger geeignete fortgelobt werden oder daß nur Bewerber mit den höchsten Dienst- oder Lebensjahren berücksichtigt werden, nicht aber die Eignung entscheidet.

06. Wo können Bewerber außerhalb des eigenen Unternehmens gewonnen werden?

Bewerber können durch die Einschaltung der Arbeitsämter, durch Stellenanzeigen in Zeitungen und Zeitschriften oder durch Kontakte zu Ausbildungsstellen gewonnen werden.

07. Welche Anforderungen sollten in einer Personalanforderung enthalten sein?

Zunächst muß eine Beschreibung der Tätigkeit in allen wichtigen Einzelheiten mit Schwerpunktbildung vorgenommen werden. Die erforderlichen Kenntnisse und Fertigkeiten, Ausbildung, Berufserfahrung und die sonstigen persönlichen Eigenschaften müssen ersichtlich sein. Auch sollten die Entwicklungsmöglichkeiten und die Dotierung beschrieben werden.

08. Wie kann ein Arbeitsverhältnis beendet werden?

Ein Arbeitsverhältnis kann durch Tod, Zeitablauf, Pensionierung, Kündigung des Arbeitnehmers oder Arbeitgebers und in bestimmten Fällen auf Antrag des Betriebsrates aufgelöst werden.

09. Welche Wirkung hat eine Kündigung?

Durch eine Kündigung wird ein Arbeitsverhältnis von einem bestimmten Zeitpunkt an aufgehoben. Eine Kündigung ist als ordentliche Kündigung, d.h., unter Einhaltung der vertraglichen oder gesetzlichen Kündigungsfrist und als außerordentliche Kündigung bei Vorliegen eines wichtigen Grundes möglich.

10. Was sollte die Personalabteilung im Falle einer Kündigung durch den Arbeitnehmer tun?

Die Personalabteilung sollte durch ein Gespräch feststellen, aus welchen Gründen der Mitarbeiter kündigt. Die Gründe können in der Bezahlung, in der Art der Arbeit, in der Stellung zu Vorgesetzten oder Mitarbeitern, d.h. im Betriebsklima liegen oder persönliche Ursachen, z.B. Ortswechsel haben. In jedem Fall sollte der Betrieb Wert darauf legen, die Ursachen der Fluktuation zu erkennen, um sie abstellen zu können.

11. Welche Verpflichtungen hat der Betrieb beim Ausscheiden eines Mitarbeiters?

Der Mitarbeiter hat Anspruch auf ein Zeugnis sowie auf Aushändigung seiner Papiere (Lohnsteuerkarte, Versicherungskarten, persönliche Unterlagen wie Originalzeugnisse früherer Tätigkeiten, die er bei der Einstellung abgegeben hat), Auszahlung des restlichen Lohnes oder Gehalts und Abmeldung bei der Krankenkasse.

12. Worauf beruht der Anspruch auf ein Zeugnis?

Der Anspruch auf ein Zeugnis ist gesetzlich geregelt, und zwar für gewerbliche Arbeitnehmer im § 113 der Gewerbeordnung, für kaufmännische Angestellte im § 73 HGB und für sonstige Arbeitnehmer im § 630 BGB.

13. Welche Bedeutung hat ein Zeugnis?

Ein Zeugnis spielt insbesondere bei der Bewerberauslese für zu besetzende Positionen eine wichtige Rolle. Ein Zeugnis sollte daher Auskunft über Art und Dauer der Tätigkeit, über die Leistung und das Verhalten Aufschluß geben.

14. Welche Arten von Zeugnissen unterscheidet man?

Man unterscheidet das einfache und das qualifizierte Zeugnis.

15. Welche Aufgaben sind in einem einfachen Zeugnis enthalten?

Ein einfaches Zeugnis erstreckt sich nur auf Personalangaben sowie die Art und die Dauer der Tätigkeit (Arbeitsbescheinigung), hingegen nicht auf Leistungen und Verhalten.

16. Welche Angaben enthält ein qualifiziertes Zeugnis?

In einem qualifizierten Zeugnis sind neben den Personalangaben und der Art und der Dauer der Tätigkeit noch ausführliche Angaben über Leistungen und das gezeigte Verhalten enthalten, die dem neuen Arbeitgeber die Entscheidung darüber erleichtern sollen, ob der Bewerber für die anvisierte Tätigkeit geeignet ist.

17. Wer entscheidet darüber, welche Zeugnisart erteilt wird?

Die Wahl fällt der Arbeitnehmer.

18. Was ist bei der Entscheidung zu berücksichtigen?

Ein Zeugnis muß auf der einen Seite wahr sein, andererseits aber auch die Interessen des künftigen Arbeitgebers berücksichtigen und schließlich Angaben über Führung und Leistung enthalten.

19. Wann können Komplikationen bei der Zeugniserteilung auftreten?

Solche Komplikationen können auftreten, wenn der Arbeitnehmer zwar fleißig und intelligent, aber unehrlich ist (z.B. der Kassierer einer Bank hat Unterschlagungen begangen) oder fleißig, doch unzuverlässig ist (der Arbeitnehmer beachtet Termine nicht, der Berufsfahrer trinkt während der Fahrten Alkohol).

20. Was bedeutet der Grundsatz der Zeugniswahrheit?

Ein wahres Zeugnis muß sowohl berechtigte günstige als auch berechtigte ungünstige Angaben enthalten. So darf dem untreuen Kassierer keine Ehrlichkeit bescheinigt werden und dem unzuverlässigen Terminsachbearbeiter nicht die Einhaltung aller Termine.

21. Warum werden gelegentlich Angaben im Zeugnis in codierter Form vorgenommen?

Der Bundesgerichtshof hat in einem Grundsatzurteil vom 26.11.1963 entschieden, daß ein Zeugnis einerseits objektive Angaben enthalten soll, daß andererseits die Angaben „vom verständigen Wohlwollen für den Arbeitnehmer getragen sein und ihm sein weiteres Fortkommen nicht erschweren sollen".

3.4.2 Aufgaben und Organisation der betrieblichen Personalwirtschaft 217

22. Wie werden codierte Aussagen getroffen?

Codierte Aussagen erwecken den Anschein günstiger Angaben, lassen jedoch dem Eingeweihten unschwer erkennen, daß der Beurteilte den gestellten Anforderungen nicht entsprochen hat oder Mängel im Verhalten vorliegen.

23. Was sollte der Betrieb beachten, wenn der Mitarbeiter ein Zwischenzeugnis wünscht?

Der Personalchef sollte die Gründe für den Wunsch nach einem Zwischenzeugnis feststellen, um einer beabsichtigten Fluktuation vorbeugen zu können und zum anderen bedenken, daß ein Zwischenzeugnis inhaltlich dem späteren Zeugnis entsprechen muß. Ein schlechteres Zeugnis beim Ausscheiden als das Zwischenzeugnis muß exakt begründet werden.

24. Nach welchen Kriterien werden Bewerber um freie Positionen beurteilt?

Es werden die Unterlagen formal und inhaltlich geprüft und analysiert.

25. Was bedeutet die formale Prüfung eingereichter Unterlagen?

Unter der formalen Prüfung eingereichter Unterlagen versteht man eine Sichtung im Hinblick auf die formale Gestaltung, d.h. auf die äußere Form und die positionsbezogene Gliederung, die Prüfung auf Vollständigkeit der Unterlagen, wobei es darauf ankommt, festzustellen, ob alle angeforderten Unterlagen eingereicht worden sind, ob alle Zeiten lückenlos und mit Zeugnissen versehen sind.

26. Was bedeutet die inhaltliche Prüfung eingereichter Unterlagen?

Die Unterlagen können nach dem Informationsgehalt, d.h., den Hinweisen zur Qualifikation, über ausgeübte Tätigkeiten, des Gehaltswunsches, des gekündigten oder ungekündigten Beschäftigungsverhältnisses, des bezogenen Einkommens, des Eintrittsdatums, vom Arbeitgeber überprüft werden, um festzustellen, ob der Bewerber die geforderten Voraussetzungen erfüllen könnte und mithin zu einer Vorstellung eingeladen werden soll. Bei einer Vielzahl von Bewerbungen ist eine solche Vorauswahl unerläßlich.

27. Wie erfolgt eine Analyse der eingereichten Unterlagen?

Die Unterlagen werden zunächst auf Form und Briefstil des Bewerbers hin untersucht. Ferner interessiert im Rahmen einer Zeitfolgeanalyse die Häufigkeit des Wechsels, das Alter des Bewerbers, die Branchen, in denen der Bewerber tätig war, ob es sich um einen aufsteigenden oder um einen absteigenden Wechsel handelt oder ob ein Berufs- oder Arbeitsgebietswechsel vorliegt. Schließlich kann im Rahmen einer Kontinuitätsanalyse der sinnvolle Aufbau der bisherigen beruflichen Entwicklung des Bewerbers analysiert werden. Besondere Bedeutung kann auch den Aussagen in den Zeugnissen beigemessen werden.

28. Welche Ziele werden im Rahmen eines Vorstellungsgespräches verfolgt?

Im Rahmen eines Vorstellungsgespräches will sich der Betrieb einen persönlichen Eindruck über den Bewerber verschaffen und die schriftlichen mit den mündlichen Aussagen vergleichen. Dabei kann gleichzeitig ein Eindruck gewonnen werden, ob der Bewerber fähig ist, sich in den Betrieb bzw. in die Abteilung integrieren zu lassen und welche Erwartungen der Bewerber hat bzw. inwieweit sich diese im Unternehmen verwirklichen lassen.

29. Wie sollte ein Vorstellungsgespräch geführt werden?

Ein Vorstellungsgespräch sollte von der persönlichen Sphäre des Bewerbers ausgehen, d.h. sein Herkommen, seine bisherige schulische und berufliche Ausbildung und die bisherige berufliche Tätigkeit umfassen, um die Situationsbefangenheit zu nehmen. Anschließend sollte eine Information des Betriebes über das Unternehmen, die freie Position, die gestellten Aufgaben und die Anforderungen erfolgen. Im folgenden Verlauf können die eigentlichen Vertragsverhandlungen geführt werden, die dann in einen Vertragsentwurf einmünden.

30. Welche Fehler sollten bei der Vorstellung vermieden werden?

Es sollte vermieden werden, falsche Hoffnungen und Erwartungen zu wecken und etwas in Aussicht zu stellen, was nicht erfüllt werden kann. Der Bewerber soll sich ein Urteil über die Möglichkeiten, die Probleme und die evtl. Nachteile machen können. Ein Bewerber, der unter falschen Voraussetzungen angeworben wurde, wird schwerlich ein zufriedener Mitarbeiter werden, sondern vermutlich nur zur Verschlechterung des Betriebsklimas beitragen und bald wieder kündigen, so daß dem Betrieb die Einarbeitungskosten obliegen und die Kontinuität im Betriebsfluß beeinträchtigt wird.

31. Was versteht man unter sozialer Betreuung?

Der Mitarbeiter im Betrieb bedarf vielfach der sozialen Betreuung. Hierzu gehören nicht nur die für alle Mitarbeiter geschaffenen Einrichtungen wie die eines Mittagstisches, die betrieblichen Sozialleistungen, die ärztliche Versorgung oder die betriebliche Altersversorgung, sondern im besonderen Maße auch die Hilfen im Einzelfall.

32. Wann ist eine besondere soziale Betreuung notwendig?

In jedem Betrieb muß man damit rechnen, daß Mitarbeiter in besondere Notsituationen geraten können, sei es, daß Familienmitglieder krank sind, sei es, daß der Mitarbeiter durch irgendwelche Umstände in wirtschaftliche Not geraten ist. In diesen Fällen ist eine besondere Betreuung erforderlich.

33. Wie kann eine sinnvolle soziale Betreuung erfolgen?

Der Mitarbeiter muß das Gefühl haben, daß er sich an die Personalabteilung wenden und dort individuell und unbürokratisch Rat und Hilfe einholen kann. Häufig bedarf es nur rechtlich fundierter Ratschläge oder es geht um das Vermitteln von Adressen, das Anmelden bei Behörden oder das Aufsetzen von Schriftstücken, um in einer dem Betroffenen als ausweglos erscheinenden Situation Hilfestellung geben können. In anderen Fällen ist eine finanzielle Hilfe notwendig, die in Form eines Gehaltsvorschusses oder eines zinsgünstigen Darlehens gewährt werden kann und die langfristig mit dem Gehalt verrechnet wird.

34. Welche Folgen hat die soziale Betreuung?

Mitarbeiter, die sich in Not befinden, sind in ihrer Leistung gemindert. Wenn diese Mitarbeiter aber das Gefühl haben, daß ihnen in ihrer speziellen Situation geholfen wird, führt dies zu einer Bindung an den Betrieb und zu verstärktem Einsatz.

35. Was versteht man unter human relations?

Unter human relations versteht man die Gesamtheit der zwischenmenschlichen Beziehungen im Betrieb und zugleich die Bemühungen, diese Beziehungen zu pflegen und zu verbessern. Es handelt sich dabei um die sozialen Kontakte unter den Mitarbeitern und um die Beziehungen zwischen der Unternehmensleitung und den Mitarbeitern, die einen wichtigen Einfluß auf das Betriebsklima haben.

36. Warum sind human relations wichtig?

Eine optimale Gestaltung der Arbeitsbedingungen ist für den Leistungswillen der Mitarbeiter zwar unerläßlich, jedoch nicht allein entscheidend. Die Leistungsbereitschaft setzt ein gutes Verhältnis unter den Mitarbeitern und zwischen Unternehmensleitung und Mitarbeitern voraus.

37. Was sind Kennzeichen eines schlechten Betriebsklimas?

Kennzeichen eines schlechten Betriebsklimas sind Neid und Mißgunst innerhalb der Belegschaft. In gleicher Weise wirkt das Gefühl, in der Menschenwürde mißachtet oder falsch beurteilt und ungerecht behandelt zu werden.

38. Was sind Kennzeichen eines guten Betriebsklimas?

Die Mitarbeiter haben das Gefühl, daß sie als Mensch geachtet werden. Der Führungsstil ist klar, die Kompetenzabgrenzungen sind eindeutig. Unternehmensleitung und Mitarbeiter sind in ihrer Zusammenarbeit von Vertrauen, Verständnis und Hilfsbereitschaft getragen. Dieses Verhältnis drückt sich in den Organisationsgrundsätzen und im gegenseitigen Verhalten und Gesprächen aus.

39. Wie müssen die human relations gestaltet werden?

Es kommt darauf an, den Betrieb so zu organisieren, daß die Mitarbeiter richtig ausgebildet, eingesetzt, eingewiesen, informiert und weitergebildet bzw. gefördert werden.

3.4.3 Personalbeurteilung und -entwicklung

01. Was versteht man unter dem Begriff Personalverwaltung?

Unter dem Begriff Personalverwaltung werden die verwaltungsmäßigen Tätigkeiten im Rahmen der Einstellung, Versetzung, Entlassung und Betreuung der Mitarbeiter verstanden. Die Personalverwaltung vollzieht sich dabei im Rahmen der von der Personalpolitik gesetzten Ziele.

02. Welche Aufgaben sind im Rahmen der Personalverwaltung zu erledigen?

Neben den mit Einstellungen, Versetzungen oder Entlassungen verbundenen Tätigkeiten obliegt es der Personalverwaltung insbesondere,
- Personaldaten zu erfassen und aufzubewahren,
- getroffene Regelungen auszuführen und
- Vorschriften zu überwachen.

03. Was ist eine Personalakte?

In der Personalakte, die den Charakter einer Urkunde hat, werden alle Unterlagen, die für den einzelnen Mitarbeiter von Bedeutung sind, gesammelt und aufbewahrt. Hierzu zählen Bewerbungsunterlagen, vertragliche Vereinbarungen, Führungsunterlagen, Beurteilungen, Schriftverkehr, nicht hingegen Unterlagen über die Entlohnung, die im Rahmen der Buchhaltung aufbewahrt werden müssen.

04. Besteht eine gesetzliche Verpflichtung zur Führung einer Personalakte?

Eine gesetzliche Verpflichtung zur Führung einer Personalakte besteht nicht, sie hat sich jedoch im betrieblichen Interesse und auch im Interesse des Mitarbeiters als zweckmäßig erwiesen. Der Betrieb kann sich leichter einen Überblick über die Fähigkeiten und Kenntnisse der einzelnen Mitarbeiter verschaffen. Der Mitarbeiter, der das Recht der Einsichtnahme in seine Personalakten hat, kann sich leicht darüber informieren, wie er eingeschätzt wird.

05. Wie lassen sich Personalakten zweckmäßigerweise gliedern?

a) Angaben zur Person: Personalfragebogen, schulische und berufliche Zeugnisse, polizeiliche Führungszeugnisse, ärztliche Zeugnisse, persönliche Daten, wie Heirat, Zahl der Kinder;
b) Vertragliche Vereinbarungen: Anstellungsvertrag, zusätzliche Vereinbarungen, wie Konkurrenzklausel, Erlaubnis von Nebentätigkeiten, Tätigkeitsänderungen und damit verbundene finanzielle Umgruppierungen;
c) Tätigkeiten: Versetzungen, Beförderungen, Beurteilungen, Disziplinarmaßnahmen, Teilnahme an Lehrgängen und Fortbildungsmaßnahmen;
d) Bezüge;
e) Abwesenheit durch Urlaub, Krankheit;
f) Sonstiger Schriftverkehr.

3.4.3 Personalbeurteilung und -entwicklung

06. Was ist der Zweck von Personalkarteien?

Personalkarteien enthalten alle wichtigen persönlichen Daten und wesentlichen statistischen Informationen über den Mitarbeiter. Die Personalkartei weist alle wichtigen Daten der Personalakte in übersichtlicher Form aus.

07. Was versteht man unter der Ausführung getroffener Regelungen?

Jeder Mitarbeiter unterliegt entweder tarifvertraglichen oder einzelvertraglichen Regelungen, nach denen sich die Vergütung, die Umgruppierungen, die Gewährung von Reisekosten, Trennungsgeld, Darlehen, Werkswohnungen, Dienstwagen, Zuschüssen usw. richtet. Diese Regelungen müssen für jeden einzelnen Mitarbeiter dahingehend überprüft werden, ob zugesagte oder vorgeschriebene Leistungen richtig und fristgemäß erfüllt worden sind.

08. Was versteht man unter der Überwachung von Vorschriften im personalpolitischen Bereich?

Jedes Unternehmen unterliegt einer Vielzahl von Meldepflichten, wie z.B. an die Sozialversicherungen, die Krankenkassen, die Unfallversicherung. Außerdem müssen bestimmte gesetzliche Vorschriften im Hinblick auf den Schutz der Arbeitnehmer beachtet werden, wie z.B. die Einhaltung der Arbeitszeitbestimmungen, des Mutterschutzes, des Jugendarbeitsschutzes usw.

09. Was sind die Zwecke einer Personalbeurteilung?

Die Personalbeurteilung gliedert sich in die Leistungsbeurteilung und in die Eignungs- und Entwicklungsbeurteilung. Die Leistungsbeurteilung erstreckt sich auf eine vorangegangene Periode und erstreckt sich auf die Istleistung. Die Eignungs- und Entwicklungsbeurteilung hingegen orientiert sich an der zukünftigen Tätigkeit und will herausfinden, ob der Mitarbeiter einer zukünftigen Aufgabenstellung gewachsen ist, bzw. durch Teilnahme an Bildungsmaßnahmen auf solche Tätigkeiten entsprechend vorbereitet werden kann.

10. Was versteht man unter Personalentwicklung?

Unter Personalentwicklung ist eine Summe von Tätigkeiten zu verstehen, die für das Personal nach einem einheitlichen Konzept systematisch vollzogen werden. Sie haben in bezug auf einzelne Mitarbeiter aller Hierarchie-Ebenen eines Betriebes die positive Veränderung ihrer Qualifikationen und/oder Leistungen durch Versetzung, Aufgabenstrukturierung und/oder Fortbildung zum Gegenstand.

11. Welche Voraussetzungen müssen für eine erfolgreiche Personalentwicklung gegeben sein?

Die Personalentwicklung kann ihre Förderungsfunktion nur entfalten, wenn sie bei den Mitarbeitern auf Entwicklungsbereitschaft stößt. Um sie zu wecken, zu erhalten, bzw. zu steigern, benötigt der Betrieb Informationen über diejenigen Zielvorstellungen (Werte und Interessensgebiete) seiner Mitarbeiter, die durch Entwicklungsmaßnahmen befriedigt werden können.

12. Wie entstehen Personalentwicklungsmaßnahmen?

Personalentwicklungsmaßnahmen werden im Wege der Aufstellung von Programmen geplant, in denen Entwicklungsziele, -maßnahmen und -zeiten zu formulieren sind.

13. Welche Möglichkeiten der Versetzung bestehen?

DieVersetzung kann horizontal durch Wechsel auf der gleichen Hierarchieebene ohne Kompetenzzuwachs oder vertikal durch Wechsel auf eine andere Ebene mit Kompetenzänderung erfolgen.

Die horizontale Versetzung wird auch als Job Rotation bezeichnet. Bei einer Aufgabenerweiterung (Job Enlargement) wird das Arbeitsgebiet einer Stelle dadurch vergrößert, daß neue qualitativ gleichartige Aufgaben hinzugefügt werden. Bei der Aufgabenbereicherung (Job Enrichment) werden einer Stelle neue, qualitativ von den ursprünglichen Stellenaufgaben unterschiedene Aufgaben hinzugefügt.

3.4.4 Entgeltformen

01. Was ist ein Entlohnungssystem?

Der Lohn ist das Entgelt für geleistete Arbeit. Ein Entlohnungssystem ist die Gesamtheit der in einem Betrieb angewandten Lohn- und Zuwendungsformen unter Einschluß der Zusammenhänge zwischen Leistung und Gegenleistung, der Berechnungsverfahren und Entlohnungsmodalitäten.

02. Welche Entgeltformen werden unterschieden?

a) Lohn
b) Gehalt
c) individuelle Bezahlung aufgrund besonders erbrachter Leistungen.

03. Welche Lohnformen werden unterschieden?

Zeitlohn, Leistungslohn, Stücklohn, Prämienlohn.

04. Was versteht man unter dem Zeitlohn?

Beim Zeitlohn dient die Dauer der Arbeitszeit als Berechnungsgrundlage. Der Lohn wird pro Stunde, pro Woche oder pro Monat berechnet. Es besteht keine direkte Abhängigkeit von der Arbeitsmenge.

05. Wann wird nach dem Zeitlohn bezahlt?

Der Zeitlohn ist dort angebracht, wo die Qualität der Arbeit, die Gefahr von Schäden oder eine erhöhte Unfallgefahr im Vordergrund stehen. Er kommt ebenfalls in Frage, wenn der Zeitbedarf nicht vorhersehbar ist. Dies trifft z.B. bei Reparaturarbeiten zu. Der Zeitlohn ist im übrigen bei Lagerarbeitern oder Pförtnern üblich.

3.4.4 Entgeltformen

06. Was sind die Vor- und die Nachteile des Zeitlohnes?

Die Vorteile des Zeitlohnes liegen in der einfachen und wirtschaftlichen Berechnung ohne Vorgabezeitermittlung. Die Nachteile liegen in der Tendenz zur Leistungsnivellierung. Dies trifft insbesondere dann zu, wenn in der gleichen Abteilung unterschiedlich bezahlt wird, d.h., die produktiv Tätigen Leistungslohn erhalten und die mit Reparaturarbeiten Beschäftigten einen niedrigeren Zeitlohn.

07. Wie können die Nachteile des Zeitlohnes ausgeglichen werden?

Um einen Leistungsanreiz zu geben, erhalten die im Zeitlohn beschäftigten Mitarbeiter neben dem Zeitlohn eine Zulage gewährt, die sich nach den in der Vergangenheit erbrachten Leistungen bemißt.

08. Was versteht man unter dem Stücklohn?

Es wird für eine bestimmte festgelegte Arbeitsmenge ein fester Lohnbetrag gezahlt, unabhängig davon, welche Zeit dafür benötigt wurde.

09. Was versteht man unter dem Leistungslohn?

Beim Leistungslohn hängt die Höhe des Entgeltes unmittelbar von der Arbeitsleistung bzw. dem Arbeitsergebnis ab. Die Leistungslohnanteile werden aufgrund von Akkordsätzen oder von Prämien berechnet.

10. Welche Formen des Leistungslohnes werden unterschieden?

Man unterscheidet den Akkordlohn und den Prämienlohn.

11. Was versteht man unter dem Akkordlohn?

Beim Akkordlohn wird entweder eine feste Zeit je Produktionseinheit (Zeitakkord) oder ein fester Geldwert je Produktionseinheit zugrunde gelegt (Geldakkord). Die Zeit, die tatsächlich für die Leistung benötigt wird, spielt bei der Lohnerrechnung keine Rolle. Der Akkordlohn kann aber auch in der Form des garantierten Mindestlohnes angewandt werden. Bei Unterschreiten einer bestimmten Leistungsgrenze wird der Mindestlohn gezahlt, so daß sich ein weiteres Absinken der Leistung nicht mehr finanziell für den Arbeiter auswirkt. Der Vorteil des Zeitakkords besteht aber auch darin, daß bei einer Änderung des Lohntarifs nur der Minutenfaktor je Lohngruppe neu berechnet werden muß.

12. Wann ist ein Akkordlohn anwendbar?

Der Akkordlohn setzt voraus, daß der Lohn exakt nach der Leistung des Arbeiters berechnet werden kann.

13. Wie kann der Akkordlohn außerdem gestaltet werden?

Der Akkordlohn kann ein Einzelakkord oder ein Gruppenakkord sein, ferner kennt man den Akkord mit Sondervergütungen.

14. Was sind die Vorteile des Einzelakkords?

Beim Einzelakkord kann sich die Leistungsfähigkeit des einzelnen Arbeiters voll auswirken.

15. Was sind die Vor- und die Nachteile des Gruppenakkords?

Der Gruppenakkord kann das Zusammengehörigkeitsgefühl und die Teamarbeit einer Gruppe fördern. Nachteile des Gruppenakkords sind soziale Differenzierungen zwischen leistungsfähigen und weniger leistungsfähigen Gruppenmitgliedern.

16. Was sind die Vor- und Nachteile des Akkordlohnes?

Der Vorteil des Akkordlohnes besteht darin, daß der Arbeiter die Möglichkeit hat, durch Mehrleistung seinen Verdienst zu steigern. Der Nachteil besteht darin, daß die Arbeiter einer Dauerbelastung unterliegen und daß die Kosten durch einen schnelleren Verschleiß der Werkzeuge und Maschinen steigen. Auch sind unter Umständen vermehrte Qualitätskontrollen notwendig.

17. Was versteht man unter Prämienentlohnung?

Bei der Prämienentlohnung, die nicht unter dem Tariflohn liegen darf, wird zu einem vereinbarten Grundlohn noch eine Prämie als Zulage gewährt, die von quantitativen oder qualitativen Mehrleistungen abhängig gemacht wird. Qualitative Arbeitsleistungen können z.B. in der Güte oder Genauigkeit der Arbeitsergebnisse begründet sein. Quantitative Prämienlöhne werden auf die Arbeitszeit bezogen, d.h. auf die Stückzahl oder die aufgewendete Zeit. Wird der Zeitlohn als Grundlohn genommen, spricht man vom Prämienzeitlohn, wird der Stücklohn als Grundlohn genommen, spricht man vom Prämienstücklohn.

18. Welche sonstigen Möglichkeiten für Prämien bestehen?

Ersparnisprämien, Terminprämien, Nutzungsprämien, Sorgfaltsprämien als Zusatzprämie.

19. Welcher Art können die gewährten Prämien sein?

Üblich sind Grund- und Zusatzprämien. Grundprämien sind quantitätsbezogen und werden auf die geleistete Arbeitsmenge oder die Arbeitszeit bezogen. Die Zusatzprämmien hingegen stellen mehr auf die Qualität der Leistung ab und können in Form von Güteprämien, als Materialersparnisprämien oder als Ersparnisprämien bei der Senkung der Gemeinkosten gewährt werden. Sie sind aber auch in der Form der Nutzungsprämien oder der Form der Termineinhaltungsprämien möglich. Auch ist es denkbar, Formen einer Prämienkombination zu wählen, und zwar werden dann Einzelprämien, Additivprämien oder gekoppelte Prämien gewährt. Die letztere Form will verhindern, daß ein für eine Person günstiges Ergebnis zu Lasten anderer Bereiche geht. So soll vermieden werden, daß eine Steigerung der Menge mit einer Verschlechterung der Qualität verbunden ist.

20. Was versteht man unter Gehalt?

Gehalt ist der Arbeitslohn der Angestellten. Es handelt sich in der Regel um eine Zeitlohnform bei monatlich fester Entgeltzahlung. Gehälter können aber auch die Form von Prämienlöhnen haben.

21. Was versteht man unter Erfolgsbeteiligung?

Durch Erfolgsbeteiligungssysteme erhalten Mitarbeiter eines Betriebes über ihre normale, d.h. unmittelbar für die erbrachten Leistungen gezahlte Entlohnung aufgrund der Festlegung ihres Arbeitsvertrages hinaus weitere Zahlungen. Als Gewährungsgrundlage dient die Mitarbeit der Arbeitnehmer an der Erwirtschaftung des betriebswirtschaftlichen Erfolges.

22. Welche Entlohnung ist bei außertariflichen und leitenden Angestellten üblich?

Während sich die Entlohnung für die Arbeiter und Angestellten in der Regel nach den Vorschriften des Tarifvertrages oder der Betriebsvereinbarung richtet, sind die Entgelte für leitende Angestellte frei vereinbar. Hier spielen Titel, Stellung im Betrieb, Betriebszugehörigkeit, Alter, Erfahrung, Marktwert und Leistung eine wesentliche Rolle für die Einstufung.

3.4.5 Führungsverhalten im Betrieb

01. Was versteht man unter Menschenführung?

Menschenführung ist eine Art der angewandten Wissenschaft, die ihre Methoden aus der Technik, der Pädagogik, der Psychologie, der Soziologie und der Medizin entlehnt und das Ziel verfolgt, die in der Praxis auftauchenden Probleme in der richtigen Weise zu lösen, um ein Optimum im Zusammenleben und -arbeiten im Betrieb zu erreichen.

02. Was ist die Voraussetzung für eine optimale Menschenführung?

Eine optimale Menschenführung beruht auf dem gegenseitigen Vertrauen. Eine solche Menschenführung ist wirkungsvoller und leistungsfördernder als eine Menschenführung, die auf Zwang und autoritärer Führung beruht.

03. Was versteht man unter Führen?

Führen bedeutet, andere Menschen so zum Handeln zu bringen, daß ein bestimmtes Ziel erreicht wird.

04. Was versteht man unter Führungsstil?

Wer führt, setzt bestimmte Führungsmittel ein, um die Mitarbeiter zu einem bestimmten Handeln oder Verhalten zu veranlassen. Die Art, wie diese Führungsmittel eingesetzt werden, kennzeichnet den Führungsstil.

05. Welche Führungsstile werden praktiziert?

Die in der betrieblichen Praxis angewandten Führungsstile, die im Einzelfall variiert werden, weisen vier verschiedene Grundformen auf: die autoritäre, die bürokratische und die kooperative Führung sowie die Delegation von Verantwortung.

06. Was versteht man unter autoritärer Führung?

Autoritäre Führung bedeutet, daß von den Mitarbeitern grundsätzlich Unterordnung verlangt wird.

07. Was versteht man unter bürokratischer Führung?

Eine bürokratische Führung ist gekennzeichnet durch eine Fülle von Anweisungen und Reglementierungen, die dem einzelnen Mitarbeiter kaum Spielraum für eigene Entscheidungen lassen.

08. Wie ist der kooperative Führungsstil gekennzeichnet?

Beim kooperativen Führungsstil werden den Mitarbeitern Mitwirkungsrechte an den sachlichen und personellen Entscheidungen eingeräumt.

09. Was versteht man unter Delegation von Verantwortung?

Die Gesamtaufgabe des Betriebes wird in Sachgebiete oder Teilfunktionen aufgegliedert, die genau definiert und ausdrücklich delegiert werden. Der einzelne Mitarbeiter kennt den Umfang und die Grenzen seiner Aufgaben und Kompetenzen. Im Rahmen dieser Kompetenzen entscheidet er allein, Sonderfälle trägt er seinem Vorgesetzten vor.

10. Woran ist der Führungsstil eines Unternehmens erkennbar?

Der Führungsstil ist erkennbar an den festgelegten Führungsgrundsätzen, den Führungstechniken und den Führungsmitteln.

11. Was versteht man unter Führungsgrundsätzen?

Unter Führungsgrundsätzen versteht man die Regelungen der Personalführung sowie die Richtlinien zur Erreichung einer optimalen Leistung unter Schaffung eines gesunden sozialen Klimas sowie unter Gewährleistung einer reibungslosen und effizienten Kooperation zwischen Führungskräften und Untergebenen sowie zwischen gleichgestellten Mitarbeitern in verschiedenen Bereichen.

12. Was versteht man unter Führungsmitteln?

Führungsmittel sind einzelne Maßnahmen zur Erfüllung der Führungsaufgaben. Hierzu gehören Richtlinien, Pläne, Informationen, Besprechungen, Anweisungen, Kontrollen, Anerkennungen und Kritik.

13. Was versteht man unter Richtlinien?

Richtlinien sind Verhaltens- und Entscheidungsregeln, die ein einheitliches auf ein bestimmtes Ziel gerichtetes Handeln aller Betroffenen gewährleisten sollen.

14. Welche Bedeutung haben die Pläne als Führungsmittel?

Sie geben an, welche Ziele bezogen auf ein oder mehrere Jahre in den einzelnen Bereichen, z.B. im Absatz, verwirklicht werden sollen.

15. Welche Bedeutung hat die Information als Führungsmittel?

Mitarbeiter können nur dann richtig tätig werden, wenn sie über alle notwendigen Informationen verfügen. In vielen Fällen ist es jedoch so, daß der Informationsfluß nicht sinnvoll geregelt ist, daß Informationen nicht weitergegeben werden und daß die Mitarbeiter nicht wissen, welche Informationen für sie wichtig sind.

16. Was versteht man unter Mitarbeiterbesprechung?

Mitarbeiterbesprechungen finden zwischen Vorgesetzten und ihren unmittelbaren Mitarbeitern statt und dienen der Entscheidungsvorbereitung. Dieses Führungsmittel aktiviert die Initiative und das Mitdenken der Mitarbeiter.

17. Was versteht man unter Anweisungen als Führungsmittel?

Kein Unternehmen kann ohne schriftlich fixierte Anweisungen auskommen. Diese müssen im Hinblick auf Termine und Fristen genau eingehalten werden. Im Hinblick auf die Aufgabe müssen sie die Bereiche und die Ermessensspielräume beinhalten.

18. Welche Aufgabe hat die Kontrolle als Führungsmittel?

Die Kontrolle muß sicherstellen, daß die Aufgaben erfüllt und die Ziele erreicht werden. In die Kontrolle sollte aber auch das Führungsverhalten einbezogen werden.

19. Welche Bedeutung haben Anerkennung und Kritik?

Gute Leistungen sollten anerkannt werden, denn sie tragen zur weiteren Entfaltung der Mitarbeiter bei. Hingegen soll Kritik möglichst in einem persönlichen Gespräch erfolgen, um Fehlleistungen und Fehlverhalten ersichtlich werden zu lassen.

20. Welche Bedeutung hat die Mitarbeiterbeurteilung?

Planmäßige Beurteilungen sind ein wichtiges Führungsmittel und kommen nicht nur dem Betrieb, sondern auch dem einzelnen Mitarbeiter zugute.

21. Welche Vorteile bietet eine regelmäßige Beurteilung für die Betriebe?

Die Mitarbeiterbeurteilungen in regelmäßigen Abständen sind ein Mittel der Personalplanung und geben dem Betrieb einen Überblick über den Eignungs- und Leistungsstand sowie über die Einsatz- und Entwicklungsmöglichkeiten und ferner über den Ausbildungsbedarf. Sie liefern Unterlagen für die künftigen Stellenbesetzungen und erleichtern den Personalausgleich, bieten Anhaltspunkte für Weiterbildung, die sachgemäße Bemessung des Gehalts, für Versetzungen, Beförderungen und Entlassungen.

22. Welche Vorteile bietet eine regelmäßige Beurteilung für den Mitarbeiter?

Der Mitarbeiter erhält durch eine objektive Beurteilung Kenntnis über seinen Leistungsstand und seine Stärken und Schwächen und welche Maßnahmen gegebenenfalls zu seiner Leistungsverbesserung geplant oder notwendig sind. Auf diese Weise kann einerseits erreicht werden, daß der Mitarbeiter durch maßvolle Kritik zum Ausgleich festgestellter Mängel und zu besserer Leistung motiviert wird und andererseits die Tätigkeit erhält, die seinen Fähigkeiten und Neigungen am ehesten entspricht.

23. Welche Voraussetzungen muß eine Beurteilung erfüllen?

Beurteilungen müssen sich auf Beobachtungen stützen, sie müssen beschreibbar, bewertbar und vergleichbar sein.

24. Wie müssen die Beobachtungen gestaltet sein?

Die Beobachtungen müssen so erfolgen, daß sie das natürliche Verhalten des Mitarbeiters im Arbeitsprozeß erfassen, d.h. die festgestellten Arbeitsergebnisse im Hinblick auf Arbeitstempo, Arbeitsergebnisse, Genauigkeit und Fertigkeiten umfassen und auch das Arbeitsverhalten berücksichtigen.

25. Wie werden die Beurteilungen durchgeführt?

Die Beurteilungen erfolgen in schriftlicher Form.

26. Was bedeutet Vergleichbarkeit der Beurteilung?

Die Beurteilungen müssen untereinander vergleichbar sein. Zur Bildung eines gültigen Urteils führt das Vergleichen von Merkmalen untereinander bei einer Person oder ein- und desselben Merkmals bei vielen Personen.

27. Was bedeutet Bewertbarkeit?

Die Vergleichbarkeit beruht auf einem Bewertungsmaßstab, der eine qualitative und quantitative Abstufung ermöglicht. Die Beurteilung ist an einem Normalverhalten oder an einer durchschnittlichen Leistung gegenüber bestimmten Anforderungen des Arbeitsplatzes orientiert.

28. Wie muß ein Beurteilungsschema gestaltet sein?

Ein Bewertungsschema kann z.B. in fünf Bewertungsstufen mit folgender Einteilung untergliedert werden:

1. Stufe: Die Leistungen liegen weit über dem Durchschnitt, d.h., sie überragen in diesem Merkmal weit die mit vergleichbaren Aufgaben betrauten Mitarbeiter;

2. Stufe: die Leistungen liegen über dem Durchschnitt, d.h., sie sind deutlich besser als die Mehrzahl der mit vergleichbaren Aufgaben betrauten Mitarbeiter;

3. Stufe: die Leistungen entsprechen dem Durchschnitt, d.h., sie sind weder besser noch schlechter als die mit vergleichbaren Aufgaben betrauten Mitarbeiter;

4. Stufe: Die Leistungen liegen unter dem Durchschnitt, d.h., die Mehrzahl der mit gleichen Aufgaben betrauten Mitarbeiter erfüllt diese Aufgabe besser;

5. Stufe: Die Leistungen liegen weit unter dem Durchschnitt, d.h., sie werden den Anforderungen dieses Merkmals nicht gerecht.

29. Welche Bereiche werden für eine Beurteilung herangezogen?

Im allgemeinen werden das Arbeitsverhalten, das Denkverhalten und das mitmenschliche Verhalten beurteilt, wobei die zu bewertenden Beurteilungskriterien bei weniger qualifizierten Mitarbeitern mehr nach Leistungsmerkmalen und bei höher qualifizierten Mitarbeitern, insbesondere bei solchen mit Vorgesetztenfunktionen, mehr nach Persönlichkeitsmerkmalen ausgewählt werden.

30. Welche Kriterien können im Rahmen des Arbeitsverhaltens beurteilt werden?

Belastbarkeit, Arbeitsbereitschaft und Fleiß, Konzentration und Sorgfalt, Arbeitstempo, Zuverlässigkeit, Mobilität.

31. Welche Beurteilungskriterien können im Rahmen des Denkverhaltens beurteilt werden?

Auffassen, Finden und Kombinieren, Denken und Urteilen, Organisations- und Dispositionsfähigkeit, Merken und Behalten.

32. Welche Kriterien umfaßt das mitmenschliche Verhalten?

Das Verhalten zu Vorgesetzten, zu Mitarbeitern, zu Besuchern und Kunden.

33. Welche Kriterien können zur Beurteilung geistiger Fähigkeiten herangezogen werden?

Auffassungsgabe, Ausdrucksvermögen, Dispositionsvermögen, Improvisationsvermögen, Kreativität, Organisationstalent, Selbständigkeit, Verhandlungsgeschick.

34. Welche Fehler können Beurteilungen zugrunde liegen?

Um Fehler zu vermeiden, ist es wichtig, sich von gefühlsmäßigen Eindrücken freizumachen und das Urteil auf tatsächliche Einzelbeobachtungen zu stützen. Es kommt aber auch darauf an, die Tendenz zur blassen Mitte zu vermeiden und ferner, eingetretene Verbesserungen oder Verschlechterungen zu erkennen.

35. Welche Rechte hat der Beurteilte?

Die Ergebnisse der Beurteilung müssen in jedem Fall dem Beurteilten vorgelegt werden. Sie sollten überdies zum Gegenstand eines Beurteilungsgespräches gemacht werden, in dessen Verlauf der Beurteilte die Gründe für die Beurteilung erfährt und die Möglichkeit erhält sich zu äußern und schriftlich zu dem Ergebnis Stellung zu nehmen. Der Beurteilte hat überdies das Recht, ein Betriebsratsmitglied hinzuzuziehen und Einsicht in seine Personalakten zu nehmen. Es empfiehlt sich daher, dem Beurteilten einen Durchschlag seiner Beurteilung auszuhändigen.

36. Was ist bei der Mitarbeiterauswahl zu beachten?

Bei der Auswahl von Mitarbeitern für eine bestimmte Position kommt es in erster Linie darauf an, daß die Anforderungen an den zu besetzenden Arbeitsplatz bekannt sind, und zwar sowohl im Hinblick auf die fachlichen als auch der persönlichen Qualifikation. Der freie Platz sollte ferner unter Berücksichtigung der Anforderungen besetzt werden, d.h., es kommt darauf an, den Bewerber zu finden, der aufgrund der geforderten Fertigkeiten und Kenntnisse am ehesten geeignet ist. Dies braucht nicht in jedem Fall der beste Mitarbeiter zu sein, wenn nur bestimmte Eigenschaften gefordert werden, oder bestimmte Anforderungen im Vordergrund stehen, während andere Anforderungen nur von untergeordneter Bedeutung sind. Schließlich sollten subjektive Einflüsse, wie Protektion oder Vorurteile vermieden werden.

37. Welche Forderungen sind an den Mitarbeitereinsatz zu stellen?

Der Mitarbeitereinsatz ist so zu gestalten, daß genügend Arbeitskräfte vorhanden sind und daß immer der richtige Mitarbeiter am richtigen Platz eingesetzt wird.

38. Wie muß der Mitarbeitereinsatz geplant werden?

Es muß einmal bekannt sein, welche Mitarbeiter mit welchen Anforderungen benötigt werden und zum anderen müssen die vorhandenen Mitarbeiter optimal eingesetzt werden, um Über- oder Unterforderungen zu vermeiden.

3.4.6 Betriebliches Bildungswesen

01. Auf welchen Grundlagen beruht die Ausbildung?

Grundlage der Berufsausbildung sind die geltenden rechtlichen Bestimmungen des Berufsbildungsgesetzes, das die Bedingungen vorschreibt, unter denen ausgebildet werden darf.

02. Welche Voraussetzungen müssen vorliegen, wenn ausgebildet werden soll?

Unbedingte Voraussetzungen für eine betriebliche Ausbildung sind, daß der Betrieb für eine Ausbildung geeignet ist, daß fachlich und pädagogisch geeignete Ausbilder

3.4.6 Betriebliches Bildungswesen

vorhanden sind und daß die Ausbildung systematisch unter Beachtung aller rechtlichen Vorschriften erfolgt.

03. Was ist das Ziel der Berufsausbildung?

Ziel der Berufsausbildung ist es, den benötigten Nachwuchs umfassend auszubilden und den Jugendlichen Gelegenheit zu geben, alle erforderlichen und vorgeschriebenen Fertigkeiten und Kenntnisse in einem geordneten Ausbildungsgang bei gleichzeitigem Erwerb der erforderlichen Berufserfahrung zu erlernen.

04. Welche Gesichtspunkte müssen bei der Planung der Berufsausbildung berücksichtigt werden?

Die Zahl der vorhandenen Ausbildungsplätze, der benötigte Bedarf an Fachkräften, die Räume und Geräte, in bzw. an denen ausgebildet werden soll, die Versetzungsmöglichkeiten während der Ausbildung, das Vorhandensein geeigneter Ausbilder.

05. Was versteht man unter Weiterbildung?

Unter Weiterbildung ist die Gesamtheit aller direkten und indirekten Maßnahmen - im vorliegenden Fall der Betriebe - zu verstehen, mit deren Hilfe eine Erweiterung oder Veränderung der Fähigkeiten der Mitarbeiter und deren Anpassung an neue Erkenntnisse erfolgen soll.

06. Warum ist eine ständige Weiterbildung erforderlich?

Die Leistungsfähigkeit einer hochentwickelten Volkswirtschaft hängt in hohem Maße von dem Bildungs- und Ausbildungsstand breitester Bevölkerungsschichten ab. Eine ständige Weiterbildung ist aber auch deshalb erforderlich, weil ständig neue Erkenntnisse gewonnen werden, die eine Anpassung des Wissensstandes erforderlich machen.

07. Was sind die Ziele der betrieblichen Weiterbildung?

Das Ziel der betrieblichen Initiativen muß darin liegen, die Mitarbeiter für die Weiterbildung im Beruf zu interessieren und zu motivieren. Ein weiteres Ziel ist die Planung der Aufstiegsmöglichkeiten der aufgrund von Beurteilungen als förderungswürdig erkannter Nachwuchskräfte und schließlich die laufende Anpassung des Wissens der Mitarbeiter an organisatorische Veränderungen des Betriebes.

08. Wo kann eine Weiterbildung erfolgen?

Die Weiterbildung kann betrieblich und überbetrieblich erfolgen, d.h., indem die Mitarbeiter an Kursen Dritter teilnehmen, deren Pläne und Methoden sowie Wissensgebiete, die vermittelt werden, den betrieblichen Vorstellungen entsprechen.

09. Welche Lernmethoden werden in der Weiterbildung angewandt?

Es sind zahlreiche Methoden üblich. Die gebräuchlichsten sind der Vortrag, die Tonbildschau, die Gruppenarbeit, das Rollenspiel, die Fallmethode, das Planspiel, die Projektmethode und die Programmierte Unterweisung.

10. Welche Bedeutung hat der Vortrag?

Der Vortrag ist die älteste Form der Darbietung eines Stoffes, aber auch die umstrittenste, denn es ist erwiesen, daß der Hörer nur einen Bruchteil der Informationen eines Vortrages aufnimmt und behält, weil das Lerntempo, das ein Vortrag erfordert, viel zu schnell ist. Wissenschaftliche Untersuchungen haben ergeben, daß ein Mensch durchschnittlich 20 % dessen, was er hört, 30 % dessen, was er sieht, 50 % dessen, was er hört und sieht und 90 % dessen, was er selbst erarbeitet, behält. Der Lerneffekt eines Vortrages ist weitgehend vom Vortragsstil abhängig. Auch spielt es eine Rolle, ob die Teilnehmer über Vorkenntnisse verfügen.

11. Welche Bedeutung hat die Tonbildschau?

Eine Tonbildschau hat gegenüber dem Film den Vorteil, daß sich das stehende Bild mit einer Worterklärung stärker einprägt. Eine Tonbildschau kann nur unter der Leitung eines Fachmannes zur Wissensvermittlung dienen. Die Schlußfolgerungen müssen gemeinsam erarbeitet werden.

12. Welche Bedeutung hat die Gruppenarbeit?

Von Gruppenarbeit spricht man dann, wenn sich mehrere Teilnehmer zusammenfinden, von denen jeder zu seinem Teil zur Lösung eines bestimmten Problems beiträgt. In einer Gruppe kann der einzelne in der Auseinandersetzung mit unterschiedlichen Beiträgen sein Wissen erweitern. Beim Lernen in der Gruppe kann das Lerntempo des einzelnen besser berücksichtigt werden.

13. Welche Bedeutung hat das Rollenspiel?

Das Rollenspiel setzt voraus, daß sich der Spieler in einen gegebenen Sachverhalt hineinversetzen kann, der ihm durch Stichworte über Vorgehen, zu behandelnde Probleme und eigene Verhaltensweisen bekanntgemacht wird. Durch das Rollenspiel kann geübt werden, Partner zu überzeugen.

14. Welche Bedeutung hat die Fallmethode?

Bei der Fallmethode handelt es sich um die Untersuchung, Darstellung und Analysierung eines tatsächlichen oder fingierten Falles. Die Teilnehmer sollen lernen, die Probleme zu erkennen, über sie zu diskutieren, die optimale Lösung zu finden bzw. verschiedene Lösungsmöglichkeiten miteinander zu vergleichen.

15. Welche Bedeutung hat das Planspiel?

Das Planspiel wird sowohl für das Treffen von Entscheidungen im Bereich der Unternehmensführung als auch in der betrieblichen Aus- und Fortbildung angewandt. Die Fehler, die bei dieser Übungsmethode gemacht werden, helfen zum besseren Verständnis und tragen zum Lernen bei, ohne daß Zeit versäumt wird oder ein Schaden entsteht. Das Planspiel ist in jedem Bereich die kritische Durchführung einer Kette von Entscheidungen, von denen jede einzelne Entscheidung auf dem Ergebnis einer vorangegangenen aufbaut.

16. Welche Bedeutung hat die Projektmethode?

Bei der Projektmethode werden in Form der Gruppenarbeit komplizierte, umfassende und in der Regel mehrere Fachgebiete betreffende Probleme bearbeitet. Die Projekt-Methode ist geeignet, Selbständigkeit im Denken und Entscheiden zu fördern und die Teilnehmer zu motivieren.

17. Welche Bedeutung hat die Programmierte Unterweisung?

Bei der Programmierten Unterweisung erfolgt das Lernen anhand eines Programms mit genau festgelegten Lernschritten und ständiger Lernerfolgskontrolle. Ein solches Programm muß sich in logisch verknüpfter, lückenloser Folge von kleinsten Lernschritten nach einem vorausberechneten Ablauf auf ein Lernziel hin erstrecken.

18. Was versteht man unter Lernen?

Lernen ist ein Prozeß, durch den ein Verhalten aufgrund der Auseinandersetzung mit der Umwelt auf Dauer entsteht und verändert wird, wobei diese Änderung nicht durch angeborene Reaktion, Reifung oder vorübergehende Zustände beeinflußt ist.

19. Was versteht man unter Lernschwierigkeiten?

Lernschwierigkeiten drücken das Auseinanderfallen von tatsächlichem und erwartetem Leistungs- und Verhaltensniveau aus.

20. Was ist ein Lernziel?

Lernziel ist die Bezeichnung für das durch Lernen zu erreichende Ergebnis.

21. Was versteht man unter einem Test?

Ein Test ist ein unter festgelegten Bedingungen angewendetes Verfahren zur Untersuchung von Persönlichkeitsmerkmalen.

22. Was versteht man unter Lehrmitteln?

Lehrmittel sind Materialien, die der Ausbilder zur Erreichung des Lernzieles anwendet, wie z.B. Modelle, Werkstücke, Filme usw.

23. Was versteht man unter Lernmitteln?

Lernmittel sind Unterrichts- oder Ausbildungs- bzw. Arbeitsmittel in der Hand des Auszubildenden.

3.4.7 Betriebliches Sozialwesen

01. Was ist das Ziel der betrieblichen Sozialpolitik?

Die betrieblichen Sozialleistungen sind ein Instrument der Sozialpolitik, mit dessen Hilfe sozialpolitische Ziele durch die Betriebe verwirklicht werden. Diese Ziele werden teilweise auf überbetrieblicher Ebene gesetzt, z.b. vom Staat oder von den Sozialpartnern, teilweise aber auch von den Betrieben selbst.

02. Welche Bereiche umfaßt die betriebliche Sozialpolitik?

Die betriebliche Sozialpolitik umfaßt neben den Maßnahmen zum Schutz gegen Beeinträchtigungen durch die Arbeit, zur Sicherung gegen die Risiken des Arbeitslebens und zur Verbesserung der materiellen Lebensbedingungen auch die Maßnahmen, die den Mitarbeitern das in einem Betrieb höchstmögliche Maß an persönlicher Freiheit, Verantwortung und Entfaltung sichern, der Anerkennung der Person und Leistung im Betrieb dienen und ein Zugehörigkeitsgefühl zum Betrieb entwickeln.

03. Was bezwecken betriebliche Sozialleistungen?

Betriebliche Sozialleistungen sind darauf ausgerichtet, Härten und Spannungen auszugleichen, die eine an der Leistung orientierte Entlohnung mit sich bringt.

04. Welche Arten betrieblicher Sozialleistungen werden unterschieden?

Man unterscheidet gesetzliche, tarifvertragliche und freiwillige Sozialleistungen.

05. Was fällt in den Bereich des gesetzlichen bzw. tarifvertraglichen Sozialaufwands?

Arbeitgeberbeiträge zur Sozialversicherung, Beiträge zur Berufsgenossenschaft, Tarifurlaub, Bezahlung von Arbeitsausfällen, sonstige Aufwendungen auf gesetzlicher Grundlage, wie z.B. für die Unfallverhütung für Schwerbeschädigte. Aufwendungen, die tarifvertraglich vereinbart sind oder z.B. die Weiterzahlung von Lohn in Sterbefällen, Zuschüsse zum Krankengeld, Weihnachtsgeld, Urlaubsgeld.

06. Was fällt in den Bereich der freiwilligen sozialen Leistungen?

Die betriebliche Altersversorgung, der betriebliche Gesundheitsdienst, die Werksverpflegung, die Wohnungshilfe, persönliche Hilfe, Zusatzmaßnahmen zur Arbeitssicherheit, Gratifikationen.

07. Was ist der Zweck der betrieblichen Altersversorgung?

Die betriebliche Altersversorgung ist eine Ergänzung der gesetzlichen Altersversicherung und der privaten Altersvorsorge und will dem Arbeitnehmer eine zusätzliche Hilfe zur Aufrechterhaltung seines Lebensstandards im Alter geben.

3.4.7 Betriebliches Sozialwesen

08. Was ist der Zweck der Werksverpflegung?

Sie trägt zu einer gesunden, den Arbeitsanforderungen angepaßten Ernährung bei, auf die zur Aufrechterhaltung einer durchgehenden Arbeitszeit nicht verzichtet werden kann.

09. Was ist das Ziel des betrieblichen Gesundheitsdienstes?

Er dient der Erhaltung der Gesundheit und Leistungsfähigkeit der Mitarbeiter. Während größere Betriebe gesetzlich zur Unterhaltung eines werksärztlichen Dienstes verpflichtet sind, bedienen sich auch kleinere Betriebe häufig der Hilfe eines nebenberuflichen Arztes, insbesondere bei Einstellungs- und Überwachungsuntersuchungen oder zur Beratung in allen gesundheitlichen und arbeitshygienischen Fragen.

10. Wer gilt als Betriebsarzt?

Nach dem Gesetz über Betriebsärzte, Sicherheitsingenieure und andere Fachkräfte für Arbeitssicherheit vom 12.12.1973 gilt als Betriebsarzt, wer berechtigt ist, den ärztlichen Beruf auszuüben und über eine arbeitsmedizinische Fachkunde verfügt.

11. Was ist das Ziel der Arbeitssicherheit?

Ziel der Arbeitssicherheitsmaßnahmen ist es, das gesamte Arbeitsleben so zu gestalten, daß möglichst viele Gefahrenquellen beseitigt sind oder zumindest als solche erkannt werden.

12. Worauf erstrecken sich die Maßnahmen des Arbeitsschutzes?

Der Arbeitsschutz erstreckt sich auf die Planung, Ausführung und Unterhaltung von Betriebsanlagen sowie sozialen und sanitären Einrichtungen, die Beschaffung von technischen Arbeitsmitteln sowie die Auswahl geeigneter Arbeitsschutzmittel sowie den Unfallschutz.

13. Was ist das Ziel des Unfallschutzes?

Es müssen sowohl die Unfallursachen erkannt als auch die erkannten Ursachen durch technische Mittel, organisatorische Maßnahmen, Erziehung und ein entsprechendes arbeitssicheres Verhalten beseitigt werden.

14. Was ist das Ziel des Arbeitsschutzrechtes?

Mit Hilfe bestimmter gesetzlicher Bestimmungen, wie der Arbeitszeitordnung oder dem Ladenschlußgesetz, soll der Arbeitnehmer vor Überanstrengungen und Verschleiß der Arbeitskraft geschützt werden. Die genannten Bestimmungen sehen z.B. eine Höchstarbeitszeit vor.

15. Was versteht man unter dem Arbeitsvertragsschutz?

Der Arbeitsvertragsschutz bezweckt den Schutz der Arbeitnehmer vor einer unsozialen Gestaltung seiner Arbeitsbedingungen. Im wesentlichen ist der Arbeitsvertragsschutz im Tarifrecht der Sozialpartner geregelt, es kommen aber auch Bestimmungen der Gewerbeordnung und der Berufsgenossenschaften zum Zuge.

16. Welche Personengruppen genießen einen besonderen Arbeitsschutz?

Ein besonderer Arbeitsschutz ist für Jugendliche nach dem Jugendarbeitsschutzgesetz, für werdende Mütter nach dem Mutterschutzgesetz aber auch für bestimmte Personengruppen vorgesehen, die aufgrund ihrer speziellen Tätigkeiten vor berufstypischen Gefahren besonders geschützt werden sollen.

17. Wem obliegt die Überprüfung des Arbeitsschutzes?

Die Einhaltung der Bestimmungen obliegt dem Gewerbeaufsichtsamt, den Berufsgenossenschaften und den Sicherheitsbeauftragten, die in Unternehmungen mit mehr als 20 Beschäftigten zu bestimmen sind.

18. Welche Folgen treten bei Verstößen gegen Bestimmungen des Arbeits- oder Unfallschutzes ein?

Werden Bestimmungen des Arbeitsschutzes verletzt, so können Klagen vor Arbeitsgerichten die Folge sein. Erstreckt sich die Verletzung auf technische Bereiche, so können Zwangsmaßnahmen ergriffen werden, um staatliche Vorschriften durchzusetzen. Hierzu zählen Verfügungen, die Ersatzvornahme, die Festsetzung von Zwangsgeld und notfalls die Betriebsschließung.

19. Was versteht man unter Personalentwicklung?

Unter Personalentwicklung versteht man die Gesamtheit der Maßnahmen zur Verbesserung der Mitarbeiterqualifikation.

20. Warum ist eine Anpassung der Mitarbeiterqualifikation an neue Erfordernisse notwendig?

Technische Entwicklungen und Neuerungen sind in Zukunft nicht ausschließlich im Produktionsbereich Einflußgrößen der beruflichen Qualifizierung der Mitarbeiter, sondern beeinflussen auch nachhaltig die Arbeit im kaufmännischen Bereich, in der Verwaltung sowie bei den Dienstleistungen. Die Technik beeinflußt zunehmend auch die Betriebsorganisation und hier sowohl die Aufbau- als auch die Ablauforganisation.

21. Wie wurden bislang Anforderungen an Mitarbeiter bestimmt?

Man ging in der Regel von dem Unternehmensprogramm aus, baute darauf das Produktions- und Dienstleistungsprogramm auf und suchte hierfür die entsprechend qualifizierten Mitarbeiter. Da jedoch im Produktionsbereich immer mehr Maschinen und Automaten bis hin zum Roboter eingesetzt wurden, blieb dem Menschen in erster Linie die Steuerung und Regelung der Automaten sowie die Handhabung, Bedienung und Wartung der technischen Aggregate. Arbeitsinhalte und Qualifikationen beschränken sich bei diesem System auf die von der Technik bestimmten Restfunktionen menschlicher Arbeit bei den Schnittstellen des Mensch-Maschinen-Systems.

3.4.7 Betriebliches Sozialwesen

22. Welche Grenzen ergeben sich bei diesem Mensch-Maschinen-System?

Die Fähigkeit des Menschen im Hinblick auf die technischen Anforderungen bestimmen die Einsatzfähigkeit moderner Technik. Je mehr neue Techniken oder Anwendungsgebiete bisheriger Techniken erschlossen werden, desto mehr bedarf der Mitarbeiter neuer Kenntnisse zur Beherrschung dieser Technik. Da die neuen Informations- und Kommunikationstechniken ständig veränderte Anwendungsmöglichkeiten sowohl im Produktions- als auch im kaufmännischen Bereich eröffnen, bedarf auch die Mitarbeiterschulung und die Personalentwicklung neuer Überlegung.

23. Welchen Anforderungen stehen die betrieblichen Mitarbeiter heute gegenüber?

Durch die Mikroelektronik kommt der Weiterbildung eine zentrale Bedeutung zu. Der Umgang mit der Mikroelektronik muß von allen Mitarbeitern von Grund auf erlernt werden. Überdies sind durch die Mikroelektronik Werkzeuge völlig neuer Art entstanden.

Ferner bewirkt die Mikroelektronik eine Umkehrung des Trends zur Arbeitszerlegung mit der Folge, daß die Mitarbeiter lernen müssen, bislang getrennte Aufgabenbereiche miteinander zu verzahnen. Dies wiederum bedeutet, daß sich die Mitarbeiter mit den neu entstehenden Arbeitsplätzen verzahnen können. Mit der Übertragung zusätzlicher Aufgaben steigen Motivation und Leistungsbereitschaft, ferner werden Arbeitsabläufe, Arbeitsinhalte und Arbeitszeiten flexibel.

24. Welche Konsequenzen hat die neue technische Entwicklung für die Personalentwicklung?

Die Arbeitsplatzbeschreibungen werden differenzierter, die Bewerber müssen vielfältigere Aufgaben erledigen, die Arbeitsanforderungen müssen exakter als bisher beschrieben werden, der Weiterbildungsbedarf wird konkreter und orientiert sich in immer kürzeren Zeitabschnitten an neuen technischen Entwicklungen. Trotz der Unsicherheit über die Anforderungen neuer Technologien und deren betrieblicher Einsatzmöglichkeiten muß im Rahmen der Entwicklung von Weiterbildungskonzepten versucht werden, vorausschauend den konkreten Weiterbildungsbedarf rechtzeitig zu ermitteln, um die entsprechenden, auf die jeweilige Zielgruppe zugeschnittenen Bildungsmaßnahmen zum Zeitpunkt der Anforderung bereitstellen zu können.

25. Welche Gesamtverpflichtungen bestehen im Hinblick auf den Arbeitsschutz für das Unternehmen?

Dem Unternehmen obliegt es in Zusammenarbeit mit den zu bestellenden Betriebsärzten, den Berufsgenossenschaften und dem Gewerbeärztlichen Dienst, daß die notwendigen und vorgeschriebenen ärztlichen Untersuchungen durchgeführt werden und daß die technischen und organisatorischen Maßnahmen getroffen werden, um die, die menschliche Gesundheit schädigenden Faktoren, wie z.B. chemische Schadstoffe, Stäube, Lärm, Strahlungen und Schwingungen vom Menschen fernzuhalten oder auf ein so niedriges Niveau zu bringen, daß daraus keine Gesundheitsschäden entstehen können.

3.4.8 Betriebliche Mitbestimmung

01. In welchen Gesetzen sind Mitwirkungsrechte der Arbeitnehmer geregelt?

Die Mitwirkungsrechte der Arbeitnehmer sind in erster Linie im Betriebsverfassungsgesetz von 1972 geregelt. Darüber hinaus bestehen besondere Mitbestimmungsrechte der Arbeitnehmer in Führungs- und Aufsichtsgremien in den Vorständen und Aufsichtsräten der Montanindustrie aufgrund der Bestimmungen des Montanmitbestimmungsgesetzes vom 21.5.1951 sowie in Unternehmungen außerhalb der Montanindustrie, die in der Rechtsform einer AG, einer KGaA, einer GmbH oder einer Genossenschaft betrieben werden und die in der Regel mehr als 2000 Arbeitnehmer beschäftigen, aufgrund des Mitbestimmungsgesetzes vom 3.4.5.1976. Dieses Gesetz regelt vor allem die Zusammensetzung des Aufsichtsrates mit Arbeitnehmervertretern.

02. Welche grundsätzlichen Probleme sind im Betriebsverfassungsgesetz geregelt?

Im Betriebsverfassungsgesetz ist die Errichtung von Betriebsräten, deren Aufgaben und Zusammensetzung einschließlich der Jugendvertretung sowie die Mitwirkung und Mitbestimmung der Arbeitnehmer in sozialen und personellen Angelegenheiten geregelt.

03. Wann werden Betriebsräte gewählt?

In Betrieben mit in der Regel mindestens fünf ständigen wahlberechtigten Arbeitnehmern, von denen drei wählbar sind, werden Betriebsräte gewählt. Wahlberechtigt sind alle Arbeitnehmer, die das 18. Lebensjahr vollendet haben. Wählbar sind alle Wahlberechtigten, die sechs Monate dem Betrieb angehören.

04. Wer ist als Mitglied des Betriebsrates wählbar?

Wählbar sind alle wahlberechtigten Mitarbeiter, die dem Betrieb sechs Monate angehören oder als in Heimarbeit Beschäftigte in der Hauptsache für den Betrieb gearbeitet haben.

05. Wie lange dauert die Amtszeit des Betriebsrates?

Die Amtszeit des Betriebsrats dauert vier Jahre.

3.4.8 Betriebliche Mitbestimmung

06. Welche allgemeinen Aufgaben hat der Betriebsrat?

Der Betriebsrat hat die Aufgaben,

a) darüber zu wachen, daß die zugunsten der Arbeitnehmer geltenden Vorschriften, Gesetze, Verordnungen, Unfallverhütungsvorschriften, Tarifverträge und Betriebsvereinbarungen eingeholt werden;
b) Maßnahmen, die dem Betrieb und der Belegschaft dienen, beim Arbeitgeber zu beantragen;
c) Anregungen von Arbeitnehmern und der Jugend- und Auszubildendenvertretung entgegenzunehmen und, falls sie berechtigt erscheinen, durch Verhandlungen mit dem Arbeitgeber auf eine Erledigung hinzuwirken. Er hat die betreffenden Arbeitnehmer über den Stand und das Ergebnis der Verhandlungen zu unterrichten;
d) die Eingliederung Schwerbeschädigter und sonstiger besonders schutzbedürftiger Personen zu fördern;
e) die Wahl einer Jugend- und Auszubildendenvertretung vorzubereiten und durchzuführen;
f) die Beschäftigung älterer Arbeitnehmer im Betrieb zu fördern;
g) die Eingliederung ausländischer Arbeitnehmer im Betrieb und das Verständnis zwischen ihnen und den deutschen Arbeitnehmern zu fördern.

07. Welche Grundsätze gelten für die Zusammenarbeit zwischen Betriebsrat und Arbeitgeber?

Arbeitgeber und Betriebsrat sollen mindestens einmal im Monat zu einer Besprechung zusammentreten. Sie haben über strittige Fragen mit dem ernsten Willen zur Einigung zu verhandeln und Vorschläge für die Beilegung von Meinungsverschiedenheiten zu machen.

08. Welche Grundsätze gelten für die Behandlung der Betriebsangehörigen?

Arbeitgeber und Betriebsrat haben darüber zu wachen, daß alle im Betrieb tätigen Personen nach den Grundsätzen von Recht und Billigkeit behandelt werden und daß jede unterschiedliche Behandlung unterbleibt. Sie haben ferner darauf zu achten, daß Arbeitnehmer nicht wegen Überschreitung bestimmter Altersstufen benachteiligt werden.

09. Welche Mitbestimmungsrechte hat der Betriebsrat in sozialen Angelegenheiten?

Der Betriebsrat hat, soweit eine gesetzliche oder tarifliche Regelung nicht besteht, in folgenden Angelegenheiten mitzubestimmen:

a) Fragen der Ordnung des Betriebes und des Verhaltens der Arbeitnehmer im Betrieb;
b) Beginn und Ende der täglichen Arbeitszeit einschließlich der Pausen sowie Verteilung der Arbeitszeit auf die einzelnen Wochentage;
c) vorübergehende Verkürzung oder Verlängerung der betriebsüblichen Arbeitszeit;

d) Zeit, Ort und Art der Auszahlung der Urlaubsentgelte;
e) Aufstellung allgemeiner Urlaubsgrundsätze und des Urlaubsplanes;
f) Einführung und Anwendung von technischen Einrichtungen, die dazu bestimmt sind, das Verhalten oder die Leistung der Arbeitnehmer zu überwachen;
g) Regelungen über die Verhütung von Arbeitsunfällen und Berufskrankheiten sowie über den Gesundheitsschutz;
h) Form, Ausgestaltung und Verwaltung von Sozialeinrichtungen;
i) Zuweisung und Kündigung von Werkswohnungen;
j) Fragen der betrieblichen Lohngestaltung, insbesondere die Aufstellung von Entlohnungsgrundsätzen und die Einführung und Anwendung neuer Entlohnungsmethoden sowie deren Änderung;
k) Festsetzung der Akkord- und Prämiensätze und vergleichbarer leistungsbezogener Entgelte;
l) Grundsätze über das betriebliche Vorschlagswesen.

10. Welche Rechte hat der Betriebsrat in personellen Angelegenheiten?

Der Arbeitgeber hat den Betriebsrat über die Personalplanung, insbesondere über den gegenwärtigen und künftigen Personalbedarf sowie über die sich daraus ergebenden personellen Maßnahmen und Maßnahmen der Berufsbildung an Hand von Unterlagen rechtzeitig und umfassend zu unterrichten. Personalfragebögen bedürfen der Zustimmung des Betriebsrates.

11. Welche Mitbestimmungsrechte hat der Betriebsrat in personellen Einzelmaßnahmen?

Der Betriebsrat ist in Betrieben mit in der Regel mehr als 20 wahlberechtigten Arbeitnehmern vor jeder Einstellung, Eingruppierung, Umgruppierung und Versetzung zu unterrichten. Der Arbeitgeber muß dem Betriebsrat die erforderlichen Bewerbungsunterlagen vorlegen und Auskunft über die Person der Beteiligten geben. Ebenso ist der Betriebsrat vor jeder Kündigung zu hören. Der Arbeitgeber hat ihm die Gründe für die Kündigung mitzuteilen. Eine ohne Anhörung des Betriebsrates ausgesprochene Kündigung ist unwirksam.

12. Welche Unterrichtungspflicht hat der Arbeitgeber?

Der Arbeitgeber hat den Arbeitnehmer über dessen Aufgabe und Verantwortung sowie über die Art seiner Tätigkeit und ihre Einordnung in den Arbeitsablauf des Betriebes zu unterrichten und über die Unfallgefahren zu belehren.

13. Welche Rechte hat der Arbeitnehmer im Hinblick auf seine Person?

Der Arbeitnehmer hat folgende Rechte:

a) Das Recht, in betrieblichen Angelegenheiten, die seine Person betreffen, von den zuständigen Personen des Betriebes gehört zu werden;
b) er kann verlangen, daß ihm die Berechnung und Zusammensetzung seines Arbeitsentgelts erläutert und daß ihm die Beurteilung seiner Leistungen sowie die Möglichkeiten seiner beruflichen Entwicklung erörtert werden;
c) er hat das Recht, in die über ihn geführten Personalakten Einsicht zu nehmen;

3.4.8 Betriebliche Mitbestimmung

d) er hat das Recht, sich bei den zuständigen Stellen des Betriebes zu beschweren, wenn er sich benachteiligt oder ungerecht behandelt fühlt.

14. Welche Vorschriften bestehen im Hinblick auf die Personalplanung?

Der Arbeitgeber hat den Betriebsrat über die Personalplanung, insbesondere über den gegenwärtigen und künftigen Personalbedarf sowie über die sich daraus ergebenden personellen Maßnahmen sowie Maßnahmen der Berufsbildung an Hand von Unterlagen rechtzeitig und umfassend zu unterrichten.

15. Welche Vorschriften bestehen im Hinblick auf Personalfragebogen und die Aufstellung allgemeiner Beurteilungsgrundsätze?

Die Einführung von Personalfragebogen und die Aufstellung allgemeiner Beurteilungsgrundsätze bedürfen der Zustimmung des Betriebsrates.

16. Welche Mitbestimmungsrechte hat der Betriebsrat bei Einstellungen?

In Betrieben mit in der Regel mehr als 20 wahlberechtigten Arbeitnehmern hat der Arbeitgeber den Betriebsrat vor jeder Einstellung, Eingruppierung, Umgruppierung und Versetzung zu unterrichten und die Bewerbungsunterlagen vorzulegen.

17. Welche Vorschriften gelten bei Kündigungen?

Der Betriebsrat ist vor jeder Kündigung zu hören. Der Arbeitgeber hat die Gründe für die Kündigung mitzuteilen. Eine ohne Anhörung des Betriebsrates ausgesprochene Kündigung ist unwirksam.

18. Was sind die Rechtsgrundlagen der Jugend- und Auszubildendenvertretung?

In Betrieben, in denen Betriebsräte bestehen und die in der Regel mindestens fünf jugendliche Arbeitnehmer beschäftigen, werden Jugend- und Auszubildendenvertretungen gewählt. Wählbar sind alle Arbeitnehmer des Betriebes, die am letzten Wahltag das 18. Lebensjahr bzw. alle Auszubildenden, die am Wahltag das 25. Lebensjahr noch nicht vollendet haben. Die unter 18-jährigen Auszubildenden sind gleichzeitig zur Wahl des Betriebsrats berechtigt. Wählbar sind alle Arbeitnehmer, die am Tage des Beginns der Amtszeit der Jugend- und Auszubildendenvertretung das 25. Lebensjahr noch nicht vollendet haben.

19. Welche Aufgaben hat die Jugend- und Auszubildendenvertretung?

Die Jugend- und Auszubildendenvertretung hat:

- Maßnahmen, insbesondere in Fragen der Berufsbildung, beim Betriebsrat zu beantragen;
- darüber zu wachen, daß die zugunsten der Jugendlichen und Auszubildenden geltenden Vorschriften durchgeführt werden;
- Anregungen und Beschwerden der jugendlichen Beschäftigten und Auszubildenden, insbesondere in Fragen der Berufsbildung entgegenzunehmen und beim Betriebsrat auf Erledigung hinzuwirken.

20. Was versteht man unter betrieblichem Vorschlagswesen?

Unter dem betrieblichen Vorschlagswesen versteht man ein organisatorisches und ablaufmäßig festgelegtes Verfahren, das dazu dient, Ideen der Mitarbeiter eines Unternehmens zur Verbesserung von Arbeitsabläufen, die nicht zur eigentlichen Arbeitsaufgabe zählen, systematisch zu sammeln, auf Anwendbarkeit zu prüfen und entweder einzuführen oder eine Begründung für die Ablehnung zu geben.

21. Wie werden Verbesserungsvorschläge honoriert?

Werden als Verbesserungsvorschläge eingereichte Ideen eingeführt, so werden sie mit einer Prämie honoriert, wobei die Höhe der Prämie nach dem Wert der Ersparnis bemessen sein sollte. Einzelheiten über Arbeitnehmererfindungen sind im Gesetz über Arbeitnehmererfindungen geregelt. Es empfiehlt sich aber auch, Verbesserungen mit nicht erkennbaren Jahresersparnissen in die Prämiengewährung einzubeziehen.

3.5 Produktionswirtschaft

3.5.1 Fertigungsplanung

01. Was versteht man unter dem Begriff Produktionswirtschaft?

Der Begriff Produktionswirtschaft im weiteren Sinne umfaßt die Leistungserstellung, d.h. die Herstellung wirtschaftlicher Güter sowie die Erstellung von Dienstleistungen. Im engeren Sinne wird von Produktionswirtschaft gesprochen, wenn es sich um die Erzeugung und Fertigung von Gütern handelt. Man bezeichnet die Produktionswirtschaft daher auch als Fertigungswirtschaft.

02. Durch welche Merkmale sind Industriebetriebe gekennzeichnet?

Industriebetriebe sind gekennzeichnet durch Spezialisierung auf bestimmte Erzeugnisse, einen hohen Kapitaleinsatz, bei vielen Betrieben durch einen hohen Automatisierungsgrad, eine weitreichende Verwendung von Maschinen aller Art, eine hochentwickelte Arbeitsteilung sowie den Einsatz umfassend ausgebildeter Arbeitskräfte einerseits und die Beschäftigung einer Vielzahl angelernter oder ungelernter Kräfte andererseits.

03. Wie werden die Erzeugnisse der Industriebetriebe unterschieden?

Die Erzeugnisse der Industriebetriebe bestehen entweder aus Produktionsgütern, d.h. Gütern, die für eine weitere Verarbeitung benötigt werden, wie z.B. Maschinen, oder aus Verbrauchsgütern, d.h. Gütern, die für den unmittelbaren Verbrauch bestimmt sind.

04. Wie produzieren Industriebetriebe?

Obwohl Industriebetriebe bestrebt sind, nicht willkürlich auf Vorrat zu produzieren, sondern sich im voraus Aufträge zu sichern, erfolgt die Produktion der Industriebetriebe im Gegensatz zum Handwerksbetrieb in der Regel nicht auf Bestellung, sondern für den unbekannten Abnehmer, d.h. den anonymen Markt.

05. Wann ist eine Produktion auf Bestellung üblich?

Eine Produktion auf Bestellung ist im Industriebetrieb nur ausnahmsweise üblich, z.B. bei Herstellern von Spezialmaschinen und Spezialgeräten sowie Maschinen und Geräten mit Sonderausstattung, die nach Auftrag des Kunden angefertigt werden.

06. Was versteht man unter Erzeugung und Fertigung?

Unter Erzeugung versteht man die Gewinnung von Stoffen und Energie sowie deren Umwandlung. Unter der Fertigung wird die Stoffbe- oder Stoffverarbeitung und das Zusammenfügen von Vorfabrikaten zu Fertigprodukten verstanden.

07. Wie arbeitet die Fertigung?

Die Fertigung bzw. Erzeugung bedient sich physikalischer, chemischer oder biologischer Vorgänge. Man unterscheidet dabei zwischen Fertigungstechnik, deren Aufgabe die Erzeugung von Gütern mit geometrisch definierter Form, z. B. mit Werkzeugmaschinen ist, und zwischen Verfahrenstechnik, deren Aufgabe die Erzeugung von Gütern mit geometrisch nicht definierter Form ist, insbesondere mit Apparaten etwa zum Stoffbereiten und Stoffveredeln.

08. Wann werden handwerkliche Fertigungsmethoden verwandt?

Bei der industriellen Produktion kann bis zu einem gewissen Grade auf handwerkliche Fertigungsmethoden nicht verzichtet werden. Dies ist z.B. bei Instandhaltungsarbeiten, Reparaturen und der Anfertigung von Modellen der Fall.

09. Welche Arten von Aufträgen werden unterschieden?

- Kundenaufträge; das sind in der Regel Einzelstücke oder auch Serien von Stücken mit bestimmten Eigenschaften,
- Lageraufträge, das sind typische Artikel des Verkaufsprogramms sowie
- Reparaturaufträge, d.h. Aufträge, die das Ziel haben, früher gekaufte Gegenstände wieder gebrauchsfertig zu machen oder zu überholen.

10. Wie ist das Produktionsprogramm abgegrenzt?

Jedes Industrieunternehmen hat in der Regel ein festes Produktionsprogramm. Eine solche Beschränkung ist notwendig, um eine wirtschaftlich sinnvolle Produktion in angemessenen Stückzahlen zu möglichst niedrigen Kosten durchführen zu können.

11. Was sind die Hauptaufgaben der Produktionswirtschaft?

Die Hauptaufgaben der Produktionswirtschaft sind:

a) die Planung der für den Fertigungsprozeß erforderlichen Aufgaben. Dieser Aufgabe geht die Produktionsprogrammplanung, die Forschung und Entwicklung, die Normung, die Auswahl der Herstellungsverfahren, sowie die eigentliche Planung des betrieblichen Produktionsprogrammes voraus;
b) die Fertigungssteuerung, d.h. die Aufgabenausführung;
c) die Fertigungskontrolle und
d) die Gestaltung der Arbeitszeit.

12. Welche industriellen Herstellungsmethoden werden unterschieden?

Man unterscheidet Herstellungsverfahren nach der räumlich-technischen Organisation, d.h. nach dem Weg der Fertigung durch den Betrieb und Herstellungsverfahren nach der Ausstoßmenge, d.h. der innerhalb einer Zeiteinheit erzeugten Produkte.

3.5.1 Fertigungsplanung

13. Was sind Herstellungsverfahren nach der räumlich-technischen Organisation?

a) Nicht ablaufgebundene Fertigungsverfahren: Werkbankfertigung, Werkstättenfertigung, Automatenfertigung,
b) ablaufgebundene Fertigungsverfahren: Reihenfertigung, Fließfertigung, Gruppenfertigung,
c) objektgebundene Fertigungsverfahren: Baustellenfertigung, Fertigung nach dem Wanderprinzip.

14. Was sind Fertigungsverfahren nach der Ausstoßmenge?

Einzelfertigung, Serienfertigung, Sortenfertigung, Partie- und Chargenfertigung, Massenfertigung.

15. Was versteht man unter der Werkbankfertigung?

An einem bestimmten Arbeitsplatz werden Arbeiten von gleicher oder unterschiedlicher Dauer ausgeführt, wobei alle erforderlichen Arbeitsmittel in Griffnähe des Arbeitsnehmers angeordnet sein müssen. Diese Herstellungsweise ist überwiegend bei der Fertigung von Einzelstücken oder im Reparaturbereich üblich.

16. Was versteht man unter der Werkstättenfertigung?

Bei der Werkstättenfertigung wird der Weg der Werkstücke vom Standort der Arbeitsplätze und der Maschinen bestimmt. Als Werkstättenfertigung werden daher die Verfahren bezeichnet, bei denen die zur Herstellung oder zur Be- bzw. Verarbeitung erforderlichen Maschinen an einem Ort, der Werkstatt zusammengefaßt sind. Die Werkstücke werden von Maschine zu Maschine transportiert. Dabei kann die gesamte Fertigung in einer einzigen Werkstätte erfolgen oder auf verschiedene Spezialwerkstätten verteilt werden.

17. Wo ist die Werkstättenfertigung zweckmäßig?

Die Werkstättenfertigung ist dort zweckmäßig, wo eine Anordnung der Maschinen nicht nach dem Arbeitsablauf erfolgen kann und eine genaue zeitliche Abstimmung der einzelnen Arbeitsgänge nicht möglich ist, weil die Zahl der Erzeugnisse mit unterschiedlichen Fertigungsgängen sehr groß ist. Bei der Werkstättenfertigung sind längere Transportwege meist unvermeidlich. Gelegentlich müssen einzelne Werkstücke auch mehrmals zwischen den gleichen Werkstätten hin- und hertransportiert werden. Werkstättenfertigungen haben oftmals auch eine längere Produktionsdauer, so daß meist Zwischenlagerungen für Halberzeugnisse notwendig werden.

18. Was versteht man unter Automatenfertigung?

Bei der Automatenfertigung erfolgt eine selbsttätige Steuerung von Arbeitsvorgängen. Man unterscheidet zwischen vollautomatischer Fertigung, bei der menschliches Eingreifen nur noch zur Materialzufuhr und zur Überwachung notwendig ist, und halbautomatische Fertigung, bei der sich die menschliche Tätigkeit auf Ein-

und Ausspannen sowie das Wiederingangbringen des Automaten erstreckt, während die Arbeit selbst automatisch erfolgt. Automaten können auch im Anschluß an andere Arbeitsgänge eingesetzt werden, wie z.B. zum Abfüllen oder Verpacken.

19. Was versteht man unter der Reihenfertigung?

Bei der Reihenfertigung werden die Maschinen und Arbeitsplätze dem gemeinsamen Arbeitsablauf aller Produkte entsprechend angeordnet. Eine zeitliche Abstimmung der einzelnen Arbeitsvorgänge ist wegen der unterschiedlichen Bearbeitungsdauer nicht erreichbar. Deshalb sind Pufferlager zwischen den Arbeitsplätzen notwendig, um Zeitschwankungen während der Bearbeitung auszugleichen.

20. Was versteht man unter Fließfertigung?

Fließfertigung ist eine örtlich fortschreitende, zeitlich bestimmte, lückenlose Folge von Arbeitsgängen. Bei der Fließfertigung ist der Standort der Maschinen vom Gang der Werkstücke abhängig und die Anordnung der Maschinen und Arbeitsplätze wird nach dem Produktionsablauf vorgenommen, wobei sich der Durchfluß des Materials vom Rohstoff bis zum Fertigprodukt von Produktionsstufe zu Produktionsstufe ohne Unterbrechung vollzieht. Die Arbeitsgänge erfolgen pausenlos und sind zeitlich genau aufeinander abgestimmt, so daß eine Verkürzung der Durchlaufzeiten erfolgen kann.

21. Was versteht man unter Gruppenfertigung?

Die Gruppenfertigung ist eine Zwischenform zwischen Fließfertigung und Werkstattfertigung, die die Nachteile der Werkstättenfertigung zu vermeiden sucht. Bei diesem Verfahren werden verschiedene Arbeitsgänge zu Gruppen zusammengefaßt und innerhalb jeder Gruppe nach dem Fließprinzip angeordnet.

22. Was versteht man unter der Baustellenfertigung?

Bei der Baustellenfertigung ist der Arbeitsgegenstand entweder völlig ortsgebunden oder kann zumindest während der Bauzeit nicht bewegt werden. Die Materialien, Maschinen und Arbeitskräfte werden an der jeweiligen Baustelle eingesetzt. Die Baustellenfertigung ist in der Regel bei Großprojekten im Hoch- und Tiefbau, bei Brücken, Schiffen, sowie dem Bau von Fabrikanlagen anzutreffen.

23. Was versteht man unter der Fertigung nach dem Wanderprinzip?

Bei der Fertigung nach dem Wanderprinzip wird ähnlich wie bei der Baustellenfertigung verfahren. Die Baustelle muß jedoch mit dem Fortschreiten der Arbeiten abschnittsweise verlegt werden. Diese Art ist im Straßen- und Kanalbau, im Gleisbau und bei Kabelverlegungen anzutreffen.

24. Was versteht man unter der Einzelfertigung?

Bei der Einzelfertigung wird ein Erzeugnis oder eine bestimmte Produktionsleistung nur einmal hergestellt. Man spricht aber auch dann von Einzelfertigung, wenn es sich nicht nur um ein Stück, sondern um einen einzelnen Auftrag mit geringer Stückzahl handelt. Einzelfertigung liegt auch dann vor, wenn das Erzeugnis nach einem längeren Zeitraum erneut angefertigt werden muß, wobei dann auf Zeichnungen, Sonderwerkzeuge usw. zurückgegriffen werden kann. Die Einzelfertigung ist in der Regel eine kundengebundene Fertigung auf Bestellung.

25. Was versteht man unter Serienfertigung?

Serienfertigung liegt vor, wenn mehrere verschiedenartige Produkte in jeweils begrenzten Mengen zeitlich parallel oder nacheinander hergestellt werden. Die Produktion wird im Gegensatz zur Einzelfertigung in einem vorher festgelegten Zeitraum wiederholt, Großserien können sogar beliebig große Mengen umfassen. Ein Serienwechsel erfordert immer eine erhebliche Umstellung an den Produktionseinrichtungen.

26. Was versteht man unter der Sortenfertigung?

Bei der Sortenfertigung wird nach dem Prinzip der Serienfertigung verfahren. Die verschiedenen Sorten unterscheiden sich jedoch in fertigungstechnischer Hinsicht kaum oder gar nicht voneinander, z.B. bei der Anfertigung von Kleidung. Die Unterschiede zwischen den verschiedenen Sorten bestehen in der Regel in der Qualität, der Größe und der Form.

27. Was versteht man unter der Partie- und Chargenfertigung?

Bei dieser Herstellungsform wird die Verschiedenartigkeit der Produkte nicht bewußt herbeigeführt sondern entsteht dann, wenn unterschiedliche Ausgangsmaterialien vorliegen oder sich ein Produktionsprozeß nicht vollständig steuern läßt. Bei der Partiefertigung geht die Einheitlichkeit der Partie im Verlauf des Fertigungsprozesses verloren. Unterschiede in den Stoffeinsätzen sind bei den Fertigerzeugnissen nicht mehr feststellbar. Die Partiefertigung ist in der Textil- und der Möbelindustrie anzutreffen.

Bei der Chargenfertigung führen verschiedene Stoffeinsätze (Chargen) zu offensichtlich unterschiedlichen Enderzeugnissen. Eine bestimmte Charge sorgt für die Einheitlichkeit der gesondert hergestellten Erzeugnisse. Chargenfertigung liegt z.B. in der Stahlindustrie und in der Färberei vor.

28. Was versteht man unter Massenfertigung?

Massenfertigung liegt dann vor, wenn vollkommen gleichartige Erzeugnisse in einem zunächst nicht begrenzten Zeitraum in großen Mengen hergestellt werden. Es ist also keine Umstellung der Produktionseinrichtungen notwendig.

29. Welchen Einfluß hat der technische Fortschritt?

Bei der industriellen Fertigung wird besonderen Wert auf den technischen Fortschritt gelegt. Der technische Fortschritt wird sichtbar in der Schaffung neuer, bisher nicht bekannter Erzeugnisse, in neuen oder verbesserten Herstellungsverfahren, in der Verbesserung bereits bekannter Erzeugnisse und in der Erschließung neuer Anwendungsgebiete für bereits bekannte Erzeugnisse.

30. Welche Bedeutung hat die Forschung?

Mit Hilfe der Forschung werden unter Anwendung wissenschaftlicher Methoden die allgemeinen naturwissenschaftlichen und technologischen Grundlagen für spätere konkrete Entwicklungen geschaffen. Forschung ist entweder Grundlagenforschung oder angewandte Forschung.

31. Was ist das Ziel der Grundlagenforschung?

Die Grundlagenforschung dient der Gewinnung naturwissenschaftlicher Erkenntnisse ohne Bezug auf ein bestimmtes Anwendungsgebiet und ist überwiegend nicht an dem Ziel einer praktischen Anwendbarkeit orientiert.

32. Was ist das Ziel der angewandten Forschung?

Angewandte Forschung untersucht Gebiete, auf denen technische Probleme zur Lösung anstehen, jedoch noch die entsprechenden naturwissenschaftlichen oder technischen Kenntnisse fehlen. Die angewandte Forschung ist daher überwiegend an dem Ziel einer praktischen Anwendung ihrer Erzeugnisse orientiert.

33. Was versteht man unter dem Begriff Entwicklung?

Entwicklung ist die zweckgerichtete Auswertung und Anwendung von Forschungsergebnissen und Erfahrungen vor allem technologischer und ökonomischer Art.

34. Was versteht man unter dem Begriff Konstruktion?

Die Konstruktion ist eine spezielle Erscheinungsform der Entwicklung und beinhaltet ihre anschauliche und normgerechte Darstellung sowie die Beschreibung ihrer Objekte. Hierzu bedient man sich der technischen Zeichnung und der Stückliste.

35. Was versteht man unter der Erprobung?

Die Erprobung dient der praktischen Überprüfung der Ergebnisse der Entwicklungstätigkeit im Hinblick auf die gestellten technischen Anforderungen. Geprüft werden z.B. Funktionstüchtigkeit, Haltbarkeit, Verschleiß, ästhetische Gestaltung und Fertigungsreife. Zu diesem Zweck wird häufig ein Muster hergestellt.

36. Was ist der Inhalt von Zeichnungen?

In technischen Zeichnungen wird das Erzeugnis nach DIN-Zeichnungsnormen oder anderen Symbolen unter Angabe von Maßen, Toleranzen, der Oberflächengüte und -behandlung, der Werkstoffe und Werkstoffbehandlungen grafisch dargestellt.

37. Welche Arten von Zeichnungen werden unterschieden?

a) Zusammenstellungszeichnungen; sie zeigen die Größenverhältnisse, die Lage und das Zusammenwirken der verschiedenen Teile,
b) Gruppenzeichnungen; sie zeigen die verschiedenen Teilkomplexe auf,
c) Einzelteilzeichnungen; sie enthalten die vollständigen und genauen Angaben für die Fertigung des Erzeugnisses.

38. Was ist eine Stückliste?

Die technische Zeichnung ist für die kaufmännischen Abteilungen wie Einkauf, Materialwirtschaft, Kostenrechnung keine ausreichende Grundlage. Sie wird daher durch die Stückliste ergänzt. Die Stückliste ist die Aufstellung der benötigten Werkstoffe eines Erzeugnisses oder Erzeugnisteiles auf der Grundlage der Zeichnungen. Sie gibt in tabellarischer Form einen vollständigen Überblick über alle Teile unter Angabe der Zeichnungs- oder DIN-Nummer, des Werkstoffes sowie der Häufigkeit des Vorkommens in einem Erzeugnis. Die Stückliste ist in der Regel nach dem Aufbau des Erzeugnisses, d.h. nach technischen Funktionen, gegliedert.

39. Welche Arten von Stücklisten werden unterschieden?

a) Im Hinblick auf den Aufbau:
- Baukastenstückliste: Sie ist in der Zusammenstellungszeichnung enthalten und zeigt, aus welchen Teilen sich ein Erzeugnis zusammensetzt. Die Mengenangaben beziehen sich auf eine Einheit des zusammengesetzten Produkts.
- Struktur-Stücklisten: Sie geben Aufschluß über den Produktionsaufbau und zeigen, auf welcher Produktionsstufe das jeweilige Teil innerhalb des Produkts vorkommt.
- Mengenübersichts-Stückliste: In ihr sind alle Teile aufgelistet, aus denen ein Produkt besteht und zwar mit der Menge, mit der sie jeweils insgesamt in eine Einheit eines Erzeugnisses eingehen.

b) Im Hinblick auf die Anwendung im Betrieb:
- Konstruktionsstückliste; sie gibt Aufschluß über alle zu einem Erzeugnis gehörenden Gegenstände,
- Fertigungsstückliste: Sie zeigt, welche Erzeugnisse im eigenen Betrieb gefertigt werden müssen und welche von Zulieferern beschafft werden müssen,
- Einkaufsstücklisten: Sie zeigen, welche Teile die Beschaffungsabteilung einkaufen muß,
- Terminstückliste: Sie zeigt, zu welchem Termin bestimmte Gegenstände beschafft werden müssen.

40. Was ist ein Teileverwendungsnachweis?

Während mit der Stückliste ein Produkt in seine Einzelteile zerlegt wird, gibt der Teileverwendungsnachweis Auskunft darüber, in welchem Erzeugnis ein bestimmtes Teil vorkommt.

41. Was ist der Zweck von Teileverwendungsnachweisen?

Teileverwendungsnachweise finden in der Kalkulation und im Einkauf Verwendung. Bei wichtigen und mengenmäßig ins Gewicht fallenden Mengen von Erzeugnissen lassen sich die Auswirkungen von Preisänderungen berechnen.

42. Was versteht man unter Arbeitsvorbereitung?

Die Arbeitsvorbereitung umfaßt die Gesamtheit aller Maßnahmen einschließlich der Erstellung aller erforderlichen Unterlagen und Betriebsmittel, die durch Planung, Steuerung und Überwachung für die Fertigung von Erzeugnissen ein Minimum an Aufwand gewährleisten und ein Optimum an Arbeitsergebnis erzielen. Die Arbeitsvorbereitung erstreckt sich also auf alle Probleme des technischen, betriebswirtschaftlichen und arbeitsorganisatorischen Fertigungsablaufs.

43. Was versteht man unter Arbeitsplanung?

Die Arbeitsplanung umfaßt alle einmalig auftretenden Planungsmaßnahmen, die unter ständiger Berücksichtigung der Wirtschaftlichkeit die fertigungsgerechte Gestaltung eines Erzeugnisses oder die ablaufgerechte Gestaltung einer Dienstleistung fördern.

44. Was versteht man unter Arbeitssteuerung?

Die Arbeitssteuerung umfaßt alle Maßnahmen, die für eine der Arbeitsplanung entsprechende Auftragsabwicklung erforderlich sind.

45. Was versteht man unter den Begriffen Fertigungsvorbereitung, Fertigungsplanung und Fertigungssteuerung?

Anstelle der Begriffe Arbeitsvorbereitung, Arbeitsplanung und Arbeitssteuerung werden in industriellen Produktionsbetrieben in der Regel die Begriffe Fertigungsvorbereitung, Fertigungsplanung und Fertigungssteuerung verwandt.

46. Welche Aufgaben sind im Rahmen der Arbeitsvorbereitung im einzelnen zu erledigen?

Die Aufgaben der Arbeits- bzw. Fertigungsvorbereitung und der Fertigungssteuerung lassen sich wie folgt systematisieren:

Fertigungsvorbereitung:

a) Planung des Fertigungsablaufs: Auftragsvorbereitung, Arbeitsplanung, Zeitplanung, Materialfluß- und Transportplanung;
b) Bedarfs- oder Mittelplanung: Personalplanung, Betriebsmittelplanung, Materialplanung, Betriebsstättenplanung, Kosten- und Investitionsplanung;

Fertigungssteuerung:

a) Vorbereitung des Fertigungsvollzuges: Programmplanung und Auftragsbildung, Disposition der Fertigung;
b) Terminplanung und Überwachung: Terminfestsetzung, Kapazitässteuerung, Arbeitsverteilung, Arbeitsfortschrittsüberwachung. Hinzu kommen mögliche zusätzliche Maßnahmen bei nicht planmäßigem Verlauf, mit dem Ziel, bei Abweichungen Eingriffsmöglichkeiten in den Fertigungsprozeß vorzusehen. Dabei sind unter Umständen unternehmenspolitisch wichtige Entscheidungen zu treffen.

47. Welche Probleme sind im Rahmen der Auftragsvorbereitung zu lösen?

Der Durchlauf eines Auftrages vom Eingang der Kundenbestellung bis zur Fertigstellung und Auslieferung des Erzeugnisses wirft eine Reihe von Problemen auf. Sie beginnen bei erstmalig anfallenden Aufgaben mit dem Entwurf des Erzeugnisses, seiner Berechnung und der Anfertigung der Zeichnungen und Stücklisten. Die Stückliste bildet zusammen mit dem darauf abgeleiteten Arbeitsplan und einer Reihe weiterer dazugehöriger Organisationsmittel, wie dem Fertigungsplan, den Fertigungsanweisungen, den Material- und Lohnscheinen, die wesentlichen Unterlagen zur Durchführung eines Fertigungsauftrages.

48. Welche Bedeutung hat der Arbeitsplan?

Im Arbeitsplan ist festgelegt, in welcher Reihenfolge, an welcher Stelle und mit welchen Mitteln die Arbeitsvorgänge zu verrichten sind. Mit Hilfe des Arbeitsplanes wird die Arbeit von Arbeitsplatz zu Arbeitsplatz gesteuert. Im Arbeitsplan sind überdies die Vorgabezeiten und die Lohngruppen enthalten, so daß auf diese Weise auch Grundlagen für die Kostenträgerrechnung und zur Ermittlung des Preises im Rahmen der Vorkalkulation gegeben sind. Aus dem Arbeitsplan werden oftmals auch Arbeitsfolgepläne entwickelt, und zwar dann, wenn in der Reihenfolge der Arbeitsgänge oder Fertigungsstufen auf Grund der technologischen Gegebenheiten keine Wahlmöglichkeiten bestehen. Oftmals muß auch über die Wahl der Verfahren, die angewendet werden sollen, entschieden werden, vor allem dann, wenn technisch gesehen mehrere Verfahren möglich sind. An diese Entscheidung wiederum knüpft die Lösung der Frage an, welche Teile selbst gefertigt werden sollen und welche von anderen Betrieben eingekauft werden müssen.

49. Welche Bedeutung haben Fertigungspläne und Fertigungsanweisungen, Werkzeugbedarfspläne und Werkstattaufträge?

Fertigungspläne sind zusätzliche Regelungen, die dann notwendig werden, wenn sich Arbeitsvorgänge aus umfangreichen Teilverrichtungen zusammensetzen. Die Fertigungspläne sind daher als aufgegliederte Arbeitspläne zu bezeichnen. Fertigungsanweisungen enthalten klare Regelungen über die Art und die gewählten Verfahren zur Herstellung des Erzeugnisses. Der Werkzeugbedarfsplan soll sicherstellen, daß alle benötigten Werkzeuge und Vorrichtungen termingerecht zur Verfügung stehen. Da ein Fertigungsauftrag oftmals mehrere Abteilungen durchläuft, ist es erforderlich, den Gesamtauftag aufzugliedern und für jeden Einzelauftrag besondere Werkstattaufträge zu erteilen.

50. Was ist der Zweck der Materialentnahmescheine und der Lohnscheine?

Mit Hilfe der Materialentnahmescheine ist die Entnahme der benötigten Einzelteile sichergestellt. Der Materialentnahmeschein enthält neben der Auftragsnummer die zur Erfassung der Materialkosten erforderlichen Daten, wie Materialart, -form, -abmessungen und -mengen sowie Angaben über die Materialkosten. Auf diese Weise ist sichergestellt, daß die jeweiligen Kosten den Aufträgen zugeordnet werden können. Die Lohnscheine dienen einmal zur Errechnung des Lohnes aufgrund der erbrachten Arbeitsleistungen, zum anderen der Erfassung der Fertigungslohnkosten, mit denen die Kostenträger, d.h. die einzelnen Aufträge, zu belasten sind.

51. Welche Bedeutung hat die Zeitplanung?

Die Aufgabe der Zeitplanung besteht in der Bestimmung des Zeitaufwandes für die einzelnen Arbeitsverrichtungen, und zwar einmal wegen der Kostenermittlung und zum anderen wegen der einzuhaltenden Fristen. Während der Fristenplan nur die Durchlaufzeiten unabhängig von der Kapazität enthält, legt der Terminplan, ausgehend von Endtermin des herzustellenden Erzeugnisses aufgrund der aus dem Fristenplan gewonnenen Durchlaufzeiten die Anfangs- und Endtermine der einzelnen Arbeitsvorgänge fest. Hierbei bedient man sich in der Regel der Netzpläne.

52. Welche Bedeutung hat die Materialfluß- und Transportplanung?

Es muß sichergestellt werden, daß der Materialfluß reibungslos verläuft, und zwar einmal aus Gründen der Arbeitserleichterung und zum anderen aus Wirtschaftlichkeitsgründen mit dem Ziel einer Verkürzung der Transportwege und der Beschleunigung des Materialumschlages.

53. Welche Bedeutung hat die Personalplanung?

In Stellenbesetzungsplänen werden die zur Durchführung der Fertigung erforderlichen Arbeitskräfte nach Zahl und Qualifikation festgehalten. Um die Produktion reibungslos durchführen zu können, ist bei der Auftragsannahme nicht nur von der sachlichen Kapazität der Maschinen auszugehen, es muß auch gewährleistet sein, daß für die Aufgaben die entsprechend benötigten Mitarbeiter zur Verfügung stehen. Aufträge, die bestimmte Spezialkenntnisse erfordern, bedürfen der vorherigen Abstimmung mit den für die Personalbeschaffung zuständigen Stellen, um sicherzustellen, daß ohne nennenswerte Überstunden oder Zeitverzögerungen die vorgesehenen Arbeiten auch tatsächlich durchgeführt werden können. Der Arbeitskräftebedarf ergibt sich einmal aus der Berechnung des vorhandenen Personals unter Berücksichtigung der Fehlzeiten und der Personalabgänge und zum anderen aus der Ableitung des Zeitbedarfs aus den Produktionsstückzahlen bzw. den speziellen Anforderungen bestimmter Tätigkeiten.

54. Welche Bedeutung hat die Betriebsmittelplanung?

Die Betriebsmittelplanung hat die Aufgabe, Aufträge und Kapazitäten aufeinander abzustimmen. Die Fertigungsverfahren richten sich zwar im Normalfall nach den vorhandenen Anlagen, auf die die Arbeitspläne auszurichten sind, aber des öfteren ist die Erledigung von Aufträgen mit der Frage der Beschaffung zusätzlicher Maschinen und Vorrichtungen verknüpft. Dabei ist zu entscheiden, ob sich aus Kostengründen derartige Investitionen lohnen und ob eine Ausdehnung der Kapazität durch die Übernahme solcher Aufträge auf Dauer sichergestellt ist.

55. Welche Bedeutung hat die Materialplanung?

Mit Hilfe der Materialplanung muß sichergestellt sein, daß das zur Fertigung eines Erzeugnisses in der benötigten Stückzahl erforderliche Material in der geforderten Qualität und Menge zum richtigen Zeitpunkt am richtigen Ort bereitgestellt wird. Ausgangspunkt der Materialbestellungen sind die Konstruktionsunterlagen und Stücklisten. Überdies müssen zusätzliche Mengen für Verschnitt, Schwund und Bearbeitungsverluste zugerechnet werden, um die ordnungsgemäße Auftragserledigung sicherzustellen. Andererseits darf die Bestellung nicht zu hoch bemessen werden, um Materialverschwendungen zu vermeiden.

56. Welche Bedeutung hat die Betriebstättenplanung?

Mit ihrer Hilfe wird sichergestellt, daß die für die Erledigung von Aufträgen vorgesehenen Werkstätten tatsächlich für den vorgesehenen Zweck zur Verfügung stehen und nicht anderweitige Aufgaben zu erledigen haben, d.h. es muß vermieden werden, daß mehrere Instanzen bestimmte Werkstätten gleichzeitig mit Aufträgen versehen.

57. Welche Bedeutung hat die Kosten- und Investitionsplanung?

Mit Hilfe der Kostenplanung muß sichergestellt werden, daß die im Rahmen der Vorkalkulation berechneten Kosten eingehalten und nicht etwa durch Fehlplanungen im Beschaffungsbereich überschritten werden. Mit der Investitionsplanung muß sodann erreicht werden, daß die benötigten Investitionen tatsächlich getätigt und auch finanziert werden können, um die Auftragsabwicklung nicht zu gefährden.

58. Welche Bedeutung haben die Programmplanung und Auftragsbildung im Rahmen der Fertigungssteuerung?

Die Fertigungssteuerung, die der Fertigungsplanung folgt, hat die Aufgabe, unter Berücksichtigung der Ergebnisse der Unternehmensplanung Arten, Mengen, Reihenfolge und Termine der zu fertigenden Erzeugnisse festzulegen. Das Fertigungsprogramm ergibt sich aus den Ergebnissen der Erzeugnisprogramm- und Absatzplanung sowie den Kundenaufträgen. Soweit keine speziellen Kundenaufträge vorliegen, werden Lageraufträge aufgrund der prognostizierten Absatzerwartungen ausgeführt. Hinzukommen können Reparaturaufträge und evtl. Betriebsaufträge, die der Eigenanfertigung spezieller Maschinen und Geräte dienen.

59. Welche Entscheidungen sind im Rahmen der Fertigungssteuerung zu treffen?

Es müssen Entscheidungen im Hinblick auf die Disposition der Fertigung getroffen werden. Hierzu zählen die Erteilung der entsprechenden Aufträge, die Bereitstellung der Materialien und der Betriebsmittel (Räume, Werkzeuge, Maschinen und Vorrichtungen) sowie die Überwachung der Erledigung der einzelnen Aufgaben.

60. Wie muß die Materialdisposition getroffen werden?

Aufgrund der Festlegung des Umfangs der Aufträge ist es möglich, den Bedarf der benötigten Materialien und den Termin ihrer Bereitstellung zu ermitteln. Hierbei wird zwischen Bruttobedarf (Gesamtumfang der benötigten Materialien) und Nettobedarf (der unter Berücksichtigung vorhandener Bestände neu zu bestellende Bedarf) unterschieden. Gegebenenfalls müssen die Bestände, die für bestimmte Aufträge vorgesehen sind, reserviert werden, um sie der allgemeinen Verfügbarkeit zu entziehen.

61. Welche Aufgaben sind im Rahmen der Terminplanung und -überwachung zu erledigen?

Im Rahmen der Terminplanung ist zunächst eine grobe Vorplanung notwendig, um die Lieferfristen bzw. Liefertermine festzulegen - oder bei feststehenden Lieferterminen den Beginn der Auftragsbearbeitung zu bestimmen -, um eine termingerechte Ausführung gewährleisten zu können. Durch diese grobe Planung ist es möglich, Engpässe und Überkapazitäten zu erkennen und entsprechende Maßnahmen zu ihrer Beseitigung zu treffen. Die Terminplanung wird um so schwieriger, je mehr Einzelteile, die zu den verschiedensten Erzeugnissen verwendet werden können, berücksichtigt werden müssen. Im Rahmen der Feinplanung muß jeder Auftrag und jeder einzelne Arbeitsgang zeitlich exakt eingeplant werden. Diese Planung muß in enger Abstimmung mit der Besetzung der Arbeitsplätze und der Belegung der einzelnen Maschinen vorgenommen werden. Mit Rücksicht auf zahlreiche Störmöglichkeiten, wie Personal- und Maschinenausfall, Materialengpässe oder Auftragsumdispositionen, sind solche zeitlichen Feinplanungen nur für kürzere Zeiträume möglich. Für die Maschinenbelegung sind zusätzliche Arbeitsverteilungstafeln erforderlich.

62. Wie erfolgt die Arbeitsfortschrittsüberwachung?

Je besser die einzelnen Aufträge eingeplant sind, desto leichter ist die Überwachung der einzelnen Arbeiten im Hinblick auf die Einhaltung gesetzter Termine. Es muß auch sichergestellt sein, daß alle benötigten Materialien zur Verfügung stehen, wenn der Auftrag endgültig erteilt ist, um Stillstandszeiten zu vermeiden. Im Bedarfsfalle können spätere Aufträge vorbereitet werden. Im Falle plötzlich aufgetretener Schwierigkeiten sind Umdispositionen von Aufträgen je nach der Dringlichkeit oder dem vorhandenen Material vorzunehmen. Zur Überwachung dienen besondere Terminkarteien, die für jeden einzelnen Auftrag neben den sonstigen Organisationshilfsmitteln, wie Materialentnahmescheinen und Lohnscheinen erstellt werden. Überdies wird für jeden Auftrag eine Laufkarte ausgestellt, die das Erzeugnis von Arbeitsplatz zu Arbeitsplatz begleitet. Diese Laufkarte gestattet die Übersicht über die richtige laut Arbeitsplan vorgegebene Reihenfolge der auszuführenden Arbeiten. Sie ist überdies ein Mittel für die Kostenermittlung und kann außerdem als Mittel der Qualitätskontrolle verwendet werden.

63. Was sind Kennzeichen moderner Fertigungsverfahren?

Moderne Fertigungsverfahren stützen sich auf integrierte Konzepte, für die qualifiziertes Personal und kooperative Organisationsstrukturen benötigt werden. Deshalb gelten Qualifikationen als Aspekt der Personalentwicklung und als strategische Variable zur Steigerung der Wettbewerbsfähigkeit sowohl des eigenen Unternehmens als auch der gesamten Volkswirtschaft.

64. Was sind Antropozentrische Produktionssysteme?

In einem Antropozentrischen Produktionssystem (APS) sind qualifizierte Arbeiter in den Werkhallen in der Lage, technologische Prozesse zu steuern. Die Arbeitsorganisation beruht in diesem System auf folgenden Prinzipien:

- Einheit von Planung und Durchführung,
- dezentralisierte Entscheidungsprozesse,
- horizontale Entscheidungsstrukuren,
- Zusammenarbeit zwischen Ingenieuren und Arbeitern,

3.5.1 Fertigungsplanung

- qualifikationssteigernde Arbeitsplatzgestaltung,
- Interaktion zwischen Planungsabteilungen und der Führungsebene.

APS ist ein ganzheitliches Unternehmensmodell, in dem alle Aspekte der Organisation, die Belange der Mitarbeiter und die jeweilige Technologie integriert sind, und dies auf allen Ebenen, und zwar sowohl auf der individuellen Ebene des Zusammenspiels zwischen Mensch und Maschine als auch auf der kollektiven Ebene, d.h. vom Arbeitsplatz bis zur Arbeitsgruppe. Mithin umfaßt ein APS sowohl technische als auch organisatorische Instrumentarien.

65. Welche Anforderungen sind an ein Fertigungssteuerungssystem zu stellen?

Die Notwendigkeit einer Steuerung im Fertigungsprozeß besteht überall dort, wo der Einsatz und die Kombination von Personal, der Einsatz von Arbeitsmitteln im Hinblick auf Menge und Zeit nicht automatisch erfolgen können, sondern eine Entscheidung und Veranlassung durch ein Steuerungssystem oder einen verantwortlichen Steuerer erfordern. Dabei müssen in der Regel Kompromisse zwischen hoher Kapazitätsnutzung, niedriger Kapitalbindung und kurzen Durchlaufzeiten eingegangen und schnelle Entscheidungen im Hinblick auf notwendige Anforderungen und Anpassungen getroffen werden. Steuernde Maßnahmen zur Fertigungssteuerung sind überall dort erforderlich, wo es nicht gelingt, einen mit einheitlicher Taktzeit fortschreitenden Materialfluß aufzubauen und durch Bedarfsmeldungen aus nachfolgenden Arbeitsgängen oder Fertigungsstufen infolge begrenzter Kapazitäten Arbeiten nicht zeitgerecht erledigt werden können.

66. Was sind Industrieroboter?

Industrieroboter sind seit 1865 im Einsatz, in Deutschland in größerem Umfang jedoch erst seit den 80er Jahren und zwar insbesondere in der Automobilindustrie. Die Automatisierung war zunächst darauf beschränkt, gleichartige Tätigkeiten zu erledigen. Erst mit Einführung der Industrieroboter wurde eine flexible Automatisierung möglich und das Umrüsten, Umprogrammieren oder eine selbständige Adaption auf eine neue Aufgabe technisch und wirtschaftlich machbar. Heute werden Industrieroboter nicht nur in Großbetrieben, sondern auch in Mittelbetrieben eingesetzt. Es erfolgt ferner ein Einsatz in zahlreichen Bereichen, wie z.B. beim Punktschweißen, Bahnschweißen, Beschichten, Bearbeiten, Montieren, aber auch in extremen Umgebungen, wie unter Wasser und im Weltraum und in der Bauindustrie.

67. Durch welche Entwicklungslinien ist das gegenwärtige Fabrik- und Produktionssystem gekennzeichnet?

Der Trend der Produktion geht nicht in Richung reibungslos funktionierender Roboter in menschenleeren Fabriken, wie lange Zeit nach Einführung der Automatisierung angenommen wurde, sondern in Richtung hochmotivierter Mitarbeiter, Gruppenarbeit und optimaler Organisation der Arbeitsabläufe. Der neue Begriff lautet Lean Production = schlanke Produktion und wurde in den USA für eine in Japan entwickelte neue Konzeption geprägt.

68. Wie läßt sich Lean Production charakterisieren?

Ausgangspunkt für die Lean-Production-Konzeption sind folgende Überlegungen:

- jede Einzelmaßnahme muß durch enge Rückkopplung zum gesamten Betriebsergebnis auf ihren Sinn untersucht werden;
- technische, preisliche und qualitative Überlegenheit der Produkte eines Unternehmens sind das Ergebnis des technischen Ausrüstungsstandes des Unternehmens, der Mitarbeiterqualifikation und der Managemententscheidungen;
- die wesentlichen Elemente der Lean-Production-Konzeption sind in den Bereichen Führung, Organisation, Management und Mitarbeiterqualifikation zu sehen;
- besondere Merkmale sind: Gruppenarbeit, ausgeprägte Kommunikations- und Informationsmöglichkeiten, die Übertragung von Verantwortung, Aufgabenkomplexen und Entscheidungsbefugnissen auf die unteren Hierarchieebenen und Konzentration auf die Wertschöpfung. Der Übergang zur Gruppenarbeit beruht auf der Erfahrung, daß mitdenkende und verantwortliche Arbeiter auch sehr produktive Mitarbeiter sind. Gruppenarbeit in allen Betriebsbereichen setzt kreative Kräfte frei und nutzt das Wissen vor Ort.
- Betriebliche Abläufe müssen zunächst vereinfacht, dann automatisiert und schließlich informationstechnisch integriert werden.

Zusammenfassend bezeichnet Lean Production Modelle von Gruppenarbeit in flachen Pyramiden, d.h. in anderen Hierarchien bei fortschreitender Automatisierung. Das Ziel lautet weiter: Fabriken in der Fabrik, d.h. von Fertigungsinseln sowie kundennahe Produkte, kundennaher Service: Technologieführerschaft, Kostenführerschaft, Qualitätsführerschaft.

Konkurrenzvorteile lassen sich in erster Linie erreichen durch Anforderungen an das Produkt, es muß sein:

- problemlösungsgerecht
- technologisch exzellent
- variantenreich
- richtiges Preis-Leistungsverhältnis
- gruppentechnologisch konzipiert
- flußgerecht strukturiert
- prozeßfähig konstruiert
- wirtschaftlich herstellbar

Anforderungen an den Markt:

- kurze Lieferzeiten
- Lieferzuverlässigkeit
- termin- und mengenflexibel
- Wachstumsflexibel.

69. Was sind Fertigungsinseln?

Fertigungsinseln sind ein wesentlicher Bestandteil der Lean Production. Dabei werden einzelne Arbeitsvorgänge sowie die Planung, Terminverfolgung und Qualitätskontrolle produktorientiert zusammengefaßt. Einer Fertigungsinsel gehören in der Regel 10 Personen an, die direkt miteinander zusammenarbeiten. Fertigungsinseln sind dann sinnvoll, wenn kleine Losgrößen, eine hohe Variantenvielfalt, ein hoher Anteil von Sonderfertigungen und kurze Bearbeitungszeiten gefordert sind. Zwischen den einzelnen Fertigungsinseln bestehen nur geringe personelle Verflechtungen. Im Vergleich zur herkömmlichen Produktion, bei der ständig eine Vielzahl von Monteuren, Qualitätsprüfern und Springern umgesetzt werden muß, wird der Fertigungsprozeß durch Fertigungsinseln insgesamt transparenter.

70. Auf welche Weise wird eine flexible Fertigung erreicht?

Flexible Fertigung wird durch Manufactory Automatic Protocol (MAP) erreicht, d.h. durch aufeinander abgestimmte Computer und Steuerungsgeräte mit hohem Informationsaustausch pro Sekunde, um sofort von einem Arbeitsgang auf den anderen schalten zu können, wie z.B. von Schweißen auf Fräsen.

71. Was bedeutet Total Quality Management?

Total Quality Management bedeutet: jeder Mitarbeiter hat Verantwortung für sein Produkt. Mit dem Begriff Kaizen bezeichnen die Japaner die ständige Verbesserung der Produkte. Die Rule of Ten-Regel besagt: kostet ein Fehler, wenn man ihn während der Planungsphase entdeckt, einen Dollar, so steigt der Aufwand auf 10 Dollar, wenn man ihn während der Produktion, aber auf 100 Dollar, wenn man ihn erst nach der Markteinführung entdeckt. Fehler müssen daher möglichst vollständig an der Quelle entdeckt werden. Dieses Ziel läßt sich mit Kontrollen und erhöhtem Prüfaufwand nicht erreichen. TQM besagt aber auch, daß jeder Mitarbeiter lernt, mit Blick auf den Kunden qualitätsbewußt zu handeln. TQM ist eine ganzheitliche Vorgehensweise, die den Menschen, das Produkt, den Fertigungsprozeß und den Markt umfaßt.

In Japan wird TQM als Kaizen-Methode eingesetzt, um die Leistungsfähigkeit eines Unternehmens umfassend und in einem Prozeß der permanenten Weiterentwicklung zu steigern. Das Wort total meint in diesem Zusammenhang, daß alle Funktionen in einem Unternehmen und alle Mitarbeiter, gleich welcher Hierarchiestufe, in diesen umfassenden Prozeß einbezogen sind.

Folgende Schritte sind notwendig:
- Qualitätsbewußtsein schaffen
- Mitarbeiter trainieren
- Standardisierung erarbeiten, d.h. sicherstellen, daß ein gelöstes Problem aus Unkenntnis der Beteiligten erneut auftritt
- Disziplin halten, d.h. gemeinsam erarbeitete Standards müssen eingehalten werden.

72. Wie arbeiten marktorientierte Unternehmen nach dem Lean Production-Prinzip?

Marktorientierte Unternehmen:
- konzentrieren sich auf das Gesamtsystem und die zentrale Leistungskette,
- haben einen kontinuierlichen Arbeitsablauf und Arbeitsfluß,

- ändern das Vorgehen im vorgelagerten Bereich, um das nachgelagerte Problem zu lösen,
- investieren, um den Zeitverbrauch zu reduzieren.

Im Hinblick auf Prozesse, die Organisation und das Management treten folgende Veränderungen ein:
Prozesse:
flußorientierte Ablauforganisation,
qualifiziertes, flexibel einsetzbares Personal,
unterstützende Technikkonzepte.

Organisation:
flache Aufbauorganisation,
mitarbeiterorientiertes Managementsystcm,
zielorientierte Personalentwicklung.

Management:
konsensorientierte Unternehmenskultur,
gruppenorientierte Arbeitsorganisation,
Kooperationsbeziehungen zu Kunden und Lieferanten.

73. Was sind die Auswirkungen des Lean Production Prinzips?

- Reduzierung der Qualitätsprobleme beim Kunden gegen Null,
- Reduzierung der im Produktionsprozeß auftretenden Fehler gegen Null,
- Halbierung der Entwicklungszeiten für neue Produkte,
- Reduzierung der Auftragsdurchlaufzeiten um die Hälfte und mehr,
- Reduzierung der Bestände um die Häfte und mehr,
- Produktion kleinerer Stückzahlen bei höherer Variantenvielfalt und gleichbleibenden Kosten,
- Reduzierung des Investitionsbedarfs in Betriebseinrichtungen, Werkzeuge, Vorrichtungen, usw.
- Reduzierung des Personaleinsatzes in der gesamten Prozeßkette.

74. Was sind die Ziele von Kaizen im einzelnen?

Das Ziel von Kaizen ist die kontinuierliche Verbesserung von Zuständen und Prozessen. Verbesserungen werden durch Problemlösungen erzielt, wobei alle Mitarbeiter in den Verbesserungsprozeß einbezogen sind. Fortschritte setzen die Kenntnis der Fehlerursachen voraus.

3.5.2 Fertigungssteuerung

01. Was versteht man unter Fertigungssteuerung?

Fertigungssteuerung ist die mengen- und termingemäße Planung, Veranlassung und Überwachung der Durchführung der Fertigung. Dabei sind menschliche Arbeit, Anlagen und Materialien aufgrund der Vorgaben des Fertigungsprogramms und der Arbeitsplanung miteinander zu kombinieren.

02. Was sind die Ziele der Fertigungssteuerung?

Mit Hilfe der Fertigungssteuerung sollen folgende Ziele realisiert werden:

- kurze Durchlaufzeiten des Fertigungsprogramms,
- exakte Termineinhaltung,
- wirtschaftliche Nutzung der Fertigungskapazitäten,
- optimale Lagerbestände

03. Was sind die Aufgaben der Fertigungssteuerung?

- Bearbeitung der einzelnen Aufträge,
- Festlegung der Durchlaufzeiten einschließlich der Ermittlung der Start- und Endtermine,
- optimale Auslastung der Kapazitäten,
- Steuerung der Fertigungsaufträge durch die einzelnen Werkstätten.

04. Wie kann die Fertigungssteuerung in Abhängigkeit von der Arbeitsart gegliedert werden?

- Manuelle Fertigungssteuerung,
- manuelle-maschinelle Fertigungssteuerung,
- dialogorientierte Fertigungssteuerung, bei der die notwendigen Arbeiten im Dialog zwischen Mensch und Maschine mit Hilfe von Terminals erledigt werden.

05. Welche Tätigkeiten werden durch die Fertigungssteuerung ausgelöst?

Wichtige Arbeiten, die ausgelöst werden sind:
- Entwicklung und Konstruktion
- die Arbeitsplanung
- die Bereitstellung der benötigten Materialien
- der eigentliche Fertigungsprozeß
- der Versand
- evtl. notwendige Montage am Bestimmungsort.

06. Welche Planungsperioden werden bei der Fertigungssteuerung unterschieden?

Die Langfristplanung mit einer Dauer von 9 - 24 Monaten,
die mittelfristige Planung mit einer Dauer von 1 - 8 Monaten,
die kurzfristige Planung bis zu 1 Monat.

07. Welche Aufgaben sind im Rahmen der Langfristzeitplanung zu erledigen?

- Erstmalige Einplanung neuer Aufträge,
- Ermittlung des Materialbedarfs,
- Ermittlung des Kapazitätsbedarfs,
- Festlegung des verbindlichen Liefertermins.

08. Welche Aufgaben sind im Rahmen der mittelfristigen Planung zu erledigen?

Die Aufstellung detaillierter Pläne unter Berücksichtigung der vorliegenden Einzeldaten.

09. Welche Aufgaben sind im Rahmen der kurzfristigen Planung zu erledigen?

Die Terminfestlegung für jeden Arbeitsgang und die Auslastung jedes Arbeitsplatzes, wobei kurzfristig auftretende Störungen berücksichtigt werden müssen.

10. Was sind die Ziele der Kapazitätsauslastung?

Bei der Planung der Kapazitätsauslastung soll die Wirtschaftlichkeit der Fertigung sichergestellt sein, insbesondere durch:

1. eine gleichmäßige Kapazitätsauslastung
2. eine kostenminimale Fertigung
3. eine hohe Kapazitätsauslastung

Diese Ziele können durch eine entsprechende Anpassung der Aufträge an die Kapazität erreicht werden.

11. Was versteht man unter Auftragsauslösung?

Die Auftragsauslösung wird durch die Auftragsfreigabe erreicht. Diese setzt voraus: die Verfügbarkeit über die nötige Kapazität, das Vorhandensein aller benötigten Daten und die Verfügbarkeit über das erforderliche Material.

12. Was versteht man unter Rückmeldung?

Die Rückmeldung sagt aus, in welcher Weise die Aufträge erledigt worden sind. Sie muß jeweils kurzfristig, fehlerfrei und vollständig erfolgen, um im Zustand der Planung noch Änderungen berücksichtigen zu können, um bei Erledigung des Auftrages aus der Auftragsnummer die weiteren kaufmännischen Schritte abzuleiten und aus der aufgewendeten Zeit die Löhne zu errechnen. Die Rückmeldung signalisiert zugleich, daß über die Maschinen neu verfügt und andere Aufträge bearbeitet werden können.

13. Vor welchen Problemen steht die Fertigungssteuerung?

Mit zunehmender Marktsättigung und dem daraus resultierenden Zwang zu größerer Produktvielfalt, die im Hinblick auf die Kostenorientierung der Unternehmungen und dem Zwang zur Verkürzung der Produktentwicklungszeiten bedenklich sind, wird vielfach eine Markt- und Kundenorientierung angestrebt. Die Fertigungssteuerung muß mithin vom Kundenwunsch ausgehen, was eine permanente Flexibilität und eine hohe Anforderung an die Materialbereitschaft erfordert. Dabei zeigt sich in vielen Untersuchungen, daß bislang Möglichkeiten der Innovation und der Kooperation nicht oder nur ungenügend genutzt worden sind.

3.5.2 Fertigungssteuerung

14. Welche Fertigungstendenzen sind zu berücksichtigen?

In den letzten Jahren hat sich die Produktionsstruktur der meisten Erzeugnisse wesentlich verändert. Heute enthalten nahezu alle Industrieprodukte elektronische und mechanische Komponenten. Dabei zeichnet sich deutlich von Jahr zu Jahr eine Verschiebung zur Elektronik hin ab. Es gibt weiter Zusammenhänge zwischen der Mikroelektronik und der Informationstechnik. Die schnelle Weiterentwicklung der Mikroelektronik ist nur durch die Fortschritte der Informationstechnik möglich, die eine immer bessere Unterstützung des Menschen ermöglicht. Die Basis für die heutigen mikroelektronischen Bausteine ist die Halbleitertechnologie. Gegenwärtig können bei den Mikroprozessoren 1 - 4 Millionen Transistoren auf einem Chip integriert werden. Es wird in den nächsten Jahren mit einer wesentlichen Steigerung dieser Kapazität gerechnet. Mit dem verstärkten Einsatz der Mikroprozessoren kann einerseits eine neue technologische Revolution eingeleitet werden, andererseits sind alle bestehenden Unternehmen gezwungen, ihre gesamten Maschinen und Geräte umzurüsten, wenn sie diesen Herausforderungen gewachsen sein wollen. Es ist zu berücksichtigen, daß die Japaner und die Amerikaner ihre Arbeitsplätze und Fabriken auf den neuesten Stand der Technik gebracht haben und somit ihre Produkte in Deutschland oder im gesamten EU-Raum deutlich billiger anbieten können.

15. Welche Möglichkeiten können die deutschen Unternehmen nutzen?

Für die deutschen Unternehmen ist es einerseits wichtig, Kostensenkungsmaßnahmen einzuleiten und überdies den notwendigen Weiterbildungs- und Umschulungsbedarf aller Mitarbeiter zeitgerecht durchzuführen und zum anderen ist es erforderlich, die gesamte Produktionsweise zu verändern. Hierzu bietet sich im Bereich der Fertigungssteuerung anstelle der Werkstattfertigung das System der Fertigungs- und Montageinseln an, das in vielen Unternehmungen Eingang gefunden hat.

16. Was ist bei der Einführung von Fertigungsinseln zu beachten?

Die Vorbereitung bzw. Umstellung der bisherigen Werkstattfertigung auf Fertigungsinseln erfordert folgende Schritte: die Planung und Einführungsphase, die Unterstützung der Fertigungsinseln durch die Einführung komplementärer Strukturen im Verwaltungsbereich, die Einführung einer neuen EDV-Organisation, die Entwicklung und Umsetzung eines Programms zur Schaffung der qualifikatorischen Grundlagen für die geplante Struktur.

Die durchgehende Verwirklichung des Inselprinzips erfordert die möglichst weitgehende Integration aller Funktionen, die zur kompletten Bearbeitung eines Produkts erforderlich sind. Es müssen daher neben den Fertigungsinseln auch Verwaltungsinseln geschaffen werden, die für jede Sparte für alle Aufgaben angefangen von der Auftragsbearbeitung bis zur Kostenverrechnung zuständig sind.

17. Wie kann das Logistikproblem im Rahmen der Fertigungsinseln gelöst werden?

Einkäufer, Auftragsverwalter, Materialdisponenten und Hilfskräfte müssen in räumlicher Nähe tätig sein. Sie nehmen die Kundenaufträge vom Vertrieb entgegen, ermitteln Termine, beschaffen Material und veranlassen die Auslieferung.

18. Wie kann die Zuordnung der Teilefamilien zu den maschinellen Kapazitäten erfolgen?

In der traditionellen Werkstattfertigung erfolgt die Zuordnung von Teilen zu bestimmten Betriebsmitteln unter dem Gesichtspunkt der Optimierung von Bearbeitungs- und Rüstzeiten und der Einhaltung von Fertigungstoleranzen. Dies kann auch bei der Insellösung praktiziert werden. Zusätzlich werden die Betriebsmittel nach Haupt- und Nebenkapazitäten aufgeteilt. Dabei sind Hauptkapazitäten Betriebsmittel, mit hohem Maschinenstundensatz, deren gute Auslastung aus Kostengründen dringend geboten ist und in Nebenkapazitäten, das sind Betriebsmittel mit niedrigem Maschinenstundensatz, die nur eine geringe Auslastung vertragen. Es stellen sich dann die folgenden Fragen: Wieviel Betriebsmittel werden für die unterschiedlichen Bearbeitungsverfahren benötigt? Welche Anforderungen werden an diese Betriebsmittel gestellt? Deckt sich der Betriebsmittelbestand quantitativ und qualitativ mit dem ermittelten Bedarf? Müssen neue Betriebsmittel angeschafft werden? In welcher Form können Disparitäten bei Bestand und Bedarf ausgeglichen werden?

19. Welche Anforderungen werden an die Qualitätssicherung gestellt?

Der Trend zur Just-in-time Produktion fordert die absolute Zuverlässigkeit in Termin und Qualität. Ein Produkt kann aber niemals besser sein als seine Bestandteile. Deshalb ist eine schnelle und absolut zuverlässige Qualitätskontrolle unerläßlich. Dies geschieht gegenwärtig durch die Verknüpfung von Meßgeräten und Sensoren mit Computern. Sämtliche Meßgeräte bis zur laseroptischen Oberflächenprüfung können mit Hilfe von Computern die notwendigen Qualitätsstufen garantieren.

3.5.3 Personaldisposition

01. Was versteht man unter Personaldisposition?

Unter Personaldisposition oder auch Personaleinsatzplanung wird die Verfügung über die Bereitstellung einer bestimmten Anzahl von Personen auf bestimmte Tätigkeitsbereiche mit dem Ziel verstanden, die gesetzten Ziele bestmöglichst zu erfüllen.

02. Wie werden die Ziele ermittelt?

Es wird zunächst gesamtbetrieblich festgelegt, welche Mitarbeiter für welche Aufgaben zur Verfügung stehen. Im nächsten Schritt wird von den Fertigungsaufträgen ausgegangen und hier bestimmt, welches Personal mit welchen Qualifikationen zur Erledigung der gestellten Aufträge benötigt wird.

03. Wie erfolgt der Personaleinsatz?

Es müssen unter Beachtung der Durchlaufzeiten der einzelnen Produkte die benötigten Kräfte so geplant werden, daß alle Maschinen in der erforderlichen Mitarbeiterzahl mit der benötigten Qualifikation besetzt sind, gleichzeitig ist an eine Personenreserve für den Fall plötzlicher Ausfälle zu denken.

04. Welche Probleme sind im einzelnen zu berücksichtigen?

Bei der Ausgestaltung des Fertigungsprozesses im Industrieunternehmen erfordern die einzelnen Aufträge jeweils unterschiedliche Durchlaufzeiten für die verschiedenen Tätigkeiten. Aufgrund dieser Situation müssen die Mitarbeiter vielfältigen Anforderungen genügen und werden je nach der Art der anfallenden Tätigkeiten mit unterschiedlichen Tätigkeiten konfrontiert. Sie müssen also flexibel an den verschiedensten Maschinen einsetzbar sein. Wegen der unterschiedlichen Qualifikation der verschiedenen Mitarbeiter ist diese Personaldisposition nur schwer auf längere Zeit im voraus zu planen.

05. Welche Folgerungen ergeben sich aus der Art der Produktion für Betrieb und Mitarbeiter?

Es besteht die Notwendigkeit flexibler Arbeitszeitregelungen, die je nach der Auftragslage angepaßt sein muß. Dieser betrieblich bedingten Situation stehen häufig gesetzliche oder tarifvertragliche Regelungen entgegen, die eine über die regelmäßige tägliche Arbeitszeit hinausgehende Beschäftigung einschränken. Andererseits stehen zusätzliche Mitarbeiter mit den entsprechenden Qualifikationen kaum zur Verfügung, so daß entweder über das vorher festgelegte Maß hinaus Überstunden anfallen oder Fertigungsaufträge nicht rechtzeitig ausgeführt werden können.

06. Welche Aufgaben ergeben sich für die Personaldisposition aus dieser Entwicklung?

Es muß mit Hilfe von Ausbildungs-, Umschulungs- oder Weiterbildungsmaßnahmen versucht werden, dem Spitzenbedarf an qualifizierten Kräften Rechnung zu tragen und nicht von durchschnittlichen Werten des Personalbedarfs auszugehen. Die Engpässe entstehen nicht bei Hilfskräften, sondern bei den am besten ausgebildeten Kräften, deren Zahl kurzfristig nicht wesentlich erhöht werden kann, weil hierzu Qualifizierungsmaßnahmen von längerer Dauer erforderlich sind. Diese Aufgabe kann nur mit Hilfe einer langfristigen Personalentwicklungsplanung gelöst werden.

3.5.4 Anlagenüberwachung

01. Was ist die Aufgabe der Anlagenüberwachung?

Anlagen unterliegen dem Verschleiß und begründen somit die Notwendigkeit der Instandhaltung. Der Verschleiß erstreckt sich über die gesamte Nutzungsdauer, wenngleich in einem unterschiedlichen Ausmaß. Allgemein nimmt die Stör- und Reparaturanfälligkeit einer Anlage mit zunehmendem Alter progressiv zu und führt plötzlich zur völligen Unbrauchbarkeit. Der Verschleiß tritt vielfach auch bei nur geringer Nutzung ein, weil auch ein Stillstand zu technischen Beeinträchtigungen führen kann. Die Störanfälligkeit steigt mit der Kompliziertheit der Anlagen. Dieser Tendenz wird durch eine verbesserte Qualität und die elektronische Steuerung begegnet.

02. Wie wird die Anlagenüberwachung ausgeführt?

In allen Betrieben ist heute eine vorbeugende Instandhaltung üblich, die zu im voraus festgelegten Intervallen durchgeführt wird, sich auf eine Wartung und Kontrolle der Funktionsfähigkeit der gesamten Anlage erstreckt und besondere Verschleißteile vorsorglich ersetzt.

03. Was versteht man unter Inspektion, Wartung und Instandhaltung?

Inspektion besteht in der Überwachung durch periodisch regelmäßige Begehung und Überprüfung der jeweiligen Anlagen auf den äußeren Zustand, ihre Funktionsfähigkeit und Arbeitsweise sowie auf allgemeine Verschleißerscheinungen. Das Ergebnis wird in einem Prüfbericht niedergelegt, der auch Prognosen über die weitere Verwendungsfähigkeit enthalten sollte. Wartung und Pflege erstrecken sich auf routinemäßige Instandhaltungsarbeiten, die meistens vom Bedienungspersonal selbst duchgeführt werden und häufig in Betriebsanweisungen festgelegt sind. Unter Instandsetzung ist die Wiederherstellung der Nutzungsfähigkeit einer Anlage durch Austausch bzw. Nacharbeit von Bauteilen oder Aggregaten zu verstehen. Eine Instandsetzung kann auch vorbeugenden Charakter haben.

04. Wie wird die Anlagenüberwachung geplant?

Die Anlagenüberwachung muß sich einmal an den Kostenverläufen orientieren. Sie muß sowohl Schadensfolgekosten durch Abschalten, Stillstand und Wiederanlauf als auch Zusatzkosten durch Verlagerung der Produktion auf andere Anlagen, Überstundenlöhne und andere Zusatzkosten berücksichtigen. Diesen Kosten sind die Vorbeugekosten durch entsprechende Wartung gegenüberzustellen. Es müssen ferner die Ausfallursachen analysiert werden, diese müssen sich in einem Ablaufplan niederschlagen.

05. Wie wird ein Ablaufplan der Anlagenüberwachung festgelegt?

Es werden konkrete Ablaufpläne erarbeitet, die für jede Anlage die notwendigen Überwachungszeiten und den Umfang der auszuführenden Tätigkeiten festlegen. Diese Zeiten müssen mit den Produktionsterminen und der jeweiligen Kapazitätsauslastung abgestimmt sein.

06. Welche Bedeutung haben Wartungspläne?

Die einzelnen Wartungspläne müssen den Umfang der einzelnen Maßnahmen festlegen, die Termine bestimmen und die notwendige Kontrolle gewährleisten. Gerade eine gründliche Kontrolle der ausgeführten Arbeiten bietet eine Gewähr für ein späteres einwandfreies Arbeiten der Anlage, da sich Nachlässigkeit bei der Wartung oder Reparatur oftmals erst viel später bemerkbar machen.

3.5.5 Fertigungsversorgung

01. Was versteht man unter Fertigungsversorgung?

Fertigungsversorgung ist die rechtzeitige Bereitstellung aller benötigten Materialien und Mitarbeiter zur planvollen Erledigung der gestellten Fertigungsaufgabe.

02. Welche Bereiche fallen unter den Begriff Fertigungsversorgung?

Unter diesen Bereich fallen die Materialwirtschaft, die Bereitstellung von Maschinen und Geräten zur Durchführung der Produktionsaufgabe, die Lagerwirtschaft zum Transport der zu bearbeitenden Güter und der Fertigerzeugnisse, die Bereitstellung der benötigten Mitarbeiter sowie die Bereitstellung der notwendigen Finanzmittel.

03. Welche Probleme entstehen bei der Fertigungsversorgung?

Die durch die Fertigungsplanung und die Fertigungssteuerung festgelegten Zielsetzungen lassen sich häufig aus innerbetrieblichen Gründen nicht zeitgerecht erledigen, sei es, daß die benötigten Finanzmittel oder Materialien nicht zur Verfügung stehen, sei es, daß die benötigten Maschinen durch Reparaturen ausfallen, sei es, daß ein Personalengpaß eintritt.

04. Was sind die Folgen von Störungen im Planungsvollzug?

Die zu erledigenden Arbeiten können nicht termingerecht durchgeführt und Umdispositionen müssen vorgenommen werden.

3.5.6 Fertigungskontrolle

01. Was versteht man unter der Güte bzw. Qualität eines Erzeugnisses?

Unter der Qualität eines Erzeugnisses wird diejenige Beschaffenheit verstanden, die es für seinen Verwendungszweck geeignet macht.

02. Wovon ist die Qualität eines Erzeugnisses abhängig?

Die Qualität ist von zwei Faktoren abhängig:

a) von der Entwurfsqualität, d.h. von der Güte des Entwurfs, der Konstruktion und der Berechnung,
b) von der Fertigungsqualität, d.h. von der Güte der Ausführung durch die Fertigung.

Dem Grundsatz der optimalen Qualität ist dann entsprochen, wenn das Erzeugnis genau den Forderungen entspricht. Diese Forderung ist erreicht, wenn das Erzeugnis sowohl im konstruktiven Aufbau als auch der fehlerlosen Ausführung für den vorgesehenen Zweck brauchbar ist. Es müssen daher sowohl Fehler in der Konstruktion als auch Fehler in der Fertigung vermieden werden.

03. Was sind die Aufgaben der Sicherung der Qualität?

Die Qualitätsplanung, die Qualitätssteuerung, die Qualitätskontrolle, d.h. die Überprüfung, ob die Qualitätsforderungen erfüllt sind und die Qualitätssicherung, d.h. das Ergreifen aller Maßnahmen, um Ursachen von Qualitätsabweichungen festzustellen und für die Zukunft auszuschließen.

04. Welche Anforderungen an die Qualität werden gestellt?

Die Güte der Erzeugnisse werden in erster Linie von den Anforderungen des Marktes geprägt. Die Güte kann sich auf die technische Funktionsfähigkeit erstrecken, aber auch die weitere Beschaffenheit einschließen, wie z.B. leichte Bedienbarkeit, Störungs- oder Wartungsfreiheit, geringe Lärmbelästigung, verminderte Umweltbelästigung, usw. Im wesentlichen kommt es aber auf die Brauchbarkeit an.

05. Wo sind Qualitätsstandards festgelegt?

Qualitätsstandards sind in Gesetzen, Verordnungen und Normen festgelegt. Darüber hinaus aber auch in Beschaffungs- und Beförderungsvorschriften öffentlich-rechtlicher Körperschaften, der Technischen Überwachungsvereine und den Unfallverhütungsvorschriften der Berufsgenossenschaften enthalten.

06. Wie sind Qualitätsmerkmale beschrieben?

Ein Qualitätsmerkmal ist - nach REFA - dadurch gekennzeichnet, daß mit seiner Hilfe die Qualität beurteilt werden kann. Dabei gilt als Merkmal jede an einem Erzeugnis ausgewählte Größe, die gemessen, gezählt oder beurteilt werden kann. Der gemessene, gezählte oder beurteilte Wert der Größe wird als Ausprägung bezeichnet. Die erreichte Merkmalsausprägung wird als Istwert bezeichnet. Um die Merkmalsausprägung zu erreichen, wird von dem angegebenen Sollwert ausgegangen. Die nach oben oder unten zulässige Abweichung ist durch den Grenzwert festgelegt.

07. Welche Merkmale werden unterschieden?

Man unterscheidet unter dem Gesichtspunkt der Meßbarkeit variable Merkmale und Attributmerkmale.

08. Was sind variable Merkmale?

Variable Merkmale sind solche Qualitätsmerkmale, die sich auf meßbare Eigenschaften beziehen und bei denen innerhalb bestimmter Grenzen verschiedene meßbare Ausprägungen vorkommen können.

09. Was sind Attributmerkmale?

Bei Attributmerkmalen ist das Qualitätsmerkmal durch Vorhandensein oder Fehlen gekennzeichnet. Die Attributprüfung beruht im Grunde auf der Entscheidung gut oder schlecht. Bei dieser Methode wird die Qualität oft durch eine Aufzählung der Fehler, die nicht vorkommen dürfen, definiert.

10. Was ist ein Qualitätsfehler?

Qualitätsfehler sind unzulässige Abweichungen des Istwertes eines Qualitätsmerkmales vom Sollwert.

11. Wie werden die Qualitätsfehler eingeteilt?

- Nebensächliche Fehler: sie sind belanglos, sollten aber dennoch vermieden werden,
- Nebenfehler: sie beeinträchtigen Funktion und Gebrauchsfähigkeit des Erzeugnisses geringfügig,
- Hauptfehler: sie beeinträchtigen die Funktionsfähigkeit des Erzeugnisses erheblich,
- kritische Fehler: sie machen das Produkt unbrauchbar,
- überkritische Fehler: sie gefährden Menschenleben oder verursachen hohe Sachschäden.

12. Was versteht man unter Prüfen?

Unter Prüfen wird das Feststellen verstanden, ob der Prüfgegenstand die vereinbarten, vorgeschriebenen oder erwarteten Bedingungen erfüllt.

13. Welche Kontrollsysteme sind im Qualitätswesen üblich?

Man unterscheidet: Prüfvorschriften, Prüfmittel, Prüfumfang und Prüftechniken.

14. Welche Arten von Prüfvorschriften werden unterschieden?

Man unterscheidet Prüfvorschriften des Gesetzgebers und des Auftraggebers.

15. Was sind Prüfmittel?

Prüfmittel beruhen auf der technischen Eigenart des zu prüfenden Erzeugnisses und können mit Hilfe mechanischer, elektrischer, optischer und chemischer Verfahren vorgenommen werden.

16. Welche Prüfverfahren sind üblich?

Man unterscheidet die Vollprüfung und die Stichprobenprüfung.

17. Welche Probleme ergeben sich bei einer Vollprüfung?

Eine Vollprüfung erstreckt sich auf alle Einheiten eines Erzeugnisses und ist daher sehr zeitraubend und teuer. Im übrigen erhöhen sich die Durchlaufzeiten und können mit Fehlern bei der Kontrolle durch die Ermüdung des Kontrolleurs verbunden sein. Eine Vollprüfung ist dort üblich, wo der Umfang der Einheiten sehr klein ist, die Produkte sehr teuer, fehlerhafte Stücke unbrauchbar oder mit erheblichen Sicherheitsrisiken verbunden sind bzw. Prüfautomaten eingesetzt werden können.

18. Welche Probleme ergeben sich bei einer Stichprobenprüfung?

Bei der Stichprobenprüfung werden nur bestimmte Erzeugnisse zufällig zur Prüfung entnommen. Die Stichprobenprüfung ist billiger und schneller durchzuführen als eine Vollprüfung. Sie ist aber mit dem Risiko verbunden, daß fehlerhafte Teile durchlaufen. Darum muß bei einer Stichprobenprüfung immer die Möglichkeit bestehen, die fehlerhaften Teile bei der weiteren Bearbeitung zu erkennen.

19. An welche Voraussetzungen ist eine Stichprobenprüfung gebunden?

Eine Stichprobenprüfung setzt voraus: die Zufälligkeit der Stichprobenentnahmen, eine zahlenmäßig abgegrenzte Beurteilungsmenge und einen genügend großer Stichprobenumfang. Diese ist bei Attributprüfungen größer als bei Variablenprüfungen.

20. Wie wird die Stichprobenkontrolle vorgenommen?

Die Stichprobenkontrolle im industriellen Bereich wird auch als statistische Qualitätskontrolle bezeichnet. Sie beruht auf statistischen und mathematischen Berechnungen, insbesondere der Wahrscheinlichkeitsrechnung und wird in der Praxis auf der Grundlage von Stichprobenprüfplänen vorgenommen, die von der Deutschen Gesellschaft für Qualität entwickelt worden sind und in der Regel nach kurzer Einarbeitungszeit auch von Ungeübten beherrscht werden können. Üblich sind auch Mehrfachstichprobenpläne. Weist die Stichprobe keine oder nur weniger als die in den Plänen angegebene Höchstzahl an fehlerhaften Stücken aus, so ist die Lieferung oder das Los in Ordnung. Wird diese Zahl überschritten, so ist anzunehmen, daß die Schlechtzahl erreicht oder gar überschritten wurde, also entweder eine Vollprüfung oder eine Zurückweisung der gesamten Menge notwendig wurde.

21. Welche Aufgaben haben Kontrollkarten?

Im industriellen Bereich werden Kontrollkarten mit dem Ziel verwandt, die Ergebnisse aufeinanderfolgender Stichproben festzuhalten. Die Kontrollkarten lassen durch die Eintragungen die Häufigkeit der Fehler erkennen, wobei die Soll- und Grenzwerte markiert sind.

22. Welche Kontrollarten sind üblich?

Man unterscheidet nach dem Träger der Verantwortung Selbstkontrolle und Fremdkontrolle, nach dem Ort ortsfremde und ortsveränderliche Kontrollen und nach dem Durchlauf Eingangskontrollen, Durchlaufkontrollen und Ausgangskontrollen.

23. Was ist Selbstkontrolle?

Selbstkontrolle liegt vor, wenn die ausführende Stelle die Kontrolltätigkeit vornimmt.

3.5.6 Fertigungskontrolle

24. Was ist Fremdkontrolle?

Eine Fremdkontolle liegt vor, wenn die Kontrolle von speziell mit dieser Funktion beauftragten Personen vorgenommen wird.

25. Was ist eine ortsfeste Kontrolle?

Bei einer ortsfesten Kontrolle werden die Kontrollen an einer eigens eingerichteten Stelle vorgenommen.

26. Was ist ortsveränderliche Kontrolle?

Ortsfremde oder fliegende Kontrolle ist diejenige Kontrolle, bei der die Kontrolleure von einem Arbeitsplatz zum anderen gehen und dort die notwendigen Kontrollen vornehmen.

27. Was ist eine Eingangskontrolle?

Mit Hilfe der Eingangskontrolle soll verhindert werden, daß fehlerhafte Materialien verwandt werden. Sie ist identisch mit der Materialprüfung.

28. Was ist eine Durchlaufkontrolle?

Eine Zwischen- oder Durchlaufkontrolle wird zwischen oder während der Fertigungsvorgänge vorgenommen und soll die weitere Bearbeitung fehlerhafter Teile verhindern.

29. Was ist eine Endkontrolle?

Endkontrollen erfolgen nach Beendigung des Fertiungsprozesses. Im Rahmen der Endkontrolle wird entschieden, ob das Erzeugnis den gestellten Qualitätsmerkmalen entspricht und mithin zum Verkauf zur Verfügung steht.

30. Was versteht man unter Normen?

Unter Normung versteht man das Aufstellen von Richtlinien (Normen) für Wirtschaft, Technik, Büro und andere Bereiche. Durch eine Norm wird die einmalige Lösung einer sich wiederholenden Aufgabe festgelegt.

31. Was ist das Ziel der Normung?

Normung bezweckt Vereinheitlichung, und zwar nicht nur von Erzeugnissen oder ihren Teilen, sondern auch von Begriffen, Handlungen, Sachverhalten, Verfahren, Vorgängen, Zusammenhängen und Zuständen.

32. Warum sind Normen zweckmäßig?

Normen sollen Technik und Wirtschaft fördern, dürfen jedoch nicht hemmend wirken. Die Normung soll überdies rechtzeitig einsetzen und stets den jeweiligen Stand der Technik berücksichtigen, um sich wirtschaftlich günstig auswirken zu können.

33. Welche Arten von Normen werden unterschieden?

- Normen nach dem Inhalt,
- Normen nach dem Grad und der Reichweite,
- Normen nach dem Geltungsbereich.

34. Was versteht man unter Normen nach dem Inhalt?

Unter dem Inhalt einer Norm versteht man die darin getroffenen sachlichen Festlegungen. Man unterscheidet 12 Normen:

a) Verständigungsnormen,
b) Sortierungs- oder Klassifizierungsnormen,
c) Typnormen,
d) Planungsnormen,
e) Konstruktionsnormen,
f) Abmessungsnormen,
g) Stoffnormen,
h) Gütenormen,
i) Verfahrensnormen,
j) Prüfnormen,
k) Liefer- und Dienstleistungsnormen,
l) Sicherheitsnormen.

35. Was sind Verständigungsnormen?

Verständigungsnormen sollen die unmißverständliche Kommunikation erleichtern und eine klare Verständigung ermöglichen. Sie legen Begriffe, Bezeichnungen und Benennungen, Einheiten, Maßsysteme, Formeln und Symbole eindeutig fest.

36. Was sind Sortierungs- oder Klassifizierungsnormen?

Sortierungs- oder Klassifizierungsnormen geben Auskunft über die Einteilung von Größen und Sorten sowie Qualitäten, wie z.B. bei Obst und Eiern.

37. Was sind Typnormen?

Mit Hilfe von Typnormen soll die Typenvielfalt begrenzt werden. Dies geschieht durch eine ausgewogene Abstufung - meist in geometrischer Reihe - nach Art, Form und Größe oder anderer gemeinsamer Merkmale.

38. Was sind Planungsnormen?

Planungsnormen bilden die Grundlage für Entwurf, Berechnung, Aufbau, Funktion und Ausführung von ortsfesten und beweglichen Erzeugnissen, etwa im Baubereich bei Mauern, Geschoßhöhen, Treppen usw.

39. Was sind Konstruktionsnormen?

Konstruktionsnormen regeln Einzelheiten für die Konstruktion von Erzeugnissen oder Erzeugnisteilen, Werkzeugen und Vorrichtungen.

3.5.6 Fertigungskontrolle

40. Was sind Abmessungsnormen?

Abmessungsnormen legen die Abmessungen von Erzeugnissen fest, z.B. bei Papierformaten, Schrauben, Gewinden, Mauerziegeln, usw.

41. Was sind Stoffnormen?

Stoffnormen enthalten Angaben über chemische, physikalische und technologische Eigenschaften sowie Richtlinien für die Verwendung von Stoffen, wie z.B. von Baustoffen, Stahl, usw.

42. Was sind Verfahrensnormen?

Verfahrensnormen enthalten Richtlinien für allgemeingebräuchliche Fertigungsverfahren und Arbeitstechniken, wie z.B. bei der Oberflächenbehandlung von Stahl.

43. Was sind Prüfnormen?

Prüfnormen bezwecken die Bestimmung von physikalischen, chemischen und technologischen Eigenschaften von Erzeugnissen, z.B. bei der Werkstoffprüfung.

44. Was sind Liefer- und Dienstleistungsnormen?

Liefer- und Dienstleistungsnormen legen Maßgenauigkeit, Werkstoffeigenschaften, Prüfung, Verpackung, usw. fest. Z.B. ist die Verdingungsordnung für Bauleistungen eine solche Norm. Häufig werden solche Normen zur allgemeinen Vertragsgrundlage gemacht.

45. Was sind Gütenormen?

Gütenormen legen die Anforderungen an die Qualität von Erzeugnissen fest.

46. Was sind Sicherheitsnormen?

Sicherheitsnormen beziehen sich auf die Unfallsicherheit und regeln Sicherheitsvorschriften, z.B. für elektrische Installationen.

47. Was sind Normen nach dem Grad und der Reichweite?

Der Grad der Normung ist der Umfang, der den Normengegenstand erfaßt. Bei Vollnormung ist keine Abweichung zur Regelung des Individualfalles gestattet. Die Reichweite der Norm legt das Ausmaß der Anwendungsmöglichkeiten auf unterschiedlichen Gebieten und die Beeinflussung anderer Normen fest. Man unterscheidet hierbei Grund- und Fachnormen.

48. Was ist der Zweck der Grundnormen?

Grundnormen beruhen auf wissenschaftlichen Erkenntnissen und erstrecken sich auf größere Bereiche.

49. Was ist der Zweck von Fachnormen?

Fachnormen erstrecken sich nur auf bestimmte Bereiche, ihr Gegenstand ist jedoch konkreter als die Grundnormen.

50. Was sind Normen nach dem Geltungsbereich?

a) Nationale Normen, die vom Deutschen Normenausschuß (DNA) festgelegt werden; Sie werden als Deutsche Industrienorm erarbeitet, und zwar für nicht elektrische Normen vom Deutschen Institut für Normung e.V. und für elektrotechnische Normen von der Deutschen Elektrotechnischen Kommission e.V. (DKE).

b) Werksnormen, die von Betrieben für ihren eigenen Bereich geschaffen werden und die auf der Grundlage der allgemeinverbindlichen Normen erstellt werden. Notwendig werden diese Werksnormen dadurch, daß die Originalnormen wegen ihres breiten Anwendungsgebietes von den Betrieben nicht vollinhaltlich übernommen werden können und eine Abweichung nicht gegen Sicherheitsvorschriften verstößt;

c) Verbandsnormen, die durch Vereinbarungen der in den Verbänden zusammengeschlossenen Firmen entstehen;

d) Internationale Normen für den Güteraustausch. ISO (International Standard Organisation und ICE International Electrotechnical Commission. Allerdings werden gegenwärtig die bisher eigenständigen VDE-Bestimmungen in das DIN-System übernommen, so daß in Zukunft nicht mehr zwischen elektrotechnischen und sonstigen Normen unterschieden werden muß. Aus VDE-Bestimmungen werden DIN-VDE Normen mit gleichen Ziffernbezeichnungen.

e) EU-Normen. Nach Untersuchungen und Umfragen aus dem Jahre 1985 waren technische Normen und Vorschriften die großen Handelshemmnisse der EU. Die deutschen EU-Partner beklagten sich über 20.000 DIN-Normen, 6.000 Rechtsvorschriften und 10.000 technische Regeln, die bei Warenlieferungen nach Deutschland einzuhalten waren und umgekehrt beschwerten sich die deutschen Exporteure über entsprechende Regelungen anderer Länder, wenn sie Waren in die verschiedenen Partnerstaaten exportieren wollten. Deshalb wurde die Europäische Norm als Werkzeug der europäischen Harmonisierung geschaffen und ihre Realisierung durch Umwandlung nationaler Normen bzw. Harmonisierung in Europäische Normen tatkräftig vorangetrieben. Seit dem Jahre 1985 wird in der EU zwischen Bereichen unterschieden, in denen auf Harmonisierung nicht verzichtet werden kann und solchen Bereichen, bei denen man sich auf eine gegenseitige Anerkennung bestehender nationaler Regeln und Normen verlassen kann. Das Prinzip der gegenseitigen Anerkennung geht davon aus, daß Waren, die in einem EU-Mitgliedstaat rechtmäßig hergestellt und in Verkehr gebracht werden, ungehindert auch in den anderen Mitgliedstaaten eingeführt und in Verkehr gebracht werden dürfen. Daraus ergibt sich die Konsequenz, daß Verkaufsverbote nicht mehr auf das Argument gestützt werden können, daß ein importiertes Produkt nach anderen als in dem Einfuhrland üblichen Spezifikationen hergestellt wurde. Nicht verzichtet werden kann auf die Harmonisierung dort, wo es um Grundvoraussetzungen zum Schutz von

3.5.6 Fertigungskontrolle

Gesundheit und Sicherheit, von Verbrauchern und Umwelt geht. Aber auch hier beschränkt sich der Gesetzgeber auf grundlegende Regelungen. Detaillierte technische Spezifikationen bleiben seit 1985 den Europäischen Normen vorbehalten. Auf die Normen wird in den Vorschriften hingewiesen, ihre Einhaltung bleibt aber freiwillig; anders sieht es bei Produkten wie Druckbehältern, Spielzeugen, Bauprodukten, Maschinen, implantierbaren medizinischen Geräten usw. aus, bei denen Gesundheit und Sicherheit unmittelbar berührt sind. Hier hat die EU Richtlinien als Mindestvoraussetzungen erlassen, die bis Ende 1992 in nationales Recht umgesetzt sein mußten.

51. Wie werden Normen festgelegt?

Werksnormen werden von den Betrieben aufgestellt und sind jeweils auf die besonderen betrieblichen Belange abgestellt, haben aber nur einen eingeschränkten Geltungsbereich. Hingegen haben Normen des Deutschen Normenausschusses einen verbindlichen Charakter. Sie werden in Gemeinschaftsarbeit als Deutsche Norm (DIN-Norm) veröffentlicht. Derartige DIN-Normen erfordern eine gründliche Vorarbeit auf wissenschaftlicher Grundlage und werden in den DIN-Mitteilungen veröffentlich. Derzeit sind rund 20 000 DIN-Normen gültig. Bevor eine Norm eine derartige Gültigkeit erlangt, wird sie als Normentwurf mit einer Einspruchsfrist veröffentlicht.

52. Wie werden Europäische Normen erarbeitet?

Für die Erarbeitung von Europäischen Normen sind drei Instituteionen tätig. CEN/CENELEC und ETSI.

- CEN = Comité Européen de Normasiation
- CENELEC = Comité Européen de Normasiation Electrotechnique
- ETSI = European Telecommunication Standards Institute.

Die zunehmende Bedeutung der Telekommunikation wurde durch die Normung in diesem Bereich und die Übertragung dieser Aufgaben auf eine besondere Institution herausgestellt. Die von den europäischen Normungsorganisationen veröffentlichten Normen sind "harmonisierte" Normen. Sie werden ohne nationale Änderungen in den Mitgliedstaaten übernommen. In Deutschland erkennt man diese Normen an dem vorangestellten Buchstaben EN (= Europanorm).

Den europäischen Normungsinstitutionen ist die Aufgabe übertragen, europäische Normen zu erstellen, die die nötigen technischen Festlegungen enthalten, bei deren Befolgung Erzeugnisse den grundlegenden Sicherheitsanforderungen entsprechen.

Die Anwendung der europäischen Normen bleibt freiwillig, so daß der Hersteller auch von den Normen abweichen kann. Allerdings liegt die Beweislast in diesem Fall für die Einhaltung der grundlegenden Sicherheitsanforderungen bei ihm.

Es werden Prüf- und Zertifizierungsstrukturen geschaffen, damit Prüfzeugnisse aus einem Mitgliedsland in allen anderen Mitgliedstaaten akzeptiert werden.

Der Normung kommt die Aufgabe zu, unter Berücksichtigung des Standes der Technik die technischen Spezifikationen zur Konkretisierung der in den Richtlinien festgelegten grundlegenden Anforderungen auszuarbeiten. Wird ein Produkt entsprechend dieser Norm hergestellt und eine Konformitätesbewertung des Produktes mit den wesentlichen Sicherheitsanforderungen mit positivem Ergebnis durchgeführt, so gelten die Sicherheitsanforderungen der Richtlinien als erfüllt. Die Produkte sind damit zum freien Verkehr in der Gemeinschaft zugelassen.

Die externe Beurteilung von Produkten oder auch Qualitätssicherungssystemen (Zertifizierung) kann freiwillig erfolgen, weil dies z.B. Kunden verlangen, sie kann aber auch bei einzelnen Produkten öffentlich-rechtlich notwendig sein, um die Voraussetzungen für die Vermarktung des Produktes in der EU zu erhalten. Dies wird als gesetzlich geregelter Bereich bezeichnet, in dem durch EU-Richtlinien, Bundes- oder Landesgesetzen Prüfungen und Bestätigungen (Zertifizierungen) der Übereinstimmung von Erzeugnissen, Verfahren oder Dienstleistungen mit entsprechenden Anforderungen in technischen Normen vorgeschrieben sind. Weicht eine Bauweise hingegen von den Normen ab, muß eine zugelassene Stelle bescheinigen, daß mindestens ein gleichwertiger Schutz in bezug auf Sicherheit und Gesundheit gewährleistet ist. Laboratorien und Zertifizierungstellen, die diese Prüfungen und Zertifizierungen durchführen, müssen selbst den Nachweis erbringen, daß sie gewisse Anforderungen erfüllen (Akkreditierung) und werden vom Mitgliedstaat auf Antrag zur Durchführung von vorgeschriebenen Konformitätsbewertungsverfahren der Kommission der EU gemeldet (modifiziert).

53. Welche EU-Normen sind zu beachten?

Von besonderer Bedeutung sind die DIN ISO-Normen 9001, 9002 und 9003, die die Grundmodelle zur Darstellung der Qualitätssicherung enthalten und die den Europäischen Normen EN 29000 und konkret den EN Normen 29001, 29002 und 29003 entsprechen, ebenso ist dies bei der Norm 29004 der Fall.

Die Norm EN 29001 ist ein Qualitätssicherungssystem und ein Modell zur Darlegung der Qualitätssicherung in Design (dies kann bedeuten: Entwicklung, Berechnung, Konstruktion bzw. deren Ergebnis), Entwicklung, Produktion, Montage und Kundendienst. Diese internationale Norm legt Forderungen an das Qualitätssicherungssystem für den Fall fest, daß ein Vertrag zwischen zwei Partnern den Nachweis der Fähigkeiten des Lieferanten oder Auftraggebers verlangt, ein Produkt zu entwickeln oder zu liefern. Diese Norm ist im Vertragsfall anzuwenden, wenn: a) der Vertrag ausdrücklich Designleistungen verlangt und die Qualität Anforderungen an das Produkt hauptsächlich in Form von Leistungsangaben festgelegt sind oder noch der Festlegung bedarf.

Die Norm 29002 ist ein Qualitätssicherungssystem und Modell zur Darlegung der Qualitätssicherung in Produktion und Montage. Diese internationale Norm ist im Vertagsfall anzuwenden, wenn die festgelegte Qualitätsanforderung an das Produkt hauptsächlich in Form eines bereits festgelegten Designs oder einer bereits festliegenden Spezifikation vorgegeben ist.

Die Norm EN 29003 ist ein Qualitätssicherungssystem und Modell zur Darlegung der Qualitätssicherung bei der Endprüfung. Die Norm EN 29004 beschreibt einen Grundstock von Elementen mit denen Qualitätssicherungssysteme entwickelt und eingeführt werden können.

3.5.6 Fertigungskontrolle

54. Welche Vorteile ergeben sich durch die Qualitätssicherung?

Qualitätssicherung schützt vor Produktfehlern und schafft damit Marktvorteile. Ein Null-Fehler-Konzept ist gleichzeitig die Voraussetzung für die Just-in-time-Anlieferung, denn die Kunden verzichten zwangsläufig auf eine Eingangsprüfung. Eine schriftlich festgelegte Qualitätspolitik ist gleichzeitig eine Verpflichtungserklärung dahingehend, daß alle Verpflichtungen im Hinblick auf die vereinbarte oder durch Normen vorgegebene Qualität eingehalten wird.

55. Wie ist das Konzept für die Zertifizierung und das Prüfwesen aufgebaut?

Um zu gewährleisten, daß die Prüflaboratorien und Zertifizierungsstellen über eine vergleichbare organisatorische und technische Kompetenz verfügen, hat die EU-Kommission 1989 "Ein globales Konzept für Zertifizierung und Prüfwesen" mit dem Untertitel "Instrumente zur Gewährleistung der Qualität bei Industrieerzeugnissen" vorgelegt (Amtsblatt der EU Nr. C 267 vom 19.10.89, S. 3 ff.). Geregelt werden dort:

- das Erstellen von Modulen für die Konformitätsbewertungsverfahren,
- die allgemeine Anwendung der Normen der Reihe EN 29000 als Anforderungen an Qualitätssicherungssysteme,
- die allgemeine Anwendung der Normenreihe EN 45000 als Anforderungen an Akkreditierungs- und Zertifizierungsstellen sowie Prüflaboratorien. sowie weitere Einzelheiten zur Sicherung der Qualität der Produkte durch entsprechende Prüf- und Zertifizierungssysteme.

56. Für welche wichtigen Bereiche bestehen eigene Normenausschüsse?

Fachnormenausschüsse mit besonderer Geltung sind die Fachnormenausschüsse für Maschinenbau, Bauwesen, Elektrotechnik, Kunststoffe, Materialprüfung, Einheiten und Formelgrößen, Zeichnungen, Lieferbedingungen und Gütesicherung.

57. Welche sonstigen Regeln sind allgemein anerkannt?

Neben dem Deutschen Normenausschuß gibt es auf speziellen Gebieten der Technik Organisationen, die normenartige Regeln aufstellen. Hierzu zählen der Verband Deutscher Elektrotechniker, der im Hinblick auf die elektrische Sicherheit von Geräten VDE-Bestimmungen herausgibt und der Verein Deutscher Ingenieure, der unter der Bezeichnung VDI-Richtlinien anerkannte Regeln der Technik festlegt, für die es keine Normen gibt.

58. Welche Vorteile werden durch Normen erreicht?

Angebote können unter Hinweise auf Normen vereinfacht werden; der Arbeitsaufwand wird erleichtert; die Austauschbarkeit genormter Erzeugnisse verschiedener Hersteller wird vereinfacht; die Beschaffung und der Einkauf werden durch einheitliche Bezeichnungen erleichtert;die Entwicklungsarbeit wird durch die Anwendung von Normen rationeller; die Qualität wird durch Einhaltung von Güte- und Prüfnormen erleichtert; die Unfallgefahr wird durch Sicherheitsnormen verringert; die Verständigung wird durch einheitliche Begriffe und Bezeichnungen erleichtert.

59. Was ist MNPQ-System?

MNPQ ist dasjenige System, das die Qualität industriell hergestelter Produkte sicherstellt. Die Abkürzung bedeutet Messen, Normen, Prüfen und Qualitätssicherung.

Ein industriell hergestelltes Produkt wird geprüft, indem seine Eigenschaften im Hinblick auf die Gebrauchsfähigkeit, Zuverlässigkeit, Lebensdauer, Umweltverträglichkeit, Sicherheit usw. geprüft wird. Die Messung erstreckt sich daraf, ob die Maße in Länge, Breite, Höhe exakt stimmen, ob die Zugfestigkeit und Zähigkeit den Vorgaben entsprechen und ob Waren, Flüssigkeiten und dgl. den vorgegebenen Einheiten und Normen entsprechen. Ferner werden die Einhaltung der Normen und die Qualitätssicherung überprüft.

3.5.7 Zeitwirtschaft

01. Was versteht man unter Arbeit?

Arbeit im Sinne der Ergonomie ist die Summe von Energie und Information, die bei der Erfüllung von Arbeitsaufgaben durch den Menschen umgesetzt bzw. verarbeitet wird.

02. Was versteht man unter einem Arbeitssystem?

Bei einem Arbeitssystem werden Arbeitskraft, Arbeitsmittel, Arbeitsablauf, Arbeitsaufgabe, Eingabe, Ausgabe und Umwelteinflüsse miteinander in Beziehung gesetzt.

03. Was ist unter dem Begriff Arbeitsstudium zu verstehen?

Das Arbeitsstudium besteht in der Anwendung von Methoden und Erfahrungen zur Untersuchung und Gestaltung von Arbeitssystemen mit dem Ziel, unter Beachtung der Leistungsfähigkeit und der Bedürfnisse des arbeitenden Menschen die Wirtschaftlichkeit des Betriebes zu verbessern.

04. Was versteht man unter der Arbeitsmethode?

Durch eine Arbeitsmethode wird der Arbeitsablauf festgelegt, der vom Arbeitspersonal unter Anwendung eines bestimmten vorgegebenen Arbeitsverfahrens bei der Aufgabenerfüllung eingehalten werden soll.

05. Was sind die Hauptaufgaben des Arbeitsstudiums?

Die Hauptaufgaben sind: die Datenermittlung, die Arbeitsgestaltung, die Arbeitsbewertung und die Arbeitsunterweisung.

06. Was bedeutet Datenermittlung?

Für die Planung, Steuerung und Kontrolle des Arbeitsprozesses sowie die Entlohnung werden Daten benötigt. Insbesondere müssen Zeitgrößen sowie andere Einflußgrößen für bestimmte Arbeitsabläufe ermittelt werden.

3.5.7 Zeitwirtschaft

07. Was bedeutet Arbeitsgestaltung?

Die Arbeitsgestaltung strebt das optimale Zusammenwirken von Mensch, Betriebsmittel und Arbeitsgegenstand im Arbeitssystem durch eine zweckentsprechende Ausstattung und Organisation gemäß der Arbeitsaufgabe an.

08. Welches Ziel verfolgt die Arbeitsbewertung?

Eine anforderungs- und leistungsabhängige Entlohnung erfordert ein objektives Beschreiben, Beurteilen und Bewerten der Anforderungen, die eine Arbeit an den Menschen und seine Leistung stellt.

09. Was ist das Ziel der Arbeitsunterweisungen?

Arbeitsunterweisungen stellen eine rationelle pädagogische Methode zur Vermittlung von Kenntnissen und Erfahrungen zur ordnungsgemäßen Erfüllung der Arbeitsaufgaben dar und bezwecken eine Intensivierung der Lernprozesse.

10. Wonach richtet sich das Leistungsangebot des Menschen?

Das Leistungsangebot richtet sich nach der Leistungsfähigkeit (Ausbildung, Erfahrung oder Veranlagung), der Leistungsbereitschaft und der Disposition, wie z.B. der Ermüdung, dem Alter und dem körperlichen Befinden.

11. Wie wird die Entlohnung nach der Leistungsmenge festgestellt?

Grundlage für die Entlohnung nach der Leistungsmenge ist die Festsetzung von Vorgabezeiten. Vorgabezeiten sind Sollzeiten für Arbeitsabläufe, die von Menschen und Betriebsmitteln bei Normalleistung erbracht werden.

12. Welche Ablaufarten werden unterschieden?

Man unterscheidet Ablaufarten nach der Beeinflußbarkeit und hier wiederum nach beeinflußbarer und nicht beeinflußbarer Zeit sowie nach Produktionsfaktoren, d.h. Mensch, Betriebsmittel und Arbeitsgegenstand.

13. Welche Ablaufarten beim Menschen werden unterschieden?

Man unterscheidet: planmäßige Haupttätigkeiten, planmäßige Nebentätigkeiten, zusätzliche, d.h. nicht im voraus zu bestimmende Tätigkeiten, ablaufbedingtes Unterbrechen, störungsbedingtes Unterbrechen, persönlich bedingtes Unterbrechen, Erholung.

14. Welche Ablaufarten werden bei den Betriebsmitteln unterschieden?

Man trennt in planmäßige Hauptnutzung, planmäßige Nebennutzung und in zusätzliche Nutzung.

15. Welche Ablaufarten werden beim Arbeitsgegenstand unterschieden?

Man unterscheidet: Verändern, Prüfen, ablaufbedingtes Liegen, zusätzliches Liegen und Lagern.

16. Wie wird die Vorgabezeit zergliedert?

Man unterscheidet die Vorgabezeit für den Menschen - sie wird auch als Auftragszeit bezeichnet - und die Vorgabezeit für die Betriebsmittel, sie wird auch als Belegungszeit bezeichnet.

17. Aus welchen Zeiten besteht ein Auftrag?

Ein Auftrag besteht aus dem Rüsten der Betriebsmittel und der anschließenden Ausführung durch einmaligen oder wiederholten Vollzug des Arbeitsganges.

18. Wie gliedern sich Auftrags- und Belegungszeit?

Sie werden in Rüstzeit und in Ausführungszeit zergliedert. Beide setzen sich jeweils aus Grund-, Verteil- und Erholungszeiten (beim Menschen) zusammen.

19. Wie wird die Auftragszeit definiert?

Auftragszeit ist die Zeit, die bei der Erfüllung der Arbeitsaufgabe durch den Menschen anfällt.

20. Wie wird die Belegungszeit definiert?

Belegungszeit ist die Zeit, in der das Betriebsmittel bei der Aufgabendurchführung belegt ist.

21. Wie wird die Auftragszeit unterteilt?

Die Auftragszeit wird in die auftragsunabhängige Rüstzeit und in die auftragsabhängige Ausführungszeit aufgegliedert.

22. Wie wird die Rüstzeit definiert?

Die Rüstzeit ist die Zeit, die bei jedem Auftrag einmal anfällt und ist erforderlich, um bei jedem Auftrag die Aufgabendurchführung vorzubereiten - das sog. Aufrüsten - und später die Maschine um- oder abzurüsten.

23. Was sind Ausführungszeiten?

Ausführungszeiten sind die bei der Ausführung eines Auftrages benötigten Zeiten.

24. Was sind Grundzeiten?

Grundzeiten sind Sollzeiten für planmäßig durchgeführte Arbeiten und fallen sowohl beim Rüsten als auch bei der Arbeitsausführung an.

25. Wie setzen sich Grundzeiten zusammen?

Grundzeiten setzen sich aus Tätigkeitszeiten und Wartezeiten zusammen. Bei der Tätigkeitszeit wiederum wird der Zeitanteil für Haupttätigkeiten und der Zeitanteil, der der mittelbaren Aufgabenerfüllung dient, unterschieden. Wartezeiten können persönlich oder sachlich bedingt sein.

26. Was sind Erholungszeiten?

Erholungszeiten sind die für die Erholung notwendigen Zeiten, die durch die arbeitsbedingte Ermüdung des Menschen entstehen.

27. Was sind Verteilzeiten?

Verteilzeiten sind Zeiten, die zusätzlich zur planmäßigen Ausführung von Vorbereitungs- und Ausführungszeiten, jedoch unregelmäßig und ohne die Möglichkeit einer Vorausbestimmung, anfallen.

28. Wie erfolgt die Datenermittlung bei der Zeitaufnahme?

Man unterscheidet das Erfassen der Ist-Zeiten und die Bestimmung der Sollzeiten.

29. Wie wird die Vorgabezeit beim Menschen bestimmt?

	Tätigkeitszeit
+	Wartezeit
=	Grundzeit
+	Erholungszeit
+	Verteilzeit
=	Zeit je Einheit
x	Anzahl der Einheiten
=	Ausführungszeit
+	Rüstzeit
=	Auftragszeit

30. Wie wird die Vorgabezeit beim Betriebsmittel bestimmt?

	Hauptzeit
+	Nebenzeit
=	Nutzungszeit
+	Brachzeit
=	Grundzeit
+	Verteilzeit
=	Betriebsmittel je Einheit
x	Zahl der Einheiten
=	Ausführungszeit
+	Rüstzeit
=	Belegungszeit

31. Wie wird die Istzeit aufgenommen?

Man kennt einerseits die Befragung und Selbstaufschreibung sowie die Fremdzeitaufschreibung durch eine spezielle Arbeitsstudienkraft andererseits. Die Sollzeiten werden durch Auswertung der erfaßten Ist-Zeiten ermittelt, wobei die auf den Menschen bezogene Zeit erfaßt wird. Die Sollzeit schlägt sich in der Vorgabezeit nieder.

32. Was versteht man unter Systemen vorbestimmter Zeiten?

Systeme vorbestimmter Zeiten gehen davon aus, daß sich jede manuelle Tätigkeit durch Bewegungsanalysen in einzelne Bewegungselemente zerlegen läßt, denen ein vorher allgemeingültig festgelegter Zeitwert zugeordnet werden kann. Für die Ermittlung der Gesamtzeit eines Arbeitsablaufs ist dann die Addition der Zeitwerte für die einzelnen Bewegungselemente erforderlich.

33. Welche Systeme vorbestimmter Zeiten sind üblich?

Üblich sind das Work-Factor-System und das MTM-Verfahren (Methods Time Measurement).

34. Wie arbeitet das Work-Factor-Verfahren?

Dieses Verfahren unterscheidet 8 Grundbewegungen, mit deren Hilfe sich jede manuelle Arbeit beschreiben läßt: Bewegen, Greifen, Loslassen, Verrichten, Fügen, Demontieren, Ausführen, geistige Vorgänge sowie Prüfen.

35. Wo ist das Work-Factor-Verfahren üblich?

Dieses Verfahren eignet sich wegen des hohen Arbeitsaufwandes in erster Linie bei der Großserien- und Massenfertigung. Bei diesem Verfahren werden das Grundverfahren, das Schnellverfahren, das Kurzverfahren und das Mento-Verfahren unterschieden.

36. Wie arbeitet das MTM-Verfahren?

Das MTM-Verfahren kennt ebenfalls Grundbewegungen, in die jede Handarbeit zerlegt werden kann und unterscheidet:
- acht Hand-Armbewegungen (Hinlegen, Greifen, Bringen, Loslassen, Fügen, Trennen, Drücken, Drehen);
- neun Körper-, Bein- und Fußbewegungen (Seitenschritt, Körperdrehung, Bewegen, Aufrichten, Knien, Setzen, Gehen, Bein- und Fußbewegung);
- zwei Blickfunktionen.

Die Zeitwerte hängen von verschiedenen Einflußgrößen ab und können auch qualitative Elemente berücksichtigen. In der Berücksichtigung qualitativer Größen besteht der Hauptunterschied zum Work-Factor-Verfahren.

37. Wie wird im Rahmen des MTM-Verfahrens gerechnet?

Man arbeitet mit MTM-Normalzeitwerten, die in Tabellen als Time-Measurements-Units angegeben sind, wobei 1 TMU = 0,036 Sekunden oder 0,0006 Minuten entspricht.

3.5.7 Zeitwirtschaft

38. Was versteht man unter der Multimomentaufnahme?

Bei der Multimomentaufnahme werden mehrere gleichartige Arbeitssysteme daraufhin untersucht, mit welcher Häufigkeit vorher festgelegte Ablaufarten vorkommen.

39. Was ist die Aufgabe der Arbeitsbewertung?

Aufgabe der Arbeitsbewertung ist die Bestimmung des Anforderungsgrades bzw. des Beanspruchungsgrades einer Arbeit, d.h. die Ermittlung der Höhe der Anforderungen an die körperlichen, geistigen und psychischen Fähigkeiten und Kräfte, die ein Arbeitssystem an den in ihm tätigen Menschen stellt. Die Feststellung dieses Schwierigkeitsgrades, des sog. Arbeitswertes, wird allgemeingültig getroffen. Dabei bleibt die individuelle Leistungsfähigkeit des Menschen unberücksichtigt. Mit Hilfe der Arbeitsbewertung werden Unterlagen für die Lohndifferenzierung geschaffen.

40. Welche Methoden der Arbeitsbewertung werden unterschieden?

Man unterscheidet die summarische und die analytische Arbeitsbewertung.

41. Wie wird mit Hilfe der summarischen Methode der Arbeitsbewertung verfahren?

Bei den summarischen Verfahren werden im Rahmen der Arbeitsverfahren die Arbeitsvorrichtungen als Ganzes beurteilt. Üblich sind das Rangfolgeverfahren und das Lohngruppenverfahren.

42. Wie arbeitet das Rangfolgeverfahren?

Im Rahmen des Rangfolgeverfahrens werden alle vorkommenden Arbeiten aufgelistet und mit anderen Arbeiten verglichen. Dabei ergibt sich eine Rangfolge, deren Umfang die Verrichtung mit dem höchsten Wert bildet und an deren Ende die Verrichtung mit dem niedrigsten Wert steht. Bewertet werden die folgenden Merkmale: Arbeitsschwere, Arbeitsumfang, Überwachung durch Vorgesetzte, eigene Überwachung Untergebener, Ausbildung, Fachkenntnisse und Erfahrungen sowie die Arbeitsbedingungen.

43. Wie arbeitet das Lohngruppenverfahren?

Beim Lohngruppenverfahren wird von einer im voraus festgelegten Zahl von Lohngruppen ausgegangen, wobei jeder Lohngruppe bestimmte Arbeitsmerkmale zugeordnet werden.

44. Wie arbeitet das analytische Verfahren?

Bei den analytischen Verfahren werden die Arbeitsverrichtungen in einzelne Anforderungsarten aufgegliedert. Man setzt zu den beiden grundlegenden Kriterien Können und Belastung folgende typischen Merkmale der menschlichen Arbeit in Beziehung: geistige Anforderungen, körperliche Anforderungen, Verantwortung, Arbeitsbedingungen.

45. Welche Methoden sind im Rahmen des analytischen Verfahrens üblich?

Man unterscheidet das Rangreihenverfahren und das Stufenverfahren.

46. Wie arbeitet das Rangreihenverfahren?

Im Rahmen des Rangreihenverfahrens sind zwei Methoden üblich: das Rangreihenverfahren mit getrennter Gewichtung und mit gebundener Gewichtung. Im Rahmen des Rangreihenverfahrens wird ebenfalls eine Differenzierung von den leichten bis zu den schwierigen Arbeitsverrichtungen vorgenommen, diese werden jedoch gesondert untersucht.

47. Wie arbeitet das Stufenverfahren?

Das Stufenverfahren ist ebenfalls in zwei Formen üblich: das Stufenwertzahlverfahren oder auch Stufenverfahren mit gebundener Gewichtung und das Stufenverfahren mit getrennter Gewichtung. Bei diesen Verfahren wird für jede Anforderungsart eine Bewertungstafel angelegt, die entsprechend der unterschiedlichen Beanspruchung mehrere Stufen ausweist. Jeder Arbeit wird je nach ihrer Anforderung die entsprechende Wertzahl zugeordnet.

3.5.8 Ökologische Aspekte der Produktion

01. Was versteht man unter Ökologie?

Der von dem Biologen Ernst Häckel 1866 in die Biologie eingeführte Begriff Ökologie bezeichnet die Wissenschaft, die sich mit den Beziehungen unter Lebewesen und zwischen diesen und der Umwelt befaßt. Mit Hilfe der Ökologie sollen die Wechselwirkungen innerhalb der Natur, zwischen Mensch und Natur und zwischen Natur und Zivilisation analysiert und erklärt werden. Die Ökologie sucht nach einem Gleichgewicht zwischen den Kräften. Sie ist ein Sammelbegriff für Maßnahmen zur Sicherung bzw. Verbesserung der Existenzbedingungen für die Lebewesen in der sie umgebenden Natur.

02. Warum müssen ökologische Aspekte bei der Produktion berücksichtigt werden?

Gesetzliche Auflagen zwingen die Unternehmungen, bei der Erzeugung von Produkten Verfahren und Werkstoffe zu vermeiden, die zu negativen Auswirkungen im Hinblick auf die Luftverunreinigung, Wasserverschmutzung, Lärmerzeugung, Abfallhäufung, zu Verbrauch oder Zerstörung von Natur und Landschaft oder zur chemischen Vergiftung des Bodens und zur Beeinträchtigung biologischer Kreisläufe führen.

03. Was versteht man unter Umweltschutz?

Unter Umweltschutz wird die Gesamtheit aller Maßnahmen und Bestrebungen verstanden, die das Ziel haben, die natürlichen Lebensgrundlagen von Pflanzen, Tieren und Menschen zu erhalten.

3.5.8 Ökologische Aspekte der Produktion

04. Welcher Art müssen die gesetzlichen Vorschriften sein?

Die gesetzlichen Vorschriften zum Umweltschutz müssen auf marktwirtschaftlicher Grundlage beruhen und dürfen die Handlungsfähigkeit der Unternehmen nicht über Gebühr einschränken.

05. Welche Konfliktsituationen bestehen?

Die Bundesrepublik Deutschland ist ein Land mit hoher Bevölkerungsdichte und einem hohen Industrialisierungs- und Technisierungsgrad. Viele Produkte lassen sich nur unter Verwendung von chemischen Substanzen herstellen, die wiederum Abfälle erzeugen, die zu sonstigen Verunreinigungen führen, die aufgrund der geltenden rechtlichen Vorschriften nur unter hohen Kosten beseitigt werden können. Die Erzeugnisse können aber teilweise nur unter Verwendung solcher Substanzen ihren erforderlichen Qualitätsstandard erhalten.

06. Vor welchen Problemen stehen die Unternehmungen?

Sie müssen auf der Grundlage von teilweise sehr streng formulierten gesetzlichen Vorschriften arbeiten, was wiederum - vor allem in Vergleich mit Industriestaaten mit weniger strengen Vorschriften - mit höheren Kosten verbunden ist. Beim Export konkurrieren diese Unternehmen mit Erzeugern, die geringeren Auflagen unterliegen, während beim Import solche Erzeugnisse keinen Beschränkungen unterliegen und somit preisliche Nachteile in Kauf nehmen müssen.

07. Was können die Unternehmungen zur Erhaltung der Wettbewerbsfähigkeit tun?

Die Unternehmungen müssen alle Rationalisierungsreserven nutzen und ihre Forschungsbemühungen zur Vermeidung unerwünschter Nebenwirkungen verstärken.

08. Welche Aufgaben hat der Staat?

Der Staat muß seine Gesetzgebung insbesondere mit den EG-Staaten koordinieren und evtl. auch den Unternehmungen Hilfestellung bei der Bewältigung ihrer Aufgaben geben, um auf diese Weise ein Abwandern der Unternehmen in kostengünstigere Standorte zu vermeiden.

09. Was sind Belastungsfaktoren für die Umwelt?

Die wichtigsten Verursachungsfaktoren für die Umweltbelastung sind gasförmige, flüssige und feste Substanzen (Abgase, Abwasser, Abfall) sowie energetische Freisetzungen wie Lärm, Wärme, Erschütterung, Strahlung. Dabei wird zwischen Emissionen und Immissionen unterschieden. Mit Emissionen wird die Gesamtheit der von einer Anlage abgegebenen umweltbelastenden Stoffe bezeichnet, während mit Immissionen die effektiv feststellbare Belastung der Umwelt ausgedrückt wird.

10. Was können die Verbraucher tun?

Die Verbraucher müssen sich ihrer Verpflichtung zur Schonung der Umwelt bewußt werden und mit den vorhandenen Reserven an Rohstoffen sparsam umgehen. An der

Umweltzerstörung ist jeder einzelne mit beteiligt, und jeder einzelne hat auch die Folgen mit zu tragen.

11. Wie können Produktgestaltung und Umweltverträglichkeit kombiniert werden?

Das Produktionsdesign beeinflußt sowohl den Produktionsprozeß, den Produktgebrauch als auch die Entsorgung eines Produkts bzw. die Recyclingfähigkeit. Deshalb ist bei der Auswahl der benötigten Materialien darauf zu achten, möglichst wenig verschiedene Materialien zu verwenden. Die Forderung nach langlebigen und recyclebaren Produkten verlangt folgende Überlegungen: Wie werden die eingesetzten Materialien produziert? Ist die Herstellung stark umweltbelastend oder nur durch einen bedenklichen Ressourceneinsatz möglich? Welche Hilfs- und Betriebsstoffe müssen im Produktionsprozeß eingesetzt werden? Kann durch eine Produktmodifikation auf bestimmte Hilfsstoffe verzichtet werden? Welche Auswirkungen liegen im Gebrauch des speziellen Produkts? Innerhalb der Umweltverträglichkeitsprüfung eines Produkts lautet eine zentrale Frage: Besteht ein wirklicher Bedarf für dieses Produkt?

12. Welche gegenläufigen Tendenzen müssen in Einklang gebracht werden?

Auf der einen Seite zwingt der technische Fortschritt dazu, immer neuere und kostensparendere Produktionsverfahren einzusetzen, um der ausländischen Konkurrenz, insbesondere der japanischen zu begegenen und überdies werden bei vielen Produkten die Lebenszyklen immer kürzer, was zur permanenten Bereitstellung neuer Produkte führt. Maschinen können nicht mehr eingesetzt werden, wenn sie technisch veraltet sind, auch wenn sie noch einwandfrei arbeiten.

Auf der anderen Seite würde es der Umweltschutz und der Zwang zum sparenden Umgang mit den Resspurcen erfordern, alle Geräte möglichst lang zum Einsatz zu bringen. Benutzt man nun aber ein altes Auto, so ist der Benzinverbrauch und die Umweltbelastung wesentlich höher als bei einem neuen und benutzt man eine alte Waschmaschine, da sie noch einwandfrei funktioniert, so sind der Wasserverbrauch und der Stromverbrauch wesentlich höher als bei einer neuen. Diese gegenläufigen Tendenzen werden aus der jeweiligen Sicht vertreten und müssen bei der Beurteilung der Gesamtproblematik einbezogen werden.

13. Wo entstehen Abfälle?

Im gewerblichen und industriellen Bereich entstehen Abfälle durch:

- den Verbrauch von Produkten, Einsatz- und Hilfsstoffen, z.B. in Form leerer Verpackungen, Schrott;
- das Verarbeiten von Produkten und Stoffen, z.B. in Form von Metallspänen, Profilabschnitten;
- die Verunreinigung von Materialien, z.B. gebrauchte Oele und Kühlflüssigkeiten;
- bei der Reinigung, z.B. in Form von Lösungs- und Reinigungsmitteln, Putzlappen.

3.6 Materialwirtschaft

3.6.1 Bedarfsermittlung und -analyse

01. Was versteht man unter dem Begriff Materialwirtschaft?

Die Materialwirtschaft umfaßt alle Vorgänge der Bewirtschaftung von Erzeugnis- und Betriebsstoffen, unabhängig davon, für welche betrieblichen Teilbereiche diese vollzogen wird.

02. Was versteht man unter Bedarfsermittlung?

Unter Bedarfsermittlung versteht man die Feststellung des zu deckenden Bedarfs nach Menge, Art, Qualität und Terminen.

03. Welche Bedarfsarten können unterschieden werden?

Man unterscheidet den laufenden, den einmaligen und den periodisch wiederkehrenden Bedarf, und hier wiederum den regelmäßig und den unregelmäßig anfallenden Bedarf.

04. Welche Bestellrhythmen sind möglich?

Es wird nur einmal jährlich bestellt;

es wird an jeweils festen, vorbestimmten Terminen bestellt, zu denen jede Abteilung ihre Bestellungen in detaillierter Form aufgeben kann;

es wird zu beliebigen Zeiten bestellt, und zwar dann, wenn die vorhandenen Vorräte einen bestimmten, im voraus festgelegten Lagerbestand unterschreiten.

05. Welche Möglichkeiten einer Bereitstellung bestehen?

Man kann

a) die Form der Einzelbeschaffung wählen, d.h., das Material wird fallweise für jeden Auftrag einzeln beschafft und erstreckt sich also nur auf den für jeden Auftrag ermittelten Bedarf. Meist entfällt in solchen Fällen auch eine Lagerung;
b) die Form der fertigungssynchronen Beschaffung wählen. Die Bestellung bzw. der Eingang der Erzeugnisse sind genau mit dem Fertigungsablauf abgestimmt. Dieses Verfahren setzt eine exakte Bestimmung des Materialverbrauchs voraus;
c) die Form der Vorratsbeschaffung wählen, d.h., es wird unabhängig von dem benötigten Bedarf unter dem Gesichtspunkt der vorteilhaftesten Einkaufsmöglichkeit beschafft.

06. Nach welchen Gesichtspunkten können die Bedarfsmengen ermittelt werden?

Die Bedarfsmengen können einmal im Hinblick auf die Methoden ihrer Ermittlung unterteilt werden, und zwar nach deterministischen und stochastischen Verfahren und zum anderen nach dem Erzeugnisprogramm, und zwar in projektgesteuerter Form, in programmgesteuerter Form und in verbrauchsgesteuerter Form.

07. Was versteht man unter der deterministischen Methode der Bedarfsermittlung?

Mit Hilfe des deterministischen Verfahrens kann der Bedarf dann ermittelt werden, wenn das zukünftige Erzeugungsprogramm nach Art und Menge festliegt. Anhand der Stücklisten läßt sich der Bedarf durch Multiplikation der Fertigungsmengen mit den Mengen pro Einheit ermitteln.

08. Was versteht man unter der stochastischen Methode der Bedarfsermittlung?

Stochastische Verfahren werden dann angewandt, wenn Angaben über den zukünftigen Bedarf nicht möglich sind. Diese Vorausbestimmung geschieht mit Hilfe der Trendberechnung durch Rückrechnung des vorangegangenen Bedarfs auf den zukünftigen Bedarf.

09. Was versteht man unter der Bedarfsrechnung nach der projektgesteuerten Form?

Bei der Bedarfsrechnung nach der projektgesteuerten Form wird von dem Bedarf des einzelnen Projekts ausgegangen. Diese Form ist also nur bei Einzelfertigung möglich.

10. Was versteht man unter der programmgesteuerten Bedarfsermittlung?

Die programmgesteuerte Bedarfsplanung leitet den Materialbedarf aus dem zukünftigen Erzeugungsprogramm nach Art und Menge ab.

11. Was versteht man unter der verbrauchsgebundenen Bedarfsplanung?

Die verbrauchsgebundene Bedarfsplanung beruht auf den Vergangenheitswerten. Diese werden mit Hilfe der Materialrechnung und der Materialbewegungsstatistik erfaßt.

12. In welchem Zusammenhang steht die Beschaffungsmarktforschung?

Die Beschaffungsmarktforschung ist ein Teilgebiet der Marktforschung, deren Aufgabe es ist, Veränderungen am Markt zu erkennen, um daraus Maßnahmen des eigenen Betriebes einleiten zu können, wobei sich die Marktforschung darauf zu konzentrieren hat, alle objektiven Daten und Informationen zu ermitteln, die die Struktur und Entwicklung des jeweiligen Marktes kennzeichnen. Andere Teilbereiche der Marktforschung sind die Bedarfsforschung, die Produktforschung, die Absatzforschung, die Werbeforschung und die Konkurrenzforschung.

13. Was ist das Ziel der Beschaffungsmarktforschung?

Ziel der Beschaffungsmarktforschung ist es, zum einen einen Überblick über die gegenwärtige Marktsituation zu erhalten, um über Lieferanten, Produkte, Bezugs-

3.6.1 Bedarfsermittlung und -analyse

möglichkeiten und Preise Bescheid zu wissen und zum anderen, um die zukünftige Marktentwicklung trendmäßig erfassen zu können.

14. Welche Aufgaben hat die Beschaffungsmarktforschung im einzelnen zu erfüllen?

Die Feststellung der vorhandenen und möglichen Lieferanten und deren Konkurrenzsituation; die Beurteilung der Lieferanten und deren Mitarbeiter sowie der betrieblichen Leistungsfähigkeit, des Umsatzes, der Lieferpünktlichkeit, Vertragstreue, des Kundendienstes; die Beurteilung der Waren nach Qualität, Preiswürdigkeit, Lagerfähigkeit, technischen Eigenschaften, Zahlungsbedingungen. Evtl. können auch mögliche Konzentrationsbestrebungen für die weiteren Geschäftsbeziehungen von entscheidender Bedeutung sein.

15. Welcher Hilfsmittel kann man sich bei der Beschaffungsmarktforschung bedienen?

Zwecks Erzielung umfassender Überblicke über den Beschaffungsmarkt ist es zunächst notwendig, Informationen aller Art zu sammeln, und zwar können hierzu sowohl innerbetriebliche Unterlagen wie Vertreterberichte, statistische Erfassungen von Umsätzen des eigenen Unternehmens, usw., als auch Firmennachrichten der Konkurrenz, Messeberichte, Ausstellungskataloge, Verbandsübersichten, Branchenadreßbücher, amtliche Statistiken, usw. dienen.

16. Wie werden die gewonnenen Erkenntnisse erfaßt und ausgewertet?

Die gewonnenen Erkenntnisse müssen systematisiert und in Karteien gesammelt werden. Dazu bedarf es einer vorherigen Festlegung der Daten, die für die betrieblichen Zwecke notwendig erscheinen und deren laufende Fortschreibung, damit die Daten laufend auf dem neuesten Stand sind. Zwecks Auswertung müssen sie denjenigen Mitarbeitern zur Verfügung gestellt werden, die aus den vorliegenden Daten Schlüsse für ihr Handeln ziehen müssen.

17. Welche Unterlagen dienen der Auswahl der Lieferanten?

Um einen Überblick über Ware, Hersteller und die Preise der einzelnen Erzeugnisse zu erhalten, werden Waren- oder Bezugsquellendateien, Lieferantendateien und evtl. besondere Preisdateien geführt.

18. Welche Daten sind im Hinblick auf die Auswahl von Lieferanten bedeutsam?

Zuverlässigkeit hinsichtlich Qualität, technischen Fortschritts und Einhaltung vereinbarter Termine; seriöser Ruf und geordnete finanzielle Verhältnisse, Möglichkeiten einer Berücksichtigung von Sonderwünschen und Sonderanfertigungen, günstige Lieferungs- und Zahlungsbedingungen, gute Verkehrsverbindungen, Kundendienst, usw.

19. Auf welche Probleme ist im Rahmen der Marktforschung im Beschaffungsbereich besonderer Wert zu legen?

Besondere Bedeutung haben die Produktionsbereiche mit einem hohen Einkaufswert bzw. einer großen Einkaufsmenge, Erzeugnisse mit einem hohen Marktrisiko, Erzeugnisse mit großen Unterschieden in der Funktion oder der Qualität, Erzeugnisse, die einer schnellen Veralterung durch den technischen Fortschritt unterliegen oder bei denen sich die Verwendungsmöglichkeiten schnell ändern.

20. Wann wird die Einkaufsabteilung tätig?

Die Einkaufsabteilung wird tätig, wenn seitens der Fertigungsabteilung ein Bedarf gemeldet wird, wobei vorher überprüft werden muß, ob sich die benötigten Waren nicht noch auf Lager befinden. Wird tatsächlich ein Bedarf festgestellt, so wird geprüft, ob es sich um eine Nachbestellung bei einem Lieferanten handelt, der regelmäßig liefert, ob mehrere Lieferanten in Frage kommen oder ob ein Angebot eingeholt werden muß, um die günstigsten Bezugsmöglichkeiten feststellen zu können.

21. Wie muß eine Anfrage gestaltet sein?

Eine Anfrage muß eindeutig sein, sie muß klar erkennen lassen, um welche Warenqualität, um welche Menge, um welche Lieferart und -zeit und um welchen Lieferort es sich handelt, welche besonderen Wünsche bestehen, welche Zahlungsbedingungen existieren, welche Mengenrabatte und sonstigen Preisnachlässe bestehen, usw.

22. Welche Schritte sind nach Eingang der Angebote zu unternehmen?

Nach Eingang der Angebote aufgrund von Anfragen müssen die verschiedenen Angebote daraufhin überprüft werden, ob sie miteinander vergleichbar sind, andernfalls muß die Vergleichbarkeit durch Umrechnen der verschiedenen Angaben hergestellt werden. Anschließend muß der Auftrag an den Lieferanten erteilt werden, der als der günstigste Anbieter ermittelt wurde.

23. Was ist beim Ausschreiben der Bestellung zu beachten?

Die Bestellung muß eindeutig sein, sie muß die gewünschten Waren im Hinblick auf Menge, Qualität, Preis, Verpackung, Lieferort, Liefertermin, Zahlungsweise, Nebenbedingungen eindeutig festlegen.

24. Was versteht man unter einer optimalen Bestellmenge?

Werden größere Mengen einer Ware bestellt, so ergeben sich durch Mengenrabatte günstigere Einkaufspreise, dafür steigen jedoch die Kapital-, Zins- und Lagerkosten. Werden jedoch mehrmals kleinere Mengen bestellt, sind die Lager- und Zinskosten niedriger, dafür aber die Beschaffungskosten höher. Daher ist es das Ziel, eine Bestellmenge zu finden, bei der die Kosten pro beschaffter Mengeneinheit minimal sind.

3.6.1 Bedarfsermittlung und -analyse

25. Wie wird die optimale Bestellmenge errechnet?

Die Formel für die optimale Bestellmenge lautet:

$$m_{opt} = \sqrt{\frac{200 \cdot M \cdot F}{e \cdot l \cdot p}}$$

Dabei bedeuten:
- m_{opt} = die optimale Bestellmenge,
- M = der geschätzte Jahresbedarf,
- F = die fixen Bezugskosten, die bei jeder Bestellung unabhängig von der Menge anfallen,
- e = der Einstandspreis pro gekaufter Einheit,
- p = der Jahreszinssatz des Kapitals, der durch das Lager gebunden ist,
- l = der Lagerkostensatz.

26. Unter welchen Voraussetzungen gilt die Formel für die Errechnung der optimalen Bestellmenge?

Dieser Formel liegen Annahmen im Hinblick auf den geschätzten Jahresbedarf und die Lagerkosten sowie die Bezugskosten zugrunde. Es wird ferner unterstellt, daß es sich um konstante Größen handelt, die Mengenrabatte unberücksichtigt bleiben und genügend Kapital und Lagerraum zur Verfügung stehen. Da in der Praxis ein Teil der Annahmen nicht der Wirklichkeit entspricht, stößt diese Formel häufig auf Bedenken. Insbesondere spielen die Mengenrabatte bei der Festlegung der Bestellmenge eine große Rolle.

27. Welchen Einfluß haben die Rabatte auf die optimale Bestellmenge?

Viele Hersteller räumen Mengenrabatte ein. Es kann daher die Situation eintreten, daß die Einsparungen durch Mengenrabatte größer sind als die Kosten, die sich durch das Überschreiten der optimalen Bestellmenge ergeben. Hierbei läßt sich ein Mindestrabattsatz ausrechnen, bei dem die Einsparung bei den Einkaufskosten den Mehrkosten durch Überschreiten der optimalen Bestellmenge entspricht.

28. Wie wird der Mindestrabattsatz berechnet?

Die Formel für die Berechnung des Mindestrabattsatzes lautet:

$$MR = \frac{1 \cdot m_{opt}}{2 \cdot M} \left(\frac{m_{opt}}{m_{min}} + \frac{m_{min}}{m_{opt}} \right) - 2$$

- MR = Mindestrabattsatz,
- m_{opt} = optimale Bestellmenge,
- M = geschätzter Jahresbedarf,
- m_{min} = Mindestmenge für Mengenrabatt

29. Welche Arten von Preisnachlässen sind üblich?

Mengenrabatte; sie sind auf den einzelnen Auftrag bezogen,
Funktionsrabatte; sie sind auf den Kunden bezogen,
Artikelrabatte; sie sind an ein bestimmtes Erzeugnis gebunden,
Einführungsrabatte; sie erstrecken sich auf gezielte Aktionen,
Finanzierungsnachlässe wie Skonti für unverzügliche Zahlung.

30. Wie wird der Bestellzeitpunkt ermittelt?

Es ist zu unterscheiden, ob die Verbrauchszeitpunkte feststehen, d.h. aus dem Zeitpunkt der Fertigung abgeleitet werden können, oder ob es sich um eine Vorratsbeschaffung handelt. Auch ist zu berücksichtigen, ob zusätzliche Zeiten für das Prüfen der Materialien notwendig sind, bevor die bezogenen Erzeugnisse für die weitere Be- oder Verarbeitung freigegeben werden können. Es wird daher für jedes Erzeugnis ein bestimmter Meldebestand ermittelt, dessen Unterschreiten den Bestellvorgang auslöst. Außerdem muß ein Eiserner Bestand eingeplant sein, der so hoch bemessen sein sollte, daß bei normaler Erledigung des Bestellvorgangs und bei normalem Verbrauch die bestellten Erzeugnisse vor der Inanspruchnahme des Eisernen Bestandes eingetroffen sind. Der Bestellzeitpunkt muß daher aus dem erwarteten Verbrauch und der Beschaffungszeit unter Einbeziehung der innerbetrieblichen Bearbeitungszeit der Aufträge sowie der Transportzeit ermittelt werden.

31. Entspricht die Bestellung in jedem Fall der optimalen Bestellmenge?

In der betrieblichen Praxis spielen einmal Bedarfsschwankungen eine Rolle, die Abweichungen von der optimalen Bestellmenge ratsam erscheinen lassen, zum anderen zwingen praktische Erwägungen zu solchen Abweichungen. So können die handels- oder branchenüblichen Bestellmengen auf Einheitsmengen lauten, die Transportmittelgrößen können den Ausschlag für die Bestellung einer bestimmten Menge geben, das Fassungsvermögen des Lagers kann Abweichungen erzwingen und schließlich bewirken vorgesehene Produktionsänderungen oder technische Veränderungen Abweichungen von der optimalen Bestellmenge.

32. Was ist die Aufgabe der Erfolgskontrolle im Einkauf?

Mit Hilfe der Erfolgskontrolle soll festgestellt werden, ob zu optimalen Bedingungen und zu optimalen Preisen eingekauft worden ist und ob die eingekauften Mengen richtig waren und zum richtigen Zeitpunkt zur Verfügung standen.

33. Wie wird die Erfolgskontrolle im Einkauf durchgeführt?

Die Erfolgskontrolle wird mit Hilfe von Vergleichsrechnungen durchgeführt. Diese Vergleichsrechnung erstreckt sich auf die Gegenüberstellung der Einkaufspreise zu den Marktpreisen, der Preise im Vergleich zu Vorjahrespreisen und der allgemeinen Preisentwicklung. Desgleichen kann ermittelt werden, für welche Erzeugnisse der Lagerbestand zu hoch war, ohne daß bevorstehende Preiserhöhungen zu einer solchen Bestandsvermehrung Anlaß gegeben hätten.

3.6.2 Beschaffungsmarkt

01. Was ist ein Beschaffungsmarkt?

Der Beschaffungsmarkt ist der Inbegriff aller Maßnahmen eines Unternehmens, um sich mit allen benötigten Materialien zur Produktion seiner Erzeugnisse zu versorgen.

02. Was versteht man unter Logistik?

— Raum
\ Zeit

Im industriellen Bereich werden unter Logistik alle Prozesse verstanden, die der Raumüberwindung, der Zeitüberbrückung sowie deren Steuerung und Regelung dienen. Logistik schließt Transport, Lagerung, Materialhandhabung und Verpakkung ein. Logistik ist mithin die Versorgung eines Unternehmens und seiner Kunden mit allen benötigten Ressourcen. Sie soll sicherstellen, daß alle benötigten Güter zur richtigen Zeit am richtigen Ort in der richtigen Menge und in der richtigen Qualität zur Verfügung stehen.

03. Aus welchen Gründen gewinnt die Logistik größere Bedeutung?

Die deutsche Wirtschaft zeichnet ein steigendes Tempo in der Produktion in Kommunikation und Distribution aus. Dies ist eine Folge schneller technischer Entwicklungen und von zum Teil stürmischen Marktveränderungen. Die Kundenwünsche differenziern sich sehr schnell, so daß immer speziellere Zielgruppen bedient werden müssen. Die Märkte erfordern in großer Vielfalt immer kleiner werdende Einheiten. Der Handel optimiert seine Lagerbestände durch kurzfristige Dispositionen bei absolut pünktlicher Belieferung. Wer pünktlichste Lieferung garantieren kann, gewinnt einen Vorsprung vor der Konkurrenz, so daß gründliche Logistikkonzepte gefragt sind. Mithin ist die Zeit zu einem strategischen Wettbewerbsfaktor geworden. Daher ist Logistik auch keine Zauberformel für ungelöste wirtschaftliche oder organisatorische Probleme, vielmehr liegt in der optimalen Aufgabenerfüllung von der Produktidee bis zur Auslieferung und in der Kundenbetreuung heute das Erfolgkonzept für eine starke Marktposition. So gesehen ist Logistik eine in dieser Form bislang nicht gekannte Aufgabenstellung. Der hohe Grad an Vernetzung, Interdependenzen bei der Aufgabenbewältigung und interaktive Systeme und Teilsysteme widersprechen in hohem Maße den bisherigen Handlungsmaximen von Vereinfachung, Überschaubarkeit und hierarchischen Abgrenzungen. Logistik ist aber nicht nur eine Führungsaufgabe und Lehre, sondern eine neue Denkweise, die alle Mitarbeiter in den Betrieben anwenden müssen und vielfach zu Verhaltensänderungen zwingt. Logistik betreiben heißt: Team-Denken wirklich umsetzen, denn keiner kann mehr isoliert vor sich hin arbeiten, nur gemeinsam können die Ziele des Marktes erfüllt werden und nur miteinander können die Unternehmensziele erreicht werden. Wissenschaftlich, insbesondere mathematisch erarbeitete Lösungen und pragmatische Handlungsweisen müssen aufeinander abgestimmt werden und ihren Niederschlag in der Technik und im betriebswirtschaftlichen Bereich finden. Insgesamt hat es die Logistik mit allen Bereichen eines Unternehmens zu tun, sie hat eine Querschnittsfunktion, angefangen von der Frage, in welcher Menge und in welcher

Zeit Fremdprodukte gekauft werden müssen über die Frage, mit welcher Technik die Teile (Ware) transportiert und gelagert werden sollen bis hin zur termingetreuen und unbeschädigten Auslieferung der Fertigprodukte.

04. Was versteht man unter dem Just-in-time-Konzept?

Just-in-time-Produktion heißt Produktion auf Abruf ohne Pufferbestände. Sie verfolgt das Ziel, eine kundenorientierte flexible Produktion zu realisieren und die logistische Integration auf die Lieferanten auszudehnen. Die Gestaltung einer sogenannten Just-in-time-Kette verfolgt das Ziel, Material und Information taktgenau, d.h. zur richtigen Zeit, aber nur in der jeweils benötigten richtigen Menge und in der geforderten Qualität am richtigen Ort bereitzustellen. Das Just-in-time-Konzept kann sich sowohl auf einen Zeitraum von wenigen Stunden zwischen zwei Anlieferungen beziehen als auch die Bereitstellung eines kompletten Tagesbedarfs umfassen.

05. Wie funktioniert das "Just-in-time-Konzept"?

Bei dieser Methode wird der Materialfluß nicht nur innerhalb des eigenen Unternehmens berücksichtigt, sondern auch der der Hersteller von Vorprodukten sowie von Materiallieferanten einbezogen. Der gesamte Materialfluß soll weitgehend ohne Zwischenlagerungen auskommen. Dieses System erfordert u.a., daß die Qualität der gelieferten Teile einwandfrei ist und die Wareneingangsprüfung in der Regel beim Zulieferer vorgenommen wird. Just-in-time-Produktion bedeutet die Bereitstellung des richtigen Produktes in der richtigen Menge zum richtigen Zeitpunkt und am richtigen Ort, um so den Kundenanforderungen schnell gerecht werden zu können.

Das just-in-time-Konzept ist allerdings durch die jüngste Verkehrsentwicklung wieder in Frage gestellt. Der Erfinder dieses Systems, das japanische Toyota-Unternehmen, hat bereits wieder davon Abstand genommen. Das System funktioniert in Deutschland nur dort, wo die Hersteller in der Nähe des zu beliefernden Unternehmens Reservelager aufbauen können, um auch in Zeiten des Verkehrsstaus lieferbereit zu sein. Andere negative Faktoren sind: die Erhöhung der Gefahr, daß schon bei einem kurzen Streik bei den Zulieferern die Produktion der Produktverwender gefährdet ist, die Behauptung, daß durch dieses Konzept die Kosten der Straßenbenutzung auf die Allgemeinheit umgewälzt würden. Betriebswirtschaftlich lohnt sich just-in-time-Produktion, solange die Lagerkosten des Herstellers bei Beibehaltung früher übliche Lagerhaltungsverfahren und -mengen höher sind als die insgesamt für das just-in-time-Konzept aufzubringenden Kosten, denn dem Zulieferer entstehen durch die tägliche Ablieferung und das Einrichten besonderer Läger zusätzliche Kosten, die unter Berücksichtigung geringerer Produktionszahlen größer sind als bei einer höheren Fertigungsmenge.

06. In welcher Weise wird den Anforderungen der Beschaffung im Einzelfall entsprochen?

Es wird zunächst der erforderliche Materialbedarf ermittelt, sodann der verfügbare Materialbestand gegenübergestellt und als Differenz unter Berücksichtigung von Risiko- und Wirtschaftlichkeitserwägungen die zu beschaffende Materialmenge in Qualität und Quantität festgelegt.

3.6.2 Beschaffungsmarkt

07. Wie wird der Materialbedarf ermittelt?

Man unterscheidet zwei verschiedene Vorgehensweisen, die programmorientierte und die verbrauchsorientierte Bedarfsermittlung. Unter Berücksichtigung der A-B-C Anlayse wird die programmorientierte Bedarfsermittlung in erster Linie bei den A- und B-Gütern, insbesondere aber bei Rohstoffen, Einzelteilen und Baugruppen angewandt. Die verbrauchsorientierte Bedarfsermittlung, die sich überwiegend an dem Verbrauch der Vergangenheit orientiert, findet man bei den C-Gütern, also den Gütern des Tertiärbedarfs, wie Hilfsstoffen, Betriebsstoffen und Verschleißwerkzeugen.

08. Beschreiben Sie die Ermittlung des Materialbedarfs!

Es werden unter Berücksichtigung des Fertigungs- und des Verkaufsprogramms alle Materialien ermittelt, die zur Erledigung der vorgegebenen Aufträge benötigt werden. Die Bestandteile aller Erzeugnisse werden aus den Stücklisten und den Verwendungsnachweisen ermittelt. Dabei zeigen die Stücklisten, aus welchen Bestandteilen sich ein Erzeugnis zusammensetzt, während Verwendungsnachweise Auskunft darüber geben, für welche Erzeugnisse die einzelnen Materialien bestimmt sind. Besondere Bedeutung hat dabei die Einkaufsstückliste, die Aufschluß über die von fremden Lieferanten zu beschaffenden Materialien gibt. Diese Einkaufsstücklisten enthalten neben den Mengen Angaben über Lieferanten, Preise und Liefertermine.

09. In welchen Einzelschritten wird die programmorientierte Bedarfsermittlung vorgenommen?

Es werden zunächst die zu fertigenden Erzeugnisse erfaßt, dann der Zeitunkt der Fertigstellung festgelegt und die Durchlaufzeiten bzw. die Zeitpunkte der Bereitstellung der einzelnen Teile ermittelt. Hieraus werden die entsprechenden Mengen und Bereitstellungstermine abgeleitet.

10. Was ist die Aufgabe der Beschaffungsplanung?

Mit Hilfe der Beschaffungsplanung wird der konkrete Beschaffungsvorgang eingeleitet. Sie erstreckt sich auf den Beschaffungszeitraum, die Beschaffungsmenge, die Beschaffungswege und die Beschaffungstermine.

11. In welchen Schritten wird die Beschaffung durchgeführt?

Es erfolgt zunächst eine Angebotseinholung, dann eine Angebotsprüfung anschließend die Angebotsauswahl und schließlich die Bestellung.

12. Wie wird die Beschaffungskontrolle vorgenommen?

Es wird sowohl eine Kosten- als auch eine Ablaufkontrolle vorgenommen. Die Kostenkontrolle erstreckt sich auf die gesamten Beschaffungskosten unter Berücksichtigung früherer Preise, Rabatte, Bestellkosten, Transportkosten, Lagerhaltungskosten und Teilmengenkosten. Die Ablaufkontrolle erstreckt sich auf die Kontrolle der Bestellmengen und der Liefertermine.

13. Wie wird der Materialeingang überprüft?

Die Überprüfung des Materialeingangs erstreckt sich auf den richtigen Zeitpunkt der Lieferung in Übereinstimmung mit dem Bestelltermin, die Erfassung der Aufträge zur rechnerischen Bearbeitung, die Art- und Mengenprüfung, die Qualitätsprüfung des eingehenden Materials, die Rechnungsprüfung und die Erstellung der Materialeingangspapiere.

14. Wie wird die Angebotsprüfung vorgenommen?

Die Angebotsprüfung erstreckt sich auf formelle und materielle Aspekte sowie den Angebotsvergleich.

Die formelle Angebotsprüfung umfaßt folgende Fragestellungen: Stimmt das Angebot mit der Anfrage überein? Liegt das Angebot vollständig vor? Ist das Angebot eindeutig?

Die materielle Angebotsprüfung erstreckt sich auf Preis, Preisgestaltung einschließlich Zahlungsbedingungen; Qualität und Leistungen; Lieferzeit, Lieferbedingungen und Standort des Lieferanten. Der Angebotsvergleich ist deshalb notwendig, weil sich die verschiedenen Angebote häufig im Hinblick auf Qualität, Preis oder Lieferzeit erheblich unterscheiden und es mithin schwierig ist, ohne weiteres das für die eigene Disposition erforderliche Optimum zu ermitteln.

15. Wie erfolgt die Planung im Bereich der Materialwirtschaft und Produktion?

Heute arbeiten die Unternehmungen mit Hilfe EDV-gestützter Produktionsplanungs- und Steuerungssysteme (PPS). Dabei richten sich die einzelnen Planungsstufen des PPS-Systems nach dem Ablauf eines Kundenauftrages. Aus der Summe der Kundenaufträge wird der Bedarf an Endprodukten für einen definitiven Planungszeitraum abgeleitet. In der Abteilung Materialwirtschaft wird dieser Bedarf in Fertigungsaufträge für Baugruppen sowie fremdbezogene Teile und Materialien unterteilt. Dies geschieht teilweise unter Bildung von Losen. Nachdem die Fertigungsaufträge mit den Arbeitsplänen koordiniert worden sind, werden die aus den Aufträgen entstehenden Maschinenbelastungen in der Zeitwirtschaft berechnet. Dabei werden Engpässe durch den Einsatz zusätzlicher Kräfte, deren Einsatz von Überstunden, die Verlagerung von Arbeitsgängen auf weniger stark ausgelastete Aggregate oder durch zeitliche Verschiebungen von Aufträgen beseitigt. Die Aufträge werden anschließend im Rahmen der Fertigungssteuerung den einzelnen Maschinen zugeordnet, dann wird die Reihenfolge der Bearbeitung festgelegt. Die Betriebsdatenerfassung ermittelt in diesem Prozeß die Istwerte der Aufträge (Start- und Endtermine, hergestellte Mengen und Qualitäten) die Zustände der Betriebsmittel (Stillstandsdaten, Leistungsdaten) Anwesenheitsdaten und Leistungsdaten der Mitarbeiter, sowie Ein- und Auslagerungsvorgänge von Materialien. Die Istdaten dienen der Fertigungssteuerung als Grundlage für die Feinterminierung. Diese Arbeitsprozesse einer sog. Logistikkette durch ein PPS-System erfordern einen erheblichen Einsatz an qualifizierten Mitarbeitern sowie eine große EDV-Kapazität.

3.6.2 Beschaffungsmarkt

16. Welche neuen Systeme sind zusätzlich zum Just-in-time-Konzept zur Verbesserung des Arbeitsablaufs eingesetzt worden?

KANABAN, MARPII, CAD, CAM, CIM, NC, CNC und DNC-Systeme.

17. Was versteht man unter KANABAN?

Mit KANABAN wird eine von Japan übernommene Dispositionsfunktion nach dem Holprinzip bezeichnet. Von der jeweils nachgelagerten Fertigungsstufe werden die benötigten Teile der vorhergehenden Stufe geholt und damit diese zur Nachfertigung veranlaßt. Dieses Verfahren ist jedoch auf standardisierte Teile mit relativ stabilem Bedarf ausgerichtet und stellt hohe Anforderungen an die Qualitätssicherung.

18. Was versteht man unter MRP II?

MRPII, d.h. Management Ressource Planing, kennzeichnet ein Logistikkonzept, das sich besonders am Markt orientiert und deshalb in besonderer Weise die Absatz- und Produktionsplanung berücksichtigt.

19. Was versteht man unter CAD?

Mit CAD (Computer Aided Design) wird die Unterstützung der Entwicklung der Konstruktion von Erzeugnissen bezeichnet. Diese Unterstützung erstreckt sich jedoch nicht nur auf die eigentliche Zeichnungserstellung, sondern auch auf die EDV-unterstützte Durchführung technischer Berechnungen bis hin zur Simulation bestimmter außergewöhnlicher Vorfälle (z.B. in der Automobilindustrie von Crash-Tests). Ein CAD-System enthält dabei einen Grafikbildschirm, der eine besonders hoch auflösende Darstellungsqualität für Zeichnungen einschließlich von Farbeinsatz besitzt.

20. Was versteht man unter CAM?

Unter CAM (Computer Aided Manufacturing) wird die Anwendung der Computer in der Fertigung selbst bezeichnet. Derartige computergesteuerte Systeme sind: NC, CNC, DNC-Systeme sowie computergesteuerte fahrerlose Transportsysteme, computergestützte Hochregalsystem und Roboter.

21. Was versteht man unter CIM?

Unter dem CIM-Konzept (Computer Integrated Manufacturing) wird die Methode verstanden, mit Hilfe der EDV bisher getrennt arbeitende betriebliche Bereiche wie Materialwirtschaft, Fertigungssteuerung, Auftragsbearbeitung, Konstruktion, Arbeitsplanung sowie die eigentliche Fertigung als Einheit zu betrachten, die an der gemeinsamen Aufgabe der Erstellung von Produkten und der Abwicklung von Kundenaufträgen arbeitet. Der Computereinsatz in der Fertigung wird nicht als Selbstzweck angesehen, sondern er unterstützt nur die organisatorische Abwicklung vorgegebener Ziele und Arbeiten.

22. Was versteht man unter NC, CNC und DNC-Systemen?

NC-Maschinen arbeiten als isolierte Einheiten, bei denen die Programmerstellung in der Arbeitsvorbereitung vorgenommen wurde und lediglich der fertig erstellte Lochstreifen zur Maschinensteuerung benutzt wird. Bei CNC-Systemen (Computerized Numerical Control) ist ein Mikrocomputer direkt an die Maschine gekoppelt, so daß das NC-Programm in der Maschine gespeichert wird und auch verändert werden kann. Bei einem DNC-System (Direct Numerical Control) steuert ein Computer eine Gruppe von NC- oder CNC-Maschinen, indem er die NC-Programme umwandelt und erst bei Bedarf in die Maschine eingibt.

23. Welche Vorteile bieten die neuen Organisationsformen?

Bislang waren bei der Werkstattfertigung die Betriebsmittel nach der Verrichtungsfunktion organisiert mit der Folge, daß die einzelnen Fertigungsaufträge während des gesamten Fertigungsvorgangs von einer Werkstatt in die nächste transportiert werden mußten, was mit erheblichen Transportzeiten und -kosten verbunden war. Neuere Organisationsformen für Betriebsmittel gehen vom Objektprinzip aus, d.h. daß die Maschinen nach dem Fertigungsfluß der herzustellenden Objekte geordnet werden. Beispiele für derartige neue Organisationsformen sind sog. Fertigungsinseln, Bearbeitungszentren oder flexible Fertigungssysteme, die sich durch besonders leicht umrüstbare Fertigungsanlagen auszeichnen. Solche Fabriken innerhalb einer Fabrik erfordern geänderte Steuerungssysteme, die nur mit Hilfe von PPS und CIM gelöst werden können und eine Tendenz zur Dezentralisierung mit allen Folgen für die Mitarbeiter im Hinblick auf deren Flexibilität haben. Die neuen Anwendungsmöglichkeiten erstrecken sich aber nicht nur auf spezielle Fertigungsprobleme, sondern auch auf die Verknüpfung von technischen Aufgaben mit betriebswirtschaftlichen Funktionen. Ähnliche Neuerungen ergeben sich für die Dispositionen zwischen Herstellern und Zulieferern über einen Datenaustausch.

24. Welche Bedeutung hat der Einkauf für die Produktionswirtschaft?

Auf der Kostenseite beeinflußt der Einkauf neben den Materialkosten auch die Personalkosten, wie die Auswahl von zuverlässigen und reparaturfreundlichen Produktionsanlagen und die Kapitalkosten (z.B. über die Vorräte an Roh-, Hilfs- und Betriebsstoffen sowie über die Konditionengestaltung und damit die Lieferantenverbindlichkeiten).

Auf der Nutzenseite wiederum beeinflußt der Einkauf die Risikosituation (z.B. durch Verhinderung von Fehlteilen und damit Produktionsausfällen und Lieferverzögerungen), die Flexibilität und Reaktionsfähigkeit des Unternehmens (z.B. durch Verkürzung der Durchlauf- und Lieferzeiten in der Fertigung) und die Qualität der Erzeugnisse.

25. Welche neueren Entwicklungstendenzen beeinflussen die Produktionswirtschaft?

Die Planung einer modernen Produktion bzw. einer Produktionsanlage erfordert neben einer Technologieplanung auch die Veränderung von Produktionsformen in der Fertigung neben der Anwendung von PPS- und CIM-Systemen ein sog. Konzept der Fertigungssegmentierung, deren Ziel es ist, Produkt-Markt-Technologie-Kombinationen mit bestehendem Produktionspotential zu erreichen. Kritischer Erfolgsfaktor der Unternehmungen angesichts rascher Veränderungen auf den Märkten und in der Technologie ist die Reaktionsfähigkeit und die Reaktionszeiten im Unternehmen in bezug auf kurzfristige Veränderungen. Dieser Erfolgsfaktor wird von den Strategien des Unternehmens sowie von den Leistungsmerkmalen der Zulieferer und der Abnehmer beeinflußt. Um sich den wandelnden Marktanforderungen anzupassen, ist es erforderlich, die gesamte sog. logistische Kette mit ihrem Material- und Informationsfluß durch die sog. Fertigungssegmentierung zu optimieren. Diese Segmente werden nach technischen oder organisatorischen Kriterien gebildet.

3.6.3 Einkaufsorganisation und -abwicklung

01. In welchem Zusammenhang stehen Materialwirtschaft und Einkauf?

Die betriebliche Materialwirtschaft umfaßt alle Vorgänge, die sich auf der Bereitstellung aller Güter mit Ausnahme der Investitionsgüter erstreckt, die für die betriebliche Leistungserstellung benötigt werden. Diese Bereitstellung setzt in der Regel mit der Beschaffung ein und umfaßt den Materialfluß vom Lager über die Fertigung bis zum Verkauf. Der Begriff Beschaffung ist umfassender als der Begriff Einkauf, weil im Rahmen der Beschaffung auch Güter erworben werden können, die nicht im Sinne des Wortes eingekauft wurden, sondern auf andere Weise in die Verfügungsgewalt gekommen sind, wie z.B. durch Pacht, Leihe, Tausch, Geschenk, usw.

Die Beschaffung von Personal fällt in die Zuständigkeit der Personalabteilung und die Beschaffung von Kapital in das Finanzressort, so daß man von der Beschaffung im engeren Sinne nur von der Beschaffung von Sachmitteln spricht.

02. Was ist die Aufgabe der Einkaufspolitik?

Alle für die betriebliche Leistungserstellung benötigten Materialien in bezug auf Qualität, Menge und Preis sind unter optimalen Beschaffungsbedingungen zum richtigen Zeitpunkt am richtigen Ort zur Verfügung zu stellen.

03. Welche Bedeutung hat die Beschaffungspolitik im Unternehmen?

In jedem Industrieunternehmen haben die Materialkosten neben den Personalkosten den höchsten Anteil an den Gesamtkosten. Stehen die benötigten Materialmengen zum Zeitpunkt ihres Bedarfs nicht zur Verfügung, so bedeutet dies in vielen Fällen Produktionsstillstand, und es sind zeitraubende und kostenverursachende Umdispositionen erforderlich. Überdies werden im Lager erhebliche Finanzmittel gebunden, die möglicherweise an anderer Stelle dringender benötigt würden. Deswegen ist die Abstimmung der Einkaufspolitik mit den übrigen Bereichen der Unternehmensführung unerläßlich.

04. Wie ist die Einkaufspolitik mit anderen Bereichen der Unternehmensführung verzahnt?

Die Unternehmensleitung setzt die unternehmenspolitischen Ziele. Sind diese Ziele gesetzt und mit den einzelnen Bereichen im Grundsatz abgestimmt, so bedarf es der permanenten Feinabstimmung, und zwar auf den Gebieten der Mengenpolitik, der Sortimentspolitik, der Qualitätspolitik, der Transportpolitik, der Finanzierung und des Rechnungswesens im Hinblick auf die durch den Einkauf und die Materiallagerung entstehenden Kosten. Hierzu bedarf es der Klärung der Frage, wann und in welchen Mengen welches Material für welche Fertigungsaufträge benötigt wird. Diese Probleme müssen mit dem für die Produktionswirtschaft verantwortlichen Leiter abgeklärt werden. Mit der Finanzleitung ist die Bereitstellung der erforderlichen Finanzmittel abzusprechen, um zu klären, ob Eigen- oder Fremdmittel für diese Zwecke bereitgestellt werden müssen. Auch ist zu klären, wie hoch die Lagerbestände unter Berücksichtigung möglicher Preisschwankungen auf den Beschaffungsmärkten, Lieferschwierigkeiten, Auftragsänderungen oder der Veralterung möglicher Restmaterialbestände sein müssen oder können. Mit der Abteilung Rechnungswesen sind die Modalitäten der Kostenerfassung abzusprechen, mit den Lieferanten die Art und Weise der Lieferung, die Abstimmung der Transportmittel sowie der Organisationsmittel wie Begleitscheine, Bestellnummern, Handhabung der Qualitätskontrolle, usw.

05. Was ist das Ziel der Beschaffungsplanung?

Mit Hilfe der Beschaffungsplanung sollen Entscheidungen im Hinblick auf den Einkaufszeitpunkt und die Bestellmengen, die Güterqualitäten, die Lagerhaltung und der Einsatz des entsprechenden absatzpolitischen Instrumentariums getroffen werden.

06. Wovon hängen der Einkaufszeitpunkt und die Bestellmenge ab?

Einkaufszeitpunkt und Bestellmenge hängen insoweit voneinander ab, als bei höherwertigen Gütern und Gütern, die in großen Mengen benötigt werden, die Beschaffungskosten und die Lagerkosten entscheidend ins Gewicht fallen. Dabei ist zu berücksichtigen, ob fallweise, nur einmal in jeder Planungsperiode oder zu festen, im voraus bestimmten Terminen bestellt werden kann. Ferner ist die zeitliche Verteilung des Bedarfs zu berücksichtigen. Es ist aber auch entscheidend, ob sich durch größere Bestellmengen verbesserte Einkaufs- oder Zahlungsbedingungen aushandeln lassen.

07. Wovon hängt die Entscheidung über die Qualität der einzukaufenden Güter ab?

Es kommt darauf an, Lieferanten zu finden, deren Erzeugnisse die optimalen qualitativen Voraussetzungen für die eigene Produktion bieten. Es muß daher von den eigenen Qualitätsvorstellungen ausgegangen werden und nicht von den Annahmen des Herstellers der Vorprodukte.

3.6.3 Einkaufsorganisation und -abwicklung

08. Wovon hängen die Entscheidungen über die Lagerhaltung ab?

Die Aufnahmefähigkeit des eigenen Lagers, die Lagerkosten, die Möglichkeiten des Materialflusses entscheiden darüber, in welchen Zeiträumen welche Waren aufgenommen werden können.

09. Wovon hängen die Entscheidungen über den Lieferantenkreis ab?

Es kommt darauf an, zuverlässige Lieferanten zu finden. Die Zuverlässigkeit hängt nicht nur von der Übereinstimmung der bestellten und der gelieferten Warenmenge und -qualität ab und auch nur bedingt von der Einhaltung der Termine, sondern auch wesentlich davon, ob gewisse Qualitätsstandards eingehalten und die Erzeugnisse dem technischen Fortschritt angepaßt werden. Diese Zuverlässigkeit ist möglicherweise auf Dauer entscheidender als der kurzfristige Gewinn, der durch den besonders günstigen Einkauf eines bestimmten Produkts entsteht. Die einzukaufenden Güter sollten nach Möglichkeit von Dauerlieferanten unter Zusicherung der Einhaltung bestimmter Zusagen, wie Qualität, Preis oder Liefermenge bezogen werden. Durch Hin- und Herspringen von einem Lieferanten zum anderen unter Ausnutzung von Preisvorteilen durch Einführungspreise kann man zwar zunächst gut einkaufen, aber zu niedrige Preise müssen sich langfristig in Qualitätsminderungen niederschlagen. Daher ist sehr sorgfältig zu prüfen, ob der Qualität oder dem Preis der Vorzug zu geben ist.

10. Wie kann eine Entscheidung über die Lieferanten getroffen werden?

Es muß zunächst geprüft werden, ob der Preis oder die Qualität das ausschlaggebende Kriterium ist oder sein soll, d.h., wenn es sich um ein Produkt handelt, das eine bestimmte Preishöhe nicht überschreiten darf, muß notfalls bei Kostensteigerungen eine einfachere Qualität oder Ausführung gewählt werden. Handelt es sich um ein sog. preisunelatisches Gut, d.h. um ein Gut, das auch Preiserhöhungen unter der Bedingung verkraftet, daß die Qualität garantiert wird, so sollte der Preiserhöhung der Vorzug gegeben werden. Im übrigen sollten die verschiedenen Einkaufskriterien wie Qualität, Lieferzeit, Preis, Standort, Lieferbedingungen, Menge, Transport und sonstige Bedingungen für jeden Lieferanten gegenübergestellt werden. Möglicherweise muß unternehmenspolitisch entschieden werden, welcher Gesichtspunkt Priorität haben soll, wenn sich wesentliche Unterschiede in den Kriterien zwischen den einzelnen Lieferanten ergeben sollten.

11. Welche Fragen sind im Hinblick auf die Lieferantenauswahl zusätzlich zu stellen?

Unter dem Gesichtspunkt des absatzpolitischen Instrumentariums spielen Preis und Qualität eine entscheidende Rolle. Es ist aber auch die Frage zu klären, ob die Lieferung bei den gewählten Fabrikanten auf Dauer gesichert werden kann. Dies hängt von der Stellung der Vorlieferanten am Markt ab, von der Einschätzung, die das beziehende Unternehmen als Kunde genießt, von der Art der Aufträge, d.h., ob die eigenen Aufträge von den Zulieferanten als Groß-, Klein- oder gar als Füllaufträge angesehen werden, von der Möglichkeit, kurzfristige Bestellmengenerhöhungen erreichen zu können, usw.

12. Nach welchen Gesichtspunkten wird die Einkaufsabteilung organisatorisch in das Unternehmen eingegliedert?

Die Stellung des Einkaufs im Rahmen des Gesamtunternehmens richtet sich in der Regel nach dem Beschaffungsanteil = Quotient aus Beschaffungsumsatz und Vertriebsumsatz. Bei einem geringen Beschaffungsanteil, der unter 5 % liegt, ist der Einkauf in der Regel nicht selbständig tätig, bei einem Beschaffungsanteil bis zu 30 % sind eigene Abteilungen üblich, bis zu 50 % werden meist Hauptabteilungen gebildet und von mehr als 50 % stellt der Einkauf meist einen eigenen Direktionsbereich dar. Dabei ist jedoch auch zu berücksichtigen, wie groß das Unternehmen ist, um welche Branche es sich handelt, welcher Art die zu beschaffenden Güter sind und wie groß die Zahl der Aufträge und der Mitarbeiter ist. Diese Faktoren haben wiederum einen Einfluß auf die Organisatiosnform und die technischen Hilfsmittel des Einkaufs.

13. Auf welche Weise kann der Einkauf erfolgen?

Der Einkauf kann entweder zentral oder dezentral vorgenommen werden.

14. Welche Mischformen sind möglich?

Anstelle einer umfassenden Zentralisation können Ausnahmeregelungen Platz greifen. Auch ist es möglich, zentrale Abschlüsse zu tätigen, aber einen dezentralen Abruf zu vereinbaren. Umgekehrt ist bei dezentralem Einkauf eine Regelung möglich, die Ausnahmen vorsieht oder einen dezentralen Einkauf mit zentraler Koordination festlegt.

15. Was bedeutet ein zentraler Einkauf?

Bei einem zentralen Einkauf obliegen alle Angelegenheiten des Einkaufs einschließlich der Lieferantenauswahl und der Mengen- und Preisdispositionen sowie der Termine einer zentralen Stelle.

16. Was sind die Vorteile eines zentralen Einkaufs?

Durch einen zentralen Einkauf lassen sich Preis- und Mengenvorteile erzielen, die Lieferbereitschaft wird erhöht, die sich in verbesserten Zahlungsbedingungen und Entgegenkommen bei Mängelrügen ausdrücken kann. Der Einsatz qualifizierter Fachkräfte ist möglich, die Lieferantenauswahl kann nach einheitlichen Grundsätzen erfolgen.

17. Was sind die Nachteile eines zentralen Einkaufs?

Es entstehen längere Bearbeitungszeiten durch die Sammlung von Aufträgen aus mehreren Abteilungen, Fertigungsstätten oder Zweigwerken, so daß eine Schwerfälligkeit in der Bearbeitung eintreten kann, der notwendige Kontakt und Erfahrungsaustausch zwischen den Verwendern und den Lieferanten geht verloren, es herrscht in den Zentralen eine Unkenntnis über den örtlichen Bedarf und bei den Abteilungen über Neuentwicklungen bei den Lieferanten.

3.6.3 Einkaufsorganisation und -abwicklung

18. Was versteht man unter einem dezentralen Einkauf?

Bei einem dezentralen Einkauf sind die einzelnen Abteilungen oder Zweigwerke eigenverantwortlich ermächtigt einzukaufen.

19. Was sind die Vorteile des dezentralen Einkaufs?

Es entsteht ein besserer Kontakt zu den Lieferanten. Eine schnellere Anpassungsfähigkeit an die Liefermöglichkeiten ist die Folge.

20. Was sind die Nachteile des dezentralen Einkaufs?

Es können in der Regel nur kleinere Mengen bestellt werden. Höhere Preise, der Fortfall von Mengenrabatten und ein geringeres Interesse des Lieferanten sind die Folge. Auch ist es denkbar, daß ein- und dasselbe Material, das von verschiedenen Lieferanten bezogen wird, weil mehrere Einkäufer tätig werden, Qualitätsunterschiede aufweisen, die sich erst in der nachfolgenden Bearbeitung nachteilig auswirken. Möglicherweise wird ein und dasselbe Erzeugnis zu den unterschiedlichsten Bedingungen von verschiedenen Lieferanten bezogen.

21. Wie lassen sich die Nachteile des dezentralen Einkaufs vermeiden?

Im Rahmen des dezentralen Einkaufs können bestimmte Erfahrungen oder Verhandlungsergebnisse an eine Zentralstelle geleitet werden, die als Auskunftsstelle im Rahmen eines Informationsaustauschs fungiert. Es lassen sich überdies mit Herstellern Mengenvereinbarungen treffen, die von den Einkäufern in eigener Verantwortung abgerufen werden können.

22. Wie lassen sich die Aufgaben der Einkaufsabteilung organisatorisch aufteilen?

Man unterscheidet eine Gliederung nach dem Funktionsprinzip, nach dem Objektprinzip und nach dem Funktions-Objekt-Prinzip.

23. Was versteht man unter der Gliederung des Einkaufs nach dem Funktionsprinzip?

Bei der Gliederung des Einkaufs nach Funktionen werden die verschiedenen Aufgaben des Einkaufs, wie Erfassung des Bedarfs, Einholung von Angeboten und deren Bearbeitung, Vornahme der Bestellung, Überwachung der Termine, die Bearbeitung von Mängelrügen und die Kontrolle des Wareneingangs jeweils von eigenen Sachbearbeitern oder Abteilungen wahrgenommen.

24. Was sind die Vor- und die Nachteile einer Gliederung des Einkaufs nach dem Funktionsprinzip?

Die Sachbearbeiter können sich ein Spezialwissen aneignen und alle Probleme sachverständig lösen. Es geht jedoch der Überblick über den Gesamtzusammenhang der Einkaufsvorgänge verloren.

25. Was bedeutet die Gliederung nach dem Objektprinzip?

Bei der Gliederung nach dem Objektprinzip hat der Einkäufer für die ihm übertragenen Erzeugnisse sämtliche Einkaufsfunktionen selbst wahrzunehmen, d.h., er holt selbst Angebote ein, bestellt selbst, überwacht den Eingang, usw.

26. Was bedeutet die Gliederung nach dem Funktions-Objekt-Prinzip?

Das Funktions-Objekt-Prinzip kombiniert beide Prinzipien und zwar in der Weise, daß für bestimmte Objekte eigene Sachbearbeiter tätig werden. Dies gilt insbesondere dort, wo Spezialkenntnisse auf bestimmten Märkten oder über bestimmte Erzeugnisse notwendig sind. Hingegen werden andere Bereiche, wie Ausschreiben der Bestellungen, Terminüberwachungen, das Mahnwesen, die Einkaufsstatistik nach Funktionen zusammengefaßt.

27. Welche Bedeutung haben Lieferanten-, Bestell-, Termin- und Preiskarteien?

Der Einkauf läßt sich nur dann optimal abwickeln, wenn über die Lieferanten und deren Erzeugnisse sowie Preise eine Übersicht besteht. Aus diesem Grunde sind mehrere Dateien sinnvoll. Während die Lieferantendateien über die Liefermöglichkeiten Auskunft geben, sind die Preisdateien Anhaltspunkte für die Preisentwicklungen der geführten Artikel, wobei nicht nur ein Zeitvergleich sondern auch ein Vergleich der Preise gleicher Erzeugnisse, die von mehreren Lieferanten angeboten werden, möglich ist. Bestelldateien geben Auskunft darüber, zu welchem Termin und welche Mengen bestellt wurden und wann diese Waren geliefert werden sollen. Diese Termine werden ebenfalls erfaßt, so daß eine lückenlose Kontrolle aller bestellten Waren möglich ist.

28. Warum sind Organisationsanweisungen für Mitarbeiter in den Einkaufsabteilungen notwendig?

Gerade der Einkauf unterliegt den vielfältigsten Einflüssen. Verkaufsabteilungen und Hersteller versuchen, ihre Ansichten und Vorstellungen gegenüber der Einkaufsabteilung durchzusetzen. Es bedarf daher klarer Vorstellungen und Grundsätze, um den Mitarbeitern in den Einkaufsabteilungen die Arbeit zu erleichtern und ihnen eine Übersicht über ihre Kompetenzen zu geben.

29. Welche Regelungen sollten in den Organisationsanweisungen enthalten sein?

In jedem Fall muß in den Organisationsanweisungen geregelt sein, wer für den Einkauf bestimmter Produkte oder die Einkaufshöhe verantwortlich ist, wer den Bestelltermin festzulegen hat, wer für die Lieferantenauswahl verantwortlich ist, welche Einkaufsbedingungen zu beachten sind, welche Preise akzeptiert werden können, wer die Zusammensetzung der Sortimente bestimmt, welche Informationen an welche Stellen weiterzugeben sind, z.B. über Lieferschwierigkeiten oder verstärkt auftretende Mängel, die die Einkäufer veranlassen könnten, anders als bisher zu disponieren.

30. In welcher Form sollten Organisationsanweisungen abgefaßt sein?

Organisationsanweisungen sollen in jedem Fall schriftlich niedergelegt sein, sie müssen von Zeit zu Zeit überarbeitet und jedem Mitarbeiter <u>ausgehändigt werden</u>.

31. Was versteht man unter einem Einkaufshandbuch?

Ein Einkaufshandbuch ist ein Organisationshilfsmittel, das die Organisationsgrundsätze, die Richtlinien für den Einkauf, die Kompetenzen und das Verhalten in besonderen Situationen beschreibt.

32. Was ist das Ziel eines Einkaufshandbuches?

Die Mitarbeiter der Einkaufsabteilungen sollen nach <u>einheitlichen Grundsätzen</u> verfahren und vorgehen, die Mitarbeiter der sonstigen Abteilungen sollen wissen, nach welchen Grundsätzen ihre Anforderungen, Bestellwünsche und -mengen behandelt werden müssen, weil auch dort oftmals große Unkenntnis über die Anforderungen eines Einkaufs bestehen.

3.6.4 Lagerwirtschaft

01. Was ist ein Lager?

Ein Lager ist der <u>Aufbewahrungsort für Erzeugnisse.</u> Der Begriff Lager deckt aber auch die mengen- und wertmäßige Summe der eingelagerten Gegenstände ab.

02. Was ist die Aufgabe der Lagerung?

Ein Lager ist eine Art Puffer zwischen Eingang und Ausgang von Gütern. Die Lagerhaltung ist notwendig

1. als Ausgleichsfunktion, um den unterschiedlichen Rhythmus im Beschaffungssektor, Produktions- und Absatzbereich auszugleichen,
2. um Unsicherheiten im Betriebsgeschehen auszugleichen,
3. um Preisschwankungen auszugleichen.

03. Welche volkswirtschaftliche Bedeutung hat das Lager?

Die Läger in der gesamten deutschen Wirtschaft repräsentieren enorme Werte, die schon Mitte der 60er Jahre einen Wert von mehr als 50 Mrd. DM betrugen. Dadurch ergibt sich eine hohe Konjunkturanfälligkeit, denn bei rückläufigem Auftragseingang werden die Lagerbestände abgebaut, was wiederum den Konjunkturrückgang beschleunigt. Rechnet man mit Kostensteigerung oder Produktionsengpässen, so ist man bereit, ohne Berücksichtigung der Zins- oder Lagerkosten zusätzliche Warenvorräte anzulegen und heizt so die Konjunktur zusätzlich an.

04. Welche betriebswirtschaftlichen Probleme ergeben sich für die Lagerhaltung aus volkswirtschaftlicher Sicht?

Aus volkswirtschaftlicher Sicht haben die Betriebe der Erzeugung einen Beitrag zur Errichtung einer stabilen Beschäftigung und einer betrieblichen Vollauslastung zu leisten. Die Lagerhaltung trägt zur Auflegung optimaler Serien und damit zur Kostenminderung bei. Die Industriebetriebe versuchen jedoch, die Ware im Handelsbetrieb lagern zu lassen, während der Handel bestrebt ist, seine Läger möglichst klein zu halten.

05. Wer unterhält Läger?

Läger werden sowohl von Produzenten als auch von Groß- und Einzelhändlern unterhalten. Dabei spielt es eine große Rolle, um welche Branche es sich handelt, da in einigen Branchen die Lagerfunktion überwiegend von der Industrie wahrgenommen wird, wie z.B. in der Möbelindustrie, in anderen Branchen obliegt sie überwiegend dem Großhandel und schließlich teilweise auch dem Einzelhandel, was dazu führt, daß bei einer falschen Disposition ein Nachbezug nicht mehr möglich ist.

06. Welche Arten von Lägern werden unterschieden?

Man unterscheidet nach der räumlichen Anordnung zentrale und dezentrale Lager und nach dem Betriebsablauf Roh-, Hilfs- und Betriebsstofflager, Umlauflager und Fertigerzeugnislager.

07. Wann sind Zentrallager zweckmäßig?

Zentrallager benötigen geringere Materialmengen als dezentrale Lager. Voraussetzung für Zentrallager ist aber, daß das Lager bedarfsgerecht angelegt ist und keine überlangen Transportwege erfordert. Auch ist die Bestandsführung und Bestandsüberwachung im Rahmen eines Zentrallagers leichter durchzuführen. Nachteile des Zentrallagers können durch Nebenlager ausgeglichen werden, in denen Materialien lagern, die nur von einer bestimmten Fertigungsstätte benötigt werden. Auch ist es möglich, sog. Handlager in den einzelnen Abteilungen zu halten, in denen überall benötigte Werkzeuge und Kleinmaterialien vorrätig gehalten werden. Weitere Abarten des Zentrallagers sind Hilfslager, die vorübergehend zur Aufnahme bestimmter Erzeugnisse verwendet werden.

08. Wann sind dezentrale Lager zweckmäßig?

Dezentrale Lager sind häufig aus organisatorischen oder technischen bzw. verkehrstechnischen Problemen unerläßlich. Die Gliederung erfolgt dann entweder nach der Stofforientierung (z.B. Stahllager, Kabellager, Werkzeuglager, Treibstofflager) oder nach der Fertigungsorientierung. In letzterem Falle werden die Lager nach den Materialanforderungen bestimmter Teilprozesse der Fertigung orientiert. Die Lager enthalten dann in aller Regel die in den Stücklisten vorgeschriebenen Materialien.

09. Was ist die Aufgabe des Roh-, Hilfs- und Betriebsstofflagers?

In diesem Lager werden alle unfertigen Erzeugnisse, Betriebsstoffe, Werkzeuge und Geräte gelagert.

10. Was sind Umlauf- oder Zwischenlager?

In den betrieblichen Fertigungsprozessen werden Einzelteile je nach der Art der Fertigung und der Losgröße in unterschiedlichen Mengen benötigt. Dies hat zur Folge, daß bestimmte Arbeitsgänge und Bearbeitungen zusammen mit gleichartigen Vorgängen erledigt werden, obwohl ein Teil der Materialien im Verlauf des Fertigungsprozesses erst zu einem späteren Zeitpunkt benötigt wird. Das Fehlen solcher Zwischenlager würde zu Unterbrechungen in der Fertigung führen, so daß bestimmte Teile vorübergehend in Zwischenlagern gelagert werden müssen.

11. Was sind Fertigwarenlager?

Fertigwarenlager nehmen die Enderzeugnisse auf und stehen dem Vertrieb zur Verfügung. Sie werden häufig auch als Versandlager bezeichnet. Besondere Formen der Fertigwarenlager sind Bereitstellungslager, in denen nach besonderen Kundenwünschen gefertigte Erzeugnisse lagern, sowie Lager für Handelswaren, die neben eigenen Erzeugnissen auch Erzeugnisse anderer Produzenten enthalten, die gemeinsam mit den eigenen Erzeugnissen abgesetzt werden.

12. Was ist ein Konsignationslager?

Ein Konsignationslager ist ein Lager, das auf Kosten des Lieferanten im Fertigungsbetrieb unterhalten wird. Ein Konsignationslager bietet beiden Seiten Vorteile, weil einmal die dauernden Einzelbestellungen entfallen und zum anderen keinerlei Einschränkungen im Produktionsbereich erforderlich werden.

13. Wie werden Lager nach der Lagerbauart unterschieden?

Man unterscheidet hinsichtlich der Bauweise eines Lagers offene Lager, wie z.B. eingezäunte Plätze, halboffene Lager, wie z.B. überdachte Lagerflächen, geschlossene Lager (Gebäude) und Speziallager, wie z.B. Silos.

14. Wovon ist die Lagerbauart abhängig?

Die Lagerbauart hängt sowohl von Bedingungen ab, die Qualitäts- und Quantitätsminderungen der Waren möglichst ausschließen, als auch vom Materialfluß. Der Materialfluß kann bereits in einem mehrgeschossigen Bau erheblich beeinträchtigt werden, so daß sich aus dieser Sicht oftmals eine eingeschossige Bauweise empfiehlt. Aus dem gleichen Grund werden oft freitragende Deckenkonstruktionen gewählt, da diese am ehesten eine optimale Lageraufteilung gewährleisten.

15. Welche Lagerformen werden unterschieden?

Man unterscheidet das Regallager, das Durchlauflager und das Hochlager.

16. Was versteht man unter einem Regallager?

Ein Regallager ist ein eingeschossiges Lager, dessen Stapelhöhe auf Grund der Leistungsfähigkeit der modernen Hochregalstapler bis zu 12 m betragen kann, in der Praxis aber häufig nur 6 m beträgt. Das Regallager eignet sich für die Lagerung unterschiedlicher Größen und Formen. Es erfordert nur geringe Investitionen, aber große Grundflächen und verursacht hohe Betriebskosten. Es ist einfach zu bedienen und läßt sich relativ schnell Veränderungen im Sortiment anpassen.

17. Was versteht man unter einem Durchlauflager?

Ein Durchlauflager besteht aus Rollen, wobei die Waren auf der einen Seite beladen und die Waren jeweils weitergeschoben werden, während die Entnahme auf der anderen Seite erfolgt. Ein Durchlauflager ermöglicht zwar eine konzentrierte Lagerung, und es ist ein hoher Automatisierungsgrad möglich; die Regalkonstruktion ist jedoch wegen der Rollen sehr teuer, zusätzlich sind Brems- und andere Vorrichtungen notwendig, um den Durchlauf zu steuern. Da nur pro Kanal ein Gut gelagert werden kann, ist ein solches Durchlauflager nur bei relativ kleinem Sortiment anwendbar.

18. Was versteht man unter einem Hochlager?

Ein Hochlager ist ein eingeschossiges Regallager mit einer Höhe bis zu 40 m und einer Länge bis zu 200 m, bei dem die Bedienung durch Hochregalstapler erfolgt. Ein solches Lager hat eine hohe Umschlagsleistung, einen niedrigen Grundflächenbedarf, aber einen hohen Investitionsbedarf und weist eine relativ hohe Störanfälligkeit auf.

19. Welche besonderen Lagerformen sind in der Praxis üblich?

Für Güter, die infolge besonderer Anforderungen an die Regaltechnik - etwa aus Gewichtsgründen, die die Tragfähigkeit der Regale übersteigen - oder der Wirtschaftlichkeit nicht in herkömmliche Lager untergebracht werden können, wurden für stapelfähige Güter Blocklager, Tanklager für Heizöl, Getränke und Chemikalien und Schüttgutlager für staubförmige, feinkörnige oder grobkörnige Güter entwickelt. Schüttgutlager, die sich zur Lagerung von Getreide, Kohle, Sand eignen, haben die Form eines Silos oder einer offenen oder überdachten Lagerhalde.

20. Welche Lagermethoden sind üblich?

Man unterscheidet die Lagerung nach der Stückliste, nach dem Materialschlüssel, nach der Transportfähigkeit, nach der Umschlaghäufigkeit, nach der Materialart, nach dem Wert und nach freier Lagerfläche.

21. Wie wird der Lagerumschlag organisatorisch bewältigt?

Die Lagerfläche und die Waren müssen numeriert werden, um den Ort ihrer Lagerung eindeutig festlegen und die Bestände ermitteln zu können. Außerdem muß festgelegt werden, nach welchem System die Erzeugnisse ein- und ausgelagert werden sollen, wobei es sich empfiehlt, die zuerst gelieferten Erzeugnisse auch

3.6.4 Lagerwirtschaft

zuerst auszugeben. Dieses System erfordert jedoch einen permanenten Warentransport innerhalb des Lagers.

22. Was ist die Aufgabe des Waren- bzw. Materialeingangs?

Aufgabe des Wareneingangs ist die Entgegennahme der bestellten Erzeugnisse durch den Lieferer oder dessen Beauftragten, dem Spediteur oder Frachtführer. Die Feststellung der Richtigkeit erstreckt sich darauf, ob Lieferung und Bestellung mengenmäßig und wenn erkenntlich auch artmäßig übereinstimmen. Dies kann evtl. auch die Übereinstimmung mit den in den Versandpapieren aufgeführten Güter- oder Verpackungseinheiten einschließen. Schließlich ist darauf zu achten, ob Transportschäden festzustellen sind. Der Wareneingang muß aus Gründen der Kostenersparnis beim innerbetrieblichen Transport auch dorthin erfolgen, wo die Lagerung der Erzeugnisse vorgesehen ist, d.h., bei zentralen Lagern im Zentrallager und bei dezentralen Lagern oder Nebenlagern an den entsprechend vorgesehenen Lagerplätzen.

23. Welche Bedeutung hat die Mengenkontrolle?

Die Mengenkontrolle ist nicht nur wegen der Abrechnung der Lieferung, sondern auch im Hinblick auf den Fertigungsablauf von Bedeutung. Fehlmengen oder Abweichungen von der Qualität im Falle von Nachlieferungen können die Produktion und die Enderzeugnisse negativ beeinträchtigen. Die Ergebnisse der Mengenkontrolle, die durch Stichproben, bezogen auf den Inhalt sowie durch Messen, Zählen oder Wiegen der eingelieferten Erzeugnismengen erfolgt, werden in Wareneingangsmeldungen festgehalten. Diese bilden zusammen mit den Lieferscheinen die Grundlage für die Abrechnung beim Lieferanten.

24. Welche Bedeutung hat die Materialprüfung?

Die Materialprüfung ist die Qualitätskontrolle der eingelieferten Erzeugnisse. Durch diese Prüfung sollen evtl. Qualitätsmängel bzw. Abweichungen zwischen der bestellten und der gelieferten Qualität festgestellt werden. Ein weiteres Ziel ist die Einhaltung der Zahlungsfristen und die Freigabe für die Produktion. Die Materialprüfung kann in den verschiedensten Formen vorgenommen werden und bedient sich optischer, physikalischer oder chemischer Geräte. Nur durch diese sorgfältig durchgeführte Materialprüfung lassen sich Fertigungsstörungen, die hohe Kosten aufgrund fehlerhafter Einsatzstoffe verursachen, vermeiden.

25. Welchen Zweck erfüllen Prüfberichte?

Prüfberichte haben die Aufgabe, die Ergebnisse des eingelieferten Materials im Hinblick auf Mengen- und Qualitätskontrolle festzuhalten. Sie bilden die Grundlage für evtl. Ansprüche gegenüber dem Lieferanten oder führen dazu, daß für den eigenen Fertigungsprozeß bestimmte Folgerungen gezogen werden, wenn sich Beanstandungen zeigen sollten, für die der Lieferant nicht haftbar gemacht werden kann.

26. Was ist die Aufgabe der Lagerverwaltung?

Im Rahmen der Lagerverwaltung müssen die Bestände überwacht, gepflegt und die Materialbewegungen, d.h. der Ein- und Ausgang, ordnungsgemäß vorgenommen werden.

27. Wie wird die Bestandsführung vorgenommen?

Im Rahmen der Bestandsführung müssen die Materialeingänge auf der Grundlage der Materialeingangsmeldungen verbucht werden. Materialentnahmen vom Lager werden mit Hilfe von Materialentnahmescheinen verbucht. Werden nicht verbrauchte Materialien an das Lager zurückgegeben, so geschieht dies mit Hilfe von Rücklieferungsscheinen.

Die verbrauchten Bestände müssen aber auch bewertet werden. Hierzu wird der Einstandspreis errechnet; es wird aber gelegentlich auch mit Verrechnungspreisen gearbeitet. Der Materialverbrauch ist aber auch Grundlage für die Kostenrechnung hinsichtlich der Materialkosten.

28. Was ist die Aufgabe der Inventur?

Während die laufenden Materialrechnungen nur die buchmäßigen Bestände ermitteln, können Abweichungen von den tatsächlichen Vorräten durch Schwund, Diebstahl, Eintragungsfehler, usw. eintreten. Zur Feststellung der tatsächlichen Bestände wird die Inventurrechnung als Instrument der Kontrolle verwendet.

29. Wie wird die Inventur im Rahmen der Lagerverwaltung durchgeführt?

Die Inventur wird entweder in der Form der reinen Stichtagsinventur oder als permanente Inventur, d.h. in der Weise, daß Aufnahmetag und Bilanzstichtag nicht übereinstimmen, durchgeführt.

30. Was versteht man unter der Stichtagsinventur?

Unter Stichtagsinventur versteht man die vollständige körperliche Bestandsaufnahme aller Waren durch Zählen, Messen oder Wiegen, die am Bilanzstichtag oder zeitnah innerhalb einer Frist von 10 Tagen vor oder nach dem Bilanzstichtag erfolgen kann, sofern eine wertmäßige Fortschreibung der Bestandsveränderungen erfolgt. Unter bestimmten Voraussetzungen ist auch eine sog. erweiterte zeitnahe Stichtagsinventur möglich.

31. Was versteht man unter der permanenten Inventur?

Bei der permanenten Inventur stimmen körperliche Bestandsaufnahme der Waren und Bilanzstichtag zeitlich nicht überein; vielmehr werden die Lagerbestände kontinuierlich fortgeschrieben und mindestens einmal im Jahr durch eine körperliche Bestandsaufnahme überprüft, wobei evtl. notwendig werdende Berichtigungen sofort vorgenommen werden müssen. Die permanente Inventur ist mithin eine Kombination der körperlichen und buchmäßigen Bestandsaufnahme.

3.6.4 Lagerwirtschaft

32. Was ist die Aufgabe des Transportwesens?

Aufgabe des Transportwesens im Bereich der Lagerverwaltung ist die Lösung der Transportaufgaben zwecks Bereitstellung der Materialien. Hierbei wird zwischen dem innerbetrieblichen und dem außerbetrieblichen Transport unterschieden. Im Rahmen des innerbetrieblichen Transportes müssen die Waren bzw. Materialien vom Lager zum Ort der Bearbeitung und evtl. von Bearbeitungsplatz zu Bearbeitungsplatz und anschließend in das Fertigungslager transportiert werden. Der außerbetriebliche Materialtransport, d.h., die Überbrückung der Entfernung zwischen Lieferant und Fertigungsstelle, kann durch den Werkfernverkehr des Lieferanten, durch Spediteure und Frachtführer, d.h. durch selbständige Transportunternehmer oder durch öffentliche Verkehrsmittel, wie Post und Bahn, aber auch durch Binnenschiffahrt, Hochseeschiffahrt und Luftfahrt, erfolgen. Auch Eigentransport ist denkbar. Die Transportart richtet sich nach der Art der zu transportierenden Materialien und Fertigerzeugnisse, nach der Eilbedürftigkeit, den Verkehrsverbindungen und der Höhe der Fracht, die die Güter vertragen.

33. Was versteht man unter Lagerhilfsgeräten?

Wichtigste Lagerhilfsgeräte sind genormte Versandeinheiten, Geräte, die ein bewegliches Lager ermöglichen sowie die Transportmittel.

34. Was versteht man unter genormten Versandeinheiten?

Genormte Versandeinheiten sind: Paletten, Bahnbehälter, Kisten, Container und andere Materialien, die eine gleiche Größe aufweisen und mithin eine bessere Nutzung der Lagerfläche ermöglichen.

35. Welche Bedeutung haben Geräte, die ein bewegliches Lagern ermöglichen?

Geräte, die ein bewegliches Lagern ermöglichen sind Palettengestelle und Ladegestelle. Sie erleichtern die Abstimmung der Versand- bzw. Verpackungseinheiten.

36. Welche Fördermittel im Lager sind üblich?

Im innerbetrieblichen Transport werden sowohl regalunabhängige Förderzeuge als auch regalabhängige Fahrzeuge eingesetzt.

37. Was versteht man unter regalunabhängigen Förderzeugen?

Regalunabhängige Förderzeuge sind Frontstapler, Seitenstapler, Drehgabelstapler, Teleskopstapler und Stapler mit Achsvorschub, die durch ein hohes Stapeln des Lagergutes eine bessere Lagerraumausnutzung gewährleisten.

38. Was versteht man unter regalabhängigen Fahrzeugen?

Regalabhängige Fahrzeuge sind an Regale gebunden, d.h., sie können nur innerhalb der Gänge eingesetzt werden, erlauben aber schmale Gänge und Hochregale.

3.6.5 Transportwesen

01. Welche Versandarten kommen für Warensendungen in Frage?

- Versand durch die Post,
- Versand mittels Eisenbahn,
- Versand mittels Kraftwagen,
- Versand mittels Binnenschiffahrt und Seeschiffahrt,
- Versand mittels Flugzeug.

02. In welcher Form ist eine Beförderung von Waren durch die Post möglich?

Die Post befördert: Gewöhnliche Pakete, Schnellpakete, Postgut (nur bis 7 kg), Wertpakete, Einschreibpakete (nur im Verkehr mit dem Ausland) und Nachnahmepakete.

03. Welche weiteren Sendungen können bei der Post aufgegeben werden?

Päckchen, Warensendungen (Proben, Muster), ferner Wurfsendungen (aufschriftlose Drucksendungen oder Warensendungen mit gleichem Inhalt), die an alle Haushaltungen zu verteilen sind, sowie Briefe, Drucksachen, Briefdrucksachen und Postkarten.

Besondere Versendungsformen sind Eilzustellungen, Einschreibesendungen und Nachnahmesendungen.

04. Welche Versandarten bestehen im Rahmen der Güterbeförderung durch die Eisenbahn?

Nach dem Umfang der Sendung befördert die Eisenbahn Güter als Stückgut, Wagenladungsgut oder als Sammeladung. Nach der Schnelligkeit der Beförderung sind beim Stückgut Frachtgut, welches mit Güterzügen befördert und Expreßgut, das wie Reisegepäck in den Packwagen der Personenbeförderung befördert wird, zu unterscheiden.

Für den Handel eignen sich außerdem Kleinbehälter (1 - 3 cbm), Großbehälter, Collicos, Paletten und Container.

05. Welche Versandmöglichkeiten bestehen mittels Kraftwagen?

Man unterscheidet: Den anmeldepflichtigen Güternahverkehr (bis zu einer Entfernung von 50 km), den genehmigungspflichtigen Güterfernverkehr und den genehmigungsfreien Werksverkehr.

06. Welche Güter eignen sich für eine Beförderung mittels der Binnenschiffahrt?

Die Binnenschiffahrt ist die Schiffahrt auf Binnengewässern (Flüsse, Kanäle, Seen, Haffe). Die Grenze zwischen Meer und Binnengewässern richtet sich nach der Seewasserstraßenordnung. Der Wassertransport eignet sich hauptsächlich für

Güter, die längere Zeit unterwegs bleiben können, ohne zu verderben und die nur einen geringen Frachtsatz vertragen.

07. Welche Güter werden mittels Seeschiffahrt versandt?

Ex- und Importgüter, die infolge ihres Gewichts oder Haltbarkeit den Seeweg vertragen, werden entweder als Stückgut oder als Schiffsladung versandt.

08. Welche Güter eignen sich für einen Versand mittels Flugzeug?

Als Luftpostpakete oder Luftfracht eignen sich fast alle Güter mit Ausnahme von Massengütern und feuergefährlichen Gütern. Besonders geeignet sind transportempfindliche, schnell verderbliche Güter und Güter mit hohem Seltenheitswert.

Aids-Test

09. Wie werden Güter gegen Transportschäden geschützt?

Transportschäden können mittels einer Transportversicherung abgedeckt werden. Die Transportversicherung deckt aber auch den Verlust von Gütern und erstreckt sich auf den Transport auf dem See-, Fluß-, Land- und Luftweg. Man unterscheidet die General- oder laufende Police, bei der der Versicherungsnehmer laufend gleichartige Transporte durchführt, die sämtlich als versichert gelten und die monatlich abgerechnet werden, die Abschreibepolice, bei der die Prämie für mehrere Monate im voraus erhoben wird und monatlich die verbrauchte Versicherungssumme vom Gesamtwert abgezogen wird. Schließlich kennt man noch die Einzelpolice, die dann verwendet wird, wenn der Versicherungsnehmer nur im Einzelfall Transporte zu versichern hat.

10. Welche Vorschriften gelten bei der Ein- und Ausfuhr?

Der deutsche Außenhandel ist weitgehend liberalisiert. Beschränkungen der Einfuhr gibt es im wesentlichen nur zum Schutz bestimmter Wirtschaftszweige. Beschränkungen der Ausfuhr können auf Grund der Bestimmungen des Außenwirtschaftsgesetzes (AWG) und der Außenwirtschaftsverordnung (AWV) aus Gründen der nationalen Sicherheit verfügt werden.

Rechtsgeschäfte im Außenwirtschaftsverkehr können ferner beschränkt werden, um die Erfüllung von Verpflichtungen aus zwischenstaatlichen Vereinbarungen zu ermöglichen.

11. Wie wird bei Waren verfahren, die nicht liberalisiert sind?

Waren, die nicht liberalisiert sind, werden im Rahmen bestimmter Kontingente durch Ausschreibungen zur Einfuhr freigegeben. Die Ausschreibungen werden von der Außenhandelsstelle für Erzeugnisse der Ernährung und Landwirtschaft oder bei gewerblichen Waren vom Bundesamt für gewerbliche Wirtschaft im Bundesanzeiger veröffentlicht. Der Importeur muß vor Abschluß des Kaufvertrages eine Einfuhrbewilligung beantragen und darf nur die ihm zugeteilte Warenmenge importieren.

12. Wie wird bei liberalisierter Einfuhr verfahren?

Bei liberalisierter Einfuhr muß der Importeur innerhalb von 14 Tagen nach Abschluß des Kaufvertrages aber noch vor der Einfuhr der Ware eine Einfuhrerklärung in zweifacher Ausfertigung der zuständigen Landeszentralbank zum Abstempeln einreichen. Die erste Ausfertigung ist zur Zollabfertigung bestimmt, während die zweite für das Bundesamt für gewerbliche Wirtschaft bzw. für die Außenhandelsstelle für Erzeugnisse der Ernährung und Landwirtschaft bestimmt ist. Für die Einfuhr wie die Zahlung sind Einfuhrerklärung und gegebenenfalls die Einfuhrbewilligung erforderlich. Zusätzlich wird ein statistischer Anmeldeschein gefordert.

13. Wie wird bei der Ausfuhr verfahren?

Die Ausfuhr unterliegt der Kontrolle durch den Zoll und der Deutschen Bundesbank. Dem deutschen Zollamt ist eine Ausfuhrerklärung mit Ausfuhrmeldung seitens des Exporteurs vorzulegen. Zwei Exemplare der Ausfuhrerklärung werden an der Grenze vom dortigen Zoll an die Bundesbank und an das Statistische Bundesamt gesandt. Die Grenzzollstelle bestätigt den Ausgang. Vereinfachungen bestehen für Exporte bis zu einem Wert von 1.000 DM.

14. Was sind Zölle?

Unter Zöllen versteht man Abgaben, die im grenzüberschreitenden Warenverkehr erhoben werden.

Rechtsgrundlagen sind: das Zollgesetz vom 14.06.61 in der Fassung von 1970, das Zolltarifgesetz (ZTG) vom 23.12.1960 mit Änderungen, die Allgemeine Zollordnung (AZO) vom 29.11.1961 mit Änderungen, die Zollwertverordnung (ZWVO) der EU Nr. 1224/80 vom 28.05.1980 mit Änderung Nr. 1055/85 vom 23.04.1985.

Die deutsche Zollgesetzgebungsbefugnis auf dem Gebiet des Zollrechts wird im starken Maße durch internationale Verpflichtungen und insbesondere durch den gemeinsamen Zolltarif der EU eingeschränkt. Der gemeinsame Zolltarif der EU hat aufgrund der Verordnung Nr. 950 von 1968 unmittelbare Geltung für Deutschland. Aufgrund dieser Verordnung wurde am 01.01.1988 das "Harmonisierte System zur Bezeichnung und Codierung der Waren" in Kurzform "HS" genannt, in der EU und anderen Staaten eingeführt. Dieses System mit seiner Nomenklatur ist die Grundlage für den "Gemeinsamen Zolltarif" der EU und den "Deutschen Gebrauchs-Zolltarif".

15. Welche Zölle sind heute üblich?

Wertzölle sind in Prozenten des Zollwertes ausgedrückt. In der Regel gilt der Rechnungspreis frei Zollgrenze (cif-Preis) als Zollwert. In der Praxis haben die Wertzölle die größte Bedeutung.

Spezifische Zölle werden nach Gewicht, Stückzahl oder Maß erhoben. Der Zoll wird jeweils auf das Zollnettogewicht erhoben;

Mischzölle bestehen aus einem Wertzollsatz und einem Gewichtszollsatz als Mindestzollsatz.

3.6.5 Transportwesen

16. Welche Risiken bestehen im Außenhandel?

Das Geschäftsrisiko ist bei Auslandsgeschäften im allgemeinen größer als bei Inlandsgeschäften. Für den Exporteur treten zusätzliche Risiken auf, wie z.B. das Kreditrisiko, das Währungsrisiko, das Transportrisiko, das Abnahmerisiko, das Konvertierungs-Risiko, das Transfer-Risiko und das politische Risiko.

Für den Importeur sind gegenüber Inlandsgeschäften neben dem Transportrisiko vor allem das Erfüllungs- und das Qualitätsrisiko zu bedenken.

17. Welche Zahlungsbedingungen gelten im Außenhandel?

Zum Zwecke der Einschränkung eines Teils der zusätzlichen, nicht kalkulierbaren Risiken ist im zwischenstaatlichen Handels- und Zahlungsverkehr die Anwendung sogenannter gesicherter Zahlungsbedingungen üblich, die besondere bankmäßige Abwicklungsformen entstehen ließen, wie z.B.

a) Vorauszahlung,
b) Zahlung mittels Akkreditivs:
  - Barzahlung bei Übergabe der Dokumente,
  - Aushändigung eines Akzeptes bei Übergabe der Dokumente (Rembourskredit),
c) Dokumente gegen Kasse (documents against payment = d/p),
d) Dokumente gegen Akzept (documents against acceptance = d/a),
e) Zahlung nach Eingang der Ware und Rechnung,
f) Zahlung nach Ablauf eines Zahlungszieles (offenes Zahlungsziel).

18. Welche Lieferungsbedingungen gelten im Außenhandel?

Die Lieferungsbedingungen legen die allgemeinen Rechte und Pflichten der Vertragspartner von Außenhandelsgeschäften fest, die mit der Warenlieferung zusammenhängen. Sie bestimmen u.a. den Abladeort, den Zeitpunkt des Gefahren- und Eigentumsüberganges auf den Käufer und ferner die Aufteilung der Beförderungskosten auf den Käufer und Verkäufer.

In der Außenhandelspraxis entwickelten sich im Laufe der Zeit zahlreiche Usancen in Gestalt bestimmter Vertragsformeln für die verschiedenen praktischen Ausgestaltungsmöglichkeiten der Lieferungsbedingungen. Die gebräuchlichsten dieser Vertragsformeln wurden von der Internationalen Handelskammer erstmals als „International Commercial Terms 1936" (Incoterms) zusammengestellt und erläutert.

Die Incoterms sind 1990 von der Internationalen Handelskammer gegenüber den bislang geltenden Regeln wesentlich verändert und den jetzt im Handel eingetretenen Veränderungen und Neuerungen angepaßt worden. Insbesondere sollte auch dem ständig steigenden Einsatz des elektronischen Datenaustauschs und den veränderten Transporttechniken, z.B. durch den Einsatz von Containern, Rechnung getragen werden.

19. Welche Bedeutung haben die Incoterms?

Die Versendung von Waren von Land zu Land unterliegt verschiedenen Risiken, die mit erheblichen Folgen für Käufer und Verkäufer verbunden sein können und auch das Vertrauensverhältnis belasten. Durch eine Bezugnahme auf eine Incoterm-Klausel in den Handelsverträgen können Käufer und Verkäufer ihre gegenseitigen Verpflichtungen einfach und sicher bestimmen, denn die Incoterms enthalten international anerkannte Regeln zur Auslegung der hauptsächlich im Außenhandel verwendeten Vertragsformeln. Unternehmen, die diese Regeln anwenden wollen, sollten in ihren Handelsverträgen ausdrücklich angeben, daß diese den Bestimmungen der Incoterms 1990 unterliegen.

20. Wie sind die Incoterms eingeteilt?

Die Incoterms sind in vier Gruppen eingeteilt:

Gruppe E: = (Abholklausel), Sie bedeutet: Ab Werk, d.h. der Verkäufer stellt dem Käufer die Ware auf seinem eigenen Grundstück zur Verfügung = EX Works (EXW - benannter Ort)

Gruppe F: = Hier ist der Verkäufer verpflichtet, die Ware einem vom Käufer benannten Frachtführer zu übergeben:
FCA = Frei Frachtführer (benannter Ort)
FAS = Frei Längsseite Seeschiff (benannter Verschiffungshafen)
FOB = Frei an Bord (benannter Verschiffungshafen)

Gruppe C: Nach diesen Klauseln hat der Verkäufer den Beförderungsvertrag abzuschließen, ohne das Risiko des Verlustes oder der Beschädigung der Ware oder zusätzlicher Kosten, die auf Ereignisse nach dem Abtransport zurückzuführen sind, zu tragen:
CFR = Kosten und Fracht (benannter Bestimmungshafen)
CIF = Kosten, Versicherung, Fracht (benannter Bestimmungshafen)
CPT = Frachtfrei (benannter Bestimmungsort)
CIP = Frachtfrei versichert (benannter Bestimmungsort)

Gruppe D: Nach diesen Klauseln übernimmt der Verkäufer alle Kosten und Risiken, bis die Ware im benannten Bestimmungsland eintrifft:
DAF = Geliefert Grenze (benannter Ort)
DES = Geliefert ab Schiff (benannter Bestimmungshafen)
DEQ = Geliefert ab Kai (verzollt) = benannter Bestimmungshafen
DDU = Geliefert unverzollt (benannter Ort)
DDP = Geliefert verzollt (benannter Ort)

21. Welche Bedeutung haben die verschiedenen Incoterms im einzelnen?

Ab Werk: bedeutet, daß der Verkäufer seine Lieferverpflichtungen erfüllt, wenn er die Ware auf seinem Gelände zur Verfügung stellt. Er ist insbesondere mangels anderer Vereinbarung nicht verpflichtet, die Ware auf das vom Käufer zu beschaffende Transportmittel zu verladen oder die Ware zur Ausfuhr freizumachen. Der Käufer trägt alle Kosten und Gefahren, die mit dem Transport der Ware von dem Gelände des Verkäufers zum vereinbarten Bestimmungsort verbunden sind.

3.6.5 Transportwesen

Frei Frachtführer:	bedeutet, daß der Verkäufer seine Lieferverpflichtung erfüllt, wenn er die zur Ausfuhr freigemachte Ware dem vom Vekäufer benannten Frachtführer am benannten Ort oder an der benannten Stelle übergibt. Wenn der Käufer keine bestimmte Stelle angegeben hat, kann der Verkäufer innerhalb des festgelegten Ortes wählen, wo der Frachtführer die Ware übernehmen soll.
Frei Längsseite Schiff:	bedeutet, daß der Verkäufer seine Lieferverpflichtung erfüllt, wenn die Ware längsseits des Schiffes am Kai ist. Dies bedeutet, daß der Käufer alle Kosten und Gefahren des Verlustes oder der Beschädigung von diesem Zeitpunkt an zu tragen hat. Die FAS-Klausel verpflichtet den Käufer, die Ware zur Ausfuhr freizumachen.
Frei an Bord:	bedeutet, daß der Verkäufer seine Lieferverpflichtung erfüllt, wenn die Ware die Schiffsreling in dem genannten Verschiffungshafen überschritten hat. Das bedeutet, daß der Verkäufer von diesem Zeitpunkt an alle Kosten und Gefahren des Verlustes oder der Beschädigung der Ware zu tragen hat. Die FOB-Klausel verpflichtet den Verkäufer, die War zur Ausfuhr freizumachen. Diese Klausel kann nur für den See- oder Binnenschifftransport verwendet werden.
Kosten und Fracht:	bedeutet, daß der Verkäufer die Kosten und die Fracht tragen muß, die erforderlich sind, um die Ware zum benannten Bestimmungshafen zu befördern; jedoch gehen die Gefahr des Verlustes oder der Beschädigung der Ware ebenso wie zusätzliche Kosten, die auf Ereignisse nach Lieferung der Ware an Bord zurückzuführen sind, vom Verkäufer auf den Käufer über, sobald die Ware die Schiffsreling im Verschiffungshafen überschritten hat. Die CFR-Klausel verpflichtet den Verkäufer, die Ware zur Ausfuhr freizumachen.
Kosten, Versicherung,	Fracht: bedeutet, daß der Verkäufer die gleichen Verpflichtungen wie bei der CFR-Klausel hat, jedoch zusätzlich die Seetransportversicherung gegen die vom Käufer getragene Gefahr des Verlustes oder der Beschädigung der Ware während des Transports abzuschließen hat. Der Verkäufer schließt den Versicherungsvertrag zu Mindestbedingungen und zahlt die Versicherungsprämie. Die CIF-Klausel verprlichtet den Verkäufer, die Ware zur Ausfuhr freizumachen.
Frachtfrei:	bedeutet, daß der Verkäufer die Fracht für die Beförderung der Ware bis zum benannten Bestimmungsort trägt. Die Gefahr des Verlustes oder der Beschädigung der Ware geht, ebenso wie zusätzliche Kosten, die auf Ereignisse

nach Lieferung der Ware an den Frachtführer zurückzuführen sind, vom Verkäufer auf den Käufer über, sobald die Ware dem Frachtführer übergeben worden ist. Die CPT-Klausel verpflichtet den Verkäufer, die Ware zur Ausfuhr freizumachen.

Frachtfrei versichert: bedeutet, daß der Verkäufer die gleichen Verpflichtungen wie bei de CPT-Klausel hat, jedoch zusätzlich die Transportversicherung gegen die vom Käufer getragene Gefahr des Verlustss oder der Beschädigung der Ware während des Transports zu tragen hat. Der Verkäufer schließt die Versicherung zu Mindestbedingungen ab und trägt die Versicherungsprämie. Die CIP-Klausel verpflichtet den Verkäufer, die Ware zur Ausfuhr freizumachen.

Geliefert Grenze: bedeutet, daß der Verkäufer seine Lieferverpflichtung erfüllt, wenn die zur Ausfuhr freigemachte Ware an der benannten Stelle des benannten Grenzortes zur Verfügung gestellt wird, jedoch vor der Zollgrenze des benachbarten Landes. Der Begriff Grenze schließ jedes Gebiet ein, auch die Grenze des Ausfuhrlandes, so daß es von entscheidener Bedeutung ist, die fragliche Grenze genau zu bestimmen und stets Ort und Stelle in der Vertragsklausel zu benennen.

Geliefert ab Schiff: bedeutet, daß der Verkäufer seine Lieferverpflichtung erfüllt, wenn die Ware, die vom Verkäufer nicht für die Ausfuhr freizumachen ist. Dem Käufer an Bord des Schiffes im benannten Bestimmungshafen zur Verfügung gestellt wird. Der Verkäufer hat alle Kosten und Gefahren der Lieferung der Ware bis zum benannten Bestimmungshafen zu tragen.

Geliefert ab Kai (verzoll): bedeutet, daß der Verkäufer seine Lieferverpflichtung erfüllt, wenn er die zur Einfuhr freigemachte Ware dem Käufer am Kai des benannten Bestimmungshafens zur Verfügung stellt. Der Verkäufer hat alle Gefahren und Kosten einschließlich Steuern, Zölle und anderer Kosten für die Lieferung der Ware bis zu diesem Ort zu tragen.

Geliefert unverzollt: bedeutet, daß der Verkäufer seine Lieferverpflichtung erfüllt, wenn die Ware am benannten Ort im Einfuhrland zur Vergfügung gestellt wird. Der Verkäufer hat alle Kosten und Gefahren der Beförderung bis zu diesem Ort (außer den bei der Einfuhr anfallenden Zöllen, Steuern und öffentlichen Abgaben, sowie die Kosten und Gefahren der Erledigung der Ausfuhrzollformalitäten) zu tragen. Der Käufer hat alle zusätzlichen Kosten und Gefahren zu tragen, die durch sein Versäumnis, die Ware rechtzeitig zur Einfuhr freizumachen, entstehen.

3.6.6 Entsorgung und Wiederverwertung

Geliefert verzollt: bedeutet, daß der Verkäufer seine Lieferverpflichtung erfüllt, wenn die Ware am benannten Ort im Einfuhrland zur Vergügung gestellt wird. Der Verkäufer hat alle Gefahren und Kosten der Lieferung der zur Einfuhr freigemachten Ware bis zu diesem Ort einschließlich Zölle, Steuern und anderer Abgaben zu tragen. Während die Klausel "Ab Werk" eine Mindestverpflichtung des Verkäufers darstellt, enthält die DDP-Klausel die Maximalverpflichtung.

22. Was versteht man unter dem Ursprung von Waren?

Der Begriff Ursprung von Waren, der für das gesamte Wirtschaftsleben und in besonderer Weise für den Außenhandel bedeutsam ist, deckt mehrere Teilbegriffe ab: den wettbewerbsrechtlichen Ursprung, der die Bezeichnung "Made in ..." abdeckt, den handelspolitischen Ursprung, der durch ein IHK-Ursprungszeugnis abgedeckt ist und den präferenzrechtlichen Ursprung. Beim präferenzrechtlichen Ursprungsbegriff ist der Sachverhalt geregelt, daß bestimmte Länder und Ländergruppen mit der EU Abkommen geschlossen haben, die zur Folge haben, daß Waren, die den präferenzrechtlichen Ursprung in diesen Ländern aufweisen, unter bestimmten Voraussetzungen zollfrei oder zollermäßigt in die EU eingeführt oder im umgekehrten Fall ausgeführt werden können. In den genannten Abkommen ist genau bestimmt, unter welchen Bedingungen die Waren präferenziert sind bzw. unter welchen Bedingungen sie einen präferenzbegünstigten Ursprung haben.

Welche Grundsätze sind bei der Herstellung von Ursprungserzeugnissen?

Es gelten:
a) das Terrtitorialprinzip, d.h. die Ursprungsware muß im Gebiet der EU entstanden sein. Sind also Waren z.B. zur Zwischenverarbeitung im Rahmen von Veredelungsverkehren in Drittländer verbracht worden so erlischt eine bereits erworbene Ursprungseigenschaft;
b) das Identitätsprinzip, d.h. Ursprungserzeugnisse und gleichartige Nicht-Ursprungswaren dürfen nicht ausgetauscht werden;
c) das Dokumentationsprinzip, d.h. die Zollpräferenz wird nur bei Vorlage des vorgeschriebenen Nachweises gewährt;
d) die Direktbeförderungsregel, d.h. die Ware muß grundsätzlich direkt vom präferenzierten Ursprungsland in den Empfangsstaat, der die Präferenzen gewährt, befördert werden.

Welche Erzeugnisse gelten als Ursprungserzeugnisse?

Als Ursprungserzeugnisse gelten:
a) Erzeugnisse, die vollständig in der EU/im Vertragsstaat gewonnen worden sind sowie Altwaren,
b) oder Erzeugnisse, die in der EU/im Vertragsstaat unter Verwendung von Drittlandswaren (z.B. aus Japan oder den USA) hergestellt worden sind, wenn diese Drittlandswaren in ausreichendem Maße be- oder verarbeitet worden sind.

Welche Unterschiede bestehen zwischen den verschiedenen Ursprungsbegriffen?

Der wettbewerbsrechtliche Ursprungsbegriff richtet sich nach den Vorstellungen des Verbrauchers, der handelsrechtlich nach Regeln des Art. 5 der EG-Verordnung Nr. 802/68 bzw. nach den - zur Zeit - geltenden 13 Sonderverordnungen, welche sich beziehen auf:
- den Ursprung einer Hauptsache, wenn es sich bei dem zu prüfenden Ursprung einer Ware um ein Ersatzteil handelt,
- bestimmte Wertkriterien bei Rundfunk-, Fernseh- und Tonbandgeräten,
- bestimmte Verarbeitungsvorgänge bei integrierten Schaltungen, Fotokopieranlagen und Wälzlagern,
- Positionswechsel bei Keramikwaren,
- Positionswechsel und/oder bestimmte Verarbeitungsvorgänge und/oder bestimmte Wertkriterien bei Spinnstoffen und Waren daraus.

Der präferenzrechtliche Ursprungsbegriff richtet sich nach den bilateralen und multilateralen Verträgen, die die beim Ursprungserwerb abstellen auf Tarifsprung/ Positionswechsel und/oder bestimmte Verarbeitungsvorgänge und/oder Wertsteigerungskriterien.

23. Welche Besonderheiten sind bei der Anwendung der Incoterms zu beachten?

Die jetzt geltenden Incoterms wurden in ihrer Erstfassung 1936 aus einer Vielzahl lokaler und warenbezogener Handelsbräuche (Usancen) abgeleitet und in den Jahren 1953, 1967, 1976 und 1980 überarbeitet und erweitert.

Die Incoterms regeln folgende Sachverhalte detailliert:
Lieferung, Abnahme, Zahlung des Kaufpreises, Lizenzen, Genehmigungen und Formalitäten, Beförderungs- und Versicherungsvertrag, Gefahrenübergang, Kostentragung, den Liefernachweis, Transportdokument, Prüfung und Verpackung der Ware. Sie erfassen jedoch nicht den Eigentumsübergang, die Mängelrüge und die Gewährleistung. Hier gilt das nationale Recht oder eine internationale Konvention, wie z.B. das Wiener Kaufrechtsübereinkommen.

Jeder Erfassungsbereich hat Folgewirkungen, wie z.B. in den Gefahrenübergang der Übergang der Preisgefahr eingebunden ist. Der Käufer muß auch bei Untergang der Waren diese bezahlen, wenn der Gefahrenübergang vorher auf ihn erfolgt ist.

Nicht in allen Klauseln fallen Kosten- und Gefahrenübergang zusammen. Ist dies der Fall, so spricht man von der Einpunktklausel, geschieht dies zu verschiedenen Zeiten oder an verschiedenen Orten, so spricht man von der Zweipunktklausel.

Die Incoterms sind keine internationale Rechtsnorm, sie haben lediglich Empfehlungscharakter, deren Anwendung ausdrücklich vertraglich zu vereinbaren ist. Im Einzelfall von den Incoterms abweichende Vereinbarungen in Verträgen gehen diesen im Range vor.

Die in den Incoterms 1990 enthaltenen 13 Klauseln, die in Kurzform mit drei Buchstaben angegeben werden, die aus dem englischen Text abgeleitet sind, ermöglichen eine klare Abgrenzung bestimmter Pflichten von Käufer und Verkäufer.

3.6.5 Transportwesen

Im Handel mit den USA sind die American Foreign Trade Definitions verbreitet, die jedoch nicht mit den Incoterms 1990 übereinstimmen.

Fehlt ein Hinweis auf Incoterms im Vertrag oder ist diese ohne Jahreszahl angegeben, besteht im Streitfall die Gefahr einer unterschiedlichen Auslegung nach den jeweiligen Branchen- oder sonstigen Usancen einzelner Länder oder Bestimmungshäfen.

24. Welche wichtigen zollrechtlichen Begriffe des Präferenzrechts sind in der betrieblichen Praxis bei Im- und Exporten bedeutsam?

Aktive Veredelung: Sie ist eine Zollbehandlung, die es ermöglicht, Drittlandswaren ohne Abgabenlisten (Zoll, Einfuhrumsatzsteuer, Verbrauchsteuer) einzuführen. Voraussetzung ist, daß die aus den eingeführten Waren hergestellten Erzeugnisse in ein Drittland exportiert werden.

Außenzolltarif: Zusammenfassung aller Zollsätze in dem Gemeinsamen Zolltarif gegenüber Staaten, die nicht der EU angehören.

Präferenznachweis: Urkunde, die eine zollbegünstigte Abfertigung von Waren ermöglicht.

Ursprungserzeugnisse sind Waren, die unter Beachtung der Ursprungsregel hergestellt worden sind.

Ursprungsland ist dasjenige Land, in dem die letzte ursprungsbegründende Bearbeitung im Sinne der Ursprungsregeln stattgefunden hat.

Verzollung ist die Abfertigung der eingeführten Waren zum freien Verkehr unter Zahlung der Einfuhrabgaben.

Warenverkehrsbescheinigung ist ein Formular zur Erlangung der Zollpräferenz.

Zollanmeldung ist die Beschreibung der für die Zollbehandlung maßgebenden Merkmale der Ware. Die Zollanmeldung ist eine Steueranmeldung im Sinne der Abgabenordnung.

Zollgut sind Waren, die sich nicht im freien Verkehr der Gemeinschaft befinden, d.h. die noch nicht verzollt worden sind.

Zollschuld ist der Zollbetrag, der sich aus dem Zollwert der Ware errechnet und der bis zu einem bestimmten Zeitpunkt gezahlt sein muß.

Zollwert ist der Wert der eingeführten Ware unter Beachtung der zollrechtlichen Bestimmungen. Er wird grundsätzlich vom Rechnungspreis festgesetzt, der evtl. um Transportkosten und Versicherungskosten berichtigt wird.

25. Was bedeutet Exportfactoring?

Exportfactoring bedeutet den Ankauf von kurzfristigen Warenforderungen mit Übernahme des vollen Kreditrisikos und der Debitorenüberwachung durch eine Factoring-Gesellschaft. Die Konditionen richten sich nach dem Jahresumsatz pro Abnehmer und nach den Rechnungsgrößen. Die Factorgebühr beträgt zwischen 1 und 2,5 % des Rechnungsbetrages. Für die Bevorschussung der Forderungen werden bankübliche Zinsen berechnet. Factoring ist aber auch im Inlandsgeschäft üblich.

Die Vorteile des Factoring sind:
- Liquiditätsgewinn durch sofortige Begleichung der Außenstände, voller Schutz vor Forderungsausfällen
- keine rechtlichen Probleme oder Kosten durch solche Probleme
- Verbeserung der Wettbewerbsposition durch Gewährung längerer Zahlungsziele
- feste Kalkulationsgrößen.

26. Was ist ein Akkreditiv?

Im Rahmen des Bankenverkehrs ist das Akkreditiv der Auftrag eines Kunden an seine Bank, ihm selbst oder einem Dritten bei der beauftragten Bank oder bei einem anderen Institut einen bestimmten Geldbetrag zur Verfügung zu stellen und unter gewissen Bedingungen auszuzahlen.

Nach der Art der Bedingungen, unter denen die Zahlung der Bank an den Begünstigten geleistet wird, ist zu unterscheiden zwischen einem
- Barakkreditiv und einem
- Waren- oder Dokumenten-Akkreditiv (DA).

Bei den Barakkreditiven erfolgt die Auszahlung des vereinbarten Geldbetrages in der Regel ohne besondere Gegenleistung des Begünstigten.

Beim Waren- oder Dokumenten-Akkreditiv hingegen erhält der Begünstigte den festgesetzten Geldbetrag, wenn er der das Akkreditiv eröffnenden Bank oder der von ihr beauftragten Korrespondenzbank bestimmte Dokumente über die versandte Ware als Gegenleistung übergibt.

27. Welche Formen von Akkreditive kennt man?

Das widerrufliche Akkreditiv begründet zwischen der das Akkreditiv eröffnenden Bank (= Akkreditivbank) und dem Begünstigten keine rechtlich bindenden Verpflichtungen.

Das unwiderrufliche Akkreditiv. Die Unwiderruflichkeit muß im Akkreditivtext ausdrücklich vermerkt werden, da sonst das Akkreditiv als widerruflich behandelt wird.

Das bestätigte Akkreditiv. Durch die Bestätigung erlangt der Exporteur auch gegenüber seiner Bank ein unwiderrufliches Zahlungsversprechen und erhält dann seine eingelösten Dokumente „endgültig" bezahlt, d.h. ohne Rücksicht darauf, ob sie von der Akkreditivbank eingelöst werden und ihr Gegenwert auch tatsächlich an seine Bank gelangt oder nicht.

28. Was ist ein Dokument?

Im Rahmen von Außenhandelsgeschäften werden als Dokumente alle Papiere bezeichnet, die den Versand oder die Einlagerung von Außenhandelsgütern und deren Versicherung, die vertragsgetreue Lieferung und die Beachtung besonders vereinbarter oder behördlich vorgeschriebener Einzelheiten belegen.

29. Was versteht man unter einem Konnossement?

Das Konnossement ist ein Wertpapier, das der Verfrachter oder dessen Bevollmächtigter dem Exporteur direkt oder dem von diesem beauftragten Spediteur (Ablader) auf Grund eines abgeschlossenen Seefrachtvertrages ausstellt. Es enthält die Bestätigung des Empfangs der übernommenen Waren und die Verpflichtung, diese zu befördern und dem legitimierten Inhaber des Konnossements nach Beendigung der Seereise auszuhändigen.

30. Welche Begleitpapiere werden gefordert?

Neben den Waren- und Versicherungsdokumenten wird in den Dokumentakkreditiven vom Exporteur gewöhnlich noch die Vorlage einer Reihe von Begleitpapieren gefordert.

An erster Stelle ist hier die Handelsfaktura (commercial oder customer's invoice) anzuführen, deren detaillierte Warenbeschreibung mit der im Akkreditiv enthaltenen identisch sein muß und die in der Regel den deutschen Banken in mehrfacher unterschriebener Ausfertigung vorzulegen ist.

Neben der Handelsfaktura ist verschiedentlich auch eine Konsulatsfaktura (consular invoice) oder ein Ursprungszeugnis vorzulegen, die von der konsularischen Vertretung des Importlandes im Lande des Exporteurs bzw. von den Handelskammern des Exportlandes mit Prüf- bzw. Sichtvermerken versehen werden. Sie sollen dem Importeur als Beweismittel für den Ursprung und den Preis der gekauften Ware dienen.

Ferner kommen als Begleitpapiere noch Lagerscheine (warrant) in Frage, sofern die gelieferte Ware im Bestimmungsland vor Übergabe an den Importeur noch einige Zeit in öffentlichen Lagerhäusern aufbewahrt werden soll.

Neben Gewichtsdokumenten (weight note) kann schließlich auch noch die Vorlage sogenannter Gütenachweise in Form von Expertisen, Qualitäts- oder Analysenzertifikaten vorgeschrieben werden, wodurch sich der Käufer gegen die Lieferung qualitativ minderwertiger Ware sichert.

31. Wann tritt der Gefahrenübergang ein?

Der Übergang der Schadenshaftung für die zufällige Verschlechterung oder Zerstörung einer gekauften oder zur Herstellung bestellten Sache auf den Käufer bzw. Besteller tritt ein mit der Übergabe der gekauften Sache beim Kauf und der Abnahme des bestellten Werks beim Werkvertrag, bei der Versendung der gekauften oder bestellten Sache, bzw. bei Auslieferung an den Spediteur, Frachtführer, Post oder Bahn. Diesen Risiken kann durch Abschluß einer Transportversicherung begegnet werden.

3.6.6 Entsorgung und Wiederverwertung

01. Was versteht man unter Entsorgung?

Unter Entsorgung werden alle Maßnahmen verstanden, die in Betrieben, Betriebsteilen oder einzelnen Betriebsanlagen notwendig sind, um bei der Herstellung von Produkten entstehende Nebenprodukte wie Abfälle, Abgase oder Abwässer zu beseitigen. Eine Entsorgung kann nur bei völlig ungefährlichen sog. "weißen Stoffen" ohne besondere Schutzmaßnahmen für die Umwelt erfolgen. Solche Schutzmaßnahmen können überdies nur bei geringen Mengen solcher Stoffe, unterbleiben. In aller Regel müssen aber die anfallenden Stoffe, Flüssigkeiten und Gase vor Einleitung in die Atmosphäre oder in das Wasser bzw. vor der Ablagerung im Boden oder auf Deponien sorgfältig aufbereitet werden.

02. Was ist das Ziel der Entsorgung?

Ziel der Entsorgung ist es, vor Abgabe von Stoffen in die Umwelt einen möglichst natürlichen oder naturähnlichen, ungiftigen und unschädlichen Zustand zu erreichen oder ungefährliche Lagerstoffe für diejenigen Stoffe zu schaffen, bei denen sich dieser Zustand nicht erreichen läßt.

03. Was versteht man unter Recycling?

Unter diesem aus dem Englischen stammenden Begriff versteht man die Einschleusung oder Rückführung bzw. Wiederverwertung von Abfallstoffen in den Produktionsprozeß, indem Abfälle, Nebenprodukte oder verbrauchte Endprodukte als Rohstoffe für die Herstellung neuer Produkte dienen.

04. Warum ist eine Wiederverwertung (Recycling) notwendig?

Durch Verknappung und Verteuerung von Rohstoffen und Energie, sowie aus Gründen des Umweltschutzes durch sinkende Möglichkeiten zur Ablagerung von Abfällen, die Belastung der Luft, der Gewässer und der Flüsse durch Abfallstoffe und strenge gesetzliche Vorschriften zur Beseitigung von Abfällen gewinnt die Wiederverwertung eine immer größere Bedeutung.

05. Welche Beispiele lassen sich für eine solche Wiederverwertung anführen?

- Die Wiedergewinnung von Edelmetallen aus Münzlegierungen;
- die Gewinnung von Faserstoffen aus gebrauchten Textilien;
- die Wiederverwertung von Eisenschrott;
- die Aufarbeitung von Altaluminium;
- die Aufbereitung von Altöl;
- die Verarbeitung von Altgummi und Kunststoffabfällen;
- die Wiederverwertung von Altpapier und -glas;
- die Regenerierung von Lösungsmitteln.

06. Was versteht man unter Abfallbörsen?

Eine Abfallbörse verfolgt den Zweck, Rückstände einem möglichst großen Interessenkreis anzubieten bzw. solche Rückstände nachfragen zu lassen, um den Anfall von Abfällen zu mindern und Rohstoffe zu sparen. Die Abfallbörsen werden von einzelnen Industrie- und Handelskammern in Zusammenarbeit mit dem DIHT getragen; sie arbeiten unentgeltlich. Angebote und Nachfragen werden aus Gründen des Datenschutzes unter Chiffre bearbeitet.

07. Was sind Abfälle?

Abfälle im Sinne des Abfallbeseitigungsgesetzes (AbfG) sind bewegliche Sachen, deren sich der Besitzer entledigen will oder deren geordnete Beseitigung zur Wahrung des Wohls der Allgemeinheit notwendig ist.

08. Was versteht man unter Abfallbeseitigung?

Abfallbeseitigung im Sinne des Abfallbeseitigungsgesetzes ist das Einsammeln, Befördern, Behandeln, Lagern und Ablagern von Abfällen.

09. Was ist das Ziel des Abfallbeseitigungsgesetzes?

Ziel des Gesetzes ist es, Abfälle so zu beseitigen, daß

- die Gesundheit von Menschen nicht gefährdet und ihr Wohlbefinden nicht beeinträchtigt wird;
- Nutztiere, Vögel und Fische nicht gefährdet werden;
- Gewässer, Boden und Nutzpflanzen nicht schädlich beeinflußt werden;
- schädliche Umwelteinwirkungen durch Luftverunreinigungen oder Lärm nicht entstehen;
- die Belange des Naturschutzes und der Landschaftspflege sowie des Städtebaus gewahrt werden;
- die öffentliche Sicherheit und Ordnung weder gefährdet noch gestört wird.

Besondere Anforderungen an die Abfallbeseitigung werden für Abfälle aus gewerblichen oder sonstigen wirtschaftlichen Unternehmungen gestellt, wenn diese Abfälle in besonderem Maße gesundheits-, luft- oder wassergefährdend, explosibel oder brennbar sind oder Erreger übertragbarer Krankheiten enthalten bzw. hervorbringen können.

10. Was besagt die Verpackungsverordnung?

Die am 8. Mai 1991 verabschiedete und am 21. Juni 1991 in Kraft getretene Verordnung über die Vermeidung von Verpackungsabfällen (VerpackV) (BGBl. I S. 1234 f.) sieht vor, daß Verpackungsabfälle auf das zum Schutz des Füllguts und zur Vermarktung notwendige Maß beschränkt und wiederbefüllbar gestaltet werden, soweit dies möglich, wirtschaftlich zumutbar und mit dem Füllgut vereinbar ist. Sie sollen, falls sie nicht wiederbefüllt werden können, vorrangig stofflich verwertet werden.

11. Wer fällt unter den Anwendungsbereich der Verpackungsverordnung?

Der Verordnung unterliegt jeder, der gewerbsmäßig oder im Rahmen wirtschaftlicher Unternehmen oder öffentlicher Einrichtungen (Hersteller, Abfüller, Importeure, Kantinen, Gaststätten, Imbißständen usw.) Verpackungen oder diesbezügliches Vormaterial herstellt (Hersteller) oder Verpackungen, gleichgültig auf welcher Handelsstufe, in den Verkehr bringt (Vertreiber). Als Vormateriallieferanten gelten u.a. auch die entsprechende Glas- und Stahlindustrie sowie die granulatherstellende Chemische Industrie. Als Vertreiber im Sinne der Verordnung gilt auch der Versandhandel. Der Verpackungsverordnung unterliegen auch alle Importe in die Bundesrepublik Deutschland.

12. Welche besonderen Vorschriften bestehen über das Inkrafttreten der Verpackungsverordnung?

Die Verpackungsverordnung tritt stufenweise in Kraft. Ab 1. Dezember 1991 werden Transportverpackungen, ab 1.4.1992 Umverpackungen und ab 1. Januar 1993 Verkaufsverpackungen gemäß der Verpackungsverordnung behandelt.

13. Welche wesentlichen Anforderungen beinhaltet die Verpackungsverordnung?

a) Auf allen Handelsstufen steht durchgängig bis zum privaten oder gewerblichen Endverbraucher für alle entsprechenden Vertreiber eine Pfanderhebungspflicht für Getränke-Einwegverpackungen - ab einem Füllvolumen von 0,2 Liter in Höhe von 0,50 DM, ab einem Füllvolumen von 1,5 Liter ein Mindestpfand von 1,-- DM. Dieses Pfand ist jeweils bei der Verpackungsrückgabe zu erstatten. Entsprechende Pfanderhebungspflichten bestehen für Verpackungen von Wasch- und Reinigungsmitteln sowie für Dispersionsfarben.
b) Jeder Vertreiber von Läden ab 200 qm Verkaufsfläche muß die gebrauchten Verkaufsverpackungen in unmittelbarer Nähe der Verkaufsstelle kostenlos zurücknehmen. Diese Verpflichtung besteht für alle Waren, die er in seinem Sortiment führt.

14. Welche Befreiungsmöglichkeiten bestehen?

Hersteller und Vertreiber können sich zur Erfüllung der in der Verpackungsverordnung bestimmten Pflichten Dritter bedienen. § 6 Abs. 3 ermöglicht den Herstellern und Vertreibern von Verpackungen eine generelle Befreiung von der Rücknahme-, Wiederbefüllungs- und stofflichen Verwertungspflicht durch Inanspruchnahme entsprechender und geeigneter Entsorgungssysteme. Voraussetzung ist, daß sich alle entsprechenden Hersteller und Vertreiber an einem System beteiligen, das flächendeckend im Einzugsgebiet (Bundesland) des letzten Vertreibers von Waren in Verkaufsverpackungen eine regelmäßige Abholung gebrauchter Verkaufsverpackungen beim privaten oder gewerblichen Endverbraucher oder in deren Nähe in ausreichender Weise gewährleistet.

15. Was versteht man unter dem Dualen System im Sinne der Verpackungsverordnung?

Für die Organisation, Finanzierung und Abwicklung eines haushaltnahen Erfassungssystems hat die deutsche Wirtschaft (Handel, Materialhersteller, Verpackungshersteller, Abfüller, Konsumgüterhersteller) die <u>Duales System Deutschland, Gesellschaft für Abfallvermeidung und Sekundärrohstoffgewinnung mbH (DSD) mit Sitz in Bonn gegründet.</u> Zur Finanzierung des Dualen Systems vergibt die DSD Lizenzen, die das Recht zum Aufdruck des "Grünen Punktes" auf Verpackungen enthalten. <u>Dafür sind Lizenzentgelte zu zahlen.</u> Der Grüne Punkt wird über einen Zeichennutzungsvertrag vergeben. Der Grüne Punkt darf mithin nur gegen Entrichtung einer entsprechenden Gebühr auf Verpackungen aufgebracht werden. Antragsteller für die Nutzung des Grünen Punktes ist in der Regel der Konsumgüterhersteller, der sog. Abfüller. Der Grüne Punkt kennzeichnet nicht eine umweltfreundliche Verpackung, sondern signalisiert lediglich deren Entsorgungsweg im Rahmen des Dualen Systems.

Durch das Sammeln, Sortieren und Verwerten gebrauchter Verpackungen, die etwa die Hälfte des deutschen Hausmülls ausmachen, sollen die Abfallmengen verringert und die Deponien entlastet werden.

Verpackungsabfälle können vermieden werden durch:
- Verzicht auf überflüssige Verpackungen,
- Reduzierung von Material, Volumen und Gewicht,
- die stoffliche Verwertung notwendiger Verpackungen,
- die stärkere Nutzung von Mehrwegsystemen.

3.7 Absatzwirtschaft

3.7.1 Marketing als Teil der Unternehmenskonzeption

01. Was versteht man unter Absatz?

Unter Absatz versteht man nicht nur die reine Verkaufstätigkeit, sondern auch die Vorbereitung, Anbahnung, Durchführung und Abwicklung der vertriebs- und absatzorientierten Tätigkeit eines Unternehmens.

02. Was versteht man unter Marketing?

Marketing bezeichnet eine Handlungsweise, die sich an den Kundenwünschen und am Bedarf des Marktes orientiert. Während in den ersten Jahren nach der Währungsreform nahezu alle produzierten Waren reibungslos abgesetzt werden konnten, weil die Nachfrage der Konsumenten das Warenangebot der Hersteller überstieg - eine Situation, die als Verkäufermarkt umschrieben wird - setzte etwa Mitte der 50er Jahre eine Situation ein, in der zwar infolge der Automatisierung und anderer rationeller Herstellungsverfahren die Kundenwünsche befriedigt werden konnten, gleichzeitig aber die Kaufkraft stieg und sich mithin die Kundenwünsche differenzierten. Waren konnten nur noch dann abgesetzt werden, wenn sie konkret den Vorstellungen der Verbraucher entsprachen - eine Situation, die als Käufermarkt bezeichnet wird. Es kommt also entscheidend darauf an, zu erkunden, ob ein Bedarf für ein neues Produkt besteht, wie es aussehen soll, welche Funktionen es erfüllen soll und welcher Preis vom Markt akzeptiert wird, bevor das Produkt überhaupt produziert werden kann.

03. Welche Bereiche umfaßt das Marketing?

Das Marketing umfaßt:

a) Die Marktforschung und Marktbeobachtung, d.h. die Erfassung der Daten über die einzelnen Märkte, wie z.B. die Zahl der Abnehmer, deren regionale Verteilung, die Kaufkraft usw., ferner die Erforschung der Konkurrenzsituation, die Kapazität der Konkurrenten, deren Marktanteile sowie die Untersuchung der Produkte.
b) Die Instrumente der Marktgestaltung, wie z.B. die Produktpolitik, die Sortimentspolitik, die Preispolitik (im Bereich der Hersteller und Großhändler die Rabattpolitk), die Werbung, den Verkauf, die Verkaufsförderung und die Public Relations.

04. Wie wird im Industrieunternehmen die Marketingstrategie entwickelt?

Das Industrieunternehmen kann die Planung und Entwicklung der Erzeugnisse nicht mehr ausschließlich unter den Gesichtspunkten der Fertigungstechnik betrachten. Es müssen auch die absatzpolitischen Voraussetzungen geklärt sein, um die Erzeugnisse tatsächlich optimal absetzen zu können.

05. Wie muß das Marketing eingesetzt werden?

Das Marketing erfordert eine optimale Kombination der Marketing-Mittel, d.h. der Summe der absatzpolitischen Instrumente Verkauf, Preispolitik, Produktgestaltung und Werbung. Diese Kombination wird als Marketing-Mix bezeichnet.

06. Welche Bezeichnungen sind im Rahmen des Marketing-Mix üblich?

Üblich sind die Bezeichnungen Produkt-Mix mit der Fragestellung: welche Leistungen werden am Markt angeboten; das Distributions-Mix mit der Fragestellung: an wen und auf welchen Wegen werden die Produkte verkauft bzw. angeboten; das Kontrahierungs-Mix, d.h. die Fragestellung: zu welchen Bedingungen werden die Produkte angeboten und das Kommunikations-Mix, d.h. die Fragestellung: welche Informations- und Beeinflussungsmaßnahmen sind notwendig, um die Erzeugnisse absetzen zu können?

07. Was versteht man unter dem Produkt-Mix?

Mit Hilfe des Produktes kann der Verkauf in vielfältiger Weise beeinflußt werden. Das Produkt kann in technischer Hinsicht in vielen Fällen in unterschiedlicher Weise hergestellt und so den verschiedensten Verbrauchszwecken und Abnehmergruppen angepaßt werden. Hier bieten sich die Möglichkeiten der Preispolitik und Preisdifferenzierung, aber auch die Verpackung, Garantieleistungen und Kundendienst an. Es ist überdies zu entscheiden, ob das Erzeugnis in einfacherer Ausführung oder in qualitativ hochwertiger Ausführung mit einem gewissen Marken- oder Gütezeichen hergestellt werden soll.

08. Was versteht man unter dem Distributions-Mix?

Das Distributions-Mix beinhaltet die Wahl der Absatzwege und der Absatzorganisation. Im Rahmen des Distributions-Mix ist zu entscheiden, wie das Produkt zum Endabnehmer gelangen soll, wobei zwischen Investitionsgütern und Verbrauchsgütern zu unterscheiden ist. Der Direktabsatz sieht die direkte Belieferung des Endabnehmers vor, während der indirekte Absatz durch die Einschaltung von Händlern gekennzeichnet ist. Die Wahl der Absatzform bestimmt über die Preis- und Konditionenpolitik.

09. Was versteht man unter dem Kommunikations-Mix?

Das Kommunikations-Mix besteht in der richtigen Anwendung der notwendigen Informationen an die Verwender oder Verbraucher. Hierzu zählen die Werbung, die Verkaufsförderung, d.h. die Schulung des Verkaufspersonals der Händler über den sachgemäßen Gebrauch der Erzeugnisse und die Pflege der Öffentlichkeit durch Public Relations.

10. Was ist die Grundlage von Marketingmaßnahmen?

Grundlagen der Marketingplanung sind Prognosen der künftigen Markt- und Absatzentwicklung. Auf dieser Grundlage muß das Erzeugungsprogramm aufgestellt werden, wobei die vermuteten Kundenwünsche im Hinblick auf Sortimentsgestaltung, Preishöhe, Qualität und Verwendungsmöglichkeiten ausreichend berücksichtigt werden müssen.

3.7.2 Marktkonzept und Marktstrategie

01. Warum ist ein Marktkonzept erforderlich?

Der ungeplante Absatz der Erzeugnisse ist heute aus verschiedenen Gründen (Kosten, Produktionsdauer, Notwendigkeit kontinuierlicher Produktionsprozesse, Eingehen auf die Maßnahmen der Konkurrenz) nicht mehr möglich. Jedes Unternehmen braucht zur Erreichung seiner Unternehmensziele ein geschlossenes Konzept zur Erforschung der Marktlücken, der Festlegung der Kundenschichten und zur Planung des Produktionsprogramms.

02. Welche Probleme sind im einzelnen im Rahmen eines Marktkonzeptes zu lösen?

- Der Bereich der Produktgestaltung, innerhalb dessen die Ware oder Leistung nach Art und Qualität bestimmt wird;
- der Bereich des technischen und kaufmännischen Service, der dem Käufer bzw. Verwender durch entsprechende Leistungen eine bessere Nutzung ermöglicht,
- der Bereich der Programm- bzw. Sortimentsgestaltung;
- der Bereich der Distribution, d.h. der Konzeption der Zusammenarbeit mit den Verwendern oder Wiederverkäufern;
- der Bereich der Logistik, d.h. insbesondere des Transportes und der Lagerung;
- der Bereich der Akquisition, d.h. aller Maßnahmen der Information und Beratung, Werbung und Verkaufsförderung;
- der Bereich der Preis- und Konditionengestaltung.

03. Welche Ziele können einem Marktkonzept zugrunde liegen?

- Die Steigerung des Absatzes (Umsatzes) in der Planungsperiode;
- die Veränderung der zeitlichen Struktur des Umsatzes (Absatzes) in der Planungsperiode;
- die Sicherung eines bestimmten oder kontinuierlichen Absatzes in den folgenden Perioden;
- die Steigerung des Marktanteils;
- der Zugang zu neuen Märkten;
- Senkung der Absatzkosten;
- Erhöhung des Bekanntheitsgrades eines Produktes oder eines Unternehmens.

04. Welche Schwierigkeiten können sich bei der Realisierung eines Marktkonzeptes ergeben?

Es können konjunkturelle Einschränkungen vorliegen. Kunden können aus unterschiedlichen Gründen bestimmte Produkte oder Herstellungsverfahren ablehnen; bestimmte Produkte werden von verschiedenen Käuferschichten je nach Einkommenslage unterschiedlich bewertet.

3.7.3 Aufgaben und Objekte der Marktforschung

01. Warum ist Marktforschung notwendig?

Die Unternehmungen sind heute nicht mehr in der Lage, alle Einzelheiten des Marktes und ihre vielseitigen wirtschaftlichen Verflechtungen zu erkennen und nach Fingerspitzengefühl die richtigen Entscheidungen im Hinblick auf die Produkte und deren Preise, Ausstattung und Verbraucherwünsche zu treffen. Auch der Konsument hat in der Regel keine Möglichkeit mehr, alle angebotenen Produkte zu kennen. So weiß der Unternehmer nicht ohne weiteres, ob gerade seine Erzeugnisse den Vorstellungen der Kunden entsprechen. Mit Hilfe der Marktforschung kann das einzelne Unternehmen weitgehend die Absatzchancen seiner Erzeugnisse feststellen.

02. Welche Begriffe werden im Rahmen der Marktforschung verwandt?

Man unterscheidet Markterkundung, Marktforschung, Marktbeobachtung, Marktanalyse und Marktprognose.

03. Was versteht man unter Markterkundung?

Markterkundung liegt vor, wenn sich das Unternehmen mit einfachen nicht systematischen Methoden einen Überblick über die Marktsituation verschaffen will. Dies geschieht durch Kontaktaufnahmen mit Kunden und Lieferanten und durch Auswertung von Mitteilungen von Vertretern und Geschäftsfreunden.

04. Wie arbeitet die Marktforschung?

Marktforschung ist die systematische, auf wissenschaftlicher und methodischer Analyse basierende Untersuchung des Marktes. Sie beruht auf der Auswertung sekundärstatistischer Unterlagen, aber auch auf der Analyse primärstatistischer Daten.

05. Was versteht man unter Marktbeobachtung?

Wird eine kontinuierliche Beobachtung der Marktentwicklung vorgenommen, so spricht man von Marktbeobachtung.

06. Was versteht man unter Marktanalyse?

Wird zu einem bestimmten Zeitpunkt oder für eine ganz bestimmte Zeitspanne ein bestimmter, regional und nach Warengattungen abgegrenzter Teilmarkt untersucht, so spricht man von Marktanalyse.

07. Was versteht man unter Marktprognose?

Unter Marktprognose versteht man die Abschätzung und Berechnung der künftigen Marktentwicklung.

08. Welche Arten von Marktforschung werden unterschieden?

Man unterscheidet:

a) Beschaffungsmarktforschung und Absatzmarktforschung,
b) Konsumgütermarktforschung oder Verbrauchsforschung und Produktionsgütermarktforschung,
c) Retrospektive Marktforschung und prospektive Marktforschung,
d) Bedarfsforschung, Produktforschung, Konkurrenzforschung, Verbrauchsforschung.

09. Was ist die Aufgabe der Beschaffungsmarktforschung?

Für den Beschaffungsmarkt sind die genaue Kenntnis über die Lieferanten und deren Verkaufsgewohnheiten, Lieferer- und Herstellungsmöglichkeiten bzw. Ausweichmöglichkeiten auf Austauschprodukte und deren Lieferanten, sowie eigene Einkaufsgewohnheiten im Verhältnis zu denen der vorhandenen Konkurrenz am Beschaffungsmarkt wichtig. Im einzelnen interessieren die vorhandenen und möglichen Lieferanten und deren Konkurrenzverhältnisse; die Beurteilung der Lieferantenbetriebe; die Beurteilung der Leistungsfähigkeit der einzelnen Lieferanten nach Umsatz, Fertigungsverhältnisse, Vorratslagerung; die Lieferpünktlichkeit, Vertragstreue, Umfang des Kundendienstes, Vergleich mit den branchenüblichen Verhältnissen und deren Veränderungen; Beurteilung der von den einzelnen Lieferanten hergestellten und vertriebenen Waren nach Qualität, Preiswürdigkeit, Lagerungseignung; Zahlungsbedingungen und mögliche Sondervereinbarungen bei den einzelnen Lieferanten, deren Kreditverhalten, Verhalten bei Reklamationen; Formen der vorhandenen Handelswege und Handelsketten.

10. Was ist die Aufgabe der Absatzmarktforschung?

Am Absatzmarkt sind die Kunden nach ihren Käufen und Zahlungsformen sowie ihren Verbrauchsgewohnheiten zu beurteilen, ferner sind die verschiedenen möglichen Absatzwege und die Möglichkeiten der Gewinnung neuer Kundenkreise zu klären. Wichtig ist weiterhin die Kenntnis, wie sich die Konkurrenz um diesen Kundenkreis bemüht. Hinzu kommen die Beurteilung der Absatzmöglichkeiten, der Verkaufsleistung sowie eine Beurteilung der Leistungen der Verkäufer, die Prüfung der Bevorzugung bestimmter Erzeugnisse durch den Verbraucher, die Prüfung der Verpackung, die Bewertung der Werbung und die Untersuchung der Werbewirksamkeit.

11. Was ist die Aufgabe der Konsumgütermarktforschung oder Verbrauchsforschung?

Unter der Konsumgütermarktforschung versteht man die Untersuchung typischer Verhaltensweisen der Endkonsumenten in den Haushalten. Dabei geht es insbesondere auch um die Klärung der Frage, mit welchen Vorstellungen ein Verbraucher ein bestimmtes Produkt wählt.

3.7.3 Aufgaben und Objekte der Marktforschung

12. Was ist die Aufgabe der Produktionsgütermarktforschung?

Die Produktionsgütermarktforschung untersucht die Absatzmärkte für Erzeugnisse, die ihrerseits wieder in den Produktionsprozeß eingehen, wie Maschinen, Produktionsanlagen, Rohstoffe jeder Art usw.

13. Was versteht man unter retrospektiver Marktforschung?

Retrospektive Marktforschung bedeutet die Überprüfung vergangener Marktverhältnisse, insbesondere bei Mißerfolgen (Flops).

14. Was versteht man unter prospektiver Marktforschung?

Prospektive Marktforschung bedeutet die Überprüfung der Möglichkeiten für die unternehmerische Planung der Zukunft.

15. Was ist die Aufgabe der Bedarfsforschung?

Die Bedarfsforschung erfaßt die Verbraucherkreise, deren Bedarf und Bedarfsgewohnheiten sowie bei den Verbrauchern deren Kaufentschluß und Kaufkraft, die Lebensgewohnheiten sowie den Altersaufbau der Bevölkerung und die zahlenmäßige Größe der einzelnen Altersgruppen, die Verteilung auf Stadt und Land, usw.

16. Was ist die Aufgabe der Konkurrenzforschung?

Die Konkurrenzforschung hat den Zweck, die Wettbewerbsfähigkeit des eigenen Betriebes gegenüber den Konkurrenzbetrieben und deren Verkaufsgewohnheiten sowie die Veränderungen bei den Konkurrenten, bei den Wettbewerbsverhältnissen am Markt und in der Geltung der Konkurrenten bei den Kunden zu untersuchen.

17. Was ist die Aufgabe der Produktforschung?

Die Produktforschung untersucht sowohl die Eigenschaften als auch die marktmäßige Verwendung der einzelnen Erzeugnisse nach Form, Gewicht, Geschmack, Güte, Ausstattung, Haltbarkeit und Lebensdauer, aber auch nach Preis, Kundendienst und Image.

18. Auf welche Weise wird die Marktforschung durchgeführt?

Die Marktforschung kann entweder in der Form der sekundärstatistischen Auswertung oder in der Form der primärstatistischen Erhebung durchgeführt werden.

19. Wie wird die sekundärstatistische Auswertung vorgenommen?

Für die Zwecke der betrieblichen Marktforschung eignet sich zunächst die Auswertung von Umsatz- und Lagerstatistiken. Außerdem eignen sich Veröffentlichungen des Statistischen Bundesamtes, der statistischen Landesämter, von Fachverbänden, Industrie- und Handelskammern, Ministerien, wissenschaftlichen Instituten und Zeitschriften. Aus den Angaben der amtlichen Statistik lassen sich mitunter bis auf Stadt- und Kreisebene wichtige Daten zur Analyse des Marktes eines Unternehmens ersehen. So stehen z.B. folgende Angaben zur Verfügung: Einwohner männlich und weiblich, Eheschließungen, Wanderungsbewegungen, Geburten, Sterbefälle, Haushaltungen nach der Größe, Bestände an Kraftfahrzeugen, Einzelhandels- und Handwerksumsätze nach Branchen und Zahl der Betriebe, Wohnungsbestand, Fremdenmeldungen, Industriebeschäftigte und Zahl der Betriebe nach Branchengruppen.

20. Wie wird eine primärstatistische Erhebung durchgeführt?

Eine primärstatistische Erhebung wird durch direkte Befragungen der Verbraucher oder Verwender der Erzeugnisse durchgeführt. Zu diesem Zweck werden Fragebogen verwandt und Interviews durchgeführt. In der Regel sind jedoch keine Totalbefragungen möglich. Es werden vielmehr Repräsentativbefragungen durchgeführt. Dabei arbeitet man mit den Methoden des Quota- und des Randomverfahrens. Außerdem wird das Panelverfahren angewandt.

21. Was versteht man unter dem Quotaverfahren?

Beim Quotaverfahren muß die ausgewählte Befragtenmasse in ihrer Zusammensetzung (nach Betriebsgröße, Verwendungszweck, Bezirken, Geschlecht, usw.) ein Abbild der Gesamtmasse sein. In den Intervieweranweisungen wird daher nur angegeben, wieviel Personen mit bestimmten Merkmalen zu befragen sind. Innerhalb dieses Personenkreises ist die Auswahl der zu Befragenden den Interviewern überlassen. Da viele Personen nicht anzutreffen sind oder eine Befragung ablehnen, kann leicht auf andere Personen oder Betriebe mit gleichen Merkmalen ausgewichen werden.

22. Was versteht man unter dem Zufallsauswahl- oder Randomverfahren?

Dieses Verfahren ist ein Auswahlverfahren, das Gesetzen der Wahrscheinlichkeitsrechnung entspricht. Aus den vollständig vorhandenen Adressen einer definitorisch genau abgegrenzten Grundgesamtheit von Personen oder Betrieben wird eine Anzahl von Adressen zufällig gezogen. Voraussetzung ist, daß alle Personen oder Betriebe der Grundgesamtheit die gleiche oder berechenbare unterschiedliche Chance haben müssen, gezogen zu werden und daß sie von der Ziehung durch feststehende und im Verlauf der Untersuchung nicht mehr veränderbare Merkmale und Eigenschaften charakterisiert sind.

23. Was versteht man unter einer Panelerhebung?

Bei einer Panelerhebung wird ein gleichbleibender Personenkreis zum selben Thema über einen längeren Zeitraum hinweg mehrfach und in regelmäßigen Abständen befragt. Der Vorteil des Panelverfahrens liegt in der Feststellung der Entwicklung des Marktgeschehens im Gegensatz zu einer einmaligen Befragung. Der Nachteil besteht darin, daß Teilnehmer am Panelverfahren sterben, wegziehen, krank werden oder durch Unlust an der Teilnahme unzuverlässige Angaben machen.

24. Was ist ein bekanntes Panel?

Bekannt ist das Einzelhandelspanel, bei dem Einzelhandelsgeschäfte befragt bzw. die zu befragenden Sachverhalte durch besondere Mitarbeiter selbst festgestellt werden. Nach diesem Panel werden die unter das Panel fallenden Geschäfte alle 61 Tage aufgesucht. Dabei wird der Lagerbestand bestimmter Waren festgestellt. Sodann wird anhand der vorliegenden Rechnungen und Lieferscheine der Einkauf beim Großhandel und direkt bei den Herstellern ermittelt und anschließend der Endverbraucherabsatz festgestellt. Mit Hilfe dieses Panels sind folgende Informationen gegeben: Trend des Gesamteinzelhandelsumsatzes, Trend des Umsatzes einzelner Waren bzw. Warengruppen, Endverbraucherabsatz nach Menge und Wert, Lagerbestand, durchschnittlicher Monatsabsatz je Geschäft, Zahl der Geschäfte, die den Artikel vorrätig haben, Zahl der Geschäfte, die den Artikel führen bei gleichzeitiger Gewichtung der Umsatzbedeutung, Zahl der Geschäfte, die den Artikel zwar führen, aber nicht vorrätig haben.

3.7.4 Produkt- und Sortimentspolitik

01. Was ist das Ziel der Produktpolitik?

Mit Hilfe der Produktpolitik sollen auf der Basis der Kundenwünsche und der betrieblichen Gegebenheiten kundengerechte und dem Unternehmen gewinnbringende Erzeugnisse hergestellt werden.

02. Was ist der Inhalt der Produktpolitik?

Die Produktpolitik hat die Aufgabe, bestehende Produkte zu verbessern, sei es im Hinblick auf die technischen Eigenschaften oder sei es im Hinblick auf die Erweiterung der Verwendungsmöglichkeiten. Ferner sollen neue Produkte entwickelt werden. Ein Unternehmen kann nur dann auf Dauer bestehen, wenn es rechtzeitig Produkte für morgen plant und Erzeugnisse entwickelt, die zukünftigen Anforderungen entsprechen.

03. Was versteht man unter Produktpolitik im Rahmen der Marketing-Konzeption?

Ein Produkt besteht nicht nur aus dem Erzeugnis selbst, sondern auch der Name des Erzeugnisses und die Verpackung spielen eine Rolle, wobei herausgefunden werden muß, welche Produktalternative den Wünschen der Verbraucher am ehesten entspricht, d.h. in welcher Größe oder Menge und in welcher Aufmachung das Produkt am ehesten zu verkaufen ist, um einen ausreichenden Gewinn zu erzielen. Dabei kommt es entscheidend auf die Art des Produktes an, d.h., ob es sich um ein kurzlebiges oder um ein längerlebiges Verbrauchsgut handelt, welche Verbraucherkreise als Abnehmer in Frage kommen, wie die Konsumgewohnheiten sind, usw.

04. Warum sind permanente Neuentwicklungen der Produkte notwendig?

Im Gegensatz zu früheren Zeiten ist bei vielen Produkten ein schnelles Altern festzustellen, d.h. die Produkte werden durch bessere oder durch Produkte mit besseren Eigenschaften ersetzt. Diese Situation zwingt dazu, sich frühzeitig mit den Möglichkeiten der Entwicklung neuer Produkte zu befassen.

05. Wie wird im Rahmen der Produktpolitik vorgegangen?

Es wird zunächst eine Produktidee entwickelt, die sich aus inner- oder außerbetrieblichen Anregungen ergibt. Diese Produktidee wird daraufhin überprüft, ob sie sich am Markt durchsetzen läßt, ob sie mit den Unternehmenszielen in Übereinstimmung zu bringen ist und wie sie gegebenenfalls zu verwirklichen ist. Es schließt sich, falls die Produktidee weiter verfolgt wird, eine Produktstudie an, in deren Verlauf alle produktbestimmenden Faktoren, wie Qualitäten, technische Eigenschaften, usw. überprüft werden. Danach wird das Produkt unter Berücksichtigung der vorgesehenen Eigenschaften und wirtschaftlicher und technologischer Maßstäbe entwickelt.

06. Was versteht man unter dem Produktlebenszyklus?

Jedes Produkt, das auf den Markt eingeführt werden soll, durchläuft einen typischen Lebenszyklus. Am Beginn steht die Einführungsphase. In dieser Phase sind erhebliche Vertriebsaufwendungen erforderlich, um das Produkt, in der Konkurrenzsituation des Marktes, einzuführen, wobei zunächst nur gringe Mengen abgesetzt werden. Beim Hersteller fallen in der Regel große Investitionskosten an, die zu relativ hohen Stückkosten einschließlich hoher Werbekosten führen. Der Einführungspreis kann nach der Penetrationsstrategie oder nach der Skimmingstrategie festgesetzt werden. Bei der Penetrationsstrategie wird ein relativ niedriger Einführungspreis des Produktes festgelegt, der das Produkt auf dem Markt durchsetzen soll. Bei der Skimmingstrategie werden in der Einführungsphase hohe Preise festgesetzt, um schnell Gewinn zu erzielen und die anfänglich hohen Stückkosten auszugleichen. Erst zu einem späteren Zeitpunkt werden die Preise gesenkt, um der zunehmenden Konkurrenz und deren Preisgestaltung zu begegnen. In der auf die Einführungsphase folgenden Wachstumsphase findet der allgemeine Verbreitungsprozeß bei steigenden Verkaufszahlen statt. Nunmehr können die Werbungsmaßnahmen allmählich zurückgefahren werden. Wurde nach dem Prinzip der Penetrationsstrategie verfahren, werden die Einführungspreise erhöht, um die zunächst nicht abgedecken Kosten erzielen zu können. In der Wachstumsphase ist das Produkt auf dem Markt etabliert, der Marktanteil ist gestiegen, das Image des Produktes beruht auf seiner Qualität. In der sich anschließenden Reifephase wird die relative Marktsättigung erreicht, denn keinem Unternehmen gelingt es, sein Produkt in einer ständigen Wachstumsphase zu halten. Es gelingt dann kaum noch, neue Käufer zu gewinnen, und es wird in erster Linie nur noch der Ersatzbedarf befriedigt, d.h. es werden bei denjenigen Kunden, die von der Richtigkeit dieses Produktes überzeugt sind, verbrauchte Produkte durch neue ersetzt. Die Phase der Marktsättigung ist für Hersteller und Händler von besonderer Bedeutung. Der Zeitpunkt der Marktsättigung muß durch intensive Marktbeobachtung erkannt werden. Es müssen die erzielten Erträge in die Förderung und Entwicklung neuer Produkte eingebracht werden. Der größte Fehler liegt darin, sich zu lange auf ein erfolgreiches Produkt zu verlassen. Der Handel wiederum muß sich ebenfalls Gedanken darüber machen, welche anderen Produkte für den eigenen Kundenkreis im Falle der Marktsättigung interessant sind, um nicht mit dem Wegfall diesss Produktes ganze Kundenkreise zu verlieren, deren Haupteinkaufsziel im Erwerb solcher bestimmten Produkte liegt. Als Ursache für einen Absatzrückgang können technische Verbesserungen des Substitutionsangebotes oder Kaufkraft- und Einkommensänderungen angesehen

3.7.4 Produkt- und Sortimentspolitik

werden, die ihrerseits Veränderungen der bestehenden Bedarfsstrukturen nach sich ziehen. In der letzten Phase verfällt das Produkt in die Schrumpfungs- oder Degenerationsphase. In dieser Phase muß zwischen Relaunch- und der Neuproduktstrategie entschieden werden. Unter Relaunch versteht man die Wiederbelebung des Produkts, die jedoch meist sehr kostenintensiv ist und aufwendige Werbemaßnahmen erfordert. Es kommt auch das Face-Lifting infrage, d.h. es wird eine neue Verpackung für das Produkt entwickelt. In der Schrumpfungsphase muß der Erfolg des Produkts kritisch verfolgt werden. In aller Regel ist für Industrie und Handel die Entwicklung bzw. Aufnahme neuer Produkte in das Sortiment erfolgversprechender.

07. Welche Schwierigkeiten sind bei der Einführung eines neuen Produktes zu überwinden?

Jedes neue Produkt ruft einen sog. primären Marktwiderstand hervor, weil das Produkt neu ist. Die Verbraucher bringen dem Neuen zunächst Skepsis entgegen, sie wollen nicht Versuchskaninchen sein und warten ab, bis andere das Produkt ausprobiert haben. Erst dann, wenn sich Nachahmer gefunden haben und sich das Produkt durchgesetzt hat, vielleicht gar zum Prestigeobjekt geworden ist, läßt es sich im größeren Rahmen verkaufen.

08. Was kann getan werden, um neue Produkte einzuführen?

Man kann bisherige Produkte unter einem anderen Namen verkaufen, man kann die Verpackung ändern, andere Funktionen einführen, zusätzliche Verwendungsmöglichkeiten schaffen.

09. Welche Arten neuer Produkte sind auf dem Markt?

Nicht alle neuen Produkte sind wirklich neu. Oftmals sind nur geringfügige Änderungen bestehender Produkte feststellbar. Andere neue Produkte sind zwar in der Form beibehalten worden, erfüllen jedoch durch technische Änderungen neue Funktionen. Schließlich gibt es völlig neue Produkte, die sich von den bisherigen wesentlich unterscheiden.

10. Was versteht man unter der Sortimentsgestaltung und Diversifikation?

Unter Sortimentsgestaltung versteht man das Bestreben, das geführte Sortiment in Breite, Tiefe und Preisklassen so auf die Wünsche der Kunden abzustellen, daß den Kunden eine breite Auswahl geboten wird, ohne daß die Vergrößerung des Angebots um weitere Produkte zu einer wesentlichen Erhöhung der Kosten der Verkaufsorganisation, der Verkaufsfläche, des Lagers und der Transportwege führt. Unter Diversifikation versteht man die gezielte Sortimentsgestaltung durch Produktion neuer Erzeugnisse.

11. Aus welchen Gründen wird eine Diversifikation betrieben?

Vielfach können Umsatzausweitungen nicht mehr mit den vorhandenen Produkten erreicht werden. Aus Gründen eines angestrebten Wachstums oder einer Risikoverminderung wird daher eine Diversifikation betrieben.

12. Welche Möglichkeiten einer Gestaltung des Produktionsprogrammes bestehen im industriellen Bereich?

Ein industrielles Unternehmen kann sich entweder problemtreu oder produkt- bzw. materialtreu verhalten. Man spricht von einem problemtreuen Produktionsprogramm, wenn Gegenstände aus einem anderen Werkstoff hergestellt werden und von einem produkt- bzw. materialtreuen Produktionsprogramm, wenn für bestehende Produkte nach neuen Verwendungsmöglichkeiten gesucht wird.

13. Was versteht man unter horizontaler und was unter vertikaler Diversifikation?

Horizontale Diversifikation liegt vor, wenn Produkte aufgenommen werden, die auf der gleichen Produktionsstufe wie das bestehende Produktionsprogramm liegen. Vertikale Diversifikation liegt vor, wenn Produkte einer vorgelagerten oder nachgelagerten Produktionsstufe in das Erzeugungsprogramm aufgenommen werden.

2.: Kirschen aus eigenem Anbau / Kirschkuchen

3.7.5 Preispolitik

01. Welche Bedeutung hat die Preispolitik?

Die Preispolitik entscheidet wesentlich über den Verkaufserfolg der Unternehmung und die Höhe des erzielten Gewinns. Es muß also versucht werden, einen Preis zu finden, der einen optimalen Absatz garantiert, entsprechenden Gewinn bringt und sich am Markt durchsetzen läßt.

02. Welche Kosten sind im Rahmen der Kostenermittlung mindestens zugrundezulegen?

Mit Hilfe von Marketingmaßnahmen wird anstelle der Vollkostenrechnung die Deckungsbeitragsrechnung angewandt, d.h., es wird festgestellt, welchen Beitrag ein Produkt zur Deckung der fixen Kosten nach der Deckung der variablen Kosten beiträgt.

03. Welchen preispolitischen Spielraum hat ein Unternehmen?

Der preispolitische Spielraum eines Unternehmens hängt entscheidend von der Marktsituation ab. Es muß daher unterschieden werden, ob es sich um eine monopolistische, eine oligopolistische oder um eine Preispolitik bei vollkommener Konkurrenz handelt. In jedem Fall dürfen Preisuntergrenzen nicht unterschritten werden.

04. Was versteht man unter Preisdifferenzierung?

Preisdifferenzierung liegt vor, wenn ein Unternehmen verschiedenen Kundengruppen Güter gleicher Art zu verschiedenen Preisen verkauft.

05. In welcher Form sind Preisdifferenzierungen möglich? = gleiches Prod. aber unterschiedl. Preis

Räumliche Preisdifferenzierung liegt vor, wenn ein Unternehmen auf regional abgegrenzten Märkten seine Waren zu verschieden hohen Preisen verkauft.

Zeitliche Preisdifferenzierung liegt dann vor, wenn ein Unternehmen für gleiche Leistungen je nach ihrer zeitlichen Inanspruchnahme verschieden hohe Preise fordert.

Preisdifferenzierung nach Absatzmengen ist dann gegeben, wenn ein Unternehmen seine Preise nach der Menge der abgenommenen Waren staffelt.

Preisdifferenzierung nach dem Verwendungszweck liegt dann vor, wenn die Preise nach dem Verwendungszweck der Erzeugnisse unterschiedlich festgesetzt werden. Liegen jedoch Qualitätsunterschiede vor, so ist es nicht gerechtfertigt, von Preisdifferenzierung zu sprechen.

06. Was versteht man unter Gewinnaufschlag und unter Handelsspanne?

Der Gewinnaufschlag wird den vorausgehend festgelegten Selbstkosten hinzugerechnet und bildet den beabsichtigten Verkaufspreis. Die Handelsspanne dagegen geht bei ihrer Berechnung von einem gegebenen Marktpreis aus, der erzielt werden kann und rechnet von diesem rückwärts. Die Handelsspanne ist somit ein Abschlag vom gewollten oder erzielten Preis.

07. Welche Möglichkeiten einer Preisbindung gibt es?

Während bis zum Jahre 1974 die Möglichkeit der Preisbindung der zweiten Hand galt, besteht dieses Instrument heute nur noch bei Verlagserzeugnissen, d.h. Büchern, Zeitungen, Schallplatten und bei pharmazeutischen Artikeln. Bei letzteren ist die Handelsspanne gesetzlich festgelegt. Der Hersteller hat nur noch die Möglichkeit einer unverbindlichen Preisempfehlung, bei der der Händler jedoch nach dem Willen des Gesetzgebers in seiner preispolitischen Handlungsfreiheit nicht eingeschränkt werden darf. Ist eine Preisempfehlung auf der Ware aufgedruckt, gilt dies als Höchstpreis. Ist die unverbindliche Preisempfehlung in den Händlerlisten verzeichnet, gilt dies als Maßstab für die Kalkulation.

3.7.6 Absatzmethoden

01. Wie können Rabatte im Hinblick auf die Marketing-Konzeption gestaltet werden?

Zur Erhöhung der Absatzmenge können Naturalmengenrabatte oder Preismengenrabatte eingeräumt werden, es können aber auch auf die pro Jahr gekauften Mengen Boni verrechnet werden. Zum Ausgleich von Saisonschwankungen können in absatzschwachen Zeiten Saisonrabatte gewährt werden. Zur Verbesserung der eigenen Liquidität lassen sich indes höhere Skontosätze festsetzen. Es gibt aber auch noch die Möglichkeit, Rückläufe oder Kulanzregelungen zu gewähren. Von seiten der Hersteller oder Großhändler werden auch sog. Treuerabatte gewährt, die ein Entgelt für eine dauerhafte Geschäftsverbindung darstellen und gewährt werden, wenn ein Kunde ein bestimmtes Produkt über eine längere Zeit nur von einem Hersteller bezieht. Der Einführungsrabatt wird gewährt, wenn ein Lieferer ein neues, vielleicht noch wenig bekanntes Produkt in sein Sortiment aufnimmt. Einführungsrabatte werden meist in der Form der Naturalrabatte gewährt.

02. Welche Absatzwege sind im Handel möglich?

Zwischen Hersteller und Verbraucher können folgende Stufen eingeschaltet sein:
a) Hersteller - Spezialgroßhandel - Sortimentsgroßhandel - Einzelhandel - Verbraucher;
b) Hersteller - Großhandel - Einzelhandel - Verbraucher;
c) Hersteller - Einkaufsgenossenschaft - Einzelhandel - Verbraucher;
d) Hersteller - Einzelhandel - Verbraucher;
e) Hersteller - Verbraucher;
f) Im Außenhandel tritt zwischen Hersteller und Groß- bzw. Einzelhändler zusätzlich noch der Importeur bzw. Exporteur.

03. Welche Vertriebsformen werden unterschieden?

Man unterscheidet den Direktabsatz durch betriebseigene Verkaufsorgane und den indirekten Absatz durch betriebsfremde Verkaufsorgane.

04. Wann ist der direkte Absatz zweckmäßig?

Der direkte Absatz ist nur dann zu empfehlen, wenn Fertigung und Verbrauch räumlich nicht zu weit entfernt liegen, der Hersteller die Waren bereits in konsumfähiger Größe und Verpackung liefert, die Qualität gleichbleibend ist, Fertigung und Absatz gleichmäßigen Marktschwankungen unterworfen sind oder bei Objekten, die nur auf Bestellung geliefert werden.

05. Wie erfolgt der Vertrieb im Rahmen des direkten Absatzes?

Der Vertrieb erfolgt bei Großprojekten durch die Geschäftsleitung selbst; durch dezentrale Verkaufsbüros, die bestimmte Absatzgebiete betreuen und den Geschäftsverkehr mit den Kunden abwickeln; durch Reisende oder durch Fabrikfilialen, die sich insbesondere für Massenartikel eignen (z.B. Salamanderschuhe).

06. Wann ist der indirekte Absatz vorherrschend?

Der indirekte Absatz ist notwendig, wenn der Vertrieb nicht von den Herstellern selbst vorgenommen werden soll oder kann. Dies trifft in der Regel zu bei Massenprodukten, die in kleinen Mengen verbraucht werden; beim sog. Aufkaufhandel; bei einer Weiterverarbeitung durch den Handel; bei technisch aufwendiger Lagerhaltung und schwierigem Transport; bei Notwendigkeit besonderer Sachkenntnis von Waren und Marktverhältnissen; beim Absatz komplementärer Güter; bei großen Qualitätsunterschieden in der Produktion, denen beim Verbraucher ein Bedarf nach gleichwertigen Erzeugnissen gegenübersteht und bei weitgehender Spezialisierung der Produktion, die als Folge des Fehlens eines Vollsortiments die Zwischenschaltung des Handels erfordert.

07. Welche Formen des indirekten Absatzes werden unterschieden?

Man unterscheidet den Absatz durch selbständige Handelsvertreter und Kommissionäre sowie durch selbständige Absatzbetriebe, d.h. durch den Handel in seinen vielfältigen Formen wie Fach- und Spezialgeschäft, Kaufhaus, Warenhaus, Gemeinschaftswarenhaus, Filialbetrieb, Versandhaus, Supermarkt, Verbrauchermarkt, Selbstbedienungswarenhaus, Cash-and Carry-Lager, Shopping-center, Genossenschaften, freiwillige Ketten, Discounthäuser.

08. Wann werden zur Intensivierung des Absatzes Handelsvertreter und wann Reisende eingesetzt?

Handelsvertreter sind rechtlich selbständige Kaufleute und üben ihre Tätigkeit auf eigenes Risiko aus. Hingegen sind die Reisenden angestellte Mitarbeiter des Unternehmens. Es ist daher zu prüfen, ob die Kosten der Reisenden oder die der Handelsvertreter höher sind. Die Handelsvertreter erhalten eine umsatzabhängige Provision, die Reisenden ein umsatzunabhängiges Gehalt und eine umsatzunabhängige Prämie. Jedoch dürfen Kostengesichtspunkte nicht allein ausschlaggebend sein, da die Handelsvertreter in der Regel nur die erfolgversprechenden Kunden aufsuchen. Durch Reisende, deren Aufgabe auch eine intensivere Betreuung der Kunden und potentieller Abnehmer ist, läßt sich der vorhandene Markt für die eigenen Produkte besser erschließen. Zu diesem Zweck ist eine Kundenumsatzstrukturanalyse zweckmäßig. Auch empfiehlt es sich, durch Werbe- und Marktforschungsmaßnahmen die Zahl der potentiellen Abnehmer zu erhöhen.

09. Welche Probleme ergeben sich beim indirekten Absatz?

Auch wenn sich der indirekte Absatz durch Einschaltung des Handels bei vielen Erzeugnissen nicht vermeiden läßt, ist dadurch der Entscheidungsspielraum für bestimmte Marktingmaßnahmen eingeschränkt; denn zwischen Herstellern und Händlern bestehen naturgemäß Interessengegensätze. Der Hersteller hat daher ein Interesse, daß die Endabnehmer gerade seine Produkte nachfragen. Dies kann erreicht werden, indem der Handel durch eine intensive Endverbraucherwerbung und die dadurch erzeugte Nachfrage veranlaßt wird, diese Produkte in sein Sortiment aufzunehmen, oder der Hersteller beeinflußt den Händler, durch die Gestaltung der Konditionen, d.h. der Rabatte oder der Lieferungs- und Zahlungsbedingungen bzw. durch die Verkaufsförderung, zur Führung dieser Produkte in seinem Sortiment.

3.7.7 Verkaufsförderung

01. Was versteht man unter Werbung?

Werbung sind alle Äußerungen, die sich an diejenigen richten, deren Aufmerksamkeit zu gewinnen versucht wird. Die Werbung einer wirtschaftlichen Unternehmung umfaßt alle ihre Äußerungen, die sie an diejenigen richtet, deren Aufmerksamkeit sie für ihre Leistungen auf Dauer gewinnen will.

02. Was sind die Aufgaben der Werbung?

Im einzelnen hat die Werbung die folgenden Aufgaben: Gewinnung von Aufmerksamkeit und Interesse, Unterrichtung und Information, Beeinflussung mit dem Ziel der Begründung von Überzeugungen, Weckung von Bedarf und Kaufbereitschaft, Gewinnung, Erweiterung und Sicherung von Märkten, Schaffung von Transparenz im Absatz- und Beschaffungsmarkt, Einführung oder Wiedereinführung von Erzeugnissen, Marken oder von Herstellernamen, Identifizierung von Erzeugnissen oder Marken, Leistungs- und Qualitätsgarantie, Absatz- und Verkaufserleichterungen, Hilfe im Vertrieb, Verbrauchs- und Umsatzsteigerungen, Gewinnung von Vertrauen, Auswirkungen auf den Wettbewerb.

03. Welche Anforderungen werden an die Werbung gestellt?

Um das Ziel der Werbung, nämlich Aufmerksamkeit zu erzeugen, bedarf es in hohem Maße der Kreativität, um durch gelungene, einprägsame Slogans oder Bilddarstellungen tatsächlich aufmerksam machen zu können und die weiteren Ziele, die erreicht werden sollen, auch tatsächlich erreichen zu können.

04. Welche Arten von Werbung werden unterschieden?

Man unterscheidet Einzel-, Gruppen- und Massenwerbung; Allein-, Gemeinschafts- und Sammelwerbung; offene und versteckte Werbung; unmittelbare und mittelbare Werbung; bezahlte und freiwillige Werbung; Werbung an Kaufleute und an Private; Einführungswerbung, Verkaufswerbung und Erinnerungswerbung.

05. Was versteht man unter Einzel-, Gruppen- und Massenwerbung?

Bei der Einzelwerbung ist der Adressat ein einzelner Kunde. Der Werbeeffekt kann aufgrund der individuellen Ansprache groß sein. Diese Art der Werbung ist sehr kostspielig. Bei der Gruppenwerbung bezieht sich die Ansprache auf eine in den Gebrauchsgewohnheiten übereinstimmende Kundengruppe (z.B. alle Skifahrer werden über eine neue Skibindung informiert). Bei einem sehr großen Kreis der Umworbenen spricht man von Massenwerbung.

06. Was versteht man unter Allein-, Gemeinschafts- und Sammelwerbung?

Die Alleinwerbung wird von einem einzelnen Betrieb, die Gemeinschaftswerbung von einer Branche oder einem Verband durchgeführt. Zur Durchführung einer Gemeinschaftswerbung kann ein einmaliger bzw. vorübergehender Zusammenschluß mehrerer Interessenten erfolgen. Ein solcher Zusammenschluß kann auch auf Dauer erfolgen. Zu denken ist z.B. an Werbegemeinschaften. Die Teilnehmer an solchen Maßnahmen bleiben unter sich Wettbewerber. Von Sammelwerbung spricht man, wenn sich mehrere Werbetreibende zusammenschließen und unter Nennung ihrer Namen werben. Von einer Sammelwerbung wird aber auch dann gesprochen, wenn mehrere Werbeziele angesprochen werden.

07. Was versteht man unter offener und versteckter Werbung?

Bei der offenen Werbung ist die Werbung sofort als solche zu erkennen, während die versteckte Werbung eine scheinbare Objektivität wahrt und mit Gutachten, Lage-

3.7.7 Verkaufsförderung

und Wirtschaftsberichten oder auch mit Vorführungen, Besichtigungen und Besprechungen arbeitet.

08. Was versteht man unter mittelbarer und unmittelbarer Werbung?

Die unmittelbare Werbung geht den Weg der direkten Werbung, während bei der mittelbaren Werbung Umwege eingeschlagen werden, indem sich etwa die Werbung an den Mann richtet, der seiner Frau einen bestimmten Gegenstand schenken soll. Man kann sich aber auch an Kunden wenden und diese auffordern, bestimmte Artikel bei ihren Fachhändlern zu kaufen.

09. Was versteht man unter bezahlter und freiwilliger Werbung?

In aller Regel wird die Werbung bezahlt. Die freiwillige Werbung ergibt sich durch das Weiterempfehlen zufriedener Kunden. Oft ist die Freiwilligkeit jedoch nur scheinbar, und zwar dann, wenn die Weiterempfehlung in irgendeiner Form honoriert wird.

10. Was versteht man unter Werbung an Kaufleute und Nichtkaufleute?

Es muß unterschieden werden, ob sich die Werbung an Kaufleute, d.h. an Wiederverkäufer oder an Private (Letztverbraucher) richtet. Die Werbung an Kaufleute muß informativer und sachlicher sein als die Werbung, die sich an Letztverbraucher richtet.

11. Was versteht man unter Einführungswerbung, Verkaufswerbung und Erinnerungswerbung?

Mittels der Einführungswerbung wird auf ein neues Produkt oder ein Erzeugnis mit neuen Eigenschaften aufmerksam gemacht. Die Verkaufswerbung macht ein Unternehmen mit seinen Erzeugnissen am Markt bekannt oder will sie durchsetzen. Mit Hilfe der Erinnerungswerbung will man an seine Erzeugnisse erinnern und auf sie aufmerksam machen.

12. Was versteht man unter Werbemitteln?

Werbemittel erfüllen den Zweck, die Werbung wirksam werden zu lassen.

13. Welche wichtigen Werbemittel werden unterschieden?

Man unterscheidet:

Optische Werbemittel, und zwar zunächst einmal die Ware selbst, die als Warenprobe und in der Packung werblich aufgemacht wird oder in Schaufenstern oder Schaukästen, auf Messen und Ausstellungen ausgebreitet werden kann.

Grafische Werbemittel, und zwar in Form von Werbebriefen, Drucksachen, Handzetteln, Flugblättern, Anzeigen und Plakaten, den Einsatz von Film und Licht in Form von Werbefilmen, Flutlicht, Schaufensterbeleuchtung, Werbeleuchtschriften und -schilder.

Die Geschenkwerbung in Form von Werbegeschenken, Zugaben, Gutscheinen, Gewinnen bei Preisausschreibungen usw., wobei allerdings die einschlägigen gesetzlichen Vorschriften wie UWG, Zugabeverordnung u.a. beachtet werden müssen.

Die Werbung im Straßenverkehr, wie z.B. in Werbewagen, Werbekolonnenfahrten, Werbeumzüge und Werbebeschriftung von Fahrzeugen; Plakatträger und Werbemittel in der Luft.

Architektonische Werbemittel wie Gebäudegestaltung, besondere Repräsentationsräume, Schaufenstergestaltung, Firmenschilder, Ladeneinrichtungen.
Akustische Werbemittel, und zwar das Wort, wie z.B. bei Verkaufsgesprächen durch Verkäufer, Reisende, Ausrufer, Propagandisten, Werbeversammlungen, durch Film und Funk, wie Werbefilme und Werbefernsehen, Werbehörfunk, Lautsprecherwerbung.

Den Service, wie Kundendienst und Verkaufshilfen.

14. Was ist bei der Werbung mittels der Ware zu beachten?

Bei der Ware muß bereits die äußere Formgebung und die Verpackung werbegerecht gestaltet sein, d.h. sie muß ansprechen und die Verbraucher zum Kauf anreizen. Die Ware muß aber auch, soweit sie im Verkaufsraum ausgestellt ist, leicht zu besichtigen sein. Es darf nicht der Eindruck eines Kaufzwanges entstehen, und es muß durch die Art der Placierung eine günstige Atmosphäre zur Vorbereitung eines Kaufes geschaffen werden.

15. Welche Bedeutung hat die Anzeige?

Die Anzeige (das Inserat) ist die am meisten verbreitete Werbeform. Anzeigen eignen sich für Zeitungen, Zeitschriften, Adreßbücher, Telefonbücher, Theaterprogramme, usw. Entscheidend ist, daß die Anzeigen auch gelesen werden, was durch eine geschickte Aufmachung erreicht werden kann. Entscheidend ist aber auch, ob die Anzeige in der richtigen Zeitung mit der richtigen Auflagenhöhe und dem richtigen Kundenkreis, d.h. mit der richtigen Kaufkraft erscheint und welche Konkurrenzangebote in der gleichen Zeitung erscheinen, denn die Wahrscheinlichkeit der Inseratsbeobachtung wird um so geringer, je mehr gleichartige Angebote bei den Konkurrenzinseraten zu finden sind. In solchen Fällen muß die eigene Anzeige den Blickfang so zu lenken versuchen, daß sie tatsächlich beachtet wird.

16. Welche Bedeutung hat das Verkaufsgespräch?

Das Verkaufsgespräch hat die Bedeutung einer Werbung für das Unternehmen und für die angebotene bzw. nachgefragte Ware. Der Verkäufer muß daher unbedingt Menschenkenntnis, Einfühlungsvermögen, gutes Benehmen und Warenkenntnis haben.

17. Was versteht man unter einem Werbeträger?

Werbeträger sind einmal die Materialien, aus denen die Werbemittel hergestellt sind, wie z.B. aus Holz, Papier, Filme usw. und zum anderen die Hilfsmittel, auf

3.7.7 Verkaufsförderung

denen die Werbemittel angebracht sind, wie z.B. die Zeitung für das Inserat, das Schaufenster für die ausgestellte Ware. Dabei ist es entscheidend, daß der Werbeträger dazu beiträgt, die Werbewirkung des Werbemittels zu erhöhen und nicht etwa zu zerstören, was etwa der Fall sein kann, wenn auf schlechtem Papier oder mit schlechter Farbwiedergabe für ein Produkt geworben wird. Die Aufmerksamkeit muß in jedem Fall auf das Werbemittel gelenkt werden.

18. Was versteht man unter Public Relations?

Unter Public Relations versteht man die Information des Publikums über das Unternehmen als Ganzes, um auf diese Weise den Good Will des Betriebes zu erhöhen, d.h., das Unternehmen wirbt in der Öffentlichkeit um Vertrauen in seine Leistungen.

19. Wie wird Public Relations betrieben?

Mit Hilfe der Public Relations werden Informationen über das Unternehmen, seine Tätigkeit und seine Produkte an Kunden, Lieferanten, Banken, Konkurrenten, Verbände, Behörden, Parteien, Schulen und nicht zuletzt an die eigenen Mitarbeiter gegeben. Zu diesem Zweck wird eine Öffentlichkeitsabteilung eingerichtet, die je nach Betriebsgröße, eigene Firmenzeitschriften herausgibt oder sich mit der Herausgabe von Berichten über die Geschäftsentwicklung, Fachartikel, usw. begnügt. Es werden aber auch Messen und Ausstellungen beschickt, auf denen die Leistungen des Unternehmens herausgestellt werden. Oftmals empfehlen sich auch Tage der offenen Tür.

20. Was versteht man unter einem Werbeplan?

Der Werbeplan beruht auf den Ergebnissen der Marktforschung und der Absatzplanung und zeigt auf, in welcher Weise für die Erzeugnisse geworben werden soll.

21. Wie wird ein Werbeplan aufgestellt?

Es wird zunächst die Zielgruppe definiert, d.h. die Gruppe der Verbraucher festgestellt, die mit der Werbung angesprochen werden soll. Danach wird die Werbekonzeption entwickelt, d.h. die inhaltliche Aussage der Werbung festgelegt und dann die Auswahl der Werbeträger getroffen. Die Werbeträger wiederum hängen in starkem Maße von der Zielgruppe ab. Ist diese Auswahl getroffen, wird der Zeitpunkt der Werbung bestimmt, der wiederum mit den anderen in Frage kommenden Abteilungen abgestimmt sein muß, damit die Ware zu dem Zeitpunkt, zu dem geworben wird, auch tatsächlich im notwendigen Umfang auf Lager ist.

22. Was versteht man unter Werbekosten?

Werbekosten sind Kosten für das nicht an unmittelbare persönliche Verkaufsleistungen gebundene Angebot von Gütern und Dienstleistungen durch Werbemittel.

23. Welche Bedeutung haben die Werbekosten?

Mit Hilfe der Werbekosten sollen die Kosten für die Werbung von den sonstigen Kosten abgegrenzt werden. Problematisch ist jedoch eine Zuordnung dann, wenn für mehrere Produkte geworben wird. Eine zeitliche Periodenabgrenzung ist dann vorzunehmen, wenn sich die Werbung verteilt und der Erfolg der Werbung teilweise erst in einem späteren Zeitpunkt sichtbar wird. Es ist jedoch sehr schwierig, den Erfolg einer Werbung in bezug auf die aufgewendeten Kosten exakt zu messen.

24. Welche Bedeutung hat die Werbeerfolgskontrolle?

Mit Hilfe der Werbeerfolgskontrolle soll versucht werden festzustellen, ob die Werbung den beabsichtigten Effekt erzielt hat. Eine solche Feststellung ist jedoch in der Praxis häufig sehr schwer zu treffen.

25. Wie kann der Erfolg der Werbung gemessen werden?

Der Erfolg der Werbung kann am zweckmäßigsten an den gesetzten Werbezielen gemessen werden. Solche Ziele sind z.B. die Schaffung, Erhöhung oder Beibehaltung eines bestimmten Bekanntheitsgrades einer Ware bei den Verbrauchern; die nachhaltige Information der Verbraucher über bestimmte Produkteigenschaften; die Schaffung von Kaufinteresse bei den Kunden. Der Erfolg der Werbung ist am ehesten dann meßbar, wenn nicht mehr geworben wird. In der Regel sinkt dann der Absatz, der vorher durch die nachhaltige Werbung laufend erhöht werden konnte. Ein solcher „Erfolg" dürfte jedoch sehr teuer erkauft worden sein.

26. Welche Bedeutung hat die Mitarbeitermotivation?

Nur Mitarbeiter, die von ihrer Tätigkeit überzeugt sind, sind einsatzbereit und können ihre Leistungen steigern. Gleichgültige Mitarbeiter sind insbesondere im Verkauf, d.h. dort, wo ein unmittelbarer Kontakt mit anderen Menschen und ganz besonders mit Kunden gegeben ist, von Nachteil, denn sie schrecken die Kunden ab, tragen nichts zu den Kaufabschlüssen bei und schädigen so den Ruf des Unternehmens. Deshalb ist es wichtig, die Mitarbeiter zu motivieren und sie zu mitdenkenden, in der Sachargumentation geschulten Kräften zu machen, die überzeugen können.

27. Welche Bedeutung kommt der Verkäuferschulung zu?

Ohne ständige Verkäuferschulung lassen sich keine dauernden Verkaufserfolge erzielen. Die Verkäuferschulung muß beim Eintritt neuer Mitarbeiter in das Unternehmen beginnen und für alle tätigen Mitarbeiter von Zeit zu Zeit wiederholt werden, schließlich sind bestimmte zusätzliche Schulungen erforderlich, die sich auf bestimmte neue Produkte, neue Eigenschaften oder Verwendungsmöglichkeiten erstrecken. Die Verkäuferschulung hat sich dabei neben der Ware auch auf das fachliche Wissen und Können, die Kontaktaufnahme zwischen Kunden und Verkäufer und auf die Verkaufspsychologie zu erstrecken. Dabei kann man sich neuerer Methoden bedienen, etwa visueller Hilfsmittel, um Mimik und Gestik oder Sprache zu kontrollieren oder auch die Fallmethode anwenden, in deren Verlauf Verkaufsvorgänge simuliert werden, um an Hand der Verkaufsgespräche richtiges und falsches Verhalten demonstrieren zu können.

3.7.8 Werbung und Öffentlichkeitsarbeit (Public Relations)

01. Worin unterscheiden sich Werbung und Öffentlichkeitsarbeit?

Mit Hilfe der Werbung informiert ein Unternehmen über seine Produkte, mit Hilfe der Öffentlichkeitsarbeit wird die Öffentlichkeit mit Informationen über das Unternehmen versorgt. Es geht mithin bei der Öffentlichkeitsarbeit nicht um Produktinformationen, sondern um vertrauensbildende Maßnahmen (z.B. über die Aufgaben und Leistungen eines Industriezweiges). Bei der Öffentlichkeitsarbeit müssen die Medien und die Verbraucher durch Form und Inhalt der Informationen überzeugt werden.

02. Was ist die Ursache für die Notwendigkeit einer Öffentlichkeitsarbeit?

In der Öffentlichkeit, insbesondere aber in der Presse und im Fernsehen, wird häufig Kritik an Unternehmungen im Hinblick auf bestimmte Produkte oder im Hinblick auf Lärm, Schmutz und Umweltgefährdung erhoben.

03. Wer sind die Ansprechpartner der Öffentlichkeit?

Die politischen Parteien und die Abgeordneten der Parlamente, die Medien, die Schulen, die Endverbraucher, die Konkurrenz, die Mitarbeiter des eigenen Unternehmens.

04. Welche Ziele sollen mit Hilfe der Öffentlichkeitsarbeit angestrebt werden?

Die Darstellung volkswirtschaftlicher Zusammenhänge.

Hinweise auf die Notwendigkeit bestimmter Produktionsverfahren, weil die Verbraucher auf diese Produkte nicht verzichten wollen.

Hinweise auf vorgenommene Maßnahmen zur Reduzierung tatsächlicher oder vermeintlicher Schadensquellen.

Herausstellung der Alternativen (Arbeitsplatzvernichtung bei überzogenen Auflagen bei gleichzeitigem Import der im Ausland erzeugten Produkte, wobei trotzdem eine meist noch stärkere Luftverschmutzung eintreten würde; unerwünschte, weil vom Verbraucher nicht akzeptierte Produktalternativen oder Kostensteigerungen).

Hinweise auf die Notwendigkeit eines anderen Verbraucherverhaltens.

05. Welche Maßnahmen eignen sich für die Unternehmen?

Tage der offenen Tür mit Betriebsbesichtigungen, Werkzeitschriften, Informationsschriften mit unterschiedlichem Niveau für verschiedene Zielgruppen (Schüler, Fachleute, Ausland).

06. Was versteht man unter dem Begriff Corporate Idendity?

Mit Hilfe dieses Konzeptes soll das Unternehmen in der Öffentlichkeit mit einem einheitlichen Erscheinungsbild dargestellt werden. Das Ziel ist der Aufbau eines positiven Unternehmensbildes in der Öffentlichkeit.

3.7.9 Verkauf

01. Welche Bedeutung hat ein Angebot?

Dem Verkauf eines Erzeugnisses geht im Normalfall die Abgabe eines Angebots voraus, das auf eigener Initiative des Herstellers oder auf einer Anfrage eines Kunden beruht. Die Abgabe eines Angebotes bedeutet, daß der Hersteller Interesse an einer Lieferung hat und auch tatsächlich liefern kann. Durch ein Angebot müssen die Kunden umfassend informiert und mit seinen Verwendungsmöglichkeiten, Preisen und Lieferbedingungen vertraut gemacht werden. Zur schnelleren Bearbeitung von Anfragen ist es sinnvoll, eine besondere Datei zu führen, in der alle Angaben über Art und Umfang der anfragenden Kunden datumsmäßig erfaßt werden.

02. Wie wird bei der Einholung eines Angebotes verfahren?

Unterlagen zur Einholung von Angeboten bietet das Bezugsquellenverzeichnis, d.h., eine Zusammenstellung aus Lieferantenkartei, Katalogen, Prospekten, Preislisten, usw. Neue Angebote müssen dann eingeholt werden, wenn sich die Marktsituation seit der letzten Bestellung wesentlich verändert haben dürfte. Bei der Einholung von Angeboten können auch Anfragevordrucke verwandt werden.

03. Wie wird die Prüfung der Angebote vorgenommen?

Die eingehenden Angebote werden in möglichst genauen Bezugskalkulationen einander gegenübergestellt. Gegebenenfalls müssen Preise umgerechnet werden. Dies gilt dann, wenn sich die im Angebot genannten Preise in bezug auf die Liefer- und Zahlungsbedingungen, - etwa hinsichtlich der Übernahme der Transportkosten - oder durch die Gewährung von Rabatten unterscheiden.

04. Welche Angaben enthält die Bestellung?

Die Bestellung enthält folgende Angaben: Menge und Beschaffenheit der Waren, Verpackung, Erfüllungszeit und Erfüllungsort, Preis der Ware, Zahlungsbedingungen, sonstige Nebenbedingungen.

05. Welche Bedeutung hat die Auftragsbestätigung?

Eine Auftragsbestätigung ist erforderlich, um den Kunden darüber zu informieren, ob die Bestellung in der vom Kunden gewünschten Form ausgeführt werden kann und ob die vom Kunden gewünschten Bedingungen akzeptiert werden. Liegen diese Voraussetzungen ganz oder teilweise nicht vor, so muß der Bestellung in den Punkten, in denen keine Übereinstimmung besteht, widersprochen werden. Dieser Widerspruch ist rechtlich als ein neues Angebot zu werten. Im Zweifel muß so lange verhandelt werden, bis auch über die letzte Einzelheit Klarheit besteht. Gerichtsurteile besagen, daß dessen Regelung gilt, dem unwidersprochen das letzte Wort gelassen wurde.

06. Welche Bedeutung hat der Kundendienst für den Absatz?

In vielen Branchen, insbesondere in Bereichen, in denen hochtechnisierte Geräte verkauft werden, ist der Kundendienst eine entscheidende Voraussetzung für den Absatzerfolg. Der Kundendienst hat die Aufgabe, eine ständige Überwachung zu garantieren, das notwendige Ersatzmaterial ständig vorrätig zu haben, Reparaturmöglichkeiten zu schaffen und ständig bei der Benutzung beraten zu können. Hierzu zählen insbesondere Gebrauchsanweisungen. Der Kundendienst kann zentralisiert und dezentralisiert durchgeführt werden.

3.7.10 Absatzkontrolle

01. Was ist die Aufgabe der Absatzkontrolle?

Die Absatzkontrolle hat insbesondere die folgenden Aufgaben:
- Die Überprüfung der Planziele und gegebenenfalls die Feststellung, welche Ziele nicht erreicht wurden, welche Maßnahmen anders als ursprünglich geplant vorgenommen wurden und welche Schwachstellen bestehen,
- einen Soll-Ist-Vergleich des Umsatzes, und zwar aufgegliedert nach Produktgruppen, Kundenkreisen, Filialen, Verkaufsbezirken, usw.,
- die Entwicklung der Kosten im Soll-Ist-Vergleich einschließlich der Feststellung der Deckungsbeiträge der einzelnen Produktgruppen,
- die Kontrolle des Ablaufs der Betriebsorganisation.

02. Wann sollte die Kontrolle durchgeführt werden?

Zweckmäßigerweise sollte eine Kontrolle der Sollzahlen mit den Istzahlen monatlich erfolgen, weil dann schnell auf Abweichungen reagiert werden kann.

03. Wie kann der Werbeerfolg ermittelt werden?

Der Verkaufserfolg aufgrund von Werbemaßnahmen läßt sich feststellen, indem man
- bei Werbebriefen die Anfragen von Interessenten und insbesondere die Kaufabschlüsse aufgrund solcher Werbemaßnahmen auswertet;
- bei Anzeigen die Rücksendung von Coupons erbittet;
- bei Preisausschreiben die Zahl und evtl. die Zusammensetzung der Einsender analysiert;
- Testmärkte insofern schafft, als man auf einem bestimmten Teilmarkt, etwa einem Verkaufsbezirk in regionalen Zeitungen wirbt und einem anderen, in etwa identischen Markt Werbemaßnahmen unterläßt und dann die Ergebnisse miteinander vergleicht;
- einen Vergleich des Verkaufserfolges auf zwei vergleichbaren Märkten mit unterschiedlichen Werbemaßnahmen und/oder Werbeaufwendungen durchführt.

04. In welchem Zusammenhang ist die Absatzkontrolle zu sehen?

Die Absatzkontrolle darf sich nicht nur auf eine Analyse des eigenen Bereichs, d.h. auf die verschiedenen Produktgruppen, Absatzbezirke, Käuferschichten und Filialen erstrecken, sondern ist auch auf Betriebsvergleiche mit Zahlen aus den Vorjahren, vergleichbare andere Betriebe, den Branchendurchschnitt oder die Gesamtwirtschaft zu beziehen.

3.7.11 Verbraucherschutz

01. Was ist das Ziel des Verbraucherschutzes?

Mit Hilfe des Verbraucherschutzes soll der Endverbraucher vor Irrtümern beim Kauf durch Verbraucheraufklärung und beim Warenabsatz vor Verfälschung der Absatzbedingungen durch das Verbot unlauterer Werbemaßnahmen und die Sicherung angemessener Geschäftsbedingungen geschützt werden.

02. Was sind Ziel und Aufgaben der Verbraucherpolitik?

Verbesserung der Informationen des Verbrauchers, Änderung des Verbraucherverhaltens, Aufklärung zum Schutz der Gesundheit.

03. Welche gesetzlichen Regelungen bestehen zum Verbraucherschutz?

Es seien beispielhaft genannt: Das UWG (Gesetz gegen den unlauteren Wettbewerb), das Arzneimittelgesetz, die lebensmittelrechtlichen Gesetze und Verordnungen.

04. Welche Maßnahmen dienen dem Verbraucherschutz?

Die zahlreichen Verbraucherinformationen der Hersteller, die Informationen der örtlichen Verbraucherzentralen und der Stiftung Warentest.

05. Welche sonstigen Maßnahmen dienen dem Verbraucherschutz?

Die Ausarbeitung und Verbindlichkeitserklärung bestimmter Normen, etwa im elektrotechnischen Bereich. Solche Normen sollten überdies einen gewissen Sicherheitsstandard garantieren.

06. Welche Bedeutung hat die Produkthaftung für den Verbraucherschutz?

Der Verbraucherschutz hat in den letzten Jahren sowohl in der Rechtsprechung als auch in der Gesetzgebung einen ständig wachsenden Stellenwert erhalten. Dabei liegt der Gedanke zugrunde, daß der Verbraucher gegenüber dem Hersteller oder dem Vertreiber von Waren eine schwächere Position hat. Nach dem am 1. Januar 1990 in Kraft getretenen Produkthaftungsgesetz haftet der Hersteller eines Produktes für den Schaden, der durch einen Fehler dieses Produktes entstanden ist. Dies bedeutet, daß die Frage eines schuldhaften Verhaltens seitens des Herstellers als Anspruchsvoraussetzung nicht mehr zu prüfen ist. Vielmehr ist der Hersteller eines

3.7.11 Verbraucherschutz

Produktes verpflichtet, dem Geschädigten den durch die Fehlerhaftigkeit des Produktes an Körper oder Sache entstehenden Schaden zu ersetzen. Auf ein Verschulden im Sinne der Fahrlässigkeit oder des Vorsatzes bei der Schadensherbeiführung kommt es nicht an. In der Praxis bedeutet dies, daß auch ein Ausreißer in einer großen Serie bei einem Schaden zur Haftung führt, so daß in jedem Fall die Qualitätskontrolle verstärkt werden muß, um eine Hundert-Prozent-Kontrolle aller Fehlermöglichkeiten zu erreichen.

Es bestehen folgende Ausnahmen, bei deren Vorliegen der Hersteller nicht in die Haftung genommen wird:
- der Hersteller hat das Produkt nicht in den Verkehr gebracht,
- das Produkt hat den Fehler noch nicht gehabt, als es in den Verkehr gebracht wurde,
- das Produkt wurde nicht zum Verkauf oder zu einer anderen wirtschaftlichen Nutzung hergestellt,
- der Fehler beruht darauf, daß das Produkt zwingenden Rechtsvorschriften entsprochen hat,
- der Fehler konnte nach dem Stand der Technik und der Wissenschaft zu dem Zeitpunkt, in dem der Hersteller das Produkt in den Verkehr brachte, nicht erkannt werden.

Der Hersteller von Ware muß Vorsorge dafür treffen, um im Falle einer Inanspruchnahme unberechtigte Ansprüche abwehren zu können. Der Hersteller muß das Vorliegen der genannten Ausschlußtatbestände beweisen. Darüber hinaus trägt er auch die Beweislast für den Fall, daß der Fehler durch die Konstruktion des Produktes, in das das Teilprodukt eingearbeitet wurde, oder durch die Anleitung des Herstellers des Produktes verursacht worden ist.

Als Maßstab für die Fehlerfreiheit eines Produktes wird die Erwartungshaltung des Verbrauchers zugrundegelegt, denn nach § 3 hat ein Produkt einen Fehler, wenn es nicht die Sicherheit bietet, die unter Berücksichtigung aller Umstände, insbesondere seiner Darbietung, des Gebrauchs, mit dem billigerweise gerechnet werden kann, des Zeitpunktes, in dem es in Verkehr gebracht wurde, billigerweise erwartet werden kann. Neben der lückenlosen Qualitätsüberwachung ist aber die Produktbeobachtung wichtig, denn der Hersteller hat die gestzliche Produktbeobachtungspflicht, d.h. er muß sich Kenntnis darüber verschaffen, inwieweit sein Produkt schadensrelevant geworden ist und wieweit die von ihm gelieferte Ware verbesserungsbedürftig ist. Zu diesem Zweck sind fachkundige Berater hinzuzuziehen, auch empfiehlt sich ein umfassender Versicherungsschutz gegen Restrisiken.

Neben dem Produkthaftungsgesetz muß der Hersteller auch das Gerätesicherungs-(Maschinenschutz-)gesetz berücksichtigen.

3.8 Arbeitsmethodik

3.8.1 Die Bedeutung der Arbeitsmethodik

01. Was versteht man unter Arbeitsmethodik?

Arbeitsmethodik ist die Technik des richtigen Arbeitsverfahrens und der Ordnung, d.h. eine zweckbewußte Regelung des Nacheinanders der Arbeitsvorgänge und des Nebeneinanders der Arbeitsgegenstände, an denen und mit denen gearbeitet wird.

02. Welche Voraussetzungen bestimmten den Erfolg einer Arbeit?

Jede Leistung erfordert einen geistigen Einsatz. Der Erfolg hängt in der Regel von der geistigen Leistungsfähigkeit und dem rationellen Einsatz der geistigen Kräfte ab. Von vielen Menschen wird jedoch die angeborene Intelligenz nur zu einem geringen Teil zur vollen Leistung ausgenutzt. Viele könnten allein durch eine zweckmäßige Organisation ihrer geistigen Kräfte mehr leisten.

03. Wodurch ist geistige Arbeit charakterisiert?

Die Arbeit des Geistes ist nicht sichtbar. Sichtbar ist vielmehr nur das Ergebnis, das Produkt. Bildlich gesprochen kann nur über die Sinnesorgane geistiger Rohstoff zur Verarbeitung in der Werkstatt des Geistes aufgenommen werden. Durch Sehen und Hören wird aufgenommen, was die Umwelt an Lebenserfahrungen bietet. Geistige Leistung ist mithin nichts anderes als die Umformung geistiger Rohstoffe. Diese müssen in entsprechender Menge und Qualität zur Verfügung stehen. Mit Hilfe der Intelligenz wird aus den Erscheinungen und Erfahrungen des Lebens gelernt und sinnvoll gehandelt.

04. Was versteht man unter Motivation?

Unter Motivation versteht man den Grund für das in Bewegung bringen und Steuern von seelischen und körperlichen Kräften in Beziehung auf ein bestimmtes Ziel. Die Motivation bestimmt den Aktivierungsgrad.

05. Wodurch wird geistige Leistung beeinträchtigt?

Je mehr die passive Ablenkung der aktiven Kraft entgegenwirkt, desto stärker muß der Aufwand an aktiver Kraft für eine bestimmte Leistung sein, desto größer sind die Anstrengungsgefühle und die Anstrengung selbst und desto geringer wird die geistige Leistung.

06. Wodurch wird geistige Leistung im einzelnen gestört?

Die geistige Leistung stören:

a) gefühlsbetonte Erlebnisse, wie Ärger, Aufregungen, gefühlsmäßige Erregungen aller Art,

b) starke Empfindungen, wie Schmerzen, Jucken, Zugluft, Hitze, Kälte,
c) starke Wahrnehmungen, wie Geräusche, Lärm, Reize des Gesichtssinns, wie z.B. durch blendende Sonne.

07. Wie kann die Konzentrationsfähigkeit verbessert werden?

Das Training der Konzentrationsfähigkeit bewirkt:

a) eine erhöhte Aufnahmefähigkeit beim Lernen,
b) eine verbesserte geistige Produktivität, da die Denkleistung an sich gefördert wird,
c) eine Stärkung der Willenskraft, da der Wille nichts anderes ist als eine Konzentration unseres Bewußtseins auf eine Zielvorstellung oder einen inneren Eigenbefehl,
d) eine Herabsetzung und Verminderung des Anstrengungsgefühls bei jeder geistigen Arbeit und damit wiederum eine Erhöhung der Leistung.

08. Wovon ist die Kombinationsfähigkeit abhängig?

Die Kombinationsfähigkeit ist abhängig von:

a) der Menge der kombinierten Geistesprodukte,
b) von deren Güte und Zweckmäßigkeit,
c) dem vorhandenen oder nicht vorhandenen Kombinationsdrang (Schöpferdrang)
d) der Schnelligkeit, mit der die Reproduktionsfähigkeit Vorstellungen aus dem Gedächtnis in das Bewußtsein fördert,
e) der Zahl der im Gedächtnis ruhenden Vorstellungen und der neuen Wahrnehmung, die als neue, für Kombinationen geeignete Erfahrungen von außen her ins Bewußtsein dringen.

09. Wovon ist das Ergebnis geistiger Tätigkeiten abhängig?

Das Ergebnis geistiger Tätigkeiten ist abhängig von:

a) den Eingangsvoraussetzungen des Lernenden (Lernerfahrungen, erworbene Lernfähigkeit, Umweltbedingungen des Lernens),
b) den Methoden und Verfahren, mit denen die auftretenden Probleme gelöst werden,
c) der Motivation.

10. Wann hat sich geistige Arbeit gelohnt?

Geistiger Arbeitsaufwand hat sich dann gelohnt, wenn das gewünschte und das erreichte Ziel aufgrund eingehender Überprüfung übereinstimmen.

11. Was versteht man unter Planung geistiger Arbeit?

Planung ist die gedankliche Vorbereitung zukünftigen Lernens und Handelns auf der Grundlage eines bestimmten Zieles. Mit Hilfe der Planung werden die zum Erreichen eines Arbeitszieles gesetzten Inhalte, Methoden, Situationen und Kontrollen bestimmt und entsprechenden zeitlichen Abschnitten zugeordnet.

12. Welche Vorgehensweise ist bei einer Lernplanung zweckmäßig?

Es werden folgende Pläne aufgestellt:

a) ein Strukturplan (Ablaufplan) mit Festlegung der Lernziele, der Vorgehensweise und der Lernvoraussetzungen,
b) ein Termin- und Kostenplan,
c) ein Organisationsplan mit Festlegung der Lernmethoden, des Einsatzes von Hilfsmitteln sowie der Lern- und Arbeitstechniken,
d) ein Kontrollplan, d.h.: Auswahl von Bewertungskriterien, Festlegung von Standards und Vergleichswerten, Messen der Resultate, Soll-Ist-Vergleich; Ermitteln und Einleiten möglicher Korrekturmaßnahmen zur Verbesserung der Abweichungen.

13. Mit Hilfe welcher Methoden lassen sich gezielt Lösungen finden?

Es eignen sich insbesondere die folgenden Methoden:

a) Methode des gezielten Fragens. Fragestellungen regen Lern- und Denkprozesse an, fördern eine selbstkritische Einstellung, geben Anstöße für neue Problemlösungen und fördern die Motivation;
b) Fragebogentechnik zwecks Gewinnung von Informationen. Dies geschieht in folgender Reihenfolge: Zielsetzung festlegen; Problem- und Aufgabenstellung beschreiben; Fragenkomplex erfassen und in Testfragen umformen; Vortests durchführen und Fragestellung kritisch überprüfen, Haupttest durchführen, Auswertung und Interpretation der gesammelten Informationen vornehmen. Beim Zusammenstellen der Fragen sind je nach der Zielsetzung zu unterscheiden: Tatsachen- oder Faktenfragen, Verhaltensfragen, Einstellungsfragen, Meinungsfragen;
c) Delphi-Methode. Dabei werden Experten mehrfach hintereinander zu bestimmten Problemen befragt. Die Teilergebnisse aufgrund der vorangegangenen Befragungen werden zu neuen Fragen zusammengefaßt, und auf diese Weise werden aussagefähige Ergebnisse erzielt.
d) Trendanalysen. Diese Methode baut auf der Überlegung auf, daß sich eine Entwicklungsbewegung fortsetzt. Viele technische und wirtschaftliche Größen zeigen einen bestimmten Verlauf. Bleiben die gestellten Anforderungen bestehen, so wird dieser Verlauf auch für die Zukunft unterstellt.

3.8.2 Sammeln, Verarbeiten und Vermitteln von Informationen

01. Was versteht man unter Information?

Unter dem Begriff Information versteht man die Wissensgewinnung, -verarbeitung und -vermittlung. Informationen sind notwendig, um die korrekte Erfüllung von Aufgaben vornehmen zu können.

3.8.2 Sammeln, Verarbeiten und Vermitteln von Informationen

02. Was ist das Ziel der Information?

Alle notwendigen Informationen müssen zunächst gesammelt, verarbeitet und den Mitarbeitern im notwendigen Umfang zur Verfügung gestellt werden, denn nur der Mitarbeiter, der über die notwendigen Informationen verfügt, ist in der Lage, die ihm übertragenen Aufgaben auch tatsächlich ausführen zu können. Allerdings ist zu vermeiden, daß die Mitarbeiter weder zu wenig noch zu viel oder falsche Informationen erhalten. Erhalten sie nämlich zu viele Informationen, besteht die Gefahr, daß sie aus der Fülle der Informationen nicht richtig auswählen oder falsche Schlußfolgerungen ziehen.

03. Wie ist der Informationsfluß geregelt?

Informationen fließen in einem Unternehmen grundsätzlich von oben nach unten und dienen der Steuerung des Unternehmens. Die Informationen können dabei entweder über den Dienstweg, d.h. nur über den jeweiligen Vorgesetzten, oder auf dem direkten Weg erfolgen. Es ist aber auch ein Informationsaustausch zwischen gleichgeordneten Stellen möglich.

04. Auf welche Weise erfolgt die Verarbeitung von Zahlen?

Die Verarbeitung von Zahlen erfolgt mit Hilfe von Rechenmaschinen, die immer aus drei Teilen bestehen, nämlich dem Eingabebereich oder der Werteingabe, dem Rechenwerk oder der Wertverarbeitung und dem Ausgabebereich oder der Wertausgabe.

05. Wie folgt die Verarbeitung von Texten und Zahlen?

Die kombinierbare Verarbeitung von Texten und Zahlen geschieht mit Hilfe von Buchungsmaschinen, Fakturiermaschinen und Abrechnungsautomaten sowie durch den Einsatz von Computern aller Art.

06. Was versteht man unter der Speicherung von Informationen?

Informationen werden meist nicht nur zum Zeitpunkt ihrer Gewinnung benötigt, sondern vielfach auch noch zu einem späteren Zeitpunkt, etwa um sie mit später gewonnenen Informationen vergleichen zu können. Sie müssen zu diesem Zweck gespeichert werden.

07. Wie werden Informationen weitergeleitet?

Informationen werden weitergeleitet durch Besprechungen, Aushänge, Telefongespräche oder Briefe. Sofern ein Informationsaustausch innerhalb eines Unternehmens erforderlich ist, kann dies mittels Boten, Rohrpost, Aufzüge oder Förderbänder geschehen, ferner durch moderne Informationstechnologien.

08. Wie werden Informationen gespeichert?

Informationen werden gespeichert, indem die geschriebenen Informationen aufbewahrt werden. Aber auch das gesprochene Wort ist speicherbar, indem es auf einem Tonträger, d.h. einem Tonband oder einer Schallplatte aufgezeichnet wird.

09. Welche Informationen werden gespeichert?

Informationen, die für das Unternehmen einen besonderen Wert darstellen, oder deren Aufbewahrung gesetzlich vorgeschrieben ist, wie z.B. Handelsbücher oder Handelskorrespondenz, müssen gespeichert werden.

10. Auf welche Weise werden Informationen aufbewahrt?

Informationen werden in sog. Behältern aufbewahrt. Die gebräuchlichsten Behälter sind Aktendeckel, Schnellhefter oder Ordner, wobei das geordnete Aufbewahren von schriftlichen Informationen mit Hilfe einer Registratur geschieht. Die Registratur wiederum kann in Form einer stehenden oder einer liegenden Ablage vorgenommen werden, bzw. sie geschieht auf elektronischem Wege.

11. Was ist bei einer Registratur zu beachten?

Für den Ablagedienst ist eine Registratur-Dienstanweisung erforderlich. In dieser muß festgelegt werden, wer die Einordnung vornimmt (z.B. der Sachbearbeiter oder ein Registrator) und ob eine Zentral-, eine Abteilungs- oder eine Arbeitsplatzablage eingerichtet werden soll. Richtig kann nur abgelegt werden, wenn vor der Ablage die wiederzufindende Ablagestelle, d.h. die Suchstelle, einwandfrei festgelegt worden ist.

12. Welche Ablagearten kennt man?

Man unterscheidet die Flachablage, die Steilablage und die Stehablage. Das Schriftgut kann geheftet oder in Loseblattform abgelegt werden.

13. Wie kann das Schriftgut geordnet werden?

Das Schriftgut kann alphabetisch, numerisch, alpha-numerisch, chronologisch, sachlich, geographisch oder farblich unterschiedlich eingeordnet werden.

14. Welche Bedeutung hat die Speicherung auf Mikrofilm?

Da die Speicherung der Daten sehr viel Platz in Anspruch nimmt, ist man dazu übergegangen, die Schriftstücke auf Filmstreifen von 8, 16, 35 oder 70 mm Breite zu fotografieren. Die Mikroverfilmung stellt eine genaue Ablichtung des Originals auf wesentlich kleinerem Format dar und eignet sich insbesondere für alle Arten von Informationen, die normalerweise nicht mehr benötigt werden, aber aufbewahrt werden müssen.

3.8.3 Protokoll- und Berichtstechnik

01. Welchem Zweck dienen Berichte?

Die Unternehmungen benötigen ständig klare Übersichten über alle wesentlichen Vorgänge im Betrieb und über die ersichtlichen Entwicklungstendenzen. Die Aufgabe der Berichterstattung ist um so schwieriger, je größer, verzweigter und komplizierter ein Unternehmen ist.

3.8.3 Protokoll- und Berichtstechnik

02. Was ist der Inhalt der Berichterstattung?

Die Berichterstattung muß sich auf das Wesentliche erstrecken. Sie muß zusammenfassend sein und laufend erfolgen, und die summarischen Ergebnisse müssen auswertbar sein. Die Berichterstattung muß überdies pünktlich und rechtzeitig vorgenommen werden.

03. Welche Arten von Berichten werden unterschieden?

Man unterscheidet Tages-, Wochen-, Monats- und Jahresberichte.

04. Über welche Bereiche werden Berichte angefertigt?

Gegenstand des Berichtswesens sind insbesondere der Verkauf, das Rechnungswesen und die Fertigung. Soweit die Berichte Zahlen beinhalten, sind diese in der Regel auch gleichzeitig die Grundlage für den Aufbau einer Statistik.

05. Welche inhaltlichen Berichte werden unterschieden?

Man unterscheidet:

a) Standardberichte. Hier wird regelmäßig und nach einem festgelgten Schema einem meist gleichbleibendem Empfängerkreis bestimmte Informationen zugestellt werden;
b) Abweichungsberichte. Sie liegen dann vor, wenn das vorgegebene Ziel bzw. die Zielvorgabe für einen bestimmten Zeitraum nicht erreicht werden kann und somit seitens der Unternehmensführung neue Zielvorgaben oder zusätzliche Maßnahmen zur Erreichung des ursprünglichen Zieles getroffen werden müssen.
c) Bedarfsberichte. Diese werden fallweise dann erstellt, wenn das in Form der Standard- oder Abweichungsberichte zur Verfügung stehende Informationsmaterial für eine Problemlösung nicht ausreicht.

06. Wie wird die Berichterstattung organisiert?

Zunächst muß festgelegt werden, was Gegenstand der Berichterstattung sein soll, dann müssen Berichtsformulare entwickelt werden, anschließend wird der sog. Leitweg für jeden Bericht festgelegt und eine schriftliche Arbeits- und Dienstanweisung fixiert. Letztlich müssen Auswertungsregeln und -vorschriften aufgestellt werden.

07. Welche Gefahren müssen bei der Berichterstattung vermieden werden?

Es muß sichergestellt sein, daß aus den Berichtsangaben nur die Schlüsse gezogen werden, die dem Aussagewert entsprechen. Überdies müssen die Berichtszwecke an den Auswertungszwecken orientiert, die in der Berichterstattung verwendeten Begriffe müssen einheitlich, klar definiert und die Ergebnisse vergleichbar sein.

08. Was ist ein Protokoll?

Ein Protokoll ist ein schriftlicher Bericht über die Ergebnisse einer Verhandlung, Sitzung oder Vereinbarung.

09. Welche Anforderungen werden an ein Protokoll gestellt?

Ein Protokoll muß unparteiisch sein und darf nur Tatsachen enthalten. Es muß in verständlicher Sprache abgefaßt sein.

10. Welche Arten von Protokollen werden unterschieden?

Man unterscheidet Ergebnisprotokolle, Verhandlungsprotokolle, Kurzprotokolle, ausführliche Protokolle und Gedächtnisprotokolle.

11. Was ist der Inhalt eines Ergebnisprotokolls?

Ein Ergebnisprotokoll enthält nur das Ergebnis einer Sitzung oder Verhandlung, nicht aber die wörtliche Wiedergabe der Äußerungen der einzelnen Teilnehmer.

12. Was ist der Inhalt eines Verhandlungsprotokolls?

In einem Verhandlungsprotokoll werden die Ausführungen der Gesprächspartner festgehalten.

13. Was ist der Inhalt eines Kurzprotokolls?

Ein Kurzprotokoll enthält sowohl Ergebnisse als auch Gesprächsinhalte in sehr kurzgefaßter Form.

14. Was ist der Inhalt eines ausführlichen Protokolls?

In einem ausführlichen Protokoll sind neben dem Inhalt auch alle Zwischenrufe, die Ergebnisse und die gefaßten Beschlüsse vollständig enthalten.

15. Was ist das Wesen des Gedächtnisprotokolls?

Ein Gedächtnisprotokoll wird aufgrund eines Gesprächs oder einer Veranstaltung im nachhinein angefertigt und ist deshalb mitunter nicht vollständig.

3.8.4 Darstellungs- und Gliederungstechniken

01. Warum bedient man sich besonderer Darstellungsmethoden bei der Berichtsgestaltung?

Der Leser soll das Gefühl erhalten, daß der Bericht lesenswert ist. Außerdem soll eine rationelle Informationsaufnahme erreicht werden, d.h. es soll sichergestellt werden, daß eine Vielzahl von Informationen in kürzester Zeit ohne große Ermüdungserscheinungen aufgenommen werden kann.

02. Auf welche Weise können Informationen dargestellt werden?

Man bedient sich bei der Darstellung von Informationen:

a) Tabellen,
b) Schaubilder,
c) Kennzahlen,
d) Texten.

03. Wie die Übersichtlichkeit von Tabellen erhöht werden?

Große Datenmengen können in Teilmengen zerlegt werden, die dann in Nebentabellen zusammengefaßt werden.

04. Welche Arten von Schaubildern werden unterschieden und was ist deren Zweck?

Man unterscheidet Grafiken und Diagramme (Charts). Derartige Schaubilder ermöglichen eine Verarbeitung mit geringen Anstrengungen. Bildinformationen wirken einer Informationsüberlastung entgegen, da bildliche Informationen im Vergleich zu Text- oder Zahleninformationen von den Empfängern für interessanter gehalten, eher wahrgenommen und besser in Erinnerung behalten werden.

05. Welche Arten von Diagrammen werden unterschieden?

Man unterscheidet:

- Bilderdiagramme,
- Kartogramme (Landkarten),
- Geometrische Diagramme: Rechteckdiagramme, Kreisdiagramme, Kurvendiagramme, Flußdiagramme,
- Sonstige Übersichten: Gliederungspläne, Ablaufpläne, Matrizen, Entscheidungstabellen, Blockschaltbilder, Strukturbäume.

06. Was ist das Ziel von Flußdiagrammen?

Flußdiagramme sind in der Lage, Abläufe und Zusammenhänge anschaulich darzustellen. Ein Flußdiagramm kann mehrere Endzeichen, aber nur ein Anfangszeichen haben. Die Ablaufrichtung wird durch Pfeile angegeben. Als Symbol für eine Tätigkeit wird ein Rechteck verwandt. Das Tätigkeitsfeld hat stets nur einen Eingang, es kann aber mehrere Ausgänge haben. Die Art der Tätigkeit wird in das Feld eingetragen.

Als Symbol für eine Entscheidung wird ein an allen vier Seiten abgeschrägtes Rechteck verwandt. Das Entscheidungsfeld hat stets nur einen Eingang und zwei Ausgänge. Die Entscheidungsfrage wird in das Feld eingetragen. Sie muß so gestellt sein, daß sie nur mit Ja oder Nein beantwortet werden kann. Die beiden Ausgänge werden entsprechend mit Ja oder Nein gekennzeichnet. Anschlußpunkte in Form eines Kreises verwendet man, wenn zu wenig Platz vorhanden ist oder die Darstellung zu unübersichtlich wird. In den Kreis setzt man eine Zahl oder einen Buchstaben, evtl. auch ein anderes Zeichen. Die Fortsetzung der Darstellung beginnt dann mit dem gleichen Zeichen. Flußdiagramme werden gelesen, indem man entweder dem Hauptablauf folgt und damit eine gute Übersicht gewinnt oder den Verzweigungen der Reihe nach folgt.

Flußdiagramme sind mithin eine Möglichkeit, eine Entscheidung mit Hilfe von Entscheidungstabellen zu fällen.

07. Was sind Strukturbäume?

Strukturbäume geben Verzweigungen optisch wieder. Bekannt sind Familienstammbäume, die Zusammenhänge über viele Generationen verdeutlichen. In ähnlicher Weise lassen sich Stellenpläne und Unternehmenszusammenschlüsse aufzeigen.

08. Welche Bedeutung haben Kennzahlen?

Kennzahlen sind numerische Informationen, die Aufschluß über bestimmte Entwicklungen geben. Sie werden unterteilt in Grundzahlen und in Verhältniszahlen. Die mit Hilfe von Grundzahlen ausgedrückten Sachverhalte sind als absolute Zahlen oder Mittelwerte wenig aussagefähig. Sie werden deshalb in Form von Verhältniszahlen zu anderen Sachverhalten, zwischen denen ein sachlicher Zusammenhang besteht, in Beziehung gesetzt. Verhältniszahlen können wiederum sein:

- Gliederungszahlen,
- Beziehungszahlen,
- Meßzahlen bzw. Indexzahlen.

09. Was versteht man unter Gliederungszahlen?

Bei Gliederungszahlen wird jeweils eine Teilmasse einer übergeordneten Gesamtmasse gegenübergestellt. Die Ergebnisse sind Anteile. Mit Hilfe von Gliederungszahlen kann man z.B. die Mitarbeiter eines Unternehmens anteilmäßig nach Auszubildenden, Facharbeitern usw. aufgliedern.

10. Was versteht man unter Beziehungszahlen?

Durch Beziehungszahlen wird das Verhältnis von zwei verschiedenen Massen, die zueinander in sachlicher Beziehung stehen, zum Ausdruck gebracht. So lassen sich z.B. Mengengrößen zu Wertgrößen oder Zeitpunktgrößen (Bestandsmassen) zu Zeitraumgrößen (Bewegungsmassen) in Beziehung setzen, etwa, indem man die Einstellungen eines Unternehmens zum Personalbestand in Relation setzt. Wird eine Bewegungsmasse auf die zugehörige Bestandsmasse bezogen, liegt eine Verursachungszahl vor. Alle anderen Beziehungszahlen werden als Entsprechungszahlen bezeichnet.

11. Was bezeichnet man als Meßzahlen?

Meßzahlen beschreiben die zeitliche Veränderung gleichartiger Massen, bezogen auf eine Basismasse und in Prozenten dieser Basismasse, die mit 100 multipliziert wird. Von den Meßzahlen, die Teilmassen betreffen, werden die Indexzahlen unterschieden, die sich auf die Gesamtmassen beziehen.

3.8.5 Gruppendynamik

01. Was ist eine Gruppe?

Als Gruppe bezeichnet man eine Gesamtheit von Personen, die durch aufeinander bezogene Interaktionen (d.h. Interaktion ist die wechselseitige Beeinflussung des Verhaltens von Individuen untereinander) verbunden sind, sowie gemeinsame Ziele (Lösen einer Aufgabe, Erstellen einer Arbeit, Gestalten von Freizeit) und darauf ausgerichtete Normen haben. Eine Gruppe entwickelt eine spezifische Struktur, die das Rollenverhalten der einzelnen Mitglieder aufeinander abstimmt. Die Gruppe wird durch die gemeinsame Zielsetzung zusammengehalten und läßt ein Gefühl der Solidarität und das „Wir-Gefühl" entstehen.

02. Welche Arten von Gruppen werden unterschieden?

Gruppen werden nach der Größe in Groß- und Kleingruppen, nach der Art ihrer Entstehung in formelle (absichtlich organisierte) und informelle (spontan entstandene) Gruppen, nach der Zugehörigkeit in Eigen- und Fremdgruppen und nach der Funktion in Primär- und Sekundärgruppen unterteilt. Jede dieser Gruppen weist eine innere Dynamik aus, die sich in der Art der Beeinflussung der Gruppenmitglieder, der Anpassung an Gruppennormen und Bestrafung bei Abweichungen äußert.

03. Welche Bedeutung haben Gruppen?

Die Zugehörigkeit zu verschiedenen Gruppen ist für den Menschen lebensnotwendig. Sie vermittelt dem Menschen soziale und kulturelle Werte, Normen, Einstellungen und Verhaltensweisen und befriedigt die grundlegenden Bedürfnisse des Individuums nach Anerkennung, Zuwendung, Selbstverwirklichung und vermittelt ihm ferner das Gefühl der Sicherheit und Nützlichkeit. Die Gruppe gibt dem einzelnen ferner Gelegenheit, Status und Macht zu erlangen und hebt sein Selbstgefühl. Dadurch ermöglicht es die Gruppe, daß die Gruppenmitglieder ihre Ziele erreichen und gute Leistungen erbringen. Das Gruppenmitglied wird andererseits gezwungen, sich den Zielen und Normen der Gruppe anzupassen.

04. Was versteht man unter Gruppendynamik?

Die Gruppendynamik begreift Führung nicht mehr als die Funktion des Leiters, sondern als eine Funktion der Gruppe selbst, d.h. aller Gruppenmitglieder.

05. Worauf beruht die Gruppendynamik?

Die Gruppendynamik ist eine wissenschaftliche Richtung der Sozialpsychologie, die die Erkenntnisse der Psychologie und der Soziologie pädagogisch auswertet.

06. Was sind die Ergebnisse der Gruppendynamik?

Folgende Erkenntnisse sind für die betriebliche Weiterbildungsarbeit anwendbar:

- Isolierte Personen, die miteinander in Kontakt gebracht werden, steigern ihre Aktivität und gewinnen gegenseitig an Sympathie;

- beim Entstehen einer Gruppe nimmt die Bedeutung der Mitglieder der Gruppe untereinander zu, hingegen nimmt die Bindung zu Außenstehenden und zu anderen Gruppen ab;
- es findet eine Angleichung der Gruppenmitglieder statt;
- in jeder Gruppe kommt es zu einer Arbeitsteilung, und jedes Mitglied findet seine Rolle. Die Gruppe setzt Normen, denen der einzelne verpflichtet ist.

3.8.6 Methoden der Problemanalyse und Entscheidungsfindung

01. Welche Fragen werden im Rahmen einer Problemanalyse gestellt?

Was ist zu lösen? Was ist an Voraussetzungen und Bedingungen gegeben? Wo liegt das eigentliche Problem? Ist schon eine ähnliche Aufgabe gestellt worden und wenn ja, wie ist sie gelöst worden? Wie geht man vor?

02. Welche Aufgaben hat die Problemanalyse?

Auflösen von komplexen Problemsituationen;
Erkennen wichtiger Teilprobleme;
Die Analyse dieser Probleme;
Die Anwendung neuer Verfahren anstelle bisher üblicher.

03. Welche Einzelprobleme sind mit einer Problemanalyse verbunden?

Es können folgende Fragestellungen berührt werden:
- Welche Forderungen werden an die Problemlösung gestellt (minimal bzw. maximal?).
- Welche Eigenschaften soll die beabsichtigte Problemlösung haben?
- In welche Teilprobleme ist das Hauptproblem zerlegbar?
- Aus welcher Situation ist dieses Problem entstanden?
- Welche Bedeutung hat die Lösung dieses Problems?
- Welche Auswirkungen können mit der Lösung dieses Problems verbunden sein?
- Was geschieht, wenn das Problem nicht gelöst wird?
- Welche Nebenbedingungen in zeitlicher, sachlicher, organisatorischer und finanzieller Hinsicht sind zur Lösung dieses Problems zu erfüllen?

04. Welche Bedingungen müssen zur Lösung von Problemen erfüllt sein?

- Die Zielsetzungen müssen eindeutig bestimmt sein.
- Das Gesamtziel muß in Einzelziele entsprechend ihrer Wertigkeit unterteilt sein.
- Die Ausgangssituation muß hinreichend beschrieben sein.
- Die Notwendigkeit der Problemlösung muß anerkannt sein.
- Bereits bekannte oder denkbare Lösungen und Schwierigkeiten müssen aufgelistet sein.
- Es müssen Kriterien aufgestellt werden, nach denen gefundene Lösungen bewertet und entschieden werden sollen.

05. Welche Bedeutung hat die Kreativität bei der Lösung von Problemen?

In jedem Unternehmen gibt es neben Problemen, für deren Lösung sichere und eindeutige, zwingend zum Ziel führende Vorgehensweisen genutzt werden können, zusätzlich solche Probleme, die man allein mit logischen Mitteln nicht bewältigen kann. Zur Lösung solcher Probleme wird als zusätzliche Fähigkeit Kreativität vorausgesetzt.

06. Was versteht man unter Kreativität?

Kreativität ist die Fähigkeit von Menschen, geistige Leistungen, Produkte oder Ideen hervorzubringen, die in wesentlichen Merkmalen neu sind und bislang unbekannt waren. Kreativität kann in vorstellhaftem Denken bestehen oder in der Zusammenfügung von Gedanken, wobei das Ergebnis mehr als eine bloße Summierung des bereits Bekannten darstellt. Kreativität kann das Bilden neuer Muster und Kombinationen aus Erfahrungswissen einschließen und die Übertragung bekannter Zusammenhänge auf neue Situationen ebenso wie die Entdeckung neuer Beziehungen. Das kreative Ergebnis muß nützlich und zielgerichtet sein; es kann jede Form des künstlerischen oder wissenschaftlichen Schaffens betreffen oder prozeßhafter oder methodischer Art sein.

07. Welche Techniken zur Entscheidungsfindung können genutzt werden?

Techniken kreativen Denkens sind planende Verfahren zur Produktion neuer Ideenkombinationen. Sie simulieren den beschriebenen kreativen Prozeß, um damit die planlose und zufällige Ideenproduktion durch ein systematisches Vorgehen zu verbessern. Hierzu sind vier Denkprinzipien erforderlich:

- die Abstraktion, um eine eindeutige und systematische Problemspezifizierung zu erreichen;
- die Zerkleinerung, um eine systematische Strukturierung zu ermöglichen;
- die Anknüpfung bzw. Assoziation, um in der Phase der Ideenfindung möglichst viele verwertbare Ideen zu produzieren;
- die Analogie, um im Sinne des definierten kreativen Prozesses eine schöpferische Konfrontation zu erreichen.

08. Welche neueren Methoden zur Entscheidungsfindung stehen zur Verfügung?

Brainstorming, Brainwriting, Synektik, Methode 635

09. Was versteht man unter Brainstorming?

Brainstorming bedeutet eine laufende Diskussion, in der keine Kritik geübt werden darf. Es sollen phantastische Einfälle und spontane Assoziationen geäußert werden.

10. Was versteht man unter der Brainwriting Methode?

Alle spontanen Ideen zur Lösung eines Problems sollen niedergeschrieben und in Umlauf gebracht werden.

11. Was versteht man unter Synektik?

Synektik heißt seiner Wortbedeutung nach: Zusammenfügen von verschiedenartigen Elementen. Es solle das Fremdartige vertraut und das Vertraute fremd gemacht werden. Es werden somit Auseinandersetzungen mit Bedeutungsinhalten erzeugt, die scheinbar nicht mit dem Problem zusammenhängen.

12. Was versteht man unter der Methode 635?

Sechs Mitarbeiter müssen sich beteiligen. Das Problem wird vorgestellt und jeder Teilnehmer erhält die Aufgabe, drei Einfälle zur Lösung des Problems auszuschreiben. Nach einer festgelegten Zeit werden diese Lösungsvorschläge dem Nachbarn gereicht, der seinen eigenen Zettel ebenfalls weitergibt. Jeder Teilnehmer soll durch die Vorschläge seines Nachbarn zu neuen Einfällen angeregt werden. Dieser Vorgang des Ideenaufschreibens und Weiterreichens wird solange fortgesetzt, bis jeder Teilnehmer sein eigenes Blatt zurückerhält.

3.8.7 Grundlagen der Sprech- und Redetechnik

3.8.7.1. Vorbereitung einer Rede

01. Was versteht man unter Rhetorik?

Rhetorik ist Beredsamkeit, Urteilskraft, Vorstellungsvermögen, Argumentation, Ausdruckskraft und Kunst des Vortrages.

02. Wie muß eine Rede aufgebaut sein?

Eine Rede muß logisch und klar aufgebaut, gut gegliedert, überzeugend im Vortrag, einfach im Satzbau und ohne unnötige Fremdworte sein.

03. Was sind Hilfsmittel für eine gute Rede?

Gründliche Stoffsammlung; Beherrschung des Themas; Richtige Manuskriptvorbereitung; Kenntnis des Zuhörerkreises; Kenntnis der Erwartungen der Zuhörer; Richtige Ansprache und Einstimmung der Zuhörer.

04. Welche Arten von Reden werden unterschieden?

a) Sachreden: Bericht, Fachvortrag, Referat, Vorlesung;
b) Überzeugungsreden: Parlamentsreden, Reden vor politischen Anhängern, Gerichtsreden, Kanzelreden, Werbereden;
c) Gelegenheitsreden: Festreden, Gedenkreden, Damenreden, Geselligkeitsreden.

05. Welche Fehler werden bei einer Rede begangen?

Es wird zu lange gesprochen, es wird pausenlos vorgetragen, zu abgehackt gesprochen, zu schnell gesprochen, die Stimme hat sich überschlagen, es wird kein Kontakt zu den Zuhörern hergestellt.

3.8.7.2 Vortragstechnik

01. Was versteht man unter Kinesik?

Kinesik ist die Körpersprache, d.h. die Wissenschaft, die sich mit der Erforschung nichtverbaler Kommunikation, d.h. der Gestik und Mimik befaßt. Hierzu gehören aber auch der gesamte Körper, der Gang, das Äußere, die Bewegung der Hände, Füße und Beine.

02. Wie geht man bei einer Rede vor?

Es sollten folgende Schritte eingehalten werden:

- Sammlung der Gedanken,
- Ordnen der Gedanken,
- stilistische Ausarbeitung des Hauptteils,
- rhetorische Prägung.

03. Welche Gesichtspunkte sollten bei einer Rede beachtet werden?

- Die Zuhörer sollten richtig angesprochen werden.
- Die Hörer sollten zu der Überzeugung kommen, daß es der Redner ehrlich meint.
- Es sollte falsches Pathos vermieden werden.
- Die Zuhörer sollten nicht schulmeisterhaft belehrt werden.
- Das Selbstbewußtsein der anderen sollte geachtet werden.
- Kritik sollte mit Anstand und ohne Verletzung der Gefühle anderer erfolgen.
- Der Redner sollte eine natürliche Freundlichkeit zeigen.
- Der Redner sollte nicht zynisch werden.
- Der Redner sollte seine Person bescheiden zurückstellen und weniger das Wort „Ich" gebrauchen.
- Die Zuhörer sollten nicht das Gefühl haben, daß der Redner alles besser weiß.
- Ein eigener Fehler sollte zugegeben werden.

04. Was sind die Merkmale eines Referates oder Fachvortrages?

Wahrheit im Inhalt, Geschlossenheit in der Form und Klarheit im Vortrag. Das Referat dient der Klärung eines Sachverhaltes, dem Vortragen bestimmter Zusammenhänge und Thesen oder der Wiedergabe verschiedener Auffassungen. Emotionale Momente müssen beim Referat in den Hintergrund treten; der Verstand hat den Vorrang. Daher erfordert das Referat eine gründliche Vorbereitung. Wissenschaftliche Vorträge erfordern vollständig ausgearbeitete Texte.

05. Was besagt die AIDA-Regel?

Die AIDA-Regel, die dem amerikanischen Vertriebswesen entstammt, gliedert eine Rede in vier Stufen:
Aufmerksamkeit, Interesse, Drang zum Handeln, Aktion.

Diese Regel eignet sich für Verkaufsgespräche und für Einzel- und Gruppengespräche.

06. Was ist zu tun, wenn man plötzlich eine Rede halten muß?

Es sind folgende Fragen im voraus zu klären:
- Vor welchem Personenkreis soll man sprechen?
- Wieviel Zuhörer werden erwartet? Von der Beantwortung dieser Frage hängt es ab, ob mit einer Lautsprecheranlage gearbeitet werden muß.
- Wie kann man alle Telnehmer in das Blickfeld bekommen?
- Was wollen die Zuhörer hören? Mit welcher Erwartungshaltung kommen diese?
- Gibt es eine Übereinstimmung zwischen dem, was die Zuhörer hören wollen und dem, was man selbst sagen möchte oder sagen darf?
- Steht genügend Material für die Rede zur Verfügung?
- Welche Zitate lassen sich in die Rede einbauen?
- Habe ich einen Stichwortzettel mit den wichtigsten Gedankengängen parat?
- Habe ich an die Begrüßung der Teilnehmer gedacht?
- Besitzt meine Rede eine klare Gliederung?
- Die stärksten Aussagen sollten nicht am Anfang, sondern in der Mitte der Rede stehen.
- Möglichst kurze und einprägsame Sätze verwenden.
- Den ersten und den letzten Satz der Rede auswendig lernen, denn: der erste Eindruck ist wichtig, der letzte bleibt.

07. Welche Regeln können einen überzeugenden Eindruck hervorrufen?

1. Haltung: hierzu gehört eine normale Bewegung, mit beiden Beinen fest auf dem Boden stehen! Wippen mit den Füßen kann Nervosität ausdrücken, die sich auf die Zuhörer überträgt. Ebensowenig sollte man sich selbst am Pult oder Stuhl festhalten, weil dies von eigener Nervosität zeugt.

2. Gestik: Es muß ein Mittelmaß gehalten werden. Man sollte nicht mit den Fingern auf die Zuhörer zeigen.

3. Mimik: Die Mimik soll die Aussage unterstreichen. Die Zuschauer müssen den Eindruck gewinnen, daß man von dem, was man sagt selbst überzeugt ist.

4. Stimme: Durch ruhiges Sprechen wird die Konzentration der Zuhörer erhöht. Monotonie in der Stimme ist zu vermeiden. Die Stimme soll vielmehr gesenkt und gehoben werden.

3.8.7.3 Diskussionstechnik

01. Welche Formen und Methoden der Diskussion sind üblich?

a) Referat mit Aussprache, wobei das sich an einen Vortrag anschließende Frage- und Antwortspiel entweder vom Veranstaltungsleiter oder vom Redner geleitet werden kann.

3.8.7 Grundlagen der Sprech- und Redetechnik

b) Das Gespräch am runden Tisch. Hierzu ist ein allen vorher bekanntes Thema zu bearbeiten, auf das sich alle vorbereitet haben sollten.
c) Forumsdiskussion,
d) Podiumsdiskussion,
e) Streitgespräch,
f) Hearing, d.h. ein öffentliches parlamentarisches Anhörungsverfahren, in dem Fachleute ihre Auffassung über Sachfragen vortragen.
g) Kolloquium, d.h. ein wissenschaftliches Gespräch.
h) Symposium. Dabei handelt es sich um eine Tagung, ein Seminar, eine Konferenz oder einen Kongreß, bei dem in allgemein verständlicher Weise in Vorträgen oder Diskussionen zu wissenschaftlichen Fragen Stellung genommen wird.
i) Fallstudie. Dabei wird anhand eines bestimmten Sachverhaltes ein Problem diskutiert und entschieden.
j) Planspiel. Dabei wird ein gegebener oder angenommener Fall aus der Praxis zu Übungszwecken von den Teilnehmern durchgespielt und zu lösen versucht.
k) Rollenspiel. Dabei wird eine angenommene Aufgabe von den Gruppenmitgliedern mit verteilten Rollen zu Übungszwecken spielerisch gelöst.

02. Was ist das wichtigste bei Verhandlungen?

Es kommt bei Verhandlungen nicht auf das Reden, sondern auf das Überzeugen an.

03. Wie sollten Verhandlungen geführt werden?

Bei Verhandlungen sollte man nicht schroff die Argumente des Verhandlungspartners ablehnen, sondern zunächst die Punkte der Übereinstimmung betonen, um so die positive Atmosphäre zu erhalten.

04. Was ist bei Einwänden zu beachten?

Einwände sollten nicht widerlegt, sondern beantwortet werden. Dabei gilt die Regel, daß man den Partner ausreden lassen und ihm aufmerksam zuhören sollte, daß man keinen Einwand übergehen, ihn anerkennen und Verständnis für ihn zeigen sollte. Überdies sollte jedes Streitgespräch vermieden und diplomatisch argumentiert werden.

05. Welche Punkte sind bei Verhandlungen zu beachten?

Man sollte sich folgende Fragestellungen vorlegen: Was will man erreichen, wie muß zur Erreichung dieses Zieles argumentiert werden, welche Einwendungen sind zu erwarten, wie sind sie zu widerlegen.

06. Worauf sollte grundsätzlich bei Reden und Verhandlungen geachtet werden?

Verhandlungen und Reden sollten immer sorgfältig vorbereitet sein, die notwendigen Unterlagen sollten rechtzeitig zur Verfügung stehen.

07. Welche Bedeutung haben die Zuhörer bzw. Gesprächspartner?

Es kommt entscheidend darauf an, daß man sich im Umfang und im Inhalt einer Rede oder eines Gesprächs auf die Gesprächspartner einstellt. Eine stoffliche und gedankliche Beschränkung auf das Wesentliche ist erforderlich, um die Gesprächspartner nicht zu überfordern.

08. Warum sind für einen Redner Atemübungen notwendig?

Die richtige Sprechtechnik wird entscheidend durch die Atmung beeinflußt. Die Atmung hat zwei Funktionen des menschlichen Körpers zu erfüllen: Das Blut mit Sauerstoff zu versorgen und bei der Ausatmung dem Sprechen als Energiequelle zu dienen.

09. Wie sollte die Stimme des Redners beschaffen sein?

Ein erfolgreicher Redner muß über eine weittragende, klangvolle und resonanzreiche Stimme verfügen.

10. Was ist bei der Aussprache zu beachten?

Es muß unbedingt darauf geachtet werden, daß jedes Wort hochdeutsch, rein und voll ausgesprochen wird, um den Forderungen der Lautreinheit und Klangschönheit gerecht zu werden.

11. Was ist Dialektik?

Dialektik ist

a) die Kunst, Überzeugungen auf andere zu übertragen,
b) die Kunst, kommunikativ Probleme zu lösen.

Um diese Kunst zu beherrschen, ist es notwendig:

- den richtigen Gedanken
- mit den richtigen Worten
- in der richtigen Sprache
- in der richtigen Rolle
- vor dem richtigen Publikum
- in der richtigen Intention

auszusprechen.

12. Welche Regeln gelten für das richtige Zuhören?

- Man soll dem Gesprächspartner geduldig zuhören,
- man soll niemals einen Menschen unterbrechen,
- man soll niemals ein Gespräch abbrechen, sondern besser vorher ein Zeitlimit setzen,
- man soll dem Partner stets bis zum Ende zuhören.

Dies ist dann schwierig, wenn:

- die eigene Konzentrationsfähigkeit gering ist,

3.8.7 Grundlagen der Sprech- und Redetechnik

- wenn man fürchtet, am Ende des Zuhörens etwas vergessen zu haben, auf das man unbedingt eingehen will,
- wenn man während des Zuhörens schon die Antwort plant,
- wenn man sich während des Zuhörens anderweitig beschäftigt (in Akten blättert).

Ein Verhalten, das der Gesprächspartner nicht auf seine Rede bezogen interpretieren kann, vermittelt den Eindruck, daß man an dem Gesagten wenig interessiert ist. Viele schlechte Zuhörer schalten auch einfach ab, wenn der Sprecher keine neuen oder wesentlichen Informationen liefert.

13. Warum soll man die Kunst der praktischen Rhetorik und Kommunikation beherrschen?

Die Sprache ist und bleibt die zentrale Ausdruckskraft der Verständigung zwischen Menschen. Die Nachfrage nach Führungskräften, die es verstehen, Menschen positiv zu beeinflussen, zu lenken und zu leiten, steigt ständig ebenso wie die Nachfrage nach Menschen, die zur Aufrechterhaltung der Kommunikationsketten in Wirtschaft und Gesellschaft befähigt sind. Das Beherrschen der Redekunst ist eines der wichtigsten Instrumente der Menschenbeeinflussung. Die Macht der Überzeugung ist die Voraussetzung für aktive Mitarbeit. Alle neuen Ideen, Entwicklungen und Veränderungen müssen durch die Sprache vermittelt werden.

Gesagt bedeutet noch nicht gehört. Gehört bedeutet nicht verstanden. Verstanden bedeutet nicht einverstanden zu sein. Einverstanden sein bedeutet nicht behalten. Behalten bedeutet nicht angewandt. Angewandt bedeutet nicht unbedingt Verhaltensänderung.

14. Welche Vorteile bewirken Rhetorik und Kommunikation?

- Abbau von Hemmungen und Lampenfieber,
- mehr Selbstsicherheit,
- bessere Stimmtechnik,
- klarere, präzisere Aussage,
- mehr Überzeugungskraft,
- bessere Selbstorganisation,
- Ausbau und Entwicklung der pädagogischen und psychologischen Fähigkeiten,
- Fähigkeit, aus dem Stegreif zu sprechen,
- besserer Einsatz von Redemethoden und Sprechinstrumenten,
- Fähigkeit, andere besser zu motivieren,
- bessere Durchsetzungskraft von Ideen,
- mehr Spontaneität und Schlagfertigkeit,
- Erweiterung des Wortschatzes,
- bessere Koordinierung von Mimik und Gestik bei Rede und Gespräch,
- bessere Fähigkeit zuzuhören,
- schnelleres und besseres Erarbeiten von Manuskripten und Konzepte für Reden

15. Welche Regeln gelten für effiziente Besprechungen?

- Besprechungspunkte festlegen,
- Teilnehmer einladen,
- Teilnehmer begrüßen,

- Besprechung mit dem Besprechungsziel eröffnen,
- Wortmeldungen notieren und in der Reihenfolge abrufen,
- unparteiisches Verhalten an den Tag legen,
- auf die vereinbarte Zeit achten,
- Besprechungsrunde zielorientiert führen,
- rhetorische Unredlichkeiten verhindern,
- Beschlüsse herbeiführen,
- neuen Termin für die nächste Besprechung festlegen.

16. Welche Anforderungen werden an einen Konferenzleiter gestellt?

Er sollte:

- übezeugend wirken,
- von der Mehrzahl der Anwesenden akzeptiert werden,
- Führungsqualitäten besitzen,
- über rhetorische und psychologische Fähigkeiten verfügen,
- immer sachlich und neutral bleiben,
- ausgleichend und koordinierend wirken,
- die Teilnehmer aktivieren und motivieren,
- die Thematik möglichst bis ins Detail beherrschen,
- die vorgegebenen Zeiten einhalten,
- ein guter Zuhörer sein,
- die Techniken der Konferenzleitung beherrschen,
- ziel- und ergebnisorientiert arbeiten.

17. Welche Anforderungen werden an Konferenzteilnehmer gestellt?

- Sich auf die Besprechung vorzubereiten,
- eine positive Einstellung zu dieser Besprechung zeigen,
- sachlich und zielorientiert beim Thema bleiben,
- kurz und anschaulich sprechen,
- zuhören können,
- präzise fragen,
- sachliche Informationen zur Problemlösung geben,
- andere Meinungen gelten lassen.

3.9. Recht im Industrieunternehmen

3.9.1 Grundlagen

01. Was versteht man unter Rechtsordnung?

Unter Rechtsordnung wird eine objektive Ordnung für das gesellschaftliche Leben verstanden, die sich an den allgemein gültigen sittlichen Bewertungsmaßstäben orientiert und an Recht und Gesetz gebunden ist. In der Bundesrepublik Deutschland ist gemäß Artikel 20 des Grundgesetzes die Bindung der rechtsprechenden und der vollziehenden Gewalt an Recht und Gesetz ausdrücklich verankert.

02. Was ist eine Verfassung?

Die Verfassung ist die politische Grundordnung eines Staates, die über allen Gesetzen steht. Sie enthält die rechtlichen Grundlagen für den Aufbau und die Gliederung eines Staates und regelt die Ausübung der Staatsgewalt sowie Bestimmungen über die Wahl des Parlaments und der Regierung. Sie grenzt ferner das Verhältnis des Staates zu seinen Bürgern ab und bestimmt deren Rechte und Pflichten.

03. Welche Bedeutung hat das Grundgesetz?

Grundgesetz (GG) heißt die Verfassung der Bundesrepublik Deutschland. Das Grundgesetz ist der Maßstab für alle anderen Rechtsgrundlagen und Rechtshandlungen im Staat. Bestimmungen, die nicht mit dem Grundgesetz in Einklang stehen, sind nichtig.

04. Was ist der wesentliche Inhalt des Grundgesetzes?

Das Grundgesetz gewährt allen Deutschen eine Reihe von Grundrechten, die auch die Gesetzgebung binden, legt die Rechte des Bundes und der Länder fest, grenzt die gegenseitigen Kompetenzen ab und enthält Vorschriften darüber, wie ein Gesetz zustande kommt.

05. Welche Grundrechte gewährt das Grundgesetz allen Deutschen?

1. Schutz der Menschenwürde,
2. Freiheit der Person,
3. Gleichheit aller vor dem Gesetz,
4. Gleichberechtigung von Mann und Frau
5. Glaubens- und Gewissensfreiheit,
6. Verweigerung von Kriegsdienst und Waffe,
7. Freiheit der Meinungsäußerung,
8. Informationsfreiheit,
9. Freiheit von Kunst, Wissenschaft, Lehre,
10. Schutz von Ehe und Familie,
11. Vereinigungsreiheit,
12. Versammlungsfreiheit,
13. Brief-, Post-, Fernmeldegeheimnis
14. Freizügigkeit, freie Wahl von Beruf und Arbeitsplatz,
15. Unverletzlichkeit der Wohnung,
16. Recht auf Eigentum und Erbe,
17. Recht auf deutsche Staatsangehörigkeit,
18. Petitionsrecht,
19. Recht auf Gemeineigentum.

06. Was versteht man unter Gewaltenteilung?

Kennzeichen eines demokratischen Staates ist es, daß Gesetzgebung, Regierung und Verwaltung sowie Rechtsprechung nicht in einer Hand liegen. Man unterscheidet deshalb 1. Gesetzgebung oder Legislative (Parlament), 2. die vollziehende Gewalt oder Exekutive (Regierung und Verwaltung), 3. die Rechtsprechung oder Judikative (Gerichte).

07. Wie wird das Recht eingeteilt?

Man unterscheidet folgende Rechtsbereiche:

a) Privates Recht: Bürgerliches Recht, Handelsrecht, Gesellschaftsrecht, Wettbewerbsrecht, Urheber- und Patentrecht (Rechtsweg: Zivilprozeß, freiwillige Gerichtsbarkeit). Teile des Wirtschafts- und Arbeitsrecht (Rechtsweg: Arbeitsgericht); Teile des Sozialrechts (Rechtsweg: Sozialgericht);

b) Öffentliches Recht: Völkerrecht (Rechtsweg: Internationaler Gerichtshof); Verfassungsrecht (Rechtsweg: Bundesverfassungsgericht); Kirchenrecht; Verwaltungsrecht (Rechtsweg: Verwaltungsgericht); Steuerrecht (Rechtsweg: Finanzgericht); Strafrecht (Rechtsweg: Amts- oder Landgericht).

Das Recht kann aber auch in materielles und formelles Recht eingeteilt werden. Das materielle Recht regelt die Frage, wann ein Anspruch besteht, das formelle Recht, wie er geltend gemacht wird. Bürgerliches Recht und Handelsrecht sowie das Strafrecht sind z.B. materielles Recht; hingegen das in der Zivilprozeßordnung niedergelegte Zivilprozeßrecht und das in der Strafprozeßordnung niedergelegte Strafprozeßrecht formelles Recht.

08. Was ist der Unterschied zwischen privatem und öffentlichem Recht?

Das Privatrecht ordnet die Beziehungen der Individuen untereinander (typisches Beispiel ist der Vertrag, den die Parteien weitgehend nach eigenem Willen gestalten können), während das öffentliche Recht die Beziehungen zwischen Parteien - z.B. zwischen dem Bürger und der Stadtverwaltung aus Anlaß eines Bauantrages - behandelt, die einander über- bzw. untergeordnet sind. Neuere Rechtsgebiete, wie z.B. das Arbeitsrecht, haben die Grenzen zwischen privatem und öffentlichem Recht fließend werden lassen.

09. Welche Rechtsgrundlagen werden unterschieden?

Man unterscheidet:

a) das gesetzte oder geschriebene Recht. Hierzu zählen die förmlichen Gesetze, die von den Parlamenten beschlossen werden, die Rechtsverordnungen, die von Ministerien erlassen werden, weil die Parlamente überfordert wären, wenn sie bestimmte Regelungen, wie z.B. Ausfuhrbestimmungen, auf dem Wege über förmliche Gesetze regeln müßten, sowie die Satzungen, die von juristischen Personen des öffentlichen Rechts aufgrund deren Autonomie zur Regelung der in ihren Aufgabenbereich fallenden Angelegenheiten erlassen werden.

b) Gewohnheitsrecht und Richterrecht. Das Gewohnheitsrecht entwickelt sich dort, wo fehlende gesetzliche Bestimmungen durch die Rechtspraxis ersetzt werden.

3.9.1 Grundlagen

Das Richterrecht entsteht durch die Rechtsprechung der höchsten Bundesgerichte, indem diese bestimmte Gesetze oder Sachverhalte interpretieren, an die sich die unteren Instanzen halten können, aber nicht halten müssen. Aus Gründen der Praktikabilität werden jedoch Entscheidungen der höchsten Gerichte von den unteren Instanzen häufig übernommen.

c) Vereinbartes Recht. Zwischen gleichgeordneten Partnern können jederzeit Vereinbarungen aller Art wie z.B. Kauf- oder Mietverträge geschlossen werden, die gültig sind, sofern sie nicht gegen gesetzliche Regelungen oder die guten Sitten verstoßen.

10. Was ist ein Gesetz?

Gesetz im formellen Sinn ist ein nach den Regeln der Verfassung von den zur Gesetzgebung berufenen Organen (Bundestag, Bundesrat, Landtage) in der verfassungsmäßig vorgeschriebenen Weise beschlossener Rechtssatz.

Gesetz im materiellen Sinne ist ein allgemeiner Rechtssatz, der Tatbestand und Rechtsfolge für eine bestimmte Anzahl von Fällen regelt. Zu den Gesetzen im materiellen Sinne zählen auch die Rechtsverordnungen.

11. Wie verhalten sich Gesetzgebung und Verwaltung zueinander?

Die Gesetzgebung, die den Parlamenten zugewiesen und den Verwaltungsinstanzen entzogen ist, setzt das Recht, das die Grundsätze für die Ordnung der einzelnen Lebensbereiche enthält. Die Verwaltung, die der Gesetzgebung untergeordnet ist, überträgt diese Rechtssätze im Rahmen ihres jeweiligen Aufgabenbereiches in die Wirklichkeit. Eine Verwaltungsmaßnahme darf aber Recht und Gesetz nicht widersprechen. Allerdings enthalten alle Verwaltungsmaßnahmen einen gewissen Spielraum, innerhalb dessen die Verwaltungen nach reinen Zweckmäßigkeitserwägungen, dem sogenannten Ermessensspielraum, vorgehen können. Auch die Nachprüfbarkeit der Verwaltungstätigkeit durch die Verwaltungsgerichte ist an die Feststellung der Ermessensüberschreitung oder des Ermessensmißbrauchs gebunden.

12. Was ist ein Verwaltungsakt?

Unter einem Verwaltungsakt versteht man eine hoheitliche Handlung, die von einer Verwaltungsbehörde auf dem Gebiet des öffentlichen Rechts zur Regelung eines Einzelfalles mit unmittelbarer rechtlicher Wirkung nach außen vorgenommen wird. Verwaltungsakte sind z.B. Steuerbescheide, Gewerbegenehmigungen und die Ernennung von Beamten. Nach dem Inhalt unterscheidet man die Verfügung, die Entscheidung, die Beurkundung und Beglaubigung sowie die Erklärungsentgegennahme, wie z.B. die Eheschließungserklärung vor dem Standesbeamten.

13. Was versteht man unter freiwilliger Gerichtsbarkeit?

Unter der freiwilligen Gerichtsbarkeit wird die gesamte Tätigkeit der Gerichte und Notare auf dem Gebiet des bürgerlichen Rechts, die sich außerhalb der grundsätzlich streitigen Angelegenheiten vollzieht, verstanden. Zur freiwilligen Gerichtsbarkeit gehören insbesondere die Tätigkeit des Vormundschafts- und Nachlaßgerichts, die Beurkundung und die Beglaubigung von Rechtsgeschäften, Verträgen und Unterschriften, das Bearbeiten von Registerangelegenheiten (Güterrechtsregister, Vereinsregister, Handelsregister, Genossenschaftsregister, Geschmacksmusterregister) und die Tätigkeit der Grundbuchämter.

3.9.2 Zivilrecht

01. Wie ist die Durchsetzung der nach BGB und HGB zustehenden Rechte geregelt?

Die Durchsetzung erfolgt auf dem Wege des Zivilprozesses. Das Verfahren ist in der Zivilprozeßordnung geregelt und erfordert die Einleitung eines Verfahrens durch die Klage. Träger der Vollstreckungsgewalt ist der Staat. Gerichtsvollzieher und Amtsgericht sind berufen, auf dem Wege der Zwangsvollstreckung den Anspruch des Gläubigers auf seinen Antrag hin zu verwirklichen, wenn die Rechte trotz eines obsiegenden Urteils nicht wahrgenommen werden können. Die Zwangsvollstreckung setzt daher immer einen vollstreckbaren Titel voraus.

02. Was ist Rechtsfähigkeit?

Rechtsfähigkeit ist die Fähigkeit, Träger von Rechten und Pflichten zu sein. Sie beginnt mit Vollendung der Geburt (§ 1 BGB) und endet mit dem Tode oder der Todeserklärung.

03. Was ist Deliktsfähigkeit?

Unter der Deliktsfähigkeit wird die zivilrechtliche Verantwortung für unerlaubte Handlungen gemäß §§ 827, 828 BGB verstanden. Unbeschränkt deliktsfähig sind Personen über 18 Jahren. Kinder unter 7 Jahren und Geisteskranke sind deliktsunfähig, während Personen zwischen 7 und 18 Jahren sowie Taubstumme bedingt deliktsfähig sind. Strafunmündig sind Kinder unter 14 Jahren, während Jugendliche zwischen 14 und 18 Jahren sowie vermindert Zurechungsfähige nur bedingt strafmündig sind. Hingegen besitzt jeder Mensch die Parteifähigkeit, d.h. die Fähigkeit, Kläger oder Beklagter in einem Zivilprozeß zu sein.

04. Was versteht man unter Geschäftsfähigkeit?

Geschäftsfähigkeit ist die Fähigkeit, Rechtsgeschäfte selbständig vollwirksam vorzunehmen. Das BGB geht davon aus, daß grundsätzlich jeder Mensch geschäftsfähig ist, also durch eigene Willenserklärungen Rechte und Pflichten erwerben kann. Es regelt daher in den §§ 104, 106 und 114 nur die Ausnahmen. So sind Kinder bis zur Vollendung des 7. Lebensjahres und Geisteskranke geschäftsunfähig. Ihre Willenserklärungen sind rechtlich unwirksam. Beschränkt geschäftsfähig sind Minderjährige, die zwar das 7. aber noch nicht das 18. Lebensjahr vollendet haben, ferner die wegen Geistesschwäche, Verschwendung oder Trunksucht Entmündigten sowie die unter vorläufiger Vormundschaft stehenden Personen. Von ihnen, ohne Einwilligung des gesetzlichen Vertreters, abgegebene Willenserklärungen sind schwebend unwirksam. Sie können jedoch durch nachträgliche Genehmigung wirksam werden. Rechtsgeschäfte beschränkt Geschäftsfähiger sind ohne vorherige Zustimmung wirksam, wenn durch sie lediglich einen rechtlichen Vorteil erlangt wird oder der beschränkt Geschäftsfähige sie mit eigenem Taschengeld erfüllen kann.

05. Welche Bedeutung haben Rechts- und Geschäftsfähigkeit?

Die Rechtsfähigkeit ist die Voraussetzung für die Parteifähigkeit, die Geschäftsfähigkeit ist Erfordernis für die Prozeßfähigkeit.

06. Was versteht man unter der Parteifähigkeit?

Parteifähigkeit ist die Fähigkeit, Kläger oder Beklagter in einem Zivilprozeß zu sein.

07. Was sind Rechtsgeschäfte?

Rechtsgeschäfte sind Willenserklärungen, die einen rechtlichen Erfolg bewirken sollen.

08. Wer kann Rechtsgeschäfte schließen?

Nach der geltenden Rechtsordnung kann jeder, der geschäftsfähig ist, ein Rechtsgeschäft tätigen und dadurch ein Rechtsverhältnis nach seinem Willen begründen und gestalten. Rechtsgeschäfte spielen daher im Alltag eines jeden eine Rolle und sind nicht nur im Geschäfts- oder Wirtschaftsleben bedeutsam.

09. Wie werden die Rechtsgeschäfte eingeteilt?

Man unterscheidet zwischen einseitigen und mehrseitigen Rechtsgeschäften.

10. Wie sind einseitige Rechtsgeschäfte zu charakterisieren?

Einseitige Rechtsgeschäfte kommen durch eine Willenserklärung zustande, die schon bei der Abgabe rechtswirksam sein kann, wie z.B. beim Testament, oder erst nach dem Zugang die rechtliche Wirkung auslöst, wie z.B. bei der Kündigung.

11. Wie sind mehrseitige Rechtsgeschäfte zu charakterisieren?

Mehrseitige Rechtsgeschäfte kommen durch übereinstimmende Willenserklärungen von zwei oder mehreren Personen zustande, z.B. durch Angebot und Annahme, und begründen in der Regel beiderseitige Verpflichtungen, wie z.B. beim Kaufvertrag.

12. Welche anderen Rechtsgeschäfte bestehen außerdem gemäß BGB?

Das BGB unterscheidet noch zwischen dinglichen Rechtsgeschäften (Verfügungen) und obligatorischen Rechtsgeschäften (Verpflichtungsgeschäften). Verfügungen ändern unmittelbar das Recht an einer Sache (z.B. Eigentumsübertragungen), während Verpflichtungsgeschäfte nur die Pflicht auferlegen, einen rechtswirksamen Erfolg durch eine Verfügung herbeizuführen.

13. Was versteht man unter entgeltlichen und was unter unentgeltlichen Rechtsgeschäften?

Die Geschäfte eines Kaufmannes sind grundsätzlich entgeltlich. Bei einem entgeltlichen Rechtsgeschäft wird dem Erwerber ein Vorteil gewährt, doch eine Gegenleistung (z.B. der Kaufpreis) gefordert. Hingegen wird bei einem unentgeltlichen Rechtsgeschäft dem einen ein Vorteil auf Kosten des anderen verschafft, z.B. bei einer Schenkung.

14. Welche Bestimmungen bestehen im Hinblick auf die Form von Rechtsgeschäften?

Grundsätzlich sind Rechtsgeschäfte formfrei. Gesetzlich sind jedoch in bestimmten Fällen besondere Formvorschriften vorgeschrieben, z.B. bei Bürgschaftsversprechen, Testamenten, Mietverträgen über Grundstücke. Den Parteien ist es jedoch überlassen, bei grundsätzlich formfreien Verträgen die Schriftform zu vereinbaren. Bei Nichtbeachtung gesetzlicher Formvorschriften ist das Rechtsgeschäft in der Regel nichtig.

15. Welche zwingende Formvorschriften schreibt das Gesetz vor?

Gesetzlich vorgeschrieben sind die Schriftform, die öffentliche Beglaubigung und die notarielle Beurkundung.

16. Wann ist die Schriftform vorgeschrieben?

Die Schriftform ist dort vorgeschrieben, wo ein Schutz gegen unbedachte Erklärungen geschaffen werden soll oder wo man sich im Verkehrsinteresse nicht mit mündlichen Erklärungen begnügen kann.

17. Wie ist die öffentliche Beglaubigung zu charakterisieren?

Bei der öffentlichen Beglaubigung muß das Schriftstück handschriftlich unterschrieben und die Unterschrift des Erklärenden von einem Notar beglaubigt sein. Die Richtigkeit des Inhalts des Schriftstücks wird damit nicht bestätigt.

18. Wie ist die notarielle Beurkundung zu charakterisieren?

Bei der notariellen Beurkundung wird sowohl die Richtigkeit des Inhalts als auch die Echtheit der Unterschrift durch den Notar bestätigt. Eine notarielle Beurkundung ersetzt sowohl die einfache und die qualifizierte Schriftform als auch die öffentliche Beglaubigung. Z.B. müssen Grundstücksverträge notariell beurkundet sein.

19. Welche Voraussetzungen müssen vorliegen, damit ein Rechtsgeschäft gültig ist?

Zur Gültigkeit eines Rechtsgeschäfts müssen folgende Erfordernisse vorliegen: Geschäftsfähigkeit des Handelnden, erlaubter Inhalt des Rechtsgeschäftes, wirksamer und mangelfreier Wille des Handelnden, Erklärung des Willens des Handelnden, Beachtung von Formvorschriften. Fehlt eine dieser Voraussetzungen, ist das

Rechtsgeschäft fehlerhaft. Als Folge können Nichtigkeit, Anfechtbarkeit oder schwebende Unwirksamkeit eintreten.

20. Was ist die Folge der Nichtigkeit eines Rechtsgeschäftes?

Bei der Nichtigkeit ist ein Rechtsgeschäft von Anfang an unwirksam und braucht daher nicht angefochten zu werden.

21. Welche Rechtsgeschäfte sind nichtig?

Ein Rechtsgeschäft ist von Anfang an nichtig (rechtlich unwirksam),

a) wenn es gegen ein gesetzliches Verbot oder
b) gegen eine gesetzliche Formvorschrift oder
c) gegen die guten Sitten verstößt;
d) wenn es sich um Wucher handelt;
e) wenn ein Geschäftsunfähiger eine Willenserklärung oder
f) wenn jemand eine Willenserklärung im Zustand der Bewußtlosigkeit oder vorübergehenden Störung der Geistesfähigkeit abgibt;
g) wenn es nur zum Schein oder
h) zum Scherz abgeschlossen wurde.

22. Was sagt das BGB über die Anfechtung?

Anfechtbare Rechtsgeschäfte sind solange gültig, bis sie rechtswirksam angefochten werden. Aufgrund einer wirksamen Anfechtung ist ein Rechtsgeschäft von Anfang an nichtig. Zur Anfechtung berechtigen Irrtum, arglistige Täuschung oder widerrechtliche Drohung bei Abschluß des Rechtsgeschäfts. Wegen Irrtums kann jedoch ein Rechtsgeschäft nur angefochten werden, wenn ein Partner eine Erklärung dieses Inhalts überhaupt nicht abgeben wollte. Keine Anfechtungsmöglichkeit besteht jedoch wegen Irrtums über die Beweggründe, weil hier Wille und Erklärung übereinstimmen und nur der erhoffte Erfolg nicht eintritt (z.B. beim Kauf von Aktien in der Hoffnung, daß die Kurse steigen).

23. Was ist ein Vertrag?

Ein Vertrag ist ein mehrseitiges Rechtsgeschäft, das als Willensübereinstimmung mindestens zweier Personen auf die Herbeiführung eines bestimmten Erfolges gerichtet ist. Es kommt durch Angebot (Antrag) und Annahme zustande.

24. Welche wichtigen Verträge sind im Wirtschaftsleben bedeutsam?

Im Wirtschaftsleben spielen folgende Verträge eine wichtige Rolle: Kaufverträge, Miete, Pacht, Leihe, Darlehen, Dienstverträge, Werkverträge, Werklieferungsverträge, Maklerverträge, Tausch, Beförderungsverträge, Verwahrungsverträge, Gesellschaftsverträge.

25. Was sind Personen?

Personen sind die Träger von Rechten und Pflichten. Neben den natürlichen Personen (alle Menschen) kennt das Gesetz die juristischen Personen des öffentlichen und privaten Rechts, wie den eingetragenen Verein, die Stiftung, die Aktiengesellschaft und die GmbH. Diese juristischen Personen sind ebenso wie die natürlichen Personen rechtsfähig, also Träger von Rechten und Pflichten. Sie handeln durch ihre Organe.

26. Was sind Sachen?

Sachen sind gemäß § 90 BGB räumlich begrenzte, körperliche Gegenstände . Man unterscheidet bewegliche und unbewegliche Sachen (Immobilien). Diese Unterscheidung ist vor allem für die Art, in der Rechte an Sachen begründet oder übertragen werden von Bedeutung. Vertretbare Sachen, das sind solche, die nach Maß, Zahl oder Gewicht bestimmt sind, werden von den nicht vertretbaren (z.B. den Sonderanfertigungen) unterschieden. Rechtlich bedeutsam ist diese Unterscheidung dafür, ob auf einen Werklieferungsvertrag die Bestimmungen über den Kauf oder den Werkvertrag anzuwenden sind. Eine weitere Unterscheidung gliedert in verbrauchbare und unverbrauchbare Sachen. Sachen, die nicht voneinander getrennt werden können, ohne daß der eine oder der andere Teil zerstört wird (wesentliche Bestandteile), können nicht Gegenstand besonderer Rechte (z.B. unterschiedliche Eigentumsverhältnisse) sein. Da das BGB mit Grund und Boden fest und nicht nur vorübergehend verbundene Sachen ausdrücklich zu den wesentlichen Bestandteilen des Grundstücks zählt, gehören diese Sachen stets dem Grundstückseigentümer.

27. Was versteht man unter Vertretung?

Vertretung liegt vor, wenn jemand im Namen eines anderen rechtsgeschäftlich handelt. Damit die Rechtsgeschäfte unmittelbar für und gegen den Vertretenden wirken, muß der Vertreter die Befugnis zur Vertretung besitzen. Die Vertretungsmacht kann auf einer gesetzlichen Bestimmung beruhen, wie z.B. die Vertretungsmacht der Eltern gegenüber ihren ehelichen Kindern, sie kann aber auch durch Rechtsgeschäfte begründet werden und heißt dann Vollmacht.

28. Wie wird eine Vollmacht erteilt?

Eine Vollmacht wird in der Regel durch Erklärung gegenüber dem zu Bevollmächtigenden, z.B. dem Rechtsanwalt, erteilt. Die Vollmachtserteilung, die bis auf wenige Ausnahmen formfrei ist, kann durch Erklärung gegenüber dem Dritten, dem gegenüber die Vertretung stattfinden soll, oder durch öffentliche Bekanntmachung erfolgen.

29. Was ist die Wirkung einer Vertretung?

Handelt ein Vertreter ohne Vertretungsmacht oder überschreitet er deren Grenzen, dann wird der angeblich Vertretene hierdurch nicht gebunden. Das Rechtsgeschäft ist schwebend unwirksam. Genehmigt jedoch der unberechtigt Vertretene den abgeschlossenen Vertrag, so wird dieser ihm gegenüber wirksam. Verweigert er dagegen die Genehmigung, dann haftet der vollmachtlose Vertreter dem Vertragspartner selbst. Bei einseitigen Rechtsgeschäften ist eine Vertretung ohne Vertretungsvollmacht grundsätzlich unzulässig. Von der unmittelbaren oder direkten Stellvertretung ist die sog. mittelbare Stellvertretung zu unterscheiden. Sie liegt vor, wenn die Stellvertretung nach außen hin nicht in Erscheinung tritt, sondern der Stellvertreter im eigenen Namen aber für fremde Rechnung handelt. Mittelbare Stellvertreter sind z.B. Treuhänder oder Kommissionsagenten. Die Organe juristischer Personen (z.B. der Vorstand einer AG) und die amtlichen Vertreter von Sondervermögen (Konkursverwalter, Nachlaßpfleger) haben die Stellung eines gesetzlichen Vertreters.

30. Was versteht man unter Fristen und Terminen?

Unter Frist wird ein abgegrenzter Zeitraum, unter Termin ein bestimmter Zeitpunkt verstanden. Beginnt eine Frist während eines Tages, so wird dieser Tag bei der Berechnung der Frist nicht mitgezählt. Mitgezählt wird dagegen der erste Tag, wenn die Frist mit dem Beginn des Tages zu laufen anfängt. Eine nach Tagen bestimmte Frist endet mit dem Ablauf des letzten Tages der Frist. Eine nach Wochen oder Monaten bestimmte Frist endet, sofern die Frist während des Tages beginnt, mit dem Ablauf des Tages der letzten Woche oder des letzten Monats, welcher durch seine Benennung dem Tag entspricht, in dessen Verlauf die Frist begonnen hat. Wird der erste Tag bei der Berechnung der Frist mitgezählt, so endet die Frist mit dem Ablauf des vorhergehenden Tages. Wenn an einem bestimmten Tag oder innerhalb einer bestimmten Frist eine Willenserklärung abzugeben oder eine Leistung zu bewirken ist und dieser Tag oder der letzte Tag der Frist ein Samstag, Sonntag oder allgemeiner Feiertag ist, so tritt an die Stelle dieses Tages der nächstfolgende Werktag.

31. Was ist ein Anspruch?

Ein Anspruch ist das Recht des Gläubigers, von einem Schuldner ein Tun (Zahlung des Kaufpreises) oder ein Unterlassen (Unterlassen von Wettbewerb) zu fordern.

32. Was ist Verjährung?

Unter Verjährung versteht man die Möglichkeit, eine Leistungsverpflichtung nach Ablauf einer bestimmten Frist (Verjährungsfrist) zu verweigern. Grundsätzlich verjährt jeder Anspruch. Die Verjährung hat keinen Untergang des Anspruchs zur Folge. Der Schuldner ist nur berechtigt, die Erfüllung des Anspruchs mit der Einrede der Verjährung zu verweigern. Erhebt er keine Einrede, dann darf das Gericht die Verjährung nicht von sich aus berücksichtigen. Auch kann der Schuldner, der eine bereits verjährte Forderung erfüllt hat, die Leistung nicht deshalb zurückfordern, weil er von der Verjährung nichts gewußt hat. Grundsätzlich beginnt der Lauf der Verjährungsfrist mit der Entstehung bzw. Fälligkeit des Anspruchs.

Eine Stundung hemmt die Verjährung, d.h. die alte Frist läuft erst weiter, wenn die Stundung fortfällt. Unterbrochen wird die Verjährung, wenn der Anspruch ausdrücklich oder z.B. durch Zahlung von Zinsen oder Raten anerkannt wird. Auch die Klageerhebung oder die Zustellung eines Mahnbescheids, nicht jedoch eine Mahnung, unterbrechen eine Verjährung.

33. Was sind allgemeine Geschäftsbedingungen?

Allgemeine Geschäftsbedingungen (AGB) sind vorformulierte Vertragsbedingungen, die frei ausgehandelt werden können, sofern sie nicht sittenwidrig sind, häufig aber von Verkäufern oder Einkäufern einseitig festgelegt und für die Vertragspartner verbindlich sind. Die Folge der Möglichkeit, allgemeine Geschäftsbedingungen für die Partner verbindlich festlegen zu wollen, besteht darin, daß sich die Vertragsbedingungen von Käufer und Verkäufer einander ausschließen. Das Gesetz zur Regelung des Rechts der Allgemeinen Geschäftsbedingungen (AGB-Gesetz) ist am 1.3.4.1977 in Kraft getreten. Es gilt insbesondere für die Rechtsbeziehungen zwischen Kaufleuten und Nichtkaufleuten, während die Allgemeinen Geschäftsbedingungen im Verkehr zwischen Kaufleuten frei ausgehandelt werden können.

34. Was ist der Zweck allgemeiner Geschäftsbedingungen?

Zweck der allgemeinen Geschäftsbedingungen ist es, alle Verträge gleich zu behandeln und allen Vertragspartnern gleiche Einkaufs- oder Verkaufsbedingungen zu bieten. Außerdem sollen die Haftung begrenzt und die Vertragsfolgen aufgezeigt werden. Da die allgemeinen Geschäftsbedingungen Bestandteil des Vertrages sind, müssen sie dem Vertragspartner bei Vertragsschluß bekanntgegeben sein. Ausreichend ist auch eine Auftragsbestätigung mit den allgemeinen Geschäftsbedingungen, sofern der Vertragspartner nicht widerspricht. Sind die allgemeinen Geschäftsbedingungen erst nach Vertragsschluß bekanntgegeben worden, z.B. durch die Rechnungserteilung, so sind sie im allgemeinen nicht Vertragsinhalt und damit unverbindlich, es sei denn, daß dieselben Bedingungen schon bei früheren Geschäften mit diesem Partner gegolten haben. Die allgemeinen Geschäftsbedingungen werden ohne weiteres verbindlich, wenn sie behördlich für allgemeinverbindlich erklärt oder durch ordnungsgemäße Veröffentlichung (z.B. der Banken oder Versorgungsbetriebe) allgemein bekanntgemacht worden sind, weil allgemein bekannt ist, daß derartige Unternehmungen immer allgemeine Geschäftsbedingungen herausgegeben und nur zu diesen Bedingungen Geschäfte tätigen.

35. Wie werden Geschäftsbedingungen zum Vertragsinhalt?

Verkäufer und Käufer können sich nur dann auf ihre Verkaufs- bzw. Einkaufsbedingungen berufen, wenn diese Vertragsinhalt geworden sind. Sie werden Vertragsinhalt, wenn sie Bestandteil des Angebots bzw. der Bestellung waren und vom Partner ausdrücklich oder durch Schweigen angenommen wurden. Voraussetzung ist jedoch, daß sie dem anderen ausreichend erkennbar sind.

36. Welche Bedeutung hat das Schweigen?

Stillschweigen gilt dann als Zustimmung, wenn für den Fall der Ablehnung eine entsprechende Erklärung erforderlich gewesen wäre. Schweigen gilt ebenfalls dort als Zustimmung, wo nach Lage des Einzelfalles entsprechend der Übung ordentlicher Kaufleute bei Ablehnung ausdrücklicher Widerspruch zu erwarten wäre.

37. Wann kommt kein Vertrag zustande?

Solange die Vertragspartner ohne Annahme oder Lieferung, also ohne schlüssiges Handeln, ihren gegenseitigen Geschäftsbedingungen widersprechen, kommt kein Vertrag zustande, weil dann die erforderliche Übereinstimmung fehlt.

38. Was ist das Merkmal eines Schuldverhältnisses?

Merkmal eines Schuldverhältnisses ist die Verpflichtung des Schuldners zu einer Leistung an den Gläubiger.

39. Was ist eine Stückschuld?

Eine Stückschuld liegt vor, wenn eine individuell bestimmte Sache geschuldet wird.

40. Was ist eine Gattungsschuld?

Eine Gattungsschuld liegt vor, wenn die geschuldete Leistung nur der Gattung nach bestimmt ist.

41. Wie ist bei einer Gattungsschuld zu liefern?

Bei einer Gattungsschuld ist eine Sache von mittlerer Art und Güte zu liefern.

42. Welche Bestimmungen bestehen im Hinblick auf Geldschulden?

Die Geldschuld ist keine Gattungsschuld, sondern eine Wertschuld. Geldschulden sind durch Hingabe von gesetzlichen Zahlungsmitteln auszugleichen. Ist eine in ausländischer Währung ausgedrückte Geldschuld im Inland zu zahlen, so kann die Zahlung in deutscher Währung erfolgen, sofern nichts anderes vereinbart ist. Die Umrechnung hat nach dem Kurswert zu erfolgen, der zur Zeit der Zahlung für den Zahlungsort maßgeblich ist.

43. Welche Bestimmungen bestehen im Hinblick auf den Ort der Leistung?

Wird eine Leistung geschuldet, so muß feststehen, wo sie an den Gläubiger zu bewirken ist. Der Ort, an dem die Leistung zu erbringen ist, ist der Erfüllungsort.

Der Erfüllungsort wird festgelegt:

a) durch die Vereinbarung der Parteien;
b) durch gesetzliche Vorschriften, z.B. sind verwahrte Sachen am Aufbewahrungsort zurückzugeben;
c) durch die Umstände, insbesondere durch die Natur der Schuldverhältnisse, z.B. an einer Baustelle;
d) durch den Wohnsitz des Schuldners oder den Ort seiner gewerblichen Niederlassung zur Zeit der Entstehung des Schuldverhältnisses.

44. Welche Arten von Schulden werden unterschieden?

Man unterscheidet:

a) Holschulden, d.h. die am Wohnsitz des Schuldners zu erbringenden Schulden;

b) **Bringschulden**, d.h. die am Wohnsitz des Gläubigers zu erfüllenden Schulden;
c) **Schickschulden**, d.h. die am Wohnsitz des Schuldners zu erfüllenden Schulden, bei denen der Schuldner den Leistungsgegenstand nach dem Wohnsitz des Gläubigers (den Ablieferungsort) zu senden hat.

45. Was sind Geldschulden?

Geldschulden sind Schickschulden, d.h., Geld muß der Schuldner auf eigene Gefahr und Kosten dem Gläubiger an seinen Wohnsitz übermitteln.

46. Welche Bestimmungen bestehen im Hinblick auf die Zeit der Leistung?

Für die Fälligkeit der Leistung kann eine Zeit bestimmt sein. Fehlt es an einer Zeitbestimmung, so kann der Gläubiger die Leistung sofort verlangen und der Schuldner sie sofort bewirken. Ist dagegen eine Zeit bestimmt, so ist im Zweifel anzunehmen, daß der Gläubiger die Leistung nicht vor dieser Zeit verlangen, aber der Schuldner sie vorher bewirken kann.

47. Sind Teilleistungen rechtlich zulässig?

Die Leistung ist einheitlich zu bewirken, und zwar auch dann, wenn sie teilbar ist. Der Schuldner ist daher zu Teilleistungen nicht berechtigt und der Gläubiger zu ihrer Annahme auch nicht verpflichtet, so daß er eine Leistung, durch die die Schuld nur zum Teil erfüllt würde, zurückweisen darf, ohne deshalb in Annahmeverzug zu geraten.

Ausnahmen bestehen in folgenden Fällen:

Der Wechselgläubiger muß Teilzahlungen annehmen. Ebenfalls müssen in der Zwangsvollstreckung und im Konkursverfahren Teilleistungen angenommen werden. Nach Treu und Glauben muß der Gläubiger eine Teilleistung annehmen, wenn dann nur noch eine kleine Restschuld übrig bleibt. Schließlich kann in Form von Sukzessivlieferungsverträgen festgelegt werden, daß eine bestimmte Teilmenge in Teilen geliefert wird, was meist auf Abruf des Gläubigers geschieht.

48. Wie erlöschen Schuldverhältnisse?

Schuldverhältnisse können erlöschen durch Erfüllung, Hinterlegung, Aufrechnung und Erlaß.

49. Was versteht man unter Erfüllung?

Das Schuldverhältnis erlischt, wenn die geschuldete Leistung an den Gläubiger bewirkt wird. Voraussetzung ist, daß die Leistung in vollen Umfang, am rechten Ort und zur rechten Zeit verwirkt wird.

50. Was versteht man unter Leistung an Erfüllungs Statt?

Das Schuldverhältnis erlischt auch, wenn der Gläubiger eine andere als die geschuldete Leistung an Erfüllungs Statt annimmt. Besteht diese Leistung aber in der Eingehung einer Verbindlichkeit, so wird diese im Zweifel nicht an Erfüllungs Statt angenommen, sondern nur erfüllungshalber, d.h., die alte Schuld bleibt bis zur Tilgung dieser neuen Schuld bestehen.

51. Was versteht man unter Hinterlegung?

Unter bestimmten Voraussetzungen kann der Schuldner seine Verbindlichkeit durch Hinterlegung erfüllen, anstatt die geschuldete Leistung an den Gläubiger unmittelbar zu erbringen.

52. Wann ist eine Hinterlegung möglich?

Der Schuldner kann Wertsachen beim Amtsgericht hinterlegen, wenn der Gläubiger in Annahmeverzug ist oder wenn der Schuldner über die Person des Empfangsberechtigten im unklaren ist. Nicht hinterlegungsfähige Sachen kann der Schuldner versteigern und den Erlös hinterlegen.

53. Was versteht man unter Aufrechnung?

Aufrechnung ist die Tilgung einer Forderung durch Ausgleichung mit einer Gegenforderung.

54. Unter welchen Voraussetzungen ist eine Aufrechnung möglich?

Die Aufrechnung setzt voraus, daß die beiden Forderungen gegenseitig, gleichartig, gültig und fällig sind. Im Konkurs kann jedoch auch mit einer ungleichartigen Gegenforderung aufgerechnet werden.

55. Was ist ein Erlaß einer Schuld?

Das Schuldverhältnis erlischt, wenn der Gläubiger dem Schuldner durch Vertrag die Schuld erläßt oder durch Vertrag dem Schuldner gegenüber anerkennt, daß das Schuldverhältnis nicht besteht.

56. Welche Wirkung hat ein Vertragsantrag?

Der Antrag ist eine empfangsbedürftige Willenserklärung und mithin erst wirksam, wenn er dem Angebotsempfänger zugegangen ist. Der Antrag muß alle wesentlichen Punkte des Vertrages so bestimmt erkennen lassen, daß der Vertrag durch eine einfache Erklärung, das Angebot sei angenommen, zustande kommt.

57. Welche Wirkung hat das Angebot eines Vertragsschlusses?

Wer einem anderen den Abschluß eines Vertrages anbietet, ist an den Antrag gebunden, sofern er nicht die Gebundenheit ausdrücklich ausschließt (z.B. durch die Formulierung „das Angebot ist freibleibend"). Der Antrag erlischt, wenn er abgelehnt wird oder nicht rechtzeitig angenommen wird.

58. Was ist ein Dissens?

Ein Dissens liegt vor, wenn sich die Erklärungen der Vertragschließenden nicht decken. Ein offener Dissens liegt vor, wenn nicht über alle Punkte, über die eine

Vereinbarung getroffen werden sollte, eine Einigung erzielt wurde. In diesem Fall ist der Vertrag nicht zustandegekommen. Auch der Teil, über den man sich bereits geeinigt hat, ist im Zweifel ungültig. Ein versteckter Dissens liegt vor, wenn sich die Parteien nicht bewußt sind, daß keine Einigung erzielt worden ist. Auch hier ist der Vertrag nicht zustande gekommen.

59. Was versteht man unter der Einrede des nicht erfüllten Vertrages?

Wer aus einem gegenseitigen Vertrag verpflichtet ist, kann die ihm obliegende Leistung bis zur Bewirkung der Gegenleistung verweigern, es sei denn, daß er verpflichtet ist vorzuleisten.

60. Was versteht man unter einem Abzahlungsgeschäft?

Bei einem Abzahlungsgeschäft wird der Kaufpreis in Raten entrichtet.

61. In welchem Gesetz ist das Recht der Abzahlungsgeschäfte geregelt?

Das Recht der Abzahlungsgeschäfte ist durch das Verbraucherkreditgesetz geregelt, durch das die Vertragsfreiheit eingeschränkt wird. Im Gegensatz zum normalen Warenverkauf bedarf der Teilzahlungskaufvertrag der Schriftform, um rechtswirksam zu sein. Der Käufer hat ferner ein befristetes Widerrufsrecht.

62. Wodurch unterscheiden sich Besitz und Eigentum?

Besitz bedeutet die tatsächliche, Eigentum die rechtliche Herrschaft über eine Sache. Besitz besteht also ohne Rücksicht darauf, ob dem Inhaber einer Sache auch ein Recht auf Besitz zusteht. Hingegen kann der Eigentümer mit seiner Sache nach Belieben verfahren und andere von jeder Einwirkung ausschließen, allerdings kann er von seinem Recht nicht Gebrauch machen, um anderen zu schaden. Der Herausgabeanspruch ist aber ausgeschlossen, wenn schuldrechtliche Rechte auf Besitz, z.B. durch Miete, Pacht oder Leihe gegenüber dem Eigentümer, bestehen.

63. Wie erfolgt der rechtsgeschäftliche Eigentumserwerb bei beweglichen Sachen?

Der rechtsgeschäftliche Eigentumserwerb setzt Einigung über den Eigentumsübergang und die Übergabe der Sache voraus.

64. Wie wird Besitz erworben?

Besitz wird durch Erlangen der tatsächlichen Gewalt über die Sache erworben.

65. Wie wird Eigentum erworben?

Eigentum kann durch Rechtsgeschäft, durch Ersitzung, Aneignung, kraft Gesetzes und durch Zuschlag in der Zwangsversteigerung erworben werden.

66. Was ist bei dem Erwerb von Grundeigentum zu beachten?

Für den rechtsgeschäftlichen Erwerb sind grundsätzlich die Einigung der Parteien über den Eigentumswechsel und die Eintragung der Rechtsänderung in das Grundbuch erforderlich. Grundstücksgeschäfte unterliegen strengen Formvorschriften. Nicht nur das schuldrechtliche Geschäft - der Kaufvertrag - bedarf der notariellen Beurkundung, sondern auch die zur Übertragung des Grundeigentums erforderliche dingliche Einigung zwischen Veräußerer und Erwerber - die sog. Auflassung - muß bei gleichzeitiger Anwesenheit beider Parteien vor dem Notar erklärt werden.

67. Welche Aufgabe hat das Grundbuch?

Die von den Amtsgerichten als Grundbuchämter geführten Grundbücher sind staatliche Register. In ihnen werden die Eigentümer sämtlicher Grundstücke sowie alle an einem Grundstück bestehenden dinglichen Rechte - z.B. die Grundpfandrechte, Hypotheken, Grundschulden, usw. - verzeichnet. Das Verfahren ist in der Grundbuchordnung festgelegt. Die Grundbucheintragung begründet die Vermutung, daß der Eingetragene auch der Berechtigte ist.

68. Wie erfolgt der Erwerb von Grundeigentum in anderen Fällen als durch Rechtsgeschäft?

Eine Ersitzung liegt vor, wenn jemand 30 Jahre als Eigentümer im Grundbuch eingetragen ist, ohne in Wahrheit Eigentum erlangt zu haben, sofern er es in dieser Zeit in Besitz hatte. War der Besitzer nicht in das Grundbuch eingetragen, kann er sich das Grundstück aufgrund eines gerichtlichen Ausschlußurteils aneignen. Erwerb von Grundeigentum kraft Gesetzes ist z.B. bei Eigentumsübergabe durch Erbfolge gegeben. Grundeigentum kann aber auch durch Zuschlag in der Zwangsversteigerung erworben werden.

69. Welche Lieferverträge sind im Wirtschaftsleben üblich?

Im Wirtschaftsleben haben im Bereich der Lieferverträge der Kaufvertrag, der Werkvertrag und der Werklieferungsvertrag die größte Bedeutung.

70. Wodurch unterscheiden sich Kaufvertrag, Werkvertrag und Werklieferungsvertrag voneinander?

Im Rahmen eines Kaufvertrages wird eine Sache oder ein Recht verkauft, beim Werkvertrag wird die Herstellung einer Sache, d.h. die Herstellung eines Arbeitserfolges vereinbart, wobei der Besteller das Material liefert. Liefert hingegen der Unternehmer bei Gegenständen, die erst hergestellt werden müssen, das Material, so liegt ein Werklieferungsvertrag vor.

71. Wie unterscheidet sich der Werkvertrag vom Dienstvertrag?

Beim Dienstvertrag handelt es sich um einen gegenseitigen Vertrag, durch den sich der eine Teil zur Leistung von Diensten, der andere zur Vergütung dieser Dienstleistungen verpflichtet. Wenn der Dienstverpflichtete durch den Vertrag in einen Betrieb eingegliedert wird und der Weisungsbefugnis des Arbeitgebers untersteht, liegt ein Arbeitsvertrag vor, für den die besonderen Regeln des Arbeitsrechts gelten und die dienstvertraglichen Vorschriften des BGB nur noch ergänzend Anwendung finden. Der Dienstverpflichtete muß in der Regel die versprochene Leistung selbst erbringen. Im Gegensatz zum Dienstvertrag, bei dem während einer bestimmten oder unbestimmten Zeit ein Tätigwerden schlechthin geschuldet wird, muß beim Werkvertrag ein Tätigkeitserfolg gegen Entgelt herbeigeführt werden. Der Dienstvertrag ist also zeitbestimmt, der Werkvertrag erfolgsbestimmt.

72. Was ist der Inhalt eines Kaufvertrages?

Durch den Kaufvertrag wird der Verkäufer einer Sache verpflichtet, dem Käufer die Sache zu übergeben und das Eigentum an der Sache zu verschaffen. Der Käufer ist verpflichtet, dem Verkäufer den vereinbarten Kaufpreis zu zahlen und die gekaufte Sache abzunehmen. Ist der Kaufgegenstand ein Recht, hat es der Verkäufer dem Käufer zu verschaffen und, sofern es zum Besitz einer Sache berechtigt, ihm diese zu übergeben.

73. Wie kommt ein Kaufvertrag zustande?

Ein Kaufvertrag kommt durch zwei übereinstimmende Willenserklärungen, den Antrag und der Annahme, zustande.

74. Wie ist der Kaufgegenstand beim Warenkauf bestimmt?

Der Kaufgegenstand ist entweder individuell oder gattungsmäßig bestimmt. Im ersten Fall liegt ein Stückkauf, im zweiten ein Gattungskauf vor, bei dem der Verkäufer nur die Lieferung von Sachen mittlerer Art und Güte schuldet.

75. Wie muß das Eigentum übertragen werden?

Der Verkäufer einer Ware ist verpflichtet, dem Käufer den verkauften Gegenstand frei von Rechten Dritter zu verschaffen.

76. Was bedeutet der Übergang der Gefahr?

Mit der Übergabe der gekauften Sache an den Käufer geht die Gefahr des zufälligen Untergangs und einer zufälligen Verschlechterung auf den Käufer über.

77. Wie ist der Erfüllungsort geregelt?

Als Erfüllungsort gilt gesetzlich nach § 269 BGB der Wohnsitz des Schuldners zur Zeit der Entstehung des Schuldverhältnisses. Der Erfüllungsort kann aber auch vertraglich frei vereinbart werden. Die Gefahr des Verlustes oder der Beschädigung geht am Erfüllungsort auf den Käufer über.

78. Was versteht man unter dem Versendungskauf?

Beim Versendungskauf hat der Verkäufer auf Verlangen des Käufers den Kaufgegenstand auf dessen Gefahr an einen anderen Ort als den Erfüllungsort zu senden. Der Käufer hat in der Regel die Versandkosten zu tragen.

79. Was sind besondere Arten des Kaufvertrages?

Besondere Arten des Kaufvertrages sind der Kauf unter Eigentumsvorbehalt, der Kauf zur Probe, der Kauf nach Probe, der Kauf auf Probe, der Wiederkauf und der Vorkauf.

3.9.2 Zivilrecht

80. Was versteht man unter dem Kauf unter Eigentumsvorbehalt?

Beim Kauf unter Eigentumsvorbehalt wird vereinbart, daß dem Verkäufer das Eigentum bis zur völligen Zahlung des Kaufpreises vorbehalten bleibt. Vorher darf der Käufer nicht ohne Zustimmung des Verkäufers über die Kaufsache verfügen und sie insbesondere weder verkaufen, verschenken, verpfänden oder zur Sicherung übereignen. Der Eigentumsvorbehalt muß vereinbart werden.

81. Was versteht man unter einem Vorkaufsrecht?

Das Vorkaufsrecht ist die vertraglich vereinbarte Befugnis, einen bestimmten Gegenstand vom Verkäufer zu kaufen, wenn dieser die Verkaufsabsicht hat. Der Vorkaufsberechtigte hat das Recht, eine Sache zu den gleichen Bedingungen zu kaufen, wie der Verkäufer sie an einen anderen verkaufen will. Der Verkäufer hat in diesem Fall dem Vorkaufsberechtigten von dem mit dem anderen geschlossenen Kaufvertrag unverzüglich Mitteilung zu machen. Innerhalb einer Woche - bei Grundstücken innerhalb von zwei Monaten - nach Erhalt der Mitteilung kann der Vorkaufsberechtigte erklären, daß er sein Vorkaufsrecht ausübt. Er wird Käufer. Das Vorkaufsrecht kommt insbesondere bei Grundstücken vor und wird in das Grundbuch eingetragen (dingliches Vorkaufsrecht).

82. Wann haftet der Verkäufer einer Sache?

Der Verkäufer haftet dem Käufer dafür, daß die verkaufte Sache zur Zeit des Gefahrenübergangs auf den Käufer nicht mit Fehlern oder Mängeln behaftet ist, die den Wert oder die Tauglichkeit zu dem gewöhnlichen oder nach dem Vertrag vorgesehenen Gebrauch aufheben oder mindern. Der Verkäufer haftet ferner dafür, daß die Sache zur Zeit des Gefahrenüberganges die zugesicherten Eigenschaften aufweist.

83. Was versteht man unter einem Lieferungsverzug?

Der Verkäufer gerät in Lieferungsverzug, wenn er nicht rechtzeitig liefert und unter Setzung einer angemessenen Nachfrist erfolglos gemahnt wurde.

84. In welchen Fällen ist eine Mahnung nicht erforderlich?

Beim Fixgeschäft ist eine Mahnung nicht erforderlich. Ebenso ist eine Nachfrist nicht erforderlich, wenn der Verkäufer erklärt, nicht zu liefern oder wenn den Umständen nach eine spätere Lieferung sinnlos ist.

85. Was versteht man unter einem Fixgeschäft?

Beim Fixgeschäft ist der Liefertermin kalendermäßig genau bestimmt, bzw. der Vertrag ist innerhalb einer festgesetzten Frist zu erfüllen.

86. Welche Rechte hat der Käufer bei Lieferungsverzug?

Der Käufer kann

a) auf Lieferung bestehen und bei entstandenem Schaden Schadensersatz wegen verspäteter Lieferung verlangen;

b) er kann vom Vertrag zurücktreten, muß aber dabei auf Schadensersatz verzichten;

c) er kann die verspätete Lieferung ablehnen und Schadensersatz wegen Nichterfüllung verlangen. Dies kommt bei den sog. Deckungskäufen vor, bei denen der Käufer die Ware an anderer Stelle teurer bezieht.

87. Welche Voraussetzungen müssen für einen Rücktritt vom Vertrag oder für eine Schadensersatzforderung vorliegen?

Voraussetzung für einen Rücktritt oder für die Schadensersatzforderung wegen Nichterfüllung ist mit Ausnahme des Fixkaufes und den Fällen, in denen keine Nachfrist gesetzt zu werden braucht, daß in der Mahnung ausdrücklich die Ablehnung der Lieferung nach einer bestimmten Frist angedroht wurde.

88. Welche Rechte hat der Käufer bei Mängel in der Sache?

Stellt der Käufer Mängel fest, die den Wert oder die Tauglichkeit der Sache zu dem gewöhnlichen oder dem nach dem Vertrag vorausgesetzten Gebrauch aufheben oder mindern, so muß der Käufer den Mangel unverzüglich, d.h. ohne schuldhaftes Zögern dem Verkäufer in Form einer Mängelrüge anzeigen. Ist der Mangel bei der Untersuchung der Ware nicht erkennbar, so ist er sofort nach dem Erkennen zu melden.

89. Welche Rechte hat der Käufer bei Mängel in der Sache?

Der Käufer hat folgende Rechte:

a) Wandlung, d.h. Rückgängigmachung des Vertrages oder

b) Minderung, d.h. die Gewährung eines Preisnachlasses oder

c) unter bestimmten Voraussetzungen zusätzlich einen Schadensersatzanspruch, und zwar dann, wenn der Verkäufer eine bestimmte Eigenschaft zugesichert hat, oder wenn der Mangel arglistig verschwiegen wurde oder

d) Umtausch, d.h. die Lieferung einer einwandfreien Ware. (Dies ist nur bei einem Gattungskauf möglich.)

90. Was versteht man unter Annahmeverzug?

Annahmeverzug liegt vor, wenn der Käufer die bestellte und ordnungsgemäß gelieferte Sache nicht abnimmt.

91. Welche Rechte hat der Verkäufer bei Annahmeverzug?

Bei Annahmeverzug kann der Verkäufer auf Abnahme bestehen, auf Abnahme klagen, die Ware aufbewahren bzw. lagern lassen und vom Käufer die Mehraufwendungen verlangen; er kann die Ware aber auch, falls die Ware zur Hinterlegung nicht geeignet ist, versteigern lassen und den Versteigerungserlös hinterlegen. Mit dem Annahmeverzug geht die Gefahr des zufälligen Untergangs oder der Verschlechterung auf den Käufer über.

3.9.2 Zivilrecht

92. Welche Rolle hat der Verkäufer bei Zahlungsverzug?

Zahlungsverzug liegt vor, wenn der Käufer trotz Mahnung die Kaufsache nicht bezahlt. Einer Mahnung bedarf es jedoch rechtlich nicht, wenn der Zahlungstermin vertraglich genau vereinbart wurde oder wenn der Schuldner erklärt, nicht zu zahlen.

Im Falle des Zahlungsverzuges kann der Verkäufer neben dem Kaufpreis Verzugszinsen in Höhe von 4% jährlich (unter Kaufleuten 5 %), bei nachgewiesenem Schaden auch mehr, sowie die Mahnkosten verlangen und im übrigen seine Ansprüche im Mahn- oder Klagewesen geltend machen.

93. Wer ist Kaufmann?

Kaufmann im Sinne des Handelsgesetzbuches ist, wer ein Handelsgewerbe betreibt.

94. Welche Bedeutung hat die Kaufmannseigenschaft?

Der Name eines Kaufmanns wird zur Firma, eine Firma muß in das Handelsregister eingetragen sein, es sei denn, der Gewerbebetrieb erfordert nach Art und Umfang keinen in kaufmännischer Weise eingerichteten Geschäftsbetrieb.

95. Was ist eine Firma?

Die Firma eines Kaufmanns ist der Name, unter dem er seine Geschäfte betreibt und seine Unterschrift abgibt. Ein Kaufmann kann unter seiner Firma klagen und verklagt werden.

96. Wer ist Minderkaufmann?

Gewerbetreibende, die zwar ein Handelsgewerbe ausüben, deren Betrieb aber einen in kaufmännischer Weise eingerichteten Betriebsumfang nicht erreicht, werden Minderkaufleute genannt und nicht ins Handelsregister eingetragen.

97. Was ist das Handelsregister?

Das Handelsregister ist ein öffentliches Verzeichnis aller Vollkaufleute. Es wird von den Amtsgerichten geführt und enthält alle wichtigen Angaben über die juristische und organisatorische Seite eines Unternehmens.

98. Welche Tatsachen sind insbesondere in das Handelsregister einzutragen?

In das Handelsregister sind insbesondere eintragungspflichtig: Name der Firma und Ort der Niederlassung, Firmenänderung, das Erlöschen der Firma, Gesellschaftsgründungen, Namen der Inhaber oder der Personen, die berechtigt sind, das Unternehmen zu vertreten, Kapitalanteile bei Gesellschaften, die Erteilung und der Widerruf von Prokuren.

99. Wo muß eine Firma in das Handelsregister eingetragen werden?

Jeder Kaufmann ist verpflichtet, seine Firma und den Ort seiner Niederlassung bei dem Amtsgericht, in dessen Bezirk sich die Niederlassung befindet, zur Eintragung in das Handelsregister anzumelden.

100. Was bedeutet der Grundsatz der Firmenwahrheit und der Firmenklarheit?

Der ursprüngliche Name einer neu gebildeten Firma muß wahr sein und sich von allen eingetragenen Firmen, die an demselben Ort bereits bestehen, deutlich unterscheiden. Überdies darf der Firma kein Zusatz beigefügt werden, der ein Gesellschaftsverhältnis andeutet oder sonst geeignet ist, eine Täuschung über die Art oder den Umfang des Geschäfts oder die Verhältnisse des Geschäftsinhabers herbeizuführen. Zusätze, die zur Unterscheidung der Person oder des Geschäfts dienen, sind gestattet.

101. Wie muß der Einzelkaufmann firmieren?

Der Einzelkaufmann muß eine Personenfirma wählen und in den Namen der Firma seinen Firmennamen mit mindestens einen ausgeschriebenen Vornamen aufnehmen.

102. Wie muß eine OHG firmieren?

Die Firma einer offenen Handelsgesellschaft hat die Namen aller Gesellschafter oder den Familiennamen eines Gesellschafters mit einem Gesellschaftszusatz, der die OHG erkennen läßt, zu enthalten.

103. Wie muß eine KG firmieren?

Die Firma einer Kommanditgesellschaft hat den Familiennamen wenigstens eines Vollhafters mit dem Gesellschaftszusatz zu enthalten. Die Namen der Kommanditisten dürfen in die Firma nicht aufgenommen werden.

104. Wie muß eine AG firmieren?

Die Firma einer Aktiengesellschaft soll eine Sachfirma sein und den Gegenstand des Unternehmens angeben.

105. Wie muß eine GmbH firmieren?

Die Gesellschaft mit beschränkter Haftung kann zwischen einer Personen- und einer Sachfirma wählen, muß aber einen das Vorhandensein eines Gesellschaftsverhältnisses andeutenden Zusatz enthalten. Die Namen anderer Personen als der Gesellschafter dürfen in die Firma nicht aufgenommen werden.

106. Wodurch ist eine Einzelunternehmung charakterisiert?

Die Einzelunternehmung ist dadurch charakterisiert, daß ein Kaufmann seinen Betrieb allein betreibt. Der Einzelunternehmer haftet für alle Verbindlichkeiten seines Unternehmens allein und unbeschränkt, d.h. auch mit seinem Privatvermögen. Die Gründung eines Einzelunternehmens ist an keine besonderen Formvorschriften gebunden.

107. Wie werden die Handelsgesellschaften unterteilt?

Man teilt die Handelsgesellschaften danach ein, ob die Person (der Inhaber bzw. die Gesellschafter) oder die Kapitalbeteiligung im Vordergrund stehen.

108. Welche Gesellschaften bezeichnet man als Personengesellschaften?

Personengesellschaften sind die offene Handelsgesellschaft, die Kommanditgesellschaft und die stille Gesellschaft.

109. Welche Gesellschaften bezeichnet man als Kapitalgesellschaften?

Kapitalgesellschaften sind die Aktiengesellschaft, die Gesellschaft mit beschränkter Haftung und die Kommanditgesellschaft auf Aktien.

110. Welche besonderen Gesellschaftsformen bestehen?

Man unterscheidet einmal die GmbH & Co KG und Gesellschaften mit besonderen wirtschaftlichen Aufgaben: die bergrechtliche Gewerkschaft für Betriebe des Bergbaus, die Reederei für Betriebe der Schiffahrt, die Genossenschaft für Betriebe, die die Förderung des Erwerbs und der Wirtschaft ihrer Mitglieder mittels gemeinschaftlichen Geschäftsbetriebes bezwecken, sowie den Versicherungsverein auf Gegenseitigkeit.

111. Was ist eine Offene Handelsgesellschaft (OHG)?

Eine OHG ist eine Personengesellschaft, deren Zweck auf den Betrieb eines Handelsgewerbes unter gemeinschaftlicher Firma gerichtet ist und bei der jeder Gesellschafter den Gesellschaftsgläubigern gegenüber unbeschränkt mit seinem geschäftlichen und privaten Vermögen haftet.

112. Was ist eine Kommanditgesellschaft (KG)?

Die KG ist eine Handelsgesellschaft, deren Gesellschafter teils unbeschränkt (Vollhafter, Komplementär), teils beschränkt (Teilhafter, Kommanditist) haften. Die Kommanditgesellschaft muß mindestens je einen Komplementär und einen Kommanditisten, der nur mir seiner Kapitaleinlage haftet, aufweisen.

113. Was ist eine stille Gesellschaft?

Eine stille Gesellschaft ist nach außen nicht erkennbar. Sie entsteht, indem sich ein stiller Gesellschafter an dem Handelsgewerbe eines anderen mit einer Einlage beteiligt, die in das Vermögen des Inhabers des Handelsgewerbes übergeht. Der stille Gesellschafter wird nicht Miteigentümer am Vermögen des anderen.

114. Was ist eine Aktiengesellschaft?

Die AG ist eine Kapitalgesellschaft mit eigener Rechtspersönlichkeit (juristische Person). Für die Verbindlichkeiten der Gesellschaft haftet den Gläubigern nur das

Gesellschaftsvermögen. Die Aktiengesellschaft hat ein in Aktien zerlegtes Grundkapital.

115. Was ist eine Gesellschaft mit beschränkter Haftung?

Die GmbH ist eine juristische Person, deren Gesellschafter mit Einlagen auf das Stammkapital beteiligt sind, ohne persönlich für die Verbindlichkeiten der Gesellschaft zu haften.

116. Was ist eine GmbH & Co KG?

Die GmbH & Co KG ist eine Rechtsform der Praxis. Rechtlich gesehen handelt es sich um eine Kommanditgesellschaft und mithin um eine Personengesellschaft. Der persönlich haftende Gesellschafter ist jedoch eine GmbH, die Kommanditisten sind meist natürliche Personen. Die GmbH ist zur Geschäftsführung innerhalb der KG berechtigt. Sowohl die GmbH als auch die Kommanditisten haften nur bis zur Höhe der Einlagen.

117. Was ist das Wesen einer Genossenschaft?

Genossenschaften (eG) sind keine Handelsgesellschaften, da sie keine Gewinne erzielen, sondern einem bestimmten Personenkreis wirtschaftliche Vorteile durch gemeinsames Handeln bringen wollen. Sie sind eine Einrichtung der wirtschaftlichen Selbsthilfe und beruhen auf einem freiwilligen Zusammenschluß insbesondere von Kaufleuten, Handwerkern, Landwirten, Mietern oder Verbrauchern. Genossenschaften sind nicht im Handelsregister, sondern in einem besonderen Genossenschaftsregister eingetragen.

118. Welche Arten von Genossenschaften werden unterschieden?

Nach ihrer Zielsetzung unterscheidet man Erwerbs- und Wirtschaftsgenossenschaften. Nach den Funktionen unterscheidet man Absatz-, Bezugs-, Betriebs-, Konsum-, Kredit- und Baugenossenschaften.

119. Warum sind im Geschäftsleben Vollmachten notwendig?

Kaum ein Kaufmann ist heute noch in der Lage, alle Geschäfte seines Unternehmens selbst zu erledigen. Er setzt hierfür Mitarbeiter ein, die für ihre Tätigkeit eine Vollmacht des Kaufmanns benötigen. Aufgrund der Bevollmächtigungen wirken die Geschäfte für und gegen den Kaufmann.

120. Wie erfolgt eine Vollmachterteilung?

Die Vollmachterteilung erfolgt durch Erklärung gegenüber dem Bevollmächtigten oder dem Geschäftspartner oder durch öffentliche Bekanntmachung. Inhalt und Umfang bestimmen sich nach dem zugrundeliegenden Vertragsverhältnis.

121. Welche Arten von Vollmachten werden unterschieden?

Man unterscheidet:

a) die Einzelvollmacht. Sie gilt nur für ein einziges Rechtsgeschäft,

b) die Artvollmacht. Sie gilt ständig für eine bestimmte Art von Geschäften,
c) die Generalvollmacht. Sie ist eine ständige Vollmacht für alle gewöhnlich vorkommenden Rechtsgeschäfte.

122. Was ist eine Prokura?

Die Prokura ist eine bestimmte Art einer Vollmacht, die nur von einem im Handelsregister eingetragenen Unternehmen mittels ausdrücklicher Erklärung erteilt werden kann und deren Umfang gesetzlich genau festgelegt ist.

123. Wie ist der Umfang der Prokura festgelegt?

Die Prokura bevollmächtigt zu allen Rechtshandlungen, die der Betrieb eines Handelsgewerbes mit sich bringen kann.

124. Welche Handlungen darf der Prokurist nicht vornehmen?

Nicht gestattet sind dem Prokuristen:

a) Die Veräußerung und Belastung von Grundstücken,
b) Handlungen, die nicht mit dem Betrieb des Handelsgewerbes im Zusammenhang stehen, insbesondere nicht das ganze Geschäft veräußern, den Betrieb einstellen, Handelsregistereintragungen vornehmen oder den Konkurs beantragen.
c) keine höchstpersönlichen Angelegenheiten des Geschäftsinhabers vornehmen, also keine Bilanz unterschreiben, keinen Prokuristen ernennen und keinen Eid für den Inhaber leisten.

125. Welche Arten von Prokuren werden unterschieden?

Man unterscheidet:

a) Die Einzelprokura, die in einem Unternehmen an verschiedene Mitarbeiter erteilt werden kann;
b) die Gesamtprokura. Hierbei können nur mehrere Prokuristen gemeinsam unterzeichnen;
c) die Filialprokura. In diesem Fall ist die Prokura auf den Betrieb einer Filiale beschränkt. Hierzu ist es erforderlich, daß die Hauptniederlassung und die Zweigniederlassung unter verschiedenen Namen firmieren.

126. Wie erlischt eine Prokura?

Die Prokura erlischt:

a) Durch den Tod des Prokuristen,
b) durch Ausscheiden des Prokuristen aus dem Betrieb,
c) durch Widerruf des Unternehmers,
d) mit der Auflösung des Unternehmens.

In allen Fällen muß die Prokura im Handelsregister gelöscht werden.

127. Was ist der Unterschied zwischen Prokura und Handlungsvollmacht?

Die Handlungsvollmacht ist in ihrer Wirkung nicht so umfangreich wie die Prokura.

Sie wird nicht im Handelsregister eingetragen und erstreckt sich auf die gewöhnlich vorkommenden Geschäfte.

128. Was versteht man unter Handelsgeschäften?

Handelsgeschäfte sind alle Rechtsgeschäfte eines Kaufmanns, die zum Betrieb seines Handelsgewerbes gehören. Mithin gehören die Privatgeschäfte des Kaufmanns nicht zu den Handelsgeschäften.

129. Was versteht man unter der Sorgfaltspflicht des Kaufmanns?

Kaufleute haben ihre Handelsgeschäfte mit der Sorgfalt eines ordentlichen Kaufmanns zu erledigen. Das bedeutet, daß sie bei Handelsgeschäften eine erhöhte Verantwortung tragen, die über die Sorgfaltspflicht eines Schuldners nach dem BGB hinausgeht.

130. Wer ist Spediteur?

Spediteur ist, wer es gewerbsmäßig übernimmt, Güterversendungen durch Frachtführer für Rechnung eines anderen im eigenen Namen zu besorgen. Das Speditionsgeschäft ist mithin eine besondere Art des Kommissionsgeschäfts.

131. Wer ist Frachtführer?

Frachtführer ist, wer es gewerbsmäßig unternimmt, die Beförderung von Gütern auszuführen. Der Frachtvertrag wird zwischen Absender und Frachtführer ohne Beteiligung des Empfängers abgeschlossen.

132. Was versteht man unter frachtrechtlichen Urkunden?

Frachtrechtliche Urkunden sind der Frachtbrief und der Ladeschein.

133. Was ist der Frachtbrief?

Der Frachtbrief dient als Beweisurkunde über den Abschluß und Inhalt des Frachtvertrags. Er begleitet das Frachtgut und gelangt mit dem Gut in die Hand des Empfängers.

134. Was ist der Ladeschein?

Der Ladeschein ist eine vom Frachtführer ausgestellte Urkunde über seine Pflicht zur Ablieferung des Gutes an den im Schein genannten Empfänger oder dessen Order. Der Ladeschein hat aber nur eine praktische Bedeutung im Binnenschiffahrtsverkehr. Der Ladeschein ist ein Übergabepapier. Seine Übergabe an den durch Indossament Bezeichneten ersetzt die Übergabe des Gutes.

135. Wer ist Lagerhalter?

Lagerhalter ist, wer gewerbsmäßig die Lagerung und Aufbewahrung von Gütern übernimmt.

136. Was ist ein Lagerschein?

Der Lagerhalter stellt über die Einlagerung einen Lagerschein aus, der auf den Namen, den Inhaber oder an Order lauten kann. Der Lagerschein ist ein Wertpapier, weil der berechtigte Inhaber die Herausgabe des Gutes verlangen kann. Der Orderlagerschein ist ein sog. Traditionspapier. Es berechtigt in Verbindung mit einer Indossierung des Orderlagerscheines zur Übergabe des Eigentums. Zur Ausstellung von Orderlagerscheinen sind allerdings nur staatlich besonders ermächtigte Lagerhäuser befugt.

137. Wie ist die Gerichtsbarkeit gegliedert?

Vor die ordentlichen Gerichte, die in Amtsgerichte, Landgerichte, Oberlandesgerichte und den Bundesgerichtshof gegliedert sind, gehören alle nicht besonderen Gerichten zugewiesenen Streitigkeiten sowie die Strafsachen und die Angelegenheiten der freiwilligen Gerichtsbarkeit.

Als besondere Gerichtsbarkeit sieht das Grundgesetz vor: die Verwaltungsgerichtsbarkeit, die Arbeitsgerichtsbarkeit, die Sozialgerichtsbarkeit, die Finanzgerichtsbarkeit, die Patentgerichtsbarkeit, die Disziplinargerichtsbarkeit, die Verfassungsgerichtsbarkeit.

138. Wogegen richtet sich eine Klage?

Eine Klage kann sich richten auf:
a) Eine Verurteilung des Gegeners zu einer Leistung oder Unterlassung (Leistungsklage);
b) die Feststellung eines Rechtsverhältnisses, der Echtheit oder Unechtheit einer Urkunde (Feststellungsklage);
c) die Begründung, Änderung oder Auflösung eines Rechtsverhältnisses (Gestaltungsklage). Sie ist möglich bei einer Leistungskonkretisierung, einer Ehescheidung, der Auflösung einer Handelsgesellschaft oder der Anfechtung.

139. Wie wird eine Klage erhoben?

Nach § 253 der Zivilprozeßordnung wird die Klage durch Zustellung eines Schriftsatzes, der Klageschrift, an den Beklagten erhoben. Diese ist mit sonstigen Anträgen und Parteierklärungen, die zugestellt werden sollen, nebst den erforderlichen Abschriften bei dem angerufenen Gericht einzureichen.

140. Was ist ein Mahnverfahren?

Das Mahnverfahren soll als abgekürztes zivilprozessuales Verfahren dem Gläubiger baldmöglichst zu einem vollstreckbaren Titel verhelfen. Es ist nur noch zulässig wegen eines Anspruchs auf Zahlung einer bestimmten Geldsumme in inländischer Währung.

141. Wie wird das gerichtliche Mahnverfahren durchgeführt?

Der Antragsteller (Gläubiger) beantragt mittels eines Antragsvordrucks einen Mahnbescheid, den das für ihn zuständige Amtsgericht erläßt. In dem Mahnbescheid wird der Antragsgegner aufgefordert, innerhalb der im Mahnbescheid angegebenen Widerspruchsfrist von 2 Wochen bei Vermeidung der Zwangsvollstreckung entweder den Antragsteller zu befriedigen oder Widerspruch zu erheben.

142. Was versteht man unter der Zwangsvollstreckung?

Die Zwangsvollstreckung ist die mit staatlichen Machtmitteln erzwungene Befriedigung eines privatrechtlichen Anspruchs. Voraussetzung für die Durchführung der Zwangsvollstreckung ist, daß der Antragsteller gegen den Antragsgegener einen vollstreckbaren Titel erworben hat.

143. Was versteht man unter einem Vollstreckungstitel?

Vollstreckungstitel sind rechtskräftige Urteile, Prozeßvergleiche und Vollstreckungsbescheide im gerichtlichen Mahnverfahren.

144. Wie erfolgt die Zwangsvollstreckung in das unbewegliche Vermögen?

Sie erfolgt durch Eintragung einer Sicherungshypothek, durch Zwangsverwaltung des Grundbesitzes oder durch Zwangsversteigerung.

3.9.3 Arbeitsrecht

01. Was ist Gegenstand des Arbeitsrechts?

Das Arbeitsrecht regelt die nichtselbständige Arbeit, die der Arbeitnehmer weisungsgebunden im Rahmen eines Arbeitsvertrages gegen Entgelt leistet. Zum Arbeitsrecht gehören aber nicht nur die Rechtsbeziehungen zwischen Arbeitnehmer und Arbeitgeber, sondern auch das Tarifrecht, das Arbeitskampfrecht sowie das Betriebsverfassungsrecht, die Arbeitsschutzgesetze und die Arbeitsgerichtsbarkeit.

02. Wer ist Arbeitnehmer?

Arbeitnehmer (Arbeiter und Angestellte) ist, wer auf privatrechtlicher Grundlage eines Arbeitsvertrages von einem anderen für eine gewisse Dauer gegen die Zusage einer Gegenleistung (Entgelt) beschäftigt wird und zu diesem in einem persönlichen Abhängigkeitsverhältnis steht.

03. Was versteht man unter einem Arbeitsverhältnis?

Unter einem Arbeitsverhältnis wird das Rechtsverhältnis zwischen dem einzelnen Arbeitnehmer und dem jeweiligen Arbeitgeber verstanden.

04. Wie werden Arbeitsverhältnisse begründet?

Arbeitsverhältnisse werden durch Abschluß eines Arbeitsvertrages begründet. Gesetzliche Bestimmungen über den Arbeitsvertrag finden sich u.a. in § 611 BGB, für kaufmännische Angestellte in den §§ 59 ff. HGB und für technische Angestellte und gewerbliche Arbeitnehmer in den §§ 105 ff. der Gewerbeordnung. Außerdem gelten Tarifverträge, Betriebsvereinbarungen und andere Vorschriften, wie z.B. die Unfallverhütungsvorschriften der Berufsgenossenschaften. Der Abschluß eines Arbeitsvertrages ist grundsätzlich formfrei, in bestimmten Bereichen ist jedoch die Schriftform vorgeschrieben, z.B. bei Berufsausbildungsverträgen und bei der Vereinbarung eines Wettbewerbsverbotes gemäß § 74 HGB.

05. Welche Pflichten hat der Arbeitnehmer im Rahmen eines Arbeitsverhältnisses?

Der Arbeitnehmer hat zunächst eine Arbeitspflicht, die er im Zweifel selbst zu erfüllen hat, d.h., er darf sich nicht vertreten lassen, wobei sich der Inhalt der Arbeitspflicht aus dem Arbeitsvertrag und der zeitliche Umfang aus dem Tarifvertrag oder auch aus dem Arbeitsvertrag ergeben, ferner eine Gehorsamspflicht, die den Arbeitnehmer verpflichtet, die Weisungen des Arbeitgebers zu befolgen und schließlich die Treuepflicht, die den Arbeitnehmer verpflichtet, alles zu unterlassen, was dem Arbeitgeber schaden könnte.

06. Welche Pflichten hat der Arbeitgeber gegenüber den Arbeitnehmern?

Der Arbeitgeber hat die Pflicht zur Entlohnung, die Fürsorgepflicht, d.h. insbesondere die Pflicht, Arbeitsräume und Arbeitsbedingungen so zu gestalten, daß der Arbeitnehmer vor Gefahren für Leben und Gesundheit geschützt ist, soweit die Natur des Betriebes es gestattet. Verpflichtungen ergeben sich aber auch aus dem Betriebsverfassungsgesetz. Schließlich hat der Arbeitgeber die Pflicht zur Urlaubsgewährung.

07. Welche Unterrichtspflichten hat der Arbeitgeber gegenüber den Arbeitnehmern?

Der Arbeitgeber hat den Arbeitnehmer über dessen Aufgabe und Verantwortung sowie über die Art seiner Tätigkeit und ihre Einordnung in den Arbeitsablauf zu unterrichten. Ferner hat er den Arbeitnehmer über die Unfall- und Gesundheitsgefahren sowie über die Maßnahmen und Einrichtungen zur Anwendung dieser Gefahren zu unterrichten.

08. Was ist in einem Tarifvertrag geregelt?

Der Tarifvertrag regelt die Rechte und Pflichten der Tarifvertragsparteien und enthält Rechtsnormen, die den Inhalt, den Abschluß und die Beendigung von Arbeitsverhältnissen sowie betriebliche und betriebsverfassungsrechtliche Fragen ordnen können.

09. Wie lassen sich die Arbeitnehmer beruflich untergliedern?

Sie werden untergliedert in:
- gewerbliche Arbeitnehmer (maßgebend ist vor allem die Gewerbeordnung)
- kaufmännische Arbeitnehmer (maßgebend ist vor allem das Handelsgesetzbuch)
- Seeleute (maßgebend ist vor allem das Seemannsgesetz)
- sonstige Arbeitnehmer, wie z.B. Rechtsanwaltsgehilfen oder Hausangestellte (maßgebend ist das Bürgerliche Gesetzbuch)

10. Worin bestehen die Unterschiede zwischen Arbeitern und Angestellten?

Eine für Inhalt und Ausgestaltung des Arbeitsverhältnisses wichtige, in ihrer Bedeutung jedoch zurückgehende Unterscheidung ergibt sich daraus, ob der zur Arbeitsleistung verpflichtete Arbeiter oder Angestellte ist. Maßgebendes Unterscheidungsmerkmal ist, ob überwiegend körperliche oder geistige Arbeit geleistet wird, auch wenn diese Regel in der Praxis häufig durchbrochen ist. Die Tätigkeit im Büro gilt allgemein als Angestelltentätigkeit, auch wenn sie vielfach nur manuell und mechanisch ist. Umgekehrt werden an viele Facharbeiter als Folge der fortschreitenden technischen Entwicklung erhebliche geistige Anforderungen gestellt, ohne daß sie damit zu Angestellten werden.

Es wird wie folgt differenziert: zunächst richtet sich die Zuordnung des Arbeitnehmers zu den Arbeitern oder Angestellten nach der Bewertung seiner Tätigkeit durch die im konkreten Fall beteiligten Berufsvereinigungen im Rahmen der einschlägigen Tarifregelungen. Ist bei den zuständigen Berufskreisen eine eindeutige Beurteilung nicht erreichbar, so ist nach allgemeiner Verkehrsauffassung in der Regel Angestellter, wer kaufmännische oder büromäßige Arbeiten leistet oder gehobene Tätigkeiten, etwa in der Form der Beaufsichtigung anderer ausübt, und Arbeiter derjenige, der ausführend mechanisch tätig ist. Ist eine Einordnung immer noch nicht möglich, so ist entscheidend, ob nach dem Gesamtbild der von Arbeitnehmer zu erbringenden Tätigkeiten die gedanklich-geistige Wirkung oder die körperliche Arbeit im Vordergrund steht.

11. Wer gilt als leitender Angestellter?

Die leitenden Angestellten sind ebenfalls Arbeitnehmer. Sie befinden sich aufgrund ihrer besonderen Funktionen jedoch oftmals im Interessengegensatz zu den übrigen Arbeitnehmern, so daß für sie zum Teil aufgrund gesetzlicher Bestimmungen und zum Teil aufgrund der Rechtsprechung einige Sonderregelungen gelten. Der Begriff leitender Angestellter ist jedoch nicht einheitlich in den verschiedenen gesetzlichen Bestimmungen definiert. Als leitender Angestellter wird im allgemeinen angesehen, wer Arbeitgeberfunktionen in einer Schlüsselstellung ausübt, d.h. im wesentlichen selbständig und verantwortlich den Betieb, einen bedeutenden Betriebsteil oder einen wesentlichen Aufgabenbereich leitet. Neben dieser sog. Tatgruppe gehört zu den leitenden Angestellten noch die sog. Ratgruppe. Hierunter sind Personen zu verstehen, die aufgrund eigener Entschlußkraft hochqualifizierte Stabsarbeit leisten und damit wegen der Bedeutung für das Unternehmen von dem persönlichen Vertrauen des Unternehmers getragen sind.

12. Welche Sonderregelungen gelten für leitende Angestellte?

Leitende Angestellte sind von der Arbeitszeitordnung ausgenommen. Sie gelten nicht als Arbeitnehmer im Sinne des Betriebsverfassungsgesetzes, und sie sind innerhalb der Arbeitnehmer als selbständige Gruppe in den Aufsichtsräten in den dem Mitbestimmungsgesetz unterliegenden Großunternehmen vertreten. Sie können als ehrenamtliche Richter bei den Arbeitsgerichten auch auf der Arbeitgeberseite tätig sein und schließlich ist für sie eine erleichterte Auflösung des Arbeitsverhältnisses bei nicht begründeten Kündigungen vorgesehen.

3.9.3 Arbeitsrecht

Nach der Rechtsprechung des Bundesarbeitsgerichts gelten für leitende Angestellte insbesondere die folgenden Sonderregelungen:

- die Pflicht des leitenden Angestellten zur Wahrung der Interessen des Arbeitgebers geht erheblich weiter als bei anderen Arbeitnehmern;
- von den leitenden Angestellten wird ein besonderes Maß an Arbeitsleistung verlangt, so daß die Bezahlung von Überstunden im allgemeinen entfällt;
- aufgrund ihres Vertrauensverhältnisses zum Arbeitgeber sind an die Kündigungsgründe im allgemeinen niedrigere Anforderungen zu stellen.

13. Wer zählt nicht als Arbeitnehmer?

Nicht zu den Arbeitnehmern im arbeitsrechtlichen Sinne zählen folgende Personengruppen:

- Mitglieder des Organs einer juristischen Person, das zur Vertretung der juristischen Person berufen ist. Hierzu zählen insbesondere die Vorstandsmitglieder von Aktiengesellschaften und die Geschäftsführer von GmbH's;
- Personen, die durch Gesetz, Satzung oder Gesellschaftervertrag zur Vertretung einer Personengesamtheit, etwa einer OHG oder einer KG, berufen sind;
- Personen, die wie Ordensschwestern vorwiegend karitativ tätig sind;
- Personen, die vorwiegend aus medizinischen oder erzieherischen Gründen sowie zur sittlichen Besserung beschäftigt sind;
- Helferinnen und Helfer, die ein freiwilliges soziales Jahr ableisten sowie Entwicklungshelfer im Sinne des Entwicklungshelfergesetzes;
- Beamte, Richter und Soldaten, d.h. Personen, die in einem besonderen öffentlich-rechtlichen Dienstverhältnis stehen.

14. Was versteht man unter arbeitnehmerähnlichen Personen?

Nicht zu den Arbeitnehmern im eigentlichen Sinne gehören die sog. arbeitnehmerähnlichen Personen, insbesondere sind dies die in Heimarbeit Beschäftigten und die freien Mitarbeiter. Sie sind persönlich selbständig, wirtschaftlich jedoch im allgemeinen abhängig und einem Arbeitnehmer vergleichbar sozial schutzbedürftig. Infolge ihrer den Arbeitnehmern gleichartigen sozialen Situation finden zahlreiche arbeitsrechtliche Vorschriften auf diesen Personenkreis Anwendung.

15. Wer ist Arbeitgeber?

Arbeitgeber im arbeitsrechtlichen Sinne ist jeder, der einen anderen als Arbeitnehmer beschäftigt.

16. Was versteht man im arbeitsrechtlichen Sinne unter einem Betrieb?

Das Arbeitsrecht baut weitgehend auf dem Begriff des Betriebes (und nicht auf dem Begriff des Unternehmens, zu dem mehrere Betriebe gehören können) auf, wie z.B. im Betriebsverfassungsrecht, beim Betriebsübergang und beim Kündigungsschutz. Im Arbeitsrecht ist der Betrieb die organisatorische Einheit, mit dem ein Unternehmen zusammen mit seinen Mitarbeitern bestimmte Zwecke verfolgt und der auf Dauer angelegt ist. Zum Betrieb gehören auch Nebenbetriebe, es sei denn, sie liegen räumlich weit vom Hauptbetrieb entfernt und haben durch Aufgabenbereich oder Organisation einen eigenständigen Charakter.

17. Welche Regelungen bestehen zur Gestaltung des Arbeitsvertrages?

Der Arbeitsvertrag bedarf grundsätzlich keiner Schriftform, er kann von bestimmten Ausnahmen, wie z.B. dem Berufsausbildungsvertrag abgesehen - auch mündlich abgeschlossen werden. Es empfiehlt sich jedoch die Schriftform, um bei späteren Meinungsverschiedenheiten über den Inhalt von Arbeitsverträgen, Beweisschwierigkeiten zu vermeiden. Jedoch kann durch Tarifvertrag oder durch Betriebsvereinbarung die Schriftform für den gesamten Arbeitsvertag oder für einzelne Vertragspunkte vorgesehen sein.

Grundsätzlich sind die Vertragspartner des Arbeitsverhältnisses frei, welchen Inhalt sie dem Arbeitsvertrag geben und welche Arbeitsbedingungen sie vereinbaren. Einschränkungen dieser Vertragsfreiheit ergeben sich jedoch durch Gesetze, etwa zum Schutz der Gesundheit, durch Tarifverträge und Tarifvereinbarungen, die aus Gründen des Arbeitnehmerschutzes erlassen wurden. Widersprechen sich diese Rechtsquellen, so geht die höhere dem niedrigeren und im allgemeinen die dem Arbeitnehmer günstigere der ungünstigeren vor. Bei der Einschränkung der Vertragsfreiheit für den Abschluß von Arbeitsverträgen durch Gesetz ist im wesentlichen zwischen:

- zwingendem Gesetzesrecht,
- durch Tarifverträge änderbarem Gesetzesrecht und
- dispositivem, also von den Vertragspartnern änderbarem Gesetzesrecht

zu unterscheiden.

18. Was ist der Inhalt von Tarifverträgen?

Ein Tarifvertrag regelt Rechte und Pflichten der Tarifvertragsparteien und kann Rechtsnormen enthalten, die betriebliche und verfassungsrechtliche Fragen regeln. Er bedarf der Schriftform. Tarifvertragsparteien oder Tarifpartner sind Gewerkschaften für die Arbeitnehmer und Arbeitgeberverbände, die Verbandstarifverträge abschließen können oder einzelne Arbeitgeber, die Haus- oder Firmentarifverträge abschließen können. Darüber hinaus kommen als Tarifvertragsparteien die Spitzenorganisationen der Wirtschaft (das sind die Zusammenschlüsse von Arbeitgeberverbänden und von Gewerkschaften) in Frage. Tariffähig sind aber auch die Handwerksinnungen und Innungsverbände des Handwerks.

Tarifverträge erfüllen im wesentlichen drei Funktionen:

- die Schutzfunktion: der Tarifvertrag soll den einzelnen Arbeitnehmer vor Nachteilen durch wirtschaftlich stärkere Arbeitgeber schützen und enthält infolgedessen wesentliche Arbeitsschutzbestimmungen;
- Ordnungsfunktion: die Tarifverträge führen zu einer Typisierung der Arbeitsverträge, zu einer Überschaubarkeit der Personalkosten und damit zu einer Ordnung des Arbeitslebens;
- Friedensfunktion: der Tarifvertrag schließt während seiner Laufzeit Arbeitskämpfe und neue Forderungen hinsichtlich der in ihm geregelten Sachverhalte aus.

19. Wie endet ein Arbeitsverhältnis?

Ein Arbeitsverhältnis endet:

- durch Kündigung seitens des Arbeitgebers oder Arbeitnehmers,
- durch Anfechtung wegen arglistiger Täuschung,
- durch Tod des Arbeitnehmers,
- durch Fristablauf, wenn das Arbeitsverhältnis für eine bestimmte Zeit eingegangen wurde,
- durch Abschluß eines Aufhebungsvertrags zwischen Arbeitgeber und Arbeitnehmer.

20. Welche Kündigungsmöglichkeiten bestehen?

- die ordentliche Kündigung,
- die außerordentliche Kündigung,
- die Änderungskündigung.

Die Kündigung ist eine Willenserklärung des einen Vertragspartners gegenüber dem anderen mit dem Ziel der Beendigung des Arbeitsverhältnisses.

21. Welche Vorschriften bestehen im Hinblick auf eine Kündigung?

Die Kündigung muß, um wirksam zu werden, dem jeweils anderen Vertragspartner zugehen. Dies sollte schriftlich geschehen. Bei der Kündigung sind gesetzliche Kündigungsfristen, die im BGB geregelt sind, zu beachten. Bei einer vom Arbeitgeber ausgesprochenen Kündigung müssen triftige Gründe vorliegen, während der Arbeitnehmer jederzeit unter Einhaltung der Kündigungsfrist sein Arbeitsverhältnis lösen kann. Ist ein Arbeitnehmer länger als sechs Monate im Betrieb beschäftigt, so muß die vom Arbeitgeber beabsichtigte Kündigung sozial gerechtfertigt sein. Sozial gerechtfertigt ist die Kündigung, wenn sie durch Gründe, die in der Person oder in dem Verhalten des Arbeitnehmers liegen, oder durch dringende betriebliche Erfordernisse, die einer Weiterbeschäftigung des Arbeitnehmers in diesem Betrieb entgegenstehen, gerechtfertigt sind. Bei jeder Kündigung ist nach den Bestimmungen des Betriebsverfassungsgesetzes der Betriebsrat vor Ausspruch der Kündigung zu hören, und zwar unabhängig davon, ob es sich um ein normales Arbeitsverhältnis, ein Probe-, Aushilfs-, Teilarbeitsverhältnis oder Berufsausbildungsverhältnis handelt. Für einzelne Gruppen von Arbeitnehmern, die aus persönlichen, sozialen oder anderen Gründen besonders schutzbedürftig sind, besteht ein besonderer Kündigungsschutz.

22. Welche Vorschriften sind bei Beendigung eines Arbeitsverhältnisses zu beachten?

Bei Beendigung seines Arbeitsverhältnisses hat der Arbeitnehmer gegen den Arbeitgeber Anspruch auf Herausgabe seiner Arbeitspapiere (Lohnsteuerkarte, Versicherungsnachweis). Grundsätzlich ist der Arbeitgeber verpflichtet, diese Arbeitspapiere am letzten Arbeitstag abgeschlossen und ausgefüllt zur Abholung durch den Arbeitnehmer bereitzuhalten. Können die Arbeitspapiere im Falle kurzfristigen Ausscheidens nicht bereitgestellt werden, so ist der Arbeitgeber zur Ausstellung einer Zwischenbescheinigung verpflichtet, um einen neuen Arbeitsbeginn nicht zu erschweren.

Bei Beendigung des Arbeitsverhältnisses ist der Arbeitgeber verpflichtet, dem Arbeitnehmer auf Verlangen ein Zeugnis auszustellen. Das Zeugnis muß einerseits der Wahrheit entsprechen, darf aber andererseits den Arbeitnehmer nicht in seinem Fortkommen behindern.

23. Welche arbeitsrechtlichen Schutzbestimmungen bestehen?

Zum Schutz der menschlichen Arbeitskraft sind eine Reihe von Schutzbestimmungen erlassen worden, wie z.B. die Arbeitszeitordnung. Darüber hinaus gelten für bestimmte Personengruppen besondere Schutzbestimmungen, wie z.B. für werdende Mütter das Mutterschutzgesetz, für Jugendliche das Jugendarbeitsschutzgesetz, für Behinderte das Schwerbehindertengesetz.

24. Welche Bestimmungen gelten nach dem Jugendarbeitsschutzgesetz für Jugendliche?

Nach dem am 21.10.1984 in Kraft getretenene Ersten Gesetz zur Änderung des Jugendarbeitsschutzgesetzes gelten folgende Vorschriften: Jugendliche dürfen nur an 5 Tagen in der Woche, nicht mehr als 8 Stunden täglich und nicht mehr als 40 Stunden wöchentlich beschäftigt werden. Wenn in Verbindung mit Feiertagen an Werktagen nicht gearbeitet wird, damit die Beschäftigten eine längere zusammenhängende Freizeit haben, so darf die ausgefallene Arbeitszeit auf andere Werktage verteilt werden. Die Verteilung ist innerhalb von fünf zusammenhängenden, die Ausfalltage einschließenden Wochen vorzunehmen. Dabei darf die Wochenarbeitszeit im Durchschnitt dieser 5 Wochen 40 Stunden, die tägliche Arbeitszeit 8 1/2 Stunden nicht überschreiten. Der Arbeitgeber hat den Jugendlichen für die Teilnahme am Berufsschulunterricht freizustellen. Er darf den Jugendlichen nicht beschäftigen

1. vor einem vor 9 Uhr beginnenden Unterricht
2. an einem Berufschultag mit mehr als 5 Unterrichtsstunden von je mindestens 45 Minuten Unterricht einmal in der Woche
3. in Berufsschulwochen mit einem planmäßigen Blockunterricht von mindestens 25 Stunden an mindestens 5 Tagen; zusätzliche betriebliche Ausbildungsveranstaltungen bis zu zwei Stunden wöchentlich sind zulässig.

Dem Jugendlichen ist bei einer Beschäftigungszeit von mehr als 4 1/2 bis 6 Stunden eine Pause von 30 Minuten, von mehr als 6 Stunden eine Pause von 60 Minuten zu gewähren. Die Pausen müssen jeweils 15 Minuten betragen und im voraus festgelegt sein. Jugendliche dürfen nur in der Zeit von 6 - 20 Uhr (Ausnahmen ab 5 Uhr und bis 22 Uhr für bestimmte Wirtschaftszweige) beschäftigt werden.

Der Urlaub beträgt jährlich mindestens 30 Werktage, wenn der Jugendliche zu Beginn des Kalenderjahres noch nicht 16 Jahre alt ist, mindestens 27 Werktage, wenn der Jugendliche zu Beginn des Kalenderjahres noch nicht 17 Jahre alt ist und mindestens 25 Werktage, wenn der Jugendliche zu Beginn des Kalenderjahres noch nicht 18 Jahre alt ist.

Ein Jugendlicher darf nur beschäftigt werden, wenn er innerhalb der letzten neun Monate von einem Arzt untersucht worden ist. Ein Jahr nach der Aufnahme der ersten Beschäftigung hat sich der Arbeitgeber die Bescheinigung eines Arztes darüber vorlegen zu lassen, daß der Jugendliche nachuntersucht worden ist. Arbeitgeber, die regelmäßig mindestens einen Jugendlichen beschäftigen, haben einen Abdruck des Jugendarbeitsschutzgesetzes im Betrieb zur Einsicht auszuhängen, und Betriebe, die regelmäßig mindestens drei Jugendliche beschäftigen, haben einen Aushang über Beginn und Ende der regelmäßigen Arbeitszeit und der Pausen an geeigneter Stelle im Betrieb anzubringen.

25. Welche Bestimmungen gelten zum Schutz der Schwerbeschädigten?

Nach dem Schwerbehindertengesetz sind schwerbehinderte Personen, die körperlich, geistig oder seelisch behindert und infolge ihrer Behinderung in ihrer Erwerbsfähigkeit um mehr als 50 % gemindert sind. Private und öffentliche Arbeitgeber, die über mindestens 16 Arbeitsplätze verfügen, haben auf wenigstens 6 % Arbeitsplätze Schwerbehinderte zu beschäftigen. Solange Arbeitgeber die vorgeschriebene Zahl Schwerbehinderter nicht beschäftigen, haben sie für jeden unbesetzten Pflichtplatz monatlich eine Ausgleichsabgabe zu zahlen. Schwerbeschädigten darf nur mit Zustimmung der Hauptfürsorgestelle gekündigt werden. Ohne deren Zustimmung ist die Kündigung nichtig.

26. Was versteht man unter dem Wettbewerbsverbot?

Arbeitgeber und Arbeitnehmer können ein Wettbewerbsverbot für die Zeit nach der Beendigung des Arbeitsverhältnisses vereinbaren. In diesem Fall darf der Arbeitnehmer eine bestimmte Zeit nach dem Ausscheiden aus dem Betrieb nicht in Konkurrenzbetrieben tätig sein. Nach den Bestimmungen der §§ 74, 74a und 74b HGB darf sich das Wettbewerbsverbot auf höchstens zwei Jahre erstrecken. Während dieser Zeit ist eine Entschädigung zu zahlen. Wettbewerbsverbote bedürfen der Schriftform.

27. Wie ist der Urlaub geregelt?

Die Urlaubsansprüche werden meist im Tarifvertrag oder im Arbeitsvertrag geregelt. Sofern derartige Regelungen nicht bestehen, gilt für Jugendliche das Jugendarbeitsschutzgesetz und für Personen über 18 Jahren das Bundesurlaubsgesetz von 1963, dessen Vorschriften gesetzliche Mindestnormen sind. Nach dem Bundesurlaubsgesetz beträgt der Urlaub jährlich mindestens 18 Werktage.

28. Welche Vorschriften sind bei Auszubildenden zu beachten?

Personen, die vorwiegend zu ihrer beruflichen Bildung beschäftigt werden, insbesondere die Auszubildenden, sind nicht Arbeitnehmer im eigentlichen Sinne. Für sie gilt vorrangig das Berufsbildungsgesetz von 1969. Ergänzend finden die Regelungen des Arbeitsverhältnisses Anwendung.

Das Berufsbildungsgesetz verlangt vor Beginn der Ausbildung den Abschluß eines Berufsausbildungsvertrages, der bei der zuständigen Stelle, d.h. bei Berufen des Handels und der Industrie bei der Industrie- und Handelskammer, bei Handwerksberufen bei der Handwerkskammer zur Eintragung in das Verzeichnis der Berufsausbildungsverhältnisse vorzulegen ist. Die Berufsausbildung hat eine breit angelegte berufliche Grundbildung und die für die Ausübung einer qualifizierten beruflichen Tätigkeit erforderlichen fachlichen Fertigkeiten und Kenntnisse in einem geordneten Ausbildungsgang zu vermitteln und den Erwerb der notwendigen Berufspraxis zu gewährleisten.

29. In welchen Berufen darf eine Ausbildung erfolgen?

Eine Ausbildung von Jugendlichen darf nur in anerkannten Ausbildungsberufen vorgenommen werden. Diese werden in einem jährlich von der Bundesregierung neu herausgegebenen Verzeichnis im einzelnen aufgeführt.

30. Was besagt die Arbeitszeitordnung?

Nach der Arbeitszeitordnung darf die regelmäßige werktägliche Arbeitszeit die Dauer von acht Stunden nicht übersteigen.

31. Welche Vorschriften bestehen im Hinblick auf den Unfall- und Gesundheitsschutz?

Nach § 120 a der Gewerbeordnung sind die Betriebe verpflichtet, Arbeitsräume, Betriebseinrichtungen, Maschinen und Geräte so einzurichten, daß die Arbeitnehmer gegen Gefahren für Leben und Gesundheit geschützt sind.

32. Welche Vorschriften sind im Arbeitsrecht unter dem Gesichtspunkt des Arbeitsschutzes noch zu beachten?

Das Gesetz über Betriebsärzte, Sicherheitsingenieure und andere Fachkräfte für Arbeitssicherheit vom 12.12.1973 verpflichtet die Arbeitgeber zur Bestellung von Betriebsärzten und Fachkräften für Arbeitssicherheit. Damit soll erreicht werden, daß die dem Arbeitsschutz und der Unfallverhütung dienenden Vorschriften den besonderen Betriebsverhältnissen entsprechend angewandt werden und gesicherte arbeitsmedizinische und sicherheitstechnische Erkenntnisse zur Verbesserung des Arbeitsschutzes und der Unfallverhütung verwirklicht werden können.

Die Arbeitsstättenverordnung vom 28.3.1975 legt fest, was als Arbeitsstätte zählt und verpflichtet die Arbeitgeber, alle Arbeitsstätten entsprechend einzurichten. Dies erstreckt sich insbesondere auf Lüftung, Raumtemperaturen, Beleuchtung, den Schutz gegen Gas, Dämpfe, Nebel, Staub und gegen Lärm.

3.9.4 Umweltrecht

01. Welche Anforderungen stellt das Gesetz über die Umwelthaftung?

Das Umwelthaftungsgesetz (UmweltHG) vom 10. Dezember 1990 bestimmt, daß für den Fall, daß durch eine Umwelteinwirkung, die von einer im Anhang des Gesetzes angeführten Anlage ausgeht, jemand getötet, in seiner Gesundheit verletzt oder eine Sache beschädigt wird, der Inhaber der Anlage zum Schadensersatz verpflichtet ist.

Ein solcher Schaden im Sinne dieses Gesetzes entsteht durch Umwelteinwirkung, wenn durch Stoffe, Erschütterungen, Geräusche, Druck, Strahlen, Gase, Dämpfe,

Wärme oder sonstige Erscheinungen verursacht wird, die sich in Boden, Luft oder Wasser ausgebreitet haben. Anlagen sind ortsfeste Einrichtungen wie Betriebsstätten und Lager, aber auch Maschinen, Geräte, Fahrzeuge und sonstige ortsveränderliche technische Anlagen und Nebeneinrichtungen, die mit der Anlage oder einem räumlichen oder betriebstechnischen Zusammenhang stehen und für das Entstehen von Umwelteinwirkungen von Bedeutung sein können. Die Anlagenliste enthält Anlagen aus dem Bereich der Wärmeerzeugung, des Bergbaus und der Energie, wie z.B. Kraftwerke, Gasturbinen zum Antrieb von Generatoren, Anlagen zum Brikettieren oder zur Vergasung von Kohle; aus dem Bereich Steine und Erden, Glas, Keramik, Baustoffe, Anlagen zur Herstellung von Zement, Glas und Asbest; aus dem Bereich Stahl, Eisen und sonstige Metalle einschließlich Verarbeitung, wie z.B. von Eisen und Stahl, Gießereien; aus dem Bereich Chemische Erzeugnisse, Arzneimittel, Mineralölraffination und weiterverarbeitende Anlagen zur fabrikmäßigen Herstellung von Stoffen zur chemischen Umwandlung; aus dem Bereich der Oberflächenbehandlung und Kunststoffverarbeitung Anlagen zum Lackieren, Bedrucken, Beschichten; aus dem Bereich Zellstoff Anlagen zur Gewinnung von Zellstoff, Stroh oder ähnlichen Faserstoffen; aus dem Bereich Nahrung-, Genuß- und Futtermitteln und landwirtschaftlichen Erzeugnissen Anlagen zum Halten oder zur Aufzucht von Geflügel oder Schweinen; ferner Anlagen für die Beseitigung von Abfällen und Reststoffen oder zur Lagerung, zum Be- und Entladen von Stoffen. Insgesamt werden von der Anlage zum Umwelthaftungsgesetz 96 im einzelnen aufgeführte Anlagentypen aufgeführt.

02. Wann ist ein Gefahrgutbeauftragter zu bestellen?

Seit Dezember 1989 sind die Pflichten von Unternehmen beim Umgang mit gefährlichen Gütern und die Bestellung und die Aufgaben eines Gefahrgutbeauftragten in der sog. Gefahrgutbeauftragtenverordnung geregelt. Ein Gefahrgutbeauftragter ist dann zu bestellen, wenn im Unternehmen jährlich mehr als 50 t Gefahrgüter, nicht nur gelegentlich, sog. Listengüter oder radioaktive Güter versandt, befördert, zur Beförderung verpackt oder übergeben werden. Gefahrgüter sind z.B. auch Batterien, Eisendrehspäne, Holzkohle, Metallpulver oder Kohlepapier. Welche Güter als Gefahrgüter eingestuft sind, ist in der Gefahrgutverordnung Straße (GGVS) geregelt. Listengüter sind Stoffe, die als besonders gefährlich gelten und enumerativ in den Anlagen A und B der Gefahrgutverordnung Straße aufgelistet sind, wie z.B.: Sprengstoff, Ammoniak, Chlor, Butan, Propan, Blausäure, Brom, Fluor, Wasserstoff.

Die Unternehmensleitung muß für den Zeitraum des folgenden Kalenderjahres abschätzen, ob die Mengenbegrenzung überschritten oder ob gefährliche Listengüter bzw. radioaktive Stoffe in Verkehr gebracht werden sollen. Trifft dies zu, so sind je nach Gegebenheiten und Unternehmensgröße ein oder mehrere Gefahrgutbeauftragte schriftlich zu bestellen. Wird kein Gefahrgutbeauftragter bestellt, obwohl ein solcher hätte bestellt werden müssen, so gilt der Unternehmer als Gefahrgutbeauftragter. Dieser muß sich, um als sachkundig zu gelten, einer besonderen Schulung unterziehen. Gefahrgutbeauftragte müssen außerdem alle drei Jahre einen Fortbildungslehrgang besuchen.

03. Welche Rechte und Pflichten hat ein Gefahrgutbeauftragter?

Der Gefahrgutbeauftragte hat:

- die Einhaltung der Gefahrgutvorschriften zu überwachen,
- Mängel gegenüber dem Unternehmen anzuzeigen,
- schriftliche Aufzeichnungen über seine Überwachungstätigkeit zu führen,
- innerhalb eines halben Jahres nach Ablauf des Geschäftsjahres einen Jahresbericht zu erstellen,
- die Namen der weiteren beauftragten Personen und sonstigen verantwortlichen Personen und deren Schulung aufzuzeichnen.

04. Was sind Gefährliche Güter?

Gefahrgüter im Sinne des Gesetzes über die Beförderung gefährlicher Güter sind Stoffe und Gegenstände, von denen aufgrund ihrer Natur, ihrer Eigenschaften oder ihres Zustandes im Zusammenhang mit der Beförderung Gefahren ausgehen können. Die Gefahrstoffe sind in neun Hauptklassen einzuordnen:

Kl. 1: Explosive Stoffe und Gegenstände mit Explosivstoffen, wie z.B. Sprengkapseln, Zünder, Feuerwerkskörper.

Kl. 2: Verdichtete, verflüssigte oder unter Druck gelöste Gase, z.B. Flüssiggas, Deospray, Haarspray, Farbspray, Teppichkleber, Kohlensäure, Frostschutzmittel.

Kl. 3: Entzündbare flüssige Stoffe, wie z.B. Farben, Lacke, Verdünner, Holzbeizen, Alkohole, Parfümerieerzeugnisse, Medikamente, Äther, Benzin, Diesel, Petroleumöl, Terpentin, Benzole.

Kl. 4.1: Entzündbare feste Stoffe, wie z.B. Feueranzünder, Leuchtsignale, Schwefel.

Kl. 4.2: Selbstentzündliche Stoffe, wie z.B. Kohlenstaub, gebrauchte Putztücher.

Kl. 4.3: Stoffe, die in Berührung mit Wasser entzündliche Gase entwickeln, wie z.B. Calcium und Aluminiumcarbid.

Kl. 5.1: Entzündend (oxydierend) wirkende Stoffe, wie z.B. Unkrautvertilgungsmittel, Düngemittel.

Kl. 5.2: Organische Peroxide, wie z.B. Proben zu Laborzwecken.

Kl. 6.1: Giftige Stoffe, wie z.B. Insektizide, Pestizide.

Kl. 6.2: Ekelerregende oder ansteckungsfährliche Stoffe, wie z.B. anatomische Bestandteile, Eingeweise.

Kl. 7: Radioaktive Stoffe, wie z.B. für medizinische Zwecke.

Kl. 8: Ätzende Stoffe, wie z.B. Säuren, Laugen, Batterien mit Säure, WC-Reiniger, Geräte mit Quecksilber.

Kl. 9: Sonstige gefährliche Stoffe und Gegenstände, wie z.B. verflüssigte Metalle, Asbest, PVC.

4. Berufs- und arbeitspädagogischer Teil

4.1 Grundfragen der Berufsbildung

01. Was versteht man unter den Begriffen Bildung und Ausbildung?

Der Begriff Bildung ist nur schwer definierbar. Bildung zielt auf die Entfaltung des Menschen; Inhalt und Ziel der Bildung ist es, den Menschen zu einem Verständnis seiner selbst, seiner Umwelt und zum Weltverständnis zu führen. Er soll ein Verständnis der geltenden Werte und eine sittliche Grundeinstellung erhalten. Unter Ausbildung versteht man die Vermittlung von Fertigkeiten und produktiven Grundeinsichten von beruflichem Wissen und Können.

Ausbildung ist etwas Spezielles und Berufsbezogenes.

02. Was ist das Ziel der Berufsbildung?

Berufsbildung ist Bildung und Erziehung im Beruf und zum Beruf, zur sozialen Integration in die Arbeitswelt, zur beruflichen Qualifikation und verantwortungsbewußten Mitarbeit. Berufsbildung befähigt den einzelnen zur Bewältigung der beruflichen Aufgaben und Situationen.

Bildung im Beruf dient einmal dazu, den Anforderungen von Wirtschaft und Gesellschaft Rechnung zu tragen, zum anderen trägt sie zur Selbstverwirklichung des einzelnen bei. Die Mehrzahl aller Bürger durchläuft eine betriebliche Ausbildung. Diese Ausbildungsform sollte im Vergleich zur gymnasialen Bildung und zur Universität in Zukunft aufgewertet werden.

03. Was bedeutet Ausbildung für den Menschen?

Die Voraussetzung für Erfolg und sozialen Aufstieg ist für jeden Menschen die Ausbildung. Zur Absicherung von Erfolg und Aufstieg muß sich der Mensch ständig weiterbilden.

04. Aus welchen Gründen ist es wichtig, den Ausbildungsproblemen große Aufmerksamkeit zu widmen?

Ohne Berufsausbildung sinken die Chancen des einzelnen für eine erfolgreiche Berufstätigkeit. Berufsbildung garantiert am ehesten eine Sicherung des Lebensunterhaltes der arbeitenden Bevölkerung und ermöglicht bei Arbeitslosigkeit eine schnellere Stellenvermittlung.

05. Welches Wirtschaftssystem wird in der Bundesrepublik Deutschland praktiziert?

Die Soziale Marktwirtschaft, d.h. diejenige Wirtschaftsordnung, welche private Initiativen mit sozialen Regeln verbindet.

06. Welche Zusammenhänge bestehen zwischen Wirtschaft und Bildung?

Die Wirtschaft benötigt für Qualitätsarbeit gut ausgebildete Fachkräfte. Investitionen im Bildungswesen sind Aufwendungen zur Zukunftssicherung aller.

07. Welche Zusammenhänge bestehen zwischen Berufsbildung und Arbeitsmarkt?

Da sich die Anforderungen auf dem Arbeitsmarkt ständig ändern, müssen die während der Ausbildung erworbenen Fertigkeiten und Kenntnisse diesen Veränderungen durch Weiterbildung angepaßt werden. Soweit erkennbar, müssen die Ausbildungsberufe diesen Anforderungen bereits Rechnung tragen, d.h. es müssen neue Ausbildungsinhalte eingebaut werden.

08. Was versteht man unter dem Begriff berufliche Mobilität?

Mobilität ist die Fähigkeit, sich wachsenden und wechselnden Aufgaben anpassen zu können. Regionale Mobilität ist die Fähigkeit, eine Tätigkeit an jedem beliebigen Ort auszuführen.

09. Was versteht man unter Chancengleichheit, wie soll sie verwirklicht werden?

Jeder soll die gleiche Chance auf Bildung und Ausbildung haben ohne Rücksicht auf soziale Herkunft oder finanzielle Möglichkeiten. Jeder Beruf und jede Ausbildung sollen jedem offenstehen. Jede Ausbildung soll zu gleichwertigen Bildungsabschlüssen und weiterführenden Bildungsgängen führen.

10. Was versteht man unter dem dualen System der Berufsbildung?

Die parallele Ausbildung in Betrieb und Berufsschule, indem der Auszubildende an ca. 4-5 Tagen im Betrieb und an 1-2 Tagen der Woche in der Berufsschule ausgebildet wird.

11. Aus welchen Gründen ist in Deutschland das duale System entstanden?

Das duale System der industriellen betrieblichen Ausbildung ist in der Mitte des vorigen Jahrhunderts als Folge der Industrialisierung entstanden. Im Handwerk und im Handel ist es schon seit dem Mittelalter üblich. Im Zuge der Industrialisierung benötigte die Industrie mehr Fachkräfte als im Handwerk ausgebildet werden konnten. Deshalb mußte die Industrie selbst ausbilden, zumal auch nicht, wie in anderen Ländern, die Berufsschulen diese Aufgabe übernehmen konnten.

12. In welchen Ländern ist das duale System üblich?

Das duale System ist überwiegend in den deutschsprachigen Ländern, d.h. auch in Österreich und der Schweiz, üblich. In anderen Ländern gibt es nur Ansätze einer betrieblichen Ausbildung in bestimmten Regionen, für bestimmte Berufe oder für bestimmte Personengruppen.

4.1 Grundfragen der Berufsbildung

13. Wie vollzieht sich die Berufsausbildung in anderen Ländern?

Soweit kein duales System besteht, erfolgt entweder eine berufliche Ausbildung in Schulen oder durch eine direkte aufgabenbezogene Unterweisung am Arbeitsplatz. Die schulische Ausbildung wird zum Teil durch betriebliche Praktika ergänzt.

14. Welche Bedeutung hat das sog. "Abgestimmte Verfahren für die Entwicklung von Ausbildungsrahmenplänen und Rahmenlehrplänen"?

Die für die Ausbildungsbetriebe geltenden Ausbildungsrahmenlehrpläne bedürfen für den schulischen Teil der Ausbildung der Ergänzung in Form von schulischen Rahmenlehrplänen, die von den einzelen Bundesländern im Hinblick auf die unterschiedliche Stundenzahl der Berufschulen geringfügig abgeändert werden dürfen. Die Ausbildungsrahmenlehrpläne und Rahmenlehrpläne werden unter Federführung des Bundesinstitutes für Berufsbildung in einem parallel verlaufenden aufeinander abgestimmten Verfahren entwickelt, so daß neue Ausbildungsberufe schulisch und betrieblich übereinstimmende Inhalte haben.

15. Nennen Sie Vor- und Nachteile der betrieblichen Ausbildung!

Vorteile sind die Praxisnähe und der Bezug zum tagtäglichen Ablauf aller Arbeitsgänge. Nachteil ist die eingeschränkte Möglichkeit, die Ausbildung methodisch richtig zu gliedern, da die Arbeitsgänge konjunkturell oder jahreszeitlich bedingt anfallen bzw. sich an den jeweiligen Aufträgen orientieren.

16. Was versteht man unter dem Begriff Lernort und welche Anforderungen werden an einen Lernort gestellt?

Ein Lernort ist ein zum Zweck des schulischen oder betrieblichen Lernens besonders geeigneter mit entsprechenden Maschinen und Geräten ausgestatteter Ort, der den Bedingungen des Lernens entspricht.

17. Wann muß die betriebliche Ausbildung durch besondere Maßnahmen ergänzt werden?

Wenn im Rahmen der betrieblichen Ausbildung nicht alle in der Ausbildungsordnung vorgeschriebenen Fertigkeiten und Kenntnisse vermittelt werden können.

18. Was ist a) eine überbetriebliche Ausbildung und was sind b) die Aufgaben überbetrieblicher Ausbildungsstätten?

a) Die Ergänzung der betrieblichen Ausbildung durch spezielle Maßnahmen außerhalb des eigenen Betriebes
b) Die Vermittlung derjenigen Fertigkeiten und Kenntnisse, die der Betrieb nicht oder nur ungenügend oder nicht systematisch vermitteln kann.

19. Was versteht man: a) unter Weiterbildung, b) wo kann eine Weiterbildung erfolgen?

a) Unter Weiterbildung ist die Gesamtheit aller direkten und indirekten Maßnahmen - im vorliegenden Fall der Betriebe - zu verstehen, mit deren Hilfe eine

Erweiterung oder Veränderung der Fähigkeiten der Mitarbeiter und deren Anpassung an neue Erkenntnisse erfolgen soll.

b) Die Weiterbildung kann betrieblich oder überbetrieblich erfolgen, d.h. indem die Mitarbeiter an Kursen Dritter teilnehmen, deren Pläne und Methoden sowie Wissensgebiete, die vermittelt werden, den betrieblichen Vorstellungen entsprechen.

20. a) Welche Aufgaben hat der Ausbilder im wesentlichen wahrzunehmen und b) in welche Konfliktsituationen kann der Ausbilder geraten?

a) Fachmann und Berater, Anwalt der Jugendlichen, Vertreter und Vorgesetzter des Jugendlichen zu sein. Er hat aber auch einen erzieherischen und betreuerischen Auftrag gegenüber den Jugendlichen. Diesem Ziel dient auch die AEVO, die dem Ausbilder das juristische, methodische und jugendkundliche Rüstzeug für die Ausbildung von Jugendlichen geben will. Neben der Anhebung des Niveaus der Ausbilder sollen neue Einsichten und Verhaltensweisen im Umgang mit Jugendlichen vermittelt werden.

b) Die betrieblichen Aufgaben kollidieren mit den Aufgaben als Ausbilder.

21. Welche Aufgaben hat der Ausbilder als Fachmann?

Die Vermittlung aller in der Ausbildung vorgeschriebenen Fertigkeiten und Kenntnisse in geordneter, zeitlich und sachlich gegliederter und methodisch-systematischer Form.

22. Warum soll der Jugendliche nicht nur für den eigenen Betrieb ausgebildet werden?

Er soll die Chance haben, in allen Betrieben seines Ausbildungsberufes arbeiten zu können.

23. Warum ist eine wissenschaftsorientierte Berufsbildung notwendig?

Ständig werden neue wissenschaftliche Erkenntnisse gewonnen, die sich in den Berufsanforderungen niederschlagen. Die Berufsausbildung muß an den Anforderungen der Zukunft ausgerichtet werden.

24. Worauf gründet sich die Forderung nach lebenslangem Lernen?

Weil die einmal erworbenen Fertigkeiten und Kenntnisse wegen des technischen Fortschritts und der Schnelligkeit der Veränderungen nicht für die gesamte Dauer des Berufslebens ausreichen, sondern dauernd angepaßt und in die betriebliche Praxis übertragen werden müssen. Ständig werden neue Erkenntnisse gewonnen, die eine Anpassung des Wissensstandes erforderlich machen.

25. Aus welchem Grunde hängt die Leistungsfähigkeit der deutschen Volkswirtschaft von einem hohen Ausbildungsstand ab?

Die Leistungsfähigkeit einer hochentwickelten Volkswirtschaft hängt in hohem Maß von dem Bildungs- und Ausbildungsstand breitester Bevölkerungsschichten ab. Eine gute Ausbildung steigert den Ertrag der Volkswirtschaft. Die Bundesrepublik Deutschland verfügt über keine Rohstoffe und ist daher auf den Export hochwertiger, auf Wissen und Können beruhenden Erzeugnissen angewiesen.

26. Aus welchen Gründen sind die Anforderungen an den Ausbilder höher als etwa vor 20 Jahren?

Das Wissen steigt ständig an. Der Jugendliche will anders behandelt werden, als das früher möglich war. Überzeugung tritt an die Stelle von Zwang.

27. Was ist das Ziel eines zweiten Bildungsweges?

Ziel des zweiten Bildungsweges ist es, Spätentwicklern und Interessenten, die früher die Möglichkeit zur schulischen Ausbildung nicht hatten, nachträglich noch Chancen zu eröffnen, Schulabschlüsse bzw. Studiengänge zu erreichen.

28. Wie werden neue Ausbildungsberufe erarbeitet?

Das Bundesinstitut für Berufsbildung befragt Betriebe und Sachverständige und versucht, die unterschiedlichen Anforderungen von Groß- und Kleinbetrieben und Betrieben unterschiedlicher Struktur und Produktionsverfahren bzw. Verkaufssortimenten zu berücksichtigen. Die Sachverständigen erarbeiten einen Vorschlag, den das Bundesinstitut mit den Sozialpartnern abstimmt und dem zuständigen Ministerium als Verordnungsentwurf vorlegt. Aufgrund dieses Entwurfes werden Rahmenlehrpläne für die schulische Ausbildung erarbeitet und gemeinsam mit der Ausbildungsordnung erlassen. Dieses Verfahren nimmt in der Regel mehrere Jahre in Anspruch. Der neue Beruf wird sodann von der Bundesregierung in Form einer Rechtsverordnung erlassen.

29. Was ist die Aufgabe des Bundesinstituts für Berufsbildung?

Aufgabe des Bundesinstituts für Berufsbildung ist die Erforschung der Berufe auf wissenschaftlicher Grundlage, die Erarbeitung neuer Ausbildungsberufe, die Anfertigung der Berufsbildungsstatistik, Betreuung von Modellversuchen und Förderung der Bildungstechnologie.

30. Aus welchen Gründen ist eine verstärkte Berufsaufklärung für Jugendliche erforderlich?

Wegen der Vielfalt der bestehenden Berufstätigkeiten (insgesamt bestehen 32.000 sogenannte Tätigkeitsbezeichnungen von denen nur rund 2.000 durch Gesetz oder Normen als Beruf geregelt sind und von denen rund 370 anerkannte Ausbildungsberufe für die Ausbildung in der gewerblichen Wirtschaft sind) und der fehlenden Übersicht des einzelnen über die Inhalte der Berufstätigkeiten, muß der Jugendliche wissen, welche Ausbildungsmöglichkeiten es überhaupt gibt, welche Voraussetzungen hierfür gefordert sind und welche Tätigkeiten damit verbunden sind.

31. Wer sind die Träger der Sozialversicherung und seit wann gibt es in Deutschland eine Sozialversicherung?

Die Sozialversicherung wurde in den 80er Jahren des vorigen Jahrhunderts geschaffen.

- 1883 Gesetz über die Krankenversicherung der Arbeiter.
- 1884 Unfallversicherungsgesetz
- 1889 Gesetz über die Invaliditäts- und Alterssicherung.

Diese gesetzlichen Regelungen wurden 1911 in der Reichsversicherungsordnung zusammengefaßt und sind heute im Sozialgesetzbuch geregelt. Träger der Krankenversicherung sind die Krankenkassen (z.B. AOK, Betriebskrankenkasse, Innungskrankenkassen, Ersatzkassen). Träger der Rentenversicherung für Angestellte ist die Bundesversicherungsanstalt für Angestellt. Für Arbeiter sind es die regional zuständigen Landesversicherungsanstalten. Träger der Arbeitslosenversicherung ist die Bundesanstalt für Arbeit. Träger der Unfallversicherung sind die Berufsgenossenschaften.

32. Welche Strukturveränderungen haben sich nachhaltig auf das Bildungswesen ausgewirkt?

Automatisierung, EDV und Elektronik verändern die gesamte Arbeitsweise und erfordern andere Fertigkeiten und Kenntnisse als die Bearbeitung mit früher üblichen Geräten

33. Worin liegt die Problematik einer wissenschaftsorientierten Berufsbildung?

Niemand kennt die technischen Veränderungen und niemand kann exakt vorhersagen, welche Anforderungen in den nächsten Jahren im einzelnen an bestimmte Berufe gestellt werden. Eine falsche Annahme (z.B. über die Ölpreis) kann jede vorherige Prognose überholen.

34. Welche Anforderungen werden heute an das Bildungssystem gestellt?

Vermittlung von Allgemeinbildung, von Fachbildung und sozialen Verhaltensweisen, von Anpassungsfähigkeit an neue Techniken und Entwicklungen.

35. Wodurch unterscheidet sich das System der Berufsausbildung in der Bundesrepublik Deutschland von der Ausbildung in anderen Ländern?

In der Bundesrepublik Deutschland besteht die betriebliche Ausbildung im Rahmen des dualen Systems, in anderen Ländern wird diese Aufgabe der Ausbildung der Jugend in einem Beruf von speziellen Schulen (z.B. für Verkäufer, für Köche, für Maschinenschlosser) wahrgenommen.

36. Wie kann die individuelle berufliche Leistungsfähigkeit erhalten und gefördert werden?

Durch ständige Weiterbildung, Umschulung und Anpassung an den technischen Fortschritt und neue Arbeitsmethoden.

4.1 Grundfragen der Berufsbildung

37. Wer ist für die Gesetzgebung im Schulbereich zuständig?

Die einzelnen Bundesländer. Diese erlassen Schulgesetze.

38. Welche Sachverhalte sind in einem Schulgesetz mindestens geregelt?

Ein Schulgesetz regelt mindestens die Schulpflicht und ihre Dauer, den schulpflichtigen Personenkreis, die Schulformen und die Abschlüsse.

39. Was soll mit der Stufenausbildung erreicht werden?

Nach jeder Stufe soll sowohl ein Berufsabschluß als auch eine Möglichkeit zur Fortsetzung der Ausbildung zu erhalten.

40. Welcher Auszubildende ist in der Regel berufsschulpflichtig?

In der Regel ist jeder Auszubildende berufsschulpflichtig, der noch nicht 12 Jahre Unterricht nachweisen kann. Abiturienten oder Auszubildende, die z.B. nach der mittleren Reife die Lehre beginnen, sind bis zum Ende der Ausbildung berufsschulpflichtig. In einzelnen Bundesländern ist aber auch jeder Auszubildende generell berufschulpflichtig, d.h. ist bei Beginn der Ausbildung Berufsschulpflicht gegeben, so gilt dies für die gesamte Dauer der Ausbildung, auch wenn auf diese Weise 12 Jahre Schulbesuch überschritten werden. Betrieb und Auszubildender haben die Möglichkeit, etwa bei Abiturienten, die erneute Schulpflicht zu beantragen.

41. Wie ist das deutsche Bildungssystem gegliedert?

Das Bildungssystem der Bundesrepublik Deutschland umfaßt nach Stufen und Einrichtungen gegliedert:

- die Kindergärten und vorschulischen Einrichtungen (Elementarbereich)
- die allgemeinbildenden Schulen im Primärbereich (Grundschule) sowie im Sekundarbereich I - Mittelstufe - Hauptschulen, Realschulen, Gymnasien und Gesamtschulen und im Sekundarbereich II - Oberstufe - Gymnasien
- die beruflichen Schulen sowie die Einrichtungen der beruflichen Ausbildung in Betrieben und überbetrieblichen Ausbildungsstätten (Sekundarbereich II)
- die Hochschulen; zu den Hochschulen gehören vor allem die Universitäten, die Technischen Hochschulen, die Pädagogischen Hochschulen, die Kunst-, Musik- und Sporthochschulen, die Fachhochschulen sowie die in einigen Bundesländern bestehenden Gesamthochschulen
- die Einrichtungen der Weiterbildung; Weiterbildungsmaßnahmen werden von verschiedenen Trägern mit unterschiedlichen Zielsetzungen (berufliche, allgemeine, politische, musische Weiterbildung) angeboten. Zu den Trägern der Weiterbildungsmaßnahmen zählen: Kammern, Verbände, Vereine, Betriebe, Arbeitgeberorganisationen, Arbeitnehmerorganisationen, Volkshochschulen, Kirchen, Fachschulen und Hochschulen.

42. Wie sind die allgemeinbildenden Schulen gegliedert?

Vorklassen werden von Kindern besucht, die noch nicht schulpflichtig, jedoch schulfähig sind. Hierzu zählen auch die Klassen der Eingangsstufe. Beide Einrichtungen sind den Grundschulen oder Sonderschulen angegliedert.

Schulkindergärten sind Einrichtungen, die überwiegend den Grundschulen oder Sonderschulen angegliedert sind. Sie werden in der Regel von schulpflichtigen, aber noch nicht schulreifen Kindern besucht und bereiten auf den Eintritt in diese Schule vor.

Grundschulen werden von allen Kindern besucht. Sie umfassen die ersten vier Schuljahre und bereiten durch die Vermittlung von Grundkenntnissen auf den Besuch weiterführender Schulen vor.

Orientierungsstufen sind die Zusammenfassung der Klassen 5 und 6, die entweder den weiterführenden Schulen zugeordnet (schulartabhängige Orientierungsstufe) oder von ihnen getrennt (schulartunabhängige Orientierungsstufe) sind. Sie dienen der Forderung und Orientierung der Schüler im Hinblick auf die weitere Schullaufbahn.

Hauptschulen sind weiterführende Schulen. Sie umfassen in der Regel fünf Schuljahre (Klassenstufen 5 bis 9 bzw. 10, je nach den unterschiedlichen Regelungen der Bundesländer im Hinblick auf das zehnte Pflichtschuljahr) oder drei bis vier Schuljahre (Klassenstufen 7 bis 9 bzw. 10) bei zweijähriger Orientierungsstufe und vermitteln eine allgemeine Bildung als Grundlage für eine praktische Berufsausbildung. Den Grund- und Hauptschulen können Sonderschulen oder Realschulklassen angegliedert sein.

Abendhauptschulen bereiten Erwachsene in einem einjährigen Bildungsgang auf den Erwerb des Hauptschulabschlusses vor.

Realschulen sind weiterführende Schulen (Klassenstufen 5 bzw. 7 bis 10), die im Anschluß an die Grundschule oder die Orientierungsstufe besucht werden. Das Abschlußzeugnis der Realschule bietet im allgemeinen die Grundlage für gehobene Berufe aller Art und eröffnet den Zugang zum mittleren und gehobenen Beamtendienst und berechtigt zum Besuch der Fachoberschule, des Fachgymnasiums und zum Übergang auf ein Gymnasium in Aufbauform.

Abendrealschulen führen Erwachsene in Abendkursen in zwei Jahren zum Realschulabschluß.

Gymnasien sind weiterführende Schulen, die im Normalfall unmittelbar an die Grundschule oder die Orientierungsstufe anschließen. Die Schuldauer beträgt im Regelfall neun Jahre (Klassenstufen 5 bis 13) bzw. sieben Jahre (Klassenstufen 7 bis 13). Es gibt außerdem Gymnasien in Aufbauform, deren Besuch im allgemeinen den Realschulabschluß voraussetzt. Das Abschlußzeugnis des Gymnasiums gilt als Befähigungsnachweis zum Studium an Hochschulen. Die allgemeine Hochschulreife wird durch den Nachweis bestimmter Leistungen im Unterricht der 12. und 13. Klassenstufe und der Abiturprüfung erworben.

Das Kursangebot in der 12. und 13. Klassenstufe ist drei Aufgabenfeldern zugeordnet:
- dem sprachlich-literarisch-künstlerischen Aufgabenfeld
- dem gesellschaftswissenschaftlichen Aufgabenfeld
- dem mathematisch-naturwissenschaftlich-technischen Aufgabenfeld.

Abendgymnasien ermöglichen befähigten Erwachsenen in einem Zeitraum von in der Regel drei Jahren den Erwerb der Hochschulreife. Die Bewerber müssen eine

4.1 Grundfragen der Berufsbildung

abgeschlossene Berufsausbildung bzw. eine mindestens dreijährige geregelte Berufstätigkeit nachweisen, mindestens 19 Jahre alt sein und in der Regel vor Eintritt in den Hauptkurs einen einsemestrigen Vorkurs absolvieren. Die Teilnehmer müssen mit Ausnahme der letzten drei Semester berufstätig sein.

Kollegs sind Vollzeitschulen zur Erlangung der Hochschulreife. Die Aufnahmebedingungen sind die gleichen wie bei den Abendgymnasien. Die Teilnehmer dürfen keine berufliche Tätigkeit ausüben.

Gesamtschulen sind Schulen, in denen die verschiedenen Schularten in unterschiedlicher organisatorischer und inhaltlicher Ausgestaltung zusammengefaßt sind.

Sonderschulen sind Einrichtungen mit Vollzeitschulpflicht zur Förderung und Betreuung körperlich, geistig oder seelisch benachteiligter oder sozial gefährdeter Kinder, die nicht oder nicht mit ausreichendem Erfolg in normalen Schulen unterrichtet werden können. Der Bildungsauftrag wird von der Art und dem Grad der Behinderung und damit den Bildungsmöglichkeiten der Kinder und Jugendlichen bestimmt. Bekannte Formen sind Schulen für Lernbehinderte, für Spastiker, Blinde und Taubstumme. Hierzu zählen auch Realsonderschulen und Gymnasialsonderschulen (z.B. für Blinde und Hörgeschädigte).

43. Was ist die Aufgabe der allgemeinbildenden Schulen?

Die allgemeinbildende Schule will Wissen vermitteln, den Jugendlichen zu selbständigem Denken und zum mündigen Bürger erziehen.

44. Wie sind die beruflichen Schulen gegliedert?

Berufsschulen haben die Aufgabe, die Allgemeinbildung der Schüler zu vertiefen und die für den Beruf erforderliche fachtheoretische Grundausbildung zu vermitteln. Die Berufsschulen in Teilzeitform werden in der Regel pflichtmäßig nach Erfüllung der neun- bzw. zehnjährigen Vollzeitschulen besucht, die in der beruflichen Erstausbildung mit Ausbildungsvertrag oder in einem anderen Arbeitsverhältnis stehen und nach landesrechtlichen Bestimmungen schulpflichtig sind. Der Unterricht erfolgt in Teilzeitform an einem oder mehreren Wochentagen oder in zusammenhängenden Teilabschnitten (Blockunterricht). Den Berufsschulen werden auch die Berufssonderschulen zugeordnet, die der beruflichen Förderung körperlich, geistig und seelisch benachteiligter oder sozial gefährdeter Jugendlicher dienen.

Nach dem Beschluß der KMK vom 8.12.1975 steht die Berufschule in enger Beziehung zur Ausbildung in Betrieben einschließlich der überbetrieblichen Ausbildungsstätten. Im Rahmen einer in Grund- und Fachstufe gegliederten Berufsausbildung kann die Grundstufe als Berufsgrundbildungsjahr mit ganzjährigem Vollzeitunterricht oder im dualen System in kooperativer Form durchgeführt werden.

Das Berufsvorbereitungsjahr bereitet Jugendliche ohne Ausbildungsvertrag durch Vollzeitunterricht auf eine berufliche Tätigkeit vor.

Das Berufsgrundbildungsjahr hat die Aufgabe, durch Voll- und Teilzeitunterricht eine allgemeine oder auf ein Berufsgeld bezogenen berufliche Grundbildung zu vermitteln. Ein Berufsfeld ist die Zusammenfassung gleichartiger Berufe z.B. bilden alle kaufmännischen und verwaltenden Berufe das Berufsfeld Wirtschaft und Verwaltung.

Berufsaufbauschulen werden von Jugendlichen, die in einer Berufsausbildung stehen oder gestanden haben, nach mindestens halbjährigem Besuch der Berufsschule neben derselben oder nach erfüllter Berufsschulpflicht besucht. Sie sind meist nach Fachrichtungen gegliedert; die Unterrichtsdauer beträgt bei Vollzeitschulen ein- bis eineinhalb, bei Teilzeitschulen drei bis dreieinhalb Jahre. Der erfolgreiche Abschluß vermittelt die dem Realschulabschluß gleichgestellte Fachschulreife.

Berufsfachschulen sind Vollzeitschulen mit mindestens einjähriger Schulbesuchsdauer, für deren Besuch keine Berufsausbildung oder berufliche Tätigkeit vorausgesetzt wird. Sie werden daher in der Regel freiwillig nach Erfüllung der Vollzeitschulpflicht zur Berufsvorbereitung oder auch zur vollen Berufsausbildung ohne vorherige Berufsausbildung besucht. Sie schließen mit einer Abschlußprüfung ab. Bei zweijährigem Schulbesuch entspricht der Abschluß der Fachschulreife. Nach der Aufgabenstellung der KMK haben die Berufsfachschulen die Aufgabe, allgemeine und fachliche Lerninhalte zu vermitteln und den Schüler zu befähigen, den Abschluß in einem anerkannten Ausbildungsberuf oder einen Teil der Berufsausbildung zu erlangen, oder ihn zu einem Berufsausbildungsabschluß zu führen, der nur in Schulen erworben werden kann.

Berufsoberschulen sind Vollzeitschulen, die auf dem Realschulabschluß oder einem als gleichwertig anerkannten Abschluß aufbauen. Die Bewerber müssen eine abgeschlossene Berufsausbildung oder ausreichende Berufserfahrung nachweisen. Der Schulbesuch dauert mindestens zwei Jahre und schließt mit der fachgebundenen Hochschulreife ab. Durch eine Ergänzung kann die Allgemeine Hochschulreife erworben werden.

Fachoberschulen bauen auf dem Realschulabschluß oder einem als gleichwertig anerkannten Abschluß auf und vermitteln allgemeine, fachtheoretische und fachpraktische Kenntnisse und Fertigkeiten und führen zur Fachhochschulreife. Der Schulbesuch dauert - abhängig von der beruflichen Vorbildung - bei Vollzeitunterricht mindestens ein Jahr, bei Teilzeitunterricht bis zu drei Jahren. Der Besuch der elften Klassenstufe kann durch eine einschlägige Berufsausbildung ersetzt werden.

Fachgymnasien sind berufsbezogene Gymnasien, für deren Besuch der Realschulabschluß oder ein gleichwertiger Abschluß vorausgesetzt wird. Der Schulbesuch dauert drei Jahre (Klassenstufen 11 bis 13). Der Abschluß des Fachgymnasiums gilt als Befähigungsnachweis für das Studium an Hochschulen.

Fachschulen werden freiwillig nach einer bereits erworbenen Berufsausbildung und praktischer Berufserfahrung, teilweise auch nach langjähriger praktischer Arbeitserfahrung oder mit dem Nachweis einer fachspezifischen Begabung besucht und vermitteln eine weitergehende fachliche Ausbildung im Beruf (Meisterschulen, Technikerschulen). Die Dauer des Schulbesuchs liegt bei Vollzeitunterricht zwischen sechs Monaten und drei Jahren, bei Teilzeitunterricht drei bis vier Jahre.

4.1 Grundfragen der Berufsbildung

Fachakademien und Berufsakademien sind berufliche Bildungseinrichtungen, die den Realschulabschluß oder einen gleichwertigen Schulabschluß voraussetzen und in der Regel im Anschluß an eine dem Bildungsziel dienende berufliche Ausbildung oder praktische Tätigkeit auf den Eintritt in eine gehobene Berufslaufbahn vorbereite. Die Berufsakademien sind Einrichtungen des tertiären Bildungsbereichs außerhalb der Hochschule. Die Ausbildung bindet an der Studienakademie im Bereich der Theorie und an betrieblichen Ausbildungsstätten im Bereich der Praxis statt und dauert drei Jahre. Sie führt Abiturienten in Stufen zu einem wissenschaftlichen und berufsqualifizierndem Abschluß, der mit einem Hochschulabschluß vergleichbar ist. Derartige Berufsakademien bestehen in Schleswig-Holstein und Baden-Württemberg, sowie Niedersachsen und Sachsen, Fachakademien in Bayern, in Hamburg die Wirtschaftsakademie und im Saarland die Akademie für Wirtschafts- und Sozialwesen.

45. Welche Zusammenhänge bestehen zwischen einem PC am Arbeitsplatz und der menschlichen Arbeitsleistung?

Der PC wurde zunächst im Büro und in der Fabrik eingesetzt, um die menschliche Arbeit zu ersetzen bzw. zu erleichtern. Später hat der PC dann zusätzliche Arbeits- und Anwendungsmöglichkeiten geschaffen, für die der Mitarbeiter nicht vorbereitet war. Daraus ergeben sich Qualifizierungsdefizite, die durch Weiterbildungsmaßnahmen geschlossen werden müssen.

46. Welche Bedeutung haben im Zeitalter der Computer Rechtschreibkenntnisse?

Rechtschreibung ist eine Leistung, die den ganzen Menschen vielseitig beansprucht. Trotz einiger Ungereimtheiten kann man auch heute noch die Leistung im Rechtschreiben als Beurteilungsmaßstab für die geistige Leistungsfähigkeit überhaupt ansehen. Ein Mensch, der die verwickelten Aufgaben der Rechtschreibung gut löst, wird sich auch bei der Lösung anderer Aufgaben, die Gedächtnis, Denken, Umsicht und Konzentration erfordern, bewähren. Rechtschreiben ist eine optische, akustische, motorische, geistige und seelische Gesamtleistung. Untersuchungen haben ergeben, daß alle Fehlleistungsn in der Rechtschreibung auf das Versagen einer oder mehrerer der drei Hauptfunktionen Aufmerksamkeit, Gedächtnis und Denken zurückzuführen sind. Schulung im Rechtschreiben ist mithin gleichzeitig eine Schulung dieser Funktionen.

47. Was ist die Aufgabe der Fachhochschule und welche Zugangsberechtigungen bestehen?

Fachhochschulen haben die Aufgabe, durch eine stärker anwendungsbezogene Ausbildung auf berufliche Tätigkeiten vorzubereiten, die Anwendung wissenschaftlicher Erkenntnisse und Methoden oder die Fähigkeit zu künstlerischer Gestaltung erfordern. Voraussetzung für das Studium an der Fachhochschule ist die Fachhochschulreife (Fachabitur an Fachoberschulen) oder eine andere allgemeine Hochschulreife.

48. Was ist die Aufgabe der Universitäten und welche Zugangsberechtigungen bestehen?

Aufgabe der Universitäten ist es, den wissenschaftlichen Nachwuchs und bestimmte akademische Berufe (z.B. Ärzte, Rechtsanwälte) auszubilden. Zugangsvoraussetzung ist das Abitur.

49. Was ist die Aufgabe und das Bildungsziel der Berufsschulen im Rahmen der dualen Ausbildung?

Die Berufsschulen sind Pflichtschulen für alle, die eine berufliche Erstausbildung durchlaufen, sofern nach den Schulgesetzen des jeweiligen Bundeslandes eine solche Schulpflicht besteht. Von den nicht schulpflichtigen Auszubildenden können die Berufsschulen freiwillig besucht werden. Berufsschulen haben die Aufgabe, fachliche und allgemeine Lerninhalte unter besonderer Berücksichtigung der Anforderungen der Berufsausbildung zu vermitteln.

50. Was sind Berufsfachschulen?

Berufsfachschulen sind Vollzeitschulen. Die Lehrstoffvermittlung zielt auf eine Erweiterung der Allgemeinbildung und bereitet auf einen Beruf vor.

51. Welche Aufgaben haben Fachschulen und wer kann sie besuchen?

Fachschulen sind in der Regel zweijährige Schulen, die den Abschluß einer einschlägigen Berufsausbildung und eine zusätzliche Berufsausübung voraussetzen und nach Fachrichtungen gegliedert sind und mit einer staatlichen Prüfung abschließen. Über eine Ergänzungsprüfung kann die Fachhochschulreife erworben werden.

52. Was sind die Vor- und Nachteile einer Berufsbildung in Schulen?

Vorteile sind systematisches Lernen und ein hoher Theorieanteil. Nachteil ist die fehlende Praxis, die sich nicht simulieren läßt.

53. Was versteht man unter a) Blockunterricht und b) Phasenunterricht?

a) Blockunterricht ist die Bündelung des wöchentlichen Teilzeitunterrichts auf zusammenhängende Unterrichtseinheiten.
b) Berufsschulunterricht und betriebliche Ausbildung sind aufeinander abgestimmt.

54. Was sind Berufsakademien?

Berufsakademien sind Einrichtungen des tertiären Bildungsbereiches außerhalb der Hochschulen. Die Ausbildung findet in der Studienakademie (Lernort Theorie) und den betrieblichen Ausbildungsstätten (Lernort Praxis) statt und dauert 3 Jahre. Sie führt Abiturienten in Stufen zu einem wissenschaftlichen und berufsqualifizierenden Abschluß, unterhalb eines Schulabschlusses, aber einem über der normalen betrieblichen Ausbildung liegenden Niveau.

55. Was sind die Ziele betrieblicher Weiterbildung?

Das Ziel der betrieblichen Initiativen muß darin liegen, die Mitarbeiter für die Weiterbildung im Beruf zu interessieren und zu motivieren. Ein weiteres Ziel ist die Planung der Aufstiegsförderung der aufgrund von Beurteilungen als förderungswürdig erkannten Nachwuchskräfte und schließlich die laufende Anpassung des Wissens der Mitarbeiter an organisatorische Veränderungen des Betriebes.

56. Welche Zusammenhänge bestehen zwischen Berufsbildung und Sozialpolitik?

Personen ohne qualifizierte Ausbildung werden schneller arbeitslos, bleiben länger arbeitslos, unternehmen weniger Anstrengungen und Versuche, die Möglichkeiten der Umschulung oder Weiterbildung zu nutzen.

57. Wodurch unterscheidet sich ein Abschlußzeugnis von einem Abgangszeugnis?

Ein Abschlußzeugnis drückt in der Regel einen erfolgreichen Abschluß einer Maßnahme aus. Ein Abgangszeugnis bedeutet, daß kein erfolgreicher Abschluß erreicht wurde. Im Rahmen einer betrieblichen Ausbildung ist jedoch ein Abschlußzeugnis nicht erforderlich. Es kommt lediglich darauf an, daß der Jugendliche in den berufstypischen Fächern die notwendigen Kenntnisse und Fertigkeiten aufweist.

58. Welche Möglichkeiten hat ein Hauptschüler nach erfolgreich abgeschlossener Berufsausbildung schulisch oder betrieblich durch weitere Ausbildung aufzusteigen?

Er kann nach einer entsprechenden Berufspraxis eine Weiterbildungsprüfung, z.B. als Industriemeister, als Handelsfachwirt oder Bilanzbuchhalter ablegen.

Er kann auf dem zweiten Bildungsweg die mittlere Reife, Abitur oder Fachabitur erwerben bzw. über die Fachschule und Fachoberschule berufsbezogene Bildungsabschlüsse erlangen, die auch noch zur Fachhochschule führen. Das Fachabitur (nach 12 Jahren) berechtigt zum fachbezogenen Studium, das allgemeine Abitur (nach 13 Jahren) zum Studium in allen Fachrichtungen.

59. Was versteht man unter Berufsfeld?

Ein Berufsfeld ist die Zusammenfassung gleichartiger Berufe. Man unterscheidet gegenwärtig 13 Berufsfelder, z.B. Metall, Elektro, Wirtschaft und Verwaltung.

60. Was ist das Ziel des Berufsgrundbildungsjahrs?

Die Vermittlung einer breiten Grundbildung auf Berufsfeldbreite, um auf diese Weise das (schulische) Berufsgrundbildungsjahr als erstes Ausbildungsjahr anrechnen zu können.

61. Welche Wirkung hat die Anrechnung eines erfolgreichen Berufsgrundbildungsjahres?

Der Auszubildende beginnt seine betriebliche Ausbildung bereits im 2. Ausbildungsjahr und hat Anspruch auf die Ausbildungsvergütung des 2. Jahres, der Betrieb muß den betrieblichen Ausbildungsplan umstellen und unter Berücksichtigung des in der Schule Erlernten gestalten.

62. Charakterisieren Sie die Problematik des schulischen Berufsgrundbildungsjahres!

Hat der einzelne bereits einen Beruf, empfindet er das Berufsgrundbildungsjahr als überflüssig. Hat er noch keinen Beruf, weiß er nicht, ob er einen Beruf im Berufsfeld dieses Berufes findet. Das Berufsgrundbildungsjahr engt seine Ausbildungschancen ein und dient nicht der Berufsfindung, wie es eigentlich geplant ist. Wäre das Berufsgrundbildungsjahr ein Berufsfindungsjahr, müßte es sich auf mehrere Berufsfelder erstrecken.

63. Was versteht man unter horizontaler und was unter vertikaler Durchlässigkeit des Bildungssystems?

Horizontale Durchlässigkeit bedeutet ein Angebot von Leistungsdifferenzierungs- und Wahlmöglichkeiten gleichartiger Bildungsgänge. Vertikale Durchlässigkeit sind qualifizierte Abschlüsse, die zu aufsteigenden Bildungswegen führen (z.B. Meister).

64. Was ist eine Gesamtschule?

Gesamtschulen umfassen die Bildungsgänge aller Schularten, d.h. der Hauptschule, der Realschule und des Gymnasiums, wobei eine Differenzierung nach Fachleistungskursen erfolgt, die im Niveau unterschiedliche Anforderungen stellen.

65. Was ist das Bildungsziel der Hauptschule?

Die Hauptschule ist die neugestaltete Volksschuloberstufe. Sie wurde um ein neuntes Pflichtschuljahr erweitert. Sie sollte damit und durch Aufnahme neuer Inhalte eine moderne Regelschule für die Mehrzahl der Jugendlichen werden, ist vielfach aber nur noch eine Restschule. Sie hat ihre Schüler auf die Arbeitswelt vorzubereiten.

66. Was ist das Bildungsziel der Realschule?

Die Realschule ist eine allgemeinbildende Schule, in der die Realien (d.h. Sachkenntnisse in wichtigen Bereichen) didaktischer Schwerpunkt sind und die als mittlere Schule zwischen Hauptschule und Gymnasium steht. Der erfolgreiche Abschluß berechtigt zum Besuch von Fachoberschulen, von bestimmten Berufsfachschulen, der Oberstufe des Gymnasiums und in die mittlere Beamtenlaufbahn.

4.1 Grundfragen der Berufsbildung

67. Was ist das Bildungsziel des Gymnasiums?

Gymnasium ist die Schule, die am Ende der 13. Klasse zur allgemeinen oder fachbezogenen Hochschulreife führt. Durch eine berufspraktische Öffnung soll eine einseitige Fixierung auf das Hochschulstudium vermieden werden und ferner soll das Gymnasium auf das Studium vorbereiten.

68. Welche Aufgaben hat die KMK wahrzunehmen?

Die KMK (Ständige Konferenz der Kultusminister der Länder der Bundesrepublik Deutschland) ist 1949 als Arbeitsgemeinschaft der Länder gegründet worden, um der durch den Kulturföderalismus begünstigten Zersplitterung des deutschen Bildungswesens entgegenzuwirken. Die KMK besitzt keine gesetzgeberische Kompetenz. Die politische Umsetzung ihrer Beschlüsse, Erklärungen und Empfehlungen ist Angelegenheit der Länderparlamente und Landesregierungen.

69. Wie werden betriebliche und schulische Ausbildungsinhalte im Rahmen einer Ausbildungsordnung aufeinander abgestimmt?

Ausbildungsordnungen enthalten neben den betrieblichen Ausbildungsinhalten auch von der KMK erarbeitete schulische Rahmenlehrpläne, die inhaltlich aufeinander abgestimmt sind.

70. Was ist das Ziel des Berufsvorbereitungsjahres?

Das Berufsvorbereitungsjahr wird von Schülern besucht, die keine Berufsausbildung durchlaufen und durch den Besuch eines einjährigen Berufsvorbereitungsjahres als 10. Vollzeitschuljahr ihre gesetzliche Schulpflicht erfüllen. Treten sie im Anschluß an den Besuch des Berufsvorbereitungsjahres jedoch in eine Berufsausbildung ein, lebt die Schulpflicht wieder auf. Absolventen des Berufsvorbereitungsjahres sind meist als ungelernte Arbeiter tätig und brauchen daher nur 10 Jahre zur Schule zu gehen.

71. Welche Probleme bestehen bei der Abwahl von Fächern in der allgemeinbildenden Schule bei der Berufswahl und im Verlauf der Berufsausbildung?

Wegen der gegenseitigen Verflechtung der Bildungsinhalte können die Schüler die Wirkung der Abwahl eines Faches auf die spätere Berufsausbildung nicht abschätzen. Z.B. sind nicht nur die naturwissenschaftlichen Fächer im starkem Maße von der Mathematik geprägt, sondern auch der Beruf des Bankkaufmanns und des Industriekaufmanns. Die Eignungstests setzen daher in aller Regel mathematische Kenntnisse voraus, so daß derjenige, der grundlegende Fächer abgewählt hat, mit erheblichen Einschränkungen bei der Berufswahl rechnen muß.

72. Nennen Sie wichtige Träger von Weiterbildungsmaßnahmen!

Wichtige Träger von Weiterbildungsmaßnahmen sind die Kammern, Bildungswerke der Arbeitgeberverbände und der Gewerkschaften sowie die Volkshochschulen.

73. Vor welchen Problemen stehen Mädchen im Rahmen der Ausbildung und der anschließenden Berufstätigkeit?

Mädchen müssen bei der Ausbildung, insbesondere bei gewerblich-technischen Berufen, mit Vorurteilen rechnen. Auch stehen noch immer Vorschriften des Frauenschutzes und Auflagen der Berufsgenossenschaften einer Ausbildung und späteren Berufstätigkeit von Mädchen in gewerblich-technischen Berufen entgegen.

74. Aus welchen Gründen wird die berufliche Fortbildung staatlich gefördert?

Aus sozialen, wirtschaftlichen Gründen sowie aus arbeitsmarktpolitischen Erfordernissen und zwecks Erhaltung der Mobilität.

75. Welche Lehrmethoden werden in der Weiterbildung angewandt?
a) Welche Bedeutung hat der Vortrag?
b) Welche Bedeutung hat die Tonbildschau?
c) Welche Bedeutung hat die Gruppenarbeit?
d) Welche Bedeutung hat das Rollenspiel?
e) Welche Bedeutung hat die Fallmethode?
f) Welche Bedeutung hat das Planspiel?
g) Welche Bedeutung hat die Projektmethode?
h) Welche Bedeutung hat die programmierte Unterweisung?

Es sind zahlreiche Methoden üblich. Die gebräuchlichsten sind: Der Vortrag, die Tonbildschau, die Gruppenarbeit, das Rollenspiel, die Fallmethode, das Planspiel, die Projektmethode und ie programmierte Unterweisung.

a) Der Vortrag ist die älteste Form der Darbietung eines Stoffes, aber auch die umstrittenste, denn es ist erwiesen, daß der Hörer nur ein Bruchteil der Informationen eines Vortrages aufnimmt und behält, weil das Lerntempo, das ein Vortrag erfordert, viel zu schnell ist. Wissenschaftliche Untersuchungen haben ergeben, daß ein Mensch durchschnittlich 90 % dessen, was er hört, 30 % dessen, was er sieht, 50 % dessen, was er hört und sieht und 90 % dessen, was er selbst erarbeitet, behält. Der Lerneffekt eines Vortrages ist weitgehend vom Vortragsstil abhängig. Auch spielt es eine Rolle, ob die Teilnehmer Vorkenntnisse haben.
b) Eine Tonbildschau hat gegenüber dem Film den Vorteil, daß sich das stehende Bild mit einer Worterklärung stärker einprägt. Eine Tonbildschau kann nur unter der Leitung eines Fachmannes zur Wissensvermittlung dienen. Die Schlußfolgerungen müssen gemeinsam erarbeitet werden.
c) Von Gruppenarbeit spricht man dann, wenn sich mehrere Teilnehmer zusammenfinden, von denen jeder zu seinem Teil zur Lösung eines bestimmten Problems beiträgt. In einer Gruppe kann der einzelne in der Auseinandersetzung mit unterschiedlichen Beiträgen sein Wissen erweitern. Beim Lernen in der Gruppe kann das Lerntempo des einzelnen besser berücksichtigt werden.
d) Das Rollenspiel setzt voraus, daß sich der Spieler in einen gegebenen Sachverhalt hineinversetzen kann, der ihm durch Stichwort über Vorgehen, zu behandelnde

4.1 Grundfragen der Berufsbildung

Probleme und eigene Verhaltensweisen bekanntgemacht wird. Durch das Rollenspiel kann geübt werden, Partner zu überzeugen.

e) Bei der Fallmethode handelt es sich um die Untersuchung, Darstellung und Analysierung eines tatsächlichen oder fingierten Falles. Die Teilnehmer sollen lernen, die Probleme zu erkennen, über sie zu diskutieren, die optimale Lösung zu finden bzw. verschiedene Lösungsmöglichkeiten miteinander zu vergleichen.

f) Das Planspiel wird sowohl für das Treffen von Entscheidungen im Bereich der Unternehmensführung als auch in der betrieblichen Aus- und Fortbildung angewandt. Die Fehler, die bei diesen Übungsmethoden gemacht werden, helfen zum besseren Verständnis und tragen zum Lernen bei, ohne daß Zeit versäumt wird oder ein Schaden entsteht. Das Planspiel ist in jedem Bereich die kritische Durchführung einer Kette von Entscheidungen, von denen jede einzelne Entscheidung auf dem Ergebnis einer vorangegangenen aufbaut.

g) Bei der Projektmethode werden in Form der Gruppenarbeit komplizierte, umfassende und in der Regel mehrere Fachgebiete betreffende Probleme bearbeitet. Die Projektmethode ist geeignet, Selbständigkeit im Denken und Entscheiden zu fördern und die Teilnehmer zu motivieren.

h) Bei der programmierten Unterweisung erfolgt das Lernen anhand eines Programms mit genau festgelegten Lernschritten und ständiger Lernerfolgskontrolle. Ein solches Programm muß sich in logisch verknüpfter, lückenloser Folge von kleinsten Lernschritten nach einem vorausberechneten Ablauf auf ein Lernziel hin erstrecken.

76. Soll sich die Berufsbildung an der Allgemeinbildung orientieren?

Die Allgemeinbildung hat aus kulturhistorischen Gründen einen höheren Rang in unserer Gesellschaft als die berufliche Bildung. Das Ziel der Gleichwertigkeit von beruflicher und allgemeiner Bildung ist bisher nicht erreicht. Die im Berufsleben erworbenen Befähigungen müssen daher höher bewertet werden. Über den Lehrstoff des Ausbildungsberufs hinausgehende Inhalte sind daher auch für die Jugendlichen in der beruflichen Bildung notwendig. Auch auf diese Weise kann mehr Gleichwertigkeit und mehr Bildungschancen für alle erreicht werden.

77. Soll sich die berufliche Bildung an akademischen Bildungsgängen orientieren?

In den sechziger Jahren setzten die Reformbestrebungen in unserem Bildungssystem ein. Hauptkritikpunkt war die Annahme, daß wir im Vergleich zu Nachbarstaaten und im Vergleich zu den zukünftigen Anforderungen, die an den einzelnen aufgrund technologischer Veränderungen zu stellen seien, zu wenig Abiturienten hätten. Das Abitur erschien als die wesentliche Voraussetzung nicht nur zum Hochschulstudium, sondern auch als Voraussetzung zur Erreichung höherwertigerer Positionen in Wirtschaft, Staat und Gesellschaft. Die Bildungspolitik hat sich daher in den letzten Jahren im wesentlichen auf die Förderung akademischer Bildungsgänge konzentriert. Die Wege zur Hochschulreife und zum Hochschulabschluß über das berufliche Bildungswesen spielen im Vergleich dazu nur eine untergeordnete Rolle.

78. Soll sich die berufliche Bildung mehr an der Praxis oder mehr an dem jeweiligen wissenschaftlichen Niveau dieses Faches orientieren?

Die traditionelle Berufsausbildung vollzog sich durch Mitarbeit im Betrieb. Man lernte, was gerade im Arbeitsablauf an Kenntnissen und besonderen Fertigkeiten erforderlich war. In dieser Ausbildungsform wurden auch die sozialen Fähigkeiten und die sozialen Bezüge zur Betriebswirklichkeit herausgebildet, heute hingegen orientieren sich die Ausbildungsordnungen an größeren Zusammenhängen und an erkennbaren technischen, wirtschaftlichen oder sonst für wichtig gehaltenen Trends. Das Beschränken auf die im Betrieb verwendeten Verfahren reicht nicht in allen Fällen aus. Die Anforderungen der Ausbildungsordnungen müssen vielmehr im vollen Umfang von allen Ausbildungsbetrieben erfüllt werden. Man möchte auch die Ausbildung von den Zufälligkeiten lösen, die der vollständige Praxisbezug mit sich bringt. Dies geschieht durch Systematisierung der Ausbildung, Erhöhung des theoretischen Anteils an der Ausbildung, die Entwicklung von Qualifikationszielen, Lernzielen und konkreten Ausbildungsphasen, die vom Arbeitsplatz abgelöst sind. Man verspricht sich davon, daß der Auszubildende besser mit den zukünftigen beruflichen Anforderungen fertig wird, die Berufs- und Arbeitswelt besser versteht und sich besser und schneller auf neue Anforderungen umstellen kann.

79. In welchem Zusammenhang mit anderen Entwicklungen steht die Berufsbildung?

Die Anforderungen einer modernen Berufsbildung stehen in engem Zusammenhang mit der gesellschaftlichen Entwicklung, der wirtschaftlichen Entwicklung, der Arbeitsmarktsituation, der Beschäftigungspolitik und der internationalen Wettbewerbssituation. Die Sicherung einer modernen Berufsbildung ist in Deutschland nur als gemeinsame Aufgabe von Wirtschaft und Staat zu verwirklichen. Gemeinsames Ziel ist die Steigerung und Sicherung der Qualität und Attraktivität beruflicher Ausbildung in Betrieben und Berufsschule.

80. Welche Bedeutung hat die Arbeitsmarktforschung für die betriebliche Berufsbildung?

Zu den Zielen und Schwerpunkten moderner Berufsausbildung gehören:
a) Die kontinuierliche Anpassung der Ausbildung an die Veränderungen in der Berufswelt
b) Die Erhöhung der Anstrengungen zur pädagogisch-didaktischen Qualifizierung und Weiterbildung der Ausbilder.
c) Die qualitative Verbesserung der Ausbildung in Berufsschulen und überbetrieblichen Ausbildungsstätten.
d) Die weitere Integration von Umweltbildung und -erziehung unter berufsübergreifenden und -spezifischen Gesichtspunkten.
e) Der Einsatz neuer Lehr- und Lernmethoden und moderner Techniken in der Ausbildung.
f) Die Verbesserung der Berufsbildungschancen von Mädchen und Frauen, vor allem in technisch orientierten Berufen.
g) Die Förderung benachteiligter Jugendlicher sowie leistungsstarker und besonders begabter Auszubildender.

4.1 Grundfragen der Berufsbildung

Durch die Berufsbildung soll der junge Mensch befähigt werden:
a) In unterschiedlichen Betrieben und Branchen den erlernten Beruf auszuüben sowie - gegebenenfalls nach Aneignung fehlender Kenntnisse und Fertigkeiten - artverwandte Facharbeitertätigkeiten ausführen zu können.
b) Sich auf neue Arbeitsstrukturen, Produktionsmethoden und Technologien flexibel einstellen zu können mit dem Ziel, die berufliche Qualifikation zu erhalten.
c) An Maßnahmen der Fort- und Weiterbildung teilnehmen zu können, um die berufliche Qualifikation und Beweglichkeit (Mobilität) zu sichern.

Diese Zielsetzung ist bei Bewältigung des permanenten Anpassungsdrucks durch den technologischen und wirtschaftlichen Wandel nur mit neuen Ausbildungskonzepten zu bewältigen, dabei gewinnt die pädagogische Konzeption einer handlungsorientierten Gestaltung beruflicher Ausbildung, die ganzheitliches Lernen erfordert und fördert, zunehmend an Bedeutung.

81. Welche Bedeutung hat die Berufsaufklärung für die Jugendlichen und für die gesamte Volkswirtschaft?

Der technische, wirtschaftliche und organisatorische Wandel in der Wirtschaft führt zu erheblichen Änderungen in den Tätigkeitsmerkmalen und zu Wandlungen in der Berufsstruktur. Für den einzelnen sind diese Entwicklungen nur schwer vorhersehbar. Deshalb besteht die Gefahr, daß

a) junge und erwachsene Arbeitnehmer mit Qualifikationen ausgestattet werden, die im Wirtschaftsleben nicht oder nicht mehr in jetzigem Umfange benötigt werden,
b) Anpassungen der Qualifikationen unterbleiben oder nicht frühzeitig vorgenommen werden und
c) Betriebe nur schwer Arbeitskräfte bekommen, die entsprechend den neuen Anforderungen ausgebildet worden sind.

Die Aufgabe der Arbeitsmarktforschung wird vom Institut für Arbeitsmarkt- und Berufsforschung der Bundesanstalt für Arbeit in Nürnberg wahrgenommen. Die Ergebnisse der Arbeitsmarktforschung fließen in die verschiedenen Formen der Berufsaufklärung ein, die die Bundesanstalt für Arbeit durchführt.

82. In welcher Weise ist Chancengleichheit erforderlich?

Chancengleichheit ist in zweifacher Hinsicht erforderlich:

a) Formelle Chancengleichheit ist das vom Grundgesetz festgeschrieben Gebot, daß jeder Zugang zu allen öffentlichen Bildungseinrichtungen haben soll. Hierzu gehört auch die Gebührenfreiheit.
b) Materielle Chancengleichheit bedeutet, daß das Bildungswesen auch die Ungleichheit der Lernbedingungen der Schüler, die diese wegen der unterschiedlichen Herkunft und der ökonomischen Lage ihrer Eltern mitbringen, soweit wie möglich auszugleichen sucht.

83. Welches sind besonders förderungswürdige Problemgruppen?

Besonders förderungswürdige Problemgruppen sind:

a) Ausländische Jugendliche
b) Jugendliche ohne Hauptschulabschluß
c) Abgänger aus Schulen für Lernbehinderte
d) Sozial benachteiligte Jugendliche, die wiederum unterteilt werden können in:
   - Jugendliche, die nach Feststellung des psychologischen Dienstes der Bundesanstalt für Arbeit verhaltensgestört sind
   - Jugendliche, für die freiwillige Erziehungshilfe vereinbart oder Fürsorgeerziehung angeordnet ist oder war
   - ehemals drogenabhängige Jugendliche
   - strafentlassene Jugendliche
   - körperbehinderte Jugendliche.

Die Vermittlung dieser Jugendlichen in Ausbildungsplätze ist schwierig. Daher werden regelmäßig besondere und gezielte Förderungsprogramme für diesen Personenkreis entwickelt.

84. Was versteht man unter dem Begriff Durchlässigkeit?

- Durchlässigkeit ist die Möglichkeit, einmal eingeschlagene Bildungswege, vor allem im Schulbereich zu ändern.
- Vertikale Durchlässigkeit bezeichnet die Möglichkeit, von einer Stufe des Bildungswesens in die nächsthöhere aufzusteigen.
- Horizontale Durchlässigkeit bedeutet, daß sich die einzelnen Bildungsebenen nicht mehr im Niveau, sondern nur noch durch ihre Andersartigkeit unterscheiden sollen. So sollen die verschiedenen Bildungsabschlüsse, die dem Realschulabschluß entsprechen, gleichwertig sein.

85. Wovon ist die Art der Berufsbildung in den Betrieben abhängig?

Die Art der Berufsausbildung in den Betrieben ist unterschiedlich und abhängig von der Betriebsgröße, der Art der angewandten Technik, den betrieblichen Organisationsformen, dem Engagement der Ausbilder, dem Vorhandensein oder Fehlen betrieblicher Ausbildungswerkstätten oder Unterrichtsräume mit entsprechenden Einrichtungen für den betrieblichen Zweck auf der Grundlage der jeweiligen Ausbildungsordnung und den Aufwand, den der Betrieb für die Ausbildung betreiben kann oder will.

86. Welche Auswirkungen ergeben sich aus der EU auf die Berufsausbildung?

In der Europäischen Union weisen die Berufsbildungssysteme teilweise große Unterschiede auf und ferner eine außerordentliche Vielfalt. Sie kommt darin zum Ausdruck, daß sie sich jeweils im Rahmen der geschichtlichen, rechtlichen, finanziellen sowie demographischen und soziokulturellen Voraussetzungen des jeweiligen Landes entwickelt haben. In allen Ländern der EU müssen sich die historisch gewachsenen Bildungssysteme auf die neuen Anforderungen einstellen.

87. Welche Grundvoraussetzungen müssen im Hinblick auf die Freizügigkeit auf dem europäischen Arbeitsmarkt erfüllt werden?

Mit der beruflichen Bildung muß reagiert werden auf die neuen Technologien, den Übergang von der Produktions- zur Dienstleistungsgesellschaft, die Folgen der demographischen Entwicklung. Zu lösen sind drängende Fragen, wie die Vergleichbarkeit von Berufsabschlüssen und deren rechtliche Gleichwertigkeit. Dies sind Grundvoraussetzungen für die Freizügigkeit auf dem europäischen Arbeitsmarkt.

4.2 Planung und Durchführung der Ausbildung

01. Aus welchen Gründen soll eine Ausbildung zeitlich und sachlich im voraus geplant werden?

Eine Ausbildung soll zeitlich und sachlich so im voraus geplant werden, damit eine ordnungsgemäße Vermittlung aller vorgeschriebenen Fertigkeiten und Kenntnisse in der notwendigen Zeit und Reihenfolge sowie in der geeigneten Abteilung unter Einschaltung der richtigen Ausbilder möglich ist.

02. Welche Aufgaben hat der Ausbilder im Rahmen der Ausbildungsplanung?

Der Ausbilder muß die unterschiedliche Vorbildung der Bewerber berücksichtigen; feststellen, welche Arbeitsplätze auch als Ausbildungsplatz geeignet sind; festlegen, welche der vorgeschriebenen Stoffinhalte theoretisch und welche praktisch zu vermitteln sind; er muß gesetzliche Vorschriften berücksichtigen und unter Berücksichtigung der individuellen Gegebenheiten des Betriebes den Ausbildungs- und Versetzungsplan aufstellen. Dieser muß aus dem Ausbildungsrahmenplan der jeweiligen Ausbildungsordnung des entsprechenden Berufes abgeleitet werden.

03. Welche Unterlagen muß der Ausbilder bei der Planung der Ausbildung zugrunde legen?

Die Ausbildungsordnung des in Aussicht genommenen Ausbildungsberufs, evtl. ergänzende fachliche Ausbildungspläne, rechtliche Bestimmungen (BBiG, Jugendarbeitsschutzgesetz) und betriebliche Organisationspläne.

04. Nach welchen Gesichtspunkten ist die Auswahl der für die Ausbildung geeigneten Betriebsabteilungen und Ausbilder zu treffen?

Entscheidend ist, ob die im Berufsbild bzw. dem betrieblichen Ausbildungsplan vorgeschriebenen Fertigkeiten und Kenntnisse sowie die Praxis tatsächlich vermittelt werden können und ob die Ausbilder hierfür geeignet sind.

05. Wodurch unterscheidet sich die Ausbildung am Arbeitsplatz von der Ausbildung in Lehrgangsform?

Eine Ausbildung in Lehrgangsform vermittelt systematisch gegliedert Fertigkeiten und Kenntnisse. Die Ausbildung am Arbeitsplatz orientiert sich an den tatsächlich anfallenden Tätigkeiten. Am Arbeitsplatz werden anhand des Tagesgeschehens mit den vorhandenen technischen Einrichtungen und mit verwertbaren Arbeitsaufträgen alle notwendigen Fertigkeiten und Kenntnisse des späteren Berufes erlernt und geübt. Die laut Ausbildungsplan vorgeschriebenen Fertigkeiten und Kenntnisse müssen entsprechend in den Betriebsablauf eingegliedert werden.

06. Welche Aufgaben hat der Ausbilder wahrzunehmen?

Er muß pädagogische, psychologische, organisatorische, verwaltende und unternehmerische Aufgaben erfüllen.

07. Was sind pädagogische Aufgaben des Ausbilders?

Festlegung klar umrissener Lernziele, planmäßige Wissensvermittlung, Auswahl und Einsatz geeigneter Ausbildungsmethoden und Hilfsmittel, Unterweisung und Unterweisungskontrolle am Ausbildungsplatz.

08. Was sind psychologische Aufgaben des Ausbilders?

Verstärkung der Lernmotivation, charakterliche Förderung und Erziehung, Förderung der Eigenverantwortung des Jugendlichen, Hinführung zu sozialem Verhalten und Arbeitstugenden, in Konfliktsituationen dem Auszubildenden beistehen.

09. Was sind organisatorische Aufgaben des Ausbilders?

Erstellen der zeitlichen und sachlichen Gliederung, Ausarbeitung von Versetzungsplänen für jeden Auszubildenden sowie eines Gesamtversetzungsplanes, erstellen von Lehrplänen für den betrieblichen Unterricht, Kontrolle und Überwachung der Gesamtausbildung, ordnungsgemäße Aktenführung, Ausstattung der Auszubildenden mit geeigneten Arbeitsmaterialien, Terminüberwachung für den Besuch der Berufsschule, Überwachung der Termine für Zwischen- und Abschlußprüfungen.

10. Was sind unternehmerische Aufgaben des Ausbilders?

Zusammenarbeit mit Personalleitung und Betriebsrat bzw. Jugendvertretung, Interessenwahrung des Betriebes bei Behörden, Verbänden im Hinblick auf die Ausbildung.

11. Welche Voraussetzungen muß eine Beurteilung erfüllen?

Beurteilungen müssen sich auf Beobachtungen stützen. Sie müssen beschreibbar, bewertbar und vergleichbar sein. Die Beobachtungen müssen so erfolgen, daß sie das natürliche Verhalten des Auszubildenden im Lern- und Arbeitsprozeß erfassen, d.h. Arbeitsergebnisse, Genauigkeit usw. Die Beurteilungen müssen auch untereinander vergleichbar sein. Die Vergleichbarkeit beruht auf einem Bewertungsmaßstab, der eine mehrfach gegliederte Abstufung ermöglicht.

12. Wer ist für den Erlaß von Ausbildungsordnungen zuständig?

Für den Erlaß der Ausbildungsordnungen ist der jeweils fachlich zuständige Bundesminister in Verbindung mit dem Bundesbildungsministerium zuständig, für Ausbildungsberufe der gewerblichen Wirtschaft also der Bundeswirtschaftsminister.

13. Welche Arten von Ausbildungsordnungen werden unterschieden?

a) Ausbildungsordnung für Monoberufe
   Sie liegt dann vor, wenn alle Auszubildenden in gleicher Weise, d.h. nach einem einheitlichen Ausbildungsberufsbild und Ausbildungsrahmenplan ausgebildet

werden und den gleichen Abschluß mit einheitlichen Prüfungsanforderungen erwerben. Möglich ist jedoch, Schwerpunkte oder Fachrichtungen zu setzen.

b) Ausbildungsordnungen in Stufenform
   1. Stufe = Stufe der beruflichen Grundbildung
   2. Stufe = Stufe der allgemeinen beruflichen Fachbildung
   3. Stufe = Stufe der besonderen Fachbildung

14. Was ist der Inhalt einer nach § 26 Berufsbildungsgesetz geregelten Stufenausbildungsordnung, und was ist das Ziel einer gestuften Ausbildungsordnung?

Stufe der beruflichen Grundbildung, Stufe der beruflichen Fachbildung, Stufe der speziellen Fachbildung, Ziel der Stufenausbildung ist es, sowohl einen ersten beruflichen Abschluß zu haben als auch die Möglichkeit, weiterzulernen.

15. Wie muß ein Auszubildender in die Ausbildungsstätte eingeführt werden?

Ein Auszubildender darf nicht überfordert werden, er muß die wichtigsten Personen im Bereich der Ausbildung kennenlernen und muß in methodisch und pädagogisch sinnvoller Weise (vom Leichten zum Zusammengesetzten) die späteren Tätigkeiten, die in der Ausbildungsordnung vorgeschrieben sind, kennenlernen. Ein fester Ausbildungsplatz und Ausbilder müssen zur Verfügung stehen.

16. Wann ist ein Arbeitsplatz für eine Ausbildung geeignet?

Wenn alle vorgesehenen und vorgeschriebenen Fertigkeiten und Kenntnisse vermittelt werden können und keine gesetzlichen oder gesundheitsgefährdenden Einschränkungen bestehen.

17. Wie vollzieht sich die Zusammenarbeit zwischen Betrieb und Berufsschule im Rahmen der Ausbildung?

Der Betrieb soll die Schule, die Schule den Betrieb kennen. Jeder der beiden Partner soll wissen, was bei dem anderen wann und wie vermittelt wird.

18. Wie gestaltet sich die Zusammenarbeit zwischen Betrieb und Berufsberatung des Arbeitsamtes?

Der Betrieb soll dem Arbeitsamt möglichst frühzeitig seinen Bedarf an Auszubildenden, deren Vorbildung und den Einstellungstermin mitteilen.

19. Wie vollzieht sich die Zusammenarbeit zwischen Betrieb und Elternhaus?

Der Betrieb soll die Eltern schon vor der Einstellung kennenlernen, regelmäßige Sprechtage für Eltern veranstalten, die Eltern über Lernfortschritte und Lernschwächen und besondere Vorkommnisse in bestimmten Fällen unterrichten.

20. Wie arbeiten Betrieb und Industrie- und Handelskammer zusammen?

Der Betrieb muß die Eignung vor Beginn der Ausbildung überprüfen lassen, die Verträge rechtzeitig einreichen und soll sich bei besonderen Vorkommnissen sofort bei der Kammer Rat holen.

21. Wie vollzieht sich die Zusammenarbeit des Ausbildungsbetriebe mit dem Betriebsrat?

Der Betriebsrat soll umfassend und rechtzeitig über alle geplanten Maßnahmen informiert werden.

22. Was ist bei der Festlegung der einzelnen Ausbildungsabschnitte zu beachten?

Sie müssen aufeinander aufbauen, jeweils die Vorkenntnisse berücksichtigen und die Vermittlung der vorgesehenen Fertigkeiten und Kenntnisse in der vorgegebenen Zeit ermöglichen.

23. Was ist der Zweck der Probezeit und wie sollte sie gestaltet werden?

Festzustellen, ob der Bewerber für den gewählten Beruf und den Betrieb geeignet ist. Deshalb darf sich die Ausbildung in der Probezeit nicht nur auf eine eng begrenzte Tätigkeit erstrecken.

24. Warum ist in der Probezeit eine umfassende Beurteilung des Auszubildenden besonders wichtig?

Bei einer festgestellten Nichteignung kann noch eine Korrektur der getroffenen Berufswahl vorgenommen werden. Außerdem besteht die Möglichkeit einer Änderung des Ausbildungsplanes im Hinblick auf die Vorkenntnisse.

25. Warum sind betriebliche Eignungsuntersuchungen des Ausbildungsplatzbewerbers im Hinblick auf den gewählten Beruf notwendig und sinnvoll?

Um festzustellen, ob der Bewerber den speziellen Berufsanforderungen gewachsen ist, denn die Berufe unterscheiden sich im Hinblick auf die Anforderungen und die Bewerber im Hinblick auf ihre Eignung und Neigungen. Jeder Beruf verlangt bestimmte Anforderungen, die der Bewerber erfüllen muß.

26. Was ist bei der Feststellung, ob ein Bewerber zur Ausbildung geeignet ist, seitens des Ausbildungsbetriebes zu unternehmen?

Befragung nach dem Berufswunsch, Feststellung der Berufseignung und der Übereinstimmung der Eignung mit den beruflichen Anforderungen und Belastungen; Erfragung des weiteren Berufszieles, um zu vermeiden, daß ein Beruf unter falschen Voraussetzungen gewählt wird, weil vielen Bewerbern die tatsächlichen Anforderungen nicht bekannt sind. Wichtig sind: Eignung, Neigung, Interesse, Anpassungsfähigkeit.

27. Was versteht man unter Lernen?

Lernen ist der Erwerb neuen Wissens auf Dauer, bzw. die Verbesserung oder den Neuerwerb von Verhaltens- und Leistungsformen oder von Lerninhalten. Lernen ist aber auch ein Prozeß, durch den ein Verhalten aufgrund der Auseinandersetzung mit der Umwelt auf Dauer entsteht und verändert wird, wobei diese Änderung nicht durch angeborene Reaktion, Reifung oder vorübergehenden Zustand beeinflußt ist.

28. Nennen Sie verschiedene Formen des Lernens!

Arten des Lernens sind:
beiläufiges Lernen, mechanisches Lernen, sinnvolles Lernen, beabsichtigtes Lernen, motorisches Lernen, Lernen durch Versuch und Irrtum.

Man unterscheidet zwei Grundformen des Lernens:
Lernen unter zufälligen Bedingungen; es liegt vor, wenn der Auszubildende z.B. zufällig in einem Buch liest oder bei einem Fachmann zusieht, wie eine Arbeit ausgeführt wird. Geplantes Lernen: hierunter versteht man das Lernen nach einem vorher erarbeiteten Plan.

29. Wie wird die unterschiedliche Vorbildung der Auszubildenden im Rahmen der Ausbildung berücksichtigt?

Durch eine Verkürzung der Ausbildungszeit oder auf Antrag des Auszubildenden durch eine Verlängerung, wenn diese notwendig ist, um das Ausbildungsziel zu erreichen. Die unterschiedliche Vorbildung kann zu einer individuell unterschiedlichen Ausbildungsdauer führen.

30. Was versteht man unter einem Lernziel?

Die Lernziele sind möglichst genaue Beschreibungen des beobachtbaren Endverhaltens, d.h. des durch Lernen zu erreichenden Ergebnisses, welches als Zeichen dafür gilt, daß der Lernende das Lernziel erreicht hat, z.B. die Fertigkeit von 180 Silben in der Minute. Man unterscheidet Richt-, Grob- und Feinlernziele und Lernziele im Bereich des Wissens, Könnens und Verhaltens.

Richtziele sind: z.B. Kochen lernen, Buchführung lernen, Drehen lernen
Groblernziele sind: lernen, Fisch zu kochen; lernen, eine Bilanz zu erstellen; lernen, eine Welle zu drehen
Feinlernziele sind: lernen, ein bestimmtes Gericht zu kochen; lernen, Skonto zu verbuchen; beim Drehen eine bestimmte Paßgenauigkeit zu erzielen.

31. Welche Arten von Lernzielen werden unterschieden?

Man unterscheidet:

a) Lernziele aus den Bereichen, in denen gelernt werden kann:
   1. Der kognitive oder Kenntnisbereich = berufliches Wissen,
   2. der psychomotorische oder Fertigungsbereich,

4.2 Planung und Durchführung der Ausbildung

    3. der affektive oder Verhaltensbereich (d.h. Ordnung, Genauigkeit, Sparsamkeit, Bereitschaft zur Mitarbeit)

b) Lernziele nach der Tiefe der Wissensvermittlung
    1. Richtlernziele legen allgemeine Bildungsziele fest z.B. die Ausbildungsordnung
    2. Groblernziele verdeutlichen die Richtlernziele z.B. die in der Ausbildungsordnung festgelegten Grundkenntnisse, Kenntnisse und Fertigkeiten.
    3. Feinlernziele beschreiben die Grundkenntnisse und Fertigkeiten so eindeutig, daß der Auszubildende genau weiß, wie er sich nach Erreichen des Lernziels verhalten soll.

32. Welche Vorteile bietet die Festlegung von Lernzielen für den Ausbilder und für den Auszubildenden und unter welchen Bedingungen ist ein Lernziel eindeutig formuliert?

Durch die Verwendung von Lernzielen sind Ausbilder und Auszubildende motiviert. Fehler sind sofort erkennbar, die Lernenden sind an der Ausbildung interessiert. Ein Lernziel muß im Hinblick auf Inhalt, Schwierigkeitsgrad und Zeitdauer eindeutig bestimmt sein. Ein Lernziel ist dann eindeutig formuliert, wenn es eine genaue Beschreibung des Endverhaltens gibt, wenn es die Bedingungen enthält, unter denen das gewünschte Verhalten gezeigt werden soll und wenn es einen Beurteilungsmaßstab für die Verhaltenskontrolle enthält.

33. Welche Angaben müssen in der zeitlichen und sachlichen Gliederung enthalten sein?

In der zeitlichen und sachlichen Gliederung werden die Inhalte der Ausbildungsordnung auf den jeweiligen Ausbildungsbetrieb übertragen, um den individuellen betrieblichen Anforderungen entsprechen zu können, d.h. die für alle Ausbildungsbetriebe geltende Ausbildungsordnung wird betriebsbezogen aufgegliedert.

34. Was sollte man bei der Einübung neuer Lerninhalte beachten?

Daß sie pädagogisch sinnvoll sind, vom Leichten zum Schweren, vom Bekannten zum Unbekannten, vom Einfachen zum Zusammengesetzten führen, daß die neuen Lerninhalte praxisorientiert und anschaulich sind und zu einer selbsttätigen Aktivität motivieren.

35. Welche Bedeutung haben die Prüfungsanforderungen für die betriebliche Berufsausbildung?

Sie zeigen auf, welche Fertigkeiten und Kenntnisse mindestens vermittelt werden müssen, damit der Auszubildende die Abschlußprüfung besteht.

36. Wie wirken sich gesetzliche Bestimmungen auf die Ausbildungsplatzplanung aus?

Gesetze und Verordnungen stehen im Hinblick auf die betriebliche Berufsausbildung in folgendem Zusamnmenhang:

Berufsbildungsgesetz: Grundlage für die betriebliche Berufsausbildung, Grundlage für Rechtsverordnungen wie z.B. Ausbilder-Eignungsverordnung, Ausbildungsordnung für jeden einzelnen Ausbildungsberuf

Ausbildungsordnung: Grundlage für Ausbildungsberufsbild und Ausbildungsrahmenplan

Ausbildungsrahmenplan: Grundlage für individuellen Ausbildungsplan jedes einzelnen Auszubildenden und Grundlage für den Versetzungsplan, das ist die Summe verschiedener einzelner Ausbildungspläne mehrerer Auszubildender.

37. Welche Möglichkeiten hat der Ausbilder zur Feststellung von Lernfortschritten?

Tests, regelmäßige Beurteilungen, Schulzeugnisse, Ergebnis der Zwischenprüfung.

38. Was ist ein Test und welchen Anforderungen muß ein Test genügen?

Ein Test ist ein unter festgelegten Bedingungen angewendetes Verfahren zur Untersuchung von Persönlichkeitsmerkmalen. Ein Test muß objektiv, wiederholbar und gültig, d.h. aussagefähig im Sinne der Fragestellung sein.

39. Welche Zwecke verfolgen Sie mit der ständigen Ausbildungskontrolle und welche Kontrollinstrumente kennen Sie?

Die Feststellung der Lernfortschritte und Lernschwächen. Dies geschieht durch Tests, Berichtsheftführung, Ergebnisse der Zwischenprüfung und der schulischen Leistungen.

40. Warum und wie wird ein betrieblicher Ausbildungsplan aufgestellt?

Der betriebliche Ausbildungsplan ist gesetzlich vorgeschrieben. Er läßt erkennen, daß die Ausbildung nicht auf einen einzigen Ausbildungsbereich beschränkt ist. Der Auszubildende wechselt vielmehr mehrmals von einem Platz zum anderen. Der Versetzungsplan zeigt im einzelnen auf, welche Abteilungen bereits durchlaufen sind und welche noch durchlaufen werden müssen. Der Versetzungsplan ist mithin ein zu Beginn der Ausbildung aufgstellter Plan zur Regelung des zeitlichen Ablaufs der betrieblichen Ausbildung.

41. Welche Bedeutung hat ein Versetzungsplan, wie muß er aufgestellt werden?

Er berücksichtigt die betrieblichen Möglichkeiten und die Vorschriften der Ausbildungsordnungen und legt fest, in welcher Abteilung die einzelnen Fertigkeiten und Kenntnisse zu vermitteln sind und berücksichtigt auch den Versetzungsplan.

Beispiel: Die gesamte Ausbildungsdauer wird zweckmäßig in Halbjahresblöcke unterteilt, wobei das Halbjahr mit vier Monaten gerechnet wird. Die beiden restlichen Monate verteilen sich auf Urlaub, Wiederholung oder zwecks vorzeitiger Teilnahme an der Abschlußprüfung auf einen schnelleren Betriebsdurchlauf.

4.2 Planung und Durchführung der Ausbildung

Ausbildungsplan bei vier Abteilungen und jährlich acht Auzubildenden:

Abteilung Monat	I	II	III	IV
August	AB	CD	EF	GH
September	CD	EF	GH	AB
Oktober	EF	GH	AB	CD

42. Was versteht man unter einem Ausbildungsberufsbild und welche Inhalte sind in ihm niedergelegt?

Im Ausbildungsberufsbild sind alle zu vermittelnden Fertigkeiten und Kenntnisse eines bestimmten Berufes aufgeführt.

**43. a) Welche Inhalte sind im Ausbildungsrahmenplan geregelt?
b) Erspart der in der Ausbildungsordnung enthaltene Ausbildungsrahmenplan den Betrieben das Entwickeln eigener betrieblicher Ausbildungspläne?**

a) Der Ausbildungsrahmenplan ist die Anleitung zur sachlichen und zeitlichen Gliederung der Vermittlung der Fertigkeiten und Kenntnisse des Ausbildungsberufsbildes. Der Ausbildungsrahmenplan konkretisiert die im Ausbildungsberufsbild festgelegten Ausbildungsinhalte hinsichtlich ihrer Breite und Tiefe. Er bildet die Grundlage für das Entwickeln des betrieblichen Ausbildungsplanes.
b) Nein. Im Hinblick auf die strukturellen und organisatorischen Unterschiede muß für jeden Beruf der Ausbildungsrahmenplan konkretisiert und abgepaßt werden.

44. Wovon ist die Zahl der einzustellenden Auszubildenden für das Unternehmen und die einzelnen Ausbildungsberufe abhängig?

Die Zahl der einzustellenden Auszubildenden ist abhängig von
1. der Art der Produktion bzw. des Handels,
2. der Zahl der Fachkräfte,
3. der Zahl der Ausbilder,
4. der geschätzten künftigen Entwicklung des Unternehmens und der konjunkturellen Situation
5. der Zahl der vorhandenen Ausbildungsplätze,
6. benötigten Bedarf an Fachkräften,
7. den Räumen und Geräten (Maschinen) in und an denen ausgebildet werden soll,
8. den Versetzungsmöglichkeiten während des Ausbildens.

45. Welche Bedeutung hat die Arbeitszergliederung für die Ausbildung?

Ein Arbeitsvorgang oder das Erlernen neuer Tätigkeiten können nur dann erfolgreich beherrscht werden, wenn auch die einzelnen Schritte und die Reihenfolge der einzelnen Teilvorgänge beherrscht werden.

46. Der Ausbilder muß die betrieblichen Leistungen des Auszubildenden beurteilen. Welche Leistungsaspekte können ziemlich treffend und welche weniger gut beurteilt werden?

Wissen und Können, d.h. Kenntnisse und Fertigkeiten können ziemlich exakt beurteilt werden, das Verhalten hingegen weniger gut.

47. Was versteht man unter einer planmäßigen Unterweisung und in welche Stufen wird eine planmäßige Unterweisung zweckmäßigerweise untergliedert?

a) Eine planmäßige Unterweisung ist die systematische Vermittlung neuen Wissens oder neuer Fertigkeiten durch methodische Darbietung des Stoffes. Deshalb dürfen die Lernschritte angemessen sein, vom Leichten zum Schweren, vom Bekannten zum Unbekannten.

b) 1. Stufe = Vorbereiten
Der Ausbilder stellt die Vorkenntnisse fest, beschreibt die zu erledigenden Tätigkeiten, weckt Interessen, nimmt Befangenheit. Die Auszubildenden hören zu.

2. Stufe = Vormachen
Der Ausbilder stellt die Arbeit in kleinsten Schritten vor, erklärt und begründet sie. Er stellt nach jeweils zwei bis drei neuen Informationen fest, ob der Auszubildende dies verstanden hat, indem er wiederholen läßt. Die Auszubildenden sehen zu.

3. Stufe = Nachmachen
Der Auszubildende macht die ihm vorgemachten Fertigkeiten einzeln nach. Der Ausbilder beobachtet, hilft und verbessert.

4. Stufe = Selbständiges Üben
Der Auszubildende übt die neue Fertigkeit, bis er sie beherrscht. Der Ausbilder kontrolliert.

48. Welche Fehler treten im wesentlichen bei einer Unterweisung auf?

Es wird ein Vortrag gehalten, die Lernschritte sind zu groß, d.h. es wird zu viel auf einmal vorgetragen, es wird eine Wiederholung und damit auf eine Lernzielkontrolle verzichtet.

49. Worin unterscheidet sich eine praktische Unterweisung von einem Vortrag?

Ein Vortrag ist ein Monolog; eine praktische Unterweisung ist hingegen ein Dialog zwischen Ausbilder und Auszubildendem.

50. Was versteht man unter Leittexten und welche Möglichkeiten bietet die Ausbildung mit Hilfe der Leittextmethode?

Leittexte sind schriftliche Materialien (Texte), die selbständiges Lernen gezielt und planmäßig anleiten und die es dem Ausbilder erleichtern, jeden Auszubildenden individuell zu fördern. Leittexte benennen den Arbeitsauftrag und die Teilaufgabe exakt.

51. Warum sollen ein Vortrag oder Frontalunterricht für die betriebliche Ausbildung nur in Ausnahmefällen gewählt werden?

Nachteilig für den Vortrag oder Frontalunterricht sind, daß der Zuhörende nicht aktiv mitarbeiten kann. Untersuchungen haben ergeben, daß der Mensch

- nur 20 % von dem, was er hört und
- nur 30 % von dem, was er sieht, behält,
- aber 70 % von dem, worüber er redet
- und 90 % von dem was er selbst tut, behält.

52. Was versteht man unter einer programmierten Unterweisung?

Unter einer programmierten Unterweisung wird ein Lernvorgang verstanden, der nach einem Programm erfolgt, das sich in logisch verknüpfter, lückenloser Folge von Lernschritten und deren Kontrolle nach einem vorausberechneten Ablauf auf ein Lernziel hin erstreckt.

53. Was versteht man unter dem Transfer von Wissen?

Transfer ist die Fähigkeit, einmal Gelerntes auf andere Bereiche zu übertragen, d.h. in Situationen anzuwenden, die sich von der ursprünglichen Lernsituation unterscheiden (z.B. Ernährungslehre auf das Kochen, EDV auf die Buchhaltung).

54. Was versteht man unter Lern- und Führungshilfen?

Die wichtigsten Lern- und Führungshilfen sind: Ingangbringen und Optimierung des Lernprozesses durch Motivation.

Motivationshilfen sind z.B. Hemmungen nehmen, Interesse wecken, Bedeutung der Aufgabe herausstellen, dadurch wird der motivierte Auszubildende seine Lernbereitschaft und sein Lerntempo steigern. Maßnahmen zur Überwindung evtl. vorhandener Lernschwierigkeiten sind z.B. Nachhilfeunterricht, kürzere Lernschritte, genaueres Erklären.

55. Welche Bedeutung haben Lob und Tadel für den Ausbildungserfolg?

Lob und Tadel sind zeitgemäße Erziehungsmitel wobei insbesondere die Gründe für einen Tadel erläutert werden sollten. Mit Hilfe moderner Erziehungsmittel, z.B. durch Lob kann motiviert werden.

56. Warum und wie muß der Auszubildende ein Berichtsheft (Tätigkeitsnachweis) führen, welche Bedeutung hat es?

Um den tatsächlichen Gang der Ausbildung zurückverfolgen zu können. Behauptet der Auszubildende, daß bestimmte Fertigkeiten nicht vermittelt worden sind, so ist das Berichtsheft ein Beweismittel. Das Berichtsheft muß täglich, wöchentlich oder monatlich geführt werden und darf nur tatsächlich ausgeübte Tätigkeiten enthalten.

57. Was ist eine Beurteilung und welchen Zwecken dienen
a) Beurteilungen von Auszubildenden?
b) Wie werden sie durchgeführt?
c) Welchen Anforderungen müssen Beurteilungen genügen?
d) Welche Fehlerquellen sind bei einer Beurteilung möglich?
e) Wann werden sie durchgeführt?

Unter Beurteilung versteht man die qualitative oder quantitative Beschreibung einer Leistung oder eines Verhaltens anhand eines Maßstabes, der objektiv in Form eines Tests oder subjektiv in Form der Erfahrung sein kann. Zur Beurteilung dienen Beurteilungsbögen, d.h. Verfahren, in denen die beurteilten Bereiche schriftlich festgehalten werden.

a) Um den Gang der Ausbildung festzuhalten, die Lernfortschritte zu erfassen und gleiche Maßstäbe für verschiedene Auszubildende durch mehrere Ausbilder sicherzustellen. Diese Maßstäbe müssen objektiv, nachvollziehbar und meßbar sein.
b) Sie werden regelmäßig in bestimmten Zeitabschnitten und beim Wechseln in andere Ausbildungsbereiche angefertigt.
c) Beurteilungen müssen nach vorher festgelegten Kriterien erfolgen. Eine Beureilung muß objektiv begründet sein und darf also nicht subjektiv und gefühlsmäßig gefällt werden. Die Beurteilung muß für alle Auszubildenden gleich, unabhängig von dem Ausbilder, wiederholbar und überprüfbar sein. Dabei müssen auch die Ursachen des fehlerhaften und mangelhaften Lernens festgestellt und Vorschläge für geeignete Maßnahmen zur Behebung angegeben werden.
d) Jedes Urteil kann durch eine Reihe von Fehlerquellen verzerrt werden wie z.B. durch die Tendenz zur Vermeidung extremer Beurteilung, das Hervortreten subjektiver Einflüsse.
e) Regelmäßig in bestimmten Abschnitten, z.B. alle drei oder sechs Monate, oder bei einem Wechsel in ine andere Abteilung.

58. Was versteht man unter einer Bewertung?

Unter einer Bewertung versteht man die Abgabe eines Werturteils über Wissen, Können und Verhalten. Gleichzeitig wird damit eine Kontrolle der Lernfortschritte erzielt.

59. Worauf ist bei der Erstellung von Bewertungsunterlagen zu achten?

Daß sie auf die Erfordernisse des jeweiligen Ausbildungsberufes abgestimmt sind, d.h. die berufstypischen Anforderungen besonders berücksichtigen.

60. Welche Vorteile hat die Verwendung von Unterrichts- und Ausbildungsprogrammen in der betrieblichen Ausbildung?

Es kann auf vorhandene Materialien zurückgegriffen werden, d.h. der Stoff braucht nicht erst unter großem Zeitaufwand auf die eigene Bildungsbedürfnisse zugeschnitten werden.

4.2 Planung und Durchführung der Ausbildung

61. Nennen und beschreiben Sie Vor- und Nachteile von sechs Ausbildungsmitteln, die Sie in Ihrem Ausbildungsberuf einsetzen können!

Z.B. Kreidetafel, Schaubilder, Modelle, Projektoren, Tonbildschau.

Jedes dieser Ausbildungsmittel hat, bezogen auf einen bestimmten Beruf, Vor- und Nachteile. (Die Kreidetafel muß abgewischt werden, ein Film läuft nur im verdunkelten Raum und zu schnell ab, um sich alles merken zu können). Die jeweiligen Vorteile müssen genutzt und die Nachteile vermieden werden.

62. Beschreiben Sie Vorteile der Gruppenarbeit beim Lernen!

Gruppenarbeit aktiviert das Lernen, der einzelne verliert die Scheu fehlende Kenntnisse vor dem Ausbilder zu offenbaren. In einer Gruppe ist es leichter möglich, auf Wissenslücken einzugehen und nicht verstandenen Stoff zu wiederholen.

63. Wie kann man einem Auszubildenden helfen, der den Stoff des ersten Ausbildungsjahres nicht verstanden hat, sich die fehlenden Fertigkeiten und Kenntnisse anzueignen?

Wiederholungskurse, spezielle Lehrmethoden, besondere Übungen, Zerlegung des Stoffes in kleinere Schritte.

64. Es besteht die Möglichkeit, daß sich ein Auszubildender vorzeitig zur Abschlußprüfung anmeldet. Welche Voraussetzungen müssen seitens des Auszubildenden erfüllt sein und was muß der Ausbilder tun, wenn aufgrund einer vorzeitigen Anmeldung eine Verkürzung der Ausbildungszeit vorgenommen wurde?

Der Auszubildende muß gute Leistungen in Schule und Betrieb aufweisen, und es muß die Gewähr bestehen, daß die noch nicht vermittelten Fertigkeiten und Kenntnisse vollständig vermittelt werden. Der Ausbilder muß sachlich in der Lage sein, den Ausbildungsplan umzustellen oder er muß begründen, daß dies nicht möglich ist. Über den Antrag des Auszubildenden wird aufgrund der Stellungnahme des Betriebes und der Berufsschule entschieden.

65. Was ist zu tun, wenn sich der betriebliche Ausbildungs- bzw. Versetzungsplan aus übergeordneten Gründen nicht einhalten läßt?

Der Plan muß geändert und den neuen Erfordernissen angepaßt werden.

66. Warum ist eine Unterrichtung der Auszubildenden über den Unfall- und Gesundheitsschutz notwendig?

Der Jugendliche kennt die Unfallgefahren und Unfallquellen nicht. Er ist geneigt, sie zu unterschätzen, aber auch aus rechtlichen Gründen zur Vermeidung von Schadensersatzansprüchen. Die Verpflichtung zum Gesundheitsschutz ergibt sich aus dem Jugendarbeitsschutzgesetz.

67. Welchen Einfluß hat das Gewerbeaufsichtsamt im Rahmen der Ausbildung?

Das Gewerbeaufsichtsamt kann bei Verstößen gegen das Jugendarbeitsschutzgesetz und bei Nichtbefolgen von Auflagen einschreiten, Bußgelder verhängen und evtl. sogar den Betrieb schließen.

68. Was ist zu tun, wenn ein Auszubildender die Abschlußprüfung nicht bestanden hat und die Ausbildung fortsetzen möchte?

Eine neue zeitliche und sachliche Gliederung unter Berücksichtigung der Schwerpunkte aufstellen, die aufgrund des schlechten Abschneidens in der Prüfung nochmals vermittelt werden müssen.

69. Was ist zu tun, wenn Sie feststellen, daß der Auszubildende im Verlauf der Ausbildung an Lernstörungen leidet?

Ursachen feststellen, evtl. Rat geben, Beruf zu wechseln, wenn sonst die Lernstörungen nicht beseitigt werden können.

70. Welche Grundsätze sollten zur Erreichung eines optimalen Ausbildungserfolges beachtet werden?

Die Planung der Ausbildung, die Zusammenarbeit mit anderen Stellen, regelmäßige Beurteilungen und Bewertungen, Verwendung zeitgemäßer Ausbildungsmittel und eines zeitgemäßen Führungsstiles, ferner die Beachtung jugendgemäßer pädagogischer Ausbildungsmethoden.

71. Wann ist das Lernen optimal verlaufen?

Wenn sich der gewünschte Erfolg auf Dauer einstellt.

72. Mit welcher Zielsetzung wird ein Einstellungsgespräch mit Auszubildenden geführt?

Das Einstellungsgespräch mit dem Auszubildenden sollte Aufschluß über dessen berufliche Interessen und Vorstellungen sowie über seine persönlichen Eigenarten geben (richtige Berufswahl).

73. Nach welchen Gesichtspunkten wird der Bedarf an Auszubildenden ermittelt?

Abgang von Fachkräften durch Erreichung der Altersgrenze, Fluktuation und evtl. Expansion des Betriebes.

74. Was versteht man unter Stufenmodellen bei Lernprozessen?

Stufenmodelle geben Auskunft über die Folge von Lernschritten und man unterscheidet z.B. die Stufe der Lernmotivation, die Stufe des Lernwiderstandes, die Stufe der Einsicht, die Stufe des Tuns, die Stufe des Übens, die Stufe der Bereitstellung des Gelernten.

4.2 Planung und Durchführung der Ausbildung

75. Entwerfen Sie eine praktische Unterweisung aus einem Bereich Ihres Ausbildungsberufes auf der Grundlage der Ausbildungsordnung dieses Berufes nach der Vierstufen-Methode der Unterweisung!

Ziel der praktischen Unterweisung ist es, eine in der Ausbildungsordnung desjenigen Ausbildungsberufes, in dem der künftige Ausbilder die fachliche Eignung besitzt und ausbilden will, geforderte Aufgabe systematisch zu erklären, z.B. die Preisauszeichnung von Ware durch einen Verkäufer, das Eröffnen eines Girokontos durch einen Auszubildenden im Beruf Bankkaufmann, das Schneiden von Weißkohl durch einen Koch, das Gewindedrehen von einem Industriemechaniker der Fachrichtung Drehtechnik.

Bei der Erklärung der Aufgabe muß berücksichtigt werden, ob sich der Auszubildende im ersten, zweiten oder dritten Ausbildungsjahr befindet und welche Vorkenntnisse er hat.

Bei der Unterweisung kann es sich entweder um eine theoretische Darlegung oder um eine spezielle praktische Tätigkeit handeln.

Es sind jeweils die folgenden Fragestellungen zu berücksichtigen:
- Was mache ich?
- Wann mache ich es? (Reihenfolge der einzelnen Schritte)
- Wo mache ich es?
- Wie mache ich es?, d.h. die Methode, wobei auf andere mögliche Methoden hingewiesen werden sollte.
- Warum mache ich es so und nicht anders (Hinweis auf Unfallverhütungsvorschriften).

Nach jedem einzelnen Lernschritt ist wiederholen zu lassen, um festzustellen, ob der Auszubildende den Schritt richtig verstanden hat und richtig ausführt.

Der Aufbau einer Vier-Stufen-Unterweisung ist zweckmäßig wie folgt vorzunehmen:

- Name des Unterweisenden:
- Thema der Unterweisung:
- Ort der Unterweisung:
- Ausbildungsberuf, in dem die Unterweisung vorgenommen wird, Ausbildungsjahr, in dem die zu vermittelnde Fertigkeit im Ausbildungsberufsbild enthalten ist.

1. Stufe: Vorbereitung:
Es müssen alle notwendigen Geräte und Unterlagen in mindestens dreifacher Menge vorliegen (1 x zum Vormachen, 1 x für den Auszubildenden zum Nachmachen, 1 x als Reserve).

2. Stufe: Vormachen:
Aufgliedern des Stoffes in ca. 20 kleinste Lernschritte, die nach der aufgeführten Methode (was, wann, wo, wie, warum) aufgegliedert werden, wobei das Lernziel genau beschrieben ist und der Auszubildende nach jedem der 20 Lernschritte sofort wiederholen muß. (Frage: "Haben Sie das verstanden?" vermeiden).

3. Stufe: Nachmachen:
Der Auszubildende muß den gesamten Vorgang, in kleinste Schritte zerlegt, wiederholen, wobei der Ausbilder korrigierend eingreift.

4. Stufe: selbständiges Üben:
Der Ausbilder erklärt, daß der Auszubildende nunmehr, solange er in dieser Abteilung ist, den Gegenstand der Unterweisung immer dann, wenn der Vorgang anfällt, selbständig nach der hier aufgeführten Methode zu bearbeiten hat.

Der Umfang der Unterweisung soll etwa 3 bis 5 Seiten betragen, als Ausarbeitungsdauer sind ca. 3 bis 5 Zeitstunden zu rechnen. Das Üben sollte mindestens 3 bis 4 mal erfolgen. Die Unterweisungszeit beträgt 15 - 20 Minuten.

Das Thema der Unterweisung kann frei gewählt werden, muß jedoch fachlich voll beherrscht werden.

Für die Prüfung werden vier Exemplare der Ausarbeitung benötigt (3 x für den Prüfungsausschuß, 1 x für den Prüfling als Unterlage, damit er sich genau an seine Ausarbeitung halten kann).

76. Was sind Führungshilfen?

Führungshilfen sind Mittel zur Lenkung des Verhaltens. Hierzu gehören: Lob und Tadel, Beurteilungen, Fragetechniken, Medthoden und Ausbildungsmittel.

77. Was bezeichnet man als Lernhilfen und welche Arten von Lernhilfen werden unterschieden?

Lernhilfen entstehen durch den Einsatz pädagogischer Hilfsmittel zur Förderung des Lernens.

Lernhilfen zum Überweinden von Lernschwierigkeiten:
a) Unsicherheit nehmen,
b) Verkrampfungen lösen,
c) individuelle Arbeitsweisen zugestehen,
d) das frühzeitige Aufgeben verhindern,
e) einen Schritt weiterhelfen.

Lernhilfen zum Tun und Ausführen:
a) Zum Ausführen, hinleiten und anleiten,
b) das Ausführen sichern und kontrollieren,
c) Fehlen beim Ausführen entgegenzuwirken.

Lernhilfen für das Wiederholen und Üben:
a) Wiederholen und Üben in einem günstigen Lernklima durchführen,
b) Wiederholen und Üben zeitlich planen,
c) Wiederholen und Üben inhaltlich planen,
d) Wiederholen und Üben kontrollieren,
e) Sozialformen des Lernens beim Wiederholen und Üben ermöglichen.

Lernhilfen zum Finden einer Lösung:
a) das denkende Erfassen des Lehrstoffs erleichtern,

b) den handelnden Umgang mit dem Problem bzw. der Arbeistsaufgabe ermöglichen,
c) den Mut zum Denken und zum Einfall stärken,
d) Techniken des Lernens und des geistigen Arbeitens lernen, hierzu gehören
  - die Bildung von Schwerpunkten
  - Zergliedern komplexer Sachverhalten
  - Vereinfachen
  - Zurückführen auf das Elementare eines Sachverhalts
  - Weglassen von zufälligen und nebensächlichen Merkmalen
  - Schaffung neuer Bezüge
  - Anordnung von Merkmalen in Übersichten
  - Aufdecken von Wirkungszusammenhängen
e) Einsichten mit- und nachvollziehen lassen.

Lernhilfen für das Bereitstelen und Übertragen des Gelernten
a) durch eine inhaltliche Analyse die übertragbaren Elemente eines Lerngegenstandes ermitteln,
b) das Übertragen selbst zum Gegenstand des Lernens machen,
c) das Gelernte lebendig halten.

78. Was sind Motivationshilfen und welche Arten von Motivationshilfen werden unterschieden?

Motivationshilfen sind solche Hilfen, die das Verhalten (zum Lernen) positiv beeinflusen.

Motivationshilfen zum Anstoßen des Lernens sind:
a) Lernziele erstrebenswert formulieren,
b) den Lerngegenstand anziehend präsentieren,
c) den Lerngegenstand mit den Bedürfnissen des Auszubildenden verbinden,
d) den Auszubildenden in eine handelnde Auseinandersetzung mit dem Lerngegenstand bringen.

Motivationshilfen zum Aufrechterhalten des Lernens sind:
a) Durch die Wirkung der Ausbilderpersönlichkeit motivieren,
b) Erfolgserlebnisse vermitteln,
c) durch Lob und Tadel motivieren,
d) durch soziale Bezüge motivieren.

79. Was sind Arbeitsproben?

Arbeitsproben sind solche Aufgabenstellungen:
a) Die sich unmittelbar auf berufspraktische Arbeiten beziehen,
b) die eine relativ geschlossene Arbeitseinheit zum Gegenstand haben,
c) die am Ende eines Ausbildungsabschnittes stehen,
d) deren Ergebnis nach festgelegten Kriterien bewertet wird.

Die Arbeitsprobe unterscheidet sich deutlich von der Mitarbeit am Arbeitsplatz, der Wiederholung und dem Üben im Anschluß an eine Unterweisung. Mit Hilfe von Arbeitsproben wird überprüft, ob sich die vermittelten Kenntnisse und Einsichten sowie die geübten Fertigkeiten zu Fähigkeiten zusammengefügt haben.

80. Was versteht man unter einem Monoberuf?

Ausbildungsordnungen können die Ausbildungsgänge in unterschiedlicher Weise regeln. Man spricht von Monoberufen, wenn innerhalb des Ausbildungsganges keinerlei Differenzierung der Ausbildungsinhalte erfolgt, so daß alle Auszubildenden in gleicher Weise ausgebildet werden und den gleichen Berufsabschluß erhalten. Monoberufe sind z.B. der Industriekaufmann und der Koch.

Merkmale eines Monoberufes sind:
a) Die Ausbildung beginnt mit einer breit angelegten Grundbildung und mündet in eine Fachbildung mit spezieller Anwendung des Gelernten.
b) Die Grundbildung kann an verschiedenen Lernorten durchgeführt werden.
c) Die Ausbildung vollzieht sich nach einem einheitlichen Ausbildungsberufsbild.
d) Die Ausbildung vollzieht sich nach einem einheitlichen Ausbildungsrahmenplan.
e) Alle Auszubildenden haben einheitliche Prüfungsanforderungen zu erfüllen.

81. Was ist ein Monoberuf mit Spezialisierung?

Liegen im Bereich eines Berufs differenzierte Anforderungen vor, so daß eine Spezialisierung der Berufstätigkeiten erforderlich wird, ohne daß es zur Herausbildung eigenständiger Berufe kommt, so entstehen Monoberufe mit Spezialisierung. Die Beurteilung der Frage, ob eine solche Differenzierung und Spezialisierung nicht zweckmäßiger durch die Bildung eigenständiger Berufe geregelt werden sollte, ist schwierig und bildungspolitisch stark umstritten. Die Arbeitnehmerseite neigt zur stärkeren Durchsetzung einer beruflichen Grundbildung stärker zu Monoberufen mit Spezialisierung während die Arbeitgeberseite mehr die Notwendigkeit der Schaffung mehrerer eigenständiger Ausbildungsberufe favorisiert. Monoberufe mit Spezialisierung sind z.B. die neugeordneten Metallberufe(Industriemechaniker z.B. Fachrichtung Drehtechnik).

Merkmale der Monoberufe mit Spezialisierung sind:
a) Innerhalb der Ausbildung kann eine Differenzierung nach Schwerpunkten erfolgen.
b) Innerhalb der Ausbildung kann eine Differenzierung nach Fachrichtungen erfolgen.
c) Die Ausbildung beginnt mit einer breit angelegten Grundbildung und mündet in eine Fachbildung.
d) Die Grundbildung kann an verschiedenen Lernorten durchgeführt werden.
e) Die Ausbildung vollzieht sich nach einem einheitlichen Ausbildungsberufebild, das jedoch für die verschiedenen Fachrichtungen Besonderheiten aufweist.
f) Der Ausbildungsrahmenplan weist für die Schwerpunkte und die Fachrichtungen Besonderheiten aus.

82. Welche Ziele werden mit der Stufenausbildung verfolgt?

Die Auszubildenden sollen eine möglichst breite Grundbildung erhalten, nach der Grundbildung soll die Möglichkeit bestehen, mehrere Spezialberufe zu erlernen, wobei die endgültige Entscheidung für einen von mehreren möglichen Spezialberufen auf einen Zeitpunkt verschoben werden soll, zu dem der Auszubildende bereits eigene Erfahrungen im Berufsfeld gesammelt hat.

4.2 Planung und Durchführung der Ausbildung

83. Aus welchen Gründen muß der Einführung des Auszubildenden in den Betrieb große Aufmerksamkeit gewidmet werden?

Mit Beginn der Ausbildung treten die meisten Auszubildenden in eine für sie fremde und neue Welt ein. Dies bewirkt eine gewisse Unsicherheit. Diese ist zum Teil auf den noch nicht abgeschlossenen Reifeprozeß zurückzuführen. Hinzu kommen:

a) Ein unzureichend ausgeprägtes Selbstwertgefühl,
b) das Fehlen grundlegender Einsichten in die betrieblichen Arbeitsvorgänge,
c) die Unklarheit über die eigene Rolle im Betriebsgeschehen,
d) ein krampfhaftes Bemühen sich anzupassen,
e) die Unklarheit über das Beziehungsverhältnis zu den verschiedenen Personen,
f) die Fremdheit der technischen Einrichtungen, Maschinen, Produkte und Informationstechniken.

84. Welche Informationen sind dem Auszubildenden vor Beginn der Ausbildung zu geben?

Notwendige Informationen sind:
- Informationen über den Ausbildungsbetrieb,
- Informationen über die Arbeitsprozesse,
- Informationen über die Betriebsorganisation,
- Rechte und Pflichten aus dem Ausbildungsverhältnis,
- Erläuterungen des Ausbildungsplanes und der Berufsschulpflicht,
- Einweisung in die Führung des Ausbildungsnachweises,
- Einweisung in den Unfallschutz,
- Betriebsbegehung und praktische Unterweisung,
- Besichtigung wichtiger Betriebsabteilungen,
- Einweisung in die sozialen Einrichtungen und deren Nutzung,
- Vorstellung bei Mitarbeitern,
- Einführung an neue Lernorte (im Verlauf der Ausbildung).

Insgesamt soll der Auszubildende einen Überblick über den Betrieb erhalten, zur Identifikation mit dem Betrieb angeregt werden und einen Einblick in die gesamte Betriebsstruktur und den Ausbildungsablauf gewinnen.

85. Welche Regeln sind bei der Auswahl und Anordnung von Ausbildungsinhalten zu beachten?

Es sind zu beachten:

a) Alle im Ausbildungsrahmenplan aufgeführten Fertigkeiten und Kenntnisse müssen in den betrieblichen Ausbildungsplan übernommen werden.
b) Die einzelnen Fertigkeiten und Kenntnisse sollen zu Ausbildungseinheiten zusammengefaßt werden.
c) Die zu vermittelnden Fertigkeiten und Kenntnisse sollen so zusammengefaßt werden, daß Ausbildungseinheiten entstehen, die bestimmten Funktionen oder bestimmten Abteilungen der Ausbildungsstätte zugeordnet werden können.
d) Aus größeren zusammenhängenden Ausbildungsabschnitten sollen sachlich gerechtfertigte Unterabschnitte gebildet werden.

e) Die Probezeit ist so zu gestalten, daß Aussagen über die Eignung und Neigung des Auszubildenden im Hinblick auf den Ausbildungsberuf möglich sind.
f) Die sachliche Gliederung in der Ausbildung muß auf die Anforderungen in der Zwischen- und Abschlußprüfung abgestellt werden.

86. Welche Regeln bestehen im Hinblick auf die zeitliche Gliederung der Ausbildung?

a) Bei der Aufstellung des Ausbildungsplanes soll die Urlaubszeit, die in den Schulferien liegen soll, berücksichtigt werden.
b) Es sollen jeweils überschaubare Ausbildungsabschnitte von höchstens 6 Monaten gebildet werden. Es empfiehlt sich, wegen möglicher Abkürzung der Ausbildungszeit sogar nur Abschnitte von einer Dauer von 4 Monaten zugrundezulegen. Erfahrungsgemäß wird die restliche Zeit von 2 Monaten pro Ausbildungsabschnitt für Urlaub, Fehlzeiten, Nachholen nicht verstandener Ausbildungsinhalte, zum Üben des Stoffes, oder eben auch für die vorzeitige Zulassung zur Abschlußprüfung benötigt.
c) Zeitliche Umstellungen der ursprünglich beabsichtigten Ausbildungsgänge sind aus betrieblichen oder individuellen Gründen möglich, sofern dadurch das Ausbildungsziel nicht gefährdet wird. Der Auszubildende hat die Abweichungen bei der zuständigen Stelle bekanntzugeben.

87. Wie wird ein betrieblicher Ausbildungsplan aufgestellt?

Der betriebliche Ausbildungsplan wird aus der sachlichen Gliederung sowie der zeitlichen Gliederung der Ausbildungsrahmenpläne der jeweiligen Ausbildungsberufe abgeleitet. Die Ausbildungsrahmenpläne der einzelnen Ausbildungsberufe sind unterschiedlich aufgebaut.

Es wird wie folgt vorgegangen:
a) Feststellen der zu vermittelnden Fertigkeiten und Kenntnisse und deren Reihenfolge.
b) Festlegen der Dauer der einzelnen Ausbildungsabschnitte.
c) Zuordnen der einzelnen Fertigkeiten und Kenntnisse zu den verschiedenen Lernorten bzw. Betriebsabteilungen oder Arbeitsplätzen.

Diese Aufgaben setzen eine gründliche Analyse und sorgfältige Detailarbeit voraus.

Weitere sachliche Voraussetzungen sind entsprechend ausgestattete Arbeitsplätze für Auszubildende. Sie sollen so ausgestattet sein, daß der Auszubildende selbständig arbeiten und dadurch zunehmend solche Verhaltensmuster aufbauen kann, die für eine qualifizierte berufliche Tätigkeit erforderlich sind.

Personelle Voraussetzungen sind neben dem verantwortlichen Ausbilder zusätzliche Ausbilder oder Fachkräfte in den einzelnen Betriebsabteilungen, die der Auszubildende im Verlauf seiner Ausbildung zu durchlaufen hat. Das Ausbilden ist für diese mithelfenden Ausbildungskräfte oftmals eine zeitliche Belastung, weil sie in der Regel mit verantwortlichen und zeitaufreibenden Tätigkeiten betraut sind. Sie haben oftmals die Hoffnung, daß sie durch Hilfskräfte, eben die Auszubildenden, in ihrer Routinearbeit entlastet werden müsen, dann feststellen, daß sie neben ihrer

4.2 Planung und Durchführung der Ausbildung

eigentlichen beruflichen Arbeit auch noch in ihren Augen kostbare Zeit für die sachlich-fachliche und methodisch-pädagogische Ausbildungsbetreuung aufwenden müssen. Eine solche Aufgabe kann auf Dauer nur ohne Konflikte durchgehalten werden, wenn eine ausgesprochene Neigung zu pädagogischer Betätigung besteht und die Notwendigkeit zur zusätzlichen Ausbilderaufgabe erkannt wird. Wer ohnehin nur mit Hilfe unbezahlter Überstunden sein Pensum schafft, wer dem Betrieb seine innere Kündigung überreicht hat oder wer in absehbarer Zeit seine Stelle aus irgendwelchen Gründen aufgeben wird, ist im Gegensatz zu früherer Auffassung kein geeigneter Ausbilder. In früheren Zeiten wurden nämlich für Fachaufgaben ungeeignete Mitarbeiter, in Kriegszeiten verwundete Soldaten oder auch allgemein mißliebige Mitarbeiter in den Ausbildungsbereich abgeschoben. Daß die jetzige Ausbildung Voraussetzung für den Erfolg des Unternehmens in künftigen Zeiten ist und daß gut ausgebildete Kräfte die Träger des Unternehmens sein werden, ist oftmals nicht bewußt.

Beachte: Für Teilausbildungspläne für den Einsatz der Auszubildenden in den einzelnen Fachabteilungen sind neben der Bestimmung des Lernortes, der Verantwortliche, der detaillierten Festlegung der einzelnen Fertigkeiten und Kenntnisse auch die Festlegung der Verfahrensweise der Erfolgskontrollen erforderlich, seien es nun Tests oder andere Methoden, sowie deren Inhalte, Schwierigkeitsgrade, Dauer und zeitliche Abstände.

88. Was sind a) Qualifikationen, b) Schlüsselqualifikationen und c) welcher Zusammenhang besteht zwischen Kenntnissen, Fertigkeiten, Lernzielen und Schlüsselqualifikationen?

a) Begrifflich bedeutet das Wort Qualifikation Befähigung, Eignung, Teilnahmeberechtigung. Qualifikation beinhaltet mithin die Summe der Ergebnisse der allgemeinen und beruflichen Bildung, der Kenntnisse, Fertigkeiten und der als notwendig anerkannten Erfahrungen, um einen Beruf ausüben zu können oder um einen Arbeitsplatz zu besetzen.

b) Schlüsselqualifikationen sind die Voraussetzung für die Bewältigung von Anpassungsvorgängen, die in Zukunft ständig zu leisten sind. Hierzu gehören: Initiative, problemlösendes Denken, Kooperationsfähigkeit.
Bei den Schlüsselqualifikationen handelt es sich um eine langfristig aufzubauende und langfristig wirksame Ausstattung einer Person mit notwendigen Fähigkeiten und Kompetenzen, wie z.B. Fachkompetenz, Methodenkompetenz und Sozialkompetenz.

c) Zusammenhang von Kenntnissen, Fertigkeiten, Lernzielen und Schlüsselqualifikationen:
Es werden heute ganzheitliche Ausbildungsziele festgelegt, die auch als Schlüsselqualifikationen bezeichnet werden. Folgende Entwicklungslinien zeichnen sich ab:
Die Ausbildungsabsichten werden immer präziser durch Lernziele beschrieben. Die Ausbildungsvorgänge und -ergebnisse werden zunehmend ganzheitlicher betrachtet mit dem Ziel, die Auszubildenden wirksamer zu einer umfassenden beruflichen Handlungsfähigkeit zu führen. Im Ergebnis richtet sich die Ausbildung auf die Vermittlung von Qualifikationen.

Unter dem Einfluß eines dynamischen technischen Wandels ist die Frage nach langfristig verwertbaren Qualifikationen gestellt worden. Diese werden als Schlüsselqualifikationen bezeichnet.

89. Was versteht man unter Sozialkompetenz?

Sozialkompetenz: Selbständiges Handeln, Kommunizieren und Kooperieren.

90. Was versteht man unter Methodenkompetenz?

Methodenkompetenz: Informationen verarbeiten, planen und entscheiden.

91. Was versteht man unter Fachkompetenz?

Fachkompetenz: Hierzu zählen alle berufstypischen Fertigkeiten, Kenntnisse und Erfahrungen.

92. Welche Anforderungen an Fachkräfte bestehen seitens der betrieblichen Fachabteilungen?

Es werden folgende Anforderungen gestellt:
a) Lernfähigkeit, Transferfähigkeit
b) Eigeninitiative
c) Erkennen der Grenzen des eigenen Könnens
d) Entscheidungsfähigkeit
e) Bereitwillige Zusammenarbeit mit anderen, Teamfähigkeit
f) Systematisches, analytisches Vorgehen - nicht planloses Improvisieren und Probieren
g) Selbständigkeit in der Arbeitsabwicklung, selbständige Arbeitsplanung
h) Verantwortlichkeit

93. Wodurch sind Richtlernziele gekennzeichnet?

Richtlernziele sind durch folgende Merkmale gekennzeichnet:
a) Sie beziehen sich auf übergeordnete Bildungsinhalte.
b) Sie haben die Funktion, die Richtung anzugeben, in der das Lernen erfolgen soll.
c) Sie haben einen geringeren Grad an Eindeutigkeit.
d) Sie beziehen sich sowohl auf Wissen und Können als auch auf das Verhalten.

94. Wodurch sind Groblernziele gekennzeichnet?

Groblernziele sind durch folgende Merkmale gekennzeichnet:
a) Sie beziehen sich auf kleinere einhaltliche Bereiche der Ausbildung, die nicht im einzelnen zergliedert sind,
b) sie haben einen mittleren Grad an Eindeutigkeit,
c) sie lassen dem Ausbilder einen Handlungs- und Entscheidungsspielraum.

95. Wodurch sind Feinlernziele gekennzeichnet?

Feinlernziele sind durch folgende Merkmale gekennzeichnet:
a) Sie beziehen sich auf elementare Ausbildungsinhalte,

b) sie geben das gewünschte Endverhalten an,
c) sie sind so eindeutig formuliert, daß keine alternativen Vorstellungen über den Inhalt und das gewünschte Endverhalten auftreten.

Stufungen im Hinblick auf Lernzielformulierungen können sein:
a) Grundkenntnisse
b) Kenntnisse,
c) Mitwirken,
d) Selbständiges Arbeiten.

96. Was sind psychomotorische Lernziele?

Psychomotorische Lernziele beziehen sich auf motorische Fähigkeiten, auf den Umgang mit Material, Tastaturen, auf Handlungen, die eine Koordination von Denken und Bewegungsabläufen erfordern.

97. Was sind affektive Lernziele?

Affektive Lernziele sind Interessen, Einstellungen, Wertschätzungen, Werte und emotionale Haltungen.

Hierzu gehören:
a) Das Aufnehmen und Beobachten
   - Das Bewußtwerden einer Situation.
   - Die Bereitschaft zum Aufnehmen (Aufmerksamkeit, Zuwendung).
b) Reagieren
c) Werten und Einsatz für einen Wert
d) Aufbau einer Wertordnung
e) Handeln nach dieser Wertordnung.

98. Was sind kognitive Lernziele?

Der kognitive Lernbereich beinhaltet Lernziele, die Erinnern von Wissen, Erkenntnisse, sowie die Entwicklung intellektueller Fertigkeiten und Kenntnisse umfaßt.

Hierzu gehören:
a) Das Nennen von Begriffen und Daten,
b) das Verstehen, Begreifen und Schlußfolgern,
c) das Anwenden von Regeln, Begriffen und Gesetzen,
d) - das Analysisieren, bei dem Elemente entdeckt oder die innere Ordnung und grundlegende Prinzipien erfaßt werden,
   - das Synthetisieren, wozu insbesondere die Planung von Lern- und Arbeitsprozessen gehört,
   - das Beurteilen und Bewerten nach vorgegebenen Kriterien oder nach eigenen Wertvorstellungen.

99. Was sind Qualifikationen im Sinne von Planen, Durchführen und Kontrollieren?

Alle in den letzten Jahren neugeordneten Ausbildungsberufe, wie z.B. die Metall- und Elektroberufe, sowie die Büroberufe, sind so aufgebaut, Fertigkeiten und

Kenntnisse unter Einbeziehung selbständigen Planens, Durchführens und Kontrollierens zu vermitteln. Da alle bestehenden Ausbildungsberufe derzeit unter diesen Gesichtspunkten im Hinblick auf eine notwendige Neuordnung überprüft werden, ist es sinnvoll, sich schon jetzt in allen Berufen auf die künftigen und für viele Betriebe und Ausbilder neuartigen Anforderungen einzustellen, zumal der technische Fortschritt diese neue Denkweise überall erzwingt. Die hier genannten neuartigen Anforderungen haben erhebliche Auswirkungen auf die Planung der betrieblichen Ausbildung, weil nämlich Lernsituationen vorzubereiten sind, in denen der Auszubildende Fertigkeiten und Kenntnisse erwerben soll und kann:

a) durch selbständiges Planen,
b) durch selbständiges Durchführen der Arbeit,
c) durch Kontrollieren der eigenen Lern- und Arbeitsergebnisse.

Diese Anforderungen an die Handlungsweise des Lernenden entsprechen in ihrer Struktur den Arbeitshandlungen einer beruflichen voll handlungsfähigen Fachkraft. Das Lernen am Arbeitsplatz wird wieder attraktiver, es bedarf zu seiner Beherrschung jedoch der methodisch fundierten Erlernung und Einübung. Mithin muß das Lernen und das Lernhandeln besser als bisher geplant werden. Dabei eignen sich insbedondere Methoden, wie z.B. die Leittextmethode und die Projektmethode, in deren Ablauf das selbständige Planen, Durchführen und Kontrollieren möglich ist.

Diese neue Methoden haben sich inzwischen unter dem Begriff Schlüsselqualifikationen umfassen wie z.B. Selbständigkeit, Lernfähigkeit, problemlösendes Denken, Fähigkeit zur Zusammenarbeit, Planungsfähigkeit, Urteilsfähigkeit und Verantwortung.

Eine neuere Definition beschreibt Schlüsselqualifikationen als grundlegende, arbeitsplatz-, betriebs- und fachübergreifenende Fähigkeiten, die in möglichst vielen Situationen anwendbar sind und so dem einzelnen ein Höchstmaß an Mobilität und individuellen Entfaltungsmöglichkeiten sichern sowie gleichzeitig dem Unternehmen die besten Voraussetzungen für einen optimalen Einsatz der Arbeitskraft bieten.

100. Wie erfolgt der Ablauf des Lernens?

Lernen ist ein Vorgang, bei dem ein Individuum durch Auseinandersetzung mit der Umwelt und die dabei gemachten Erfahrungen zu veränderten Verhaltensabsichten, Verhaltensmöglichkeiten und Verhaltensweisen gelangt. Allerdings werden nicht alle Verhaltensänderungen durch Lernen bewirkt. Krankheiten, Verletzungen, Ermüdung, kurzfristige Einstellungsschwankungen und vor allem Reifungsvorgänge können ebenfalls Ursache von Verhaltensänderungen sein. Die im Menschen von Natur aus vorhandenen Anlagen entfalten sich in Form langsamer Reifeprozesse, wie das Sichändern des Gedächtnisses mit zunehmendem Alter oder auch in Form von Reifedurchbrüchen, wie sie für die körperliche Reifung in der Kindheit und in der Pubertät typisch sind. Zwischen Reifen und Lernen bestehen Wechselbeziehungen. Manche Reifevorgänge verbinden sich unmittelbar mit dem Lernen und kommen erst dadurch zur vollen Entflatung. Bestimmte körperliche und geistige Funktionen des Menschen können erst dann erfolgreich durch Lernen ausgebildet werden, wenn durch Reifeprozesse die Voraussetzungen bereits gestellt

4.2 Planung und Durchführung der Ausbildung

werden. Ein Beispiel ist das Schreibenlernen des Kindes, das die kleinmotorische Funktionsreigung der kindlichen Hand zur Voraussetzung hat. Das Lernen kann im Sinne einer Wechselwirkung wiederum auf Reifevorgänge auslösende und fördernde Wirkungen ausüben. Die Funktionsreifung findet in körerlichen und geistigseelischen Funktionsbereichen des Menschen statt. Mit Beginn der Pubertät, in einer Phase also, in der sich der Jugendliche selbst zum Problem wird und in der sein Lebensgefühl zwischen Hochstimmungen und Niedergeschlagenheit wechselt, wird er fähig, seelische Hintergründe des menschlichen Verhaltens zu verstehen. Die Funktionsreifung schafft dem Menschen besondere Lernmöglichkeiten, so daß in bestimmten Lebensabschnitten für bestimmte Funktionen besonders gute Entwicklungsmöglichkeiten bestehen.

Lernen durch Nachahmen: Junge Menschen, die in die Gesellschaft hineinwachsen, aber auch Erwachsene, die einen neuen Arbeitsplatz erhalten, stehen unter starkem Anpassungsdruck. Deshalb orientieren sie sich bewußt oder unbewußt an Personen, die bereits voll in den Lebensbereich integriert sind, in den die Lernenden hineinwachsen wollen. Dabei vollzieht sich ein Lernen durch Nachahmen.

Das Nachahmen beruht auf der Wahrnehmung von Verhaltensmustern bei den Bezugspersonen und der weitgehend originalgetreuen Verhaltenskopie. Wenn diese Übernahme von Verhaltensmustern unbewußt geschieht, spricht man auch vom Lernen am Modell. Dafür steht auch, daß Erfolgserlebnisse das Verhalten verändern. Es empfiehlt sich daher, den Lernenden für jede Teilantwort auf dem richtigen Lösungsweg oder beim Aufbau einer gewünschten Verhaltensform, die er selbst durchführt, unmittelbar zu "belohnen".

Lernen durch Einsicht: In den menschlichen Lernprozessen spielen einsichtige Lernakte eine herausragende Rolle. Man kann Einsicht als das geistige Erfassen von Abläufen oder Zusammenhängen, insbesondere von Wirkungs-, Sinn- oder Handlungszusammenhängen definieren. Der einsichtige Lernakt vollzieht sich oft plötzlich als Sehen eines neuene Gestaltungszusammenhangs.

Der Ablauf des Lernens: Alle Arten des Lernens haben bestimmte gemeinsame Merkmale:
a) Der Lernprozeß hat eine Anfangsphase.
b) Der Lernsprozeß kommt nur zustande, wenn Beweggründe für das Lernen beim Auszubildenden vorhanden sind oder vom Ausbilder erzeugt werden.
c) Der Lernende setzt sich im Verlauf des Lernprozesses mit Schwierigkeiten auseinander, die er schließlich löst.
d) Der erfolgreiche Lernprozeß endet.

Stufen des Lernens:
1. Stufe der Motivation
   In der ersten Stufe entwickeln sich die Voraussetzungen für das Lernen. Wenn die Handlung glatt verläuft, der Lernwunsch verfliegt oder der Ausbilder (Dozent) kein Motiv wecken kann, kommt kein Lernen zustande.
2. Stufe der Lernschwierigkeiten
   Die Schwierigkeiten des Lernens werden erst wahrgenommen, wenn man den Lerngegenstand angeht. Nach dem Innewerden dieses Widerstandes kann der

Lernende entweder aufgeben oder die Schwierigkeiten unter Heranziehung seines vorherigen Wissens erneut angehen.
3. Stufe der Lösung
Durch Anpassung des Arbeitsverhaltens an die Aufgabe, durch Probieren oder z.B. einsichtige Lernakte lösen sich die Schwierigkeiten.
4. Stufe des Tuns und Ausführens
Die gefundene Lösung muß sich durch den weiteren Vollzug der Arbeitshandlung oder erste praktische Ausführungen bewähren. Gelingt dies nicht, fällt der Lernende auf die zweite Stufe zurück.
5. Stufe des Behaltens und Einübens
Durch spätere Anwendung in entsprechenden Situationen erfolgt eine festere Verankerung im Bereich des Könnens. Evtl. sind zusätzliche Wiederholungsmaßnahmen zur besseren Einprägung erforderlich.
6. Stufe des Bereitstellens und Übertragung des Gelernten
Das Gelernte soll in verschiedenen Situationen des Berufslebens verwendet werden können. Daher muß es wie ein Werkzeug verfügbar gemacht werden können. Der Lernende sollte die künftigen Anwendungssituationen kennen und das Gelernte dafür bereitstellen.

101. Was sind wichtige Unterweisungsformen und -methoden?

Unterricht und Unterweisung sind Veranstaltungen des Lehrens und Lernens, in denen bestimmte Lernziele erreicht werden sollen. Unterweisungsmethoden umfassen das "Wie" der Unterweisung. Sie sind bewußt eingeschlagene Wege zur Erreichung bestimmter Lernziele.

Folgende darbietende Unterweisungsformen werden unterschieden:
a) Die vortragende Unterweisungsform. Hierbei bietet der Ausbilder den Ausbildungsgegenstand in sprachlich geschlossener Form dar. Die Auszubildenden hören zu.
b) Bei der vorführenden Unterweisungsform bietet der Ausbilder den Unterweisungsgegenstand vornehmlich durch Ausbildungsmittel und ergäzende Erklärungen dar. Die Auszubildenden sehen und hören zu.
c) Bei der vormachenden Unterweisungsform bietet der Ausbilder den Ausbildungsgegenstand durch eigenes Tun und erklärende Worte dar.

Die Auszubildenden sehen und hören zu. In der nachfolgenden Phase zeigen die Lernenden ihr soeben erlerntes Können und der Ausbilder kontrolliert.

Die verarbeitende Unterweisungsform (Gruppenarbeit)
Unter dem neuerdings häufig gebrauchten Begriff verarbeitende Unterweisungsform wird in der Regel eine Bildungsarbeit in Gruppen verstanden, wobei die Lernenden ohne die unmittelbare Hilfe und Gegenwart des Dozenten oder anderer Personen einen bereits vermittelten oder erarbeitenden Gegenstand durch Wiederholung, Übung und Anwendung vertiefen und in den festen Wissens- und Könnensbereich überführen. Der Dozent sollte deshalb nicht ständig anwesend sein, weil diese Anwesenheit dazu verführen könnte, die eigene Darbietung des Stoffes in der Gruppe zu vernachlässigen und statt dessen den scheinbar bequemeren Weg der Frage zu Beantwortung an den Dozenten zu gehen und sich auf das bequeme "Ich

habe das nicht verstanden" zu verlegen, anstatt sich die Mühe zu machen, ein Ergebnis selbst zu erarbeiten und die spätere Lernzielkontrolle abzuwarten.

Bei der verarbeitenden Unterweisungsform arrangiert der Dozent die Wiederholungs- und Übungsphasen, indem er die Lernziele vereinbart, die Wiederholungs- und Übungsaufgaben bereitstellt, Lernhilfen gibt und aus der Distanz den Ablauf der verarbeitenden Unterweisung beachtet. Es wird jedoch beim Erkennen grober Fehler eingegriffen, um den Lernprozeß nicht in falsche Bereiche abwandern zu lassen und um wesentliche Fehlerquellen von vornherein auszuschließen.

102. Welche Bedeutung haben Lernziele?

Lernziele dienen allen an der Ausbildung Beteiligten:

a) Als Mittel der Verständigung über Ausbildungsabsichten,
b) als Planungshilfen,
c) als Mittel zur effektiveren Durchführung der Ausbildung,
d) als Mittel der wechselseitigen Kontrolle,
e) als Verständigungsmittel für die kooperative Aufgabenteilung zwischen Ausbildungsbetrieb und Berufsschule,
f) als Ansatzpunkt und Eingriffsmöglichkeit zur ständigen Anpassung der Lernziele an technische, wirtschaftliche und gesellschaftliche Entwicklungen.

103. Was versteht man unter der Überprüfbarkeit von Lernzielen?

Die Überprüfbarkeit von Lernzielen wird mit dem Begriff Operationalisierung umschrieben. Unter Operationalisierung versteht man das Formulieren von Lernzielen in der Weise, daß entscheidbar wird, ob ein auf die Lernziele ausgerichteter Lernvorgang erfolgreich abgeschlossen wurde oder nicht.

4.3 Der Jugendliche in der Ausbildung

01. Was versteht man unter Jugend und welche Bedeutung haben Kindheit und Jugend für die Persönlichkeitsentwicklung?

Die Jugend ist die Verhaltensphase des Menschen, in der er nicht mehr Kind ist, aber noch nicht die Rolle des Erwachsenen einnimmt. Die Eindrücke aus Kindheit und Jugend sind für den späteren Lebensweg entscheidend und prägen die weitere persönliche und berufliche Entwicklung.

02. Warum braucht ein Ausbilder jugendkundliche Kenntnisse?

Der Ausbilder benötigt jugendkundliche Kenntnisse, um über die körperlichen, geistigen und seelischen Entwicklungen und Veränderungen im Jugendalter Bescheid zu wissen, und um sich darauf einstellen zu können. Der Ausbilder muß die Verhaltensweisen der Jugendlichen zu verstehen versuchen. Jugendliche haben andere Einstellungen als Erwachsene und lehnen Autorität ab. Dadurch entstehen Spannungen, die ausgeglichen werden müssen.

03. Was ist a) Erziehung und b) was sind berufswichtige Fähigkeiten?

a) Erziehung ist das Einwirken durch eine Erziehungsperson auf die spezielle Lebenssituation des Menschen, um ein bestimmtes Ziel zu erreichen.
b) Konzentrationsfähigkeit, Lernfähigkeit, Merkfähigkeit, Belastbarkeit, Zuverlässigkeit, Pünktlichkeit, Ausdauer und Fleiß.

04. Was sind die drei Entwicklungsphasen des Jugendalters und wie werden sie beschrieben?

Frühpubeszenz (Vorpubertät)
Die typischen Merkmale der Frühpubeszenz sind: Geschlechtsreifung, verminderte motorische Leistungsfähigkeit, Disharmonie des Benehmens, Triebschubaktivität; zeitliche Begrenzung: 11 - 14 Jahre

Spätpubeszenz (Pubertät)
Die typischen Merkmale der Spätpubeszenz sind: Umschlagen der Wachstumstendenz (Breitenwachstum), Geschlechtsmerkmale bilden sich aus; Suche nach Vorbildern, Phantasiewelt, starkes Selbstgefühl, Lösung aus der Familie; zeitliche Begrenzung: etwa 14 - 17/18 Jahre

Adoleszenz
Die typischen Merkmale der Adoleszenz sind: Abschluß des Wachstums und der Reifung; realitätsbezogenes Denken, soziales Verantwortungsbewußtsein; allmähliche Beruhigung des Gefühlslebens, Tendenz zum Ausgleich; Einfügung in die Gesellschaft;
zeitliche Begrenzung: etwa 17/18 - 21/22 Jahre

4.3 Der Jugendliche in der Ausbildung

05. Welche Abweichungen von den Entwicklungsphasen im Jugendalter gibt es?

a) Spätentwickler,
b) Frühentwickler,
c) Akzeleration (= beschleunigtes körperliches Wachstum von Kindern und Jugendlichen)
d) Retardierung (= zurückbleiben von der normalen Entwicklung)

06. Wodurch ist die Pubertät gekennzeichnet?

Pubertät ist die eigentliche Reifezeit des Jugendlichen, sowohl im körperlichen als auch im seelischen Bereich. In dieser Zeit soll das Kind in die Welt der Erwachsenen hineinwachsen. In der Pubertät will sich der Jugendliche aus der materiellen und physischen Abhängigkeit des Elternhauses und der Erwachsenengeneration lösen.

07. Welche Grundstile des Ausbildungsverhaltens werden unterschieden?

a) der autoritäre Führungsstil,
  straffes Erziehen (diktatorisches Antreiben, patriarchalische Fürsorge)
b) der laissez-faire-Stil, (nachlässiger Stil)
  nachgiebiges Erziehen (die Jugendlichen sind sich weitgehend selbst überlassen)
c) der partnerschaftliche Stil
  Dieser Stil ist heute zeitgemäß. (Der Ausbilder überzeugt den Auszubildenden, der Auszubildende erhält Anregungen und Kenntnisse, die er selbst verwerten kann.)

08. Worauf gründet der Ausbilder seine Autorität und welche Grundregeln soll der Ausbilder im Umgang mit Jugendlichen beachten? Was sind wichtige Qualifikationsmerkmale eines Ausbilders?

Autorität gründet sich auf Fachwissen, Fachkönnen und Vorbild sein. Hierzu gehören auch: Berater und Erzieher sein, gerecht sein, die Jugendlichen ernst nehmen, Leistung anerkennen, bei Schwierigkeiten helfen. Qualifikationsmerkmale sind: Fachwissen und Fachkönnen.

09. Was kann man der Tagesleistungskurve entnehmen?

Die menschliche Leistung ist, bezogen auf den Arbeitstag, nicht gleichbleibend, sondern Schwankungen unterworfen: bis kurz vor Mittag ansteigende, dann leicht abfallende Tendenz, dann wieder steigend und wieder abfallend. Überdies wird zwischen Früh- und Spättypen unterschieden.

10. Aus welchen wissenschaftlichen Disziplinen setzt sich die Jugendkunde zusammen?

Psychologie, Soziologie, Medizin, aber auch Pädagogik und Arbeitswissenschaft.

11. Warum hat es ein Jugendlicher nach Beendigung der schulischen Ausbildung schwer, sich in der Arbeits- und Berufswelt zurechtzufinden?

Weil der in eine Berufsausbildung eintretende junge Mensch sich regelmäßig Anforderungen gegenübersieht, die sich wesentlich von denen während der Schulzeit erlebten unterscheiden.

Derartige Umstellungen sind z.B. Änderungen des bisherigen Tagesrhythmus, veränderte physische Anforderungen (z.B. sitzende Tätigkeit in der Schule - stehende Tätigkeit während der Berufsausbildung).

Weitere Belastungen sind: die körperliche Entwicklung während der Zeit des Eintritts in das Berufsleben. Ausbildung an Arbeitsplätzen, die für Erwachsene vorgesehen sind. Der Jugendliche muß sich in eine neue Gemeinschaft einleben, die sich von der Schule wesentlich unterscheidet.

12. Wonach richtet sich das Leistungsangebot eines Menschen?

Das Leistungsangebot richtet sich nach der Leistungsfähigkeit wie Ausbildung und Erfahrung oder Veranlagung, der Leistungsbereitschaft und der Disposition, wie z.B. der Ermüdung, dem Alter und dem körperlichen Befinden.

13. Welche Arten von Gruppen werden unterschieden und worin bestehen deren Unterschiede?

Eine Gruppe ist eine Anzahl von mindestens 2 Personen, die einer wechselseitigen Steuerung unterliegen. Formelle Gruppen werden von Vorgesetzten gebildet. In ihnen ist die Rangstruktur festgelegt. Die Gruppenmitglieder sind austauschbar. Informelle Gruppen bilden sich eigenständig aufgrund gleicher Interessen oder Sympathie.

14. Wie verhält sich der Jugendliche in der Gruppe?

Der Jugendliche verhält sich in der Gruppe immer anders als er sich als einzelner verhält (z.B. Rowdytum). Deshalb ist es wichtig, in der Gruppe positive Entwicklungen sicherzustellen und zu fördern.

15. Warum ist es sinnvoll, Auszubildende in Gruppen lernen zu lassen?

Gruppenarbeit ist für den einzelnen sinnvoller und effizienter. Individuelle Schwächen können leichter ausgeglichen werden.

16. Welche Gründe kann ein Auszubildender haben, um Mitglied in einer Gruppe zu sein und welche Faktoren begünstigen eine Gruppenbildung?

Menschen haben bestimmte Grundbedürfnisse, z.B. Sicherheitsbedürfnisse, Zugehörigkeitsbedürfnisse, Bedürfnisse nach Anerkennung. Hierin liegen die Gründe für eine Gruppenmitgliedschaft. Gemeinsame Ausgangssituation, gemeinsame Ziele, gemeinsames Handeln.

17. Was versteht man unter Lernschwierigkeiten und wie äußern sich Lernschwierigkeiten?

Lernschwierigkeiten drücken das Auseinanderfallen von tatsächlichen und erwartetem Leistungs- und Verhaltensniveau aus. Sie äußern sich in Unsicherheit, Unangepaßtheit, Trotz und Sensibilität.

18. Bei einer Gruppenarbeit soll der Ausbilder nur soweit aktiv werden, wie es unbedingt nötig erscheint. Worin liegt der Sinn der Zurückhaltung?

Bei der Gruppenarbeit werden die Auszubildenden zu eigener Initiative, zu selbständigem Denken und Handeln veranlaßt. Der Ausbilder soll nur Helfer und Koordinator sein.

19. Welche Bedeutung haben Klischeevorstellungen und Pauschalurteile für eine entwicklungsgemäße Berufsbildung?

Klischeevorstellungen und Pauschalurteile wirken sich immer negativ aus und behindern das Lernen. Hierzu zählen Vorurteile gegenüber Behinderten, Andersartigen oder Angehörigen fremder Völker, Überheblichkeit oder äußeres Erscheinen, das den eigenen Vorstellungen widerspricht (z.B. Jugendliche mit langen Haaren wollen nicht lernen), Berufsausbildung von Mädchen.

20. Wie läuft der Berufsfindungsprozeß ab?

Der Jugendliche von heute kann sich nicht mehr auf Erfahrungen der Eltern im Hinblick auf die Zukunftschancen in bestimmten Berufen verlassen. Ständige Veränderungen in Wirtschaft, Wissenschaft und Technik machen eine besondere Beratung erforderlich. Es muß überdies festgestellt werden, ob die spezielle Eignung für den bestimmten Beruf vorliegt.

21. Warum ist die Kenntnis der typischen Anforderungen des Berufsfeldes, dem der Ausbildungsberuf zugeordnet ist, wichtig?

Der Jugendliche muß den Anforderungen seines Berufsfeldes im Rahmen der Ausbildung gesundheitlich und fachlich gewachsen sein. Diese Anforderungen variieren von Beruf zu Beruf.

22. Was versteht man unter Rolle und Status?

Rolle ist die Summe von Verhaltensweisen (Anforderungen und Erwartungen), die von bestimmten Personen in der jeweiligen sozialen Lage erwartet werden. Die Rolle unterliegt einer Wertschätzung (Status). Status ist mithin der Rang der Bedeutung, die Wertschätzung, die einer Rolle zukommt.

23. Was versteht man unter dem Begriff "Generationenkonflikt"?

Die Auffassungen der älteren Generation stehen im Widerspruch zu denen der jüngeren. Die Auffassungsunterschiede führen häufig zu Konflikten und Auseinandersetzungen.

24. Was versteht man unter einem Rollenkonflikt?

Jeder Mensch übt mehrere Rollen aus, z.B. als Familienvater und Arbeitnehmer, als Mitarbeiter und Ausbilder. Als Ausbilder muß er das Jugendarbeitsschutzgesetz einhalten, als Mitarbeiter zwecks Fertigstellung einer Arbeit auch Überstunden gelten lassen.

25. Was sagt ein Soziogramm aus?

Über ein Soziogramm kann man Aufschluß über die Struktur einer Gruppe, der Gruppenmitglieder zueinander, erhalten; es gibt Aufschluß über den Beliebtesten, sog. "Schwarze Schafe" über Außenseiter und Gruppenführer.

26. Was versteht man unter Sozialisation und welche Rolle spielt
   a) die Familie für die Sozialisation
   b) der Betrieb für die Sozialisation?

Sozialisation ist der Prozeß der Anpassung der Anforderungen an die in einer Gesellschaft geltenden Werte und Normen durch das Individuum, d.h. die zielgerichtete, systematische Formung des Menschen. Sie ist ein Ansatzpunkt der Bemühungen, die wir als Erziehung und Bildung bezeichnen. Als Sozialisationsinstanzen wirken auf den Jugendlichen: die Familie, der Betrieb, die Schule und die Freizeit-Gruppierungen.

a) Für die Sozialisation vermittelt die Familie grundlegende Verhaltensweisen und Einsichten,

b) der Betrieb ist verantwortlich für die Vermittlung aller vorgeschriebenen Fertigkeiten und Kenntnisse.

Durch Beispiel und Erleben erfolgt Gewöhnung an Sozialtugenden.

27. Verläuft die Entwicklung von körperlichen und geistigen Fähigkeiten parallel?

Die Entwicklung von körperlichen und geistigen Fähigkeiten verläuft nicht parallel. Von der körperlichen Entwicklung kann nicht unbedingt auf die geistige Entwicklung geschlossen werden.

28. Welche Faktoren sind am Zustandekommen einer Leistung beteiligt?

a) Begabung (Eignung, intellektuelle Befähigung)
b) geistige Haltung und Einstellung (Zuwendungen und Interessen fortdauernder Art, Denkstil)
c) Neigungsmotivierung (Leistungsantrieb, Aufmerksamkeit)
d) Gesundheit, das ist insbesondere das körperliche, seelische und soziale Wohlbefinden.

Faktoren der körperlichen Leistungsfähigkeit sind:

Muskelkraft, motorische Leistungsfähigkeit, Herz-Kreislauf-Lungen-Leistung. Weitere Einflußfaktoren sind: Zeitpunkt der geforderten Leistung/Leistungsschwankungen über den Tag, die Woche, das Jahr; gesunde Ernährung; Arbeitspausen für Zwischenmahlzeiten; ausreichender Schlaf; vernünftige Freizeitgestaltung.

29. Was versteht man unter Lernmitteln?

Lernmittel sind Unterrichts- oder Ausbildungs- bzw. Arbeitsmittel in der Hand des Auszubildenden.

30. Was ist bei besonderen Erziehungsschwierigkeiten zu tun?

a) Ermittlung des Sachverhalts,
b) Ursachen und Zusammenhänge feststellen, (mögliche Ursachen sind: Krankheiten, Lernstörungen als Folge von Überforderung, falscher Beruf, häusliche und familiäre Schwierigkeiten, Störung in den Beziehungen zum Ausbilder oder Betrieb),
c) Entsprechend den Ursachen reagieren und Gespräche führen oder veranlassen, d.h. Festlegung der Wege und Maßnahmen zur Behebung.
d) Kontrolle der getroffenen Maßnahmen.

Der Ausbilder sollte in allen Phasen seine Ruhe bewahren und sachlich bleiben und die Wege zeigen, die im Interesse des Jugendlichen begangen werden sollten.

31. Wie soll sich der Ausbilder bei Gesprächen mit dem Auszubildenden verhalten?

Zurückhaltend; auf den Auszubildenden eingehen und die Argumente des Auszubildenden ohne Eingriff in das Gespräch anhören.

32. Welche Regeln sollte der Ausbilder bei und nach einem Streit mit einem Auszubildenden beachten?

Bei einem Streit: sachlich bleiben, eigene Argumentation prüfen, Standpunkte beider Parteien festhalten, abwertende Bemerkungen vermeiden.

Nach einem Streit: die Streitsache beseitigen, den Streit möglichst am gleichen Tag beenden, nicht im Groll auseinandergehen, die Streitursachen nach zeitlichem Abstand sachlich diskutieren, gemeinsam nach Lösungen des Konfliktes suchen.

33. Wie sollen Lob und Tadel vorgebracht werden?

Lob öffentlich und Tadel unter vier Augen, doch immer angemessen und nicht überzogen. Immer die Gründe erläutern und Einsicht zu erzeugen versuchen.

34. Was ist zu tun, wenn ein Auszubildender keine Kontakte mit anderen Jugendlichen gewinnen kann?

Kontaktperson mit Einfühlungsvermögen aussuchen und diese sollte mit Geduld und Ausdauer die Ursachen festzustellen versuchen und durch Motivation eine Änderung des Verhaltens anstreben.

35. Welche Erziehungsmittel sind zeitgemäß und was sind positive und was negative Erziehungsmittel?

Lob und Tadel, Ermahnung und Erinnerung, Belohnung. Positive Erziehungsmittel sind Lob und Tadel; Negative Erziehungsmittel sind Strafen aller Art, Entzug von Liebe und Nichtachtung.

36. Auf welche Weise kann ein Ausbilder mit dem Auszubildenden entstandene Probleme zu lösen versuchen?

Gespräche führen, Lösungsmöglichkeiten aufzeigen, Lernhilfen geben, Beratungsstellen empfehlen.

37. Welche Konflikte können im Verlauf der Ausbildung eintreten?

Häusliche, betriebliche und schulische Konflikte entstehen durch gegensätzliche Beurteilungen einer Situation, gegensätzliche Bewertungen oder die Nichterfüllbarkeit von Ansprüchen.

38. Was versteht man unter Lehrmitteln?

Lehrmittel sind Materialien, die der Ausbilder zur Erreichung des Unterichtszieles anwendet, z.B. Modelle, Werkstücke, Filme usw.

39. Was versteht man unter dem Begriff Motivation und wie kann die Motivation des Auszubildenden verbessert werden?

Motivation ist die Bestimmung des Willens durch Beweggründe und die Gesamtheit der Faktoren, die das Verhalten beeinflussen und in eine bestimmte Richtung dringen. Man unterscheidet ursprünglich vorhandene (primäre Motive) und durch Verhaltensprüfung erworbene sekundäre Motive. Eine primäre Motivation liegt vor, wenn man arbeitet und lernt, weil dies Spaß macht. Sekundäre Motivation liegt vor, wenn das Lernen Mittel zum Zweck ist. Die Motivation kann durch Erfolgserlebnisse verbessert werden.

40. Welche Arten von Motiven werden unterschieden?

Man unterscheidet primäre und sekundäre Motive.

41. Welche Bedeutung haben außerbetriebliche Umwelteinflüsse für den Ausbildungserfolg?

Eltern, Familie, Freunde und die Gestaltung der Freizeit üben einen positiven oder negativen Einfluß aus, der auf die Ausbildung durchschlägt.

42. Welche pädagogischen Vorteile hat eine systematische Beurteilung des Auszubildenden?

Lernfortschritte und Lernschwächen werden deutlich.

43. Welche Nachteile haben Vorurteile gegenüber den Auszubildenden?

Vorurteile führen zu dem Gefühl, daß man niemals gerecht beurteilt wird.

44. Welche Bedeutung hat das Elternhaus für das Ausbildungsverhalten der Jugendlichen?

Das Elternhaus prägt immer, die dort erfahrenen Verhaltensweisen werden entweder übernommen oder abgelehnt.

4.3 Der Jugendliche in der Ausbildung

45. Was versteht man a) unter Gesundheit und b) was ist bei der gesundheitlichen Betreuung des Jugendlichen zu beachten und c) in welchem Zusammenhang stehen Gesundheit und Krankheit?

a) Gesundheit ist das Maximum an körperlichem, psychischem und sozialem Wohlbefinden.
b) Der Auszubildende befindet sich noch in der Entwicklung und im Wachstum, neue Arbeit ist ungewohnt, deshalb sind leichtere Ermüdungen und gesundheitliche Gefährdungen möglich.
c) Tatsächlich ist Gesundheit ein ständig bedrohtes Gleichgewicht, auf dessen Schwankungen genau geachtet werden muß. Diese Schwankungen können hervorgerufen werden durch schädigende Einflüsse, die die Waagschale der Gesundheit immer mehr zugunsten der anderen Waagschale Krankheit absinken lassen. Gesundheit ist eine Aufgabe und keine Gabe, die man hat oder nicht hat. Krankheit beeinträchtigt die seelische und körperliche Verfassung und die Leistungsfähigkeit. Dabei ist Krankheit niemals zufällig entstanden, sondern immer ein Anzeichen für Störungen des Gleichgewichts, die es zu erkennen und zu bekämpfen gilt. Nicht alle Menschen sind für Krankheiten gleich empfänglich. Dies hängt von der jeden Menschen weitgehend angeborenen Körperverfassung (Konstitution) ab. Sie bestimmt das Maß der Widerstandsfähigkeit gegen bestimmte Krankheiten. Häufig kommt es auch auf die durch Sport und Lebensführung beeinflußbare augenblickliche Verfassung (Disposition) an, ob jemand für eine bestimmte Krankheit empfänglich ist oder nicht. Zu dieser Disposition in weiterem Sinne gehört auch die seelische Einstellung gegenüber der Krankheit. Sie entscheidet mit darüber, ob sich jemand krank fühlt bzw. seinen körperlichen und geistigen Zustand als krank empfindet. Aber nicht nur innerhalb eines Kulturkreises, etwa unserer Industriegesellschaft ist die Einschätzung dessen, was als krank zu gelten hat unterschiedlich, sondern auch ganz besonders zwischen verschiedenen Kulturkreisen. Jede Kultur hat ihre eigenen Vorstellungen von Gesundheit und Krankheit.

Seelische Störungen und Erkrankungen: Das seelische (psychische) Leben des Menschen umfaßt verschiedene Bereiche. Da sind zunächst die primären Bedürfnisse (Triebwünsche) wie Hunger, Durst, Neugier, Machtstreben usw. zu nennen. Darüber hinaus gibt es sekundäre Bedürfnisse, die von Person zu Person verschieden sein können, wie geistige Interessen, religiöse und moralische Wertvorstellungen. Beide Bereiche wirken zusammen. Der Mensch sucht in der Außenwelt nach Möglichkeiten, seine Wünsche zu befriedigen. Es findet also eine Anpassung von äußeren Bedingungen an innere Bedürfnisse statt. Gelingt diese Anpassung nicht, so können psychische Störungen und in schweren Fällen Erkrankungen auftreten. Mit den Folgen der Tatsache, daß seelische Erkrankungen körperlich krank machen können befaßt sich die Psychosomatik. Diese versucht einen Teil der Krankheiten aus Konflikten des Patienten mit seiner sozialen Umwelt zu erklären. Neben den persönlichen oder mitmenschlichen Konflikten, die in der Familie, im Beruf oder am Arbeitsplatz auftreten, können auch die Anforderungen der Arbeit selbst den Menschen belasten und zu Fehlhandlungen und Störungen führen. Halten körperliche oder psychische Belastungen länger an so entsteht Streß. Der Mensch flieht vom psychischen

Streß in die nervliche Fehlleistung, z.B. Vergeßlichkeit, Zerfahrenheit und schließlich in die organische Krankheit. Es kann aus nicht erfüllten sozialen Bedürfnissen eine Flucht in die Krankheit werden. Psychische Krankheiten als Folge von aktuellen Streßsituationen äußern sich häufig in Mattigkeit, Nervosität, Reizbarkeit oder Appetiverlust. Dieser Zustand wird Aktualneurose genannt. Häufig verschwinden die Symptome auch ohne ärztliche Behandlung, wenn die aktuelle Belastung wegfällt und sich damit das Leben für den Menschen normalisiert hat. Andere seelische Störungen die sogenannten Psychoneurosen haben keine auf den ersten Blick erkennbaren äußeren Anlässe. Sie sind nicht auf aktuelle Konflikte der Gegenwart, sondern auf zurückliegende und nicht bewältigte Konflikte der Vergangenheit, meist der frühen Kindheit zurückzuführen.

46. Welche Bedeutung hat die Lernpsychologie für die betriebliche Ausbildung?

Die betriebliche Ausbildung kann nur dann positiv verlaufen, wenn die Gesetzmäßigkeiten der Lernpsychologie berücksichtigt werden. So muß das Lernen durch Motivation in Gang gebracht werden, Lernschwierigkeiten müssen überwunden und eine Anpassung der Anforderungen an den körperlich-seelischen Entwicklungsstand der Jugendlichen muß vorgenommen werden. Weiterhin sind sowohl Über- als auch Unterforderungen zu vermeiden.

47. Welche gesundheitlichen Gefahren drohen bei Alkohol- und Drogenmißbrauch?

Dauernde Schädigungen des Zentralnervensystems und der geistigen und körperlichen Leistungsfähigkeit.

48. Was muß der Ausbilder auf dem Gebiet der Unfallverhütung unternehmen?

Der Auszubildende ist noch unerfahren, kennt die Unfallursachen und -folgen nicht, daher häufige Unterweisung über Unfallgefahren.

Aufklärung über Unfallverhütung, ferner Kontrolle, ob die Unfallverhütungsvorschriften eingehalten werden und ob sich Mängel am Arbeitsplatz eingestellt haben, durch die Unfälle hervorgerufen werden können.

49. Was versteht man a) unter einer Berufskrankheit, b) einem Arbeitsunfall, c) Drogensucht und d) MAK-Werten?

a) Berufskrankheit ist immer eine von der Bundesregierung in einer Verordnung ausdrücklich als solche bezeichnete Krankheit.
b) Arbeitsunfall ist ein körperlich schädigendes, zeitlich eng begrenztes Ereignis, welches mit einer beruflichen Tätigkeit in einem engen Zusammenhang steht.
c) Drogensucht ist die krankheitsbedingte Folge der Einnahme von Drogen.
d) Der MAK-Wert (Maximale Arbeitsplatz-Konzentration) ist die höchstzulässige Konzentration eines Arbeitsstoffes als Gas, Dampf oder Schwelstoff in der Luft, die nach dem gegenwärtigen Stand der Kenntnis auch bei wiederholter und langfristiger, in der Regel täglich achtstündiger Einwirkung, jedoch bei Einhal-

4.3 Der Jugendliche in der Ausbildung

tung einer durchschnittlichen Wochenarbeitszeit bis zu 45 Stunden im allgemeinen die Gesundheit der Beschäftigten nicht beeinträchtigt und diese nicht unangemessen belästigt.

50. Von welchen Einflußfaktoren ist die menschliche Leistungsfähigkeit abhängig?

Die menschliche Leistungsfähigkeit ist abhängig von dem körperlichen, seelischen und sozialen Wohlbefinden. Faktoren der körperlichen Leistungsfähigkeit sind Muskelkraft, motorische Leistungsfähigkeit, Herz-Kreislauf-Lungenleistung. Weitere Einflußfaktoren sind Zeitpunkt der geforderten Leistung (Leistungsschwankungen über den Tag, die Woche, den Monat, das Jahr), gesunde Ernährung (Arbeitspausen für Zwischenmahlzeiten), ausreichender Schlaf, vernünftige Freizeitgestaltung).

51. Welche gesundheitlichen Beeinträchtigungen sind a) häufig bei Jugendlichen feststellbar und b) wie kann eine gesundheitliche Betreuung der Auszubildenden sichergestellt werden?

a) Überforderung, aber auch Ermüdung, Lernbeeinträchtigung durch falsche Ernährung, ferner Haltungsschäden oder nervöse Störungen.
b) Durch ärztliche Untersuchungen, richtige Ernährung, Sport, ausreichend Schlaf.

52. Welche Bedeutung hat die ärztliche Bescheinigung für den Arbeitgeber?

Die ärztliche Bescheinigung enthält Hinweise über mögliche gesundheitliche Beeinträchtigungen, die die Ausbildung gefährden können. Bei Nichtvorlage der ärztlichen Bescheinigung darf nicht ausgebildet werden, evtl. empfiehlt sich bei gesundheitlichen Einschränkungen ein Berufswechsel.

53. Was sind Lernhilfen?

Lernhilfen sind Maßnahmen, mit denen Lernschwierigkeiten überwunden werden können und neue Lernprozesse in Gang kommen. Man unterscheidet: Motivationshilfen, Lernhilfen, Übungshilfen. Führungshilfen sind Anleitungen zum Beherrschen bestimmter Situationen.

54. Was sind Motivationshilfen?

Motivationshilfen sind Lernhilfen zur Unterstützung des Lernvorgangs, wie z.B. Hemmungen abbauen; Interesse wecken; Lernversuche anerkennen; gute Leistungen loben.

55. Was sind Lösungshilfen?

Lösungshilfen sind Lernhilfen, die dem Auszubildenden helfen, eine bestimmte Aufgabe zu lösen, wie z.B. Arbeitsvorgänge schrittweise vormachen und erklären; genügend Zeit für Versuche lassen; Denkanstöße geben, Tips aus eigener Erfahrung geben; alle Sinne ansprechen.

56. Was sind Übungshilfen?

Übungshilfen sind Lernhilfen, die den Auszubildenden durch üben selbständig machen sollen, z.B. Übungsaufgaben zur Eigenkontrolle ausgeben, Übungsaufgaben für Gruppenarbeit einsetzen, Gedächtnisstützen geben (Merkblätter, Rezepte), Kontrolle der Übungen vornehmen.

57. Welche Verhaltensweisen sollte ein Ausbilder bei der Ausbildung zugrunde legen?

Vertrauen besitzen, Gerechtigkeit üben, Geduld haben, eigenen Bildungswillen zeigen, Güte und Takt haben.

58. Welche Formen sozialabweichenden Verhaltens kennen Sie?

Streunen, Lügen, Stehlen und Zerstören.

59. Welche Konsequenzen hat die Tatsache für den Ausbilder, daß das Bild des Jugendalters uneinheitlich ist?

Die Belastbarkeit richtet sich nicht nach dem körperlichen Wachstum, sondern nach dem geistigen und seelischen Entwicklungsstand. Der Ausbilder darf nicht verallgemeinern; er muß jeden Auszubildenden individuell behandeln, beobachten und beurteilen.

60. Wodurch wird die Selbstwert-Problematik des Jugendlichen in erster Linie bestimmt?

Die Selbstwert-Problematik des Jugendlichen wird in erster Linie durch die unpräzisen Vorstellungen über die sozialen Rollen der Altersklassen und durch die inkonsequente Haltung Erwachsener gegenüber den Jugendlichen bestimmt.

61. Wo erfährt der Jugendliche seine soziale Prägung?

Seine soziale Prägung erfährt der Jugendliche im wesentlichen in der Gruppe, im Betrieb, in der Schule und in der Familie.

62. Welche Grundsätze müssen für die Beurteilung Jugendlicher gelten?

Objektivität, Regelmäßigkeit, Erläuterung der Lernfortschritte und Lernschwächen, Abstellung der Beurteilungskriterien auf den jeweiligen Ausbildungsberuf.

63. Wie kann man das Selbstbewußtsein der Auszubildenden entwickeln und stärken?

Durch Erfolgserlebnisse, Zerlegung des Lernstoffes in kleine Schritte und das Gefühl, daß man den Stoff trotz aller Schwierigkeiten schafft.

64. Für die Jugendlichen spielen während der Entwicklung Vorbilder eine große Rolle. Welche Bedeutung können Vorbilder für junge Menschen haben?

Vorbilder bieten dem Jugendlichen einen Orientierungsrahmen für sein Verhalten und seine Lebensführung.

65. Auf welche Faktoren hat der Ausbilder bei seiner Arbeit wenig Einfluß?

Auf störende Umwelt- und Medieneinflüsse, auf Vorurteile und gesellschaftliche Pauschalurteile.

66. Was ist Verwahrlosung?

Im Unterschied zum sozial abweichenden Verhalten eine durchgehende Ungeordnetheit und Haltlosigkeit des Jugendlichen.

67. Welche Maßnahmen kann der Ausbilder bei geringer Konzentrationsfähigkeit des Auszubildenden ergreifen?

Veränderung der Lernschritte, häufigere Kurzpausen, Wiederholungen, spezielles Lerntraining.

68. Wie läßt sich die Eignung des Auszubildenden für einen bestimmten Beruf feststellen?

Durch spezielle, auf den jeweiligen Beruf bezogene Eignungstests (Drahtbiegetest für künftige Schlosser), Beurteilung der Schulleistungen, laufende Tests und laufende Beurteilung der Lernfortschritte und Lernschwächen, das Einstellungsgespräch, schulische Zeugnisse, ärztliche Untersuchungen, besondere Hinweise auf Neigungen und Fähigkeiten.

69. Wann liegen besondere Suchtgefahren für Auszubildende vor?

Bei Verstimmungszuständen, bei gestörten Beziehungen zum Elternhaus, bei einem Mangel an Erlebnisfähigkeit und wenn der Jugendliche mit den realen Konfliktsituationen in Elternhaus, Schule und Betrieb nicht fertig wird.

70. Was versteht man a) unter intentionaler und b) unter funktionaler Erziehung?

a) Intentionale Erziehung ist die bewußt gesteuerte, geplante Erziehung z.B. durch Elternhaus, Schule und Betrieb.
b) Unter funktionaler Erziehung versteht man im Gegensatz zur intentionalen Erziehung den Prozeß der Formung durch die Lebensumstände und die Umwelt, also nicht durch gezielte, beabsichtigte Erziehung.

71. Welche Leistungsbeeinträchtigungen können bei Jugendlichen vorliegen? Was sind mögliche Ursachen hierfür?

Lernschwächen, mangelnde Konzentrationsfähigkeit. Ursachen: Krankheit, falscher Beruf, fehlendes Allgemeinwissen und häusliche Schwierigkeiten.

72. Welche Einflüsse können den Lernerfolg negativ beeinträchtigen?

Überforderungen, Ablehnung des Berufes, des Ausbilders oder des Stoffes, falsche Lernmethoden, falsche Freunde, falsche Berufsvorstellungen und -erwartungen, fehlendes Engagement und fehlender Lerntrieb, Beeinflussung durch die Medien.

73. Was versteht man unter Entwicklung?

Entwicklung ist der Vorgang der persönlichen Entfaltung eines Menschen.

74. Was können Ursachen von Lernstörungen sein? Was sind typische Verhaltensweisen Jugendlicher bei gehäuften Mißerfolgserlebnissen über längere Zeit?

Ursachen von Lernstörungen können im Elternhaus, einem ungünstigen Milieu und in der Person des Auszubildenden begründet sein, aber auch von der Gruppe der Auszubildenden und der Ausbilder. Gehäufte Mißerfolgserlebnisse erzeugen Lernunlust, Resignation, Frustration, Versagen, führen evtl. zur Aufgabe der Ausbildung oder in die Drogensucht.

75. Nennen Sie Merkmale, die auf eine Einnahme von Drogen schließen lassen!

Spritzbestecke oder Injektionsnadeln; Einstichstellen von Spritzen, reizbare und depressive Verstimmungszustände, Änderungen gegenüber früheren Gewohnheiten.

76. Was versteht man unter a) Fachkompetenz, b) Methodenkompetenz, c) Sozialkompetenz?

Beim Lernen in der Praxis, d.h. am Arbeitsplatz, wird immer der Begriff Schlüsselqualifikationen zugrundegelegt. Dieser Begriff wird in drei Kompetenzen unterteilt:
- Fachkompetenz bedeutet, zuständig und sachverständig für einen bestimmten Beruf zu sein.
- Methodenkompetenz bedeutet die Fähigkeit, zur selbständigen Aneignung neuer Fertigkeiten und Kenntnisse zu besitzen.
- Sozialkompetenz bedeutet die Fähigkeit, mit anderen Menschen kommunikativ und kooperativ zusammenzuleben und zusammenzuarbeiten.

77. Was besagt die Gauß´sche Normalverteilung und welche Auswirkungen hat sie auf den Ausbildungsstil des Ausbilders?

Die nach dem Mathematiker Gauß benannte Normalverteilung von Leistungsergebnissen geht davon aus, daß von einer Gesamtzahl von Prüflingen bei richter Bewertung 2,15 % die Note I, 13.59 % die Note II, 34,13 % die Note III, 34,13 % die

Note IV, 13,59 % die Note V und 2,15 % die Note VI haben, d.h. 68,26 % die Noten III und IV, 95,44 % die Noten II - V. Um mit der Gauß'schen Normalverteilung arbeiten zu können, müssen mindestens 25 Prüflinge bewertet werden. Bei der Normalverteilung wird unterstellt, daß die beobachteten Personen zufällig ausgewählt wurden. Im Rahmen der betrieblichen Ausbildung ist das nicht der Fall, weil vor der Ausbildung in der Regel ein Auswahlverfahren stattfindet, bei dem die Ungeeigneten ausgesiebt werden.

Auch ist zu bedenken, daß es das Ziel der modernen Pädagogik ist, alle Lernenden zu einem gleich guten Erfolg zu bringen, was natürlich nicht durch eine Notengleichmacherei geschehen darf, sondern durch zusätzliche Lernanreize und Fördermaßnahmen für die weniger Erfolgreichen.

Der nachsichtige Beurteiler bringt es nicht fertig, auch über weniger gute Auszubildende ein entsprechendes Urteil abzugeben. Er hat aufgrund seiner Beurteilung nur gute Auszubildende. Die Kurve ist rechtsgeneigt.

Der superkritische Ausbilder hält gute Leistungen für eine nicht der Rede werte Selbstverständlichkeit. Fehler werden dagegen unnachsichtig geahndet, dadurch hat der superkritische Ausbilder nach der Beurteilung eigentlich nur schlechte Auszubildende, die den falschen Beruf erlernen wollen. Die Kurve ist dann linksgeneigt.

Der vorsichtige Ausbilder legt sich nicht gern fest. Er orientiert sich gern in der Mitte. Seine Auszubildenden werden nicht entweder oder, sondern sowohl als auch beurteilt, dadurch entsteht in der Kurve ein Bauch nach oben. Durch die Orientierung an Lernzielen, die von allen erreicht werden sollen, verliert der Gedanke von Gauß, daß sich um eine starke Mittelgruppe gleichmäßig Abweichungen nach oben und untern ergeben, an Bedeutung.

78. Was bezeichnet man als Affekt?

Affekt ist ein plötzlicher und meist kurzzeitiger Gefühlsablauf, der sich z.B. in einem Wutausbruch äußern kann.

79. Was versteht man unter Anlagen?

Bei Anlagen handelt es sich um die Bereitschaft des Menschen zur Entwicklung von körperlichen, psychischen und sozialen Merkmalen und Funktionen.

80. Was versteht man unter Einstellungen?

Die Einstellung drückt die Art der inneren Ausrichtung eines Menschen aus und beinhaltet eine relativ festgelegte Meinung, die auf bestimmte Sachverhalte, meist sozialer Art ausgerichtet ist.

81. Was versteht man unter Emotionen?

Emotionen sind Gemütsbewegungen, Gefühle und Gefühlszustände.

82. Was versteht man unter Entwicklung?

Die Entwicklung ist der fortschreitende Prozeß von zumeist nicht rücknehmbaren Veränderungen der körperlichen, geistig-seelischen und sozialen Merkmale eines Menschen.

83. Was versteht man unter Individualität?

Individualität bedeutet die einmalige und unverwechselbare Eigenart eines Menschen.

84. Aus welchen Gründen benötigt der Ausbilder Kenntnisse über gruppendynamische Verhaltensweisen?

Gruppe ist ein bestimmter Personenkreis, dessen Mitglieder häufig und über längere Zeit miteinander in unmittelbare Beziehung treten.

Mehrere Auszubildende eines Betriebes erfüllen die Merkmale einer Gruppe. Die Auszubildenden

a) haben häufig und über längere Zeit miteinander Kontakt.
b) können untereinander in Beziehung treten.
c) entwickeln eine Sprache, die nur sie verstehen und ein bestimmtes Maß an gemeinsamen Zielen und Verhaltensweisen.
d) entwickeln eine zunehmende Verbundenheit und schließen sich gleichzeitig gegenüber Außenstehenden oder anderen Gruppen ab.
e) verteilen untereinander Aufgaben (Rollen), die den gemeinsamen Zielen dienen.
f) zeigen ein gewisses Maß an Organisation bei der Gestaltung ihrer Beziehungen und bei der Verfolgung der Gruppenziele.

Besondere Bedeutung kommt dem Außenseiter zu. Die Gruppenmitglieder begegnen ihm mit negativen Erwartungen, Mißtrauen, Mißachtung und der Andichtung schlechter Eigenschaften.

Der Außenseiter spürt die Ablehnung und die negativen Erwartungen der Gruppe, weshalb er sich zurückzieht. Dies wird von der Gruppe als Bestätigung ihrer vorgefaßten Meinung bestätigt. Es wird mithin alles schlimmer. Aus diesem Grunde muß der Ausbilder versuchen, die Außenseiterrolle zielstrebig aufzulösen. Er muß zu diesem Zwecke vermittelnd eingreifen und sowohl mit dem Außenseiter als auch mit der Gruppe sprechen.

Von der Gruppe gehen Einflüsse auf die Lernmotivation aus. Zeigt die Gruppe insgesamt eine positive Einstellung zum Lernen, dann zieht sie den einzelnen mit. Lehnt die Gruppe dagegen den Ausbilder, die Ausbildungsziele oder die Ausbildungsbedingungen ab, dann bremst sie den einzelnen und reagiert negativ auf seine Lernbemühungen. Spannungen, Reibereien und Konflikte wirken allgemein leistungshemmend, weshalb der Ausbilder die Entwicklung von Selbstverantwortung und Kooperation unterstützen sollte. Er sollte sowohl die Gruppe als Ganzes motivieren, indem er Interessen nutzt und Anreize schafft, als auch diejenigen Gruppenmitglieder fördern, die die Ziel- und Meinungsbildung im positiven Sinne beeinflussen können.

85. Was versteht man unter Interesse?

Unter Interesse versteht man die Tendenz, auf bestimmte Bereiche der Umwelt besonders zu achten und dabei den für wichtig und bedeutend gehaltenen Ideen, Ereignissen, Gegenständen und Menschen eine gefühlsmäßig hohe Anteilnahme zuzuwenden.

86. Was versteht man unter Normen?

Normen sind Verhaltensweisen, die das Tun und Lassen der Mitglieder einer Gruppe oder der Gesellschaft regeln. Sie wirken als Verhaltensanforderungen der Gruppe an den einzelnen und geben ihm einen Maßstab, an dem er sein eigenes Handeln beurteilen kann.

87. Was versteht man unter den Begriffen "psychisch" und "physisch"?

Physisch ist das Körperliche des Menschen.

Psychisch ist der geistig-seelische Bereich des Menschen, d.h. die umfassende Bezeichnung für Erscheinungen wie Verhalten, Erleben, Gefühle, Denken.

88. Was versteht man unter Reifen, Rolle und Status?

Reifen bezeichnet die Entwicklung von Merkmalen und Funktionsmöglichkeiten des Menschen von innen heraus, wobei die Umwelt höchstens den Prozeß auslöst oder fördert.

Rolle ist die Gesamtheit der Verhaltensweisen, die von der Gesellschaft und der Gruppe in einer bestimmten Situation von einer bestimmten Person erwartet wird.

Status ist das soziale Ansehen, das der Inhaber einer bestinmten Rolle bzw. eines Ranges genießt.

89. Was versteht man unter Umwelt?

Umwelt ist der Lebensraum, der den Menschen umgibt und seinen Rahmen und seine Entwicklungsbedingungen darstellt.

90. Was versteht man unter Verhalten?

Verhalten sind die Äußerungen eines Menschen, die ein Außenstehender beobachten kann, wie z.B. das Sprechen, Essen, Gehen und Schreiben.

91. Was versteht man unter Vorurteil?

Vorurteil ist das Ergebnis einer Meinungsbildung, die häufig weniger auf Erfahrung, Information und Sachkenntnis, dafür aber meist auf subjektiver Vermutung und Verallgemeinerung von Ansichten beruht.

92. Was versteht man unter Eignung?

Eignung besagt, daß die Fähigkeiten der Jugendlichen hinreichend sind, die Anforderungen eines bestimmten Berufes zu erfüllen.

93. Welche Grundsätze sind bei der Realisierung einer entwicklungsgemäßen Ausbildung zu beachten?

1) Erziehung und Ausbildung müssen von der individuellen Lebenssituation des Jugendlichen ausgehen.
2) Die physischen Gegebenheiten der Jugendlichen, insbesondere die entwicklungsbedingten Leistungsschwächen, müssen bei der Ausbildung beachtet werden.
3) Die individuellen Gegebenheiten der Jugendlichen müssen bei der Ausbildung beachtet werden.
4) Die individuellen Gegebenheiten des Jugendlichen im Sozialverhalten müssen bei der Ausbildung beachtet werden.

Die Anlagen des Menschen sind Bereitschaften zur Entwicklung von körperlichen, psychischen und sozialen Merkmalen und Funktionen. Wenn diese Entfaltung von innen heraus erfolgt und die Umwelt höchstens zur Auslösung des Entwicklungsprozesse beiträgt, spricht man von Reifen. Der Schwerpunkt des Reifens liegt im körperlichen Bereich. Der Mensch setzt sich mit seiner Umwelt auseinander. Diese wirkt auf ihn ein. Er wirkt auf die Umwelt zurück. Bei der Auseinandersetzung mit der Umwelt sammelt der Mensch Erfahrungen und Erkenntnisse und entwickelt seine von der Anlage bereitgestellten Begabungen zu mehr oder minder ausgeprägten Fähigkeiten. Diese Vorgänge nennt man Lernen. Der Ausbilder organisiert die Umwelt des Lernenden zu einem wesentlichen Teil, so daß dieser möglichst viele Lernanregungen erhält und sich so seine Begabungen voll entfalten können. Wenn der Ausbilder seine Aufgaben vernachläßigt, werden Entwicklungsmöglichkeiten des Auszubildenden vertan.

94. Was versteht man unter der motorischen Entwicklung im Jugendalter?

Unter Motorik versteht man die Bewegungsabläufe des Körpers. Zur Durchführung eines motorischen Vorganges sind erforderlich:
a) statische Kraft wie z.B. Griffstärke
b) allgemeine Beweglichkeit des Körpers und insbesondere der Gliedmaßen
c) Bewegungsgeschwindigkeit
d) Bewegungskoordination

Die Motorik ist abhängig vom Entwicklungsstand des Menschen. Man unterscheidet zwischen Grobmotorik und Feinmotorik. Als Grobmotorik bezeichnet man die großen Bewegungen der Gliedmaßen unter Beteiligung des ganzen Körpers und unter Feinmotorik versteht man kleinere rasche Bewegungen vor allem der Finger und Hände. An feinmotorischen Bewegungsabläufen sind neben den körperlichen Voraussetzungen der Motorik in hohem Maße Intelligenz, Erfahrung und Interesse beteiligt.

Als motorische Geschicklichkeit bezeichnet man den Grad der Mühelosigkeit, Geschwindigkeit und Genauigkeit des Vollzugs grob- und feinmotorischer Handlungen. Die in der Entwicklung zurückhängenden Jugendlichen bleiben oft in ihrer Geschicklichkeit hinter den normalentwickelten und frühentwickelten Jugendlichen zurück. Zur körperlichen Unsicherheit kommen noch Zurücksetzungen durch die Umwelt hinzu.

95. Wie vollzieht sich die intellektuelle Entwicklung im Jugendalter?

Die Intelligenz ist eine wesentliche Voraussetzung für das Erlernen beruflicher Fertigkeiten und Kenntnisse und für die spätere Erfüllung beruflicher Funktionen. Intelligenz ist die Fähigkeit, sich wirkungsvoll mit der Umwelt auseinanderzusetzen, aus den dabei gemachten Erfahrungen zu lernen und sich dadurch besser auf künftige Anforderungen einzustellen. Die Intelligenz des Menschen nimmt in den ersten Lebensjahren sehr schnell zu. In der Jugendzeit ist hingegen ein im Vergleich zur frühen Kindheit relativ geringer Intelligenzzuwachs zu erwarten. Die Intelligenzentwicklung flacht zum Ende des Jugendalters deutlich ab. Die Veränderungen in der Jugendzeit beziehen sich vor allem auf:

- den Wortschatz,
- das Gedächtnis,
- die Abstraktionsfähigkeit,
- die Fähigkeit zur Verallgemeinerung und zum besseren Verstehen komplexer Zusammenhänge.

In der Vorreifezeit ist der Jugendliche unruhig, reizbar und unsicher. In dieser Zeit fehlt ihm die im späten Schulkinderalter besonders ausgeprägte Fähigkeit zum Auswendiglernen. Er vergißt sehr schnell. Die Fähigkeit zur Abstraktion und zum technisch-konstruktiven Denken beginnt sich zu entwickeln.

In der Pubertät beginnt der Jugendliche seine gewonnenen geistigen Fähigkeiten zur Abstraktion einzusetzen.

In der Adoleszenz ist der Jugendliche auf Sachlichkeit und Logik im Denken bedacht.

96. Zählen Sie die wichtigsten Sozialisationsinstanzen auf!

Sozialisationsinstanzen sind:

- Die Familie,
- der Kindergarten,
- die Schule,
- die Gruppe der Gleichaltrigen,
- der Ausbildungsbetrieb,
- die Behörden,
- die Berufsberatung, die Kirchen,
- die Nachbarn,
- die Leute auf der Straße,
- die Massenmedien,
- Kultur und Politik.

97. Wodurch ist a) die Frühentwicklung und b) die Spätentwicklung eines Menschen gekennzeichnet?

Der Entwicklungsstand der Auszubildenden gleichen Alters ist unterschiedlich. Der Entwicklungsprozeß des einzelnen Jugendlichen kann im Vergleich mit dem Durchschnitt der Jugendlichen insgesamt vorauseilen oder sich insgesamt verzögern.

Die Entwicklung kann in Teilbereichen unterschiedlich schnell verlaufen, so daß z.B. einer vorauseilenden körperlichen Reife eine Unreife auf geistig-seelischem Gebiet gegenübersteht.

Bei den frühreifen Jugendlichen sind folgende Fälle zu unterscheiden:
(Normale Entwicklung)

- körperlich und physisch frühreif,
- körperlich frühreif, psychisch normal oder verzögert,
- körperlich normal oder verzögert, psychisch frühreif.

Bei der Ausbildung von Frühentwicklern ist zu beachten:

- Frühentwickler werden früher als andere aus der Kindheit herausgerissen.
- Sie genießen wegen ihrer Körperkraft oder Größe hohes Ansehen.
- Sie erreichen in der Ausbildung oft mit geringem Aufwand hohe Anfangserfolge. Wenn die übrigen Gleichaltrigen den Entwicklungsvorsprung der Frühentwickler aufgeholt haben, fallen diese teilweise in ihren Leistungen ab.
- Sie erscheinen im allgemeinen selbstsicherer und ausgeglichener, sie verhalten sich im sozialen Bereich angemessener.

Bei der Ausbildung von Spätentwicklern ist zu beachten:

- Sie werden von gleichaltrigen Jugendlichen nicht für voll genommen.
- Sie leiden unter der Vorstellung, daß sie sich nicht voll entwickeln würden.
- Sie sind sehr empfindlich und werten Scherze oder Bemerkungen als Angriffe auf ihre Person.
- Sie werden oft als weniger intelligent angesehen als normal entwickelte Jugendliche, da man ihren Entwicklungsrückstand nicht immer erkennt und berücksichtigt.
- Sie werden bei einer Gleichbehandlung aller Auszubildenden leicht überfordert.
- Sie zeigen die Tendenz zur Entwicklung von Verhaltensstörungen, die auch noch andauern, wenn der Entwicklungsvorsprung der anderen bereits aufgeholt ist.

98. Wodurch sind Akzeleration und Retardierung gekennzeichnet?

Akzeleration bedeutet eine deutliche Entwicklungsbeschleunigung im körperlichen Bereich gegenüber der Situation der vorangegangenen Generation. Die geistig-seelische Entwicklung läuft im Vergleich zur körperlichen Entwicklung verzögert ab. Dies bezeichnet man als Retardierung.

Als Ursache sieht man die Kompliziertheit unserer Gesellschaft an. Der junge Mensch muß sich heute viel mehr Kenntnisse in aufeinanderfolgenden Bildungsgängen erwerben, als frühere Generationen. Er muß sich mit zum Teil widersprüchlichen Normen und Wertvorstellungen auseinandersetzen. Er findet seinen Standort erst in einem langen Prozeß des Suchens, Wählens und Erprobens. Dies gilt auch für seine Verhaltensmuster und seine Wertvorstellungen. Diese Voraussetzungen sind notwendig zur Erlangung einer eigenständigen Existenz in der Gesellschaft.

Retardierung kann aber auch, bezogen auf einen Einzelnen, eine individuelle Verzögerung der Intelligenzentwicklung aufgrund ungünstiger Sozialverhältnisse oder als Folge von Gehirn-, Drüsen- oder Stoffwechselerkrankungen gegenüber Gleichaltrigen bedeuten.

99. Wie vollziehen sich Berufswahl und Berufsfindung?

Mit dem Eintritt in ein Ausbildungsverhältnis sollte der Ausbilder dem Jugendlichen helfen, Selbstvertrauen zu entwickeln, Einstellungen zu entwickeln, die beruflichen Erfolge erst ermöglichen, den Wert des Berufes im menschlichen Leben zu erkennen, die Anforderungen richtig einzuschätzen, die verschiedenen Berufspositionen an das fachliche Können und die menschliche Qualität des Positionsinhabers stellen.

100. Wie wirken Eignung und Neigung bei der Berufswahl zusammen?

Unter Eignung versteht man im Zusammenhang mit der Berufswahl die Fähigkeit des Jugendlichen, die Anforderungen eines bestimmten Ausbildungsberufes zu erfüllen und durch Kenntniserwerb und Üben von Fertigkeiten das beruflich erforderliche Leistungsniveau zu erreichen. Die Eignung findet vor allem in den folgenden Persönlichkeitsmerkmalen ihren Ausdruck:

a) Intelligenz und Kreativität
b) Lern- und Übungsfähigkeit
c) Handgeschicklichkeit
d) Vitalität, Antrieb, Temperament
e) Aufmerksamkeit, Konzentration.

Mißerfolgserlebnisse als Folge von Über- oder Unterforderungen des Jugendlichen können für seine Persönlichkeitsentwicklung unerwünschte und unangenehme Folgen haben.

Unter der Neigung versteht man im Zusammenhang mit der Berufswahl die positive, gefühlsbetonte Zuwendung zu den Tätigkeiten des Ausbildungsberufes, durch die Neigung setzt sich der Jugendliche Ziele, deren Erreichen Befriedigung auslöst, bzw. deren Nichterreichen Unzufriedenheit bewirkt. Zur Neigungsfeststellung können folgende Fragen beitragen:

- Welche Vorstellungen hat der Bewerber von dem in Aussicht genommenen Beruf?
- Was hat den Bewerber dazu gebracht, diesen Beruf anzustreben?
- Welche Hobbys hat der Bewerber und welchen bestimmten anderen Freizeit beschäftigungen geht er nach?

Die berufliche Motivation umfaßt:

a) sich auf einen Beruf einzustellen,
b) ihn in seine Entwicklung und Lebenspläne einzubeziehen,
c) ihm einen Sinn und Stellenwert im Leben zu geben,
d) sich den Anforderungen des Berufes voll zu stellen,
e) die beruflich bedeutsamen Verhaltensmuster zu übernehmen und das Gesamtverhalten am Beruf zu orientieren.

Diese Ziele kann der Ausbilder fördern, indem er:

a) den Jugendlichen bei der Definition von Berufszielen, Lernzielen und persönlichen Zielen hilft,
b) den Jugendlichen hilft, ihre beruflichen Erfolge und deren Wirkung auf die Umwelt zu erkennen,

c) den Jugendlichen Verantwortung zutraut und ihnen hilft, in zunehmendem Maße beruflich kompetent zu werden,
d) ihnen menschliche Anteilnahme entgegenbringt.

Ferner sollte der Ausbilder typenentsprechende Anreize vermitteln:

a) dem Ehrgeizigen höhere Positionen anorientiert,
b) dem Sicherheitsbewußtsein sichere Arbeitsplätze anvisiert,
c) die Kontaktfreudigkeit an Teamarbeit orientiert,
d) denjenigen Handlungsspielraum einräumt, die sich entfalten möchten.

Intelligenz versetzt den Menschen in die Lage:

a) nach dem wirtschaftlichen Prinzip zu handeln,
b) logisch zu denken,
c) Erkenntnisse zu sammeln und auszuwerten,
d) die Anforderungen eines Berufes zu erfassen und ihnen durch Lernen zunehmend zu entsprechen.

Die Intelligenz läßt sich in mehrere weitgehend voneinander unabhängige primäre Intelligenzfaktoren zergliedern:

a) Auffassungsgeschwindigkeit
b) sprachliche Gewandtheit
c) Wortflüssigkeit
d) Leichtigkeit im Umgang mit Zahlen
e) Raumvorstellung
f) Gedächtnis
g) schlußfolgerndes Denken.

101. Was versteht man unter Kreativität?

Unter Kreativität versteht man ein Gefüge von Persönlichkeitsmerkmalen, das als die Grundlage für originale, produktive und schöpferische Leistungen angesehen wird, d.h. die Kombination neuer Denkweisen aus verschiedenen Bereichen.

Voraussetzungen bzw. wichtige Persönlichkeitsmerkmale für Kreativität sind:

a) seelische und gefühlsmäßige Stabilität,
b) ausgeprägte Leistungsmotivation,
c) Selbstbewußtsein und Unabhängigkeit im Urteil,
d) die Fähigkeit, Mißerfolge zu ertragen,
e) vielseitige Interessiertheit.

Kreative Menschen können:

a) Ideen flüssiger produzieren,
b) mit feinem Gespür Probleme finden, die andere nicht erkennen,
c) Gesichtspunkte einer Betrachtung schneller wechseln.

102. Was versteht man unter Innovation?

Innovation ist die Realisierung neuer Vorstellungen, um auf diese Weise Vorteile gegenüber anderen zu erzielen. Charakteristisch sind im Berufsbildungsbereich folgende Fragestellungen:

a) Erkennt der Auszubildende Probleme, die andere Auszubildende nicht wahrnehmen?
b) Macht der Auszubildende zu organisatorischen, technischen, werblichen oder personellen Gegebenheiten, auch wenn diese allgemein nicht als Problem angesehen werden, Änderungsvorschläge?
c) Gibt der Auszubildende im fragend-entwickelnden Unterricht häufig einfallsreiche Antworten?
d) Zeichnen sich die Problemlösungsvorschläge des Auszubildenden durch Originalität aus?
e) Zeichnen sich die Auszubildenden auch im Alltagsleben durch hohe Leistungen aus?

103. Was versteht man unter Vitalität?

Die Lern- und Arbeitsleistungen der einzelnen Auszubildenden werden von der individuell verschiedenen körperlichen Spannkraft und dem seelischen Elan mitbestimmt. Man bezeichnet diesen Faktor als Vitalität, d.h. als Lebenskraft. Die Vitalität ist eine anlagebedingte Eigenschaft.

Die Vitalität drückt sich aus:

a) im Antrieb
b) in der Eindringlichkeit und Ausdauer des Verhaltens
c) in der Ermüdbarkeit und Erholungsfähigkeit
d) in der körperlichen und seelischen Belastbarkeit
e) im Temperament.

104. Was versteht man unter Antrieb?

Antrieb ist die körperlich-seelische Energiequelle, die das Verhalten des Jugendlichen in Gang setzt und in Gang hält und ferner die mehr oder minder kraftvolle Ausprägung des Verhaltens bestimmt und reguliert.

Der Antrieb beruht auf der Vitalität. Er ist als die Kraft zu verstehen, die in das jeweilige Verhalten des Menschen eingeht, aber nicht von vornherein auf bestimmte Handlungsziele ausgerichtet ist. Der Antrieb ist bei den einzelnen Menschen unterschiedlich ausgeprägt. Die Ausprägung hängt entscheidend davon ab, ob der junge Mensch bisher eine angemesene Auseinandersetzung mit der Entwicklungsaufgabe erlebt hat.

Man unterscheidet folgende Grundtypen des Antriebs:

a) Einen starken Antrieb, der wenig Schwankungen unterliegt. Es liegen günstige Voraussetzungen für eine dynamische und tatkräftige Berufsarbeit vor, die durch große Ausdauer gekennzeichnet ist.
b) Einen starken Antrieb, jedoch mit großen Schwankungen. Hier sind Antrieb und Schwung nur von kurzer Dauer. Ideen werden nicht in die Tat umgesetzt, bzw. angegangenen Arbeiten nicht oder nur lustlos zu Ende geführt.
c) Einen (mittleren) Antrieb, der wenig Schwankungen unterliegt. Diese Antriebsstruktur ist für Verwaltungstätigkeiten und andere arbeitsplatzgebundene Berufsarbeiten, sowie bei Arbeiten, bei denen Einordnung in eine Gruppe zurückstehen muß, angemessen.

d) Einen schwachen, aber gleichmäßigen Antrieb. Diese Antriebsstruktur ist für die Ausführung von sich ständig wiederholenden Arbeitsvorgängen geeignet, die von Menschen mit starkem Antrieb wegen ihrer Gleichförmigkeit nur schwer ertragen werden können.
e) Einen schwachen Antrieb, der Schwankungen unterliegt.
In diesem Fall muß die Antriebsschwäche durch äußere Anreize, wie z.B. durch Lob und Tadel und ständige Beobachtung beeinflußt werden.

105. Wie wird Ausdauer definiert?

Ausdauer ist ein Persönlichkeitsmerkmal, das ursächlich mit der Vitalität und dem Antrieb zusammenhängt.

Ausgeprägte Ausdauer äußert sich in:

a) gleichmäßigen Leistungen über einen längeren Zeitraum hinweg,
b) einer geringen Zahl von künstlichen Pausen (Zigaretten- oder Gesprächspausen)
c) der Nichtbeachtung von störenden Einflüssen
d) der Fortsetzung des Lern- und Arbeitsverhaltens auch in solchen Phasen, in denen Schwierigkeiten auftreten.

106. Was versteht man unter Aufmerksamkeit?

Aufmerksamkeit kann als eine allgemeine Tendenz im Antrieb und im Willensbereich eines Menschen aufgefaßt werden, die darauf gerichtet ist, die Umwelt insgesamt oder bestimmte Gegenstände in ihr wahrzunehmen und klarer zu sehen. Die Aufmerksamkeit des Menschen hängt von den jeweiligen Umweltsituationen, aber auch von der allgemeinen Wachheit, von den Interessen, Erwartungen, Einstellungen und Vorsätzen des einzelnen Menschen ab. Daher hängt der Erfolg der Ausbildung wesentlich von dem Grad der Aufmerksamkeit ab, den der einzelne an einer Sache, etwa der Berufsausbildung, aufbringen kann oder will. Ständige Fehler lassen vielfach Aufmerksamkeitsschwächen erkennen.

107. Was versteht man unter Konzentration?

Unter Konzentration versteht man das mehr oder minder lange Ausrichten der Aufmerksamkeit auf eng umgrenzte Sachverhalte, Vorgänge und Ideen.

Eine hohe Konzentration hängt ab von:

a) einer ausreichenden Vitalität
b) der Stärke und der Gleichmäßigkeit des Antriebs,
c) von einer allgemeinen Aktivierung oder Anspannung
d) von den Interessen und Einstellungen
e) von relativer Ungestörtheit
f) von dem erreichten Grad der Übung, das Bewußtsein einzuengen und auszurichten.

Die Konzentration wird beeinträchtigt durch:

a) Ermüdung und Monotonie bei unzureichender psychischer Anspannung
b) körperlich oder seelische Mängel
c) Mangel an Interesse

d) hinderliche Einstellung, wie z.B. Ablehnung der Leistung
e) störende Umwelteinflüsse wie z.B. Lärm, Hitze, Zugluft, Zigarettenrauch
f) Alkoholgenuß
g) unbestimmte Ängste
h) Überforderung und Unterforderung.

Die Konzentrationsfähigkeit ist eine beruflich bedeutsame Eigenschaft, die im Verlauf der Ausbildung entwickelt werden muß. Der Ausbilder sollte zur Förderung der Konzentrationsfähigkeit darauf achten, die verschiedenen Fähigkeiten zu erkennen und Fehlbeanspruchungen zu vermeiden. Der Auszubildende wird dann Langeweile, Eintönigkeit und Abstumpfung empfinden.

Bedeutsame berufliche Ausbildungsmuster sind:

a) Aufmerksamkeit und Konzentration
b) Entscheidungs- und Problemlösungsmöglichkeiten
c) Eigeninitiative und Teamfähigkeit
d) Selbständigkeit und Kreativität
e) Verantwortungsbewußtsein.

108. Wann empfiehlt sich die Vornahme von Beurteilungen?

Bei der Auswahl von Beurteilungsmerkmalen ist zu unterscheiden:

a) Beurteilungen am Beginn der Ausbildung oder am Ende der Probezeit. Hier sollten grundlegende Persönlichkeitsmerkmale beurteilt werden, wie z.B. Neigung, Intelligenz, Antrieb, Ausdauer, Aufmerksamkeit, Konzentration.
b) Beurteilungen in späteren Ausbildungsphasen. Hier können beruflich bedeutsame Merkmale einbezogen werden, wie z.B. Zielorientierung des Verhaltens, eigenverantwortliches Handeln, Sorgfalt der Arbeitsaufführung, selbstkritische Verhaltenskontrolle.

109. Welche Möglichkeiten der Freizeitgestaltung bestehen?

Möglichkeiten der Freizeitgestaltung:

a) Die Freizeit dient der Erholung und Wiederherstellung der beruflichen Leistungsfäigkeit,
b) in der Freizeit bietet sich dem Jugendlichen die Möglichkeit, Güter, Dienstleistungen und Unterhaltungsangebote zu konsumieren,
c) in der Freizeit kann sich der Jugendliche persönlich entsprechend seinen Interessen und Begabungen entfalten,
d) der Jugendliche kann sich mit Gleichaltrigen treffen und sich auf die Erwachsenenrolle vorbereiten.

Gefährdungen können entstehen durch:

a) falsche Gestaltung der Freizeit,
b) soziale Gefährdung,
c) negativ prägende Erlebnisse
d) Alkoholmißbrauch
e) Drogenkonsum.

110. Was versteht man unter der Kontrolle als Erziehungsmittel?

a) das Leistungsverhalten der Jugendlichen stetiger zu machen,
b) die Einhaltung von Geboten und Verboten zu sichern,
c) Abweichungen vom Lern- oder Arbeitsziel zu verhindern
d) die Auszubildenden zu motivieren, weil ihre Tätigkeiten vom Ausbilder beachtet werden,
e) die Anlässe für Lob, Kritik, Tadel und Strafen zu erkennen.

111. Welche psychischen Ursachen können Erziehungsschwierigkeiten zugrunde liegen?

Psychische Ursachen von Verhaltensauffälligkeiten sind oft die Folge früherer Erziehungsfehler.

Übermäßige Bedürfniserfüllung (Verwöhnung):

a) Der junge Mensch wurde ständig unterfordert, so daß sich Anstrengungsbereitschaft und Selbstbeherrschung nicht ausreichend entwickelt haben.
b) Den Jugendlichen wurden alle Wünsche sofort erfüllt, er lernte nicht, daß Arbeit zur Erreichung von Erfolg notwendig ist.
c) Berufstätige Eltern haben die persönliche Zuwendung durch Bedürfnisbefriedigung ersetzt, bzw. die Verwöhnung war mit übertriebenem gefühlsmäßigen Kontakt verbunden.
d) Das Kind wurde in Abhängigkeit gehalten, um zu verhindern, daß ihm etwas zustößt.

Typische Folgen sind: Übertriebene Ansprüche an andere, geringe Anstrengungsbereitschaft, Entmutigung, Ungeduld und Leistungsversagen.

Übermäßig beschützende Erziehung:

a) Dem Kind und Jugendlichen wurden Bewährungssituationen des Lebens durch die Eltern weitgehend vorenthalten.
b) Die Aktivität des jungen Menschen wurde unterbunden, so daß er nicht lernen konnte Ziele selbständig zu finden und anzustreben, Fehler zu machen und die Folgen von Fehlern zu verarbeiten.
c) Dem jungen Menschen wurde zu wenig zugemutet. Er lernte nicht, sich anzustrengen, seine Kräfte auszuschöpfen und dadurch zu entwickeln.

Typische Folgen sind: Geringe Durchhaltefähigkeit, Angst, Bequemlichkeit, Passivität und Entmutigung.

Übermäßige Bedürfnisunterdrückung:

a) Durch autoritäre Starrheit der Erziehungsberechtigten wurde der Verhaltensspielraum des Kindes oder Jugendlichen unnötig eingeschränkt.
b) Durch eine übermäßig strenge (oft moralisierende und strafende) Erziehung wurde die Herausbildung einer selbständigen Persönlichkeit verhindert.
c) Der junge Mensch ist in gestörten menschlichen Beziehungen aufgewachsen bzw. litt unter Liebesentzug (unerwünschtes Kinde, Heimunterbringung oder Scheidung der Eltern)

4.3 Der Jugendliche in der Ausbildung 477

d) Der junge Mensch erlebte häufig Gewaltanwendungen der Eltern untereinander und gegen sich selbst.

Typische Folgen sind: Lügen, Nervosität, Unselbständigkeit, Angst, Mißtrauen, Entmutigung.

Unbeabsichtigte (funktionale) Einwirkungen auf die Erziehung:

a) Der junge Mensch übernahm unbewußt leistungshemmende Einstellungen und Verhaltensmuster, z.B. von Gleichaltrigen und Bezugspersonen außerhalb der Familie.
b) Der junge Mensch orientiert sich bewußt an Personen mit negativen Einflüssen. Er wurde im Freizeitbereich verführt (Alkohol, Drogen).
c) Der junge Mensch hatte schwerwiegende Mißerfolge im Bereich sozialer Kontakte, wie fehlende Freunde, Zurückweisungen, Enttäuschungen durch menschliches Versagen von Freunden und Partnern.

Typische Folgen sind: Bummeln, Mutlosigkeit, Mißtrauen, Opposition und Aggresion.

112. Welche Arten von Sicherheitskennzeichnungen bestehen am Arbeitsplatz?

Die Sicherheitskennzeichnung benutzt drei Elemente: Form, Farbe und Symbol. Die Zeichen müssen so groß ausgeführt werden, daß sie auch bei großer Entfernung noch deutlich erkennbar sind.

Verbotszeichen sind kreisförmig, rot umrandet und mit einem roten Querbalken und schwarzem Symbol auf der Kontrastfarbe weiß. Die Verbotszeichen geben Tätigkeiten an, die Gefahren auslösen können und daher verboten sind.

Beispiele sind:

a) Rauchen verboten
b) Feuer, offenes Licht und Rauchen verboten,
c) für Fußgänger verboten,
d) mit Wasser löschen verboten,
e) kein Trinkwasser,
f) für Flurförderfahrzeuge verboten,
g) nichts abstellen oder lagern
h) Zutritt für Unbefugte verboten.

Warnzeichen sind dreieckig, schwarz umrandet mit schwarzem Symbol auf der Kontrastfarbe gelb. Diese Zeichen warnen vor Gefahr.

Beispiele sind: Warnung vor:

a) giftigen Stoffen,
b) ätzenden Stoffen,
c) radioaktiven Stoffen oder ionisierenden Strahlen,
d) schwebender Last,
e) Flurfahrzeugen
f) gefährlicher elektrischer Spannung,
g) einer Gefahrenstelle,
h) Laserstrahl.

Rettungszeichen sind viereckig mit weißen Symbolen auf grünem Grund. Die Rettungszeichen weisen auf Notausgänge oder auf Einrichtungen zur ersten Hilfe hin (dazu zählen z.B. Hilfsstationen, Krankentragen und Ärzte).

Gebotszeichen sind rund, mit weißem Bildzeichen auf blauem Grund. Die Gebotszeichen schreiben ein bestimmtes Verhalten vor.

Beispiele sind:

a) Augenschutz tragen,
b) Schutzhelm tragen,
c) Gehörschutz tragen,
d) Atemschutz tragen,
e) Schutzschuhe tragen,
f) Schutzhandschuhe tragen,
g) für Fußgänger.

113. Welche Einflüsse auf die Leistungsbereitschaft sind feststellbar?

Man unterscheidet zwischen psychologischen und physiologischen Einflüssen, d.h. die den Organismus des Menschen betreffenden Einflüsse.

Psychologische Einflüsse, die die Leistungsbereitschaft erhöhen sind: Erfolgserlebnisse, interessante Arbeit, berufsbezogene Motive, starker und dauerhafter Antrieb, Zufriedenheit, weitgehend konfliktfreie, soziale Beziehungen, partnerschaftlicher Führungsstil, zufriedenstellende Rollen im Betrieb und in Familie und Gesellschaft, Erwartungen aus der Umwelt, fördernde Umwelteinflüsse.

Physiologische Einflüsse, die die Leistungsbereitschaft erhöhen sind: Gesundheit, keine körperliche Behinderung, richtige Ernährung, behagliches Klima, keine störenden physikalischen oder chemischen Umwelteinflüsse, Gewöhnung an die Arbeitssituation, hohes Übungsniveau, normaler Entwicklungszustand.

114. Welche Beziehungen bestehen zwischen Leistungsfähigkeit und Leistungsbereitschaft?

Beziehungen zwischen Leistungsfähigkeit und Leistungsbereitschaft:

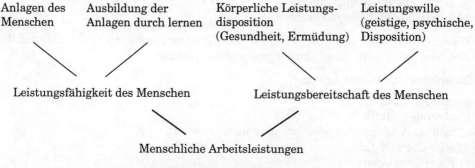

Gestaltungsbereiche sind vor allem:
a) Die Ausbildung der Anlagen durch lernen.
b) Die Beeinflussung des Leistungswillens.

115. Was versteht man unter einem Führungsstil?

Ein Führungsstil ist die Kombination typischer Merkmale zur Beschreibung der Art und Weise, wie geführt wird. Er ist die grundsätzliche Handlungsmaxime des Vorgesetzten (Scholz S. 360, 367).

116. Von welchen Faktoren hängt die menschliche Arbeitsleistung ab?

Die menschliche Arbeitsleistung hängt ab von

a) den Arbeitsbedingungen (technisch, organisatorisch)
b) der Leistungsfähigkeit (individuelles Fachwissen und -können in Abhängigkeit von Ausbildung, Erfahrung und Einarbeitung)
c) der Leistungsbereitschaft, physische (körperliche) Verfassung (müde, ausgeschlafen)
psychisch (seelisch) = Antriebsniveau, Motivation in Abhängigkeit von Anreizen wie Verdienst, Anerkennung, Selbstverwirklichung u.a.

117. Was sind Außenseiter?

Als Außenseiter bezeichnet man ein Mitglied einer sozialen Gruppe, das gegenüber anderen Mitgliedern dieser Gruppe eine besondere Position und Rolle einnimmt dergestalt, als es von den dort jeweils gegebenen oder gesetzten bzw. akzeptierten d.h. gültigen Wertvorstellungen und Normen unbewußt oder bewußt (auffallend) abweicht.

Die Abweichung kann passiver oder aktiver Natur sein: Entweder wird dem Außenseiter seine Rolle zugemutet bzw. aufgezwungen oder er begibt sich ganz bewußt in ein solches Rollenverhalten hinein.

4.4 Rechtsgrundlagen

01. Was ist Recht, was sind Rechtsgrundlagen und welche Arten von Rechtsgrundlagen werden unterschieden?

Recht ist die verbindliche Ordnung sozialen Lebens, des gesellschaftlichen Zusammenlebens der Menschen. Anders als bei Tieren, bei denen in der Regel schon die angeborenen Verhaltensweisen (Instinkte) ein geregeltes Miteinander innerhalb der Tiergemeinschaft sichern, bedarf es zur Begründung des menschlichen Zusammenlebens einer eigenen Einrichtung, der Rechtsordnugnen.

Rechtsgrundlagen geben Aufschluß über Gebote und Verbote. Man unterscheidet:

a) das geschriebene Recht (Gesetze, Verordnungen, Satzungen)
b) Gewohnheitsrecht und Richterrecht (insbesondere das Recht der obersten Bundesgerichte)
c) vereinbartes Recht, z.B. Kauf- und Arbeitsverträge.

02. Wie wird das Recht generell unterteilt?

Man unterscheidet:

a) öffentliches und privates Recht.
   Das Arbeitsrecht enthält sowohl Vorschriften aus dem öffentlichen als auch aus dem privaten Recht. Der Arbeitsvertrag ist privates Recht, der Rahmen (Tarifvertrag) öffentliches Recht. Öffentliches Recht ist z.B. das Baurecht und das Straßenverkehrsrecht, privates Recht BGB und HGB. Beim privaten Recht handelt es sich um Rechtsbeziehungen gleichberechtigter Partner, beim öffentlichen Recht in der Regel um Rechtsbeziehungen, bei denen ein Partner (die Staatsgewalt) dem anderen (Bürger) übergeordnet ist und Zwang ausgeübt werden kann.
b) materielles und formelles Recht
   Das materielle Recht besagt, wann ein Anspruch besteht und das formelle, wie dieser Anspruch durchgesetzt werden kann. Das BGB enthält z.B. materielles Recht, die Zivilprozeßordnung formelles Recht.

03. In welchen Streitfällen ist das Arbeitsgericht zuständig?

Bei Streitigkeiten aus einem Ausbildungs- oder Beschäftigungsverhältnis zwischen Auszubildenden bzw. Arbeitnehmern und Arbeitgebern.

04. In welchen Streitfällen ist a) das Verwaltungsgericht und b) das Amts- oder Landgericht zuständig?

Bei Streitigkeiten zwischen einem Bürger und einer Behörde (z.B. wegen einer Baugenehmigung). In Streitfällen zwischen einem Betrieb und einer zuständigen Stelle über die Eintragung eines Berufsbildungsverhältnisses oder wegen einer nicht bestandenen Prüfung zwischen dem Prüfling und der zuständigen Stelle.
Vor dem Amts- bzw. Landgericht werden zivile Streitigkeiten je nach Höhe des Streitwertes bzw. Strafsachen verhandelt.

4.4 Rechtsgrundlagen

05. Was besagt das Grundgesetz der Bundesrepublik Deutschland im Hinblick auf die Grundrechte und insbesondere im Hinblick auf die Freiheit der Berufswahl, die Berufsausbildung und die Berufsausübung?

Das Grundgesetz hat Vorrang vor allen anderen Gesetzen. Artikel 12 Grundgesetz besagt, daß alle Deutschen das Recht haben, Beruf, Arbeitsplatz und Ausbildungsstätte frei zu wählen. Die Berufsausübung kann jedoch durch Gesetze geregelt oder eingeschränkt werden, sofern dies im öffentlichen Interesse geboten ist (z.B. bei persönlicher Unzuverlässigkeit).

06. Welcher Personenkreis fällt unter das IHK-Gesetz?

Der Industrie- und Handelskammer gehören alle zur Gewerbesteuer veranlagten natürlichen Personen, Handelsgesellschaften und juristischen Personen des privaten und öffentlichen Rechts als Pflichtmitglieder an, die im Bezirk dieser Kammer eine gewerbliche Niederlassung, Betriebsstätte oder Verkaufsstelle unterhalten. Nicht unter das IHK-Gesetz fallen Handwerksbetriebe, Landwirte und die freien Berufe (d.h. z.B. Rechtsanwälte, Ärzte). Im Gegensatz zu einer natürlichen Person ist eine juristische Person eine Gesellschaft oder Institution. Diese wird durch den Vorstand oder die Geschäftsführung vertreten. Juristische Personen des Privatrechts sind GmbH und AG, juristische Personen des öffentlichen Rechts sind Kammern, Universitäten und öffentlich-rechtliche Rundfunkanstalten.

07. Welche Bedeutung hat die Gewerbeordnung für Gewerbebetriebe?

Jede Gewerbeausübung muß sich an den Vorschriften der Gewerbeordnung orientieren. Zusätzlich bestehen für bestimmte Bereiche oder Gewerbezweige Sonderregelungen. Die Nichtbeachtung solcher Vorschriften kann mit Geldbußen oder einer Gewerbeuntersagung geahndet werden.

08. Definieren Sie die Begriffe Ausbildender, Ausbilder und Auszubildender?

Ausbildender ist in der Regel der Betriebsinhaber, Ausbilder ist derjenige, der für die Ausbildung ausdrücklich zu bestellen und verantwortlich ist sowie diese im wesentlichen selbst durchführt. Auszubildender ist der frühere Lehrling.

09. Was versteht man unter Berufsbildung im Sinne des Berufsbildungsgesetzes?

Berufsbildung im Sinne des § 1 BBiG ist Ausbildung, Fortbildung und Umschulung.

10. Wie ist Berufsausbildung zu vermitteln?

Aufgabe der Berufsausbildung ist es, eine breit angelegte berufliche Grundbildung, die für die Ausübung einer qualifizierten beruflichen Tätigkeit notwendigen fachlichen Fertigkeiten und Kenntnisse in einem geordneten Ausbildungsgang zu vermitteln und überdies den Erwerb der beruflichen Berufserfahrung zu ermöglichen.

11. Wo wird die Berufsbildung durchgeführt?

Die Berufsbildung wird durchgeführt in Betrieben der Wirtschaft, in vergleichbaren Einrichtungen außerhalb der Wirtschaft (öffentlicher Dienst, in freien Berufen, Haushaltungen und sonstigen Berufsbildungseinrichtungen wie Umschulungsstätten sowie in berufsbildenden Schulen). Die Berufsbildung wird ausschließlich in anerkannten Ausbildungsberufen durchgeführt.

12. Welche Rechtsgrundlagen sind bei der Durchführung der Berufsbildung zu berücksichtigen?

Grundlagen der Berufsbildung sind die geltenden Bestimmungen des Berufsbildungsgesetzes, das die Bedingungen, unter denen ausgebildet werden darf, vorschreibt sowie die Ausbildungsordnung des jeweiligen Ausbildungsberufes und der sonstigen rechtlichen Vorschrifrten (z.B. Schulgesetz, Jugendarbeitsschutzgesetz).

13. Was ist das Ziel beruflicher Fortbildung?

Die berufliche Fortbildung soll es ermöglichen, die beruflichen Kenntnisse und Fertigkeiten zu erhalten, zu erweitern, der technischen Entwicklung anzupassen oder beruflich aufzusteigen.

14. In welchen Fällen gilt das Berufsbildungsgesetz nicht?

Das Berufsbildungsgesetz gilt nicht für die Berufsausbildung in berufsbildenden Schulen, soweit diese nach den jeweiligen Schulgesetzen der Bundesländer durchgeführt wird sowie für die Berufsausbildung in einem öffentlich-rechtlichen Dienstverhältnis.

15. Welche Eignungen werden im Berufsbildungsgesetz unterschieden und wie sind diese beschrieben?

Die persönliche, fachliche, berufs- und arbeitspädagogische und betriebliche Eignung.

Die persönliche Eignung fehlt z.B. Personen, die Kinder und Jugendliche nicht beschäftigen dürfen oder die wiederholt oder schwer gegen das Jugendarbeitsschutzgesetz verstoßen haben.

Die für die fachliche Eignung erforderlichen Fertigkeiten und Kenntnisse besitzt, wer das 24. Lebensjahr vollendet hat und eine Abschlußprüfung in einer dem Ausbildungsberuf entsprechenden Fachrichtung bestanden hat oder eine einschlägige Hochschulprüfung mit angemessener Berufstätigkeit nachweisen kann.

Die berufs- und arbeitspädagogische Eignung wird durch die Ausbilderprüfung nachgewiesen.

Die betriebliche Eignung setzt voraus, daß die Ausbildungsstätte nach Art und Einrichtung für die Berufsausbildung geeignet ist.

4.4 Rechtsgrundlagen

16. Wer ist für die Eignungsfeststellung a) der Betriebe, b) der Auszubildenden zuständig?

Die Eignungsfeststellung der Betriebe obliegt dem Ausbildungsberater der zuständigen Stelle. Für die Eignungsfeststellung der Auszubildenden ist der Betrieb zuständig. Er kann sich dabei der Hilfe des psychologischen Dienstes des Arbeitsamtes bedienen.

17. Wer erkennt die Eignung der Berufsausbildung des Ausbildenden oder des Ausbildungsbetriebes ab?

Die nach Landesrecht zuständige Stelle (Regierungspräsident oder die von ihm beauftragte Behörde), Stadt oder Landkreis auf Antrag der zuständigen Stelle (d.h. der IHK oder der Handwerkskammer bei handwerklichen Berufen).

18. Welche Aufgaben hat der Ausbildungsberater der zuständigen Stellen zu erfüllen?

Die Feststellung der Eignung der Betriebe, Förderung und Beratung der Auszubildenden und der Betriebe, Feststellung und Abstellung evtl. Mängel gemäß § 45 BBiG.

19. Welche Möglichkeiten hat der Ausbildungsberater bei der Feststellung von Ausbildungsmängeln?

Der Ausbildungsberater kann je nach Lage des Falles dem Betrieb beratend helfen, er kann Auflagen erteilen, die der Betrieb erfüllen muß oder er kann androhen, über die Geschäftsführung bei der nach Landesrecht zuständigen Stelle, d.h. dem Regierungspräsidenten, der Stadtverwaltung oder dem Landkreis Geldbußen oder die Aberkennung der Ausbildungsbefugnis zu beantragen.

20. Unter welchen Voraussetzungen kann das Einstellen und Ausbilden untersagt werden?

Die nach Landesrecht zuständige Stelle hat das Einstellen und Ausbilden zu untersagen, wenn die persönliche oder fachliche Eignung des Ausbilders nicht mehr vorliegt, bzw. wenn die betriebliche Eignung durch Änderung der Sortimentsstruktur entfallen ist.

21. Wann gilt ein Berufsausbildungsvertrag als abgeschlossen und wann ist er zur Eintragung der zuständigen Stelle vorzulegen?

Ein Berufsausbildungsvertrag gilt bei mündlicher Vereinbarung als abgeschlossen. Er muß unverzüglich nach Einigung über die Begründung eines Berufsausbildungsverhältnisses, spätestens vor Beginn der Ausbildung, damit bei einem evtl. Mangel die Ausbildung gar nicht erst beginnt, bei der Kammer zur Eintragung vorgelegt werden. Liegt bei Beginn der Ausbildung noch kein eingetragener Vertrag vor, so haftet der Betrieb für alle Folgen. Der Betrieb muß z.B. das dem Jugendlichen zustehende Kindergeld tragen, da der Jugendliche stets einen Anspruch auf das Kindergeld hat, der Staat aber das Kindergeld erst mit der

Eintragung übernimmt. Kann der Vertrag aus rechtlichen Gründen überhaupt nicht eingetragen werden, erhält der Jugendliche für die Zeit seiner ungesetzlichen Tätigkeit als vermeintlicher Auszubildender volles Gehalt bzw. Lohn als Fachkraft nach Tarif.

22. Welche Angaben muß ein Berufsausbildungsvertrag zwingend enthalten?

1) Art, sachliche und zeitliche Gliederung und Ziel der Ausbildung,
2) Beginn und Dauer der Ausbildung,
3) Ausbildungsmaßnahmen außerhalb der Ausbildungsstätte,
4) Dauer der regelmäßigen täglichen Ausbildungszeit,
5) Dauer der Probezeit,
6) Zahlung und Höhe der Vergütung,
7) Dauer des Urlaubs,
8) Kündigungsvoraussetzungen.

23. Wer muß einen Berufsausbildungsvertrag unterschreiben?

Der Ausbildende, der Auszubildende und falls er noch nicht volljährig ist, beide Erziehungsberechtigte. Bei Fehlen der Erziehungsberechtigten das Vormundschaftsgericht.

24. Welche Vereinbarungen sind in Berufsausbildungsverträgen nichtig?

Eine Vereinbarung über die Beschäftigung nach Beendigung der Berufsausbildung, es sei denn, sie wird in den letzten drei Monaten des Berufsausbildungsverhältnisses getroffen.

Nichtig sind ferner Vereinbarungen über:
a) die Verpflichtung des Auszubildenden für die Berufsausbildung eine Entschädigung zu zahlen,
b) Vertragsstrafen,
c) den Ausschluß oder die Beschränkung von Schadensersatzansprüchen,
d) die Festsetzung der Höhe eines Schadensersatzes in Pauschbeträgen.

Schadensersatzansprüche müssen spezifiziert werden. Sie können nur bei Vorsatz und grober Fahrlässigkeit anhand des tatsächlich verursachten Schadens geltend gemacht werden. Eine Aufrechnung mit der Ausbildungsvergütung ist nicht möglich, so daß die Durchsetzung von Schadensersatzansprüchen beim Auszubildenden oder deren Erziehungsberechtigten vom vorhandenen Vermögen abhängig ist.

25. Was versteht man unter einem anerkannten Ausbildungsberuf?

Ein anerkannter Ausbildungsberuf ist ein von der Bundesregierung als solcher erlassener Beruf. Es bestehen ca. 380 anerkannte Ausbildungsberufe bei insgesamt rund 25.000 Berufstätigkeiten.

4.4 Rechtsgrundlagen

26. Welche Verpflichtungen hat der Ausbildende im Rahmen eines Ausbildungsverhältnisses?

Vermittlung aller vorgeschriebenen Fertigkeiten und Kenntnisse, Bestellung eines Ausbilders, kostenlose Aushändigung der Ausbildungsordnung und der Ausbildungsmittel, Freistellung zum Besuch der Berufsschule, Überwachung der Berichtsheftführung, dem Auszubildenden nur Arbeiten zu übertragen, die in der Ausbildungsordnung vorgeschrieben sind und seine Kräfte nicht übersteigen, sich Bescheinigungen über die ärztlichen Untersuchungen vorlegen zu lassen.

27. Welche Verpflichtungen hat der Auszubildende im Rahmen eines Ausbildungsverhältnisses?

Lernpflicht, Pflicht zur Teilnahme am Berufsschulunterricht, an Prüfungen und sonstigen Ausbildungsmaßnahmen außerhalb der Ausbildungsstätte, Weisungsgebundenheit, Beachtung der für die Ausbildungsstätte geltenden Ordnung, Sorgfaltspflicht, Pflicht zur Wahrung der Betriebsgeheimnisse, Führung der Berichtshefte, sofortige Benachrichtigung bei Krankheit, Vornahme der ärztlichen Untersuchungen.

28. Unter welchen Voraussetzungen und mit welchen Fristen und zu welchen Bedingungen kann ein Ausbildungsverhältnis aufgelöst werden?

a) In der Probezeit sofort mit oder ohne Bekanntgabe von Gründen.
b) Fristlos bei Vorliegen eines wichtigen Grundes, sofern dieser in den letzten 14 Tagen passiert oder bekanntgeworden ist, die Gründe schriftlich dem Auszubildenden und bei nicht volljährigen Auszubildenden auch den Erziehungsberechtigten mitgeteilt worden sind und der Betriebsrat gehört wurde.

Fehlt eine dieser Voraussetzungen, ist die Kündigung, selbst wenn sie sachlich gerechtfertigt wäre, aus formellen Gründen nichtig.

c) Auf Wunsch des Auszubildenden, wenn dieser die Berufsausbildung ganz aufgeben oder in einem anderen Beruf (nicht jedoch im gleichen Beruf in einem anderen Betrieb) fortsetzen will mit einer Frist von vier Wochen,
d) eine Auflösung im beiderseitigen Einvernehmen. Sie ist jederzeit ohne Einhaltung einer besonderen Frist möglich.

29. Welche Angaben sind im Verzeichnis der Berufsausbildungsverhältnisse enthalten?

Das Verzeichnis der Berufsausbildungsverhältnisse ist von der zuständigen Stelle zu führen und enthält alle registrierten Verträge, d.h. Name, Ausbildungsberuf, Beginn und Dauer usw. Ohne Verschulden der Auszubildenden nicht registrierte Verträge begründen für den Auszubildenden jedoch die gleichen Ansprüche wie eingetragene Verträge, nur daß diese der Betrieb tragen muß. Für die Folgen nicht eingetragener Verträge haftet stets der Betrieb. Ein Vertrag ist dann einzutragen, wenn er dem BBiG und der Ausbildungsordnung entspricht, die persönlichen, fachlichen, pädagogischen und betrieblichen Eignungen vorliegen und für Auszubildende unter 18 Jahren die Bescheinigung über die Erstuntersuchung nach dem Jugendarbeitsschutzgesetz vorliegt.

30. Welche Vorschriften gelten nach dem Berufsbildungsgesetz über die Probezeit?

Eine Probezeit muß in jedem Fall vereinbart werden. Sie beträgt mindestens 1 und höchstens 3 Monate, Verlängerung nur bei längerer Krankheit.

31. Für welche Zwecke ist ein Auszubildender während der Berufsausbildung freizustellen?

Bei Teilnahme am Berufsschulunterricht, an Zwischen- und Abschlußprüfungen und überbetrieblichen Ausbildungsmaßnahmen. Außerdem erfolgt automatisch eine Freistellung bei Krankheit.

32. Was besagt das Berufsbildungsgesetz über die Höhe und die Fälligkeit der Ausbildungsvergütung?

Die Vergütung muß jährlich steigen und dem Lebensalter angemessen sein. Sie ist spätestens am letzten Werktag des Monats fällig. Tarifsätze der Sozialpartner entsprechen diesem Erfordernis.

33. Wann ist nach dem Berufsbildungsgesetz ein Zeugnis für den Auszubildenden auszustellen und was muß es beinhalten?

Immer dann, wenn der Betrieb während der Ausbildung gewechselt wird oder die Ausbildung beendet ist, muß ein Zeugnis ausgestellt werden. Es enthält Art und Dauer der Ausbildung, erworbene Fertigkeiten und Kenntnisse und auf Wunsch Führung und Leistung. Die Angaben müssen vollständig und richtig sein.

a) Bezeichnung des Ausbildungsbetriebes
b) Datum der Ausstellung
c) Persönliche Angaben des Auszubildenden
d) Angaben zur Art der Ausbildung
e) Dauer der Ausbildung
f) Ziel der Ausbildung
g) Erworbene Fertigkeiten und Kenntnisse
h) Angaben über die Führung (nur auf Wunsch)
i) Angaben über die Leistung (nur auf Wunsch)
j) Angaben über besondere fachliche Fähigkeiten
k) Unterschrift und Name des Ausbildenden.

34. Wer darf eine Verkürzung und wer eine Verlängerung der Ausbildung beantragen? Welche Voraussetzungen müssen vorliegen, damit eine Verkürzung vorgenommen werden kann?

Eine Verkürzung der Ausbildung dürfen Betrieb und Auszubildender beantragen, eine Verlängerung darf nur der Auszubildende selbst beantragen, und zwar nur dann, wenn die Verlängerung notwendig ist, um das Ausbildungsziel zu erreichen. Bei einer Verkürzung müssen gute Schulnoten vorliegen, und der Betrieb muß in der Lage sein, in der verkürzten Zeit alle vorgeschriebenen Ausbildungsinhalte zu vermitteln.

35. Wann endet ein Berufsausbildungsverhältnis?

Entweder mit dem Bestehen der Prüfung oder mit Zeitablauf und zwar gilt jeweils das frühere der beiden Ereignisse ohne Rücksicht auf das zweite Ereignis. Wird die Prüfung nicht bestanden, so endet das Ausbildungsverhältnis mit Zeitablauf, sofern kein Anschlußvertrag bis zur nächsten Prüfung bzw. für die Dauer eines Jahres abgeschlossen wird. Der Auszubildende hat aber auch die Möglichkeit, bei einer nicht bestandenen Prüfung ohne Vertrag die Prüfung auf eigene Kosten und bei eigener Anmeldung zweimal zu wiederholen.

36. Welche Prüfungen werden nach dem Berufsbildungsgesetz unterschieden und was ist der Zweck der einzelnen Prüfungen?

Zwischenprüfungen, Abschlußprüfungen, Fortbildungsprüfungen. Zweck der Zwischenprüfung ist die Feststellung des Ausbildungsstandes zu einem bestimmten Zeitpunkt, um evtl. durch Änderung des Ausbildungsplanes vorhandene Mängel auszugleichen oder eine vorzeitige Anmeldung zur Abschlußprüfung zu ermöglichen. Zweck der Abschlußprüfung ist die Feststellung, ob der Auszubildende mit allen vorgeschriebenen Fertigkeiten und Kenntnissen vertraut ist. Zweck der Fortbildungsprüfung, z.B. Meisterprüfung, Bilanzbuchhalterprüfung ist es festzustellen, ob der Prüfling den Ansprüchen dieser gehobenen Prüfungen entspricht.

37. Wie setzt sich der Prüfungsausschuß im Sinne des Berufsbildungsgesetzes zusammen?

Aus einer gleichen Anzahl von Arbeitgebern und Arbeitnehmern und mindestens einem Lehrer einer berufsbildenden Schule. Er besteht mindestens aus drei Mitgliedern.

38. Welche Aufgaben hat der Berufsbildungsausschuß und wie setzt er sich zusammen?

Die Beratung der Kammer in allen wichtigen Angelegenheiten der Berufsbildung, Beschlußfassung von Rechtsvorschriften (Prüfungsordnungen). Er setzt sich aus je sechs Arbeitgebervertretern und sechs Arbeitnehmervertretern und sechs Lehrern berufsbildender Schulen mit beratender Stimme zusammen. Wichtige Angelegenheiten sind z.B. schlechte Prüfungsergebnisse in einer bestimmten Branche, die Umsetzung neuer Ausbildungsberufe in die Praxis.

39. Welche Aufgaben hat der Schlichtungsausschuß und wer kann ihn anrufen? Wie setzt er sich zusammen?

Er soll Streit zwischen Ausbildungsbetrieb und Auszubildenden schlichten, um die Voraussetzungen für die Fortsetzung der Ausbildung zu schaffen. Der Schlichtungsausschuß wird in jedem Fall vor der Einschaltung des Arbeitsgerichtes tätig. Er kann von jedem bei beiden Vertragspartner angerufen werden. Wird eine fristlose Kündigung ausgesprochen, wird der Gekündigte von sich aus in der Regel den Schlichtungsausschuß anrufen, um entweder eine Fortsetzung der Ausbildung oder aber evtl. auch eine Umwandlung der Kündigung in eine Auflösung des Ausbildungsverhältnisses im beiderseitigen Einvernehmen zu erreichen. Der

Schlichtungsausschuß setzt sich aus einem Arbeitgeber- und einem Arbeitnehmervertreter sowie einem Kammerangestellten als Protokollführer zusammen. Der Schlichtungsausschuß ist in § 111 Arbeitsgerichtsgesetz geregelt.

40. Welche Aufgaben hat der Landesausschuß für Berufsbildung und wie setzt er sich zusammen?

Beratung der Landesregierung in allen wichtigen Angelegenheiten der Berufsbildung. Der Ausschuß setzt sich aus je sechs Vertretern der Arbeitgeber, der Arbeitnehmer und der obersten Landesbehörde (d.h. der Ministerien) zusammen.

41. Welche Vorschriften gelten für Schadensersatzvereinbarungen im Rahmen von Ausbildungsverhältnissen?

Schadensersatzansprüche sind in § 5 BBiG (nichtige Vereinbarungen) und in § 16 BBiG (Schadensersatz bei vorzeitiger Beendigung) geregelt. In § 16 heißt es: wird das Ausbildungsverhältnis nach der Probezeit vorzeitig gelöst, so kann der Ausbildende oder der Auszubildende Ersatz des Schadens verlangen, wenn der andere den Grund für die Auflösung zu vertreten hat.

42. Welche Vorschriften gelten im Hinblick auf die Weiterarbeit im Anschluß an das Ausbildungsverhältnis?

Wird der Auszubildende im Anschluß an das Berufsausbildungsverhältnis beschäftigt, ohne daß hierüber ausdrücklich etwas vereinbart worden ist, so gilt ein Arbeitsverhältnis auf unbestimmte Dauer als begründet. Über die weitere Beschäftigung kann erst in den letzten drei Beschäftigungsmonaten und spätestens zum Zeitpunkt des Bestehens der Abschlußprüfung eine Vereinbarung getroffen werden.

43. Kann die Ausbildungsvergütung einbehalten werden, wenn der Auszubildende Schaden angerichtet hat?

Nein! Die Ausbildungsvergütung stellt keine Gegenleistung für geleistete Arbeit dar, sondern soll ein Beitrag zum Unterhalt während der Ausbildung sein. Außerdem ist die Ausbildungsvergütung gemäß § 850 ZPO nicht pfändbar.

44. Wie oft kann eine nicht bestandene Abschluß- (oder Fortbildungs-) prüfung wiederholt werden?

Zweimal.

45. Worin liegen die Unterschiede zwischen einem Berufsausbildungsvertrag und einem Arbeitsvertrag?

Ein Berufsausbildungsvertrag unterliegt zwingend den Vorschriften des Berufsbildungsgesetzes und kann daher im Gegensatz zu einem Arbeitsvertrag nur in relativ engen Grenzen freivertraglich gestaltet werden. Bei der Berufsausbildung spielt im Vergleich zur Arbeitsleistung der Gedanke der Erziehung eine übergeordnete Rolle.

4.4 Rechtsgrundlagen

46. Welche besonderen Vorschriften gelten für die Berufsausbildung im Handwerk?

Im Handwerk gilt für die Berufsausbildung in Handwerksbetrieben zunächst die Handwerksordnung. Deshalb ist der Ausdruck Lehrling für Handwerksbetriebe noch rechtlich verbindlich. Für die Ausbildung in Handwerksberufen und Handwerksbetrieben ist die Meisterprüfung Voraussetzung.

47. Warum dürfen Jugendliche nicht mehr "bei Gelegenheit" ausgebildet werden?

Weil der Jugendliche ständig betreut werden muß und eine systematische Ausbildung erforderlich ist.

48. Welche Voraussetzungen müssen vorliegen und was ist zu tun, wenn ein Betrieb ausbilden will?

Es ist wie folgt zu verfahren:

a) eine betriebliche Eignung bei der IHK feststellen lassen, persönlich, fachlich und berufspädagogisch geeignete Ausbilder benennen,
b) beim Arbeitsamt oder über die Zeitung Jugendliche gewinnen und deren Eignung feststellen lassen (z.B. durch Tests),
c) Berufsausbildungsvertragsmuster bei der Kammer anfordern,
d) betrieblichen Ausbildungs- und Versetzungsplan auf der Grundlage der Ausbildungsordnung des jeweiligen Ausbildungsberufes aufstellen,
e) die nach dem Jugendarbeitsschutzgesetz erforderlichen ärztlichen Untersuchungen vornehmen lassen,
f) im Betrieb die entsprechend dem Ausbildungsplan und Versetzungsplan notwendigen Ausbildungsvoraussetzungen schaffen,
g) Berufsausbildungsvertrag abschließen, unterschreiben lassen und zusammen mit der ärztlichen Bescheinigung über die Voruntersuchung und der zeitlichen und sachlichen Gliederung bei der Kammer einreichen.
h) nach dem Ausbildungsplan ausbilden.

49. Durch welche Beweismittel kann im Falle eines Streites zwischen Betrieb und Auszubildenden seitens des Betriebes der Nachweis einer ordnungsgemäß durchgeführten Ausbildung erbracht werden?

Berichtshefte, Ausbildungspläne, Ergebnisse von Tests und Zwischenprüfungen, Beurteilungen während des Verlaufs der Ausbildung.

50. a) Was sind Ordnungswidrigkeiten im Sinne des Berufsbildungsgesetzes und wie wird eine Ordnungswidrigkeit geahndet?
b) Nennen Sie sechs Beispiele für ordnungswidriges Verhalten im Rahmen der Berufsausbildung!

Ordnungswidrigkeiten sind Verstöße gegen das Berufsbildungsgesetz. Man unterscheidet formelle Verstöße (z.B. es wurde vergessen, den Vertrag der Kammer vorzulegen = Bußgeld bis DM 2.000,-) und materielle Verstöße (es fehlt die Eignung zur Ausbildung = Bußgeld bis DM 10.000,-).

Beispiele für Ordnungswidrigkeiten sind: Ausbilden ohne einen Vertrag abgeschlossen zu haben, keinen Ausbilder benennen, den Vertrag nicht zur Eintragung vorlegen, den Auszubildenden mit berufsfremden Tätigkeiten betrauen, den Prüfling nicht zur Abschlußprüfung freistellen, die Besichtigung der Ausbildungsstätte durch den Vertreter der zuständigen Stelle nicht gestatten.

51. Unter welchen Voraussetzungen kann ein Berufsausbildungsvertrag vom Auszubildenden gekündigt werden?

Bei mangelnder Eignung der Ausbildungsstätte, körperlicher Züchtigung und unzulässige Heranziehung zu Arbeiten außerhalb des Ausbildungsverhältnisses kann ein Berufsausbildungsvertrag vom Auszubildenden gekündigt werden. Ein Berufsausbildungsvertrag kann ferner dann vom Auszubildenden gekündigt werden, wenn er den Ausbildungsberuf wechseln will.

52. Was ist eine zuständige Stelle und welches sind im Hinblick auf die Zahl der betreuten Ausbildungsverhältnisse bedeutende zuständige Stellen?

Eine zuständige Stelle ist die nach dem Berufsbildungsgesetz für Fragen der Berufsbildung ausdrücklich beauftragte Institution, wie z.B. die Indsutrie- und Handelskammer für Industrie- und Handelsbetriebe, die Handwerkskammer für Handwerksbetriebe, die Ärztekammer für Arzthelferinnen usw. Den zuständigen Stellen sind kraft Gesetzes übertragen: die Führung des Verzeichnisses der Berufsausbildungsverhältnisse, die Feststellung der Eignung der Betriebe, die Abnahme von Prüfungen, die Überwachung und Förderung der Berufsbildung.

Die zuständige Stelle im Sinne des Berufsbildungsgesetzes darf nicht mit der nach Landesrecht zuständigen Stelle, d.h. dem Regierungspräsidenten bzw. der Stadt oder dem Landkreis verwechselt werden, die auf Antrag der zuständigen Stelle aufgrund von Ausbildungsmängeln die weitere Ausbildung untersagen kann. Bedeutende zuständige Stellen nach der Zahl der eingetragenen Ausbildungsverhältnisse sind die IHK, die Handwerkskammer und die Landwirtschaftskammern.

53. Welche Aufgaben haben die Industrie- und Handelskammern als zuständige Stelle in bezug auf die Berufsbildung?

Die Industrie- und Handelskammern führen für ihren Bereich und für ihre zuständigen Betriebe das Verzeichnis der Berufsausbildungsverhältnisse, führen für rd. 200 Berufe Zwischen- und Abschlußprüfungen durch, betreuen die Betriebe durch Ausbildungsberater, durch Fortbildungsprüfungen, wie Industriemeisterprüfungen, Bilanzbuchhalterprüfungen, Prüfungen zum Industriefachwirt usw.. Die übrigen Berufe fallen in die Zuständigkeit der sonstigen Kammern.

54. Was ist eine Ausbildungsordnung und welche Inhalte sind in einer Ausbildungsordnung geregelt?

In der Ausbildungsordnung, die für jeden anerkannten Ausbildungsberuf besteht, sind die Inhalte der zu vermittelnden Fertigkeiten und Kenntnisse enthalten, die der Auszubildende in der Prüfung nachweisen muß und die der Betrieb zwingend vermitteln muß.

4.4 Rechtsgrundlagen

Eine Ausbildungsordnung enthält folgende Mindestregelungen:

a) die Bezeichnung des Ausbildungsberufes,
b) die Ausbildungsdauer,
c) das Ausbildungsberufsbild,
d) den Ausbildungsrahmenplan (zeitliche und sachliche Gliederung)
e) Prüfungsanforderungen.

Man unterscheidet:

a) Ausbildungsordnung für Monoberufe, d.h. für ungestufte Berufe nach § 25 BBiG
b) Stufenausbildungsordnungen nach § 26 BBiG
  1. Stufe: Stufe der allgemeinen Grundbildung
  2. Stufe: Stufe der allgemeinen Fachbildung
  3. Stufe: Stufe der speziellen Fachbildung (z.B. in der Textilindustrie: Bekleidungsnäher, Bekleidungsfertiger, Bekleidungsschneider).

Nach jeder Stufe ist ein Abschluß erreicht, der das Weiterlernen oder einen Einstieg in das Berufsleben ermöglicht.

Die Ausbildungsordnung ist jedem Auszubildenden vom Betrieb und auf Kosten des Betriebes auszuhändigen.

55. In welcher Weise ist die Fortzahlung der Ausbildungsvergütung für Auszubildende bei betrieblicher Abwesenheit geregelt?

Auszubildende erhalten die Vergütung fortgezahlt (§ 12) für:

a) Die Freistellung zur Teilnahme am Berufsschulunterricht, an Prüfungen und für die Teilnahme an überbetrieblichen Ausbildungsmaßnahmen.
b) Die Dauer von 6 Wochen, wenn sie sich für die Ausbildung bereithalten, diese aber ausfällt oder infolge unverschuldeter Krankheit, Sterilisation oder Schwangerschaftsabbruch nicht an der Ausbildung teilnehmen können oder aus einem sonstigen in der Person des Auszubildenden liegenden Grund unverschuldet verhindert sind, die Pflichten aus dem Berufsausbildungsverhältnis zu erfüllen.

56. Für welche Bereiche ist für Auszubildende Sozialversicherung zu zahlen und ab welcher Höhe?

Für den Auszubildenden werden, wie für jeden anderen auch, Beiträge zur Alters-, zur Kranken- und zur Arbeitslosenversicherung entrichtet. Erhält der Auszubildende eine Ausbildungsvergütung, die weniger als 1/10 der Beitragsbemessungsgrenze in der Altersversicherung ausmacht, so zahlt der Arbeitgeber die gesamten Beiträge. Ist die Ausbildungsvergütung höher als 1/10 der Beitragsbemessungsgrenze, so werden die Beiträge je zur Hälfte vom Arbeitgeber und Jugendlichen getragen (für 1990 ist die Grenze für Ausbildungsvergütungen auf 610,- DM festgeschrieben).

57. Welche Aufgaben sind der Berufsgenossenschaft und welche dem Gewerbeaufsichtsamt übertragen?

Die Bundesregierung erläßt Gesetze und Verordnungen zum Arbeitsschutz, wie z.B. das Jugendarbeitsschutzgesetz und das Mutterschutzgesetz. Deren Einhaltung wird durch die Gewerbeaufsichtsämter überwacht. Der Staat hat die Berufsgenossenschaften als Selbstverwaltungseinrichtungen mit dem Recht ausgestattet, Unfallverhütungsvorschriften zu erlassen, ihre Einhaltung selbst zu kontrollieren und gleichzeitig als Träger der gesetzlichen Unfallversicherung tätig zu werden. Die Berufsgenossenschaften sind Körperschaften des öffentlichen Rechts. Jedes Unternehmen muß Mitglied in der zuständigen Berufsgenossenschaft sein. Im gewerblichen Bereich bestehen 35 Berufsgenossenschaften als Unfallversicherungsträger. Rund 130 Unfallverhütungsvorschriften regeln den Arbeitsschutz und enthalten Schutzanforderungen an Werkzeuge, Maschinen, technische Anlagen und Fahrzeuge.

58. Welche Vorschriften gelten für den Unfall- und Gesundheitsschutz?

Nach § 125 a der Gewerbeordnung sind Arbeitsplätze, Maschinen und Geräte so einzurichten, daß den Erfordernissen des Unfallschutzes Rechnung getragen wird.

59. Wie ist generell, d.h. ohne Berücksichtigung von Einzelregelungen der Bundesländer, die Schulpflicht für Auszubildende geregelt?

12 Jahre Schulpflicht. Die Schulpflicht besteht weiter, wenn bei Beginn der Ausbildung Schulpflicht bestand bis zur Beendigung der Berufsausbildung.

Beispiel: Ein Auszubildender mit mittlerer Reife lernt Bürokaufmann, d.h. 10 Jahre Schule und drei Jahre betriebliche Ausbildung.

Ausnahmen:

a) Ein Hauptschüler lernt nach neunjährigem Schulbesuch zwei Jahre Verkäufer. Mit Beendigung der Ausbildung wird er bei Ausübung seines Berufes von der weiteren Schulpflicht befreit. Lernt er noch einen weiteren Beruf, z.B. Bürokaufmann, wird er wieder schulpflichtig bis zum Ende dieser Ausbildung.
b) Ein Abiturient (13 Jahre) ist nicht schulpflichtig. Er wird schulpflichtig, wenn dies im Schulgesetz seines Bundeslandes für die gesamte Ausbildungsdauer vorgeschrieben ist.

60. Was ist der Zweck der Ausbilder-Eignungsverordnung?

Zweck der Ausbilder-Eignungsverordnung ist die Hebung des Niveaus der Ausbilder in den vier Bereichen: Grundfragen der Ausbildung, Rechtsgrundlagen, Planung und Durchführung der Ausbildung und Jugendkunde und eine Änderung des Verhaltens der Ausbilder.

61. Was ist das Ziel der Berufsgrundbildungsjahr-Anrechnungsverordnung und der Berufsfachschuljahr-Anrechnungsverordnung und welche Verpflichtung ergibt sich für den Ausbildungsbetrieb aufgrund des erfolgreichen Besuches eines BGJ oder einer Berufsfachschule?

Ziel der BGJ-Anrechnungsverordnung bzw. der Berufsfachschuljahr-Anrechnungsverordnung ist es, das erste in einer Schule verbrachte Jahr als erstes Ausbildungsjahr anzurechnen. Dies bedeutet für den Betrieb, daß er den erfolgreichen Besuch zwingend anerkennen muß und auch bereits die Ausbildungsvergütung sofort für das 2. Ausbildungsjahr zahlen muß.

4.4 Rechtsgrundlagen

62. Welche Inhalte sind im wesentlichen im Arbeitsförderungsgesetz geregelt?

Das Arbeitsförderungsgesetz verfolgt arbeitsmarktpolitische Ziele und will dazu beitragen, daß Arbeitslosigkeit vermieden wird. Es regelt u.a. die Tätigkeit der Arbeitsverwaltung und die individuelle und institutionelle Förderung der Ausbildung, Umschulung und Fortbildung.

63. Welche Aufgaben im Hinblick auf die Ausbildung Jugendlicher sind dem Arbeitsamt übertragen?

Dem Arbeitsamt obliegen: Berufsaufklärung, Berufsberatung, Stellenvermittlung auf unparteiischer und unentgeltlicher Grundlage sowie weitere Aufgaben, wie z.B. Zahlung von Leistungen (Arbeitslosengeld) nach dem AFG sowie Schlechtwetter- und Kurzarbeitergeld, die Bearbeitung der Förderungsanträge bei Ausbildung, Fortbildung und Umschulung.

64. Welche Angaben enthält das Jugendarbeitsschutzgesetz im Hinblick auf:

a) die tägliche Arbeitszeit,
b) die wöchentliche Arbeitszeit,
c) die Ruhepausen,
d) die Samstagsarbeit,
e) die Sonntagsarbeit,
f) den Urlaub,
g) den Berufsschulbesuch,
h) Freistellung für Prüfungen,
i) die Nachtruhe,
j) die Feiertagsbeschäftigung,
k) ärztliche Untersuchungen und gesundheitliche Betreuung,
l) gefährliche Arbeiten,
m) Unterweisung über Gefahren,
n) häusliche Gemeinschaft,
o) Aushänge und Verzeichnisse?

a) 8 Stunden täglich, die tägliche Arbeitszeit kann auf 8 1/2 Stunden erhöht werden, wenn an einzelnen Tagen weniger als 8 Stunden gearbeitet wird;
b) 40 Stunden wöchentlich;
c) bei mehr als 4 1/2 bis 6 Stunden Pause von 30 Minuten, bei mehr als 6 Stunden eine Pause von 60 Minuten. Die Pausen müssen mindestens 15 Minuten betragen und im voraus festgelegt werden.
d) Jugendliche dürfen an Samstagen nicht beschäftigt werden, Ausnahmen z.B. offene Verkaufsstellen, Gaststätten, Verkehrswesen. Mindestens zwei Samstage sollen beschäftigungsfrei sein, dafür aber Freistellung an einem anderen berufsschulfreien Arbeitstag;.
e) Jugendliche dürfen nicht beschäftigt werden, Ausnahmen z.B. im Gaststättengewerbe. Mindestens zwei Sonntage im Monat müssen beschäftigungsfrei sein. Bei Beschäftigung ist Freistellung an einem anderen berufsschulfreien Arbeitstag derselben Woche sicherzustellen.

f) mindestens 30 Werktage, wer zu Beginn des Kalenderjahres noch nicht 16 Jahre alt ist, mindestens 27 Werktage, wenn der Auszubildende noch nicht 17 Jahre alt ist und mindestens 25 Werktage, wenn er noch nicht 18 Jahre alt ist. Bis zum 1. Juli voller Jahresurlaub, ab 2. Juli 1/12 pro Monat.
g) Jugendliche sind für die Teilnahme am Berufsschulunterricht freizustellen und nicht zu beschäftigen;
   1) an einem vor 9 Uhr beginnenden Unterricht
   2) an einem Berufsschultag mit mehr als 5 Unterrichtsstunden von mindestens je 45 Minuten Dauer einmal in der Woche
   3) in Berufsschulwochen mit Blockunterricht von 25 Stunden an 5 Tagen. Berufsschultage werden mit 8 Stunden auf die Arbeitszeit angerechnet;
h) Freistellung muß erfolgen für die Teilnahme an Prüfungen und an dem Arbeitstag, der der schriftlichen Abschlußprüfung unmittelbar vorangeht;
i) Jugendliche dürfen nur in der Zeit von 6 - 20 Uhr beschäftigt werden, im Gaststättengewerbe bis 22 Uhr. In mehrschichtigen Betrieben dürfen nach vorheriger Anzeige an die Aufsichtsbehörde Jugendliche über 16 Jahren ab 5.20 Uhr oder bis 23.30 Uhr beschäftigt werden, soweit sie hierdurch unnötige Wartezeiten vermeiden können;
j) am 24. und 31. Dezember nach 14 Uhr und an gesetzlichen Feiertagen keine Beschäftigung. Ausnahmen bestehen für Gaststättengewerbe, jedoch nicht am 25.12., 01.01., Ostersonntag und am 1. Mai;
k) Beschäftigungsaufnahme nur, wenn innerhalb der letzten 14 Monate eine erste Untersuchung erfolgt ist und hierüber eine Bescheinigung vorliegt. Ein Jahr nach Aufnahme der ersten Beschäftigung Nachuntersuchung, sie darf nicht länger als 3 Monate zurückliegen (nur bis zum 18. Lebensjahr);
l) Verbot der Beschäftigung mit gefährlichen Arbeiten;
m) vor Beginn der Beschäftigung und in regelmäßigen Abständen Unterweisung über Gefahren;
n) bei Aufnahme in die häusliche Gemeinschaft muß ein Zimmer zur Verfügung stehen und die ärztliche Versorgung sichergestellt sein;
o) auszuhändigen sind Jugendarbeitsschutzgesetz, Mutterschutzgesetz, Anschrift der Berufsgenossenschaft, tägliche Arbeitszeit. Es ist ein Verzeichnis der beschäftigten Jugendlichen mit Angabe deren täglicher Arbeitszeit zu führen.

65. Welche Vorschriften des Mutterschutzgesetzes sind für Auszubildende zu beachten?

Das Mutterschutzgesetz gewährt während der Schwangerschaft und die Zeit nach der Entbindung Gesundheits-, Kündigungs- und Entgeltschutz sowie Erziehungsurlaub. Es besteht die Pflicht, die Schwangerschaft dem Arbeitgeber gegenüber mitzuteilen. Das absolute Kündigungs- und Beschäftigungsverbot gilt für die Zeit von sechs Wochen vor und acht Wochen nach der Entbindung. Außerdem kann Erziehungsurlaub nach dem Erziehungsurlaubsgesetz beantragt werden.

Mithin ist auch Schwangerschaft kein wichtiger Grund zur Kündigung eines Berufsausbildungsverhältnisses seitens des Ausbildungsbetriebes, selbst wenn wegen der Schwangerschaft eine ordnungsgemäße Ausbildung unmöglich wird. Lediglich das Gewerbeaufsichtsamt könnte in schwerwiegenden Fällen über den Antrag auf Kündigung entscheiden.

4.4 Rechtsgrundlagen

66. Welche Möglichkeiten des Bundeserziehungsgeldgesetzes können von Auszubildenden in Anspruch genommen werden?

Nach dem Bundeserziehungsgeldgesetz kann die im Ausbildungsverhältnis stehende Mutter im Anschluß an die Schutzfrist bis zur Vollendung des (seit 1.1.1992) dritten Lebensjahres des Kindes Erziehungsurlaub in Anspruch nehmen. Es besteht Anspruch auf Erziehungsgeld. Die Zeit des Erziehungsurlaubs wird auf die Berufsausbildungszeit nicht angerechnet, d.h. die Ausbildungszeit verlängert sich um die Dauer des Erziehungsurlaubs.

67. Welche wesentlichen Inhalte sind im Gesetz zum Schutz der Jugend in der Öffentlichkeit geregelt?

Es regelt den Aufenthalt an gefährdeten Orten, in Gaststätten, Ausschank alkoholischer Getränke, Teilnahme an öffentlichen Tanzveranstaltungen, Rauchen in der Öffentlichkeit, das für Kinder und Jugendliche bestehende Branntweinverbot, gültig auch für die Abgabe in Einzelhandelsbetrieben. Verschärfung des Gesetzes durch Verbot und Abgabe von Videofilmen. Das Gesetz ist zum Schutz vor sittlichen Gefahren in der Öffentlichkeit erlassen worden.

68. Welche Aufgaben sind den Jugendämtern nach dem Jugendwohlfahrtsgesetz übertragen?

Nach dem Jugendwohlfahrtsgesetz wird das Jugendamt bei Versagen der Erziehungsberechtigten tätig. Das Vormundschaftsamt kann als Erziehungsbeistand tätig werden, freiwillige Erziehungshilfe leisten und Fürsorgeerziehung anordnen. In den Fällen, in denen ein Erziehungsberechtigter etwa infolge von Krankheit Schwierigkeiten bei der Erziehung bekommt, kann er vom Jugendamt einen freiwilligen Erziehungsbeistand bestellt bekommen.

69. Welche tarifvertraglichen Regelungen gelten für Auszubildende nach dem Tarifvertragsgesetz?

Es sind die tarifvertraglich ausgehandelten Vergütungssätze zu zahlen. Die Betriebe können jedoch, wenn weder sie noch die Auszubildenden Mitglieder der Tarifparteien (Arbeitgeberverband, Gewerkschaften) sind, bis zu 20 % von diesen Sätzen abweichen.

Sind Tarifverträge für allgemeinverbindlich erklärt worden, so gelten sie für alle Betriebe und Mitarbeiter, d.h. auch die nicht tarifgebundenen, einschließlich der Auszubildenden dieses Wirtschaftszweiges und Tarifgebietes ohne Rücksicht darauf, ob die Vertragspartner etwas anderes wollen oder die Sätze nicht zahlen können und selbst dann, wenn wegen der Höhe der Vergütung ein Vertrag scheitert.

70. Welche Sachverhalte sind im Arbeitsplatzschutzgesetz geregelt?

Auszubildende, die zum Grundwehrdienst oder einer Wehrübung einberufen worden sind, behalten ihren Ausbildungsplatz. Ihnen darf nicht gekündigt werden. Diese Regelung gilt für alle Wehrpflichtigen.

71. Wann muß für Auszubildende das Bundesurlaubsgesetz zugrunde gelegt werden?

Sofern keine tarifvertragliche Regelung besteht und der Auszubildende 18 Jahre alt ist, d.h. nicht mehr unter das Jugendarbeitsschutzgesetz fällt.

72. Welche Vorschriften gelten nach dem Schwerbehindertengesetz?

Mindestens 6 % der Beschäftigten sollen Schwerbehinderte sein, sonst ist eine Ausgleichsabgabe pro Monat zu zahlen.

73. Welche Rechte hat ein Betriebsrat nach dem Betriebsverfassungsgesetz?

Das Betriebsverfassungsgesetz regelt im einzelnen Mitwirkungs- und Mitbestimmungsrechte der Arbeitnehmer und legt Mitbestimmungsrechte des Betriebsrates in personellen, sozialen und wirtschaftlichen Bereichen fest, z.B. Verteilung der Arbeitszeit auf die einzelnen Wochentage, vorübergehende Verkürzung oder Verlängerung der betriebsüblichen Arbeitszeit und Einführung und Anwendung technischer Neuerungen.

74. Welche besonderen Rechte hat der Betriebsrat in Fragen der Berufsbildung?

Der Betriebsrat hat in Fragen der Berufsbildung, bei der Förderung der Berufsbildung, bei Einrichtungen und Maßnahmen der Berufsbildung und bei der Durchführung der Berufsbildung besondere Rechte. Diese Rechte bedeuten, daß der Betriebsrat mitbestimmen kann, ob überhaupt und wenn ja, in welchen Berufen mit welcher Anzahl ausgebildet wird. Der Betriebsrat hat ferner bei einem Versagen des Ausbilders das Recht, dessen Abberufung zu fordern.

75. Wann kann eine Jugend- und Auszubildendenvertretung gebildet werden und welche Rechte kann diese wahrnehmen?

Eine Jugend- und Auszubildendenvertretung kann bei fünf Jugendlichen gebildet werden. Die Jugendvertretung hat das Recht, bei dem Betriebsrat in Jugendfragen Anträge zu stellen. Rechtsgrundlage ist das Gesetz über die Bildung von Jugend- und Auszubildendenvertretungen, das die entsprechenden Regelungen des Betriebsverfassungsgesetzes übernommen hat.

76. Welche Folgerungen ergeben sich aus dem Grundgesetz und insbesondere aus Artikel 12 für die Berufsbildung?

- Freie Berufswahl,
- freie Wahl der Ausbildungsstätte,
- freie Wahl des Ausbildungsganges,
- freie Ausübung eines Berufes,
- freie Ausbildung des beruflichen Nachwuchses durch Ausbildende,
- freie Wahl des Arbeitsplatzes.

4.4 Rechtsgrundlagen

77. In welchen Bereichen wird Berufsbildung durchgeführt?

a) In Betrieben der Wirtschaft:
Handwerk, Handel, Industrie, Banken, Versicherungen, Verkehrsgewerbe und Gastgewerbe.
b) Im öffentlichen Dienst:
Behörden (Rathäuser, Landesverwaltungsämter) und Körperschaften (Universitäten, Kammern).
c) In freien Berufen:
Architekten, Steuerberater, Ärzte, Zahnärzte, Rechtsanwälte und Notare.
d) In Haushalten
Landwirtschaftliche Haushalte und private Haushalte.
e) In berufsbildenden Schulen:
Berufsschule, Berufsfachschule, Berufsgrundbildungsjahr
f) In sonstigen Bildungseinrichtungen:
Übungskontore und Berufsbildungszentren.

78. Was versteht man unter dem Geltungsbereich des Berufsbildungsgesetzes?

a) persönlicher Bereich:
Sämtliche Personen, die sich in einem anerkannten beruflichen Ausbildungs- oder Umschulungsverhältnis befinden oder an einer Fortbildungsmaßnahme teilnehmen.
b) betrieblicher Geltungsbereich:
Es gilt nicht bei der Berufsbildung
- als Beamter oder Soldat in einem öffentlich-rechtlichen Dienstverhältnis
- auf Kauffahrtsschiffen (Seeschiffahrt),
- in berufsbildenden Schulen (für die die Schulgesetze der Bundesländer gelten)
- in Heil- und Pflegeberufen gemäß § 17 (BBiG) für die Spezialgesetze gelten
- für Ausbildungsverträge mit überbetrieblichen Einrichtungen.

79. Was sind Zweck und Inhalt des Berufsbildungsförderungsgesetzes?

Das Berufsbildungsförderungsgesetz enthält die Berufsbildungsplanung, die Pflicht der Bundesregierung, jährlich einen Berufsbildungsbericht zu erstellen, eine Berufsbildungsstatistik aufzustellen, die Aufgabe des Bundesinstituts für Berufsbildung sowie Vorschriften über die Auskunftspflicht Dritter über Angaben aus dem Bereich der Berufsbildung.

80. Welche Aufgaben hat der Betriebsrat nach dem Betriebsverfassungsgesetz?

Die Arbeitnehmervertretung hat die gesellschaftspolitische Aufgabe, die arbeitenden Menschen an ihren Arbeitsstätten an denjenigen Entscheidungsprozessen zu beteiligen, die sie persönlich betreffen.

81. Wer ist für den Betriebsrat wählbar?

In getrennter oder (nach besonderem Beschluß) gemeinsamer Wahl bestimmten Arbeiter und Angestellte in ihrem Betrieb den Betriebsrat.
Die Wahlberechtigung ist gebunden an die Vollendung des 18. Lebensjahres.
Die Wählbarkeit ist gebunden an:
a) Das Recht, selbst wählen zu dürfen,
b) an eine sechsmonatige Zugehörigkeit zum Betrieb.

82. Aus wieviel Personen setzt sich der Betriebsrat zusammen?

5 - 20	Wahlberechtigte =	1 Mitglied im Betriebsrat
21 - 50	Wahlberechtigte =	3 Mitglieder im Betriebsrat
51 - 150	Wahlberechtigte =	5 Mitglieder im Betriebsrat
151 - 300	Wahlberechtigte =	7 Mitglieder im Betriebsrat
301 - 600	Wahlberechtigte =	9 Mitglieder im Betriebsrat
601 - 1.000	Wahlberechtigte =	11 Mitglieder im Betriebsrat

83. Wer darf den Betriebsrat wählen?

Der Betriebsrat wird von allen Mitarbeitern des Betriebes die ihm länger als ein halbes Jahr angehören und älter als 18 Jahre sind, in geheimer und unmittelbarer Wahl gewählt und verteilt sich nach den Grundsätzen der Verhältniswahl auf die verschiedenen Gruppen und Beschäftigungsarten.

84. Welche Kündigungsfristen bestehen für Arbeiter?

Die Kündigungsfrist für Arbeiter beträgt zwei Wochen. Diese Frist verlängert sich bei einer Betriebszugehörigkeit von:

5 Jahren auf einen Monat zum Monatsende,
10 Jahren auf zwei Monate zum Monatsende,
20 Jahren auf drei Monate zum Quartalsende.

Die Betriebszugehörigkeit zählt erst ab Vollendung des 35. Lebensjahres (neuerdings in § 221 BGB auf das 25. Lebensjahr verkürzt). Die verlängerten Kündigungsfristen gelten nur für die Kündigung durch den Arbeitgeber. Diese Fristen müssen aufgrund eines Urteils des Bundesverfassungsgerichts denen der Angestellten angeglichen werden.

85. Welche Kündigungsfristen bestehen für Angestellte?

Die Mindestkündigungsfrist für Angestellte beträgt sechs Wochen zum Quartalsende. Diese Frist verlängert sich bei einer Betriebszugehörigkeit von:

5 Jahren auf drei Monate zum Quartalsende,
8 Jahren auf vier Monate zum Quartalsende,
10 Jahren auf fünf Monate zum Quartalsende,
12 Jahren auf sechs Monate zum Quartalsende.

Voraussetzung ist, daß im Betrieb mindestens 3 Angestellte beschäftigt werden. Es werden nur die Zeiten berücksichtigt, die der Angestellte nach Vollendung des 25.

Lebensjahres in demselben Betrieb tätig war. Die verlängerten Kündigungsfristen gelten nur für den Arbeitgeber.

86. Was ist der Gegenstand der Arbeitsförderung?

a) Berufsberatung,
b) Arbeitsvermittlung
c) Arbeitsberatung
d) Beihilfen zur beruflichen Ausbildung
e) Förderung der beruflichen Fortbildung
f) Förderung der Umschulung
g) Förderung von Bildungseinrichtungen
h) Förderung der Arbeitsaufnahme
i) Hilfe für Behinderte
j) Maßnahmen zur Arbeitsbeschaffung
k) Leistungen an Arbeitslose
   - Arbeitslosengeld
   - Arbeitslosenhilfe.

87. Welche Regelungen enthält das Jugendarbeitsschutzgesetz für Freistellungen im Zusammenhang mit Prüfungen?

Der Auszubildende ist an dem Arbeitstag, der der schriftlichen Abschußprüfung unmittelbar vorausgeht, freizustellen.

88. Was sind Berufskrankheiten?

Berufskrankheiten sind Erkrankungen, die ein (versicherter) Arbeitnehmer durch seine berufliche Tätigkeit erlitten hat. Anerkannte Berufskrankheiten sind in einer Rechtsverordnung der Bundesregierung aufgeführt. Berufskrankheiten gelten als Arbeitsunfall.

89. Welche für die Berufsbildung wichtigen Rechtsgrundlagen muß der Ausbilder kennen?

a) Allgemeine Rechtsgrundlagen: Grundgesetz der Bundesrepublik Deutschland; Verfassung der deutschen Bundesländer, insbesondere die Verfassung des Bundeslandes, in dem der Ausbilder lebt; das Bürgerliche Gesetzbuch; das Handelsgesetzbuch; das IHK-Gesetz; die Handwerksordnung; die Gewerbeordnung; das Sozialgesetzbuch sowie weitere gesetzliche Regelungen im Bereich der Sozialversicherung (z.B. die RVO); das Arbeitsgerichtsgesetz.
b) Rechtsgrundlagen aus dem Bereich der Berufsbildung: Berufsbildungsgesetz; Ausbilder-Eignungsverordnung; Berufsgrundbildungsjahr-Anrechnungsverordnung; Berufsfachschuljahr-Anrechnungsverordnung; Arbeitsförderungsgesetz; Bundesausbildungsförderungsgesetz; Schulgesetze der deutschen Bundesländer; Bundesurlaubsgesetze der deutschen Bundesländer; Berufsbildungsförderungsgesetz.
c) Rechtsgrundlagen aus dem Bereich des Jugendschutzes; Jugendarbeitsschutzgesetz; Gesetz zum Schutz der Jugend in der Öffentlichkeit; Jugendwohlfahrtsgesetz; Jugendgerichtsgesetz.

d) Rechtsgrundlagen aus dem Bereich des Arbeits- und Sozialrechts: Betriebsverfassungsgesetz; Tarifvertragsgesetz; Gesetz zur Bildung von Jugend- und Auszubildendenvertretungen; Mutterschutzgesetz; Bundeserziehungsgeldgesetz; Arbeitszeitordnung; Arbeitsplatzschutzgesetz; Regelungen der Berufsgenossenschaften und der Gewerbeaufsicht; zum Unfall- und Gesundheitsschutz; Verordnung über die ärztlichen Untersuchungen nach dem Jugendarbeitsschutzgesetz (J.Arb.Sch.UV. v. 16.10.1990); Arbeitsstättenverordnung.

90. Welche Rechtsbeziehungen entstehen durch den Abschluß eines Berufsausbildungsvertrages?

Der zwischen dem Ausbildungsbetrieb und dem Auszubildenden abgeschlossene Vertrag ist ein privatrechtlicher Vertrag, der zu beiderseitigen Leistungen verpflichtet. Wegen des öffentlich-rechtlichen Charakters der Berufsausbildung ist das Vertragsverhältnis durch gesetzliche Regelungen inhaltlich weitgehend bestimmt. Das privatrecthliche Ausbildungsverhältnis der beiden Partner wird mithin durch die Eintragung bei der zuständigen Stelle - z.B. bei der IHK, öffentlich-rechtlich bestätigt.

91. Wer entscheidet über die Zulassung zu einer Prüfung?

Über die Zulassung zu einer Prüfung entscheidet die Kammer. Hält sie die Zulassungsvoraussetzungen nicht für gegeben, so entscheidet der Prüfungausschuß. Dieser ist jedoch verpflichtet, nach Recht und Gesetz zu verfahren und hat nur einen sehr engen Ermessenspielraum. In aller Regel kann er die Vorentscheidung der Kammer nur bestätigen.

92. Welche Regelungen bestehen im Hinblick auf die Umschulung?

Durch die berufliche Umschulung sollen Kenntnisse und Fertigkeiten vermittelt werden, die es dem Berufstätigen ermöglichen sollen, eine neue qualifizierte berufliche Tätigkeit auszuüben.

Das Berufsbildungsgesetz enthält keine Regelung über die Gestaltung eines Umschulungsvertrages. Der seinerzeitige Bundesausschuß für Berufsbildung hat 1972 im Interesse einer einheitlichen Verfahrensweise ein Umschulungsvertragsmuster empfohlen, das, sofern eine finanzielle Förderung seitens der Arbeitsverwaltung in Anspruch genommen wird, als verbindlich gilt. Insgesamt sind auf Umschulungsverhältnisse im wesentlichen die für die Berufsausbildungsverhältnisse geltenden Regelungen anzuwenden.

93. Für welche rechtlichen Regelungen ist a) die Bundesregierung, b) die jeweilige Landesregierung und c) die zuständige Stelle (z.B. die IHK) zuständig?

a) Erlaß von Ausbildungsordnungen und Gesetzen wie z.B. das Jugendarbeitsschutzgesetz
b) Schulgesetze, Stundentafeln für den Berufsschulunterricht usw.

4.4 Rechtsgrundlagen

c) Prüfungsordnungen für Abschlußprüfungen, Ausbilderprüfungen und Fortbildungsprüfungen, Schlichtungsordnung für Streitigkeiten aus Berufsausbildungsverhältnissen.

94. Welche Konsequenzen hat eine schlechte Ausbildung für den Ausbilder?

Die Vernachlässigung der Ausbildungspflichten kann zu Schadensersatzansprüchen seitens des Auszubildenden und zur Aberkennung der Ausbildungsberechtigung durch die staatlichen Behörden führen. Deshalb muß der Ausbilder auch in schwierigen betrieblichen Situationen stets seinen Ausbildungsverpflichtungen nachkommen.

Die praktische Unterweisung

Ziel der praktischen Unterweisung ist es, eine in der Ausbildungsordnung desjenigen Ausbildungsberufes, in dem der künftige Ausbilder die fachliche Eignung besitzt und ausbilden will, geforderte Aufgaben systematisch zu erklären, z.B.
- die Preisauszeichnung von Ware durch einen Verkäufer,
- das Eröffnen eines Girokontos durch einen Auszubildenden im Beruf Bankkaufmann
- das Schneiden von Weißkohl durch einen Koch
- das Gewindedrehen von einem Industriemechaniker der Fachrichtung Drehtechnik.

Bei der Erklärung der Aufgabe muß berücksichtigt werden, ob sich der Auszubildende im ersten, zweiten oder dritten Ausbildungsjahr befindet und welche Vorkenntnisse er hat.

Bei der Unterweisung kann es sich entweder um eine theoretische Darlegung oder um eine spezielle praktische Tätigkeit handeln.

Es sind jeweils die folgenden Fragestellungen zu berücksichtigen:
- Was mache ich?
- Wann mache ich es? (Reihenfolge der einzelnen Schritte)
- Wie mache ich es? (d.h. die Methode, wobei auf andere Methoden hingewiesen werden sollte).
- Warum mache ich es so (und nicht anders) und dabei auf Unfallverhütungsvorschriften hinweisen.

Nach jedem Lernschritt ist wiederholen zu lassen, um festzustellen, ob der Auszubildende den Schritt richtig verstanden hat und richtig ausführt.

Der Aufbau einer Vier-Stufen-Unterweisung ist zweckmäßig so vorzunehmen:
- Name des Unterweisenden
- Thema der Unterweisung
- Ort der Unterweisung
- Ausbildungsberuf, in dem die Unterweisung vorgenommen wird
- Ausbildungsjahr, in dem die zu vermittelnden Fertigkeiten im Ausbildungsberufsbild enthalten sind.

1. Stufe: Vorbereitung
Es müssen alle notwendigen Geräte und Unterlagen in mindestens dreifacher Menge vorliegen (1 x zum Vormachen, 1 x für den Auszubildenden zum Nachmachen, 1 x als Reserve).

2. Stufe: Vormachen
Aufgliedern des Stoffes in ca. 20 kleinste Lernschritte, die nach der aufgeführten Methode (was, wann, wo, wie, warum) aufgegliedert werden, wobei das Lernziel genau beschrieben ist und der Auszubildende nach jedem der 20 Lernschritte sofort wiederholen muß. (Frage: "Haben Sie das verstanden?" vermeiden).

3. Stufe: Nachmachen
Der Auszubildende muß den gesamten Vorgang, in kleinste Schritte zerlegt, wiederholen, wobei der Ausbilder korrigierend eingreift.

4. Stufe: selbständiges Üben
Der Ausbilder erklärt, daß der Auszubildende nunmehr, solange er in dieser Abteilung ist, den Gegenstand der Unterweisung immer dann, wenn der Vorgang anfällt, selbständig nach der hier aufgeführten Methode zu bearbeiten hat.

Der Umfang der Unterweisung soll etwa 3 - 5 Seiten betragen, als Ausarbeitungsdauer sind ca. 3 - 5 Zeitstunden zu rechnen.

Das Üben sollte mindestens 3 - 4 mal erfolgen. Die Unterweisungszeit beträgt 15 - 20 Minuten.

Das Thema der Unterweisung kann frei gewählt werden, muß jedoch fachlich voll beherrscht werden.

Für die Prüfung werden vier Exemplare der Ausarbeitung benötigt (3 x Prüfungsausschuß, 1 x für den Prüfling als Unterlage, damit er sich genau an seine Ausarbeitung halten kann). (Bewertung siehe Anlage).

Die praktische Unterweisung wird (mit jeweils zwischen 0 und 19 Punkten pro Kriterium) nach folgenden Einzelkriterien bewertet:

1. Vorbereitung zur Unterweisung (Schriftliche Vorbereitung)
2. Einstieg in das Unterweisungsthema
3. Angemessenheit der gewählten Unterweisungsmethode
4. Einsatz von Medien, Werkzeugen, Lernmitteln usw.
5. Arbeitsplatzgestaltung und Unterweisungshilfen
6. Motivation und erzieherische Maßnahmen
7. Unterweisungsstil und Verhalten des Unterweisenden
8. Lernzielkontrolle
9. Abschluß der Unterweisung
10. Gesamtbeurteilung des Unterweisenden

Klausurtypischer Teil

I. Wirtschaftszweigübergreifender Teil

1. VWL - Grundlagen
2. EDV - Informatik

II. Wirtschaftszweigspezifischer Teil

1. Betriebliche Organisation und Unternehmensführung
2. Jahresabschluß und Steuern
3. Kosten- und Leistungsrechnung
4. Personalwirtschaft
5. Produktionswirtschaft
6. Materialwirtschaft
7. Absatzwirtschaft

I. Wirtschaftszweigübergreifender Teil

1. Prüfungsfach: Volks- und betriebswirtschaftliche Grundlagen

1. Aufgabe

Welche Ursachen können einer Inflation zugrundeliegen?

2. Aufgabe

Was sind die Ursachen von Arbeitslosigkeit?

3. Aufgabe

Warum ist beim Wirtschaften eine stärkere Berücksichtigung ökologischer Gesichtspunkte erforderlich?

4. Aufgabe

Welche Phasen des Konjunkturverlaufs werden unterschieden?

5. Aufgabe

Welche Gründe sind für die Wahl der Rechtsform einer Unternehmung ausschlaggebend?

2. Prüfungsfach: EDV - Informatik

1. Aufgabe

Welche Phasen einer Systementwicklung werden unterschieden?

2. Aufgabe

Beschreiben Sie Aufgaben und Organisation der betrieblichen Datenverarbeitung!

3. Aufgabe

Beschreiben Sie die Anforderungen an eine Datei sowie an die Speicherung und Abfrage von Daten!

4. Aufgabe

Welche Anforderungen werden an eine Ist-Analye gestellt?

5. Aufgabe

Aus welchen Gründen ist eine Datensicherung erforderlich und wie wird diese vorgenommen?

II. Wirtschaftszweigspezifischer Teil

1. Prüfungsfach: Betriebliche Organisation und Unternehmensführung

1. Aufgabe

Welche wichtigen Unternehmensführungsentscheidungen müssen getroffen werden und welche Problematik ist mit derartigen Entscheidungen verbunden?

2. Aufgabe

Welche Vor- und Nachteile haben die Einzelzuordnung und die Gruppenzuordnung von Arbeitsaufgaben?

3. Aufgabe

Was ist ein Budget und welche miteinander verflochtenen Teilbudgets sind bei der Herstellung von Erzeugnissen in einem Industrieunternehmen aufzustellen und wie sind diese Teilbudgets miteinander verflochten?

4. Aufgabe

Was ist nach dem Aktiengesetz die Hauptaufgabe von Aufsichtsrat und Vorstand?

5. Aufgabe

Worin ist das Erfordernis einer exakten Investitionsplanung begründet?

2. Prüfungsfach: Jahresabschluß und Steuern

1. Aufgabe

Was sind Rückstellungen und welchen Zwecken dienen sie?

2. Aufgabe

Die Güter des Umlaufvermögens dienen dem Verbrauch im Rahmen der betrieblichen Leistungserstellung. Deshalb stellt sich hier die Frage: wieviel Kapitalbindung in Beständen ist unbedingt erforderlich, damit das Unternehmen den im Interesse eines hohen Kundennutzens erforderlichen Lieferservice erbringen kann?

Welche Symptome deuten auf vorhandene Rationalisierungsreserven hin?

3. Aufgabe

Welche betriebswirtschaftlichen Vorteile sind mit der Selbstfinanzierung verbunden?

4. Aufgabe

Welche Kriterien bestimmen die Kreditwürdigkeit eines Unternehmens?

5. Aufgabe

Welche Adressaten sollen durch die Bilanz angesprochen werden?

3. Prüfungsfach: Kosten- und Leistungsrechnung

1. Aufgabe

Ein Unternehmen hat für die Bestellung von 100 kg Materialien 2 Angebote vorliegen. Es soll festgelegt werden, welches das günstigere Angebot ist.

2. Aufgabe

Ein Möbelhersteller ist von einem Versandhaus zur Abgabe eines Angebotes für einen Schrank aufgefordert worden und will sich deshalb einen Überblick über seine derzeitigen Selbstkosten machen und stellt in seiner Buchführung folgende Daten fest:

Fertigungsmaterial	410,00 DM
Fertigungslöhne bei Kostenstelle 1	270,00 DM
Fertigungslöhne bei Kostenstelle 2	150,00 DM
Fertigungslöhne bei Kostenstelle 3	70,00 DM

Im Betriebsabrechnungsbogen des Vormonats ergeben sich folgende Zuschlagssätze:

Materialkostenzuschlagssatz	7,4 %
Fertigungsgemeinkostenzuschlagssatz 1	133,6 %
Fertigungsgemeinkostenzuschlagssatz 2	198,3 %
Fertigungsgemeinkostenzuschlagssatz 3	169,2 %
Verwaltungsgemeinkostenzuschlagssatz	6,0 %
Vertriebsgemeinkostenzuschlagssatz	8,5 %

Wie hoch sind die Selbstkosten im Rahmen der Vorkalkulation (ohne Mehrwertsteuer)?

3. Aufgabe

Welche Bedeutung hat der Betriebsabrechnungsbogen für die Kostenrechnung?

4. Aufgabe

Für welche der folgenden Aufgaben bzw. Zwecke kann die Kostenrechnung Informationen liefern?

1. Festlegung der Preisuntergrenze für ein Produkt.
2. Ermittlung des Eigenkapitals einer Unternehmung.
3. Bewertung selbst erstellter Anlagen in der Bilanz.
4. Wahl zwischen Eigenfertigung und Fremdbezug.
5. Kontrolle der Produktqualität.
6. Wahl zwischen verschiedenen Investitionsobjekten.

Anhang   511

7. Wahl zwischen verschiedenen Fertigungsverfahren.
8. Bestimmung des Verkaufspreises, den ein Abnehmer maximal zahlen will.
9. Ermittlung des Erfolgs einer bestimmten Produktart in einem bestimmten Monat.
10. Erfassung von Veränderungen des Personalbestandes der Unternehmung.

5. Aufgabe

Für welche Zwecke und Sachaufgaben kann die Kosten- und Leistungsrechnung wesentliche Grundlagen liefern?

6. Aufgabe

In einer Maschinenfabrik werden drei Teile (A, B und C) auf einer Spezialmaschine gefertigt. Ein Zubehörteil D, von dem 300 Stück benötigt werden, kann ebenfalls auf dieser Maschine hergestellt werden. Die variablen Kosten belaufen sich auf 72,- DM pro Stück, die Vollkosten auf 100,- DM pro Stück, die Bearbeitungszeit beträgt 4 Minuten je Stück. Dieses Teil wird zum Preis von 70,- DM je Stück von einem anderen Hersteller bezogen. Dieser Preis wird auf 80,- DM erhöht. Daraufhin soll geprüft werden, ob nunmehr die Eigenfertigung wirtschaftlicher ist. Auch soll die Preisobergrenze des Teiles D bei Fremdbezug ermittelt werden.

Bekannt sind folgende Daten:

Teil	A	B	C
Stückzahl	300	300	150
Bearbeitungszeit	20 Min./St.	5 Min./St.	20 Min./St.
var. Kosten/St.	60,- DM	41,- DM	45,- DM
Preis je Stück	80,- DM	45,- DM	60,- DM

7. Aufgabe

Worin besteht das Hauptproblem der Zuschlagskalkulation?

4. Prüfungsfach: Personalwirtschaft

1. Aufgabe

Welche zeitgemäßen Arbeitstugenden müssen heute von Mitarbeitern gefordert werden?

2. Aufgabe

Von welchen Faktoren ist eine Prognose des zukünftigen Personalbestandes des Unternehmens abhängig?

3. Aufgabe

Skizzieren Sie die wesentlichen Aufgaben der Personalwirtschaft!

4. Aufgabe

Welche Mitbestimmungsrechte hat der Betriebsrat und auf welche Bereiche erstrecken sich diese Rechte?

5. Aufgabe

Welche Kriterien sind bei der Auswahl neuer Mitarbeiter zugrunde zu legen?

5. Prüfungsfach: Produktionswirtschaft

1. Aufgabe

Für welche Betriebe eignet sich:

1. die einfache Divisionskalkulation,
2. die Äquivalenzziffernkalkulation,
3. die Zuschlagskalkulation,
4. die Zuschlagskalkulation mit Maschinenstundensätzen?

2. Aufgabe

Jedes Industrieunternehmen steht heute vor der Wahl, welche Produktionsteile selbst hergestellt und welche von anderen Unternehmen im Wege des Fremdbezugs bezogen werden sollen (Make or buy). Dabei ist die Entscheidung über Eigenfertigung oder Fremdbezug gleichzeitig auch eine Entscheidung über die Fertigungstiefe, die ausreichende Beschäftigung der Mitarbeiter, die Auslastung der Maschinen, die Qualitätsstandards fremdbezogener Erzeugnisse und die Lagerhaltung. Deshalb werden die Diskussionen über die Frage des Make or buy in den verschiedenen Betriebsabteilungen sehr kontrovers geführt. Welche Probleme müssen geklärt sein, um die Frage des Make or buy sachgerecht entscheiden zu können?

3. Aufgabe

Wie ist das Kalkulationsschema der summarischen mehrstufigen Zuschlagskalkulation aufgebaut?

4. Aufgabe

Welche Vorteile sind mit dem Vereinheitlichen und der Normung verbunden?

5. Aufgabe

Aus welchen Gründen ist eine umfassende Qualitätssicherung der Industrieerzeugnisse erforderlich?

6. Prüfungsfach: Materialwirtschaft

1. Aufgabe

Für die Materialwirtschaft ist die Schaffung einer zentralen Stammdatenbank unerläßlich, in der alle Daten von zentraler Bedeutung für die Auftragserledigung erfaßt sind.

Erstellen Sie eine Checkliste zur Erfassung der Stammdaten!

2. Aufgabe

Bei der Inventur werden in erheblichem Maße Lagerdifferenzen festgestellt, die einen hohen betrieblichen Schaden verursacht haben. Sie werden aufgefordert, die möglichen Verlustquellen systematisch zu erfassen, um die Voraussetzungen für ein verbessertes Kontrollsystem zu schaffen.

3. Aufgabe

Wie lassen sich die monatlichen Materialkosten für die jeweilige Produktion ermitteln?

4. Aufgabe

Was sind die wichtigsten Aufgaben der Materialwirtschaft?

5. Aufgabe

Wie wird die Beschaffungskontrolle durchgeführt?

7. Prüfungsfach: Absatzwirtschaft

1. Aufgabe

Beschreiben Sie, aus welchem Grund eine Konkurrenz-Analyse für ein Industrieunternehmen von Bedeutung ist!

2. Aufgabe

Ein festangestellter Reisender erhält einen bestimmten Reisebezirk zugewiesen. Nach welchen Kriterien wird ein solcher Bezirk aufgebaut?

3. Aufgabe

Welche Vertriebswege stehen einem Industrieunternehmen zur Verfügung und nach welchen Kriterien werden diese gewählt?

4. Aufgabe

Welche absatzpolitischen Instrumente stehen einem Unternehmen zur Verfügung?

5. Aufgabe

In welcher Weise betreibt ein Unternehmen Absatzvorbereitung?

Lösungen

I. Wirtschaftszweigübergreifender Teil

1. Prüfungsfach: Volks- und betriebswirtschaftliche Grundlagen

1. Aufgabe (Lösung)

Eine Inflation kann folgende Ursachen haben:

- Eine überhöhte Konsumnachfrage, der kein entsprechendes Warenangebot gegenübersteht,

- ein überhöhtes Einkommen,

- eine übermäßige Staatsverschuldung und entsprechende staatliche Zinsbelastungen,

- ungünstige volkswirtschaftliche Kostenstrukturen, die mit unrentablen Produktionen verbunden sind,

- ein überhöhtes Zinsniveau, das dazu führt, daß die notwendigen Investitionen unterblieben, weil die Zinsen ersparten Kapitals höher sind als die Erträge aus Investitionen.

Inflationen lassen sich im wesentlichen auf zwei Grundursachen zurückführen:

a) die Inflation aufgrund eines Nachfragesogs,
b) die Inflation aufgrund eines Kostendrucks.

Im ersten Fall verursacht auf der Verbraucherseite eine überhöhte Güternachfrage den Preisauftrieb, im zweiten Fall drücken steigende Kosten bei Produktion und Verteilung der Güter die Preise nach oben. Ursachen dieser Entwicklung können zu hohen Lohnkosten, ein zu hoher Zins, steigende Beschaffungspreise für Energie und Rohstoffe oder teuere Importe sein.

2. Aufgabe (Lösung)

Die Ursachen der Arbeitslosigkeit sind in vier verschiedenen Arten von Arbeitslosigkeit begründet:

a) Die friktionelle Arbeitslosigkeit. Sie entsteht durch Fluktuationen auf dem Arbeitsmarkt, etwa in zukunftssichere Branchen oder in Betriebe mit höheren Löhnen, so daß nur in bestimmten Bereichen wegen des Überangebotes an Arbeitskräften Arbeitslosigkeit entsteht.

b) Saisonale Arbeitslosigkeit: Sie ist auf unterschiedliche Arbeitsbedingungen zu verschiedenen Jahreszeiten zurückzuführen, wie z.B. im Baubereich während der Wintermonate.

c) Konjunkturelle Arbeitslosigkeit: Sie entsteht als Unterbeschäftigung als Folge eines konjunkturellen Abschwungs.

d) Die strukturelle Arbeitslosigkeit: Sie entsteht durch den Wandel der Arbeits- und Absatzbedingungen und kann sich in einzelnen Wirtschaftszweigen unterschiedlich auswirken. Sie entsteht aber auch als Folge der ständigen Verbesserung der maschinellen Produktionsanlagen, die immer bessere und immer schneller erzeugte Produkte bei reduziertem Arbeitseinsatz durch Menschen herstellen können.

Investitionen schaffen einerseits neue Arbeitsplätze, machen jedoch an anderer Stelle Arbeitsplätze überflüssig und steigern somit die Arbeitslosigkeit.

Überzogene Löhne und Lohnnebenkosten gefährden die Wettbewerbsfähigkeit der Unternehmen, die auf diese Situation mit dem Einsatz noch schnellerer Arbeitsmaschinen reagieren, um die Lohnsumme konstant zu halten, d.h. die Lohnerhöhung wird durch Reduzierung der Zahl der Arbeitskräfte ausgeglichen, sofern keine Erhöhung des Absatzes möglich ist. Die gleiche Situation entsteht, wenn fixe, hohe Löhne gezahlt werden müssen, aber die Produktivität als Folge veralteter Maschinen gering ist. In diesem Fall können die Herstellungskosten nicht eingebracht werden, und die Fabrikationsanlagen werden - wie gegenwärtig in großem Umfang in den neuen Bundesländern - stillgelegt.

3. Aufgabe (Lösung)

Die Ökologie befaßt sich mit den Wechselwirkungen zwischen Mensch und Wirtschaft einerseits und der Umwelt andererseits. Menschliches Handeln hat in vielen Fällen zu einem Raubbau der Natur geführt. Lärm, Luftverschmutzung und Wasserverschmutzung bedrohen die Gesundheit, die Städte drohen in Abfall und Müllbergen zu ersticken, der wachsende Energieverbrauch führt zu einem Treibhauseffekt, der möglicherweise den Wasserspiegel weltweit steigen läßt, so daß Küsten im Meer versinken könnten. Die bedrohlich ansteigende Weltbevölkerung und der steigende Energieverbrauch bewirken außerdem einen unkontrollierbaren Verbrauch nicht nachwachsender Rohstoffe. Deshalb ist ein Umdenken erforderlich.

Bei der Luftverschmutzung gelten Schwefeldioxyd und Stickoxyde als die Hauptverursacher, aber auch der Abfall verursacht Probleme, da seine Beseitigung mit hohen Kosten verbunden ist und in vielen Fällen entsprechende Deponien zur Lagerung oder Möglichkeiten zur Verbrennung ohne negative Folgen fehlen. Der Gesetzgeber hat dem Umweltschutz eine hohe Priorität eingeräumt und zahlreiche Gesetze und Verordnungen, wie z.B. das Umwelthaftungsgesetz, das Produkthaftungsgesetz, das Bundesimmissionsschutzgesetz und das Abfallgesetz erlassen, die die Betriebe zu einem anderen Handeln und Verhalten veranlassen sollen.

Anhang

Ziel der Umweltpolitik ist es, die Betriebe zu bewegen,

- rohstoff-, energie- und wassersparende Produktions- und Energieumwandlungsverfahren mit integrierten Umweltschutztechnologien zu benutzen,
- die Anlagensicherheit zu verbessern,
- Abfall zu vermeiden,

um durch diese Maßnahmen die Auswirkungen der Umweltbelastungen zu beschränken. Dabei wird dem Gedanken Rechnung getragen, daß derjenige die Kosten für die Vermeidung und Beseitigung von Umweltschäden tragen soll, der für die Entstehung verantwortlich ist (Verursacherprinzip). Bei der Produktion von Gütern entstehen nämlich neben den internen Kosten, die in die Kostenrechnung der Unternehmen eingehen, auch sog. externe Kosten, d.h. solche Kosten, die auf die Allgemeinheit abgewälzt werden, wie z.B. bei der Abwasserverunreinigung, der Bodenvergiftung und der Luftverschmutzung. Diese Kosten sollen nunmehr den Betrieben auferlegt werden.

Aufgrund der gesetzlichen Erfordernisse müssen die Betriebe ihre Produkte daraufhin überprüfen, ob sie den gegenwärtigen und zukünftig zu erwartenden Anforderungen genügen, oder ob sie etwa im Hinblick auf die Kosten für die Rücknahme der verbrauchten Güter nicht anders konstruiert und gebaut werden müssen. Auch empfiehlt sich der Kauf energiesparender Geräte.

Insgesamt dürfte der Umweltschutz zu einer völlig veränderten Produktionsstruktur führen und enthält damit auch konjunkturanregende, aber auch konjunkturdämpfende Momente. Die konjunkturanregenden bestehen in dem neuen Bedarf an Geräten aller Art und die konjunkturdämpfenden darin, daß die sog. Wegwerfgesellschaft keine Chancen mehr hat und daß mithin nur noch Produkte Absatzchancen haben, die eine längere Lebensdauer haben und in ihren Abmessungen kleiner werden. Mithin wird der Ersatzbedarf vieler Produkte geringer, die Marktsättigung tritt früher ein.

4. Aufgabe (Lösung)

Die Konjunktur verläuft in vier Phasen:

a) Im Konjunkturaufschwung setzt eine Steigerung der volkswirtschaftlichen Produktion ein, die von einer hohen Investitionstätigkeit der Unternehmen oder einer steigenden Nachfrage seitens der Verbraucher verursacht wird. Auf diese Weise werden bislang unausgelastete Produktionsanlagen besser genutzt. Als Folge des Konjunkturaufschwungs werden auch zusätzliche Arbeitskräfte eingestellt, so daß sich die Arbeitslosigkeit verringert. Die Zuwachsraten des Sozialprodukts sind relativ hoch.

b) In der folgenden Phase der Hochkonjunktur wird die Produktionskapazität voll ausgelastet, die zu Produktionsengpässen führen. Es kommt zu einer Verknappung der Arbeitskräfte, die zum Teil Überstunden leisten müssen. Hohe Kosten- und Preissteigerungen sind zu verzeichnen, die zu hohen Inflationsraten führen. Es herrscht Vollbeschäftigung oder sogar ein Mangel an Arbeitskräften.

c) Die Hochkonjunktur führt nach einer gewissen Zeit zu einem Konjunkturabschwung, zum einen durch eine restriktive Wirtschaftspolitik des Staates, durch vermehrte Kapazitätsengpässe sowie durch erhebliche Kosten- und Preissteigerungen, die zu verminderten Produktionsleistungen und zu einem Rückgang der Investitionen führen. Das wiederum bewirkt Auftragsmangel, Kurzarbeit und Entlassungen von Mitarbeitern und als Folge davon zu geringen Einkommenszuwächse und zu nachlasssender Konsumentennachfrage sowie zu niedrigeren Unternehmergewinnen. Die Triebkräfte des Abschwungs verstärken sich und führen über die sinkende Produktion, nachlassende Nachfrage und niedrigere Investitionen zu höheren Stückkosten, weil die Produktionsanlagen immer weniger ausgelastet werden können und zusätzliche Lagerkosten entstehen und ferner zur Freisetzung von Arbeitskräften. Der Kostendruck der Unternehmen steigt, die Gewinne der Unternehmen sinken, Anlagen werden wegen fehlender Aufträge stillgelegt.

d) In der nun folgenden Phase der Depression erreicht die Produktion ein sehr niedriges Niveau, die Arbeitslosigkeit dagegen ihr höchstes Niveau, die Inflationsrate sinkt etwas ab, aber die Preissteigerungen bleiben als Folge der hohen Fix- und Stillstandskosten sowie der zunehmenden staatlichen Verschuldung für Ausgaben im Bereich der Arbeitslosen- und Sozialunterstützung hoch.

Der Staat wäre in dieser Situation in Verbindung mit der Bundesbank nicht nur zu Maßnahmen zur Ankurbelung der Konjunktur verpflichtet, er müßte eigentlich aufgrund der Vorschriften des Stabilitätsgesetzes auch zusätzliche Mittel angesammelt haben, die jedoch für andere Zwecke ausgegeben worden sind. So steigt in dieser Phase wegen unabweisbarer Verpflichtungen die Staatsverschuldung bis an die Grenze der rechtlich zulässigen Höhe. Zusätzliche Steuererhöhungen bringen niemals den erhofften Effekt, sie schmälern wegen der Multiplikatorwirkung sogar die Steuereinnahmen und wirken sich psychologisch schädlich aus. Am ehesten käme man durch Steuersenkungen zu einem neuen Aufschwung.

5. Aufgabe (Lösung)

Für die Wahl der Rechtsform eines Unternehmens sind wirtschaftliche, rechtliche und insbesondere auch steuerliche Gesichtspunkte maßgebend, aber auch das beabsichtigte Produktions- oder Verkaufsprogramm kann für die Wahl der Rechtsform entscheidend sein, weil sich bestimmte Produkte nur in Großbetrieben herstellen lassen oder so hohe Kapitalsummen binden, daß sie nur von einer Mehrzahl von Personen aufgebracht werden können.

Wichtige Kriterien sind daher z.B. das benötigte Kapital, das Streben nach Selbständigkeit; die Aufbringung des Kapitals kann auf dem Wege der Eigen- und der Fremdfinanzierung erfolgen. Bei der Eigenfinanzierung ist im Falle eines hohen Finanzbedarfs die Gründung einer Kapitalgesellschaft, in der Regel einer AG oder einer GmbH - sinnvoll, weil die Kosten der Fremdfinanzierung die Handlungsmöglichkeiten der Unternehmung zu stark einschränken würden.

Wollen hingegen die an der Gründung einer Unternehmung beteiligten Gesellschafter ihre Haftung auf die Kapitaleinlage beschränken und entscheiden sie sich aus diesem Grund für eine GmbH, so müssen sie unter Umständen eine Verminderung ihrer Kreditwürdigkeit oder eine ungünstigere Besteuerung in Kauf nehmen.

Bei Änderung des Unternehmenszweckes, größerem Kreditbedarf oder Erweiterung des Leistungsangebotes ist in der Regel jederzeit eine Änderung der bisherigen Rechtsform möglich, sofern die beteiligten Gesellschafter oder Kreditgeber zustimmen, allerdings ist diese Umwandlung der Rechtsform häufig mit hohen Kosten und steuerlichen Folgen im Fall des Vorhandenseins größerer Vermögenswerte verbunden.

2. Prüfungsfach: EDV - Informatik

1. Aufgabe (Lösung)

Zwar orientiert sich jede Systementwicklung an den jeweiligen individuellen Anforderungen, die an die Datenverarbeitung gestellt werden, doch sind bestimmte Grundanforderungen für alle Anforderungen in gleicher Weise zu erfüllen:

Systemanalyse

Mit ihrer Hilfe wird der Ist-Zustand der einbezogenen betrieblichen Bereiche untersucht und in ein Grobkonzept eingebaut. Im Rahmen dieser Analyse sind alle Daten und Datenstrukturen, Arbeitsvorgänge und Arbeitsabläufe der auf EDV umzustellenden Bereiche einschließlich aller Schwachstellen in allen Einzelheiten zu erfassen, zu beschreiben und zu analysieren.

Systementwicklung

In dieser Phase erfolgt eine detaillierte Erarbeitung eines Organisationskonzeptes und eines vollständigen Programms. In dieser Phase muß auch eine Wirtschaftlichkeitsanalyse vorgenommen werden. Die EDV müßte heute vermutlich auch dann eingeführt werden, wenn sie absolut unwirtschaftlich wäre, weil ohne EDV kein sinnvolles und rationelles Arbeiten mehr möglich wäre, doch besteht die Gefahr, daß eine zu kleine oder eine zu große Anlage gewählt wird oder daß die Entscheidung für die falsche Hardware getroffen wird. Viele Mängel der heutigen EDV sind auf eine solche falsche Entscheidung zurückzuführen.

Systemeinführung

In dieser Phase wird das entwickelte System eingeführt und die bisherige Organisation wird aufgegeben und umgestellt. Diese Einführung muß zwecks Vermeidung von Fehlern mit einer Personalschulung verbunden sein. Oftmals ist auch - zumindest in wichtigen Bereichen - ein Parallelbetrieb zwischen altem und neuem System zwingend geboten.

Systempflege

Jedes System bedarf der laufenden Wartung und Pflege. Auch sind noch vorhandene Fehler oder Fehler, die sich aus der falschen Bewertung des Arbeitsflusses ergeben haben, zu beseitigen, ferner sind Anpassungen und Modifikationen vorzunehmen.

2. Aufgabe (Lösung)

Aus der Sicht der Unternehmen ist die betriebliche Datenverarbeitung eine Querschnittsfunktion, deren wichtigste Aufgabe die Entwicklung und der Betrieb von Anwendungssystemen ist. Zur Durchführung dieser Teilfunktionen bedarf es einer Leitungsfunktion, dem DV-Management, das sich mit den Aufgaben der Planung, Steuerung und Kontrolle der betrieblichen Datenverarbeitung befaßt. Die Bedeutung dieser Teilfunktion steigt um so mehr, je größer das Unternehmen ist, je heterogener das betriebliche Leistungsprogramm ist und je stärker die Datenverarbeitung in allen betrieblichen Bereichen eingesetzt ist.

Bei der Planung der betrieblichen Datenverarbeitung müssen die verschiedenen Unternehmensziele in spezieller Weise berücksichtigt werden. Dabei muß auch der Kapazitätsbedarf an Rechnerleistung für die nächsten Jahre berücksichtigt werden, damit nicht im Fall einer Betriebserweiterung das bisherige EDV-System versagt, weil es zu klein geworden ist. Diese Aufgabe kann nicht vom Rechenzentrum aus erledigt werden, sondern ist vom Daten- bzw. Informationsmanagement aus zu planen und zu steuern.

Die EDV wird somit von einem Element der Verarbeitung von Massendaten zu einer der wichtigsten betrieblichen Funktionsbereiche, der die Aufgabe der Steuerung der Unternehmensprozesse obliegt. Auch muß das Datenmanagement die Umsetzung des gesamten Konzepts in die betriebliche Praxis ebenso kontrollieren wie die Systementwicklung und den Systembetrieb. Treten bei der Realisierung Abweichungen von der beabsichtigten Sollkonzeption auf, muß das DV-Management steuernd eingreifen. Auch kann es notwendig werden, bei auftretenden Problemen die Ziele und Prioritäten konkreter Aufgaben zu verändern. Evtl. ist es auch möglich, konkrete Aufgaben an externe Dienstleistungsanbieter zu übertragen, was dann sinnvoll ist, wenn qualifiziertes Personal nicht zur Verfügung steht.

Zur Managementaufgabe im Bereich der EDV gehören ferner:

- die Erarbeitung übergreifender Funktions- und Datenmodelle,
- die Ermittlung des zukünftigen Bedarfs an Rechner- und Leitungskapazität,
- die Kontrolle der EDV-Leistungen,
- die Kostenkontrolle.

3. Aufgabe (Lösung)

Eine Datei besteht aus logisch zusammengehörigen Datensätzen. Eine Datei muß folgende Operationen ermöglichen:

- das Suchen eines bestimmten Datensatzes,
- das Ändern des Inhaltes eines Datensatzes,
- das Einfügen eines neuen Datensatzes,
- das Löschen eines Datensatzes,
- das Sortieren eines Datensatzes,
- das Kopieren der gesamten Datei oder von Teilen daraus,
- das Aufteilen einer Datei in mehrere andere Dateien oder das Zusammenfügen mehrerer bisher getrennter Dateiene zu einer einzigen neuen.

An eine Datei sind folgende Eigenschaften zu stellen, die gewährleistet sein müssen:

- die Benutzerhäufigkeit, d.h. die Fragestellung, wie oft und in welchen zeitlichen Abständen Dateiinhalte benötigt werden,

- die Bewegungshäufigkeit, d.h. die Fragestellung, wieviel Datensätze pro Zeiteinheit verändert werden und wie oft die Reihenfolge der Datensätze verändert wird,

- die Änderungshäufigkeit, d.h. die Fragestellung, wie oft Datensätze verändert, ergänzt oder gelöscht werden,

- das Anwachsen des Umfangs der Datensätze im Laufe eines Monats,

- der Gesamtumfang der Datensätze in der Datei, gemessen in Bytes.

Die Speicherung kann entweder in Form eines direkt adressierbaren Speichers erfolgen, bei dem es möglch ist, jeden beliebigen Datensatz bei Kenntnis der Adresse direkt in eine bestimmte Speicherstelle zu schreiben, oder in Form eines sequentiellen Speichers, bei dem die Datensätze nacheinander abgespeichert werden, wie sie bei der Verarbeitung anfallen.

Bei der Abfrage wird die direkte Abfrage, bei der die Adresse des Datensatzes unmittelbar gelesen werden kann, die indirekte Abfrage, bei der aus der Eingabe eines Schlüssels zunächst die Adresse des Datensatzes bestimmt wird und über diese Adresse auf den Datensatz zurückgegriffen werden kann und die sequentielle Abfrage unterschieden, bei der alle oder mehrere aufeinanderfolgende Datensätze gelesen werden.

4. Aufgabe (Lösung)

Die Erfassung des Istzustandes muß insbesondere die folgenden Arbeitsschritte umfassen:

- Welche Arbeitsgänge kommen vor?
- Wodurch werden Arbeitsgänge ausgelöst?
- Welche Daten werden als Eingabe benötigt und welche Daten fallen als Ausgabe an?
- Wie häufig bzw. in welchen Zeitabständen ist der Arbeitsgang durchzuführen?
- Welche einzelnen Arbeitsschritte sind durchzuführen und welche Regeln sind dabei einzuhalten?
- Wie hoch ist die Fehlerrate bei der Bearbeitung?
- Wieviel Zeit wird für den Arbeitsgang benötigt?
- Welche Vordrucke und Formulare werden verwendet?
- Welche Hilfsmittel werden benutzt?
- Welche Kosten entstehen?

- In welcher Reihenfolge sind Arbeitsgänge durchzuführen?
- Welches sind die unmittelbar vorhergehenden und welches die unmittelbar nachfolgenden Arbeitsgänge?
- Welche Übertragungsmittel werden benutzt?
- Wie hoch sind die Übertragungszeiten?
- Kann die Reihenfolge der Arbeitsgänge variiert werden?

- Welche Daten und Informationen werden verarbeitet?
- Welche Struktur haben die Daten (Zahlen, Worte)?
- Welche Dateien sind erforderlich, bzw. wo werden Datenbestände verwaltet?
- Wie oft werden die einzelnen Daten bzw. Informationen benötigt?
- Welche Schlüsselsysteme werden benutzt?
- Welche Qualität haben die Daten?

- Welche Erhebungstechniken für die Ist-Analyse stehen zur Verfügung?
- Geschäftsberichte,
- Organisationshandbücher,
- Betriebsablaufpläne,
- Materialflußpläne,
- Arbeitszettel,
- Akkordscheine,
- Formulare und Listen.

5. Aufgabe (Lösung)

Konzeption und Betrieb von Datenbanken hängen entscheidend von Datensicherheit und Datenschutz ab. Unter Datensicherheit versteht man den Schutz der Daten vor Zugriffen von unberechtigten Personen und den Schutz gegen zufälliges oder absichtliches Verändern oder Zerstören von Daten und unter Datenschutz den Schutz personenbezogener Daten vor Mißbrauch bei der Datenverarbeitung.

Die Datensicherheit wird auf folgende Weise erreicht:

- die Daten müssen gegen Zerstörung durch Feuer, Diebstahl oder andere Gefahren geschützt sein,

- die Daten müssen jederzeit rekonstruierbar sein, damit im Falle ihrer Zerstörung durch Zufall oder Absicht keine Folgeschäden auftreten,

- Daten müssen überprüfbar sein und sollten in regelmäßigen Abständen durch Revisionen überprüft werden, um Datenmißbräuche zu verhüten,

- die Benutzer einer Datenbank müssen vor dem Zugriff auf Daten identifiziert sein, um unberechtigte Benutzer von vornherein auszuschließen,

- das Datensystem darf den Benutzern den Zugang nur zu solchen Daten erlauben, zu denen sie eine Zugangsberechtigung haben,

- das Datenbanksystem soll den Benutzerbetrieb überwachen und dokumentieren, damit unberechtigte Operationen - falls sie dennoch erfolgt sein sollten - im nachhinein festgestellt werden können.

Die Gewährleistung von Datensicherheit und Datenschutz kann am besten durch Zutrittsbeschränkungen und Zutrittskontrollen zu den Datenverarbeitungsräumen sichergestellt werden.

II. Wirtschaftszweigspezifischer Teil

1. Prüfungsfach: Betriebliche Organisation und Unternehmensführung

1. Aufgabe (Lösung)

Die wichtigsten Unternehmensführungsentscheidungen betreffen die folgenden Sachverhalte:

a) Entscheidungen, die sich auf die Struktur des Betriebes beziehen. Hierzu gehören insbesondere Entscheidungen über die zu erstellenden Produkte, den Standort, die Betriebsgröße, die Rechtsform.

b) Entscheidungen, die auf den eigentlichen Betriebsablauf abzielen, d.h. Entscheidungen über Einkauf, Produktion, Absatz.

c) Entscheidungen, die den Kreis der Mitarbeiter betreffen. Hierbei handelt es sich um personalwirtschaftliche Unternehmensentscheidungen, wie z.B. um Personalplanung, Personalbeschaffung, Personaleinsatz und Personalentwicklung.

Bei allen wahrzunehmenden Führungsaufgaben handelt es sich um Wahlakte, d.h. es sind Alternativen abzuwägen und begründete Entscheidungen zu treffen. Derartige Führungsentscheidungen gestalten sich häufig schwierig, weil sich oftmals nicht mit Sicherheit oder auch nur mit hoher Wahrscheinlichkeit voraussagen läßt, welche Folgen eine aufgrund einer Führungsentscheidung eingeleitete Maßnahme haben wird.

2. Aufgabe (Lösung)

Einzelzuordnung
Vorteil: Klare Festlegung der Kompetenz und Verantwortung für einen Aufgabenträger.

Nachteil: Abhängigkeit von der Leistungsfähigkeit einer Person; bei Ausfall evtl. Schwierigkeiten durch Stellvertreter oder neu mit dem Gebiet beauftragte Kraft.

Gruppenzuordnung
Vorteil: Größere Flexibilität bei der Auftragserfüllung.

Nachteil: Kompetenz und Verwantwortlichkeit nicht klar geregelt. Ungleiche Arbeitsbelastung bei Leistungsschwäche oder Leistungsunwilligkeit einzelner Mitarbeiter. Notwendigkeit der Arbeitskontrolle.

Ein Budget enthält die für die Herstellung von Erzeugnissen anstehenden finanziellen Verpflichtungen und Transaktionen. Das Gesamtbudget baut sich aus einer Reihe von Einzelbudgets auf, die untereinander in Abhängigkeit stehen und sich gegenseitig bedingen.

Absatzplan

In ihm ist festzulegen (und das möglichst für mehrere Jahre) welche Mengen abgesetzt werden können; evtl. wird nach Abnehmern und Märkten differenziert. Der aus dem Absatz abgeleitete Umsatzplan zeigt den Wert an.

Produktionsbudget

Aus der geplanten Absatzmenge ist zu schließen, welche Mengen produziert werden müssen. Hierzu wird als Vorarbeit der technische Ablauf der Fertigung bis in die letzten Einzelheiten festgelegt werden müssen.

Personalbudget

Wenn der Gesamtumfang der Arbeit in Produktion, Verkauf und Verwaltung bekannt ist, der im wesentlichen von den Absatzmengen abhängt, kann im Personalbudget festgelegt werden, welche und wie viele Mitarbeiter insgesamt zu beschäftigen sind, welche Qualifikationen diese haben müssen und wie sie bezahlt werden müssen (entsprechend der Einstufung in den Tarifvertrag).

Materialbeschaffungsbudget

Aus der Produktionsmenge ergibt sich der Bedarf an Materialien für die Fertigung, und zwar nach Art und Qualität des Materials gegliedert.

Materialbeständebudget

Im Materialbeständebudget wird die Höhe der Vorratshaltung an Material festgelegt.

Investitionsbudget

Aus dem Kapazitätenplan, der eine Aussage darüber macht, welche baulichen und maschinellen Einrichtungen erforderlich sind, wird das Investitionsbudget abgeleitet. In ihm sind die neu zu beschaffenden Maschinen und Anlagen festgehalten.

Ergebnisplan

Im Ergebnisplan wird ermittelt, ob die geplanten Entscheidungen ein befriedigendes Ergebnis bringen. Ein befriedigendes Ergebnis liegt vor, wenn das Unternehmen genügend Gewinn erwirtschaftet, um das eingesetzte Kapital (Eigenkapital) angemessen zu verzinsen und um ein gesundes Wachstum des Unternehmens zu ermöglichen.

Es muß also immer mit dem Absatzbudget begonnen werden, da der Markt bestimmt, welche Mengen abgenommen werden. Das Produktionsbudget kann mithin nur aus dem Absatz- und dem Umsatzbudget abgeleitet werden. Der Produktionsplan ist wiederum die Voraussetzung für das Materialbeständebudget und für den Bedarf an Maschinen und Anlagen, der im Personalbudget, im Investitionsbudget und im Materialbeschaffungsbudget sich niederschlägt. Im Ergebnisplan wird ermittelt, ob die erwarteten Unternehmensziele mit Hilfe der vorgesehenen Maßnahmen erreichbar sind. Alle in den Einzelbudgets vorgesehenen finanziellen Maßnahmen - Einnahmen und Ausgaben - gehen in die nachfolgende Finanzplanung ein.

4. Aufgabe (Lösung)

Im Aktiengesetz ist festgelegt, daß die Aktionäre einen Aufsichtsrat wählen und in einer jährlichen Hauptversammlung u.a. über die Verwendung des Gewinns beschließen müssen. Der Aufsichtsrat muß sich zu einem Drittel aus Arbeitnehmervertretern und zu zwei Dritteln aus Aktionärsvertretern zusammensetzen. Die Hauptaufgabe des Aufsichtsrates ist die Überwachung der Tätigkeit des Vorstands; ebenso die Wahl des Vorstands. Der Vorstand ist mit der Leitung der Gesellschaft beauftragt. Er muß jährlich eine Bilanz, eine Gewinn- und Verlustrechnung (Aufwands- und Ertragsrechnung) und einen Bericht über den Geschäftsablauf (Lagebericht) erstellen und dem Aufsichtsrat und der Hauptversammlung vorlegen.

5. Aufgabe (Lösung)

Investitionen legen die wesentlichen Grundlagen der betrieblichen Leistungserstellung auf lange Zeit fest. Quantität und Qualität der Produktionsausstattung, die Art der Produktion und der technische Entwicklungsstand der Betriebsanlage werden langfristig festgelegt. Investitionsentscheidungen können meist nicht mehr oder nicht ohne erhebliche finanzielle und andere Belastungen rückgängig gemacht werden.

Die Kostenstruktur der Unternehmen wird durch Investitionen maßgeblich beeinflußt. Die Anschaffung und Instandhaltung von Betriebsanlagen verursachen in der Regel hohe Fixkosten. Bei Nichtauslastung der Kapazität steigen die durchschnittlichen Gesamtkosten um die Leerlaufkosten. Reichen die erzielbaren Veräußerungserlöse der erzeugten Leistung nicht mehr zur Deckung der gesamten Stückkosten aus, so entstehen Verluste.

Auswirkungen von Investitionen ergeben sich auch im sozialen Bereich durch Arbeitsplatzsicherung, im volkswirtschaftlichen Bereich (technischer Fortschritt, Wachstum).

2. Prüfungsfach: Jahresabschluß und Steuern

1. Aufgabe (Lösung)

Rückstellungen dienen der Erfassung von Verpflichtungen, die am Bilanzstichtag, dem Grunde, aber nicht der Höhe nach bekannt sind sowie von Verbindlichkeiten und Lasten, die am Abschlußstichtag bereits bestehen, sich aber dem Betrag nach nicht genau bestimmen lassen oder deren Bestehen zweifelhaft ist.

Rückstellungen dürfen nur für folgende Zwecke gebildet werden:

1. ungewisse Verbindlichkeiten,
2. drohende Verluste aus schwebenden Geschäften,
3. im Geschäftsjahr unterlassene Aufwendungen für Instandhaltungen, die im folgenden Geschäftsjahr innerhalb von drei Monaten nachgeholt werden,
4. Aufwendungen für Abraumbeseitigung, die im folgenden Geschäftsjahr nachgeholt werden,
5. Kulanzleistungen,
6. laufende Pensionen und Anwartschaften auf Pensionen,
7. genau umschriebene Aufwendungen, wie z.B. für Großreparaturen, sofern diese dem Geschäftsjahr oder einem früheren Geschäftsjahr zuzuordnen, am Bilanzstichtag als wahrscheinlich oder sicher gelten, in ihrer vollen Höhe oder dem Zahlungseintritt aber unbestimmt sind,
8. Aufwendungen für unterlassene Instandhaltungen, die im folgenden Geschäftsjahr nach dem dritten Monat bis zum Ende des Geschäftsjahres nachgeholt werden.

2. Aufgabe (Lösung)

- Hohe Vorräte auf allen Stufen des Geschäftssystems.
- Hohe Forderungen aus Lieferungen und Leistungen.
- Zu lange Abwicklungsdauer von der Auftragsausführung bis zum Zahlungseingang.
- Keine direkte Weitergabe des Marktdrucks auf Einkauf und Zahlungsausgangssteuerung.
- Geringe Lieferantenverbindlichkeiten.

3. Aufgabe (Lösung)

Die Selbstfinanzierung führt zu einer Erhöhung des Eigenkapitals einer Unternehmung und vermindert somit die Anfälligkeit im Fall von Krisen. Zudem fördert eine Ausdehnung des Eigenkapitals die Kreditwürdigkeit des Unternehmens. Anreize für Eigenkapitalgeber ergeben sich aus der Möglichkeit, kontinuierliche Dividendenzahlungen infolge hoher Rücklagen auch bei kurzfristigen Gewinnrückgängen vornehmen zu können.

Anhang 533

Die auf dem Wege der Selbstfinanzierung dem Unternehmen zugeführten Finanzmittel unterliegen, soweit es sich um eine echte Selbstfinanzierung handelt, keiner Zweckbestimmung oder Verfügungsbeschränkung.

Positive Auswirkungen ergeben sich auf die Ertrags- und Liquiditätslage der Unternehmung durch das Fehlen von Zinszahlungen. Bestehende Beteiligungsverhältnisse werden durch eine Selbstfinanzierung nicht verändert.

4. Aufgabe (Lösung)

Im Vordergrund der Kreditwürdigkeitsprüfung stehen:

- persönliche Faktoren,
- rechtliche Faktoren,
- wirtschaftliche Faktoren,
- gesamtwirtschaftliche Faktoren.

Die Persönlichkeitsfaktoren können in grober Form in die charakterliche Qualifikation des Unternehmers, die Qualifikation zur Unternehmensführung und in die physische Qualifikation des Unternehmers unterteilen.

Die rechtlichen Faktoren beruhen auf der Prüfung der Eigentumsverhältnisse.

Die wirtschaftliche Leistungsfähigkeit wird anhand der Vermögens-, Finanz- und Ertragslage des Unternehmens geprüft. Aufschluß geben hierüber z.B. Auftragsübersichten, Planungsrechnungen und Jahresabschlüsse. Auch Kennzahlen, wie das Verhältnis von Eigen- zu Fremdkapital, die Deckung des Anlagevermögens durch Eigenkapital und das Verhalten zwischen jährlichem Einnahmeüberschuß (cash flow) und Verbindlichkeiten, geben Aufschluß über die Kreditwürdigkeit.

Aber auch die gesamtwirtschaftliche Lage wird ebenso einbezogen wie die Kreditwürdigkeit und die Kreditsicherheiten, die das Unternehmen zu geben in der Lage ist.

5. Aufgabe (Lösung)

Adressaten der Bilanz bzw. des gesamten Jahresabschlusses sind verschiedene Gruppen mit unterschiedlicher Interessenslage und unterschiedlichem Informationsbedürfnis.

An den Ergebnissen der Bilanz und der Jahresrechnung sind insbesondere interessiert: die Unternehmensleitung, die Gläubiger, die Eigentümer, die Finanzämter, die Arbeitnehmer, die Geschäftspartner, aber auch die Öffentlichkeit.

Die Unternehmensleitung kann aus den Ergebnissen der Bilanz und der Jahresrechnung Schlüsse über Erfolge und Mißerfolge ziehen und auf den Ergebnissen Entscheidungen für die folgenden Geschäftsjahre treffen. Wichtige Aufschlüsse können z.B. aus der Entwicklung der Kosten in bestimmten Bereichen gezogen werden, was dazu führen kann, Produkte nicht mehr zu produzieren oder auch in andere Standorte zu verlagern.

Die Gläubiger interessiert in erster Linie, ob sich die dem Unternehmen eingeräumten Fremdmittel amortisieren, oder ob evtl. mit Verlusten zu rechnen ist. Deshalb hat der Gesetzgeber strenge und verbindliche Richtlinien über den Ausweis der Verbindlichkeiten erlassen, damit nicht durch Manipulationen bei den Gläubigern der Eindruck entstehen kann, daß trotz einer bevorstehenden Zahlungsunfähigkeit das Unternehmen finanziell als gesichert erscheint.

Aber auch die Lieferanten als Gläubiger von Warenverbindlichkeiten sollen erkennen, ob diese Kredite und die Zinsen der Warenkredite gesichert sind.

Im Hinblick auf die Interessen der Eigentümer hat der Gesetzgeber zwischen personenbezogenen Rechtsformen der Unternehmen und anderen Rechtsformen, bei denen Kapitaleigentümer und Unternehmensleiter verschiedene Personen sind, unterschieden. Deshalb hat der Gesetzgeber besondere Schutzvorschriften für die nicht geschäftsführenden Eigentümer erlassen. Die Geschäftsabschlüsse sollen dieser Eigentümergruppe Informationen über die Qualität der Geschäftsführung sowie über die Sicherung oder Mehrung des eingesetzten Kapitals geben.

Die Finanzämter sind daran interessiert, daß die Unternehmen korrekt und pünktlich ihre Steuern zahlen. Die Erhebungen der fälligen Steuern beruhen auf Steuergesetzen, die das Ziel haben, in der Bilanz Grundlagen zur Besteuerung des Unternehmens nach seiner Ertrags-, Finanz- und Vermögensleistung zu finden. Hierbei sind Unterschiede der Interessenslage nicht zu vermeiden. So werden z.B. bei einer strengen Anwendung des Vorsichtsprinzips erhöhte stille Reserven gebildet, die nicht der Besteuerung unterworfen zu werden brauchen. Deshalb sind die Betriebe von einer bestimmten Größenordnung an verpflichtet, eine Handels- und eine Steuerbilanz zu erstellen, wobei jedoch die Handelsbilanz für die Steuerbilanz maßgeblich ist, die nach den gleichen Grundsätzen wie die Handelsbilanz zu erstellen ist, es sei denn, daß steuergesetzliche Vorschriften ein steuererhöhendes Abweichen verlangen. Dennoch sind Bewertungsspielräume unvermeidlich, die zu Differenzen zwischen Unternehmen und Finanzbehörden führen können.

Die Arbeitnehmer oder ihre Interessenvertreter in der Personalvertretung haben deshalb ein Interesse am Jahresabschluß, weil sie daraus Informationen über die Sicherung der Arbeitsplätze oder über evtl. Gefährdungen entnehmen können, auch lassen sich Schlüsse über mögliche Lohn- und Gehaltsentwicklungen ziehen.

Die Geschäftspartner, insbesondere die Kunden, wollen aus der Bilanz und dem Jahresabschluß Folgerungen für die Liefer- und Leistungsfähigkeit im Interesse einer langfristigen Zusammenarbeit ziehen. Für den Fall erwarteter Krisen müßten sich diese Partner schon frühzeitig nach anderen Lösungen umsehen, was wiederum die eigene Position schwächen und die befürchtete Krise noch verschärfen könnte.

Die allgemeine Öffentlichkeit ist daran interessiert, die allgemeine Geschäftsentwicklung zu analysieren, denn wenn ein in einer Region dominierendes Industrieunternehmen Absatzprobleme - ganz gleich aus welchen Gründen - bekommt, so ist durch diese Entwicklung nicht nur der Kreis der Mitarbeiter und seiner Familien betroffen, sondern auch die Gemeinde, die ihre Steuereinnahmen revidieren muß, der Einzelhandel, der sich auf veränderte Kaufgewohnheiten einstellen muß und ferner der Wohnungsmarkt, der sich erheblich verändern kann und Zwangsverkäufe bewirkt, weil ein Teil der Arbeitnehmer seine Ratenverpflichtungen nicht mehr erfüllen kann. Bei publizitätspflichtigen Unternehmen ist die Information der Öffentlichkeit per Gesetz gewährleistet, die allen an der Entwicklung des Unternehmens interessierten Gruppen die Entscheidung erleichtert, Kapitalverbindungen, Geschäftsbeziehungen oder Arbeitsverträge einzugehen, bei kleineren Unternehmen ist diese Situation schwerer zu beurteilen.

3. Prüfungsfach: Kosten- und Leistungsrechnung

1. Aufgabe (Lösung)

	Angebot 1	Angebot 2
Bruttopreis DM je kg	3,60 DM	3,90 DM
Rabatt	5 %	6 %
Skonto bei Zahlung innerhalb von 10 Tagen	3 %	1 %
Fracht insgesamt	280, 60 DM	frei
Gesamtpreis	3.600,00 DM	3.900,00 DM
Rabatt	180,00 DM	234,00 DM
	3.420,00 DM	3.666,00 DM
zuzügl. Fracht	280,60 DM	–
	3.700,60 DM	3.666,00 DM
abz. Skonto	111,02 DM	36,66 DM
	3.589,58 DM	3.629,34 DM

Angebot 1 ist günstiger.

2. Aufgabe (Lösung)

Fertigungsmaterial	410,00 DM	
+ 7,4 % Materialgemeinkosten	30,34 DM	
= Gesamte Materialkosten	440,34 DM	440,34 DM
Fertigungslöhne bei Kostenstelle 1	270,00 DM	
+ Fertigungsgemeinkosten 1 (133,6 %)	360,72 DM	
= Fertigungskosten der Kostenstelle 1	630,72 DM	630,72 DM
Fertigungslöhne bei Kostenstelle 2	150,00 DM	
+ Fertigungsgemeinkosten 2 (198,3 %)	297,45 DM	
= Fertigungskosten der Kostenstelle 2	447,45 DM	447,45 DM
Fertigungslöhne bei Kostenstelle 3	70,00 DM	
+ Fertigungsgemeinkosten 3 (169,2 %)	118,44 DM	
= Fertigungskosten der Kostenstelle 3	188,44 DM	188,44 DM
= Herstellkosten (= Materialkosten + Fertigungskosten)		1.706,95 DM
+ Verwaltungsgemeinkosten (6 %)		102,42 DM
+ Vertriebsgemeinkostenzuschlag (8,5 %)		145,09 DM
= Selbstkosten laut Vorkalkulation		1.954,46 DM

3. Aufgabe (Lösung)

Mit Hilfe des BAB werden:

- die Gemeinkosten aus den Kostenkonten übernommen und auf die Kostenstellen des Betriebes verteilt;
- die Gemeinkostenzuschläge auf die Einzelkosten errechnet;
- Vergleichzahlen für die Kostenentwicklung in verschiedenen Geschäftsperioden geschaffen.

4. Aufgabe (Lösung)

Richtig sind die Lösungen: 1, 3, 4, 7, 9.

5. Aufgabe (Lösung)

1. Preiskalkulation und Preisbeurteilung:
   - Mitwirkung bei der Festlegung von Verkaufspreisen, insbesondere Preisuntergrenzen,
   - Errechnung von Preisobergrenzen im Einkaufsbereich,
   - Festlegung von Verrechnungspreisen für interne Leistungen.

2. Kontrolle der Wirtschaftlichkeit:
   - Kontrolle von Kostenarten und Kostenstruktur durch Zeit-, Betriebs- und Soll-Ist-Vergleich;
   - Wirtschaftlichkeitskontrolle in Abteilungen bzw. Verantwortungsbereichen.

3. Gewinnung von Unterlagen für Entscheidungsrechnungen, insbesondere für Verfahrensvergleiche und zur Programmplanung.

4. Erfolgsermittlung und Bestandsbewertung:
   - kurzfristige, differenzierte Erfolgsrechnung, insbesondere Artikelerfolgsrechnung,
   - Bewertung von Beständen an unfertigen und fertigen Erzeugnissen sowie von selbsterstellten Anlagen.

6. Aufgabe (Lösung)

Kapazitätsbeanspruchung in Minuten
  6.000   1.500   3.000   1.200 (Teil D)

Gesamte Kapazität in Minuten   11.700
Kapazität der Maschine in Minuten   10.500
Engpaß in Minuten   1.200

Da ein Engpaß vorliegt, müssen die engpaßbezogenen Deckungsbeiträge der vier Teile ermittelt werden. Die Rangfolge dieser Deckungsbeiträge entscheidet, welche Teile gefertigt werden sollen. Der Deckungsbeitrag des fremdbezogenen Teils ergibt sich aus dem Fremdbezugspreis minus der variablen Kosten je Stück bei Eigenfertigung.

Teil	A	B	C	D
Preis je Stück in DM	80,- DM	45,- DM	60,- DM	80,- DM
variable Kosten	60,- DM	41,- DM	45,- DM	72,- DM
Deckungsbeitrag	20,- DM	4,- DM	15,- DM	8,- DM
Kapazitätsbeanspruchung Min/Stück	20	5	20	4
engpaßbezogener Deckungsbeitrag (DM je Min.)	1	0,8	0,75	2
Rangfolge	2	3	4	1

Aufgrund der Rangfolge der engpaßbezogenen Deckungsbeiträge kann Teil D selbst gefertigt werden um die Fertigung von Teil C einzuschränken, sofern dies aus produktionstechnischen Gründen möglich ist.

Die Preisobergrenze ergibt sich aus 72,- DM variablen Stückkosten plus dem engpaßbezogenen Deckungsbeitrag mal der Kapazitätsbeanspruchung in Minuten (0,75 x 4 = 3 DM) also 75,- DM. Der Fremdbezugspreis (80,- DM) liegt oberhalb der Preisobergrenze.

7. Aufgabe (Lösung)

Das Hauptproblem der Zuschlagskalkulation ist die Wahl geeigneter Zuschlagsgrundlagen zur stückbezogenen Verteilung der Gemeinkosten. Das Verursachungsprinzip berücksichtigt nur die Verteilung der unechten Gemeinkosten auf die Kostenträger. Echte Gemeinkosten lassen sich einem einzelnen Kostenträger nicht verursachungsgerecht zuordnen, so daß andere Verteilungsgrundsätze eingeführt werden müssen, wie z.B. die proportionale Verrechnung der Verwaltungsgemeinkosten und der Vertriebsgemeinkosten zu den Herstellkosten.

4. Prüfungsfach: Personalwirtschaft

1. Aufgabe (Lösung)

- Die Fähigkeit und Bereitschaft zur Teamarbeit, wozu Offenheit, Spontanität, eigene Meinung, Mut, Zuhören-Können und soziale Verträglichkeit gehören;
- Verständnis für technisch-organisatorische Zusammenhänge und für soziale Prozesse;
- Abstraktionsfähigkeit;
- Phantasie, Kreativität;
- Lernfähigkeit und -bereitschaft;
- Konfliktvermeidungs- und -lösungspotential;
- schnelle Auffassungsgabe und Flexibilität;
- hohes Verantwortungsbewußtsein und zwar sowohl für die Produkte, die Leistungserstellung, die Kosten und die Mitarbeiter.

2. Aufgabe (Lösung)

Eine Prognose des zukünftigen Personalbestandes des Unternehmens ist von folgenden Faktoren abhängig:

- von der allgemeinen konjunkturellen Entwicklung,
- von der speziellen Situation der Branche, die wiederum von Maßnahmen des Gesetzgebers abhängig sein kann,
- von der Notwendigkeit, die Betriebsgröße zu verändern, d.h. den Betrieb zu erweitern oder zu verkleinern,
- von der Höhe der Lohn- und insbesondere der Lohnnebenkosten, die zwecks Erhaltung der Wettbewerbsfähigkeit zur Rationalisierung, d.h. zur Freisetzung von Arbeitskräften oder auch zur Verlagerung von Arbeit in kostengünstigere ausländische Regionen zwingt,
- von dem Anteil der Mitarbeiter, der in einer bestimmten Kategorie, z.B. als Sachbearbeiter oder Meister, verbleiben wird, in eine andere - und in welche - wechseln wird oder voraussichtlich oder mit Sicherheit das Unternehmen verlassen wird.

3. Aufgabe (Lösung)

Die Aufgaben der Personalwirtschaft lassen sich in folgende Bereiche zusammenfassen:

- Personalbedarfsermittlung,
- Personalbeschaffung,
- Personalauswahl,
- Personaleinsatz,
- Personalentwicklung,

- Personalfreisetzung,
- Personalerhaltung,
- Personalverwaltung.

Hinzu kommt im zwischenmenschlichen Bereich die Steuerung von Konflikten.

4. Aufgabe (Lösung)

Die Mitbestimmungsrechte des Betriebsrates, die sich aus dem Betriebsverfassungsgesetz ergeben, lassen sich in folgende Bereiche gliedern:

Die Zustimmung des Betriebsrates ist notwendig bei Personalfragebögen, persönlichen Angaben in schriftlichen Arbeitsverträgen, die allgemein für den Betrieb verwendet werden sollen und bei der Aufstellung allgemeiner Beurteilungsgrundsätze.

In Betrieben mit mehr als 1.000 Mitarbeitern kann der Betriebsrat Richtlinien über die personelle Auswahl bei Einstellungen, Versetzungen, Umgruppierungen verlangen. In jedem Fall sind derartige Richtlinien zustimmungspflichtig.

Bei sog. personellen Einzelmaßnahmen ist die Zustimmung des Betriebsrats notwendig bei Einstellungen, Eingruppierungn, Umgruppierungen und Kündigungen. Der Betriebsrat kann die Zustimmung jedoch nur in den vom Betriebsverfassungsgesetz her vorgesehenen Fällen verweigern. Diese Gründe sind: Verstoß gegen eine Betriebsvereinbarung, Nachteile für beschäftigte Arbeitnehmer, Störung des Betriebsfriedens.

In sozialen Angelegenheiten hat der Betriebsrat ein Mitentscheidungs- und Inititativrecht insbesondere bei:

- Fragen der Betriebsordnung,
- des Verhaltens der Arbeitnehmer,
- der Festlegung der Arbeitszeit,
- bei der vorübergehenden Verkürzung oder Verlängerung der betriebsüblichen Arbeitszeit,
- bei der Auszahlung der Arbeitsentgelte,
- bei der Aufstellung von Urlaubsgrundsätzen und -plänen,
- in Fragen der betrieblichen Lohngestaltung (Entlohnungsgrundsätze und Entlohnungsmethoden),
- bei der Festsetzung von Akkord- und Prämiensätzen,
- bei der Festlegung von Grundsätzen über das betriebliche Vorschlagswesen.

Bei betrieblichen Bildungsmaßnahmen hat der Betriebsrat insbesondere ein Mitentscheidungs- und Initiativrecht bei der Durchführung von Maßnahmen der betrieblichen Berufsbildung sowie bei sonstigen Bildungsmaßnahmen im Betrieb.

Der Betriebsrat hat ein Mitentscheidungs- und Initiativrecht bei der Aufstellung eines Sozialplans.

Anhang 541

Bei einer besonderen Belastung von Arbeitnehmern auf Arbeitsplätzen, bei Arbeitsabläufen oder in einer gefährdeten Arbeitsumgebung, die gesicherten Erkenntnissen über die menschengerechte Gestaltung der Arbeit widersprechen, kann der Betriebsrat angemessene Maßnahmen zur Abwendung, Milderung oder zum Ausgleich verlangen.

Der Betriebsrat kann verlangen, daß Arbeitsplätze, die zu besetzen sind, vorher im Betrieb ausgeschrieben werden.

Der Betriebsrat kann bei Arbeitnehmern, die wiederholt den Betriebsfrieden ernstlich gestört haben, die Entlassung oder Versetzung durch den Arbeitgeber verlangen.

5. Aufgabe (Lösung)

Oberster Grundsatz bei der Personalauswahl muß sein, zu vermeiden, von einem Mitarbeiter ganz andere Fähigkeiten, Fertigkeiten oder Kenntnisse zu verlangen als die, die er wirklich besitzt. Daher muß zunächst festgestellt werden, welche Anforderungen der jeweilige Arbeitsplatz verlangt (Arbeitsplatzanalyse) und welche Fähigkeiten der Mitarbeiter, der sich um diesen Platz bewirbt, besitzt und wo er deshalb mit Vorteil für sich und für das Unternehmen eingesetzt werden kann, ohne daß Über- oder Unterforderungen eintreten.

Diese Feststellungen können getroffen werden durch:

a) Die Prüfung der eingereichten Unterlagen (Zeugnisse, Referenzen, sonstige Unterlagen). Dabei ist zu berücksichtigen, daß Zeugnisse oftmals, um dem ausscheidenden Mitarbeiter eines Unternehmens nicht zu schaden oder ihm den Stellenwechsel zu erschweren, "geschönt" worden sind. Auch Schulzeugnisse sind nicht unbedingt objektiv, weil die Grundsätze der Schulen nicht einheitlich sind. Ein Schüler kann auf die erbrachten Leistungen in einer Schule die Note eins und in einer anderen die Note vier erhalten, je nachdem, wie die Schule ihre Maßstäbe anwendet und ob sich der Schüler in einer Klasse mit Schülern befindet, die wesentlich besser oder schlechter sind, als er es selbst ist.

b) Im persönlichen Gespräch, in dem der Bewerber Aufschluß über seine bisherigen Leistungen und Motive berichten muß.

c) Der Lebenslaufanalyse, die darüber Aufschluß gibt, ob es sich um eine Aufwärts- oder gar um eine Abwärtsentwicklung handelt.

d) Durch ein Interview oder eine Auslese im Assessment-Center.

e) In der Probezeit. Dabei ist jedoch zu bedenken, daß sich der Mitarbeiter, weil er weiß, daß es sich um eine Probezeit handelt, bewußt zusammennimmt und andere Verhaltensweisen zeigt, als sie üblicherweise bei ihm festzustellen sind.

5. Prüfungsfach: Produktionswirtschaft

1. Aufgabe (Lösung)

zu 1:
Die einfache Divisionskalkulation ist in Betrieben anwendbar, die eine einzige Erzeugnisart herstellen.

zu 2:
Die Äquivalenzziffernkalkulation eignet sich für Betriebe, die mehrere gleichartige Erzeugnisse herstellen.

zu 3:
Die Zuschlagskalkulation wird in Betrieben angewandt, die mehrere verschiedenartige Erzeugnisse herstellen.

zu 4:
Die Zuschlagskalkulation mit Maschinenstundensätzen wird in Betrieben angewandt, bei denen die Kosten der Fertigung hauptsächlich durch den Einsatz von Maschinen bestimmt sind.

2. Aufgabe (Lösung)

Folgende Fragestellungen sind zu klären:

- Inwieweit dienen die einzelnen Fertigungsbereiche dem Unternehmenszweck?
- Befindet sich die maschinelle Ausstattung der einzelnen Fertigungsbereiche auf dem letzten technischen Stand?
- Was ist erforderlich, um mit den technischen Entwicklungen in den in Frage kommenden Bereichen Schritt halten zu können?
- Ist jetzt und in naher Zukunft qualifiziertes Personal in ausreichender Zahl vorhanden?
- Bestehen Qualifizierungsprogramme für die Mitarbeiter zur Anpassung an durch den technischen Fortschritt erforderlich werdende neue Kenntnisse und Fertigkeiten?
- Kann kurzfristig das notwendige Personal mit den entsprechenden Qualifikationen beschafft oder ausgebildet werden?
- Sind Überstunden erforderlich und sind diese durchsetzbar?
- Ist der Ansatz der Erzeugnisse auf Dauer gesichert?
- Ist ein Absatz der derzeitigen Erzeugnisse auf längere Dauer zu erwarten oder verändern sich Bedarf oder Anforderungen an die Produkte?
- Sind den Anforderungen entsprechende Zulieferer in ausreichender Zahl vorhanden bzw. im Hinblick auf ihre Lieferfähigkeit bekannt?
- Sind Zulieferfirmen im Sinn der Qualitätssicherung zertifiziert?
- Sind die Zulieferbetriebe auf Konditionen und Zuverlässigkeit überprüft?
- Sind die Kapazitäten möglicher Zulieferanten auf die eigenen Belange hin überprüft?

- Welche Zulieferer eignen sich besonders für eine enge Zusammenarbeit?
- Was geschieht mit freiwerdenden Kapazitäten (Gebäuden, Maschinen und Anlagen, Personal, das innerbetrieblich nicht mehr einsetzbar ist, Werkzeugen und Vorrichtungen)?
- Welche finanziellen Veränderungen ergeben sich bei einer Reduzierung der Fertigungstiefe?
- Ist noch Material vorhanden, das bei einer Reduzierung der Fertigungstiefe nicht mehr verwandt werden kann? Kann dieses Material evtl. an die Zulieferanten kostengünstig abgegeben werden?
- Kann Know How in falsche Hände geraten?
- Sind Verträge zur Geheimhaltung der eigenen Erzeugnisherstellung erforderlich und möglich?
- Können Zulieferer die sich aus der Just-in-Time-Produktion ergebenden Anforderungen einhalten?
- Ist die Qualitätskontrolle bei den Zulieferern sichergestellt?

3. Aufgabe (Lösung)

Materialeinzelkosten je Stück
+ Materialgemeinkosten je Stück

Fertigungsstoffkosten je Stück

Fertigungslöhne je Stück
+ Fertigungsgemeinkosten je Stück
+ Sondereinzelkosten der Fertigung je Stück

Fertigungskosten je Stück

Fertigungsstoffkosten je Stück
+ Fertigungskosten je Stück

= Herstellkosten je Stück
+ Verwaltungsgemeinkosten je Stück
+ Vertriebsgemeinkosten je Stück
+ Sondereinzelkosten des Vertriebs je Stück

= Selbstkosten je Stück

4. Aufgabe (Lösung)

Das Vereinheitlichen ist eines der wichtigsten Ergebnisse der betrieblichen Rationalisierung. Vereinheitlicht werden:

- Erzeugnisse, wie z.B. Einzelteile, Baugruppen, Geräte,
- technische Verfahren,
- wirtschaftliche Vorgänge, wie Betriebsabrechnung, Angebotswesen, Lohnabrechnung.

Derartige Vereinheitlichungen ergeben sowohl für den Fertigungsbereich als auch für den organisatorischen Ablauf und ferner für alle wirtschaftlichen Vorgänge des Rechnungswesens, wie z.B. der Kostenerfassung, ihrer Verrechnung und der Kalkulation wesentlich vereinfachte Arbeitsabläufe und damit Kostensenkungen.

Die Normung legt für häufig wiederkehrende Teile einheitliche Begriffe, Bezeichnungen, Eigenschaften und Abmessungen vor. Mit Hilfe der Normung werden Normteile hergestellt, mit deren Hilfe die Produktion vereinheitlicht, Lager gesenkt und Kosten gespart werden.

Die Vorteile der Normung sind im gesamten Produktionsbereich spürbar:

- in der Konstruktion durch Verwendung einheitlicher Bauelemente,
- in der Fertigung durch Verringerung der Fertigungstypen,
- in der Lagerhaltung,
- im Kundendienst, speziell bei den Ersatzteilen,
- in der Lieferzeit, da genormte Teile in der Regel beim Hersteller kurzfristig abgerufen werden können.

5. Aufgabe (Lösung)

Industrieerzeugnisse setzen im allgemeinen die Einhaltung bestimmter Qualitätsmerkmale, d.h. konkret beschriebene physikalische oder chemische Eigenschaften voraus, die den Gebrauchswert des Erzeugnisses bestimmen und damit auch den am Markt erzielbaren Preis eines Produktes bestimmen.

Die Qualitätsprobleme eines Betriebes sind in erster Linie Organisationsprobleme, die von der Produktplanung angefangen über die Konstruktion, die Arbeitsvorbereitung, den Einkauf, die Fertigung, die Qualitätskontrolle bis hin zum Verkauf beachtet werden müssen. Eine optimale und zugesagte Qualität kann nur dadurch erreicht werden, daß alle betrieblichen Stellen über ein umfassendes Qualitätssystem verfügen. Bei Vorratsfertigung wird die Qualität des Produktes vom Hersteller bestimmt, bei Auftragsfertigung muß die vom Kunden geforderte Qualität akzeptiert - und evtl. besonders bezahlt werden.

Deshalb erlassen die Betriebe in der Regel besondere Vorschriften über die geforderte und einzuhaltende Qualität über Fertigungsvorschriften, Einkaufsvorschriften, Kontrollvorschriften für Erzeugnisse, Betriebsmittel, das Prüfwesen, die Prüfverfahren und die Lieferung einschließlich der Transportart.

Der Wert der Qualitätskontrolle und die Einhaltung aller entsprechenden Vorschriften ist daher Voraussetzung für den Verkauf der Produkte überhaupt.

6. Prüfungsfach: Materialwirtschaft

1. Aufgabe (Lösung)

Es werden als Stammdaten erfaßt:

- alle Artikel und Dienstleistungen,
- Werkstoffe, Materialien,
- Rohteile,
- Einzelteile,
- Halbfertigteile,
- Fertigteile,
- Baugruppen,
- Handelsteile,
- Hilfs- und Betriebsstoffe,
- Dienstleistungen

- Zeitdaten (Werkskalender, Urlaubskalender),
- Arbeitspläne,
- Stücklisten,
- Vorrichtungen und Werkzeuge,
- Daten der einzelnen Lieferanten,
- Vertragsdaten,
- Berechtigungen für das Führen der Stammdaten,
- Festlegung der Struktur des Nummernsystems (maximale Anzahl der Positionen, numerische oder alphanumerische Darstellung, Festlegung von Prüfziffern, Maßnahmen für Fehleingaben)

- Verbindung der Stammdaten mit einem Textverarbeitungssystem,
- Festlegung der Suchkriterien für die Stammsatzdaten,
- Festlegung der Änderungsvoraussetzungen für Stammdaten,
- Festlegung der Sortierung und Ausgabearten der Stammdaten.

Für jeden Lieferanten muß der Einkäufer einen Lieferantenstammsatz anlegen. Was sind die wichtigsten Angaben in einem Lieferantenstammsatz:

- die Lieferantennummer,
- die Lieferantenadresse,
- die verschiedenen Klassifizierungesschlüssel des Lieferanten,
- der Hinweis auf eine Konzernzugehörigkeit,
- Namen und Telefonnummern der Kontaktpersonen,
- Bankverbindung,
- Liefer- und Zahlungsbedingungen,
- Lieferantenstatistikdaten.

2. Aufgabe (Lösung)

1. Unzureichende Warenannahme:
   - keine separate Zone für die Warenannahme
   - unzulängliche Kennzeichnung der Ware
   - ungeregelte Warenannahmezeiten

2. Einlagerungsfehler:
   - nicht genügend geschultes Personal
   - fehlende Verantwortung
   - unzureichende Platzdisposition

3. Kommissionierungsfehler:
   - unsachgemäße Entnahme
   - falsche Auftragszusammenstellung

4. Unsachgemäße Bereitstellung:
   - mangelhafte Platzdisposition
   - mangelhafte Behälter und Transportmitteldisposition
   - unzureichende Kennzeichnung der Aufträge
   - Nummernverwechslung

5. Unkontrollierter Warenausgang, Diebstahl:
   - mangelhafte Disposition und Auftragskontrolle
   - ungünstige Lade- und Abholzeiten
   - unbegrenzte Zutrittsmöglichkeiten
   - offene Tore und Türen
   - nicht überwachte Abholer
   - Abgänge ohne ausreichende Aufsicht
   - manipulierbare Begleitpapiere

6. Administrationsfehler:
   - falsche Eingabe in der EDV
   - unsachgemäße Formulare
   - mangelhafte Rechnungsprüfung
   - Buchungsfehler

7. Bruch und Verderb:
   - Rost durch falsche Lagerung
   - Verderb durch falsche (unsachgemäße) Warenbehandlung

3. Aufgabe (Lösung)

Beim sofortigen Verbrauch von angeliefertem Material kann das Material entsprechend den Eingangsrechnungen übernommen werden. Wird das Material hingegen zunächst auf Lager genommen, so ist der tatsächliche Lagerabgang festzustellen. Die Verbrauchsfeststellung besteht einmal in der Mengenerfassung und zum anderen in der Preiserfassung, da die verbrauchte Menge mit dem Preis bewertet werden muß.

4. Aufgabe (Lösung)

1. Die Ermittlung des Materialbedarfs,
2. Beschaffung der Materialien in der benötigten Form zum benötigten Zeitpunkt,
3. die Prüfung des Materialeingangs nach Menge und Qualität,
4. die Lagerung des Materials,
5. die Überwachung und Pflege des Materials,
6. die Abwicklung des innerbetrieblichen Materialtransportes.

Bei der Aufgabenstellung für die Materialwirtschaft ist es entscheidend, ob eine Vorratshaltung, eine Einzelbeschaffung im Bedarfsfall oder eine einsatzsynchrone Anlieferung (just in time) angestrebt wird.

5. Aufgabe (Lösung)

In den Bereich der Beschaffungskontrolle fallen:

a) Die Terminüberwachung, denn die Einkaufsabteilung ist gegenüber der Produktion für die Einhaltung der Liefertermine verantwortlich. In diesem Bereich muß mithin eine regelmäßige Terminverfolgung stattfinden und bei Bedarf gemahnt werden.

b) Die Eingangskontrolle: sie wird meist im Lagerbereich vorgenommen, wobei sowohl ein Vergleich mit der Bestellung als auch eine Überprüfung des Materials im Hinblick auf Vollständigkeit und Richtigkeit der Lieferung als auch eine Feststellung evtl. Mängel und Beschädigungen zu erfolgen hat.

c) Die Rechnungskontrolle, die sich insbesondere auf einen Vergleich der Lieferantenrechnung mit der Auftragsbestätigung erstreckt.

Im übrigen muß sichergestellt sein, daß ein Eingang im Lager auf Materialeingangsscheinen erfolgt und die Materialausgabe nur über Materialentnahmescheine mit genauer Angabe von Kostenart, Kostenstelle und Kostenträger, um auf diese Weise eine ordnungsgemäße Verbuchung sicherzustellen.

6. Prüfungsfach: Absatzwirtschaft

1. Aufgabe (Lösung)

Eine Konkurrenz-Analyse ist vorzunehmen, um auf dem Absatzmarkt keine vermeidbaren konkurrenzbedingten Fehlschläge zu erleiden; ständig zu wissen, ob man gegenüber der Konkurrenz überhaupt einen Vorsprung hat, wie groß dieser ist, ob bzw. wieweit die eigene Position auf dem Markt gefährdet ist oder in absehbarer Zeit durch Neuentwicklungen der Konkurrenz oder durch preispolitische Maßnahmen gefährdet werden könnte. Es muß in etwa abgeschätzt werden können, was die Konkurrenz plant, um nicht nur reagieren zu müssen, sondern auch auf der Basis der eigenen Unternehmenspolitik rechtzeitig eigene Aktivitäten planen und entfalten zu können. Dabei muß auch bedacht werden, Zeit und unnütze Aufwendungen zu vermeiden und um eigene Kapazitäten besser auszunutzen bzw. gezielt zu verändern. Auch ist zu fragen, was die Konkurrenz insgesamt tun könnte und wie darauf unter Wahrung der eigenen Positionen reagiert werden müßte.

2. Aufgabe (Lösung)

- Kundenzahl,
- Kundenstruktur,
- Kundendichte,
- Besuchsrhythmus,
- Kaufkraft,
- wirtschaftliche Struktur,
- verkehrstechnische und geographische Möglichkeiten,
- politische Grenzen.

Welche Angaben sollen in einer Kundenkartei enthalten sein:

1. Wie sind Art des Geschäfts, Umsatz und Geschäftslage des Kunden?
2. Was hat der Abnehmer bislang im Unternehmen gekauft?
3. Was sind die Vor- und Nachteile der Wettbewerber?
4. Was sind voraussichtliche Einwände gegen die eigenen Erzeugnisse?
5. Was braucht der Kunde?
6. Wieviel Ware braucht der Kunde und zu welchen Zeitpunkten?
7. Wie hoch ist die eigene Produktionskapazität, d.h. wieviel kann überhaupt verkauft werden?
8. Welche Argumente sind für die Kunden wichtig?

3. Aufgabe (Lösung)

Ein Industrieunternehmen muß sich grundsätzlich entscheiden, ob es den direkten Vertriebsweg wählen will, d.h. unmittelbar an den Endverbraucher verkaufen will, oder ob es den indirekten Absatzweg wählt, d.h. Handelsvertreter, den Groß- und Einzelhandel einschaltet. Im Hinblick auf die Rabatt- und Servicepolitik lassen sich beide Vertriebsformen kaum miteinander kombinieren.

In der Investitionsgüterindustrie ist der Verkauf an Endverbraucher die Regel, aber auch im Konsumgüterbereich wird immer häufiger der Weg gegangen, etwa über "Kaffeefahrten" die Endverbraucher direkt zu erreichen.

Wird der indirekte Absatzweg gewählt, so ist zu bedenken, daß sich viele Einzelhändler zu Einkaufsgenossenschaften zusammengeschlossen haben, um Großhandelskonditionen zu erzielen. Auf diese Weise ist die Zahl der potentiellen Kunden für den einzelnen Hersteller immer geringer geworden.

Für den Hersteller ist auch zu bedenken, daß mit dem Verkauf seiner Produkte an den Handel der Markterfolg keinesfalls gesichert ist, denn wenn der Handel auf den Produkten sitzenbleibt, ist der weitere Absatz verstopft. Deshalb muß der Hersteller auch beim Absatz über den Handel dafür Sorge tragen, daß der Endverbraucher über die Werbung und Verkaufsförderung erreicht wird.

Die Wahl des optimalen Vertriebsweges ist daher für jeden Hersteller eine entscheidende, strategische Marketingmaßnahme. Es müssen die Kosten der einzelnen Vertriebswege miteinander verglichen werden, um eine abgesicherte Entscheidung treffen zu können. Der direke Vertriebsweg ist wegen der Einschaltung festangestellter Verkäufer oftmals teurer als der indirekte Vertriebsweg. In jedem Fall muß der gewählte Vertriebsweg garantieren, daß die potentiellen Kunden optimal erreicht werden können. Aber auch die Produkteigenschaften und die Erklärungsbedürftigkeit der Produkte spielen bei der Wahl des Vertriebsweges eine entscheidende Rolle.

4. Aufgabe (Lösung)

Ein Unternehmen kann die folgenden absatzpolitischen Instrumente einsetzen:

a) die Produkt- und Sortimentsgestaltung mit dem Ziel, sich durch die Qualität, die Aufmachung und die Vielfalt des Angebots von den Erzeugnissen der Konkurrenz zu unterscheiden,

b) die Gestaltung der Werbung und den Einsatz gezielter Werbemittel,

c) die Gestaltung der Absatzbedingungen mit dem Ziel, den eigenen Produkten auf den Absatzmärkten Präferenzen zu verschaffen,

d) die Gestaltung der Vertriebsorganisation, etwa von Verkaufsbüros, Beratungsstellen und Auslieferungslagern soll eine gute Kundennähe erreicht werden,

e) die Gestaltung der Preispolitik, indem diese gezielt auf die verschiedenen Einkommensschichten ausgerichtet und die gleichen Produkte in unterschiedlichen Variationen angeboten werden.

Dieses Instrumentarium muß in eine spezifische Marketing-Konzeption eingebaut werden.

5. Aufgabe (Lösung)

Um Absatzvorbereitung und Absatzplanung durchführen zu können, sind Informationen über die allgemeine Marktsituation, die eigene Marktlage und über die Konkurrenz erforderlich. Diese werden in Form einer Marktuntersuchung durchgeführt. Diese kann in Form von Markterkundungen und in Form einer systematischen Marktforschung durchgeführt werden. Diese Untersuchungen münden in Marktanalysen, Marktbeobachtung und Marktprognosen ein. Eine Marktanalyse ist eine systematische Marktuntersuchung eines Teilmarktes zu einem bestimmten Zeitpunkt, eine Marktbeobachtung eine ständige Ermittlung wichtiger Daten zur Preis- und Produktgestaltung. Mit Hilfe von Marktprognosen sollen wichtige zukünftige Marktdaten im voraus ermittelt werden. Auf diese Weise kann sich ein Unternehmen einen Überblick über die Marktsituation verschaffen und Trends ermitteln, um darauf seine eigenen Entscheidungen aufzubauen.

Literaturhinweise

1. Volks- und betriebswirtschaftliche Grundlagen

Bartling, Hartwig und Franz Luzius: Grundlage der Volkswirtschaftslehre, 9. Auflage, München 1992
Hopfenbeck, Waldemar: Allgemeine Betriebswirtschafts- und Managementlehre, 6. Auflage, Landsberg/Lech 1992
Müller, Heinz und Peters, Hans: Einführung in die Volkswirtschaftslehre, 12. Auflage, Herne/Berlin 1991
Schultz, Reinhard: Betriebswirtschaftslehre, sozialökonomische Einführung, München/Wien 1988
Südemann, Klaus: Allgemeine Betriebswirtschaftslehre, 3. Auflage, München/Wien 1993
Vry, Wolfgang: Volkswirtschaftslehre, 3. Auflage, Ludwigshafen 1992

2. EDV, Informations- und Kommunikationstechniken

Heinrich, L.J. und Burgholzer, P.: Informationsmanagement, 4. Auflage, München/Wien 1992
Schwarze, Jochen: Einführung in die Wirtschaftsinformatik, 2. Auflage, Herne/Berlin 1991

3. Betriebliche Organisation und Unternehmensführung

Heinen, Edmund: Unternehmenskultur, München/Wien 1987
Gerken, Gerd: Manager, die Helden des Chaos, Düsseldorf/Wien/Moskau 1992
Staehle, Wolfgang: Management, 6. Auflage, München 1991
Steinbuch, Pitter: Organisation, 8. Auflage, Ludwigshafen 1990
Ulrich, Hans und Probst, Gilbert, J.: Anleitung zum ganzheitlichen Denken und Handeln, 3. Auflage, Bern/Stuttgart 1991

4. Jahresabschluß, Finanzierung, Steuern

Größl, Lothar: Betriebliche Finanzwirtschaft, 2. Auflage, Ehningen/Stuttgart 1988
Klenger, Franz: Operatives Controlling, 2. Auflage, München/Wien 1991
Olfert, Klaus: Finanzierung, 7. Auflage, Ludwigshafen 1992
Olfert, Klaus: Investition, 5. Auflage, Ludwigshafen 1992
Parnack, Hans-Joachim: Finanzen richtig geplant, Ehningen 1987
Perridon, Louis und Steiner, Manfred: Finanzwirtschaft der Unternehmung, 7. Auflage, München 1993

5. Kosten- und Leistungsrechnung

von dem Hagen, Peter: Kostenrechnung, 3. Auflage, Würzburg 1980
Klümper, Peter: Grundlagen der Kostenrechnung, 2. Auflage, Herne/Berlin 1984
Olfert, Klaus: Kostenrechnung, 8. Auflage, Ludwigshafen 1991

6. Personalwirtschaft

Beyer, Horst: Personallexikon, 2. Auflage, München/Wien 1991
Gaugler, Eduard (Hrsg.): Handwörterbuch des Personalwesens, 2. Auflage, Stuttgart 1992
Harlander, Norbert u.a.: Praktisches Lehrbuch für die Personalwirtschaft, 2. Auflage, Landsberg/Lech 1991
Oechsler, Walter: Personal und Arbeit, 4. Auflage, München/Wien 1992
Olfert, Klaus und Steinbuch, Pitter: Personalwirtschaft, 5. Auflage, Ludwigshafen 1993
v. Rosenstiel, Lutz u.a.: Führung von Mitarbeitern, 2. Auflage, Stuttgart 1993
Schneider, H.J.: Mensch und Arbeit, Taschenbuch für die Personalpraxis, 9. Auflage, Köln 1992
Scholz, Christian: Personalmanagement, 3. Auflage, München 1993

7. Produktionswirtschaft

Kahle, Egbert: Produktion, 3. Auflage, München/Wien 1991
Loos, Günter: Betriebsabrechnung und Kalkulation, 4. Auflage, Herne/Berlin 1993
Mählck, Heiner und Panskus, Gero: Herausforderung lean production, Düsseldorf 1993
Schneider-Winden, Kurt: Industrielle Planungstechniken, Düsseldorf 1992
Steinbuch, Pitter und Olfert, Klaus: Fertigungswirtschaft. 5. Auflage, Ludwigshafen 1993
Stürzl, Wolfgang: Lean production in der Praxis, Paderborn 1992
Weber, Helmut Kurt: Industriebetriebslehre, Berlin/Heidelberg 1985

8. Materialwirtschaft

Hartmann, Horst: Materialwirtschaft, 6. Auflage, Stuttgart 1993
Oeldorf, Gerhard und Olfert, Klaus: Materialwirtschaft, 6. Auflage, Ludwigshafen 1993
Theuer, Gottfried u.a.: Beschaffung, ein Schwerpunkt der Unternehmensführung, Landsberg/Lech 1986

9. Absatzwirtschaft

Berekoven, Ludwig, Eckert, Werner und Ellenrieder, Peter: Marktforschung, 5. Auflage, Wiesbaden 1991
Hüttel, Klaus: Produktpolitik, 2. Auflage, Ludwigshafen 1992
Kaiser, Andreas: Werbung, Theorie und Praxis werblicher Beeinflussung, München 1980
Rogge, Hans-Jürgen: Werbung, 3. Auflage, Ludwigshafen 1993
Weis, Christian: Marketing, 8. Auflage, Ludwigshafen 1993

10. Arbeitsmethodik

Bauer, Georg: Rhetorik, 2. Auflage, Ludwigshafen 1993
Beelich, Karl und Schwede, Hans-Herrmann: Lern- und Arbeitstechnik, Würzburg 1979

11. Recht im Wirtschaftsleben

Adamy, Wilhelm und Johannes Seffen: Handbuch der Arbeitsbeziehungen, Bonn 1983
Halbach, Günter u.a.: Übersicht über das Recht der Arbeit, 3. Auflage, Bonn 1989
Model, Otto u.a.: Staatsbürger-Taschenbuch, 26. Auflage, München 1992
Reinfried, Herbert und Langies, Rudolf: Deutsches Rechtsbuch, Regensburg 1983
Steckler, Brunhilde: Kompendium Arbeitsrecht und Sozialversicherung, 2. Auflage, Ludwigshafen 1992

12. Berufs- und Arbeitspädagogik

Brater, Michael und Büchele, Ute: Persönlichkeitsorientierte Ausbildung am Arbeitsplatz, München 1991
Degen, Ulrich u.a.: Qualitätsverbesserungen in der betrieblichen Ausbildungsgestaltung, Berlin 1991
Friede, Christian: Neue Wege der betrieblichen Ausbildung, Heidelberg 1988
Münch, Joachim: Organisationsformen betrieblichen Lernens und ihr Einfluß auf Ausbildungsergebnisse, Berlin 1981
Reetz, Lothar und Rietmann, Thomas: Schlüsselqualifikationen, Hamburg 1990
Schirmer, Arthur: Psychologie des Auszubildenden, Heidelberg 1984
Schreiber, Rolf: Aus- und Weiterbildungshandbuch, Ludwigshafen 1992
Wilsdorf, Dieter: Schlüsselqualifikationen, München 1991

Stichwortverzeichnis

ABC-Analyse 108
ABC-Methode 108
Abfall 323
Abfallbeseitigung 323
Abgabenordnung 163
Ablaufarten 278
Ablauforganisation 86
Ablaufpolitik 39
Absatz 44, 326
Absatzkontrolle 347
Absatzmarktforschung 330
Absatzmethoden 337
Absatzplan 530
Absatzstatistik 115
Absatzwirtschaft 326, 515, 548
Abschreibung 142
Abweichung 124
-, mittlere 124
-, Standard- 124
Adressierung 60
Affekt 465
Affektive Lernziele 447
AG 388
AIDA-Regel 363
Akademische Bildungsgänge 421
Akkordlohn 223
Akkreditiv 320
Akzeleration 470
Akzeptkredit 152
Allgemeinbildende Schule 411
Allgemeinbildung 421
Allgemeine Geschäftsbedingungen 378
Alternativplanung 105
Altersversorgung 234
Anfechtung 375
Anfrage 288
Angebot 24, 26, 346
Angebotsbeziehung 25
Angestellte 396
Anlagenüberwachung 263
Annahmeverzug 386
Anschaffungskosten 138, 144
Anspruch 377
Anwendersoftware 62
Anzeige 342
Äquivalenzziffernkalkulation 191
Arbeit 350, 351
Arbeitgeber 397
Arbeitnehmer 394, 397
Arbeitsablauf 75, 77
Arbeitsablauf-Wertanalyse 111
Arbeitsamt 428

Arbeitsbewertung 281
Arbeitsförderung 499
Arbeitsfortschrittsüberwachung 254
Arbeitsgestaltung 277
Arbeitsinhalt 86
Arbeitslohn 168
Arbeitsmarktforschung 422
Arbeitsmethodik 350
Arbeitsplan 251
Arbeitsplatzbeschreibung 210
Arbeitsplatzschutzgesetz 495
Arbeitsrecht 394
Arbeitsschutz 236
Arbeitssicherheit 235
Arbeitsstudien 276
Arbeitsteilung 14, 78
Arbeitsverhältnis 214, 394, 399
Arbeitsverwaltung 211
Arbeitsvorbereitung 249
Arbeitszeit 86
Arbeitszeitgliederung 433
Arbeitszeitordnung 402
Aufbauorganisation 81, 88
Aufbewahrungspflichten 131
Auftrag 278
Aufwand 43, 141, 172, 177
Ausbilder 408, 426
Ausbildereignungsverordnung 492
Ausbildung 230, 405, 407, 426
-, betriebliche 407
-, überbetriebliche 407
Ausbildungsordnung 427
Ausbildungsplan 432, 444
Ausbildungsvergütung 488
Ausfuhr 312
Ausgaben 177
Ausland 36
Ausschreibung 214
-, innerbetriebliche 214
Außenhandel 313
Außenprüfung 165
Auszubildende 435
Automatenfertigung 245
Avalkredit 152

Back-up 64
Bank 30, 36
Bankbetrieb 40
Bankgeschäfte 30
Bargeld 34
Bedarfsanalyse 51
Bedarfsermittlung 285

Bedürfnisse	14
Befragung	73
Begleitpapiere	321
Beleg	140
Berichte	355
Berichtstechnik	354
Berufliche Fortbildung	482
Berufliche Schule	413
Berufsakademie	416
Berufsausbildung	231, 481
Berufsausbildungsverhältnis	487
Berufsausbildungsvertrag	483
Berufsbildung	405, 497
Berufsbildungsförderungsgesetz	497
Berufsbildungsgesetz	486
Berufsfachschule	416
Berufsfeld	417
Berufsfindung	471
Berufsgrundbildungsjahr	417
Berufskrankheiten	499
Berufswahl	471
Beschaffung	44, 293
Beschaffungsmarkt	291
Beschaffungsmarktforschung	286
Beschaffungsplanung	103, 298
Beschaffungsstatistik	115
Beschäftigungsstatistik	213
Besitz	382
Bestandskonten	140
Bestellung	288
Bestellzeitpunkt	290
Betrieb	15, 21, 41
Betriebliches Bildungswesen	230
Betriebsabrechnungsbogen	186, 188, 510
Betriebsarzt	235
Betriebsergebnis	201
Betriebsgröße	41
Betriebsklima	219
Betriebskostendeckungsrechnung	204
Betriebsmittel	279
Betriebsorganisation	71
Betriebspolitik	107
Betriebsrat	238, 496, 498
Betriebssoftware	62
Betriebsstatistik	114
Betriebssystem	53
Betriebsvergleich	114, 136
Betriebswirtschaftslehre	40
Beurteilung	427, 475
Bewertung	137, 436
Bewertungsunterlagen	436
Beziehungsdiagramm	119
Beziehungszahl	116
Bilanz	128, 132, 134
Bilanzklarheit	134
Bilanzkontinuität	134
Bilanzregel	148
-, goldene	148
Bilanzvorsicht	139
Bilanzwahrheiten	134
Bildschirmkommunikation	70
Bildschirmtext	70
Bildung	405
Bildungssystem	410
Bildungsweg	409
Bit	52
Börsenwert	138
Brainstorming	361
Brainwritingmethode	361
Break-Even-Analyse	105
Bruttoinlandsprodukt	22
Bruttosozialprodukt	22
Buchführung	128
Buchhaltung	129
Bürgschaft	152
Bürofernschreiben	70
Byte	52
CAD	295
CAM	295
Chancengleichheit	406, 423
CIM	295
Code	59
Codierung	59
Computertextverarbeitung	69
Controlling	109
Corporate Identity	345
CPM-Methode	106
Darstellungstechniken	356
Datei	62
Daten	47, 65, 112
Datenbank	62
Datenerfassung	53
Datenflußplan	57
Datenlexikon	59
Datenorganisation	59
Datensatz	62
Datenschutz	65
Datenschutzbeauftragter	66
Datensicherung	64, 67, 507
Datenträger	47, 48
Datenverarbeitung	48
Deckungsbeitrag	136
Deckungsbeitragsrechnung	196, 203
Deliktsfähigkeit	372
Deutsches Bildungssystem	411
Diagramm	357
Dialektik	366
Dialogverarbeitung	50
Dienstleistung	41
Dienstleistungsbetrieb	40
Direktkostenrechnung	197
Direktorialprinzip	83

Stichwortverzeichnis

Direktorialsystem 91
Diskontkredit 152
Diskussionstechnik 363
Dispositiver Faktor 43
Distributions-Mix 327
Diversifikation 335
Divisionskalkulation 191
Dokument 320
Dokumentation 54
Duales System 324, 406
Durchlässigkeit 423

EDV 524
EG-Normen 274
Eigenfinanzierung 149
Eigentumsvorbehalt 385
Einkauf 300
Einkaufsabteilung 288
Einkaufsorganisation 297
Einkommen 167
-, zu versteuerndes 167
Einkommensarten 23, 34, 167
Einkommensverteilung 35
Einnahmen 177
Einstellung 465
Einzelakkord 224
Einzelfertigung 246
Einzelkosten 184
Elektronische Datenverarbeitung 46
Engpaßplanung 105
Entgeltform 222
Entlohnung 207
-, leistungsgerechte 207
Entlohnungssystem 222
Entscheidung 83
Entscheidungsfindung 98
Entsorgung 322
Entwertkette 182
Erfolg 45
Erfolgsbeteiligung 225
Erfolgskonten 140
Erfolgskontrolle 290
Erfolgsrechnung 135
Erfüllungsort 384
Ergebnisrechnung 190
Erhebung 117
-, statistische 117
Erholungszeiten 279
Ertrag 177
Erziehungsmittel 476
Europäische Normen 273
Exportfactoring 319

Fachhochschule 415
Fachkompetenz 446
Factoring 158
Fallmethoden 232

Feinlernziele 446
Fernkopieren 69
Fertigung 244, 257
Fertigungsinsel 256, 261
Fertigungskontrolle 265
Fertigungsplanung 243
Fertigungssteuerung 258
Fertigungsversorgung 265
Fifo-Methode 139
Finanzamt 164
Finanzierung 44, 128, 148
Finanzierungsanlässe 148
Finanzierungsquellen 149
Finanzierungsregeln 147
Finanzierungsziele 145
Finanzplanung 104
Finanzpolitik 35
Finanzwirtschaft 145
Firma 387
Fixe Kosten 180
Fixgeschäft 385
Fließfertigung 246
Forschung 248
Frachtbrief 392
Frachtführer 392
Fragebogenmethode 74
Fremdfinanzierung 149
Fremdkapital 34
Fremdkontrolle 269
Frequenzreihen 118
Führung 96
Führungsgrundsätze 226
Führungshilfe 440
Führungsmittel 95
Führungsprinzipien 96
Führungsstil 96, 225, 226, 479
Führungstechniken 90
Funktion 44
-, betriebliche 44
-, betriebswirtschaftliche 44
Funktionssystem 82

Gefahrenübergang 321
Gefährliche Güter 404
Gehalt 225
Geld 24, 29
Geldschöpfung 36
Gemeinkosten 172, 186
Gesamtnachfrage 26
Gesamtschule 418
Geschäftsfähigkeit 372
Gesetz 371
Gewaltenteilung 370
Gewerbebetrieb 168
Gewinn- und Verlustrechnung 128, 135
Gewinnobligation 150
Gliederungstechniken 356

Gliederungszahl 116
GmbH 388
GmbH & Co. KG 389
Grenzkosten 181
Grenzplankostenrechnung 198
Groblernziele 446
Grundbuch 383
Grundgesetz 369
Grundlagen 13, 506
-, betriebswirtschaftliche 13, 406
-, volkswirtschaftliche 13, 406
Grundschuld 154
Grundsteuer 162
Gruppe 359, 454
Gruppenakkord 224
Gruppenarbeit 232, 437
Gruppenfertigung 246
Gut 13, 15, 26
Gymnasium 419

Handelsbetrieb 40
Handelsbeziehung 36
Handelsregister 387
Hardware 51
Hauptschule 418
Herstellkosten 187
Herstellungskosten 138, 144
Hierarchie 82
Hifo-Methode 139
Hilfsmittel 88
Human Relation 219
Hypothek 153

IHK-Gesetz 481
Incoterms 313
Indexrechnung 125
Indexzahl 125
Industrie- und Handelskammer 429
Industriebetrieb 243
Industrieroboter 255
Informatik 507, 524
Information 47, 97, 352
Informationsmanagement 96
Informationstechniken 46
Informationsverarbeitung 98
Innovation 472
Instanz 84
Interview 73
Inventar 131
Inventur 131, 308
Investition 23
Investitionsplanung 103
Istkostenrechnung 192

Jahresabschluß 128, 509, 532
Joint Ventures 146
Jugend- und Auszubildendenvertretung 241

Jugendamt 495
Jugendarbeitsschutzgesetz 400, 493
Jugendwohlfahrtsgesetz 495
Just-in-time-Konzept 292

Kaizen 258
KANABAN 295
Kapazitätsauslastung 260
Kapital 33
Kapitalgesellschaft 134
Kartogramm 119
Kaufmann 387
Kaufvertrag 384
Kennzahl 45, 116, 358
-, betriebswirtschaftliche 45
Kennziffer 116
KMK 419
Kognitive Lernziele 447
Kollegialsystem 83, 91
Kombinationsfähigkeit 351
Kommunikation 47, 69, 85, 367
Kommunikations-Mix 327
Kommunikationsnetz 69
Kommunikationssystem 81
Kommunikationstechniken 46
Kompetenz 81
Konjunktur 37, 38, 521
Konjunkturpolitik 38, 39
Konjunkturzyklus 37
Konkurrenzforschung 331
Konnossement 321
Konstruktionsnormen 270
Kontenrahmen 140
Konto 139
Kontokorrentkredit 151
Kontrollarten 268
Kontrolle 89, 100
Konzentrationsfähigkeit 351
Konzept-Wertanalyse 111
Körperschaftsteuer 162, 168
Kosten 42, 172, 178
Kosten- und Leistungsrechnung 172, 510, 536
Kostenanalyse 111
Kostenartenrechnung 183
Kostenartenverfahren 187
Kostenauflösungsverfahren 197
Kostenrechnung 129, 176
Kostenstatistik 115
Kostenstellenrechnung 185
Kostenträgerrechnung 189
Kostenträgerstückrechnung 189
Kostenträgerverfahren 188
Kostenträgerzeitrechnung 190
Kredit 29
Kreditinstitute 29, 30
Kreditsicherung 152
Kundenkredit 151

Stichwortverzeichnis 557

Kündigung 215, 241
Kündigungsfristen 498
Kündigungsmöglichkeiten 399
Kuppelproduktion 192

Lager 303
Lagerbauart 304
Lagerhaltung 299
Lagermethoden 306
Lagerschein 393
Lagerstatistik 115
Lagerumschlag 306
Lagerung 303
Lagerwirtschaft 303
Laufbahnplan 211
Lean Production 256
Lehrmittel 233
Leistung 178, 200
Leistungsbereitschaft 478
Leistungsfähigkeit 478
Leistungsfaktoren 43
Leistungslohn 223
Leitung 84
Leitungsbefugnis 84
Leitungssystem 81, 85
Lernen 233, 430
Lernhilfe 440, 461
Lerninhalte 431
Lernmethoden 231
Lernmittel 457
Lernpsychologie 460
Lernziel 233, 430, 451
Lieferantenkredit 151
Lieferantenkreis 299
Lifo-Methode 139
Liniensystem 82
Liquidität 148
Liquiditätsprinzip 46
Logistik 291
Lohn 24
Lohn- und Gehaltspolitik 207
Lohn- und Gehaltsstatistik 213
Lohnform 222
Lohngruppenverfahren 281
Lohnsteuer 161
Lombardkredit 152

Mahnverfahren 393
Makroökonomie 28
Management by control 92
Management by decision rules 93
Management by delegation 93
Management by exception 92
Management by motivation 92
Management by objectives 92
Management by result 92
Management by system 92

Marketing 106, 326
Marketing-Mix 107
Marketingdenken 107
Marketingmaßnahmen 107
Markt 15, 24
Marktanalyse 329
Marktformen 26, 27
Marktforschung 329
Marktkonzept 328
Marktwert 138
Marktwirtschaft 17
-, freie 17
-, Instrumentarium 18
-, Komponenten 18
-, soziale 17, 18
-, Ziele 18
Massenfertigung 247
Material 294
Materialbedarf 293
Materialdisposition 253
Materialentnahmeschein 251
Materialkosten 184, 514
Materialprüfung 307
Materialwirtschaft 285, 294, 297, 514, 542
Matrixorganisation 83
Menschenführung 225
Merkmale 266
Meßzahl 116
Methode 635 362
Methode der kleinsten Quadrate 127
Mikrocomputer 50
Mikroökonomie 28
Mitarbeiter 214
Mitarbeiterauswahl 230
Mitarbeiterbeurteilung 227
Mitarbeiterführung 95
Mitarbeitermotivation 344
Mitarbeiterqualifikation 236
Mitbestimmung 238
-, betriebliche 238
Mitbestimmungsrecht 240, 512
Mittel 120
-, antiharmonisches 122
-, arithmetisches 120
-, geometrisches 121
-, gewogenes arithmetisches 121
-, gewogenes geometrisches 121
-, gewogenes harmonisches 122
-, harmonisches 122
-, quadratisches 121
Mittelwert 120, 123
Modul 122
Monoberuf 442
Monopol 27
-, Angebots- 27
-, bilateraler 27
-, Nachfrage- 27

Monte-Carlo-Methode 99
Motiv 93
Motivation 93, 350
Motivationshilfe 461
Motive 458
MTM-Verfahren 280
Multimomentaufnahmen 281
Mutterschutzgesetz 494

Nachfolgeplan 211
Nachfrage 24, 25
Nachfragebeziehung 25
Netzplan 106
Netzplantechnik 106
Niedrigstwertprinzip 139
Norm 467
Normalkostenrechnung 194
-, flexible 194
-, starre 194
Normung 269, 513
Nummernschlüssel 49

Obligation 150
Off-line-Verarbeitung 54
Öffentlichkeitsarbeit 345
OHG 388
Ökologie 282
Ökonomisches Prinzip 13
Oligopol 27
-, Angebots- 27
-, bilateraler 27
-, Nachfrage- 27
On-line-Verarbeitung 55
Operation research 98
Optionsanleihe 151
Ordnungspolitik 39
Organisation 71, 72, 75, 508, 529
-, Grundvoraussetzung 72
-, Phasen 72
-, Probleme 72
Organisationsentwicklung 80
-, Aufgaben 80
-, Vorteile 80
Organisationsform 89
Organisationsplanung 76
Organisationsprinzipien 78

Panelerhebung 332
Personalabbau 209
Personalabteilung 213
Personalakte 220
Personalbedarf 88, 209
Personalbeurteilung 220
Personalcomputer 50
Personaldisposition 262, 263
Personaleinsatz 263
Personalentwicklung 220, 237

Personalführung 208
Personalkartei 221
Personalkosten 185
Personalplanung 104, 208, 241, 252
Personalpolitik 205
Personalstrukturstatistik 213
Personalverwaltung 220
Personalwirtschaft 205, 512, 536
Pfändbarkeit 228
Pfandrecht 153
Plankostenrechnung 192, 194
Planspiel 232
Planung 71, 76, 100, 129
-, kurzfristige 71
-, langfristige 71
-, Phasen 77
Planungsprozeß 101
Planungstechnik 98
Pluralinstanz 84
Polypol 27
Prämienentlohnung 224
Preis 25, 26
Preisbildung 24
Preisdifferenzierung 336
Preisindices 126
Preispolitik 336
Problemanalyse 360
Produkt-Mix 327
Produktion 24, 44
Produktionsfaktoren 21, 43
Produktionsplanung 103
Produktionsprogramm 244
Produktionswirtschaft 243, 513, 542
Produktivität 35
Produktlebenszyklus 333
Produktpolitik 333
Programm 48, 53
Programmablauf 56
Programmablaufplan 56
Programmdokumentation 58
Programmerstellung 58
Programmieren 99
-, lineares 99
Programmiersprachen 55
Programmiertest 58
Projektmethode 233
Prokura 391
Protokoll 355, 356
Protokolltechnik 354
Prozeßkostenrechnung 181
Prüfungsordnung Industriefachwirt 11
Prüfverfahren 267
Psychomotorische Lernziele 447
Public Relations 343, 345

Qualifikation 445
Qualitätsfehler 267

Stichwortverzeichnis

Qualitätssicherung 262
Qualitätsstandard 266
Quartilsabstand 124
Quotaverfahren 332

Rabatte 289
Rangmerkmale 81
Rationalisierung 78
-, Ziele 79
Realschule 418
Rechenwerk 52
Rechnungswesen 128
Rechtsform 41
Rechtsgeschäfte 373
Rechtsgrundlagen 370, 480
Rechtsordnung 369
Recycling 322
Rede 362
Regreß 158
Reihen 117
-, kategoriale 118
-, statistische 117
Reihenfertigung 246
Reinvermögen 133
Rentabilitätsprinzip 45
Rentenschuld 154
Retardierung 470
Revision 89
Rhetorik 363, 367
Richtlernziele 446
Richtlinien 227
Richtzahlen 45
Richtzahlenvergleich 137
Rollenkonflikt 456
Rollenspiel 232
Rückmeldung 260
Rückstellung 142
Rüstzeit 278

Schaubilder 119
Scheck 155
Schlußdiagramm 357
Schlüssel 49
Schlüsselqualifikation 445
Schuldscheindarlehen 151
Schuldverschreibung 150
Schwerbehindertengesetz 495
Selbstausstrahlung 74
Selbstfinanzierung 152
Serienfertigung 247
Sicherheitskennzeichnung 477
Sicherungsübereignung 153
Simultanplanung 105
Software 62
Soll-Ist-Vergleich 73, 136
Sollkonzeption 49
Sondereinzelkosten 184

Sortenfertigung 247
Sortimentsgestaltung 335
Sortimentspolitik 333
Sozialkompetenz 446
Sozialleistung 234
Sozialprodukt 22
Sozialstatistik 213
Sozialversicherung 410
Sozialversicherung 490
Sozialwesen 233, 234
Soziogramm 456
Sparen 34
Spartenorganisation 83
Spediteur 392
Speicher 49, 53
Speicherung 60
-, indexsequentielle 60
Spezialisierung 442
Spieltheorie 99
Staat 35, 38
Stab 82
Stabliniensystem 82
Standort 41
Statistik 111, 113
-, betriebliche 112
-, betriebswirtschaftliche 113
Status 455
Stelle 81
Stellenbeschreibung 89, 210
Stellenbesetzungsplan 211
Stellenplan 212
Steuerbemessungsgrundlage 159
Steuern 128, 159, 509, 532
Steuerrecht 159
Steuersatz 160
Steuerungstechnik 98
Steuerwerk 52
Stichprobe 113
Stichprobenkontrolle 268
Stille Gesellschaft 389
Streuung 123
Streuungsmaße 124
Strukturbaum 358
Stückliste 249
Stücklohn 223
Stufenausbildung 442
Stufenmodell 438
Suchtgefahr 463
Synektik 362
Systemanalyse 55
Systemplanung 56

Tabelle 119, 357
Tagesleistungskurve 453
Tageswert 138
Target Costing 182
Tarifvertrag 395, 398

Teilkostenrechnung 196
Textverarbeitung 68
-, programmierte 69
Tonbildschau 232
Total Quality Management 257
Transportwesen 310
Trend 127
Typnormen 270

Überweisung 154
Umlaufvermögen 133
Umsatzsteigerung 101
Umsatzsteuer 162, 171
Umwelt 467
Umweltrecht 402
Umweltschutz 282
Unfallschutz 235
Unfallverhütung 460
Unternehmensaufgabe 81
Unternehmensergebnis 201
Unternehmensführung 90, 98, 508, 529
Unternehmereinkommen 23
Unternehmung 15, 40, 42
Unterweisung 434
-, programmierte 435
Unterweisungsformen 450

Value Chain Analysis 182
Variable Kosten 180
Variationsbreite 123
Verbraucherpolitik 348
Verbraucherschutz 348
Vergleichszahlen 116
Verhältniszahl 125
Verjährung 377
Verkaufsförderung 339
Verkaufsplanung 103
Verkehrsbetrieb 40
Vermögensteuer 169
Verpackungsordnung 323, 324
Verrechnungspreise 199
Versandmöglichkeiten 310
Versicherungsbetrieb 41
Vertrag 142, 375, 379
Vertretung 376
Vertriebsformen 338
Vier-Stufen-Unterweisung 503
Vitalität 473
Volkseinkommen 22
Volkswirtschaft 14
Volkswirtschaftslehre 40
Vollkostenrechnung 195
Vollmacht 376, 390
Vorschlagswesen 242
-, betriebliches 242
Vorstellungsgespräch 218
Vortrag 232

Vortragstechnik 363

Wachstum 20
Wandelschuldverschreibung 150
Warenpreis 25
Warteschlangentheorie 99
Wechsel 156, 157, 158
Wechselklage 158
Wechselmahnbescheid 158
Wechselprolongation 158
Wechselprotest 158
Weiterbildung 231, 417
Weiterbildungsmaßnahmen 419
Werbeerfolg 347
Werbekosten 344
Werbemittel 341
Werbeplan 343
Werbeträger 342
Werbung 339
Werkbankfertigung 245
Werkstättenfertigung 245
Werkstoffdatenbank 63
Werksverpflegung 235
Wertanalyse 110
Wertfortführung 138
Wettbewerbsverbot 401
Wirtschaften 13
Wirtschaftlichkeit 45
Wirtschaftsentwicklung 38
Wirtschaftskreislauf 21, 24
Wirtschaftskreislaufschema 24
Wirtschaftsordnung 15
Wirtschaftspolitik 35
Wirtschaftssystem 15, 16, 36
Wirtschaftswachstum 37, 38
Wohlstandssteigerung 38
Work-Factor-Verfahren 280

Zahlungsstrom 145
Zeichnung 248
Zeitlohn 222
Zeitplanung 251
Zeitvergleich 136
Zeitwert 138
Zeitwirtschaft 276
Zentralspeicher 52
Zentralverwaltungswirtschaft 16
Zentralwert 122
Zeugnis 215
-, Arten 216
-, Aufgaben 216
Ziele 91, 262
-, unternehmenspolitische 91
Zielkosten 182
Zivilrecht 372
Zölle 312
Zuschlagskalkulation 192, 511